Latein-Wörterbuch

Latein Wörterbuch

Lateinisch – Deutsch
Deutsch – Lateinisch

area

Albert J. Urban: Latein-Wörterbuch

Lizenzausgabe mit freundlicher Genehmigung von UrbanPlus

Einbandgestaltung: agilmedien, Köln
Satz und Layout: GEM mbH, Ratingen
Printed in Czech Republic 2006

ISBN-13 978-3-89996-487-5
ISBN-10 3-89996-487-X

www.area-verlag.de

Inhaltsverzeichnis

Vorwort

Latein ist wieder „in". Nicht nur die Zahl der Schüler, die Latein zumindest als zweite oder dritte Fremdsprache wählen, steigt seit ein paar Jahren wieder an. Auch das Interesse Erwachsener jeden Alters hat zugenommen, ganz abgesehen von der wachsenden Zahl derer, die das in der Schule versäumte Latinum als Voraussetzung für bestimmte Studienfächer gezwungenermaßen nachholen müssen.

Das vorliegende Nachschlagewerk wurde für alle Anfänger, Neueinsteiger und Wiedereinsteiger konzipiert. Es umfasst das Vokabular mit wichtigen Redewendungen bis zum Latinum und verknüpft dieses eng mit einer Referenzgrammatik. Durch die Beschränkung auf den Wortschatz der klassischen Literatur auf der einen Seite und die enge Verbindung dieses Wortschatzes mit dem umfangreichen Formenbestand der lateinischen Sprache auf der anderen Seite wurde ein Nachschlagewerk entwickelt, das genau dem Bedarf im Unterricht entspricht. Die Wörterbucheinträge sind nicht durch nachklassische oder gar neulateinische Bedeutungen überfrachtet, sondern bleiben auch für Schüler noch übersichtlich. Die Verknüpfung der Vokabeln mit den Beugungsschemata hilft beim Identifizieren der vorliegenden Form.

Im gewissen Sinne ist dieses Nachschlagewerk vom Konzept her ebenfalls „klassisch". Es bringt genau den Wortschatz und Formenbestand, der beim Erlernen des Latein als Sprache bis zum Latinum benötigt wird, nicht mehr und nicht weniger. Das Erlernen des Latein trainiert konsequentes Arbeiten, logisches Denken, analytisches Erfassen, sprachlichen Ausdruck und andere geistige Fähigkeiten wie kein anderes Schulfach. Demgegenüber läuft in der Schule der Lateinunterricht Gefahr, zu einem reinen Kulturfach zu verkommen, das gerade diesen wesentlichen Kern des Faches Latein vernachlässigt. Deshalb finden sich für die Eltern geplagter Schüler, für alle Anfänger und Liebhaber des Latein am Ende dieses Nachschlagewerkes noch ein paar nützliche Hinweise auf Lern- und Übungsliteratur bzw. auf die Nutzung des Internets, mit deren Hilfe man die Mängel des derzeitigen Unterrichtsstiles ausgleichen kann.

Herausgeber und Verlag wünschen allen Benutzern viel Erfolg beim Gebrauch dieses Nachschlagewerkes.

Hinweise zur Benutzung

Dieses Nachschlagewerk weist im Wörterbuchteil Lateinisch – Deutsch ein Konzept auf, das als besondere Hilfe entwickelt wurde. Es findet sich bei allen Substantiven, Pronomina, Adjektiven, Verben u.a. Wortarten immer ein Hinweis auf die Zuordnung zur Deklination bzw. Konjugation und die Seitenzahl in der Referenzgrammatik.

So bedeutet z. B. „coetus, coetus (u/350) m“, dass das Substantiv „coetus“ zur u-Deklination gehört, dessen Schema sich auf Seite 350 in der Referenzgrammatik befindet. Die Abkürzung „m“ weist das Genus dieses Substantivs als Maskulinum aus, so wie im gesamten Wörterbuch bei allen Substantiven das Genus eigens angegeben wird. Zusätzlich wird bei jedem Substantiv der Genetiv mit angegeben, für den Kenner der schnellste Hinweis, wie das Wort zu deklinieren ist. Entsprechend werden bei den Adjektiven die Formen des Femininums und des Neutrums bzw., wo nötig, ebenfalls des Genetivs und Symbol mit Seitenzahl zum Deklinationsschema angegeben.

a	Erste bzw. a-Deklination
o	Zweite bzw. o-Deklination
kons.	Konsonantenstamm der Dritten Deklination
i	i-Stämme der Dritten Deklination
g	Gemischte Form der Dritten Deklination
u	Vierte bzw. u-Deklination
e	Fünfte bzw. e-Deklination

Bei den Pronomina und den Zahlwörtern mit eigenen Deklinationsschemata findet sich jeweils nur eine Seitenzahl ohne Symbol, wo das jeweilige Schema zu finden ist.

Analog zu den Substantiven und Adjektiven verhält es sich bei den Verben. Neben der üblichen Aufzählung der so genannten Stammformen, die man bei jedem Verbum auswendig lernt, wird im Wörterbuchteil Lateinisch – Deutsch bei jedem Verbum das Konjugationsschema und die entsprechende Seitenzahl der Referenzgrammatik angegeben. So bedeutet z. B. „cingere, cingo, cinxi, cinctum (3/380)“, dass das Verbum zur Dritten Konjugation gehört, dessen Schema sich auf Seite 380 in der Referenzgrammatik befindet.

1 ā-Konjugation
2 ē-Konjugation
3 konsonantische Konjugation
4 ī-Konjugation
5 i-Konjugation

Bei den Deponentia wird eigens „Deponens“ angegeben, die Seitenzahl führt dann zum Konjugationsschema für Deponentia einer jeden Konjugation. Bei unregelmäßigen Verben wird „unreg.“ mit einer Seitenzahl angegeben, die zum je eigenen Konjugationsschema in der Referenzgrammatik führt.

Das Nachschlagewerk wurde so konzipiert, dass sich der Benutzer nicht ständig in einem Abkürzungsverzeichnis erst mal über die Bedeutung eines bestimmten Hinweises im Wörterbuch vergewissern muss. Abgesehen von den oben angeführen Symbolen für die Deklinations- und Konjugationsschemata werden nur noch folgende Abkürzungen verwendet:

Adv	Adverb	ā, ē, ī, ō, ū	lange Vokale (nur an grammatikalisch entscheidenden Stellen verwendet)
f	Femininum	ë	nach Vokal für sich selbst gesprochenes e, z. B. in „aër«
Kj	Konjunktion	AcI	Akkusativ mit (cum) Infinitiv
m	Maskulinum	NcI	Nominativ mit (cum) Infinitiv
n	Neutrum	[...]	Ergänzungen zur allgemeinen Verwendung einer lateinischen Vokabel
Präp	Präposition	(...)	Angaben, die sich nur auf einen bestimmten Bedeutungszusammenhang beziehen

Um im Wörterbuchteil Deutsch – Lateinisch Platz zu sparen, wird der jeweilige Grundbegriff innerhalb desselben Eintrags mit der Tilde „~“ wiederholt.

Lateinisch – Deutsch

A

a/ab/abs *(420) Präposition [Ablativ]* von, von … her, von … an, seit; *ab urbe* von der Stadt aus, von der Stadt her; *a secunda hora* von der zweiten Stunde an; *a Romanis vinci* von den Römern besiegt werden

A. Aulus (Vorname)

abalienare, abalieno, abalienavi, abalienatum *(1/380)* entfremden, abtrünnig machen; veräußern

abdere, abdo, abdidi, abditum *(3/380)* verbergen, entfernen, verstecken; *se in silvas abdere* sich in den Wäldern verstecken; *se in litteras abdere* sich zum Studium zurückziehen

abdicare, abdico, abdicavi, abdicatum *(1/380) [Ablativ]* abdanken (mit se), sich lossagen (von)

abducere, abduco, abduxi, abductum *(3/380)* abbringen, wegführen, davonführen; *in servitutem abduci* versklavt werden

aberrare, aberro, aberravi, aberratum *(1/380)* abirren, sich verirren

abesse, absum, afui, –, afuturus *(unreg./398)* abwesend sein, entfernt sein, fehlen, nicht da sein; *non multum afuit, quin* (mit Konjunktiv) es hätte nicht viel gefehlt, dass

abhinc *Adverb* von hier; von jetzt an, von nunmehr

abhorrēre, abhorreo, abhorrui, – *(2/380)* zurückschrecken, zurückschaudern; nicht passen zu; *Orationes abhorrent inter se.* Die Reden widersprechen sich.

abicere, abicio, abieci, abiectum *(5/380)* wegwerfen, ablegen

abies, abietis *(e/351) f* Tanne, Tannenholz; Speer; Schiff

abigere, abigo, abegi, abactum *(3/380)* verjagen, vertreiben

abīre, abeo, abii, abitum *(unreg./414) [Ablativ]* weggehen (von), verschwinden; zurücktreten (von einem Amt), verzichten (auf); *diversis itineribus abire* sich in verschiedene Richtungen entfernen

abluere, abluo, ablui, ablutum *(3/380)* abwaschen

abnegare, abnego, abnegavi, abnegatum *(1/380)* verweigern, sich weigern

abnuere, abnuo, abnui, abnutum *(3/380)* abwinken, ablehnen, verweigern, versagen

abolēre, aboleo, abolevi, abolitum *(2/380)* beseitigen

abominari, abominor, abominatus sum, – *(1/Deponens/392)* verwünschen, verfluchen

abripere, abripio, abripui, abreptum *(5/380)* wegreißen, mit sich reißen, rauben, entführen

abrogare, abrogo, abrogavi, abrogatum *(1/380)* (durch Volksbeschluss) aufheben, abschaffen, entziehen

abrumpere, abrumpo, abrupi, abruptum *(3/380)* losreißen, abreißen

abscedere, abscedo, abscessi, abscessum *(3/380)* weggehen

abscīdere, abscīdo, abscīdi, abscīsum *(3/380)* abhauen, abschneiden

abscindere, abscindo, abscidi, abscissum *(3/380)* abreißen, trennen, spalten

abscondere, abscondo, abscondi(di), absconditum *(3/380)* verbergen, verheimlichen

absens, absentis *(i/342)* abwesend; *Caesare absente* in Cäsars Abwesenheit

absistere, absisto, abstiti, – *(3/380)* sich entfernen; ablassen, aufhören

absolutus, absoluta, absolutum *(o/a/329)* vollendet, vollkommen, unbedingt, absolut

absolvere, absolvo, absolvi, absolutum *(3/380)* losmachen, lösen, freisprechen; vollenden

absorbēre, absorbeo, absorbui, – *(2/380)* aufsaugen, hinunterschlucken

absterrēre, absterreo, absterrui, absterritum *(2/380)* abschrecken
abstinēre, abstineo, abstinui, abstentum *(2/380) [(a) + Ablativ]* abhalten, fern halten; sich enthalten, aufhören mit; *(ab) iniuriā abstinēre* sich des Unrechts enthalten; *Abstinete verbis!* Lasst das Reden!; *se abstinere a vino* keinen Wein trinken; *hostes ab oppido abstinere* die Feinde von der Stadt fern halten
abstrahere, abstraho, abstraxi, abstractum *(3/380)* wegschleppen, wegziehen, fortschleppen
absumere, absumo, absumpsi, absumptum *(3/380)* verbrauchen, vernichten
absurdus, absurda, absurdum *(o/a/329)* misstönend, sinnlos, falsch, unpassend; ungeschickt
abundantia, abundantiae *(a/325) f* Überfluss
abundare, abundo, abundavi, abundatum *(1/380) [mit Ablativ]* überströmen, im Überfluss besitzen, reich sein an; *auro abundare* Gold im Überfluss besitzen
abunde *Adverb* reichlich, übergenug, vollauf, im Überfluss
abuti, abutor, abusus sum, – *(3/Deponens/392) [Ablativ]* aufbrauchen, missbrauchen
ac *(422) Konjunktion* und, und dazu, und sogar, wie, ferner
accedere, accedo, accessi, accessum *(3/380)* herantreten, hinzutreten, herankommen, heranrücken, näher kommen, dazukommen, hinzukommen; *ad urbem accedere* an die Stadt heranrücken; *huc accessit, ut* dazu kam, dass; *ad rem publicam accedere* die politische Laufbahn einschlagen
accelerare, accelero, acceleravi, acceleratum *(1/380)* beschleunigen, sich beeilen
accendere, accendo, accendi, accensum *(3/380)* anzünden, entflammen
accessio, accessionis *(kons./333) f* Annäherung, Zuwachs
accessus, accessus *(u/350) m* Annäherung, Herankommen, Zutritt
accidere, accido, accidi, – *(3/380)* sich ereignen, geschehen, zustoßen; *accidit, ut* es ereignet(e) sich, dass
accingere, accingo, accinxi, accinctum *(3/380)* angürten, umgürten; *pugnae accingi* sich zur Schlacht fertigmachen
accipere, accipio, accepi, acceptum *(5/380)* annehmen, aufnehmen, empfangen, vernehmen; *sicut ab amicis accepi* wie ich von Freunden erfuhr; *ut accepimus* wie uns überliefert ist; *pecuniam accipere* Geld einkassieren, sich bestechen lassen
accipiter, accipitris *(kons./331) m* Habicht, Falke
accīre, accio, accivi/accii, accitum *(4/380)* herbeirufen, herbeiholen
acclivis, acclivis, acclive *(i/343)* ansteigend
accola, accolae *(a/325) m* Anwohner, Nachbar; *adjektivisch* angrenzend
accommodare, accommodo, accommodavi, accommodatum *(1/380)* anpassen, einrichten
accrescere, accrecso, accrevi, accretum *(3/380)* hinzuwachsen, anwachsen
acccumulare, acccumulo, acccumulavi, acccumulatum *(1/380)* anhäufen, überschütten, steigern
accuratus, accurata, accuratum *(o/a/329)* genau
accurrere, accurro, accurri, accursum *(3/380)* herbeilaufen
accusare, accuso, accusavi, accusatum *(1/380)* anklagen, beschuldigen; *aliquem multorum scelerum accusare* jemanden vieler Verbrechen beschuldigen
accusatio, accusationis *(kons./333) f* Anklage
accusator, accusatoris *(kons./331) m* Ankläger
acer, acris, acre *(i/344)* scharf, durchdringend, heftig, eifrig, feurig, tatkräftig; *fame acri vexari* von starkem Hunger gequält werden
acerbitas, acerbitatis *(kons./334) f* Herbheit, Bitterkeit

acerbus, acerba, acerbum *(o/a/329)* herb, bitter, streng, unreif, frühzeitig; *verba acerba* bittere Worte
acēre, aceo, acui, – *(2/380)* sauer sein
acervus, acervi *(o/326) m* Haufe, Masse
acetum, aceti *(o/327) n* Essig; Witz
Achilles, Achillis *(kons./331) m* Achill(es)
a. Chr. n. (ante Christum natum) vor Christi Geburt
acidus, acida, acidum *(o/a/329)* sauer
acies, aciei *(e/351) f* Schärfe, Sehkraft; Schlacht, Schlachtreihe, Schlachtordnung, Front; *aciem laedere* das Auge verletzen; *in acie vinci* in offener Schlacht besiegt werden
acquiescere, acquiesco, acquievi, acquietum *(3/380)* sich beruhigen, zur Ruhe kommen, schlafen, sterben
acquirere, acquiro, acquisivi, acquisitum *(3/380)* erwerben, gewinnen
acta, actorum *(o/327) n [plurale tantum]* Handlungen, Taten; Verfügungen; Protokoll, Chronik
actio, actionis *(kons./333) f* Ausführung, Handlung, Tätigkeit; Klage, Verteidigung, Verhandlung
Actium, Actii *(o/327) n* Aktium (Stadt in Griechenland)
actor, actoris *(kons./331) m* Ausführender, Betreiber, Darsteller; Kläger, Vertreter
actuarius, actuaria, actuarium schnell
actus, actus *(u/350) m* Handlung, Bewegung
acuere, acuo, acui, acutum *(3/380)* schärfen; anspornen
aculeus, aculei *(o/326) m* Stachel
acumen, acuminis *(kons./336) n* Spitze, Scharfsinn
acus, acus *(u/350) f* Nadel
acutus, acuta, acutum *(o/a/329)* spitzig, scharf; scharfsinnig
ad *(420) Präposition [Akkusativ]* zu, zu … hin, an, bei, bis zu, ungefähr, gegen; *ad urbem esse* bei der Stadt sein; *ad urbem venire* zur Stadt kommen; *ad multam noctem* bis tief in die Nacht hinein; *ad ducentos* an die 200; *ad usum* zum Gebrauch; *ad praeceptum* gemäß/entsprechend der Vorschrift; *ad hoc* dazu, außerdem
A. D. (ante diem) am …ten Tag vor …
A. D. (anno domini) im Jahr des Herrn
adaequare, adaequo, adaequavi, adaequatum *(1/380)* gleichmachen, angleichen, gleichkommen, erreichen; *adaequare patrem robure* dem Vater an Kraft gleichkommen
adamantinus, adamantina, adamantinum *(o/a/329)* stählern
adamare, adamo, adamavi, adamatum *(1/380)* lieb gewinnen
adamas, adamantis *(kons./334) m* Stahl
addere, addo, addidi, additum *(3/380)* hinzufügen; *malum malo addere* ein Übel noch verschlimmern
addicere, addico, addixi, addictum *(3/380)* zusprechen, günstig sein (Orakel)
adducere, adduco, adduxi, adductum *(3/380)* heranführen; veranlassen, verleiten; *irā adductus* aus Zorn
adeo *Adverb* so sehr, so weit, bis dahin
adesse, adsum, affui, –, affuturus *(unreg./398)* da sein, anwesend sein; beistehen, helfen; *amico adesse* dem Freund helfen; *comitiis adesse* an der Volksversammlung teilnehmen
adhaerēre, adhaereo, adhaesi, –, adhaesurus *(2/380)* haften an, kleben an, angrenzen an
adhibēre, adhibeo, adhibui, adhibitum *(2/380)* anwenden, hinzuziehen, herbeiziehen; *medicum adhibere* einen Arzt hinzuziehen
adhortari, adhortor, adhortatus sum, – *(1/Deponens/392)* aufmuntern, auffordern, anfeuern
adhuc *Adverb* bisher, bis jetzt, noch, noch immer
adicere, adicio, adieci, adiectum *(5/380)* hinzufügen, hinwerfen

adigere, adigo, adegi, adactum *(3/380)* herantreiben, herbeitreiben; drängen, zwingen
adimere, adimo, ademi, ademptum *(3/380)* wegnehmen, an sich nehmen, rauben; *omnem spem adimere* alle Hoffnung rauben; *regnum adimere* vom Thron stoßen
adipisci, adipiscor, adeptus sum, – *(3/Deponens/392)* erringen, erlangen, bekommen, erreichen; *Romulus regnum adeptus est.* Romulus erlangte die Königsherrschaft.
adīre, adeo, adii, aditum *(unreg./414)* herantreten, anrücken, herangehen, angreifen, besuchen, aufsuchen, auf sich nehmen, übernehmen; *periculum adire* eine Gefahr auf sich nehmen; *senatum adire* sich an den Senat wenden
aditus, aditus *(u/350) m* Zugang, Zutritt
adiumentum, adiumenti *(o/327) n* Hilfe, Hilfsmittel, Unterstützung
adiungere, adiungo, adiunxi, adiunctum *(3/380)* anschließen, zugesellen
adiutare, adiuto, adiutavi, adiutatum *(1/380)* helfen, fördern, unterstützen
adiutor, adiutoris *(kons./331) m* Helfer, Gehilfe
adiutrix, adiutricis *(kons./332) f* Helferin
adiuvare, adiuvo, adiuvavi, adiuvatum *(1/380) [Akkusativ]* helfen, unterstützen; *Adiuvate me!* Helft mir!
administer, administri *(o/328) m* Diener, Helfer, Gehilfe
administrare, administro, administravi, administratum *(1/380)* verwalten, leiten, besorgen
administratio, administrationis *(kons./333) f* Leitung, Verwaltung; Hilfeleistung
admirabilis, admirabilis, admirabile *(i/343)* bewundernswert, sonderbar, erstaunlich
admirari, admiror, admiratus sum, – *(1/Deponens/392) [Akkusativ]* bewundern, sich wundern (über)
admiratio, admirationis *(kons./333) f* Staunen, Bewunderung, Verwunderung; *alicui admirationi esse* von jemandem bewundert werden
admiscēre, admisceo, admiscui, admixtum *(2/380)* beimischen, vermischen
admittere, admitto, admisi, admissum *(3/380)* zulassen, einlassen, verschulden
admodum *Adverb* völlig, ganz, ganz und gar, sehr, ziemlich, ungefähr; *admodum adulescens* ein noch sehr junger Mann
admonēre, admoneo, admonui, admonitum *(2/380) [Genitiv; de + Ablativ]* erinnern, ermahnen, warnen; *aliquem huius facti/hoc de facto admonere* jemanden an diese Tat erinnern; *Illud te admoneo.* Daran erinnere ich dich.
admonitū *Adverb* auf Mahnung, auf Warnung
admovēre, admoveo, admovi, admotum *(2/380)* herantreiben, heranschaffen, heranbringen
adnectere, adnecto, adnexui, adnexum *(3/380)* anbinden, verbinden
adniti, adnitor, adnisus, – *(3/Deponens/392)* sich stützen auf, sich anstrengen
adnuere, adnuo, adnui, adnutum *(3/380)* winken, nicken, zunicken, beistimmen
adolēre, adoleo, adolevi, adoletum *(2/380)* (als Brandopfer) entzünden, verbrennen, (Götter) ehren
adolescere, adolesco, adolevi, adultum *(3/380)* heranwachsen
adoptare, adopto, adoptavi, adoptatum *(1/380)* an Kindes Statt annehmen, adoptieren
adoptio, adoptionis *(kons./333) f* Adoption
adorare, adoro, adoravi, adoratum *(1/380)* verehren, anflehen, erflehen, anbeten
adorīri, adorior, adortus sum, –, adoriturus *(4/Deponens/392)* angreifen, unternehmen

adulari, adulor, adulatus sum, – *(1/Deponens/392)* schmeicheln, zutraulich sein
adulatio, adulationis *(kons./333) f* Schmeichelei, Kriecherei
adulescens, adulescentis *(kons./334) m* junger Mann, Jüngling; *adjektivisch* heranwachsend
adulescentia, adulescentiae *(a/325) f* Jugend
adulescentulus, adulescentula, adulescentulum *(o/a/329)* sehr jung
adulter, adultera, adulterum *(o/a/330)* ehebrecherisch; *substantivisch* Ehebrecher, Liebhaber
adulterium, adulterii *(o/327) n* Ehebruch, Treulosigkeit
adultus, adulta, adultum *(o/a/329)* erwachsen
adumbrare, adumbro, adumbravi, adumbratum *(1/380)* andeuten, skizzieren
aduncus, adunca, aduncum *(o/a/329)* (einwärts) gekrümmt, hakenförmig (gebogen)
adurere, aduro, adussi, adustum *(3/380)* brennen, anbrennen, verbrennen
advehere, adveho, advexi, advectum *(3/380)* heranführen, heranbringen
advena, advenae *(a/325) m* Ankömmling, Fremder; *adjektivisch* fremd
advenīre, advenio, adveni, adventum *(4/380)* ankommen, herankommen; *advenire in urbem Romam* in Rom ankommen
adventare, advento, adventavi, adventatum *(1/380)* anrücken, heranrücken
adventicius, adventicia, adventicium *(o/a/329)* ausländisch, fremd
adventus, adventus *(u/350) m* Ankunft, Anmarsch
adversari, adversor, adversatus sum, – *(1/Deponens/392) [Dativ]* entgegentreten, sich widersetzen
adversarius, adversarii *(o/326) m* Gegner; *adjektivisch* gegnerisch, feindlich
adversus, adversa, adversum *(o/a/329)* vorn, von vorn; gegen, entgegengesetzt, ungünstig, widrig, feindlich; *in rebus adversis* im Unglück
adversus *(420) Präposition [Akkusativ]* gegen, gegenüber
advertere, adverto, adversi, adversum *(3/380)* hinwenden, hinlenken
advesperascit *(3/380)* es wird Abend
advocare, advoco, advocavi, advocatum *(1/380)* herbeirufen, zu Hilfe rufen
advocatus, advocati *(o/326) m* Rechtsbeistand, Sachwalter
advolare, advolo, advolavi, advolatum *(1/380)* herbeieilen, herbeifliegen
adytum, adyti *(o/327) n* Allerheiligstes, Heiligtum, Tempel
aedes/aedis, aedis *(kons./334) f* Zimmer, Tempel; *Plural* **aedes, aedium** Haus; *senatum in aedem Iovis convocare* den Senat zur Sitzung in den Jupitertempel einberufen
aedificare, aedifico, aedificavi, aedificatum *(1/380)* bauen, erbauen, errichten
aedificium, aedificii *(o/327) n* Gebäude; *aedificium construere* ein Gebäude erbauen
aedilis, aedilis *(g/339) m* Ädil (römischer Beamter, Polizeibeamter)
aedilitas, aedilitatis *(kons./334) f* Amt des Ädilen
aeger, aegra, aegrum *(o/a/330)* krank, leidend, bekümmert; kummervoll, schmerzlich
aegre *Adverb* widerwillig, ungern; mit Mühe, kaum; *aegre ferre* schwer ertragen
aegrimonia, aegrimoniae *(a/325) f* Kummer
aegritudo, aegritudinis *(kons./333) f* Krankheit; Kummer, Gram
aegrotare, aegroto, aegrotavi, aegrotatum *(1/380)* krank sein, leiden
aegrotatio, aegrotationis *(kons./333) f* Kranksein, Krankheit

aegrotus, aegrota, aegrotum *(o/a/329)* krank, leidend
Aegyptus, Aegypti *(o/326) f* Ägypten
Ael. Aelius (Vorname)
aemulari, aemulor, aemulatus sum, – *(1/Deponens/392)* nacheifern, wetteifern; eifersüchtig sein
aemulatio, aemulationis *(kons./333) f* Eifersucht, Neid, Wetteifer
aemulus, aemula, aemulum *(o/a/329)* eifersüchtig, neidisch; wetteifernd
Aeneas, Aeneae *(a/325) m* Äneas
aen(e)us/aheneus/a(h)enus, aenea, aeneum *(o/a/329)* ehern, kupfern
aenum, aeni *(o/327) n* Kessel
aequabilis, aequabilis, aequabile *(i/343)* gleichmäßig, unparteiisch
aequabilitas, aequabilitatis *(kons./334) f* Gleichmäßigkeit, Unparteilichkeit
aequalis, aequalis, aequale *(i/343) [Genitiv]* eben, gleich, gleichmäßig, gleichförmig; gleichaltrig, gleichzeitig; *substantivisch* Altersgenosse, Zeitgenosse
aequalis, aequalis *(kons./331) m* Altersgenosse, Zeitgenosse
aequare, aequo, aequavi, aequatum *(1/380) [Akkusativ]* gleichmachen, angleichen; (jemandem) gleichkommen, erreichen; *tecta solo (Dativ) aequare* die Häuser dem Erdboden gleichmachen; *Romanos virtute aequare* den Römern an Tapferkeit gleichkommen
aequitas, aequitatis *(kons./334) f* Gleichheit, Billigkeit, Gerechtigkeit; Gelassenheit, Ausgeglichenheit, Gleichmut
aequor, aequoris *(kons./331) n* Ebene; Meeresfläche, Meeresspiegel, Meer
aequoreus, aequorea, aequoreum *(o/a/329)* Meer-
aequus, aequa, aequum *(o/a/329)* gleich, eben; gleichberechtigt, gerecht, billig; günstig; *aequam mentem servare* Gleichmut bewahren; *aequo animo* mit Gelassenheit
aër, aëris *(kons./331) m* Luft, Nebel, Dunst; *per aera* durch die Luft
aerarium, aerarii *(o/327) n* Staatskasse
aeratus, aerata, aeratum *(o/a/329)* ehern
aereus, aerea, aereum *(o/a/329)* ehern
aerugo, aeruginis *(kons./333) f* Grünspan; Neid
aerumna, aerumnae *(a/325) f* Drangsal, Mühseligkeit; Kummer, Trübsal
aes, aeris *(kons./331) n* Kupfer, Bronze, Erz; (Kupfer-) Geld; *simulacrum ex aere factum* ein ehernes Götterbild; *aes alienum* Schulden; *aes alienum facere/contrahere* sich verschulden; *aere emere* um Geld kaufen; *aere vendere* um Geld verkaufen
Aesopus, Aesopi *(o/326) m* Äsop (griechischer Fabeldichter)
aestas, aestatis *(kons./334) f* Sommer, Sommerhitze; *aestate ineunte* zu Beginn des Sommers; *summa aestate* im Hochsommer
aestimare, aestimo, aestimavi, aestimatum *(1/380)* schätzen, abschätzen, einschätzen, beurteilen, meinen; *magni/pluris/plurimi aestimare* hoch/höher/sehr hoch schätzen
aestimatio, aestimationis *(kons./333) f* Abschätzung, Einschätzung
aestivus, aestiva, aestivum *(o/a/329)* sommerlich, Sommer-; *aestiva (castra)* Sommerlager, Sommerfeldzug
aestuare, aestuo, aestuavi, aestuatum *(1/380)* aufwallen, lodern, auflodern, glühen
aestuosus, aestuosa, aestuosum *(o/a/329)* glühend; brandend
aestus, aestus *(u/350) m* Hitze, Glut; Brandung, Flut, Strömung; *meridiei aestus* Mittagshitze; *aestu delatus* von der Strömung abgetrieben

aetas, aetatis *(kons./334) f* Lebensalter, Zeit, Zeitalter, Geschlecht, Epoche; *aetate imperatoris Claudii* zur Zeit des Kaisers Claudius

aeternitas, aeternitatis *(kons./334) f* Ewigkeit

aeternus, aeterna, aeternum *(o/a/329)* unvergänglich, ewig, unendlich

aether, aetheris *(kons./332) m* Luft, Himmel, Oberwelt

aetherius, aetheria, aetherium *(o/a/329)* luftig, himmlisch, oberirdisch

aevum, aevi *(o/327) n* Ewigkeit, Zeit, Zeitalter; Menschenalter, Lebenszeit; *omnis aevi homines* Menschen jedes Alters

affari, affor, affatus sum, – *(1/Deponens/392)* ansprechen, anreden, anflehen

affectare, affecto, affectavi, affectatum *(1/380)* (einen Weg) einschlagen, erstreben

affectio, affectionis *(kons./333) f* Eindruck, Zustand, Einwirkung, Stimmung, Zuneigung

affectus, affectus *(u/350) m* Gemütsverfassung, Zustand, Zuneigung

afferre, afferro, attuli, allatum *(unreg./400)* herbeitragen, beibringen, herbeibringen; melden; *vim afferre* Gewalt antun; *manus sibi afferre* Hand an sich legen, Selbstmord begehen

afficere, afficio, affeci, affectum *(5/380) [Ablativ]* versehen (mit), behaften (mit), behandeln; *aliquem laude afficere* jemanden loben; *cruciatibus afficere* quälen

affigere, affigo, affixi, affixum *(3/380)* anheften, festmachen; *aliquem cruci affigere* jemanden ans Kreuz schlagen, kreuzigen

affinis, affinis, affine *(i/343)* nahe stehend, verschwägert

affinitas, affinitatis *(kons./334) f* Verschwägerung, Verwandtschaft

affirmare, affirmo, affirmavi, affirmatum *(1/380)* bekräftigen, behaupten, bestätigen

afflare, afflo, afflavi, afflatum *(1/380)* anwehen, anhauchen

affligere, affligo, afflixi, afflictum *(3/380)* anschlagen, niederschlagen, niederwerfen, zu Boden schlagen; entmutigen

affluere, affluo, affluxi, – *(3/380)* heranfließen; im Überfluss vorhanden sein

Africa, Africae *(a/325) f* Afrika (Nordafrika)

agellus, agelli *(o/326) m* Gütchen, kleines Gut

ager, agri *(o/328) m* Acker, Feld, Gebiet, offenes Land

agere, ago, egi, actum *(3/380)* tun, treiben, betreiben, ausführen, verhandeln; *negotia agere* seinen Geschäften nachgehen; *gratias agere* danken; *causam agere* einen Prozess führen; *aetatem agere* das Leben verbringen; *curam agere* Sorge zeigen; *primas partes agere* die erste Rolle spielen; *temere agere* unüberlegt handeln; *de pace agere* über den Friedensschluss verhandeln; *id agere, ut* darauf bedacht sein, dass; *cum aliquo agere facinoris* gegen jemanden wegen eines Verbrechens klagen; *Quid agis?* Wie geht es dir?; *De me actum est.* Es ist um mich geschehen.; *Age, dic!* Los, sprich!

agger, aggeris *(kons./332) m* Wall, Damm

aggerare, aggero, aggeravi, aggeratum *(1/380)* aufschütten, aufhäufen

aggere, aggero, aggessi, aggestum *(3/380)* herbeitragen, beischleppen

aggredi, aggredior, aggressus sum, – *(5/Deponens/392)* herangehen, angreifen; unternehmen

aggregare, aggrego, aggregavi, aggregatum *(1/380)* beigesellen, anschließen

agilis, agilis, agile *(i/343)* beweglich, rührig, behend

agitare, agito, agitavi, agitatum *(1/380)* bewegen, eifrig betreiben; jagen, hetzen; verhandeln; *rem publicam agitare* den Staat verwalten; *rem mente agitare* eine Sache überlegen

agitatio, agitationis *(kons./333) f* heftige Bewegung, eifriges Betreiben

agmen, agminis *(kons./336) n* Zug, Heereszug, Schar; Schlacht; *agmen primum* Vorhut; *agmen novissimum* Nachhut
agna, agnae *(a/325) f* weibliches Lamm, Mutterschaf
agnoscere, agnosco, agnovi, agnitum *(3/380)* (wieder) erkennen, anerkennen
agnus, agni *(o/326) m* Lamm
agrarius, agraria, agrarium *(o/a/329)* das Staatsland/die Staatsländereien betreffend
agrestis, agrestis, agreste *(i/343)* ländlich, bäuerlich, bäurisch, roh
agrestis, agrestis *(kons./331) m* Bauer, Landmann; *Plural* **agrestes** Landleute
agricola, agricolae *(a/325) m* Bauer, Landmann
agricultura, agriculturae *(a/325) f* Ackerbau
ait, aio, –, – *[Plural aiunt]* sagt(e), behauptet(e); *ut aiunt* wie das Sprichwort sagt
ala, alae *(a/325) m* Achsel, Flügel; Heeresflügel, Reiterabteilung
alacer, alacris, alacre *(i/344)* lebhaft, munter, eifrig, freudig
alacritas, alacritatis *(kons./334) f* Eifer
alarius, alaria, alarium *(o/a/329)* auf dem Flügel stehend; *Plural* **alarii, alariorum** Flügeltruppen
Alba Longa, Albae Longae *(a/325) f* Alba Longa (Stadt südlich von Rom)
Albanus, Albana, Albanum *(o/a/329)* albanisch, Albaner-
albēre, albeo, albui, – *(2/380)* weiß, hell sein
albescere, albesco, –, – *(3/380)* weiß werden, hell werden
album, albi *(o/327) n* Anschlagtafel, Verzeichnis
albus, alba, album *(o/a/329)* weiß, hell, blass
alces, alcis *f* Elch
alea, aleae *(a/325) f* Würfel, Würfelspiel
alere, alo, alui, altum *(3/380)* nähren, ernähren, fördern, ausbilden; *venando ali* sich von der Jagd ernähren
ales, alitis *(kons./331) m* Vogel
Alexander (Magnus), Alexandri (Magni) *(o/328) m* Alexander (der Große)
Alexandria, Alexandriae *(a/325) f* Alexandria
algēre, algeo, alsi, – *(2/380)* frieren
alias *Adverb* ein andermal, sonst
alibi *Adverb* anderswo
alicubi *Adverb* irgendwo
alicunde *Adverb* irgendwoher
alienare, alieno, alienavi, alienatum *(1/380)* entfremden, abtrünnig machen, wegnehmen
alienigena, alienigenae *(a/325) m* Fremder, Ausländer; *adjektivisch* ausländisch
alienus, aliena, alienum *(o/a/329)* fremd, abgeneigt, feindselig, unpassend; *alieno animo esse ab aliquo* jemandem feindselig gegenüberstehen
alimentum, alimenti *(o/327) n* Nahrungsmittel, Nahrung
alio *Adverb* anderswohin
alioqui(n) *Adverb* im Übrigen, überhaupt, sonst
aliquamdiu *Adverb* eine Zeit lang
aliquando *Adverb* irgendeinmal, irgendwann, manchmal, einst, (endlich) einmal
aliquantum *Adverb* ziemlich viel
aliquantus, aliquanta, aliquantum ziemlich groß, beträchtlich; *aliquantum aurei* eine beträchtliche Menge Gold
aliqui, alicuius, aliqua, aliquod *[adjektivisch]* irgendein
aliquis, alicuius, aliquis, aliquid *[substantivisch]* irgendeiner, jemand
aliquo *Adverb* irgendwohin
aliquot einige
aliter *Adverb* anders, sonst, entgegengesetzt
aliunde *Adverb* anderswoher

alius, alterius, alia, alium *[Dativ alteri]* ein anderer; *alius ... alius* der eine ... der andere; *alius aliud dicit* der eine sagt dies, der andere das = jeder sagt etwas anderes; *alii ... alii* die einen ... die anderen; *Amicus alius alium hortati sunt.* Die Freunde sprachen sich gegenseitig Mut zu.
allabi, allabor, allapsus sum, – *(3/Deponens/392)* herangleiten
allaborare, allaboro, allaboravi, allaboratum *(1/380)* mühsam erstreben, sich abmühen
allicere, allicio, allexi, allectum *(5/380)* anlocken, verlocken
alligare, alligo, alligavi, alligatum *(1/380)* anbinden
alloqui, alloquor, allocutus sum, – *(3/Deponens/392)* zureden, anreden, ansprechen
alluere, alluo, allui, – *(3/380)* bespülen
almus, alma, almum *(o/a/329)* nährend, fruchtbar; Segen spendend, gütig
alnus, alni *(o/326) m* Erle; Kahn (aus Erlenholz gefertigt)
Alpes, Alpium *(kons./331) f [plurale tantum]* die Alpen
altaria, altarium *n [plurale tantum]* Altar
alter, alterius, altera, alterum *[Dativ alteri]* der eine (von zweien), der andere (von zweien); *substantivisch* der Nächste, Nebenmensch, Mitmensch; *alterum tantum* doppelt so groß/viel
alternus, alterna, alternum *(o/a/329)* jeder zweite, abwechselnd
alteruter, alterutra, alterutrum einer von beiden
altitudo, altitudinis *(kons./333) f* Höhe, Tiefe
altum, alti *(o/327) n* Höhe; die hohe See
altus, alta, altum *(o/a/329)* hoch, tief; *alta turris* ein hoher Turm; *flumen altum* ein tiefer Fluss
alumnus, alumni *(o/326) m* Zögling, Pflegesohn; *adjektivisch* erzogen
alveus, alvei *(o/326) m* Bauch; Höhlung, Mulde; Wanne, Kanne; Flussbett; Bienenkorb
alvus, alvi *(o/326) f* Bauch; Höhlung
a. m. (ante meridiem) vor Mittag
amabilis, amabilis, amabile *(i/343)* liebenswert, liebenswürdig
amans, amantis *(i/342)* liebevoll, anhänglich, zugetan
amare, amo, amavi, amatum *(1/380)* lieben, gern haben; *amabo* ich bitte! sei so gut!
amarus, amara, amarum *(o/a/329)* bitter, herb
amator, amatoris *(kons./331) m* Freund, Liebhaber
ambages, ambagum *(kons./331) f [plurale tantum]* Umwege, Umschweife, Ausflüchte, Irrwege
ambigere, ambigo, –, – *(3/380)* zweifeln, anzweifeln; streiten, schwanken
ambiguus, ambigua, ambiguum *(o/a/329)* zweideutig, schwankend, zweifelhaft, unsicher
ambīre, ambio, ambivi/ambii, ambitum *(4/380)* herumgehen; umschließen; umwerben
ambitio, ambitionis *(kons./333) f* Bewerbung (um ein politisches Amt); Ehrgeiz
ambitiosus, ambitiosa, ambitiosum *(o/a/329)* ehrgeizig
ambitus, ambitus *(u/350) m* Umweg; Amtserschleichung
ambo, ambae, ambo beide zusammen, beide
ambulare, ambulo, ambulavi, ambulatum *(1/380)* umhergehen, spazieren gehen, reisen
amburere, amburo, ambussi, ambustum *(3/380)* (ringsum) brennen, anbrennen, verbrennen
amens, amentis *(i/342)* wahnsinnig, unsinnig
amentia, amentiae *(a/325) f* Wahnsinn; Sinnlosigkeit
amica, amicae *(a/325) f* Freundin
amicīre, amicio, amicui, amictum *(4/380)* bekleiden, einhüllen
amicitia, amicitiae *(a/325) f* Freundschaft
amictus, amictus *(u/350) m* Überwurf, Umhang, Mantel
amicus, amici *(o/326) m* Freund

amicus, amica, amicum *(o/a/329)* befreundet, freundlich
amissio, amissionis *(kons./333) f* Verlust
amittere, amitto, amisi, amissum *(3/380)* wegschicken, loslassen, aufgeben, verlieren
amnis, amnis *(g/339) m* Strom, Fluss, Wildbach; *secundo amne* stromabwärts; *adverso amne* stromaufwärts; *amne transmisso* nach Überquerung des Stromes
amoenitas, amoenitatis *(kons./334) f* Liebreiz, Lieblichkeit
amoenus, amoena, amoenum *(o/a/329)* lieblich, reizend (gelegen), anmutig, angenehm
amor, amoris *(kons./331) m* Liebe; *amore motus* aus Liebe; *amor matris* die Liebe der/zur Mutter
Amor, Amoris *(kons./331) m* Amor (Liebesgott)
amovēre, amoveo, amovi, amotum *(2/380)* fortschaffen, wegschaffen, entfernen
amphitheatrum, amphitheatri *(o/327) n* Amphitheater
amphora, amphorae *(a/325) f* Krug, Amphore
amplectere, amplecto, amplexi, amplecum *(3/380)* umfassen, umfangen, umarmen
amplecti, amplector, –, – *(3/Deponens/392)* umfassen, umschlingen, umarmen, ins Herz schließen
amplexari, amplexor, amplexatus sum, – *(1/Deponens/392)* umarmen, umfassen, ins Herz schließen
amplexus, amplexus *(u/350) m* Umfassung, Umarmung
amplificare, amplifico, amplificavi, amplificatum *(1/380)* steigern, vermehren
amplitudo, amplitudinis *(kons./333) f* Weite, Größe, Großartigkeit, Bedeutung
amplius *Adverb* weiter, mehr; *nihil amplius* nichts weiter
amplus, ampla, amplum *(o/a/329)* weit, geräumig, groß, großartig, glänzend, bedeutend, stattlich; *amplissimi viri* hochangesehene Männer
amputare, amputo, amputavi, amputatum *(1/380)* beschneiden, abschneiden

Amulius, Amulii *(o/326) m* Amulius (König von Alba Longa)
an etwa, ob, oder; *(utrum) ... an* (ob ...) oder; *quaerere, an* fragen, ob; *haud scio, an* ich weiß nicht, ob ... nicht = vielleicht
anceps, ancipitis *(i/342)* zweideutig, zweiseitig, unentschieden; *ancipiti fortunā* mit wechselndem Glück
Anchises, Anchisis *(kons./331) m* Anchises (Vater des Äneas)
ancilla, ancillae *(a/325) f* Magd, Dienerin
ancillula, ancillulae *(a/325) f* junge Magd
ancora, ancorae *(a/325) f* Anker
angere, ango, anxi, – *(3/380)* bedrücken, ängstigen
angiportum, angiporti *(o/327) n* enger Durchgang, Seitengasse
angor, angoris *(kons./331) m* Angst, Beklemmung
anguis, anguis *(g/339) m/f* Schlange, Drache
angulus, anguli *(o/326) m* Ecke, Winkel
angustiae, angustiarum *(a/325) f [plurale tantum]* Enge, Engpass; Verlegenheit, Not; *angustiae temporis* Zeitnot
angustus, angusta, angustum *(o/a/329)* eng, knapp, schmal; engherzig; *Res in angusto est.* Die Lage ist kritisch.
anhelus, anhela, anhelum *(o/a/329)* keuchend, zum Keuchen bringend
anilis, anilis, anile *(i/343)* altweiberhaft
anima, animae *(a/325) f* Lufthauch, Seele, Atem, Lebenskraft; *animam edere* die Seele aushauchen, sterben
animadversio, animadversionis *(kons./333) f* Wahrnehmung; Bestrafung, Rüge
animadvertere, animadverto, animadverti, animadversum *(3/380) [in + Akkusativ]* wahrnehmen, bemerken, beachten, Acht geben; einschreiten gegen, vorgehen gegen; strafen

animal, animalis *(i/338) n* Lebewesen, Tier
animalis, animalis, animale *(i/343)* luftig, belebt
animans, animantis *(i/342)* lebend; *substantivisch* Lebewesen
animare, animo, animavi, animatum *(1/380)* beseelen, beleben, ermutigen
animosus, animosa, animosum *(o/a/329)* leidenschaftlich, mutig
animus, animi *(o/326) m* Seele, Geist, Herz, Verstand, Sinn, Gemüt, Mut, Gesinnung, Absicht; *bono animo esse* guten Mutes sein; *animo (Ablativ) intendere* beabsichtigen; *animum attendere* aufpassen, beachten; *Iuvenes bono animo erant.* Die jungen Leute waren gut gelaunt.; *animi motus efferre* Gefühlsregungen Ausdruck geben
annales (libri), annalium *(kons./331) m* Jahrbücher, Annalen
annalis, annalis, annale *(i/343)* auf das Jahr bezogen; *annales (libri)* Jahrbücher
anniversarius, anniversaria, anniversarium *(o/a/329)* jährlich, jedes Jahr wiederkehrend
annona, annonae *(a/325) f* Jahresernte; Marktpreis; Teuerung
annosus, annosa, annosum *(o/a/329)* alt, bejahrt
annus, anni *(o/326) m* Jahr; Jahreszeit; *tot per annos* so viele Jahre lang; *multos annos* viele Jahre lang; *puer novem annorum* ein Junge von neun Jahren; *eodem anno* im gleichen Jahr
annuus, annua, annuum *(o/a/329)* einjährig, jährlich
anquirere, anquiro, anquisivi, anquisitum *(3/380)* aufspüren, aufsuchen, untersuchen
anser, anseris *(kons./332) m* Gans
ante *Adverb* vorher, früher; *paucis mensibus ante* wenige Monate zuvor
ante *(420) Präposition [Akkusativ]* vor
antea *Adverb* vorher, früher
antecapere, antecapio, antecepi, antecaptum *(5/380)* vorwegnehmen, im Voraus besetzen, vorher beschaffen
antecedere, antecedo, antecessi, antecessum *(3/380)* vorangehen, vorausgehen, überholen; übertreffen
antecellere, antecello, –, – *(3/380)* sich auszeichnen, hervorragen, übertreffen
anteferre, antefero, antetuli, antelatum *(unreg./400)* vorantragen; vorziehen
antegredi, antegredior, antegressus sum, – *(5/Deponens/392)* vorausgehen
ant(e)hac *Adverb* vorher
anteīre, anteeo, anteii, – *(unreg./414)* vorangehen, überholen, übertreffen
antemna, antemnae *(a/325) f* Segelstange, Rahe
anteponere, antepono, anteposui, antepositum *(3/380)* voranstellen, vorziehen
antequam *(422) Konjunktion* (mit Indikativ/Konjunktiv) ehe, bevor
antesignanus, antesignani *(o/326) m* Vorkämpfer, Elitesoldat
anteventīre, antevenio, anteveni, anteventum *(4/380)* zuvorkommen
antiquitas, antiquitatis *(kons./334) f* Altertum, (hohes) Alter
antiquitus *Adverb* von alters her, vor langer Zeit, seit alter Zeit
antiquus, antiqua, antiquum *(o/a/329)* alt, vergangen, altertümlich, altehrwürdig, wichtig; *antiquis temporibus* in früheren Zeiten
Antonius, Antonii *(o/326) m* Marcus Antonius, Mark Anton (Gegner Oktavians)
antrum, antri *(o/327) n* Höhle, Grotte
anulus, anuli *(o/326) m* Ring, Siegelring, Ritterring
anus, anus *(u/350) f* alte Frau, Greisin; *adjektivisch* alt, bejahrt

anxius, anxia, anxium *(o/a/329)* ängstlich, unruhig, besorgt, beunruhigend
Ap(p)enninus, Apennini *(o/326) m* Apenninen
aper, apri *(o/328) m* Wildschwein, Eber, Keiler
aperīre, aperio, aperui, apertum *(4/380)* öffnen, eröffnen, aufdecken; enthüllen, aufklären; *apertum est* es ist offenbar
apertus, aperta, apertum *(o/a/329)* offen, zugänglich, offenkundig
apex, apicis *(kons./332) m* Spitze, Kuppe, Priestermütze, Helm
apis, apis *(g/339) f* Biene
apisci, apiscor, aptus sum, – *(3/Deponens/392)* erringen, erlangen, bekommen, erreichen
apium, apii *(o/327) n* Sellerie
Apollo, Apollinis *(kons./333) m* Apollo
apparare, apparo, apparavi, apparatum *(1/380)* vorbereiten, zubereiten; erwerben, rüsten
apparatus, apparatus *(u/350) m* Zurüstung, Aufwand; Gerät, Prunk
apparēre, appareo, apparui, –, appariturus *(2/380)* erscheinen, sich zeigen; klar sein, offenkundig sein; *apparet* es ist klar, es ist offensichtlich/offenkundig; *Apparet te errare.* Offensichtlich irrst du dich.; *Frater vocatus statim apparuit.* Auf den Ruf hin erschien der Bruder sofort.
appellare, appello, appellavi, appellatum *(1/380)* anreden, nennen, ernennen; *(a mit Ablativ)* benennen (nach); *aliquem amicum appellare* jemanden als Freund bezeichnen
appellere, appello, appuli, appulsum *(3/380)* herantreiben, landen (lassen)
appetere, appeto, appetivi, appetitum *(3/380)* aufsuchen, angreifen, begehren, nahen, erstreben, verlangen; *gloriae appetens* ruhmsüchtig
appetitio, appetitionis *(kons./333) f [Genitiv]* Verlangen, Streben (nach)
appetitus, appetiti *(o/326) m [Genitiv]* Verlangen, Streben (nach)
applicare, applico, applicavi, applicatum *(1/380)* anfügen, andrücken, landen, anlanden
apponere, appono, apposui, appositum *(3/380)* hinzustellen, beifügen, hinzufügen
apportare, apporto, apportavi, apportatum *(1/380)* herbeitragen, herbeibringen
approbare, approbo, approbavi, approbatum *(1/380)* erproben, prüfen, billigen, darlegen, beweisen
approbatio, approbationis *(kons./333) f* Billigung, Zustimmung; Beweis
appropinquare, appropinquo, appropinquavi, appropinquatum *(1/380) [Dativ]* nahen, sich nähern
apricus, aprica, apricum *(o/a/329)* sonnig, besonnt
aptare, apto, aptavi, aptatum *(1/380)* anpassen, ausrüsten, zurechtmachen
aptus, apta, aptum *(o/a/329)* zusammengefügt, passend, geeignet; *orator aptus ad dicendum* ein guter Redner
apud *(420) Präposition [Akkusativ]* bei, nahe bei
aqua, aquae *(a/325) f* Wasser; *Plural* **aquae, aquarum** Gewässer, Heilquellen, Bad
aquaeductus, aquaeductus *(u/350) m* Wasserleitung, Aquädukt
aquari, aquor, aquatus sum, – *(1/Deponens/392)* Wasser holen
aquila, aquilae *(a/325) f* Adler, Legionsfeldzeichen
aquilo, aquilonis *(kons./333) m* Nordwind, Norden
aquosus, aquosa, aquosum *(o/a/329)* wasserreich, regenreich
ara, arae *(a/325) f* Altar
arare, aro, aravi, aratum *(1/380)* pflügen, ackern
aratio, arationis *(kons./333) f* Pflügen, Ackerbau

arator, aratoris *(kons./331) m* Pflüger, Pächter
aratrum, aratri *(o/327) n* Pflug
arbiter, arbitri *(o/328) m* Schiedsrichter, Augenzeuge
arbitrari, arbitror, arbitratus sum, – *(1/Deponens/392)* beobachten, annehmen, meinen, glauben, halten für, entscheiden
arbitratus, arbitratus *(u/350) m* Belieben, Ermessen; *arbitratu meo* nach meinem Gutdünken
arbitrium *(o/327) n* Entscheidung, Urteil, Willkür, Ermessen
arbor, arboris *(kons./331) f* Baum; *arbor Iovis* Eiche; *arbores caedere* Bäume fällen
arboreus, arborea, arboreum *(o/a/329)* baumartig, Baum-
arbustum, arbusti *(o/327) n* Baumpflanzung, Weingarten
arca, arcae *(a/325) f* Kiste, Truhe
arcanus, arcana, arcanum *(o/a/329)* verschwiegen, geheim
arcēre, arceo, arcui, – *(2/380)* in Schranken halten, fern halten, abhalten, abwehren
arcessere, arcesso, arcessivi, arcessitum *(3/380)* holen, herbeiholen, kommen lassen; vor Gericht fordern
Archimedes, Archimedis *(kons./334) m* Archimedes (griechischer Mathematiker)
architectus, architecti *(o/326) m* Baumeister, Architekt
arcus, arcus *(u/350) m* Bogen
ardēre, ardeo, arsi, arsurus *(2/380)* in Brand stehen, glühen, brennen
ardescere, ardesco, arsi, – *(3/380)* in Brand geraten, entbrennen, erglühen
ardor, ardoris *(kons./331) m* Glut, Hitze, Leidenschaft, Eifer, Begeisterung
arduus, ardua, arduum *(o/a/329)* hochragend, steil, schwierig
area, areae *(a/325) f* freie Fläche, Tenne, Bauplatz, Hof
arena, arenae *(a/325) f* Sand, Sandfläche; Kampfplatz
arēre, areo, arui, – *(2/380)* trocken sein, dürr sein; durstig sein
argentarius, argentarii *(o/326) m* Geldwechsler, Bankier
argentum, argenti *(o/327) n* Geld, Silber, Silbergeld; *argentum grave* massives Silber
arguere, arguo, argui, argutum *(3/380)* anklagen, bloßstellen, beschuldigen, erweisen; *aliquem sceleris arguere* jemanden eines Verbrechens bezichtigen
argumentari, argumentor, argumentatus sum, – *(1/Deponens/392)* Beweise anführen; überlegen
argumentum, argumenti *(o/327) n* Beweis, Beweismittel, Grund; Thema, Inhalt, Stoff
argutus, arguta, argutum *(o/a/329)* ausdrucksvoll, scharfsinnig, deutlich, helltönend
aridus, arida, aridum *(o/a/329)* trocken, dürr, durstig, Durst hervorrufend
aries, arietis *(kons./331) m* Widder, Sturmbock, Rammbock
arista, aristae *(a/325) f* Ähre, Spitze der Ähre, Granne
arma, armorum *(o/327) n [plurale tantum]* Rüstung, Waffen, Gerät; *arma capere* zu den Waffen greifen
armamenta, armamentorum *(o/327) n [plurale tantum]* Takelwerk, Segelwerk, Takelage
armare, armo, armavi, armatum *(1/380)* ausrüsten, bewaffnen
armatura, armaturae *(a/325) f* Bewaffnung, Truppengattung, Waffengattung
armatus, armati *(o/326) m* der Bewaffnete
armentum, armenti *(o/327) n* Großvieh, Rudel, Herde
armiger, armigera, armigerum *(o/a/330)* Waffen tragend, Waffen führend, kriegerisch
armipotens, armipotentis *(i/342)* kriegerisch, kriegsstark, waffenstark

armus, armi *(o/326) m* Arm, Schulterblatt, Vorderbug (eines Tieres)
arridēre, arrideo, arrisi, arrisum *(2/380) [Dativ]* anlächeln, zulächeln; gefallen
arrigere, arrigo, arrexi, arrectum *(3/380)* aufrichten, in gespannte Erwartung versetzen, anregen
arripere, arripio, arripui, arreptum *(5/380)* an sich reißen, an sich raffen, festhalten; *morbo arripi* von einer Krankheit befallen werden
arrogans, arrogantis *(i/342)* anmaßend
arrogantia, arrogantiae *(a/325) f* Anmaßung, Hochmut, Überheblichkeit
arrogare, arrogo, arrogavi, arrogatum *(1/380)* (durch Volksbeschluss) zuweisen; *sibi arrogare* sich anmaßen
ars, artis *(g/340) f* Kunst, Kunstgriff; Fertigkeit, Handwerk, Geschicklichkeit; Eigenschaft; *ars dicendi* Rhetorik, Redekunst; *malae artes* üble Machenschaften; *bonae artes* gute Eigenschaften
articulus, articuli *(o/326) m* Gelenk, Glied
artifex, artificis *(kons./332) m* Künstler, Schöpfer; *adjektivisch* kunstfertig
artificiosus, artificiosa, artificiosum *(o/a/329)* kunstvoll, kunstreich
artificium, artificii *(o/327) n* Kunstwerk, Handwerk, Fertigkeit; Theorie; *simulacrum summo artificio perfectum* ein künstlerisch vollendetes Götterbild
artus, artus *(u/350) m* Gelenk, Glied
artus, arta, artum *(o/a/329)* eng, knapp
arvum, arvi *(o/327) n* Ackerland, Gefilde, Flur, Getreidefeld
arx, arcis *(kons./332) f* Burg, Berggipfel; *septem arces Romanae* die sieben Hügel Roms
as, assis *(g/340) m* As (römische Münze)
ascendere, ascendo, ascendi, ascensum *(3/380)* hinaufsteigen, ersteigen, besteigen, erklimmen; *murum ascendere* auf die Mauer steigen
ascensus, ascensus *(u/350) m* Aufstieg
ascīre, ascio, ascivi, ascitum *(4/380)* annehmen, aufnehmen
asciscere, ascisco, ascivi, ascitum *(3/380)* annehmen, aufnehmen; sich aneignen, zuordnen
ascribere, ascribo, ascripsi, ascriptum *(3/380)* hinzufügen, hinzuschreiben, eintragen
asellus, aselli *(o/326) m* Esel
Asia, Asiae *(a/325) f* Asien, Kleinasien
asinus, asini *(o/326) m* Esel
aspectare, aspecto, aspectavi, aspectatum *(1/380)* anblicken, anschauen
aspectus, aspectus *(u/350) m* Aussehen, Anblick
asper, aspera, asperum *(o/a/330)* rau, grob, roh; bitter, herb; streng, barsch; *loca aspera* eine raue Gegend
aspergere, aspergo, aspersi, aspersum *(3/380)* bespritzen, besprengen
asperitas, asperitatis *(kons./334) f* Rauheit, schroffes Wesen
aspernari, aspernor, aspernatus sum, – *(1/Deponens/392)* ablehnen, verachten, verschmähen
aspicere, aspicio, aspexi, aspectum *(5/380)* anschauen, erblicken
aspirare, aspiro, aspiravi, aspiratum *(1/380)* wehen, entgegenwehen
asportare, asporto, asportavi, asportatum *(1/380)* wegschaffen, wegtragen, forttragen
assensio, assensionis *(kons./333) f* Zustimmung, Beifall
assensus, assensus *(u/350) m* Zustimmung, Beifall
assentari, assentor, assentatus sum, – *(1/Deponens/392)* beistimmen, zustimmen, schmeicheln
assentatio, assentationis *(kons./333) f* Schmeichelei
assentator, assentatoris *(kons./331) m* Schmeichler

assentīri, assentior, assensus sum, – *(4/Deponens/392)* zustimmen, beistimmen, beipflichten; *Id tibi non assentior.* Darin stimme ich dir nicht zu.
assequi, assequor, assecutus sum, – *(3/Deponens/392)* nachfolgen, einholen, erreichen, erlangen
asseverare, assevero, asseveravi, asseveratum *(1/380)* ernstlich verfahren, ernsthaft behaupten
assidēre, assideo, assedi, assessum *(2/380) [Dativ]* sitzen (bei), betreuen, beistehen; belagern
assiduitas, assiduitatis *(kons./334) f* Beharrlichkeit
assiduus, assidua, assiduum *(o/a/329)* fleißig, unermüdlich, beharrlich
assignare, assigno, assignavi, assignatum *(1/380)* zuweisen, verschreiben
assimulare, assimulo, assimulavi, assimulatum *(1/380)* vergleichen, für ähnlich halten; nachbilden, vortäuschen
assistere, assisto, asstiti, – *(3/380)* sich hinstellen, dazutreten; beistehen, helfen
assuefacere, assuefacio, assuefeci, assuefactum *(5/380)* gewöhnen
assuescere, assuesco, assuevi, assuetum *(3/380)* sich gewöhnen; *(Perfekt)* gewohnt sein (etwas zu tun), pflegen
assuetus, assueta, assuetum *(o/a/329)* gewohnt
assumere, assumo, assumpsi, assumptum *(3/380)* annehmen
assurgere, assurgo, assurrexi, assurrectum *(3/380)* aufstehen, sich erheben
assus, assa, assum *(o/a/329)* trocken; gebraten
ast *(422) Konjunktion* aber, jedoch, hingegen
astare, asto, astiti, – *(1/380)* dabeistehen; aufrecht stehen
astringere, astringo, astrinxi, astrictum *(3/380)* anziehen, zusammenziehen, fesseln
astrologus, astrologi *(o/326) m* Sterndeuter, Astrologe, Astronom
astrum, astri *(o/327) n* Gestirn, Stern, Sternbild
astus, astus *(u/350) m* List, Finte
astutus, astuta, astutum *(o/a/329)* listig, verschlagen
at *(422) Konjunktion* aber, jedoch, hingegen
ater, atra, atrum *(o/a/330)* schwarz, düster, dunkel, unheilvoll, böswillig; *dies ater* Unglückstag
Athenae, Athenarum *(a/325) f [plurale tantum]* Athen
Atheniensis, Atheniensis *(g/339) m* Athener
atomus, atomi *(o/326) m* Atom
atque *(422) Konjunktion* und, und dazu, und sogar, wie, ferner
atqui(n) *(422) Konjunktion* aber, doch, und doch, gleichwohl
atramentum, atramenti *(o/327) n* Tinte
atrium, atrii *(o/327) n* Halle, Atrium
atrocitas, atrocitatis *(kons./334) f* Wildheit, Grässlichkeit
atrox, atrocis *(i/342)* schrecklich, furchtbar, grässlich; wild, trotzig
attendere, attendo, attendi, attentum *(3/380)* aufmerken, Acht geben
attentus, attenta, attentum *(o/a/329)* aufmerksam, gespannt
atterere, attero, attrivi, attritum *(3/380)* abreiben, abschleifen, abnutzen; schwächen
Atticus, Attici *(o/326) m* Titus Pomponius Atticus (Freund Ciceros)
attinēre, attineo, attinui, attentum *(2/380)* zurückhalten, festhalten; von Belang sein
attingere, attingo, attigi, attactum *(3/380)* berühren, anrühren
attollere, attollo, –, – *(3/380)* emporheben, aufrichten
attonare, attono, attonavi, attonatum *(1/380)* betäuben; begeistern
attonitus, attonita, attonitum *(o/a/329)* (vom Donner) betäubt, bestürzt

attribuere, attribuo, attribui, attributum *(3/380)* zuteilen, zuweisen, zuschreiben
auceps, aucupis *(kons./331) m* Vogelfänger
auctio, auctionis *(kons./333) f* Versteigerung
auctor, auctoris *(kons./331) m* Förderer, Urheber, Gründer; Verfasser, Schriftsteller; Zeuge, Gewährsmann; *Caesare auctore* auf Veranlassung Cäsars
auctoritas, auctoritatis *(kons./334) f* Ansehen, Einfluss; Beschluss; Gutachten; Glaubwürdigkeit; *auctoritatem maiorum sequi* sich nach dem Beispiel der Vorfahren richten
audacia, audaciae *(a/325) f* Mut, Kühnheit, Verwegenheit, Wagemut, Keckheit
audax, audacis *(i/342)* mutig, kühn, frech, waghalsig, verwegen, keck
audēre, audeo, ausus sum, – *(2/380)* wagen, sich trauen, sich erdreisten; *audeo dicere* ich wage zu behaupten
audīre, audio, audivi, auditum *(4/380)* hören, anhören, zuhören
auditor, auditoris *(kons./331) m* Hörer, Schüler
auditus, auditus *(u/350) m* Gehör, Hörsinn; Hören, Hörfähigkeit
auferre, aufero, abstuli, ablatum *(unreg./400)* forttragen, wegnehmen, wegtragen; *se auferre* sich entfernen, verschwinden; *curas auferre* Sorgen beheben
aufugere, aufugio, aufugi, –, aufugiturus *(5/380)* entfliehen
augēre, augeo, auxi, auctum *(2/380)* vermehren, steigern, vergrößern, fördern
augur, auguris *(kons./336) m* Wahrsager, Augur
augurare, auguro, auguravi, auguratum *(1/380)* weissagen, ahnen
augurari, auguror, auguratus sum, – *(1/Deponens/392)* Wahrzeichen beobachten, weissagen, voraussagen, ahnen
augurium, augurii *(o/327) n* Vogelschau, Vorzeichen, Weissagung
augustus, augusta, augustum *(o/a/329)* erhaben, ehrwürdig, ehrfurchtsvoll; *mensis Augustus* Monat August
aula, aulae *(a/325) f* Halle, Hof; Fürstenhof, Königshof
aulaeum, aulaei *(o/327) n* Vorhang, Decke, Teppich
aura, aurae *(a/325) f* Luft, Lufthauch, Luftzug; Gunst; *aura popularis* Volksgunst
auratus, aurata, auratum *(o/a/329)* vergoldet
aureus, aurea, aureum *(o/a/329)* golden; *aetas aurea* das goldene Zeitalter
auricula, auriculae *(a/325) f* Ohrläppchen, Ohr
auriga, aurigae *(a/325) m* Wagenlenker, Fuhrmann
auris, auris *(g/339) f* Ohr; *aures dare/praebere* Gehör schenken, zuhören
aurora, aurorae *(a/325) f* Morgenröte
aurum, auri *(o/327) n* Gold
auscultare, ausculto, auscultavi, auscultatum *(1/380)* zuhören, anhören; gehorchen
auspex, auspicis *(kons./332) m* Vogelschauer; Leiter, Führer
auspicari, auspicor, auspicatus sum, – *(1/Deponens/392)* Vogelschau halten
auspicium, auspicii *(o/327) n* Vorzeichen; Vogelschau; Oberbefehl, Führung
auster, austri *(o/328) m* Südwind, Süden
austerus, austera, austerum *(o/a/329)* ernst, streng, herb
australis, australis, australe *(i/343)* südlich
ausum, ausi *(o/327) n* Wagnis
aut *(422) Konjunktion* entweder, oder; *aut … aut* entweder … oder
autem *(422) Konjunktion [nachgestellt]* aber, jedoch, ferner
autumnus, autumni *(o/326) m* Herbst

auxiliari, auxilior, auxiliatus sum, – *(1/Deponens/392)* helfen

auxiliaris, auxiliaris, auxiliare *(i/343)* helfend; *Plural* **auxiliares, auxiliarium** Hilfstruppen

auxiliarius, auxiliaria, auxiliarium *(o/a/329)* helfend, Hilfs-

auxilium, auxilii *(o/327) n* Hilfe, Unterstützung; *Plural* **auxilia, auxiliorum** Hilfstruppen, Hilfsmittel; *auxilio venire* zu Hilfe kommen; *auxilio mittere* zu Hilfe schicken

avaritia, avaritiae *(a/325) f* Geiz, Habgier, Habsucht

avarus, avara, avarum *(o/a/329) [Genitiv]* geizig, habgierig, habsüchtig

avehere, aveho, avexi, avectum *(3/380)* wegführen, wegbringen

avellere, avello, avelli/vulsi, avulsum *(3/380)* ausreißen, ausraufen, abreißen, wegreißen

avena, avenae *(a/325) f* Hafer, Halm, Rohr; Hirtenpfeife

Aventinus, Aventini *(o/326) m* Aventin (Hügel Roms)

avēre, aveo, –, – *(2/380)* begehren, verlangen

aversari, aversor, aversatus sum, – *(1/Deponens/392)* sich abwenden, zurückweisen

avertere, averto, averti, aversum *(3/380)* wegwenden, abwenden, abwehren

avia, aviae *(a/325) f* Großmutter

avidus, avida, avidum *(o/a/329) [Genitiv]* begierig nach, gierig, süchtig

avis, avis *(g/339) f* Vogel, Vorzeichen; *bonis avibus* mit guter Vorbedeutung

avitus, avita, avitum *(o/a/329)* großväterlich, ererbt

avius, avia, avium *(o/a/329)* abgelegen, einsam

avocare, avoco, avocavi, avocatum *(1/380)* wegrufen, ablenken, abziehen, abberufen

avunculus, avunculi *(o/326) m* Onkel (Bruder der Mutter)

avus, avi *(o/326) m* Großvater, Vorfahre

axis, axis *(g/339) m* Achse, Wagen, Himmelsgewölbe, Pol

B

babae potztausend!

baca, bacae *(a/325) f* Beere, Olive, Perle

bacchari, bacchor, bacchatus sum, – *(1/Deponens/392)* feiern, schwärmen, rasen

bacillum, bacilli *(o/327) n* Stäbchen

baculum, baculi *(o/327) n* Stab, Stock

balare, balo, balavi, balatum *(1/380)* blöken

balatus, balatus *(u/350) m* Blöken

balbus, balba, balbum *(o/a/329)* stammelnd, lallend, stotternd

ballista, ballistae *(a/325) f* Schleudermaschine

balneum, balnei *(o/327) n* Bad

balteus, baltei *(o/326) m* Gürtel, Wehrgehenk

barathrum, barathri *(o/327) n* Abgrund

barba, barbae *(a/325) f* Bart

barbaria, barbariae *(a/325) f* Ausland, Fremde; Barbarei, Rohheit

barbaricus, barbarica, barbaricum *(o/a/329)* ausländisch, fremd

barbarus, barbara, barbarum *(o/a/329)* ausländisch, ungebildet, roh; *substantivisch* Ausländer, Barbar

barbatus, barbata, barbatum *(o/a/329)* bärtig

basilica, basilicae *(a/325) f* Halle, Markthalle; Königshalle, Gerichtshalle

beare, beo, beavi, beatum *(1/380)* beschenken, beglücken

beatus, beata, beatum *(o/a/329)* glücklich, gesegnet, begütert, reich, beglückt

bellare, bello, bellavi, bellatum *(1/380)* Krieg führen, kämpfen

bellator, bellatoris *(kons./331) m* Krieger; *adjektivisch* kriegerisch, Kriegs-

bellicosus, bellicosa, bellicosum *(o/a/329)* kriegerisch, streitbar
bellicus, bellica, bellicum *(o/a/329)* zum Krieg gehörig, kriegerisch, Kriegs-; *laus bellica* Kriegsruhm
bellum, belli *(o/327) n* Krieg, Feldzug, Kampf; *bellum gerere* einen Krieg führen; *bellum ducere* den Krieg in die Länge ziehen
bellus, bella, bellum *(o/a/329)* hübsch, fein, nett
belua, beluae *(a/325) f* Untier, Ungeheuer
bene *Adverb* gut; *bene iudicare* richtig urteilen
beneficentia, beneficentiae *(a/325) f* Wohltätigkeit
beneficium, beneficii *(o/327) n* Wohltat, Gunsterweis, Gefälligkeit, Auszeichnung
beneficus, benefica, beneficum *(o/a/329)* wohltätig, gefällig
benevolentia, benevolentiae *(a/325) f* Wohlwollen
benevolus, benevola, benevolum *(o/a/329)* wohlwollend
benficium, benficii *(o/327) n* Wohltat, Auszeichnung, Vergünstigung
benignitas, benignitatis *(kons./334) f* Güte, Freigebigkeit
benignus, benigna, benignum *(o/a/329)* gutartig, gütig, freigebig
bestia, bestiae *(a/325) f* wildes Tier, Raubtier
bibere, bibo, bibi, – *(3/380)* trinken
bibulus, bibula, bibulum *(o/a/329)* durstig, aufsaugend
biceps, bicepitis *(i/342)* doppelköpfig
bidens, bidentis *(kons./334) f* Opfertier, Schaf
biduum, bidui *(o/327) n* Zeitraum von 2 Tagen, 2 Tage
biennium, biennii *(o/327) m* Zeitraum von 2 Jahren
bigae, bigarum *(a/325) f [plurale tantum]* Zweigespann
biiugus/biiugis, biiuga/biiugis, biiugum/biiuge *(o/a/329)* zweispännig; *substantivisch* Zweigespann
bilis, bilis *(g/339) f* Galle, Zorn
bini, binae, bina *(o/a/329)* je zwei
bipennis, bipennis, bipenne *(i/343)* zweischneidig; *substantivisch* Doppelaxt
bis *Adverb* zweimal
blandimentum, blandimenti *(o/327) n* Schmeichelei; *Plural* **blandimenta, blandimentorum** Lockung, Reiz
blandīri, blandior, blanditus sum, – *(4/Deponens/392)* schmeicheln
blanditia, blanditiae *(a/325) f* Schmeichelei; *Plural* **blanditiae, blanditiarum** Lockung, Reiz
blandus, blanda, blandum *(o/a/329)* schmeichelnd, einschmeichelnd, zärtlich, freundlich, einnehmend, lockend
bonitas, bonitatis *(kons./334) f* Vorzüglichkeit, Güte, Rechtschaffenheit
bonum, boni *(o/327) n* das Gut, das Gute, gute Eigenschaft, Nutzen; *Plural* **bona, bonorum** Güter, Besitz; *summum bonum* das höchste Gut; *bono esse* vorteilhaft sein
bonus, bona, bonum *(o/a/329)* gut, tüchtig, anständig
boreas, boreae *m* Nordwind, Norden
bos, bovis *(kons./331) m/f* Ochse, Rind, Kuh
braca, bracae *(a/325) f* Hose
bracchium, bracchii *(o/327) n* Arm
brevi *Adverb* bald darauf, nächstens
brevis, brevis, breve *(i/343)* kurz, gering; *brevi tempore* bald darauf, in kurzer Zeit
brevitas, brevitatis *(kons./334) f* Kürze
Britannia, Britanniae *(a/325) f* Britannien
Britannus, Britanni *(o/326) m* Britannier
bruma, brumae *(a/325) f* Wintersonnenwende, Winter, Winterkälte

Brutus, Bruti *(o/326) m* Lucius Iunius Brutus (Befreier Roms von der Königsherrschaft); Decimus Iunius Brutus (Mörder Cäsars)
bubulus, bubula, bubulum *(o/a/329)* Rinder-, Ochsen-
bustum, busti *(o/327) n* Grabmal, Grab
buxus, buxi *(o/326) f* Buchsbaum, Buchsbaumholz; Flöte; Kreisel; Kamm

C

C. Caesar
C. Gaius (Vorname)
C (centum) hundert
caballus, caballi *(o/326) m* Pferd, Gaul
cacumen, cacuminis *(kons./336) n* Spitze, Gipfel, Wipfel
cadaver, cadaveris *(kons./332) n* Leichnam, Aas
cadere, cado, cecidi, –, casurus *(3/380)* fallen, stürzen, in etwas geraten; umkommen; *Sideres cadunt.* Die Sterne gehen unter.; *in servitutem cadere* in Knechtschaft geraten; *Sol cadit* Die Sonne sinkt/geht unter.
caducus, caduca, caducum *(o/a/329)* hinfällig, vergänglich; *spes caduca* nichtige Hoffnung
cadus, cadi *(o/326) m* Krug
caecitas, caecitatis *(kons./334) f* Blindheit, Verblendung
caecus, caeca, caecum *(o/a/329)* blind, dunkel, verblendet; unsichtbar
caedere, caedo, cecidi, caesum *(3/380)* hauen, niederhauen, schlagen, fällen, töten
caedes, caedis *f* Morden, Mord, Blutbad, Gemetzel
caelebs, caelibis *(i/342)* unvermählt, unverheiratet, ehelos (Mann)
caeles, caelitis *(i/342)* himmlisch
caelestes, caelestium *(kons./331) m/f* Götter, Gottheiten
caelestis, caelestis, caeleste *(i/343)* himmlisch, göttlich, am Himmel
caelicola, caelicolae *(a/325) m* Himmelsbewohner, Gottheit
caelites, caelitum *(kons./331) m [poetisch]* die Himmlischen, Götter
caelum, caeli *(o/327) n* Himmel, Wetter, Klima; *caelum mutare* einen Ortswechsel vornehmen; *caelum salubre* heilsames Klima
caementum, caementi *(o/327) n* Haustein
caenum, caeni *(o/327) n* Schmutz, Unrat
caerimonia, caerimoniae *(a/325) f* Verehrung, religiöse Feier, Feierlichkeit, Ehrfurcht
caeruleus/caerul(e)us, caerulea, caeruleum *(o/a/329)* blau, dunkel, dunkelfarbig
Caesar, Caesaris *(kons./331) m* Gaius Iulius Caesar
caesaries, caesariei *(e/351) f* Haupthaar, Mähne
caespes, caespitis *(kons./331) m* Rasen, Rasenstück
caestus, caestus *(u/350) m* Schlagriemen, Kampfriemen (des Faustkämpfers)
caetra, caetrae *(a/325) f* leichter Lederschild
caetratus, caetrata, caetratum *(o/a/329)* mit leichtem Schild bewaffnet
calamitas, calamitatis *(kons./334) f* Schaden, Unglück, Unheil, Unglücksfall, Niederlage, Unfall
calamitosus, calamitosa, calamitosum *(o/a/329)* schädlich, unheilvoll, verderblich
calamus, calami *(o/326) m* Rohr, Halm, Stängel; Rohrflöte
calathus, calathi *(o/326) m* Korb, Schale
calcar, calcaris *n* Sporn
calcare, calco, calcavi, calcatum *(1/380)* (auf etwas) treten, betreten, stampfen, mit Füßen treten, unterdrücken
calceus, calcei *(o/326) m* Schuh, Stiefel, Halbstiefel

calēre, calēo, calui, – *(2/380)* warm sein, heiß sein, glühen
calidus, calida, calidum *(o/a/329)* warm, hitzig, heiß
caligo, caliginis *(kons./333) f* dunkler Nebel, Finsternis, Qualm, Dunkel, Finsternis
calix, calicis *(kons./332) m* Becher, Kelch, Schüssel
calliditas, calliditatis *(kons./334) f* Klugheit, Gewandtheit, Schläue
callidus, callida, callidum *(o/a/329)* gewitzigt, gewitzt, gewandt, erfahren, klug, verschlagen, schlau
calo, calonis *(kons./333) m* Trossknecht
calor, caloris *(kons./331) m* Wärme, Hitze; Leidenschaft
calumnia, calumniae *(a/325) f* falsche Anklage, Verleumdung, Schikane
calumniari, calumnior, calumniatus sum, – *(1/Deponens/392)* fälschlich anklagen, verleumden
calx, calcis *(kons./332) f* Kalk
calx, calcis *(kons./331) f* Ferse, Huf
caminus, camini *(o/326) m* Kamin, Kaminfeuer, Ofen, Schmelzofen, Esse
Campania, Campaniae *(a/325) f* Kampanien (Landschaft südlich von Rom)
campester, campestris, campestre *(i/344)* in der Ebene befindlich, eben
campus, campi *(o/326) m* Ebene, Feld, freier Platz; *campus Martius* das Marsfeld
canalis, canalis *(g/339) m* Röhre, Wasserrinne
cancelli, cancellorum *(o/326) m [plurale tantum]* Gitter, Schranken
cancer, cancri *(o/328) m* Krebs
candēre, candēo, candui, – *(2/380)* weiß sein, glänzen, schimmern
candidatus, candidata, candidatum *(o/a/329)* weiß gekleidet; *substantivisch* Amtsbewerber
candidus, candida, candidum *(o/a/329)* blendend weiß, glänzend; lauter; *candida hora* glückliche Stunde; *candidus amicus* aufrichtiger Freund
candor, candoris *(kons./331) m* weißer Glanz, Klarheit; Aufrichtigkeit
canere, cano, cecini, – *(3/380)* singen, besingen; (ein Instrument) spielen, blasen; *signum canere* ein Signal blasen (zum Angriff, Rückzug ...)
canēre, caneo, –, – *(2/380)* grau sein, weiß sein
canis, canis *(g/341) m/f* Hund, Hündin; *Cave canem!* Vorsicht vor dem Hund!
canities, canitiei *(e/351) f* Grau, graues Haar, Alter
canna, cannae *(a/325) f* Rohr, Schilf
Cannae, Cannarum *(a/325) f* Cannä (Ort in Apulien)
canorus, canora, canorum *(o/a/329)* wohltönend, harmonisch
cantare, canto, cantavi, cantatum *(1/380)* singen, besingen; spielen
cantor, cantoris *(kons./331) m* Sänger
cantus, cantus *(u/350) m* Gesang, Klang, Schall; *cantum movere* ein Lied anstimmen
canus, cana, canum *(o/a/329)* grau, alt
capax, capacis *(i/342)* viel fassend, geräumig, empfänglich
capella, capellae *(a/325) f* Ziege
caper, capri *(o/328) m* Ziegenbock
capere, capio, cepi, captum *(5/380)* fassen, nehmen, ergreifen, erobern, besetzen, bekommen, begreifen; *consilium capere* einen Beschluss fassen; *consulatum capere* das Konsulat antreten; *praemium capere* eine Belohnung erhalten; *dolorem capere* Schmerz empfinden; *infamiam capere* Schande auf sich laden; *quietem capere* Ruhe finden; *homines liberalitate capere* die Leute durch Freigiebigkeit für sich gewinnen; *urbem capere* die Stadt einnehmen; *castra capere* das Lager erobern; *montem capere* den Berg

besetzen; *naves capere* Schiffe kapern; *mente/animo capere* begreifen; *mente captus* schwachsinnig

capessere, capesso, capessivi, capessitum *(3/380)* ergreifen, packen; *praedam capessere* sich die Beute schnappen; *rem publicam capessere* die politische Laufbahn einschlagen, sich für das Gemeinwesen einsetzen

capillus, capilli *(o/326) m* Haar

capitalis, capitalis, capitale *(i/343)* das Leben betreffend, tödlich

Capitolium, Capitolium *(o/327) n* Kapitol (Hügel Roms mit Burg und Tempel Jupiters)

capra/caprella, caprae/caprellae *(a/325) f* Ziege

caprea, capreae *(a/325) f* Reh, wilde Ziege

capsa, capsae *(a/325) f* Behälter, Kapsel

captare, capto, captavi, captatum *(1/380)* zu fassen versuchen, haschen, greifen, fangen; *misericordiam captare* auf Mitleid aus sein

captiosus, captiosa, captiosum *(o/a/329)* betrügerisch, verfänglich

captivitas, captivitatis *(kons./334) f* Gefangenschaft, Eroberung

captivus, captivi *(o/326) m* Gefangener, Kriegsgefangener; *adjektivisch* gefangen, kriegsgefangen

capulus, capuli *(o/326) m* Griff, Schwertgriff

caput, capitis *(kons./336) n* Kopf, Haupt; Hauptsache; Hauptstadt; *poena capitis* Todesstrafe; *capitis accusare* auf Tod und Leben verklagen; *capitis damnare* zum Tode verurteilen; *caput amnis* Quelle/Mündung eines Flusses; *capite demisso* mit gesenktem Haupt

carbo, carbonis *(kons./333) m* Kohle

carcer, carceris *(kons./332) n* Gefängnis, Kerker; *Plural* **carceres, carcerum** Schranken

cardo, cardinis *(kons./333) m* Türangel, Drehpunkt, Achse

carēre, careo, carui, –, cariturus *(2/380) [Ablativ]* nicht haben, entbehren; sich enthalten; frei sein; *pecuniā carere* kein Geld haben; *amicis carere* keine Freunde haben; *vino carere* keinen Wein haben (auf Wein verzichten); *libertate carere* keine Freiheit haben

carina, carinae *(a/325) f* Schiffskiel, Schiff

caritas, caritatis *(kons./334) f* hoher Wert, Liebe, liebevolle Zuwendung, Fürsorge; Teuerung, hohe Lebenshaltungskosten

carmen, carminis *(kons./336) n* Lied, Gesang, Gedicht, Spruch, Formel

carnifex, carnificis *(kons./332) m* Henker, Scharfrichter, Peiniger

caro, carnis *(kons./331) f* Fleisch

carpere, carpo, carpsi, carptum *(3/380)* pflücken, abreißen, genießen

carrus, carri *(o/326) m* Karren, vierrädriger Wagen

Carthaginiensis, Carthaginiensis, Carthaginiense *(i/343)* karthagisch; *substantivisch* Karthager

Carthago, Carthaginis *(kons./333) f* Karthago

carus, cara, carum *(o/a/329)* lieb, wert, wertvoll, teuer

casa, casae *(a/325) f* Hütte

caseus, casei *(o/326) m* Käse

Cassius, Cassii *(o/326) m* Gaius Cassius Longinus (Mörder Cäsars)

castanea, castaneae *(a/325) f* Kastanienbaum, Kastanie

castellum, castelli *(o/327) n* Befestigung, Schanze, kleines Lager, Kastell

castigare, castigo, castigavi, castigatum *(1/380)* züchtigen, strafen, tadeln

castrensis, castrensis, castrense *(i/343)* zum Lager gehörig

castrum, castri *(o/327) n* fester Platz, Burg; *Plural* **castra, castrorum** Lager, Feldlager, Kriegsdienst

castus, casta, castum *(o/a/329)* rein, sittenrein, fromm, keusch

casu *Adverb* zufällig

casus, casus *(u/350) m* Fall, Zufall; Untergang, Unfall; *Plural* **casus, casuum** Wechselfälle (des Lebens); *in casu positum esse* auf Zufall beruhen

catena, catenae *(a/325) f* Kette, Fessel

caterva, catervae *(a/325) f* Schar, Trupp

Catilina, Catilinae *(a/325) f* Lucius Sergius Catilina

catillus, catilli *(o/326) m* Schüsselchen

catinus, catini *(o/326) m* Schüssel, Napf

Cato, Catonis *(kons./333) m* Marcus Porcius Cato Uticensis

catulus, catuli *(o/327) m* Junges, junger Hund

catus, cata, catum *(o/a/329)* gescheit, gewitzt, schlau

cauda, caudae *(a/325) f* Schweif, Schwanz

caulis, caulis *(g/339) f* Stängel; Kohl

caupo, cauponis *(kons./333) m* Gastwirt

caupona, cauponae *(a/325) f* Schenke, Gastwirtschaft

caurus, cauri *(o/326) m* Nordwestwind

causa, causae *(a/325) f* Ursache, Grund; Rechtssache, Rechtsstreit, Prozess, Sache; *mea causā* meinetwegen; *aliqua ex causa* aus irgendeinem Grund; *his de causis* aus folgenden Gründen; *amicorum causā* wegen der Freunde, um der Freunde willen; *ea/qua de causa* aus diesem Grund, deshalb, deswegen; *salutis causā* um der Rettung willen; *discendi causā* um zu lernen, zum Lernen; *rei publicae causā* um des Staates willen; *per causam* unter dem Vorwand; *causam agere* einen Prozess führen; *causam alicuius dicere* jemanden vor Gericht verteidigen; *dies causae dicendae* Prozesstermin

cautes, cautis *f* Klippe, Riff

cautus, cauta, cautum *(o/a/329)* vorsichtig, gewitzt

cavare, cavo, cavavi, cavatum *(1/380)* aushöhlen

cavea, caveae *(a/325) f* Käfig; Zuschauerraum (im Theater)

cavēre, caveo, cavi, cautum *(2/380) [Akkusativ]* sich vorsehen, sich hüten, sich in Acht nehmen vor, Acht geben; *Cave canem!* Nimm dich vor dem Hund in Acht!; *Cave(, ne) credas!* Glaub das bloß nicht!

caverna, cavernae *(a/325) f* Höhlung, Höhle

cavus, cava, cavum *(o/a/329)* hohl, gewölbt

cedere, cedo, cessi, cessum *(3/380)* gehen, weichen, nachgeben, zufallen; *loco cedere* von der Stelle weichen

cedo! *[Plural cette!]* gib her! gebt her! her damit!

cedrus, cedri *(o/326) f* Zeder, Zedernholz, Zedernöl

celare, celo, celavi, celatum *(1/380)* verhüllen, verhehlen, verbergen, verheimlichen; *Consilium meum te celo.* Ich verberge meinen Plan vor dir.

celeber, celebris, celebre *(i/344)* volkreich, viel besucht, dicht bevölkert, gefeiert, berühmt, kultiviert

celebrare, celebro, celebravi, celebratum *(1/380)* besuchen, umdrängen, beleben, preisen, feiern, verherrlichen

celebritas, celebritatis *(kons./334) f* Belebtheit; Berühmtheit

celer, celeris, celere *(i/344)* schnell, rasch; *spe celerius* unerwartet schnell

celerare, celero, celeravi, celeratum *(1/380)* eilen, beschleunigen

celeritas, celeritatis *(kons./334) f* Schnelligkeit

cella, cellae *(a/325) f* Zelle, Keller, Kammer

celsus, celsa, celsum *(o/a/329)* hochragend, erhaben, großherzig

cena, cenae *(a/325) f* Mahl, Mahlzeit, Essen; *ad cenam invitare* zum Essen einladen

cenare, ceno, cenavi, cenatum *(1/380)* essen, speisen

censēre, censeo, censui, censum *(2/380)* schätzen, abstimmen, beschließen, meinen; *Cato censuit Cartha-*

ginem delendam esse. Cato meinte, dass Karthago zerstört werden müsse.; *Senatus censuit, ut Carthago deleretur.* Der Senat beschloss, Karthago zu zerstören.

censor, censoris *(kons./331) m* Schätzer, Zensor (römischer Beamter)

censorius, censoria, censorium *(o/a/329)* zensorisch

censura, censurae *(a/325) f* Amt des Zensors, Zensur

census, census *(u/350) m* Schätzung, Vermögensschätzung; geschätztes Vermögen

centesimus, centesima, centesimum *(o/a/329)* der hundertste

centimanus, centimana, centimanum *(o/a/329)* hundertarmig

centum hundert

centuria, centuriae *(a/325) f* Hundertschaft, Zenturie (60. Teil einer Legion)

centurio, centurionis *(kons./333) m* Führer einer Zenturie, Zenturio

cera, cerae *(a/325) f* Wachs, Wachstafel

cerebrum, cerebri *(o/327) n* Hirn, Gehirn, Verstand

Ceres, Cereris *(kons./331) f* Ceres

cernere, cerno, crevi, cretum *(3/380)* scheiden, sichten, wahrnehmen, erkennen, sehen

certamen, certaminis *(kons./336) n* Kampf, Streit, Wettstreit, Wettkampf

certare, certo, certavi, certatum *(1/380)* streiten, kämpfen, wetteifern

certatim um die Wette

certatio, certationis *(kons./333) f* Wetteifer, Wettkampf, Streit

certe *Adverb* mit Gewissheit, sicherlich, wenigstens

certo *Adverb* sicher

certus, certa, certum *(o/a/329)* bestimmt, sicher, gewiss, zuverlässig; *aliquem certiorem facere* jemanden benachrichtigen/unterrichten

cerva, cervae *(a/325) f* Hirschkuh, Hirsch

cervisia, cervisiae *(a/325) f* Bier

cervix, cervicis *(kons./332) f [meist Plural]* Hals, Nacken

cervus, cervi *(o/326) m* Hirsch

cessare, cesso, cessavi, cessatum *(1/380)* zögern, säumen, rasten, nachlassen, aufhören, ruhen

ceteri, ceterae, cetera *(o/a/329)* die übrigen

ceterum *Adverb* übrigens, im übrigen, aber, doch

ceu *Adverb* so wie, wie, wie wenn

chaos *n [Ablativ chao]* Chaos, Leere, Unterwelt

charta, chartae *(a/325) f* Papyrus, Papier, Blatt, Schriftstück, Schriftrolle

chlamys, chlamydis *(kons./331) f* Kriegsmantel, Überwurf

chorda, chordae *(a/325) f* Saite

chorea, choreae *(a/325) f* Chortanz, Reigen

chorus, chori *(o/326) m* Chor, Schar, Reigen

Christiani, Christianorum *(o/326) m* die Christen

Christus, Christi *(o/326) m* Christus; *ante Christum natum (a.Chr.n.)* vor Christi Geburt, vor Christus; *post Christum natum (p.Chr.n.)* nach Christi Geburt, nach Christus

cibaria, cibariorum *(o/327) n* Lebensmittel

cibus, cibi *(o/326) m* Speise, Essen, Nahrung; *copia ciborum* Vorrat an Nahrungsmitteln; *levis cibus* leichte Kost

cicada, cicadae *(a/325) f* Grille, Zikade

cicer, ciceris *(kons./332) n* Kichererbse

Cicero, Ciceronis *(kons./333) m* Marcus Tullius Cicero

ciconia, ciconiae *(a/325) f* Storch

cicuta, cicutae *(a/325) f* Schierling

ciēre, cieo, civi, citum *(2/380)* in Bewegung setzen, rufen, herbeirufen

Cincinnatus, Cincinnati *(o/326) m* Lucius Qinctius Cincinnatus (Konsul und Diktator)

cingere, cingo, cinxi, cinctum *(3/380)* umgürten, umschließen, umzingeln, umgeben
cingulum, cinguli *(o/327) n* Gürtel
cinis, cineris *(kons./331) m* Asche
cippus, cippi *(o/326) m* Spitzsäule (als Grabmal)
circa/circum *(420) Präposition [Akkusativ]* ringsum, um ... herum, bei (zeitlich gegen), über; *adverbial* ringsum
circiter *Adverb* ungefähr
circu(m)itus, circuitus *(u/350) m* Umweg, Umfang, Umkreis
circulus, circuli *(o/326) m* Kreis, Versammlung, Kreisbahn
circum *(420) Präposition [Akkusativ]* um herum
circumagere, circumago, circumegi, circumactum *(3/380)* wenden, im Kreis drehen, umhertreiben
circumcidere, circumcido, circumcidi, circumcisum *(3/380)* (ringsum) abschneiden
circumdare, circumdo, circumdedi, circumdatum *(1/380)* umgeben
circumducere, circumduco, circumduxi, circumductum *(3/380)* herumführen; betrügen, prellen
circumfundere, circumfundo, circumfusi, circumfusum *(3/380)* herumgießen, umgeben
circumicere, circumicio, circumieci, circumiectum *(5/380)* legen, stellen um, mit etwas umgeben *(mit Ablativ)*
circumīre, circumeo, circumii, circumitum *(unreg./414)* herumgehen, umgehen, umschreiten, umzingeln, besichtigen
circummittere, circummitto, circummisi, circummissum *(3/380)* (um etwas) herumschicken
circummunīre, circummunio, circummunivi, circummunitum *(4/380)* (rings) ummauern, umgeben
circumsedēre, circumsedeo, circumsedi, circumsessum *(2/380)* umzingeln, belagern
circumsistere, circumsisto, circumsteti/circumstiti, – *(3/380)* umringen
circumspicere, circumspicio, circumspexi, circumspectum *(5/380)* sich umschauen, suchen; mustern, betrachten; erwägen
circumstare, circumsto, circumsteti, – *(1/380)* herumstehen, umherstehen, umringen
circumvallare, circumvallo, circumvallavi, circumvallatum *(1/380)* verschanzen, einschließen
circumvehi, circumvehor, circumvectus sum, – *(3/Deponens/392)* herumfahren, umfahren
circumvenīre, circumvenio, ccircumveni, circumventum *(4/380)* umschließen, umzingeln, umringen, bedrängen
circus, circi *(o/326) m* Ring, Kreis, Rennbahn, Zirkus
cis/citra *(420) Präposition* diesseits
citare, cito, citavi, citatum *(1/380)* beschleunigen, herbeirufen, aufrufen, vorladen
citerior, citerior, citerius *(i/343)* diesseitig
cithara, citharae *(a/325) f* Zither
cito *Adverb* schnell
citra *Adverb* diesseits
citra *(420) Präposition [Akkusativ]* diesseits, (zeitlich) vor
citus, cita, citum *(o/a/329)* schnell, eilig
civicus, civica, civicum *(o/a/329)* bürgerlich, Bürger-
civilis, civilis, civile *(i/343)* bürgerlich, öffentlich, staatlich, politisch; *bellum civile* Bürgerkrieg
civis, civis *(g/339) m* Bürger, Mitbürger, Staatsbürger; *societas civium* Gemeinschaft aller Bürger
civitas, civitatis *(kons./334) f* Bürgerrecht, Staat, Gemeinde, Bürgerschaft
clades, cladis *f* Unglück, Niederlage, Schaden, Verlust; *cladem accipere* eine Niederlage einstecken; *aliquem clade afficere* jemandem eine Niederlage einbringen
clam *Adverb* heimlich, insgeheim
clamare, clamo, clamavi, clamatum *(1/380)* schreien, rufen, nennen
clamitare, clamito, clamitavi, clamitatum *(1/380)* schreien

clamor, clamoris *(kons./331) m* Lärm, Geschrei; *clamore sublato* unter großem Geschrei
clanculum *Adverb* heimlich
clandestinus, clandestina, clandestinum *(o/a/329)* heimlich
clangor, clangoris *(kons./331) m* Klang, Geschrei, Schmettern
claritudo, claritudinis *(kons./333) f* Helle, Berühmtheit
clarus, clara, clarum *(o/a/329)* laut, klar, hell, berühmt
classis, classis *(g/339) f* Aufgebot, Abteilung; Flotte; Klasse, Steuerklasse, Stand; *classem ornare* eine Flotte ausrüsten
claudere, claudo, clausi, clausum *(3/380)* schließen, verschließen, abschließen, einschließen
claudus, clauda, claudum *(o/a/329)* lahm
claustra, caustrorum *(o/327) n [plurale tantum]* Riegel, Verschluss
clavis, clavis, clave *(i/343)* Schlüssel
clavus, clavi *(o/326) m* Nagel; Steuerruder; Pupursaum
clemens, clementis *(i/342)* mild, sanft, nachsichtig
clementia, clementiae *(a/325)* Milde, Sanftheit, Nachsicht; *clementia in victos uti* die Besiegten milde behandeln
Cleopatra, Cleopatrae *(a/325) f* Kleopatra
cliens, clientis *(kons./334) m* der Hörige, Schützling, Klient
clientela, clientelae *(a/325) f* Abhängigkeit; Anhang, Klientel
clipeus/clupeus, clipea, clipeum *(o/a/329)* Rundschild, Scheibe
clitellae, clitellarum *(a/325) f* Packsattel, Saumsattel
clivus, clivi *(o/326) m* Abhang, Anstieg, Hügel
clunis, clunis *(g/339) f* Steiß, Hinterbacken
Cn. Gnaeus (Vorname)
coaequare, coaequo, coaequavi, coaequatum *(1/380)* angleichen, einebnen
coalescere, coalesco, coalui, coalitum *(3/380)* zusammenwachsen, anwachsen
coarguere, coarguo, coargui, coargutum *(3/380)* deutlich dartun; überführen
codex, codicis *(kons./332) m* Stamm, Baumstamm; Schreibtafel, Buch
codicilli, codicillorum *(o/326) m [plurale tantum]* Schreibtafel, Brief
coëmere, coëmo, coëmi, coëmptum *(3/380)* zusammenkaufen, aufkaufen
coepisse, coepi, coeptum, – *(3/380)* angefangen haben
coeptare, coepto, coeptavi, coeptatum *(1/380)* anfangen, beginnen
coeptum, coepti *(o/327) n* Vorhaben, Unternehmen
coërcēre, coërceo, coërcui, coërcitum *(2/380)* zusammenhalten, festhalten, in Schranken halten, zügeln, strafen, züchtigen; *iram coercere* den Zorn bezwingen
coetus, coetus *(u/350) m* Zusammentreffen, Zusammenkunft, Vereinigung, Versammlung; *coetūs occulti* geheime Zusammenkünfte
cogere, cogo, coegi, coactum *(3/380)* zwingen; zusammentreiben, sammeln, versammeln; *cogi (Infinitiv Passiv)* sich sammeln; *metu coactus* aus Furcht; *In patriam redire coactus sum.* Ich bin gezwungen, in die Heimat zurückzukehren.
cogitare, cogito, cogitavi, cogitatum *(1/380)* denken, erdenken, bedenken, überlegen, erwägen, beabsichtigen, planen; *Multa cum animo cogitabam.* Ich machte mir viele Gedanken.; *Quid nunc facere cogitas?* Was hast du jetzt vor?
cogitatio, cogitationis *(kons./333) f* Denken, Gedanke, Überlegung
cognatio, cognationis *(kons./333) f* (Bluts-)Verwandtschaft, Sippe
cognatus, cognata, cognatum *(o/a/329)* blutsverwandt

cognitio, cognitionis *(kons./333) f* Erkenntnis, Untersuchung
cognitor, cognitoris *(kons./331) m* Rechtsanwalt
cognitus, cognita, cognitum *(o/a/329)* erprobt, erkannt
cognomen, cognominis *(kons./336) n* Beiname
cognoscere, cognosco, cognovi, cognitum *(3/380)* erkennen, bemerken, erfahren, untersuchen, kennen lernen; *cognovisse* kennen; *Cognovi vos integros fidosque.* Ich kenne euch als anständige und zuverlässige Männer.; *causa cognita* nach Untersuchung des Streitfalles
cohaerēre, cohaereo, cohaesi, –, cohaesurus *(2/380)* zusammenhängen
coheres, coheredis *(kons./334) m/f* Miterbe, Miterbin
cohibēre, cohibeo, cohibui, cohibitum *(2/380)* zusammenhalten, festhalten, aufhalten, einschließen, zügeln, bezähmen
cohors, cohortis *(g/340) f* Gehege, Gefolge, Kohorte (10. Teil einer Legion), Schar
cohortari, cohortor, cohortatus sum, – *(1/Deponens/392)* aufmuntern, auffordern, anfeuern
cohortatio, cohortationis *(kons./333) f* Aufmunterung, Ansprache
coīre, coeo, coii, coitum *(unreg./414)* zusammenkommen, sich vereinigen
coitus, coitus *(u/350) m* Vereinigung, Beischlaf
colere, colo, colui, cultum *(3/380)* pflegen; ehren, verehren; bebauen, bewohnen; ausbilden; *agros colere* Felder bestellen; *hortum colere* einen Garten anlegen, im Garten arbeiten; *urbem colere* in einer Stadt wohnen; *corpus colere* Körperpflege betreiben, sich schmücken; *matrem colere* die Mutter respektvoll behandeln; *bonos mores colere* die guten Sitten in Ehren halten; *deos colere* die Götter verehren; *sacra colere* ein Opfer darbringen; *oratio culta* eine gewählte Rede, wohl gesetzte Worte; *animus cultus* Bildung
collabi, collabor, collapsus sum, – *(3/Deponens/392)* zusammenstürzen, zusammensinken
collatio, collationis *(kons./333) f* Zusammentragen; Vergleich; Beitrag (Geld)
collaudare, collaudo, collaudavi, collaudatum *(1/380)* wortreich rühmen, nachdrücklich loben
collega, collegae *(a/325) m* Amtsgenosse
collegium, collegii *(o/327) n* Beamtenkörper, Vereinigung
collidere, collido, collisi, collisum *(3/380)* zusammenstoßen (transitiv), zerschlagen
colligare, colligo, colligavi, colligatum *(1/380)* zusammenbinden, verbinden, verknüpfen
colligere, colligo, collegi, collectum *(3/380)* zusammensuchen, sammeln, auflesen
collis, collis *(g/339) m* Hügel, Anhöhe
collocare, colloco, collocavi, collocatum *(1/380)* aufstellen, anlegen, errichten, unterbringen
colloqui, colloquor, collocutus sum, – *(3/Deponens/392)* sich unterreden, sich besprechen, sich unterhalten
colloquium, colloquii *(o/327) n* Unterredung, Gespräch
collucēre, colluceo, colluxi, – *(2/380)* leuchten, glänzen
collum, colli *(o/327) n* Hals; Stängel (einer Pflanze)
collustrare, collustro, collustravi, collustratum *(1/380)* (hell) erleuchten, genau betrachten, mustern
colonia, coloniae *(a/325) f* Siedlung, Ansiedlung, Kolonie, Niederlassung; *coloniam constituere* eine Niederlassung gründen
colonus, coloni *(o/326) m* Bauer, Siedler, Pächter, Kolonist
color, coloris *(kons./331) m* Farbe, Färbung
coluber, colubri *(o/328) m* (kleine) Schlange
columba, columbae *(a/325) f* Taube
columen, columinis *(kons./336) n* Gipfel, First
columna, columnae *(a/325) f* Säule, Pfeiler
coma, comae *(a/325) f* Haupthaar; (poetisch) Laub

comans, comantis *(i/342)* behaart; belaubt
comburere, comburo, combussi, combustum *(3/380)* verbrennen
comedere, comedo, comedi, comesum *(3/380)* verzehren, aufessen, verprassen
comere, como, compsi, comptum *(3/380)* kämmen, flechten, umwinden
comes, comitis *(kons./331) m/f* Begleiter, Begleiterin, Gefährte, Gefährtin, Gefolgsmann
comicus, comica, comicum *(o/a/329)* zum Lustspiel gehörig, zur Komödie gehörig, komisch; *comicus poeta* Komödiendichter
comis, comis, come *(i/343)* gefällig, freundlich, umgänglich
comitari, comitor, comitatus sum, – *(1/Deponens/392)* begleiten; *paucis comitantibus* mit wenigen Begleitern
comitas, comitatis *(kons./334) f* Freundlichkeit, Höflichkeit, Leutseligkeit, Umgänglichkeit
comitatus, comitatus *(u/350) m* Geleit, Gefolgschaft, Begleitung
comitium, comitii *(o/327) n* Versammlungsplatz, Komitium; *Plural* **comitia, comitiorum** Versammlung, Volksversammlung
commaculare, commaculo, commaculavi, commaculatum *(1/380)* beflecken
commeare, commeo, commeavi, commeatum *(1/380)* ein- und ausgehen, verkehren, seinen Weg nehmen
commeatus, commeatus *(u/350) m* Verkehr, Transport, Zufuhr, Nachschub, Verpflegung; Urlaub; *commeatu intercludere* von der Zufuhr abschneiden
commemorare, commemoro, commemoravi, – *(1/380)* gedenken, erwähnen, sich erinnern; *ut supra commemoravimus* wie bereits oben erwähnt
commendare, commendo, commendavi, commendatum *(1/380)* empfehlen, anvertrauen
commendatio, commendationis *(kons./333) f* Empfehlung
commentari, commentor, commentatus sum, – *(1/Deponens/392)* reiflich überlegen, einstudieren
commentarius (liber), commentarii *(o/326) m* Entwurf, Tagebuch, Aufzeichnung
commenticius, commenticia, commenticium *(o/a/329)* versonnen, erfunden
commercium, commercii *(o/327) n* Handel, Verkehr, Umgang
commerēre, commereo, commerui, commeritum *(2/380)* verdienen
commilito, commilitonis *(kons./333) m* Kriegskamerad
comminisci, comminiscor, commentus sum, – *(3/Deponens/392)* ersinnen, ausdenken
comminus *Adverb* in der Nähe, im Nahkampf
commiscēre, commisceo, commiscui, commixtum *(2/380)* vermischen, vermengen
committere, committo, commisi, commissum *(3/380)* zusammenfügen, beginnen, ausführen, begehen, zustande bringen, anvertrauen; *suam salutem amico committere* sein Wohlergehen in die Hände des Freundes legen; *scelus committere* ein Verbrechen begehen; *proelium committere* ein Gefecht liefern; *fratro epistulam committere* dem Bruder einen Brief anvertrauen
commoditas, commoditatis *(kons./334) f* Zweckmäßigkeit, Annehmlichkeit, Zugänglichkeit
commodum, commodi *(o/327) n* Vorteil, Vergünstigung; *commodo esse* von Vorteil sein
commodus, commoda, commodum *(o/a/329)* angemessen, bequem, günstig
commorari, commoror, commoratus sum, – *(1/Deponens/392)* sich aufhalten, verweilen, verzögern
commotio, commotionis *(kons./333) f* Erregung, Aufregung

commovēre, commoveo, commovi, commotum *(2/380)* bewegen, erregen, rühren, beeindrucken, veranlassen; *misericordiā commotus* aus Mitleid; *his rebus commotus* dadurch verursacht
communicare, communico, communicavi, communicatum *(1/380)* vereinigen; mitteilen
communīre, communio, communivi, communitum *(4/380)* befestigen
communis, communis, commune *(i/343)* gemeinsam, allgemein, öffentlich; *salus communis* Gemeinwohl
communitas, communitatis *(kons./334) f* Gemeinschaft, Gemeinsinn
commutare, commuto, commutavi, commutatum *(1/380)* verändern, austauschen
commutatio, commutationis *(kons./333) f* Veränderung, Wechsel
comoedia, comoediae *(a/325) f* Lustspiel, Komödie
comparare, comparo, comparavi, comparatum *(1/380)* vergleichen; beschaffen, verschaffen; bereiten, vorbereiten, erwerben; *Aeneas haud raro cum Ulixe comparatur.* Aeneas wird oft mit Odysseus verglichen.; *sibi comparare* sich verschaffen
comparatio, comparationis *(kons./333) f* Vergleich
compellare, compello, compellavi, compellatum *(1/380)* anreden, anrufen; schelten, tadeln, anklagen
compellere, compello, compuli, compulsum *(3/380)* zusammentreiben; nötigen, veranlassen
compensare, compenso, compensavi, compensatum *(1/380)* abwägen, ausgleichen, ersetzen
comperīre, comperio, comperi, compertum *(4/380)* erfahren, in Erfahrung bringen; ertappen, überführen
compes, compedis *(kons./334) f* Fußfessel
compescere, compesco, compescui, – *(3/380)* zähmen, bezähmen
compilare, compilo, compilavi, compilatum *(1/380)* plündern, ausplündern
compitum, compiti *(o/327) n* Kreuzweg, Weggabelung
complectere, complecto/complector, complexi/complexus sum, complectum *(3/380)* umfassen, umfangen, umarmen
complecti, complector, complexus sum, – *(3/Deponens/392)* umarmen, umfassen, erfassen
complēre, compleo, complevi, completum *(2/380)* anfüllen, erfüllen
complexus, complexus *(u/350) m* Umarmung, Umfassung
complures, complures, complura *(i/343)* mehrere, ziemlich viele, einige
componere, compono, composui, compositum *(3/380)* zusammenstellen, vergleichen; ordnen; verfassen; *librum componere* ein Buch verfassen
comportare, comporto, comportavi, comportatum *(1/380)* zusammentragen, herbeischaffen
compos, compotis *(kons./345) [Genitiv]* mächtig, teilhaftig
compositio, compositionis *(kons./333) f* Zusammensetzung, Anordnung; Beilegung, Einigung, Versöhnung
comprehendere, comprehendo, comprehendi, comprehensum *(3/380)* zusammenfassen, festnehmen, ergreifen, in die Hand nehmen, begreifen
comprehensio, comprehensionis *(kons./333) f* Zusammenfassung; Begriff
comprimere, comprimo, compressi, compressum *(3/380)* zusammenpressen, zusammendrücken, unterdrücken
comprobare, comprobo, comprobavi, comprobatum *(1/380)* billigen, bestätigen, genehmigen
comptus, compta, comptum *(o/a/329)* gepflegt
computare, computo, computavi, computatum *(1/380)* zusammenrechnen, errechnen, berechnen
conamen, conaminis *(kons./336) n* Versuch, Bemühung, Anstrengung

conari, conor, conatus sum, – *(1/Deponens/392)* versuchen, wagen, unternehmen
conatus, conatus *(u/350) m* Versuch, Unternehmen; *hoc conatu desistere* von diesem Vorhaben Abstand nehmen
concavus, concava, concavum *(o/a/329)* hohl, gewölbt, gekrümmt
concedere, concedo, concessi, concessum *(3/380)* zugestehen, erlauben, zulassen, nachgeben; zugeben, einräumen; weichen; *Epicurus concessit deos esse.* Epikur räumte ein, dass es Götter gebe.; *Non concedo, ut abeas.* Ich lasse nicht zu, dass du weggehst.
concentus, concentus *(u/350) m* Zusammenklang, Übereinstimmung, Harmonie
concha, conchae *(a/325) f* Muschel, Muschelschale; Perle; Purpur
concidere, concido, concidi, – *(3/380)* zusammenstürzen, zusammenbrechen, fallen, einstürzen, zugrunde gehen
concīdere, concīdo, concīdo, concīsum *(3/380)* zusammenhauen, zerhauen, niederhauen, verprügeln
conciēre, concieo, concivi, concitum *(2/380)* zusammenbringen; erregen, antreiben, aufregen, aufwiegeln, reizen, aufreizen
conciliare, concilio, conciliavi, conciliatum *(1/380)* vermitteln, zusammenbringen; anempfehlen; befreunden, versöhnen; (für sich) gewinnen; *fratrem sorori conciliare* den Bruder mit der Schwester versöhnen; *sibi amico conciliare* Freunde gewinnen
concilium, concilii *(o/327) n* Senatsversammlung, Volksversammlung; *in concilio adesse* an einer Versammlung teilnehmen
concinere, concino, concinui, concentum *(3/380)* zusammen singen, übereinstimmen
concinnus, concinna, concinnum *(o/a/329)* kunstgerecht, gefällig, zierlich; ausgeglichen
concipere, concipio, concepi, conceptum *(5/380)* aufnehmen, auffassen, empfangen, erfassen; verfassen; *animo percipere* verstehen; *spem concipere* Hoffnung schöpfen; *ignem concipere* Feuer fangen
concitare, concito, concitavi, concitatum *(1/380)* antreiben, aufregen, aufwiegeln, reizen, aufreizen
concitatio, concitationis *(kons./333) f* Aufruhr, Auflauf
conclamare, conclamo, conclamavit, conclamatum *(1/380)* zusammenrufen, laut rufen, schreien
conclave, conclavis *(i/338) n* Zimmer
concludere, concludo, conclusi, conclusum *(3/380)* einschließen, abschließen; folgern
conclusio, conclusionis *(kons./333) f* Einschließung, Abschluss; Folgerung
concordia, concordiae *(a/325) f* Eintracht, Einigkeit
concors, concordis *(i/342)* einträchtig
concremare, concremo, concremavi, concrematum *(1/380)* verbrennen
concrescere, concresco, concrescevi, concrescetum *(3/380)* zusammenwachsen; erstarren
concubitus, concubiti *(o/326) m* Beischlaf
concumbere, concumbo, concubui, concubitum *(3/380) [cum mit Ablativ]* sich zu jemandem legen, mit jemandem schlafen
concupiscere, concupisco, concupivi, concupitum *(3/380)* heftig begehren
concurrere, concurro, concurri, concursum *(3/380)* zusammenlaufen, zusammenstoßen
concursare, concurso, concursavi, concursatum *(1/380)* wiederholt zusammenlaufen
concursio, concursionis *(kons./333) f* Zusammentreffen
concursus, concursus *(u/350) m* Zusammenlauf, Zusammenstoß, Ansturm
concutere, concutio, concussi, concussum *(5/380)* zusammenschlagen, (jemanden) sehr erschrecken, erschüttern, zerrütten; *Hoc fatum homines concusserat.* Dieses Ereignis hatte die Menschen sehr erschüttert.

condemnare, condemno, condemnavi, condemnatum *(1/380)* verurteilen

condere, condo, condidi, conditum *(3/380)* gründen, verwahren, bergen, verbergen, bestatten; *ab urbe condita* seit Gründung der Stadt (Rom)

condicio, condicionis *(kons./333) f* Bedingung, Lage, Vereinbarung; *eā condicione, ut/ne* unter der Bedingung, dass/dass nicht

condimentum, condimenti *(o/327) m* Würze, Gewürz

condīre, condio, condivi, conditum *(4/380)* würzen, einbalsamieren

condiscere, condisco, condidici, – *(3/380)* lernen, erlernen

conditor, conditoris *(kons./331) m* Gründer, Stifter, Urheber, Verfasser

condonare, condono, condonavi, condonatum *(1/380)* schenken, erlassen, vergeben, überlassen

conducere, conduco, conduxi, conductum *(3/380)* zusammenführen, versammeln, anwerben, mieten; *conducit* es nützt; *mercede conducere* um Sold anwerben

conducti, conductorum *(o/326) m [plurale tantum]* Söldner

conectere, conecto, conexui, conexum *(3/380)* verbinden, verknüpfen

conferre, confero, contuli, collatum *(unreg./400)* vergleichen, zusammentragen, sammeln, zusammenbringen, beitragen; *se conferre* sich begeben; *beneficium conferre (in mit Akkusativ)* (jemandem) eine Wohltat erweisen; *se Romam conferre* sich nach Rom begeben

confertus, conferta, confertum *(o/a/329) [Ablativ]* vollgestopft mit, dichtgedrängt, voll von

confessio, confessionis *(kons./333) f* Geständnis, Bekenntnis

confestim *Adverb* eilens, sofort, unverzüglich

conficere, conficio, confeci, confectum *(5/380)* zustande bringen, anfertigen; vollenden, erledigen, ausführen; erschöpfen, aufreiben; *itinere confecto* nach Beendigung der Reise; *vulneribus confectus* tödlich verwundet

confidere, confido, confisus sum, – *(3/380) [Dativ/Ablativ]* vertrauen, hoffen; *viribus confisus* im Vertrauen auf seine Kraft

configere, configo, confixi, confixum *(3/380)* zusammenheften, durchbohren

confinium, confinii *(o/327) n* Grenzgebiet, Grenzscheide

confirmare, confirmo, confirmavi, confirmatum *(1/380)* stärken, bestärken, bestätigen, ermutigen, beteuern, kräftigen, bekräftigen

confitēri, confiteor, confessus sum, – *(2/Deponens/392)* gestehen, eingestehen, bekennen, zeigen, offenbaren; *Confitere, quod sentias!* Bekenne, was du denkst!; *Se vinci confitebantur.* Sie erklärten sich für besiegt.

conflare, conflo, conflavi, conflatum *(1/380)* anblasen, anfachen, anstiften, zusammenbringen, zustande bringen

conflictare/conflictari, conflicto/conflictor, conflictavi/conflictatus sum, conflictatum *(1/380)* schwer zu kämpfen haben, schwer treffen

confligere, confligo, conflixi, conflictum *(3/380)* aneinander geraten, zusammenstoßen, kämpfen

confluere, confluo, confluxi, – *(3/380)* zusammenfließen

conformare, conformo, conformavi, conformatum *(1/380)* bilden, gestalten

conformatio, conformationis *(kons./333) f* Bildung, Gestalt, Gestaltung

confringere, confringo, confregi, confractum *(3/380)* brechen, zerbrechen, vergeuden

confugere, confugo, confugi, –, confugiturus *(3/380)* seine Zuflucht nehmen, sich flüchten

confundere, confundo, confudi, confusum *(3/380)* vermengen, vermischen, verwirren; *voces confusae* wirres Geschrei

confusio, confusionis *(kons./333) f* Vermischung, Vereinigung, Verwirrung

congerere, congero, congessi, congestum *(3/380)* zusammentragen, anhäufen

conglobare, conglobo, conglobavi, conglobatum *(1/380)* zusammenballen, zusammenscharen

congredi, congredior, congressus sum, – *(5/Deponens/392)* zusammentreffen, zusammenstoßen, kämpfen

congregare, congrego, congregavi, congregatum *(1/380)* versammeln, vereinigen

congressus, congressus *(u/350) m* Zusammenstoß, Zusammenkunft

congruere, congruo, congrui, – *(3/380)* zusammenfallen, zusammentreffen, übereinstimmen

conicere, conicio, conieci, coniectum *(5/380)* schleudern, werfen, zusammenwerfen, hinwerfen; vermuten

coniectare, coniecto, coniectavi, coniectatum *(1/380)* vermuten

coniector, coniectoris *(kons./331) m* Wahrsager, Deuter, Traumdeuter

coniectura, coniecturae *(a/325) f* Vermutung, Deutung

coniti, conitor, conisus, – *(3/Deponens/392)* sich anstrengen, sich bemühen

coniugium, coniugii *(o/327) n* Ehe

coniunctio, coniunctionis *(kons./333) f* Verbindung, Freundschaft, Verwandtschaft, Ehe, Beziehung

coniungere, coniungo, coniunxi, coniunctum *(3/380)* verbinden, vereinigen; *dextras coniungere* sich die Hände geben

coniu(n)x, coniugis *(kons./331) f* Gattin, Ehefrau

coniurare, coniuro, coniuravi, coniuratum *(1/380)* sich verschwören, sich eidlich verbünden

coniurati, coniuratorum *(o/326) m [plurale tantum]* die Verschworenen, Verschwörer

coniuratio, coniurationis *(kons./333) f* Verschwörung; *in coniuratione esse* an einer Verschwörung beteiligt sein

coniuratus, coniurata, coniuratum *(o/a/329)* gemeinsam eidlich verpflichtet; *substantivisch* Verschworener

coniux/coniunx, coniugis *(kons./331) m/f* Gatte, Gattin, Gemahlin

connectere, connecto, connexui, connexum *(3/380)* verbinden, verknüpfen

conqueri, conqueror, conquestus sum, – *(3/Deponens/392)* klagen, sich beschweren

conquiescere, conquiesco, conquievi, conquietum *(3/380)* sich beruhigen, zur Ruhe kommen, ruhen, ausruhen, rasten

conquirere, conquiro, conquisivi, conquisitum *(3/380)* zusammensuchen, sammeln

Cons./Cos./Coss. (consul/es) Konsul/Konsuln

consanguineus, consanguinea, consanguineum *(o/a/329)* blutsverwandt

conscendere, conscendo, conscendi, conscensum *(3/380)* besteigen; *navem conscendere* sich einschiffen

conscientia, conscientiae *(a/325) f* Mitwissen, Gewissen, Bewusstsein; *Conscientiā scelerum agitatur.* Sein schlechtes Gewissen lässt ihm keine Ruhe.

consciscere, conscisco, conscivi, conscitum *(3/380)* beschließen

conscius, conscia, conscium *(o/a/329) [Genitiv]* eingeweiht in; *substantivisch* Mitwisser; *coniurationis conscius* Mitwisser einer Verschwörung; *sibi conscius* selbstbewusst

conscribere, conscribo, conscripsi, conscriptum *(3/380)* abfassen, verfassen, anwerben, rekrutieren; *legiones conscribere* Truppen rekrutieren

consecrare, consecro, consecravi, consecratum *(1/380)* weihen, zur Gottheit erheben

consectari, consector, consectatus sum, – *(1/Deponens/392)* nachjagen, verfolgen
consenescere, consenesco, consenui, – *(3/380)* alt werden, altern
consensio, consensionis *(kons./333) f* Übereinstimmung
consensus, consensus *(u/350) m* Übereinstimmung; *consensu omnium* einstimmig
consentaneus, consentanea, consentaneum *(o/a/329)* übereinstimmend
consentīre, consentio, consensi, consensum *(4/380)* übereinstimmen, zustimmen; *cum consilio consentire* mit dem Beschluss einverstanden sein
consequi, consequor, consecutus sum, – *(3/Deponens/392)* nachfolgen, erreichen, einholen
conserere, consero, conserui, consertum *(3/380)* zusammenreihen, verknüpfen
conserere, consero, consevi, consitum *(3/380)* anpflanzen, bepflanzen, besäen
conservare, conservo, conservavi, conservatum *(1/380)* bewahren, aufbewahren, retten; beachten
conservatio, conservationis *(kons./333) f* Aufbewahrung, Erhaltung, Bewahrung, Rettung
conservator, conservatoris *(kons./331) m* Erhalter, Bewahrer
conservus, conservi *(o/326) m* Mitsklave
consessus, consessus *(u/350) m* Versammlung
considerare, considero, consideravi, consideratum *(1/380)* überlegen, erwägen, betrachten, bedenken
considere, consido, consedi, – *(3/380)* sich setzen, sich lagern, sich ansiedeln, sich niederlassen; *sub arbore considere* sich unter einen Baum setzen
consignare, consigno, consignavi, consignatum *(1/380)* siegeln, bekräftigen, bestätigen
consilium, consilii *(o/327) n* Rat, Ratschlag, Ratsversammlung, Beratung, Plan, Absicht, Vorsatz, Überlegung, Entschluss; *consilium habere* beratschlagen; *consilium capere/inire* einen Plan fassen; *consilium omittere* einen Plan aufgeben; *consilium sequi* einen Rat befolgen; *consilium suum aperire* seinen Plan bekannt geben; *eo consilio, ut* in der Absicht, dass
consimilis, consimilis, consimile *(i/343)* ganz ähnlich
consistere, consisto, constiti, – *(3/380)* sich hinstellen, Halt machen, stehen bleiben, sich niederlassen, bestehen aus
consobrina, consobrinae *(a/325) f* Base
consobrinus, consobrini *(o/326) m* Vetter
consolari, consolor, consolatus sum, – *(1/Deponens/392)* trösten, lindern, mildern
consolatio, consolationis *(kons./333) f* Trost, Tröstung
consonare, consono, consonui, –, consonaturus *(1/380)* zusammenklingen, übereinstimmen
consors, consortis *(i/342)* gemeinsam, beteiligt; *substantivisch* Teilhaber, Gefährte, Genosse
conspectus, conspectus *(u/350) m* Aussehen, Anblick; *in conspectu esse* sichtbar sein
conspicari, conspicor, conspicatus sum, – *(1/Deponens/392)* erblicken
conspicere, conspicio, conspexi, conspectum *(5/380)* erblicken, wahrnehmen
conspicuus, conspicua, conspicuum *(o/a/329)* sichtbar, ansehnlich, auffallend, hervorragend
conspirare, conspiro, conspiravi, conspiratum *(1/380)* zusammenwirken, sich verschwören
constans, constantis *(i/342)* standhaft, beständig
constantia, constantiae *(a/325) f* Ausdauer, Standhaftigkeit
Constantinus, Constantini *(o/326) m* Konstantin (Kaiser 306–337 n. Chr.)
constare, consto, constiti, –, constaturus *(1/380)* fest stehen, unverändert bleiben; *([ex mit] Ablativ)* bestehen (aus); kosten; *constat* es ist bekannt, es steht fest; *Animalia loqui non posse constat.* Tiere können

bekanntlich nicht sprechen.; *Hae res parvo/magno constant.* Diese Sachen kosten wenig/viel.

consternare, consterno, consternavi, consternatum *(1/380)* scheu machen, erschrecken, aufjagen

consternere, consterno, constravi, constratum *(3/380)* bedecken, niederwerfen, erschrecken

constituere, constituo, constitui, constitutum *(3/380)* aufstellen, einsetzen, beschließen, festsetzen; *diem concilio constituere* den Termin für die Versammlung festsetzen

constitutio, constitutionis *(kons./333) f* Bestimmung, Verfassung

constringere, constringo, constrinxi, constrictum *(3/380)* zusammenschnüren, fesseln, beschränken

construere, construo, construxi, constructum *(3/380)* aufschichten, errichten, erbauen

consuescere, consuesco, consuevi, consuetum *(3/380)* sich gewöhnen; *(Perfekt)* gewohnt sein (etwas zu tun), pflegen; *consuevisse* gewohnt sein, pflegen; *sicut fieri consuevit* wie es zu geschehen pflegt; *Id cottidie consuevi facere.* Dies pflege ich täglich zu tun.

consuetudo, consuetudinis *(kons./333) f* Gewohnheit, Brauch, Umgang, geselliger Verkehr; *consuetudo amici* Umgang mit dem Freund; *ex consuetudine* gewohnheitsmäßig

consul, consulis *(kons./331) m* Konsul (ranghöchster Beamter); *Cn. Pompeio (et) M. Crasso consulibus* unter dem Konsulat von Gnaeus Pompeius und Marcus Crassus

consularis, consularis, consulare *(i/343)* konsularisch

consularis, consularis *(kons./331) m* gewesener Konsul

consulatus, consulatus *(u/350) m* Konsulat, Amt des Konsuls

consulere, consulo, consului, consultum *(3/380) [Akkusativ/in + Akkusativ/Dativ]* beraten, beratschlagen, befragen, um Rat fragen; sorgen für *(mit Dativ)*; vorgehen gegen; beschließen; *oraculum consulere* das Orakel befragen; *Consulamus peritiores!* Fragen wir Erfahrenere um Rat!; *Consules saluti civium consulant* Die Konsuln sollen für das Wohl der Bürger sorgen.; *consulere in inimicos* gegen die Feinde Maßnahmen ergreifen

consultare, consulto, consultavi, consultatum *(1/380)* befragen, beratschlagen, sorgen für

consulto *Adverb* absichtlich, überlegt

consultor, consultoris *(kons./331) m* Rat Suchender; Ratgeber

consultum, consulti *(o/327) n* Beschluss

consultus, consulta, consultum *(o/a/329)* wohlüberlegt, erfahren (in etwas), kundig; *iuris consultus* Rechtskundiger

consumere, consumo, consumpsi, consumptum *(3/380)* verwenden auf, aufbrauchen, verbrauchen, vergeuden, verschwenden; *tempus consumere in litteris* seine Zeit auf die Wissenschaften verwenden; *res familiares consumere* sein Vermögen vergeuden

consurgere, consurgo, consurrexi, consurrectum *(3/380)* aufstehen, sich erheben

contabulatio, contabulationis *(kons./333) f* Stockwerk

contagio, contagionis *(kons./333) f* Berührung, Ansteckung, Einfluss

contaminare, contamino, contaminavi, contaminatum *(1/380)* beflecken, entweihen, verderben

contegere, contego, contexi, contectum *(3/380)* decken, bedecken, verhüllen, verbergen

contemnere, contemno, contempsi, contemptum *(3/380)* verachten, missachten, verschmähen, gering schätzen

contemplari, contemplor, contemplatus sum, – *(1/Deponens/392)* anschauen, betrachten

contemplatio, contemplationis *(kons./333) f* Betrachtung

contemptio, contemptionis *(kons./333) f* Verachtung, Geringschätzung, Missachtung

contemptus, contemptus *(u/350) m* Verachtung, Geringschätzung

contendere, contendo, contendi, contentum *(3/380)* anspannen, sich messen, sich anstrengen, eilen; kämpfen; behaupten; *Amicus auxilium ferre contendit.* Der Freund beeilte sich, Hilfe zu holen.; *de principatu contendere* um die Vorherrschaft streiten; *Contendo hoc numquam factum esse.* Ich behaupte, dass dies nie geschehen ist.

contentio, contentionis *(kons./333) f* Anstrengung, Streit

contentus, contenta, contentum *(o/a/329)* gespannt, straff

contentus, contenta, contentum *(o/a/329)* zufrieden

conterere, contero, contrivi, contritum *(3/380)* zerreiben, zerbröseln; abnutzen, aufreiben; vergeuden

contestari, contestor, contestatus sum, – *(1/Deponens/392)* als Zeugen anrufen; bezeugen

contexere, contexo, contexui, contextum *(3/380)* zusammenfügen, verflechten, verbinden

conticescere, conticesco, conticui, – *(3/380)* verstummen

continens, continentis *(i/342)* zusammenhängend, unmittelbar folgend, enthaltsam, mäßig

continens, continentis *(kons./331) f* Festland; *in continenti (terra)* auf dem Festland

continentia, continentiae *(a/325) f* Enthaltsamkeit, Mäßigung, Selbstbeherrschung

continēre, contineo, continui, contentum *(2/380)* festhalten, einschließen, enthalten, umfassen, zusammenhalten, mäßigen, zurückhalten

contingere, contingo, contigi, contactum *(3/380)* gelingen, zuteil werden, glücken, berühren; *mihi contingit, ut* mir gelingt/glückt es, dass

continuare, continuo, continuavi, continuatum *(1/380)* fortsetzen

continuo *Adverb* sogleich, sofort

continuus, continua, continuum *(o/a/329)* zusammenhängend, ununterbrochen, fortwährend

contio, contionis *(kons./333) f* Versammlung, Volksversammlung; Rede

contionari, contionor, contionatus sum, – *(1/Deponens/392)* eine Rede halten

contorquēre, contorqueo, contorsi, contortum *(2/380)* herumdrehen; schleudern

contra *(420) Präposition [Akkusativ]* gegen (feindlich), gegenüber

contra *Adverb* gegenüber, dagegen, im Gegenteil; *Utrumque contra accidit.* Beides ist ganz anders gekommen.

contractio, contractionis *(kons./333) f* Zusammenziehung, Verkürzung

contrahere, contraho, contraxi, contractum *(3/380)* zusammenziehen, sammeln, einschränken

contrarius, contraria, contrarium *(o/a/329)* gegenüberliegend, entgegengesetzt, gegensätzlich

controversia, controversiae *(a/325) f* Streit, Meinungsverschiedenheit

contubernium, contubernii *(o/327) n* gemeinsames Zelt, Zeltgemeinschaft

contuēri, contueor, contuitus sum, – *(2/Deponens/392)* betrachten, beschauen

contumacia, contumaciae *(a/325) f* Trotz, Unnachgiebigkeit

contumelia, contumeliae *(a/325) f* Beschimpfung, Beleidigung, Kränkung, Schmach

contundere, contundo, contudi, contusum *(3/380)* zerschlagen, zerschmettern, vernichten

conturbare, conturbo, conturbavi, conturbatum *(1/380)* verwirren

contus, conti *(o/326) m* Stange, Ruderstange, Wurfspieß

conubium, conubii *(o/327) n* Ehe, Heiratsrecht

convalescere, convalesco, convalui, – *(3/380)* erstarken, wieder erstarken, sich erholen

convallis, convallis *(g/339) f* Tal, Talkessel

convehere, conveho, convexi, convectum *(3/380)* zusammenbringen
convellere, convello, convelli/vulsi, convulsum *(3/380)* losreißen, erschüttern
conveniens, convenientis *(i/342)* übereinstimmend, einig, einträchtig, passend
convenientia, convenientiae *(a/325) f* Übereinstimmung
convenīre, convenio, conveni, conventum *(4/380)* zusammenkommen, besuchen, übereinkommen, sich einigen, passen zu; *convenit* es passt; *in forum convenire* auf dem Marktplatz zusammenkommen; *convenire ad amicum* bei einem Freund zusammenkommen; *convenire amicum* einen Freund besuchen; *Amici in eo manebant, quod convenerant.* Die Freunde blieben bei dem, was sie vereinbart hatten.; *Pax convenit inter nos.* Wir einigen uns auf den Frieden.; *Hoc ei/in eum non convenit.* Das passt nicht zu ihm.; *Res inter se conveniunt.* Die Sachen passen zusammen.
conventus, conventus *(u/350) m* Zusammenkunft, Versammlung, Gerichtstag
conversio, conversionis *(kons./333) f* Umkehrung, Umdrehung, Umlauf
convertere, converto, conversi, conversum *(3/380)* wenden, umwenden, hinwenden, hinlenken; verändern
convexa, convexorum *(o/327) n* Himmelsgewölbe; Talkessel
convexus, convexa, convexum *(o/a/329)* gewölbt (nach außen), steil
convicium, convicii *(o/327) n* Gekreisch, Gezänk, Scheltrede, Schmähung, Spottrede, Schimpfwort, Tadel
convictor, convictoris *(kons./331) m* Tischgenosse, Gesellschafter
convincere, convincio, convici, convictum *(5/380)* (einer Schuld) überführen (mit Genitiv); widerlegen *(mit Akkusativ)*, beweisen; *aliquem sceleris convincere* jemanden eines Verbrechens überführen
conviva, convivae *(a/325) f* Tischgenosse, Gast
convivium, convivii *(o/327) n* Gastmahl, Gelage; *in convivio interesse* an einem Gastmahl teilnehmen
convocare, convoco, convocavi, convocatum *(1/380)* zusammenrufen, berufen
coorīri, coorior, coortus sum, –, cooriturus *(4/Deponens/392)* entstehen, losbrechen
cooperīre, cooperio, cooperui, coopertum *(4/380)* verschließen, bedecken, zudecken, verhüllen
copia, copiae *(a/325) f* Fähigkeit, Möglichkeit; Vorrat, Fülle, Menge; *Plural* **copiae, copiarum** Vorräte, Vermögen, Truppen, Streitkräfte; *copia frumenti* eine Menge Getreide; *copias Alpes traducere* Truppen über die Alpen führen; *copias in Germaniam transferre* Truppen nach Germanien verlegen; *copia navalis* Seemacht
copiosus, copiosa, copiosum *(o/a/329)* reich, wortreich, beredet
copula, copulae *(a/325) f* Band
copulare, copulo, copulavi, copulatum *(1/380)* zusammenbinden, verknüpfen, verbinden
coquere, coquo, coxi, coctum *(3/380)* kochen, erhitzen
cor, cordis *(kons./336) n* Herz, Gemüt, Verstand; *cordi esse* am Herzen liegen; *Res mihi cordi est.* Die Sache liegt mir am Herzen.
coram *Adverb* persönlich, mit eigenen Augen
coram *(420) Präposition [Ablativ]* angesichts, in Gegenwart von, vor
Corinthus, Corinthi *(o/326) f* Korinth
corium, corii *(o/327) m* Fell, Haut, Leder
corniger, cornigera, cornigerum *(o/a/330)* gehörnt
cornix, cornicis *(kons./332) f* Krähe
cornu, cornus *(u/350) n* Horn; Heeresflügel; Landzunge; *Plural* **cornua, cornuum** Geweih
cornum, corni *(o/327) n* Kornelkirsche
corona, coronae *(a/325) f* Krone, Kranz; Zuhörerkreis, Versammlung

coronare, corono, coronavi, coronatum *(1/380)* bekränzen, krönen
corpus, corporis *(kons./335) n* Körper, Leib, Leiche; Körperschaft, Gesamtheit
correctio, correctionis *(kons./333) f* Verbesserung, Berichtigung, Zurechtweisung
corrigere, corrigo, correxi, correctum *(3/380)* zurechtweisen, verbessern, berichtigen
corripere, corripio, corripui, correptum *(5/380)* ergreifen, zusammenraffen, packen, verkürzen
corruere, corruo, corrui, –, corruiturus *(3/380)* einstürzen, zusammenstürzen
corrumpere, corrumpo, corrupi, corruptum *(3/380)* verderben, vernichten; bestechen; fälschen; *mores corrupti* Sittenverfall
corruptela, corruptelae *(a/325) f* Verderben, Verderbnis, Verführung, Bestechung
cortex, corticis *(kons./332) m* Rinde, Kork
coruscare, corusco, coruscavi, coruscatum *(1/380)* zucken lassen, zucken; schimmern, blinken, blitzen
coruscus, corusca, coruscum *(o/a/329)* zitternd, zuckend, schwankend; blinkend, blitzend
corvus, corvi *(o/326) m* Rabe
cos, cotis *(kons./331) f* Wetzstein
costa, costae *(a/325) f* Rippe
cothurnus, cothurni *(o/326) m* Kothurn
cottidianus, cottidiana, cottidianum *(o/a/329)* täglich, alltäglich; *sermo cottidinanus* Alltagssprache
cottidie *Adverb* täglich, Tag für Tag
cras *Adverb* morgen
crassitudo, crassitudinis *(kons./333) f* Dicke
crassus, crassa, crassum *(o/a/329)* dick, plump
crastinus, crastina, crastinum *(o/a/329)* morgig
crater/cratera, crateris/craterae *(kons./331) m* Mischkrug, Mischkessel; Schlund, Krater
cratis, cratis *(g/339) f* Flechtwerk, Hürde
creare, creo, creavi, creatum *(1/380)* erzeugen, verursachen, hervorbringen, erschaffen; wählen
creber, crebra, crebrum *(o/a/330)* häufig, zahlreich, dicht
crebro *Adverb* häufig, oft
credere, credo, credidi, creditum *(3/380)* glauben, vertrauen, anvertrauen; *crederes* man hätte glauben können
credibilis, credibilis, credibile *(i/343)* glaubhaft
credulitas, credulitatis *(kons./334) f* Leichtgläubigkeit
credulus, credula, credulum *(o/a/329)* leichtgläubig
cremare, cremo, cremavi, crematum *(1/380)* verbrennen
crepare, crepo, crepui, crepitum *(1/380)* knarren, schallen
crepitare, crepito, crepitavi, crepitatum *(1/380)* schallen, rauschen, klirren, krachen
crescere, cresco, crevi, cretum *(3/380)* wachsen, zunehmen, sich entwickeln; *crescente invidiā* bei zunehmender Antipathie; *Flumen crescit.* Der Fluss schwillt an.
creta, cretae *(a/325) f* Kreide
Creta, Cretae *(a/325) f* Kreta
crimen, criminis *(kons./336) n* Vorwurf, Schuld, Verbrechen; *crimen horrere* vor einem Verbrechen zurückschrecken
criminari, criminor, criminatus sum, – *(1/Deponens/392)* beschuldigen, vorwerfen
criminatio, criminationis *(kons./333) f* Anschuldigung, Verdächtigung
crinis, crinis *(g/339) m* Haar
crista, cristae *(a/325) f* Helmbusch
croceus, crocea, croceum *(o/a/329)* safrangelb, Safran-
crocodilus, crocodili *(o/326) m* Krokodil
crocus, croci *(o/326) m* Safran

Croesus, Croesi *(o/326) m* Krösus (durch seinen Reichtum bekannter König)
cruciare, crucio, cruciavi, cruciatum *(1/380)* kreuzigen, quälen, martern
cruciatus, cruciatus *(u/350) m* Marter, Qual, Folter, Hinrichtung
crudelis, crudelis, crudele *(i/343)* roh, grausam; *se crudelem praebere* sich grausam zeigen
crudelitas, crudelitatis *(kons./334) f* Grausamkeit
crudus, cruda, crudum *(o/a/329)* blutig, roh, gefühllos
cruentus, cruenta, cruentum *(o/a/329)* blutig, blutbefleckt, blutdürstig
cruor, cruoris *(kons./331) m* (vergossenes) Blut
crus, cruris *(kons./335) n* Schenkel, Bein, Schienbein
crux, crucis *(kons./332) f* Kreuz, Kreuzzeichen, Kreuzigung
cubare, cubo, cubavi, cubatum *(1/380)* liegen
cubiculum, cubiculi *(o/327) n* Schlafzimmer, Schlafraum
cubile, cubilis *(i/338) n* Lager, Lagerstätte
cubitus/cubitum, cubiti *(o/326) m/n* Ellenbogen, Elle
culex, culicis *(kons./332) m* Mücke
culina, culinae *(a/325) f* Küche
culmen, culminis *(kons./336) n* Giebel, First, Dach, Gipfel
culmus, culmi *(o/326) m* Halm, Strohhalm, Ähre
culpa, culpae *(a/325) f [Genitiv]* Schuld (an); *vacare culpā* unschuldig sein
culpare, culpo, culpavi, culpatum *(1/380)* beschuldigen, tadeln
culter, cultri *(o/328) m* Messer
cultor, cultoris *(kons./331) m* Bearbeiter, Bebauer, Ansiedler, Bewohner, Verehrer
cultura, culturae *(a/325) f* Anbau, Pflege, Ausbildung, Bearbeitung
cultus, cultus *(u/350) m* Anbau, Verehrung, Pflege; Bildung, Bearbeitung; Lebensweise; *cultus agrorum* Ackerbau; *cultus deorum* Götterverehrung; *cultus corporis* Körperpflege, Schmuck; *cultus animi* geistige Beschäftigung
cultus, culta, cultum *(o/a/329)* geschmückt, gebildet
cum *(422) Konjunktion* als, nachdem; *(mit Indikativ Perfekt)* immer, wenn; sooft; *(mit Konjunktiv)* während dagegen, wohingegen, obwohl, obgleich, weil, da; *tum cum* damals, als; *modo cum* eben, als; *cum ... tum* sowohl ... als auch ganz besonders
cum *(420) Präposition [Ablativ]* mit
cumba, cumbae *(a/325) f* Kahn
cumulare, cumulo, cumulavi, cumulatum *(1/380)* anhäufen, überschütten; steigern
cumulus, cumuli *(o/326) m* Haufe
cunae, cunarum *(a/325) f [plurale tantum]* Wiege
cunctari, cunctor, cunctatus sum, – *(1/Deponens/392)* zögern, zaudern; *Noli cunctare!* Zögere nicht!
cunctatio, cunctationis *(kons./333) f* Zögern
cunctus, cuncta, cunctum *(o/a/329)* gesamt, ganz; *Plural* **cuncti, cunctae, cuncta** alle
cuneus, cunei *(o/326) m* Keil, keilförmige Schlachtordnung
cuniculus, cuniculi *(o/326) m* Kaninchen; unterirdischer Gang, Schacht
cupere, cupio, cupivi, cupitum *(5/380)* begehren, wünschen, wollen
cupiditas, cupiditatis *(kons./334) f* Begehrlichkeit, Begierde, Leidenschaft, Verlangen
cupido, cupidinis *(kons./333) f* Begehrlichkeit, Begierde, Verlangen, Leidenschaft
cupidus, cupida, cupidum *(o/a/329) [Genitiv]* begierig nach, eifrig in; *imperii cupidus* herrschsüchtig; *gloriae cupidus* ruhmsüchtig
cupressus, cupressi *(o/326) f* Zypresse
cuprum, cupri *(o/327) n* Kupfer
cur *Adverb* warum?

cura, curae *(a/325) f [Genitiv]* Sorge (für), Besorgnis, Fürsorge, Sorgfalt, Pflege; *curis liberatus* sorgenfrei; *Res mihi (maximae) curae est.* Die Sache liegt mir (sehr) am Herzen.; *sine cura esse* unbesorgt sein

curare, curo, curavi, curatum *(1/380)* sorgen für, besorgen, pflegen, sich kümmern um

curatio, curationis *(kons./333) f* Wartung, Behandlung, Pflege, Verwaltung, Besorgung

curia, curiae *(a/325) f* Rathaus, Ratsversammlung, Kurie

curiosus, curiosa, curiosum *(o/a/329)* sorgfältig, neugierig

currere, curro, cucurri, cursum *(3/380)* laufen, rennen

curriculum, curriculi *(o/327) n* Rennbahn, Wettlauf

currus, currus *(u/350) m* Wagen, Streitwagen, Rennwagen

cursor, cursoris *(kons./331) m* Läufer

cursus, cursus *(u/350) m* Lauf, Kurs, Laufbahn; *cursum tenere* Kurs halten; *cursus honorum* Ämterlaufbahn

curtus, curta, curtum *(o/a/329)* verkürzt, verstümmelt

sella curulis, sellae curulis *(kons./331) f* Amtsstuhl

curvare, curvo, curvavi, curvatum *(1/380)* krümmen, biegen, wölben

curvus, curva, curvum *(o/a/329)* krumm, gekrümmt, gebogen, gewölbt

cuspis, cuspidis *(kons./332) f* Spitze, Stachel, Lanze

custodia, custodiae *(a/325) f* Wache, Bewachung, Haft

custodīre, custodio, custodivi, custoditum *(4/380)* bewahren, verwahren, bewachen, hüten, behüten

custos, custodis *(kons./331) m/f* Wächter, Wächterin, Küster, Küsterin, Beschützer, Beschützerin

cutis, cutis *(g/339) f* Haut

cycnus, cycni *(o/326) m* Schwan

cylindrus, cylindri *(o/326) m* Walze, Zylinder

D

D. (dominus) Herr

D. (dies) Tag

D (quingenti) fünfhundert

Daedalus, Daedali *(o/326) m* Dädalus

damma, dammae *(a/325) f* Reh, Gazelle, Gemse

damnare, damno, damnavi, damnatum *(1/380)* verurteilen, schuldig sprechen; *proditionis damnare* wegen Verrats verurteilen; *pecuniā damnare* zu einer Geldstrafe verurteilen; *capitis damnare* zum Tode verurteilen

damnatio, damnationis *(kons./333) f* Verurteilung

damnosus, damnosa, damnosum *(o/a/329)* schädlich, verderblich

damnum, damni *(o/327) n* Schaden, Verlust, Einbuße

Danaus, Danai *(o/326) m* Danaus (Vater der Danaiden)

Danuvius, Danuvii *(o/326) m* Donau

daps, dapis *(kons./331) f* Mahl, Schmaus; *Plural* **dapes, dapum** Festmahl, Opfermahl

dare, do, dedi, datum *(1/380)* geben; zahlen; gewähren; bewirken, verursachen; *se dare* sich hingeben, sich widmen

de *(420) Präposition [Ablativ]* von, von ... herab, von ... an, von ... weg, über

dea, deae *(a/325) f* Göttin

debellare, debello, debellavi, debellatum *(1/380)* niederkämpfen, niederringen, besiegen; den Krieg beenden

debēre, debeo, debui, debitum *(2/380)* schulden, verdanken, müssen, sollen; *non debere* nicht dürfen; *Sorori gratiam debeo.* Ich bin meiner Schwester Dank schuldig.

debilis, debilis, debile *(i/343)* kraftlos, schwach

debilitare, debilito, debilitavi, debilitatum *(1/380)* schwächen, lähmen
debilitas, debilitatis *(kons./334) f* Schwäche, Gebrechlichkeit
debitum, debiti *(o/327) n* Schuld, Verpflichtung
Dec. (december) Dezember
decedere, decedo, decessi, decessum *(3/380)* weggehen, weichen, fortgehen; vergehen, sterben; *de vita decedere* sterben; *sol decedit* die Sonne geht unter
decem zehn
December, Decembris, Decembre *(i/344)* zum Dezember gehörig; *mensis December* Dezember
decemvir, decemviri *(o/328) m [meist Plural]* Dezemvir (eines Zehnmännerkollegiums)
decēre, deceo, decui, – *(2/380) [meist decet, decuit]* zieren, sich geziemen, passen, sich gehören
decernere, decerno, decrevi, decretum *(3/380)* entscheiden, beschließen, festsetzen; zuerkennen; *Caesar Rhenum transire decrevit.* Cäsar beschloss den Rhein zu überqueren.
decerpere, decerpo, decerpsi, decerptum *(3/380)* abpflücken
decertare, decerto, decertavi, decertatum *(1/380)* bis zur Entscheidung kämpfen
decidere, decido, decidi, decisum *(3/380)* herabfallen; sterben
decīdere, decido, decidi, decisum *(3/380)* abhauen, abschneiden; ein Abkommen treffen, abmachen, vereinbaren
decie(n)s *Adverb* zehnmal
decimus/decumus, decima, decimum *(o/a/329)* der zehnte
decipere, decipio, decepi, deceptum *(5/380)* täuschen
declamare, declamo, declamavi, declamatum *(1/380)* laut hersagen
declarare, declaro, declaravi, declaratum *(1/380)* erklären, öffentlich verkünden
declinare, declino, declinavi, declinatum *(1/380)* ablenken, abweichen, ausweichen, vermeiden
declinatio, declinationis *(kons./333) f* Abweichung
declivis, declivis, declive *(i/343)* abschüssig, geneigt
decor, decoris *(kons./331) m* Anstand, Würde; Anmut; Schmuck
decorare, decoro, decoravi, decoratum *(1/380)* schmücken, auszeichnen, ehren
decorus, decora, decorum *(o/a/329)* geschmückt, schön, zierlich; geziemend, schicklich
decretum, decreti *(o/327) n* Beschluss, Lehrsatz
decuma, decumae *(a/325) f [oft Plural]* Zehntel, Zehnter (Abgabe)
decumanus, decumana, decumanum *(o/a/329)* zehntpflichtig, zur 10. Legion gehörig, zur 10. Kohorte gehörig
decuria, decuriae *(a/325) f* Zehntschaft, (kleine) Abteilung
decurio, decurionis *(kons./333) m* Dekurio, Führer einer Abteilung
decurrere, decurro, decurri, decursum *(3/380)* herabeilen, durcheilen, hineilen
decus, decoris *(kons./335) n* Zierde, Schmuck, Würde, Ehre; *mihi decori est* es gereicht mir zur Ehre
decutere, decutio, decussi, decussum *(5/380)* herunterschlagen, abschütteln
dedecēre, dedeceo, dedecui, – *(2/380)* schlecht anstehen, sich nicht ziemen, sich nicht schicken
dedecus, dedecoris *(kons./335) n* Unehre, Schande, Schmach; *per dedecus* schändlich
dedere, dedo, dedidi, deditum *(3/380)* widmen, hingeben, übergeben, ausliefern, weggeben; *litteris se dedere* sich den Wissenschaften widmen; *se dedere* sich ergeben
dedicare, dedico, dedicavi, dedicatum *(1/380)* weihen, widmen

dedignari, dedignor, dedignatus sum, – *(1/Depo-nens/392)* verschmähen
dediticius, dediticia, dediticium *(o/a/329)* untertänig
deditio, deditionis *(kons./333) f* Übergabe, Unterwerfung; *in deditionem venire* sich ergeben
deditius, deditia, deditium *(o/a/329)* unterworfen; *substantivisch* Untertan
deditus, dedita, deditum *(o/a/329)* ergeben, hingegeben
deducere, deduco, deduxi, deductum *(3/380)* abführen, wegführen
deesse, desum, defui, –, defuturus *(unreg./398)* fehlen, mangeln, abwesend sein, im Stich lassen
defatigare, defatigo, defatigavi, defatigatum *(1/380)* ganz ermüden
defectio, defectionis *(kons./333) f* Abfall, Verfall, Ausgehen
defendere, defendo, defendi, defensum *(3/380)* abwehren, verteidigen; *ab iniuria defendere* vor Unrecht schützen; *ab hostibus defendere* vor den Feinden/gegen die Feinde verteidigen
defensare, defenso, defensavi, defensatum *(1/380)* verteidigen
defensio, defensionis *(kons./333) f* Verteidigung
defensor, defensoris *(kons./331) m* Verteidiger
deferre, defero, detuli, delatum *(unreg./400)* übertragen, überbringen, melden, herabbringen, hinabtragen, verschlagen
defessus, defessa, defessum *(o/a/329)* müde, ermüdet, erschöpft, ermattet
defetisci, defetiscor, defessus sum, – *(3/Depo-nens/392)* ermüden, ermatten
deficere, deficio, defeci, defectum *(5/380)* ausgehen, fehlen, nachlassen, ermatten; abfallen (von einem Verbündeten), im Stich lassen, verlassen; *Tempus me deficit.* Ich habe keine Zeit.; *Pecunia me deficit.* Mir geht das Geld aus.; *animo deficere* mutlos werden, den Mut verlieren; *a Romanis deficere* von den Römer abfallen
defigere, defigo, defixi, defixum *(3/380)* hineinstoßen, starr richten auf
definīre, definio, definivi, definitum *(4/380)* genau abgrenzen, feststellen
definitio, definitionis *(kons./333) f* Festsetzung, Angabe, Definition
deflagrare, deflagro, deflagravi, deflagratum *(1/380)* niederbrennen (transitiv und intransitiv)
deflectere, deflecto, deflexi, deflectum *(3/380)* abbiegen (intransitiv), abweichen
deflēre, defleo, deflevi, defletum *(2/380)* weinen, beweinen
defluere, defluo, defluxi, – *(3/380)* herabfließen, herabgleiten
defodere, defodio, defodi, defossum *(5/380)* vergraben, eingraben
deformare, deformo, deformavi, deformatum *(1/380)* entstellen
deformis, deformis, deforme *(i/343)* entstellt, hässlich
defundere, defundo, defudi, defusum *(3/380)* herabgießen, ausgießen, eingießen
defungi, defungor, defunctus sum, – *(3/Depo-nens/392) [Ablativ]* erledigen, überstehen, verscheiden, sterben; *vitā defungi* sterben
degener, degeneris *(i/342)* entartet
degenerare, degenero, degeneravi, degeneratum *(1/380)* entarten
degere, dego, –, – *(3/380)* verbringen, leben, verleben
degredi, degredior, degressus sum, – *(5/Depo-nens/392)* hinabgehen, weggehen
dehinc *Adverb* von hier aus, hierauf
dehiscere, dehisco, –, – *(3/380)* sich öffnen, sich spalten
deicere, deicio, deieci, deiectum *(5/380)* herabwerfen, niederwerfen, umwerfen; verjagen

deinceps *Adverb* der Reihe nach
deinde *Adverb* nachher, dann, darauf
delabi, delabor, delapsus sum, – *(3/Deponens/392)* herabsinken, herabgleiten
delatio, delationis *(kons./333) f* Anzeige
delator, delatoris *(kons./331) m* Denunziant
delectare, delecto, delectavi, delectatum *(1/380)* freuen, erfreuen, entzücken, unterhalten, ergötzen
delectatio, delectationis *(kons./333) f* Entzücken, Unterhaltung, Vergnügen
delectus, delectus *(u/350) m* Auswahl, Aushebung
delenīre, delenio, delenivi, delenitum *(4/380)* beschwichtigen, für sich gewinnen, für sich einnehmen
delēre, deleo, delevi, deletum *(2/380)* tilgen, zerstören, vernichten
deliberare, delibero, deliberavi, deliberatum *(1/380)* abwägen, beraten, überlegen, erwägen
deliberatio, deliberationis *(kons./333) f* Überlegung
delicatus, delicata, delicatum *(o/a/329)* fein, reizend, verwöhnt
deliciae, deliciarum *(a/325) f* Wonne, Lust, Vergnügen
delictum, delicti *(o/327) n* Vergehen
deligare, deligo, deligavi, deligatum *(1/380)* anbinden
deligere, deligo, delegi, delectum *(3/380)* wählen, auswählen; *locum castris deligere* einen Platz für das Lager auswählen; *aliquem consulem deligere* jemanden zum Konsul wählen
delinquere, delinquo, deliqui, delictum *(3/380)* sich vergehen, Fehler machen
delirare, deliro, deliravi, deliratum *(1/380)* schwachsinnig sein, wahnsinnig sein
delirus, delira, delirum *(o/a/329)* schwachsinnig, wahnsinnig
Delphi, Delphorum *(o/326) m [plurale tantum]* Delphi
Delphicus, Delphica, Delphicum *(o/a/329)* delphisch
delphinus/delphin, delphini/delphinis *(o/326) m* Delphin
delubrum, delubri *(o/327) n* Heiligtum, Tempel
demens, dementis *(i/342)* wahnsinnig, unsinnig
dementia, dementiae *(a/325) f* Wahnsinn, Sinnlosigkeit
demere, demo, dempsi, demptum *(3/380)* wegnehmen, abnehmen; *arma demere* entwaffnen
demergere, demergo, demersi, demersum *(3/380)* tauchen, eintauchen, versenken
demigrare, demigro, demigravi, demigratum *(1/380)* auswandern, weggehen
deminuere, deminuo, deminui, deminutum *(3/380)* vermindern, schmälern, schwächen
demissus, demissa, demissum *(o/a/329)* niedrig, bescheiden
demittere, demitto, demisi, demissum *(3/380)* hinablassen, herablassen, eintauchen, hinabschicken, hinabführen, senken, sinken lassen; *animum demittere* den Mut sinken lassen; *capite demisso* mit gesenktem Haupt
demolīri, demolior, demolitus sum, – *(4/Deponens/392)* niederreißen, zerstören
demonstrare, demonstro, demonstravi, demonstratum *(1/380)* zeigen, hinweisen, beweisen, nachweisen, darlegen
demorari, demoror, demoratus sum, – *(1/Deponens/392)* zögern, verzögern, aufhalten
demovēre, demoveo, demovi, demotum *(2/380)* fortschaffen, entfernen
demum *Adverb* endlich, gerade, erst, schließlich
denarius, denarii *(o/326) m* Zehnasstück, Denar
denegare, denego, denegavi, denegatum *(1/380)* abschlagen, verweigern, leugnen
deni, denae, dena *(o/a/329)* je zehn
denique *Adverb* zuletzt, endlich, schließlich, überhaupt
dens, dentis *(kons./334) m* Zahn, Zacken

densare, denso, densavi, densatum *(1/380)* dicht machen, verdichten
densēre, denseo, densui, – *(2/380)* dicht machen, verdichten
densus, densa, densum *(o/a/329)* dicht, dichtgedrängt
denuntiare, denuntio, denuntiavi, denuntiatum *(1/380)* ankündigen, androhen
denuo *Adverb* von neuem, wieder
deorsum *Adverb* abwärts, nach unten, unten
depascere, depasco, depavi, depatum *(3/380)* abweiden (lassen), abfressen
depellere, depello, depuli, depulsum *(3/380)* vertreiben, verdrängen, verjagen
deperdere, deperdo, deperdidi, deperditum *(3/380)* zu Grunde richten, ganz verlieren
deplorare, deploro, deploravi, deploratum *(1/380)* jammern, bejammern, beklagen
deponere, depono, deposui, depositum *(3/380)* ablegen, absetzen, abstellen, wegstellen, verwahren, niederlegen, aufgeben
depopulari, depopulor, depopulatus sum, – *(1/Deponens/392)* entvölkern, verheeren, verwüsten
depopulatio, depopulationis *(kons./333) f* Verheerung, Plünderung
deportare, deporto, deportavi, deportatum *(1/380)* wegbringen, verbannen
deposcere, deposco, depoposci, – *(3/380)* dringend verlangen
depravare, depravo, depravavi, depravatum *(1/380)* entstellen, verschlechtern
deprecari, deprecor, deprecatus sum, – *(1/Deponens/392)* bittend abzuwenden suchen, anflehen, erflehen
deprehendere, deprehendo, deprehendi, deprehensum *(3/380)* auffangen, ertappen
deprimere, deprimo, depressi, depressum *(3/380)* niederdrücken, unterdrücken
depromere, depromo, deprompsi, depromptum *(3/380)* hervorholen, entnehmen
depugnare, depugno, depugnavi, depugnatum *(1/380)* bis zur Entscheidung kämpfen, um die Entscheidung kämpfen
deputare, deputo, deputavi, deputatum *(1/380)* abschneiden, halten für
deridēre, derideo, derisi, derisum *(2/380)* verlachen, auslachen, verspotten
deripere, deripio, deripui, dereptum *(5/380)* herabreißen, wegreißen, entreißen
derisor, derisoris *(kons./331) m* Spötter
derivare, derivo, derivavi, derivatum *(1/380)* ableiten
descendere, descendo, descendi, descensum *(3/380)* herabsteigen, hinabgehen
desciscere, descisco, descivi, descitum *(3/380)* abfallen, sich abwenden
describere, describo, descripsi, descriptum *(3/380)* beschreiben, schildern
deserere, desero, deserui, desertum *(3/380)* im Stich lassen, verlassen, aufgeben
deserta, desertorum *(o/327) n [plurale tantum]* Einöde, Wüste
desertor, desertoris *(kons./331) m* Flüchtling, Fahnenflüchtiger, Deserteur, Verräter
desertus, deserta, desertum *(o/a/329)* verlassen, einsam, unbewohnt, öde
deses, desidis *(i/342)* untätig, träg
desiderare, desidero, desideravi, desideratum *(1/380) [Akkusativ]* begehren, ersehnen, sich sehnen nach, verlangen, vermissen; *Te desideramus socium.* Dich brauchen wir (unbedingt) als Verbündeten.
desidēre, desideo, desedi, desessum *(2/380)* müßig sein

desiderium, desiderii *(o/327) n [Genitiv]* Sehnsucht, Verlangen (nach)
desidia, desidiae *(a/325) f* Trägheit, Untätigkeit, Müßiggang
designare, designo, designavi, designatum *(1/380)* bezeichnen, ernennen
desilīre, desilio, desilui, – *(4/380)* herabspringen
desinere, desino, desii, desitum *(3/380)* ablassen, aufhören; *Non desiit flere.* Er hörte nicht auf zu weinen.
desipere, desipio, –, – *(5/380)* unsinnig sein, töricht sein
desistere, desisto, destiti, – *(3/380) [Ablativ]* ablassen von, aufhören mit; *consilio desistere* einen Plan aufgeben; *ludibrio desistere* mit dem Spott aufhören; *laborare desistere* aufhören zu arbeiten; *incepto desistere* von seinem Vorhaben ablassen
despectus, despectus *(u/350) m* Ausblick, Aussicht, Verachtung
desperare, despero, desperavi, desperatum *(1/380)* die Hoffnung aufgeben, verzweifeln (an); *desperare salutem/de salute* die Hoffnung auf Rettung aufgeben; *desperatis rebus* in verzweifelter Lage
desperatio, desperationis *(kons./333) f* Verzweiflung, Hoffnungslosigkeit
despicere, despicio, despexi, despectum *(5/380)* herabsehen, geringschätzen, verachten
despondēre, despondeo, despondi, desponsum *(2/380)* förmlich versprechen
destinare, destino, destinavi, destinatum *(1/380)* festmachen, festsetzen, bestimmen, sich entschließen
destituere, destituo, destitui, destitutum *(3/380)* zurücklassen, verlassen, im Stich lassen
destringere, destringo, destrinxi, destrictum *(3/380)* ziehen, zücken (Waffe)
destruere, destruo, destruxi, destructum *(3/380)* niederreißen, zerstören
desuetus, desueta, desuetum *(o/a/329)* entwöhnt, ungewohnt
desuper *Adverb* von oben herab
detegere, detego, detexi, detectum *(3/380)* aufdecken, entdecken, enthüllen
deterior, deterior, deterius *(i/343)* weniger gut, schlechter, geringer
deterrēre, deterreo, deterrui, deterritum *(3/380)* abschrecken, abbringen
deterrimus, deterrima, deterrimum *(o/a/329)* der schlechteste, geringste
detestabilis, detestabilis, detestabile *(i/343)* abscheulich, verabscheuenswürdig
detestari, detestor, detestatus sum, – *(1/Deponens/392)* verwünschen, verabscheuen
detinēre, detineo, detinui, detentum *(2/380)* festhalten, vorenthalten
detorquēre, detorqueo, detorsi, detortum *(2/380)* wegwenden, abwenden, verdrehen, drehen, hindrehen
detractare/detrectare, detracto, detractavi, detractatum *(1/380)* ablehnen, herabsetzen
detrahere, detraho, detraxi, detractum *(3/380)* herabziehen, entreißen
detrimentum, detrimenti *(o/327) n* Nachteil, Verlust, Schaden; *detrimentum facere* Schaden erleiden; *Videant consules, ne quid detrimenti res publica capiat!* Die Konsuln sollen darauf achten, dass der Staat keinen Schaden nimmt!
detrudere, detrudo, detrusi, detrusum *(3/380)* hinabstoßen, verdrängen
deturbare, deturbo, deturbavi, deturbatum *(1/380)* wegdrängen, verjagen
deus, dei *(o/326) m* Gott, Gottheit
devehere, deveho, devexi, devectum *(3/380)* herabbringen, wegbringen, wegschaffen

devenīre, devenio, deveni, deventum *(4/380)* hinkommen, gelangen
devertere/deverti, deverto/devertor, deverti, – *(3/380)* einkehren
devexus, devexa, devexum *(o/a/329)* abschüssig, abwärts geneigt, abgewandt
devincere, devincio, devici, devictum *(5/380)* völlig besiegen
devincīre, devincio, devinxi, devinctum *(4/380)* festbinden, fesseln
devius, devia, devium *(o/a/329)* abgelegen, einsam
devorare, devoro, devoravi, devoratum *(1/380)* verschlingen, fressen, verzehren
devotus, devota, devotum *(o/a/329)* ergeben, verflucht
devovēre, devoveo, devovi, devotum *(2/380)* weihen, verfluchen
dexter, dext(e)ra, dext(e)rum *(o/a/330)* rechts; Glück verheißend; *dextra (manus)* die Rechte; *ad dextram (manum)* zur Rechten (Hand), auf der rechten Seite
dica, dicae *(a/325) f* Prozess, Klage
dicare, dico, dicavi, dicatum *(1/380)* weihen, widmen
dicax, dicacix *(i/342)* witzig, spottend
dicere, dico, dixi, dictum *(3/380)* sagen, sprechen, nennen; ernennen, festsetzen; behaupten, meinen; *Homerus caecus fuisse dicitur.* Homer soll blind gewesen sein.
dicio, dicionis *(kons./333) f* Gewalt, Herrschaft, Weisung, Befehl; *sub dicione alicuius esse* unter jemandes Herrschaft stehen
dictare, dicto, dictavi, dictatum *(1/380)* (oft) vorsagen, diktieren, vorsprechen
dictator, dictatoris *(kons./331) m* Diktator
dictatura, dictaturae *(a/325) f* Diktatur, Amt des Diktators
dictitare, dictito, dictitavi, dictitatum *(1/380)* zu sagen pflegen, wiederholt sagen, oft sagen
dictum, dicti *(o/327) m* Wort, Ausspruch, Äußerung
diducere, diduco, diduxi, diductum *(3/380)* auseinander ziehen, trennen; öffnen
dies, diei *(e/351) m/f* Tageslicht, Tag; Frist, Termin; *in dies* von Tag zu Tag; *multo die* spät am Tag; *multos dies* viele Tage lang; *dies noctesque (Akkusativ)* Tag und Nacht; *die certā* zu einem bestimmten Termin; *per totum diem* den ganzen Tag lang
differentia, differentiae *(a/325) f* Unterschied
differre, differo, distuli, dilatum *(unreg./400)* zerstreuen, aufschieben; verschieden sein, sich unterscheiden; *differt* es besteht ein Unterschied; *Quod differetur, non auferetur.* Aufgeschoben ist nicht aufgehoben.
differtus, differta, differtum *(o/a/329)* vollgestopft, voll
difficilis, difficilis, difficile *(i/343)* schwer, schwierig, mühsam; *homo difficilis* ein unzugänglicher Mensch
difficultas, difficultatis *(kons./334) f* Schwierigkeit; Unzugänglichkeit (eines Menschen)
diffidere, diffido, diffisus sum, – *(3/380) [Dativ/Ablativ]* misstrauen
diffindere, diffindo, diffidi, diffissum *(3/380)* spalten, zerspalten
diffingere, diffingo, finxi, diffictum *(3/380)* umbilden
diffugere, diffugo, diffugi, –, diffugiturus *(3/380)* auseinander stieben, sich zerstreuen
diffundere, diffundo, diffusi, diffusum *(3/380)* ausgießen, verbreiten, zerstreuen
digerere, digero, digessi, digestum *(3/380)* zerteilen; einteilen, ordnen
digitus, digiti *(o/326) m* Finger, Zehe
dignari, dignor, dignatus sum, – *(1/Deponens/392)* würdigen, für würdig halten; sich entschließen, geruhen
dignatio, dignationis *(kons./333) f* Rang, Würde; Würdigung, Hochachtung, Ehre, Wertschätzung
dignitas, dignitatis *(kons./334) f* Würde, Rang, Ansehen

dignoscere, dignosco, dignovi, dignotum *(3/380)* unterscheiden

dignus, digna, dignum *(o/a/329) [Ablativ]* würdig (einer Sache), wert, angemessen, verdient; *memoriā digna res* eine erwähnenswerte Sache; *laude dignus* lobenswert; *servus verberibus dignus est* der Sklave verdient Schläge

digredi, digredior, digressus sum, – *(5/Deponens/392)* sich trennen, auseinander gehen, abschweifen

diiudicare, diiudico, diiudicavi, diiudicatum *(1/380)* entscheiden, unterscheiden

dilabi, dilabor, dlilapsus sum, – *(3/Deponens/392)* zerfallen, entweichen

dilatare, dilato, dilatavi, dilatatum *(1/380)* erweitern, ausdehnen

dilectus, dilectus *(u/350) m* Aushebung, Rekrutierung von Soldaten; *dilectum habere* Truppen ausheben

diligens, diligentis *(i/342)* sorgfältig, gewissenhaft, umsichtig; *diligens salutis tuae* auf deine Rettung bedacht

diligentia, diligentiae *(a/325) f* Sorgfalt, Pünktlichkeit, Gewissenhaftigkeit, Umsicht; *diligentiam adhibere* sorgfältig verfahren

diligere, diligo, dilexi, dilectum *(3/380)* schätzen, hochschätzen, lieben

dilucidus, dilucida, dilucidum *(o/a/329)* durchsichtig, klar, deutlich

diluere, diluo, dilui, –, diluiturus *(3/380)* auflösen, (Vorwürfe) entkräften

diluvium, diluvii *(o/327) n* Überschwemmung, Sintflut

dimicare, dimico, dimicavi, dimicatum *(1/380)* kämpfen

dimicatio, dimicationis *(kons./333) f* Kampf

dimidius, dimidia, dimidium *(o/a/329)* halb

dimittere, dimitto, dimisi, dimissum *(3/380)* entsenden, entlassen, wegschicken; aufgeben; *senatum dimittere* die Senatssitzung beenden

dimovēre, dimoveo, dimovi, dimotum *(2/380)* trennen, entfernen, teilen

Diocletianus, Diocletiani *(o/326) m* Diokletian (Kaiser 284-304 n. Chr.)

Diogenes, Diogenis *(kons./331) m* Diogenes (griechischer Philosoph)

directus, directa, directum *(o/a/329)* gerade, geradlinig, einfach, direkt

dirigere, dirigo, direxi, directum *(3/380)* ausrichten, lenken, hinlenken

dirimere, dirimo, diremi, diremptum *(3/380)* trennen, unterbrechen; schlichten

diripere, diripio, diripui, direptum *(5/380)* plündern, abreißen, wegreißen, rauben; *Dux militibus oppidum diripiendum permisit.* Der Feldherr erlaubte den Soldaten, die Stadt zu plündern.

diruere, diruo, dirui, dirutum *(3/380)* einreißen, zerstören

dirus, dira, dirum *(o/a/329)* verderblich, grausig, schrecklich

dis, ditis *(i/342)* reich

discedere, discedo, discessi, discessum *(3/380)* weggehen, sich entfernen, auseinander gehen, sich zerstreuen; *in tres partes discedere* sich in drei Teile spalten

disceptare, discepto, disceptavi, disceptatum *(1/380)* verhandeln, erörtern, streiten; entscheiden

disceptatio, disceptationis *(kons./333) f* Erörterung, Diskussion, Verhandlung, Streit, Entscheidung

discere, disco, didici, – *(3/380)* lernen, erfahren; *Cottidie aliquid novi discitur.* Täglich lernt man etwas Neues.; *docendo discere* lehrend lernen

discernere, discerno, discrevi, discretum *(3/380)* trennen, unterscheiden

discessus, discessus *(u/350) m* Abzug, Abreise, Trennung

discinctus, discincta, discinctum *(o/a/329)* locker, sorglos

discingere, discingo, discinxi, discinctum *(3/380)* aufgürten, losgürten
disciplina, disciplinae *(a/325) f* Unterricht, Fach, Lehre, Bildung, Erziehung, Zucht
discipula, discipulae *(a/325) f* Schülerin
discipulus, discipuli *(o/326) m* Schüler
disconvenīre, disconvenio, disconveni, disconventum *(4/380)* nicht übereinstimmen, uneinig sein, schlecht passen
discordare, discordo, discordavi, discordatum *(1/380)* uneinig sein
discordia, discordiae *(a/325) f* Zwietracht, Uneinigkeit, Meuterei
discors, discordis *(i/342)* zwieträchtig, uneinig, uneins, widersprechend
discrepare, discrepo, discrepavi, discrepatum *(1/380)* verschieden sein, sich unterscheiden, nicht übereinstimmen
discribere, discribo, discripsi, discriptum *(3/380)* einteilen, zuteilen
discrimen, discriminis *(kons./336) n* Unterschied; Entscheidung; Gefahr, kritischer Augenblick; *in ipso discrimine rerum* mitten in der Gefahr; *in summo discrimine* in höchster Gefahr, höchst gefährlich
discriptio, discriptionis *(kons./333) f* Einteilung, Zuteilung, Verteilung
discumbere, discumbo, discubui, discubitum *(3/380)* sich zu Tisch legen
discurrere, discurro, discurri, discursum *(3/380)* auseinander laufen
discus, disci *(o/326) m* Wurfscheibe, Diskus
discutere, discutio, discussi, discussum *(5/380)* zersprengen, zerstreuen
disertus, diserta, disertum *(o/a/329)* klar, wohlgesetzt, redegewandt, beredt
disicere, disicio, diseci, disectum *(5/380)* zersprengen, zerstreuen, zerstören
disiungere, disiungo, disiunxi, disiunctum *(3/380)* losbinden, trennen, scheiden, unterscheiden
dispalari, dispalor, dispalatus sum, – *(1/Deponens/392)* sich zerstreuen, umherstreifen
dispar, disparis *(i/342)* ungleich, verschieden
dispergere, dispergo, dispersi, dispersum *(3/380)* zerstreuen, ausstreuen, ausbreiten, verbreiten
dispertīre, dispertio, dispertivi, dispertitum *(4/380)* aufteilen, verteilen, zuteilen
dispicere, dispicio, dispexi, dispectum *(5/380)* wahrnehmen, erblicken, erkennen; bedenken
displicēre, displiceo, displicui, displicitum *(2/380)* missfallen
disponere, dispono, disposui, dispositum *(3/380)* verteilen, ordnen; *vigilias per urbem disponere* Wachen in der Stadt postieren
disputare, disputo, disputavi, disputatum *(1/380)* auseinander setzen, erörtern, diskutieren
disputatio, disputationis *(kons./333) f* Erörterung, Untersuchung
distribuere, distribuo, distribui, distributum *(3/380)* verteilen
dissensio, dissensionis *(kons./333) f* Meinungsverschiedenheit, Uneinigkeit, Zwist, Widerspruch
dissentīre, dissentio, dissensi, dissensum *(4/380)* *[a mit Ablativ]* verschiedener Meinung sein, uneins sein, widersprechen, nicht beistimmen; *a Sulla dissentire* mit Sulla nicht einer Meinung sein
disserere, dissero, disserui, dissertum *(3/380)* auseinander setzen, besprechen, erörtern, sprechen über; *de artibus disserere* über die Künste diskutieren
dissidēre, dissideo, dissedi, dissessum *(2/380)* nicht übereinstimmen, abweichen, widersprechen, uneins sein

dissilīre, dissilio, dissilui, dissultum *(4/380)* zersprin-gen, zerbersten
dissimilis, dissimilis, dissimile *(i/343) [Ablativ]* verschieden, unähnlich (in)
dissimilitudo, dissimilitudinis *(kons./333) f* Unähnlichkeit, Verschiedenheit
dissimulare, dissimulo, dissimulavi, dissimulatum *(1/380)* verheimlichen, verbergen, ableugnen, sich verstellen, etwas verhehlen; *Marcus se aegrum esse dissimulat.* Marcus verheimlicht seine Krankheit.; *omnia dissimulare* alles vertuschen
dissimulatio, dissimulationis *(kons./333) f* Verstellung, Verleugnung, Verheimlichung
dissipare, dissipo, dissipavi, dissipatum *(1/380)* zerstreuen, zersprengen, vergeuden
dissolutus, dissoluta, dissolutum *(o/a/329)* aufgelöst, sorglos, leichtfertig, zügellos
dissolvere, dissolvo, dissolvi, dissolutum *(3/380)* loslösen, auflösen, aufheben
dissonus, dissona, dissonum *(o/a/329)* verschieden (tönend), verworren
dissuadēre, dissuadeo, dissuasi, dissuasum *(2/380)* widerraten
distare, disto, –, – *(1/380)* entfernt sein, sich unterscheiden
distendere, distendo, distendi, distentum *(3/380)* ausdehnen, ausbreiten
distinctio, distinctionis *(kons./333) f* Unterscheidung, Unterschied
distinēre, distineo, distinui, distentum *(2/380)* getrennt halten, beschäftigen
distinguere, distinguo, distinxi, distinctum *(3/380)* unterscheiden, trennen, ausschmücken; *vera a falsis distinguere* Wahres von Falschem unterscheiden
distorquēre, distorqueo, distorsi, distortum *(2/380)* verdrehen; *diem colloquio dicere* den Tag für eine Unterredung festsetzen
distrahere, distraho, distraxi, distractum *(3/380)* zerreißen, zerteilen, trennen; *(Passiv)* sich entzweien
distribuere, distribuo, distribui, distributum *(3/380)* verteilen, einteilen, zuteilen
disturbare, disturbo, disturbavi, disturbatum *(1/380)* auseinander treiben, zerstören
ditare, dito, ditavi, ditatum *(1/380)* bereichern
diu *Adverb* lange Zeit, lange
diu *Adverb* am Tage, bei Tage
diurnus, diurna, diurnum *(o/a/329)* täglich, bei Tag, Tages-
diutinus/diuturnus, diutina, diutinum *(o/a/329)* lang dauernd, dauernd
diutius *Adverb* länger
diuturnitas, diuturnitatis *(kons./334) f* lange Dauer
diuturnus, diuturna, diuturnum *(o/a/329)* lang dauern, anhaltend
divellere, divello, divelli/divulsi, divulsum *(3/380)* auseinander reißen, zerreißen, wegreißen, losreißen
diversitas, diversitatis *(kons./334) f* Unterschied, Veschiedenheit, Gegensatz
diversus, diversa, diversum *(o/a/329)* verschieden, entgegengesetzt; *Legati diversi abierunt.* Die Gesandten entfernten sich in verschiedene Richtungen.
dives, divitis *(kons./345)* reich
dividere, divido, divisi, divisum *(3/380)* trennen, teilen, verteilen, zuteilen; *in duas partes dividere* in zwei Teile teilen
divinare, divino, divinavi, divinatum *(1/380)* ahnen, weissagen
divinatio, divinationis *(kons./333) f* Sehergabe, Weissagung
divinitas, divinitatis *(kons./334) f* Göttlichkeit
divinus, divina, divinum *(o/a/329)* göttlich, heilig, weissagend

divisio, divisionis *(kons./333) f* Teilung, Einteilung, Verteilung

divitiae, divitiarum *(a/325) f [plurale tantum]* Schätze, Reichtum, Kleinodien, Geld; *Magnae divitiae mihi non sunt.* Ich besitze keine großen Reichtümer.; *divitiis abundare* Geld im Überfluss haben

divulgare, divulgo, divulgavi, divulgatum *(1/380)* unter die Leute bringen, veröffentlichen

divum, divi *(o/327) n* freier Himmel, das Freie; *sub divo* unter freiem Himmel

divus, diva, divum *(o/a/329)* göttlich, verewigt; *substantivisch* Gott; *divus Augustus* der zum Gott erhobene Augustus

docēre, doceo, docui, doctum *(2/380)* unterrichten, lehren; zeigen, darlegen; *aliquem litteras docere* jemanden in den Wissenschaften unterrichten; *amicum de fraude docere* den Freund von dem Betrug unterrichten

docilis, docilis, docile *(i/343)* gelehrig

doctor, doctoris *(kons./331) m* Lehrer

doctrina, doctrinae *(a/325) f* Bildung, Gelehrsamkeit, Lehre, Lehrfach, Unterricht, Wissenschaft

doctus, docta, doctum *(o/a/329)* gelehrt, gebildet; *litteris doctus esse* in den Wissenschaften gebildet sein

documentum, documenti *(o/327) n* Beweis, (warnendes) Beispiel

dolēre, doleo, dolui, –, doliturus *(2/380)* Schmerz empfinden, leiden, bedauern; *fortunam dolere* über sein Unglück Schmerz empfinden

dolium, dolii *(o/327) n* Fass

dolor, doloris *(kons./331) m* Schmerz, Leid, Kummer; *magno dolore affici* sehr betrübt sein

dolosus, dolosa, dolosum *(o/a/329)* arglistig, betrügerisch, hinterlistig

dolus, doli *(o/326) m* List, Betrug, Täuschung, Hinterlist; *fraude ac dolo* mit List und Tücke

domare, domo, domavi, domatum *(1/380)* zähmen, bändigen, bezwingen

domesticus, domestica, domesticum *(o/a/329)* häuslich, heimisch

domicilium, domicilii *(o/327) n* Wohnung, Haus, Wohnsitz

domina, dominae *(a/325)* Herrin

dominari, dominor, dominatus sum, – *(1/Deponens/392)* herrschen

dominatio, dominationis *(kons./333) f* Herrschaft, Alleinherrschaft

dominatus, dominatus *(u/350) m* Herrschaft, Alleinherrschaft

dominium, dominii *(o/327) n* Herrschaft, Besitz

dominus, domini *(o/326) m* Herr, Gebieter, Besitzer

domitor, domitoris *(kons./331) m* Bändiger, Bezwinger

domus, domus *(u/350) f* Haus, Heimat; *domo abire* von zu Hause weggehen; *domum redire* nach Hause zurückkehren; *domi esse* zu Hause sein; *belli domique* in Krieg und Frieden; *domi militiaeque* zu Haus und im Feld

donare, dono, donavi, donatum *(1/380)* geben, schenken, beschenken, weihen, opfern

donec *(422) Konjunktion (mit Indikativ)* solange als; (mit Indikativ/Konjunktiv) solange bis, bis

donum, doni *(o/327) n* Gabe, Geschenk, Opfer

dormīre, dormio, dormivi, –, dormiturus *(4/380)* schlafen

dormitare, dormito, dormitavi, dormitatum *(1/380)* einnicken, schläfrig sein, einschlafen

dorsum, dorsi *(o/327) n* Rücken (eines Tieres oder eines Berges), Gebirgskamm

dos, dotis *(kons./331) f* Mitgift, Gabe
draco, draconis *(kons./333) f* Drache, Schlange
Druida, Druidae *(a/325) m [meist Plural, auch Druides, Druidum]* Druide, keltischer Priester
dryas, dryadis *(kons./331) f* Dryade, Baumnymphe
dubitare, dubito, dubitavi, dubitatum *(1/380)* schwanken, zögern, zweifeln; *Num dubitas id facere?* Zögerst du etwa, dies zu tun?; *Dubitamus, num hoc verum sit.* Wir bezweifeln, dass dies wahr ist.; *Non dubito, quin verum dicas.* Ich zweifle nicht daran, dass du die Wahrheit sagst.
dubitatio, dubitationis *(kons./333) f* Zweifel, Bedenken, Zögern
dubium, dubii *(o/327) n* Zweifel; *sine dubio* ohne Zweifel, ohne Zögern
dubius, dubia, dubium *(o/a/329)* zweifelhaft, ungewiss, unsicher; *haud dubie* zweifellos
ducenti, ducentiae, ducentia *(o/a/329)* zweihundert
ducere, duco, duxi, ductum *(3/380)* führen, ziehen; halten für, glauben; *id bonum ducere* dies für gut halten; *aliquid nefas ducere* etwas für einen Frevel halten; *in latronum numerum duci* unter die Räuber gerechnet werden; *uxorem (in matrimonium) ducere* eine Frau in die Ehe führen, eine Frau heiraten
ductare, ducto, ductavi, ductatum *(1/380)* führen, anführen, befehligen, (eine Frau) heiraten
ductor, ductoris *(kons./331) m* Führer, Anführer
ductus, ductus *(u/350) m* Führung, Leitung, Zug
dudum *Adverb* seit langem, längst, binnen kurzem; *iam dudum* schon längst
dulcedo, dulcedinis *(kons./333) f* Süßigkeit, Süße, Lieblichkeit
dulcis, dulcis, dulce *(i/343)* angenehm, liebenswürdig, süß, lieb, lieblich
dum *(422) Konjunktion* (mit Indikativ Präsens) während; *(mit Indikativ)* solange wie; (mit Indikativ/Konjunktiv) solange bis; *(mit Konjunktiv)* wenn nur
dumetum, dumeti *(o/327) n* Gebüsch, Dickicht
dummodo *(422) Konjunktion [mit Konjunktiv]* wenn nur
dumtaxat *Adverb* höchstens, lediglich, wenn auch nur
dumus, dumi *(o/326) m* Gestrüpp
duo, duae, duo *(377)* zwei
duodecim zwölf
duodecimus, duodecima, duodecimum *(o/a/329)* der zwölfte
duodeviginti achtzehn
duplex, duplicis *(i/342)* zweifach, doppelt; doppelzüngig, falsch
duplicare, duplico, duplicavi, duplicatum *(1/380)* verdoppeln
durare, duro, duravi, duratum *(1/380)* dauern, ausharren, bestehen; härten, abhärten
duritia, duritiae *(a/325) f* Härte, Abhärtung
durus, dura, durum *(o/a/329)* hart, hartherzig, derb
duumvir, duumviri *(o/328) m [meist Plural]* Duumvir (eines Zweimännerkollegiums)
dux, ducis *(kons./332) m* Führer, Anführer, Feldherr; *Aenea duce* unter der Führung des Aeneas

E

e/ex *(420) Präposition [Ablativ]* aus, aus … heraus, von … an, seit, infolge; *e secunda hora* von der zweiten Stunde an; *e lege* gemäß dem Gesetz
ea *Adverb* da, dort
ebrius, ebria, ebrium *(o/a/329)* trunken, betrunken, berauscht

ebur, eboris *(kons./335) n* Elfenbein
eburn(e)us, eburnea, eburneum *(o/a/329)* elfenbeinern
ecce *Adverb* siehe da! seht! schau! schaut!
eculeus, eculei *(o/326) m* Füllen; Folterbank
edax, edacis *(i/342)* gefräßig
edere, edo, edi, esum *(3/380)* essen, fressen
ēdere, edo, edidi, editum *(3/380)* herausgeben, hervorbringen, verbreiten, bekannt machen
edicere, edicio, edixi, edictum *(5/380)* verkünden, verkündigen, anordnen, verordnen, bekannt geben
edictum, edicti *(o/327) n* Verordnung, Anordnung, Verfügung, Bekanntmachung
ediscere, edisco, edidici, – *(3/380)* auswendig lernen, erlernen
editus, edita, editum *(o/a/329)* hoch, hervorragend
edocēre, edoceo, edocui, edoctum *(2/380)* gründlich belehren
educare, educo, educavi, educatum *(1/380)* erziehen, aufziehen; *liberos bene educare* die Kinder gut erziehen
educere, educo, eduxi, eductum *(3/380)* herausführen, herausziehen, aufziehen
effari, effor, effatus sum, – *(1/Deponens/392)* aussprechen
effector, effectoris *(kons./331) m* Urheber, Schöpfer
effeminare, effemino, effeminavi, effeminatum *(1/380)* verweichlichen
efferatus, efferata, efferatum *(o/a/329)* verwildert
efferre, effero, extuli, elatum *(unreg./400)* hinaustragen, herausheben, erheben; bestatten, beerdigen; *laudibus efferre* rühmen
efferus, effera, efferum *(o/a/329)* wild, roh
effetus, effeta, effetum *(o/a/329)* erschöpft
efficax, efficacis *(i/342)* wirksam, erfolgreich
efficere, efficio, effeci, effectum *(5/380)* herstellen, zu etwas machen; fertig bringen, bewirken, durchsetzen, vollenden
effigies, effigiei *(e/351) f* Bild, Abbild, Ebenbild, Gestalt
effingere, effingo, effingxi, effictum *(3/380)* nachbilden, darstellen, ausdrücken
efflare, efflo, efflavi, efflatum *(1/380)* aushauchen; *animam efflare* sterben
efflorescere, effloresco, efflorui, – *(3/380)* erblühen, aufblühen
effluere, effluo, efluxi, – *(3/380)* herausfließen, verschwinden, vergehen
effodere, effodio, effodi, effossum *(5/380)* ausgraben, aufgraben, ausstechen, durchwühlen
effrenatus, effrenata, effrenatum *(o/a/329)* zügellos, unbändig
effugere, effugio, effugi, – *(5/380) [Akkusativ]* entrinnen, vermeiden, entgehen, entfliehen, entkommen; *periculum effugere* der Gefahr entkommen
effugium, effugii *(o/327) n* Ausweg, Flucht
effulgēre, effulgeo, effulsi, – *(2/380)* hervorleuchten
effundere, effundo, effusi, effusum *(3/380)* ausschütten, verschwenden
egens, egentis *(i/342)* arm, bedürftig
egenus, egena, egenum *(o/a/329)* arm, bedürftig
egēre, egeo, egui, – *(2/380) [Ablativ]* nicht haben, darben, nötig haben, bedürfen; *auxilio egere* auf Hilfe angewiesen sein, Hilfe brauchen, der Hilfe bedürfen; *pecuniā egere* kein Geld haben, Geld brauchen
egestas, egestatis *(kons./334) f* Armut, Mangel, Not
ego, mei *(358)* ich; *Memento mei!* Denk an mich!
egredi, egredior, egressus sum, – *(5/Deponens/392) [Ablativ]* herausgehen, verlassen
egregius, egregia, egregium *(o/a/329)* auserlesen, rühmlich, hervorragend, ausgezeichnet

egressus, egressus *(u/350) m* Ausgang
eicere, eicio, eieci, eiectum *(5/380)* hinauswerfen, vertreiben
eiusmodi *Adverb* derartig, so
elabi, elabor, elapsus sum, – *(3/Deponens/392)* entgleiten, entwischen, entschlüpfen
elaborare, elaboro, elaboravi, elaboratum *(1/380)* (sorgfältig) ausarbeiten, sich anstrengen
elatio, elationis *(kons./333) f* Schwung, Aufschwung, Erhebung
electrum, electri *(o/327) n* Bernstein, Elektron (Legierung aus Gold und Silber)
elegans, elegantis *(i/342)* geschmackvoll, feingebildet, gewählt
elegantia, elegantiae *(a/325) f* Geschmack, Feinheit, gewählte Art, Anstand
elegi, elegorum *(o/326) m* elegische Verse
elementum, elementi *(o/327) n* Grundstoff, Element; *Plural* **elementa, elementorum** Anfangsgründe, Alphabet
elephantus, elephanti *(o/326) m* Elefant, Elfenbein
elicere, elicio, elexi, electum *(5/380)* entlocken, hervorlocken, herauslocken
elidere, elido, elisi, elisum *(3/380)* herausstoßen, zerschmettern
eligere, eligo, elegi, electum *(3/380)* auswählen, wählen
eloquens, eloquentis *(i/342)* beredt, redegewandt
eloquentia, eloquentiae *(a/325) f* Beredsamkeit, Redegewandtheit
eloqui, eloquor, elocutus sum, – *(3/Deponens/392)* aussprechen, sich äußern
eloquium, eloquii *(o/327) n* Redeweise
elucēre, eluceo, eluxi, – *(2/380)* hervorleuchten
eludere, eludo, elusi, elusum *(3/380)* verspotten, ausweichen
em! da hast du! siehe da!
emendare, emendo, emendavi, emendatum *(1/380)* verbessern
emendatus, emendata, emendatum *(o/a/329)* fehlerfrei
emere, emo, emi, emptum *(3/380)* nehmen, kaufen; *magno emere* teuer kaufen; *parvo emere* billig kaufen; *domum de aliquo emere* von jemandem ein Haus kaufen
emerēre, emereo, emerui, emeritum *(2/380)* verdienen, sich verdient machen
emergere, emergo, emersi, emersum *(3/380)* auftauchen (lassen)
emeritus, emerita, emeritum *(o/a/329)* ausgedient
emetīri, emetior, emensus sum, – *(4/Deponens/392)* durchmessen, durchwandern
emicare, emico, emicavi, emicatum *(1/380)* hervorspringen, hervorzucken, hervorstrahlen
emigrare, emigro, emigravi, emigratum *(1/380)* auswandern
eminēre, emineo, eminui, – *(2/380)* hervorragen
eminus *Adverb* aus der Ferne, im Fernkampf
emittere, emitto, emisi, emissum *(3/380)* wegschicken, weglassen, herauslassen, freilassen, schleudern
emolumentum, emolumenti *(o/327) n* Vorteil, Nutzen, Gewinn
emori, emorior, emortuus sum, – *(5/Deponens/392)* (langsam) sterben, versterben, absterben
emovēre, emoveo, emovi, emotum *(2/380)* fortschaffen, wegschaffen, vertreiben, erschüttern
emptio, emptionis *(kons./333) f* Kauf
emptor, emptoris *(kons./331) m* Käufer
en hier ist! da ist! wohl, denn
enicare, enico, enicui/enecavi, enectum *(1/380)* umbringen
enim *(422) Konjunktion [nachgestellt]* nämlich, denn
enim *Adverb* fürwahr, in der Tat, sicherlich
enimvero *Adverb* in der Tat, fürwahr

eniti, enitor, enixus/enisus sum, – *(3/Deponens/392)* sich anstrengen, sich emporarbeiten
ensis, ensis *(g/339) m* Schwert
enumerare, enumero, enumeravi, enumeratum *(1/380)* aufzählen, ausrechnen
enuntiare, enuntio, enuntiavi, enuntiatum *(1/380)* aussprechen, ausplaudern
enuntiatio, enuntiationis *(kons./333) f* Aussage, Satz
eo *Adverb* dahin, daher, deswegen, dorthin; *eo convenire* dort zusammenkommen
eodem *Adverb* ebendorthin
Eos, Eos *f [undekliniert]* Morgenröte
eous, eoa, eoum *(o/a/329)* östlich; *substantivisch* Morgenstern
epistula, epistulae *(a/325) f* Brief; *epistulam solvere* einen Brief öffnen
epulae, epularum *(a/325) f [plurale tantum]* Speisen, Mahlzeit
epulari, epulor, epulatus sum, – *(3/Deponens/392)* speisen, essen, verzehren
equa, equae *(a/325) f* Stute
eques, equitis *(kons./331) m* Reiter, Ritter
equester, equestris, equestre *(i/344)* ritterlich, beritten; *pugna equestris* Reitergefecht
equidem *Adverb* allerdings, freilich, fürwahr
equile, equilis *(i/338) n* Pferdestall
equinus, equina, equinum *(o/a/329)* Pferde-
equitare, equito, equitavi, equitatum *(1/380)* reiten
equitatus, equitatus *(u/350) m* Reiterei, Ritterstand
equus, equi *(o/326) m* Pferd, Hengst
era, erae *(a/325) f* Herrin, Hausherrin
erga *(420) Präposition [Akkusativ]* in der Umgebung von, gegen, gegenüber, in Bezug auf; *gratus erga te* dankbar gegen dich
ergo *(422) Konjunktion* folglich, also, daher
erigere, erigo, erexi, erectum *(3/380)* aufrichten, emporheben
eripere, eripio, eripui, ereptum *(5/380)* wegreißen, entreißen, befreien
errare, erro, erravi, erratum *(1/380)* irren, sich irren, sich täuschen, sich verirren
error, erroris *(kons./331) m* Irrtum, Fehler, Irrfahrt; *errores Ulixis* die Irrfahrten des Odysseus
erubescere, erubesco, erubui, – *(3/380)* erröten, sich schämen
erudīre, erudio, erudivi, eruditum *(4/380)* bilden, ausbilden, unterrichten; *liberos artibus multis erudire* die Kinder in vielen Fertigkeiten unterrichten
eruditio, eruditionis *(kons./333) f* Erziehung, Bildung, Unterricht
eruere, eruo, erui, erutum *(3/380)* ausgraben, umgraben, zerstören; aufstöbern, ausfindig machen
erumpere, erumpo, erupi, eruptum *(3/380)* hervorstürzen, ausfallen, ausbrechen, hervorbrechen
eruptio, eruptionis *(kons./333) f* Ausfall, Ausbruch
erus, eri *(o/326) m* Herr, Hausherr
esca, escae *(a/325) f* Speise, Futter, Köder
escendere, escendo, escendi, escensum *(3/380)* hinaufsteigen, besteigen
Esquiliae, Esquiliarum *(a/325) f [plurale tantum]* Esquilin (Hügel Roms)
esse, sum, fui, –, futurus *(unreg./398)* sein, da sein, vorhanden sein; *esse + Dativ* besitzen, haben, dienen; *esse + Genitiv* besitzen bzw. bestehen aus, es ist Aufgabe von; *mihi est* mir gehört; *decori est* es dient als Schmuck
essedarius, essedarii *(o/326) m* Wagenkämpfer
essedum, essedi *(o/327) n* Streitwagen
esurīre, esurio, esurivi, esuritum *(4/380)* Hunger haben, hungern
et *(422) Konjunktion* und, auch; *et … et* sowohl … als auch

etc. (et cetera) und so weiter (usw.)
etenim *Adverb* nämlich, allerdings, denn
etiam *(422) Konjunktion* auch, ferner, sogar, noch
etiamsi *(422) Konjunktion [mit Indikativ/Konjunktiv]* wenn auch, auch wenn, selbst wenn, obgleich
Etruria, Etruriae *(a/325) f* Etrurien (Landschaft in Mittelitalien)
Etruscus, Etrusca, Etruscum *(o/a/329)* etruskisch; *substantivisch* Etrusker
etsi *(422) Konjunktion [mit Indikativ/Konjunktiv]* wenn auch, selbst wenn, obgleich
eunuchus, eunuchi *(o/326) m* Kastrat, Eunuch
Europa, Europae *(a/325) f* Europa
eurus, euri *(o/326) m* Südostwind
Eurydica, Eurydicae *(a/325) f* Eurydike (Gattin des Orpheus)
evadere, evado, evadi, evasum *(3/380)* hervorkommen, hinausgehen, entkommen
evanescere, evanesco, evanui, – *(3/380)* vergehen, sich verlieren
evehere, eveho, evexi, evectum *(3/380)* hinausbringen, emporführen, erheben
evellere, evello, evelli/evulsi, evulsum *(3/380)* ausreißen, vernichten
evenīre, evenio, eveni, eventum *(4/380)* sich ereignen, widerfahren, passieren
eventum, eventi *(o/327) n* Ausgang, Ereignis
eventus, eventus *(u/350) m* Ereignis, Ausgang, Erfolg, Ergebnis; *malos eventūs habere* ein schlimmes Ende haben
evertere, everto, everti, eversum *(3/380)* zerstören, umstürzen, umwerfen
evidens, evidentis *(i/342)* einleuchtend, eindeutig
evincere, evincio, evici, evictum *(5/380)* völlig besiegen
evincīre, evincio, evinxi, evinctum *(4/380)* umbinden, umwinden
evocare, evoco, evocavi, evocatum *(1/380)* herausrufen, aufrufen
exaestuare, exaestuo, exaestuavi, exaestuatum *(1/380)* aufwallen, auflodern
exaggerare, exaggero, exaggeravi, exaggeratum *(1/380)* aufhäufen, vergrößern, steigern
exagitare, exagito, exagitavi, exagitatum *(1/380)* aufjagen, aufwiegeln, aufreizen, verfolgen
examen, examinis *(kons./336) n* Schwarm; Prüfung
examinare, examino, examinavi, examinatum *(1/380)* prüfen
exanimare, exanimo, exanimavi, exanimatum *(1/380)* erschöpfen, erschrecken, entseelen, töten
exanimis, exanimis, exanime *(i/343)* entsetzt, leblos, tot, entseelt
exardescere, exardesco, exarsi, – *(3/380)* entbrennen, erglühen; ausbrechen (Krieg)
exaudīre, exaudio, exaudivi, exauditum *(4/380)* deutlich hören, erhören
excedere, excedo, excessi, excessum *(3/380)* hinausgehen, herausgehen; *modum excedere* das Maß überschreiten
excellens, excellentis *(i/342)* hervorragend, vortrefflich
excellentia, excellentiae *(a/325) f* Vortrefflichkeit
excellere, excello, –, – *(3/380)* hervorragen, sich auszeichnen
excelsus, excelsa, excelsum *(o/a/329)* hoch, hochragend, erhaben
excerpere, excerpo, excerpsi, excerptum *(3/380)* herausnehmen, wegnehmen; auslesen, auswählen
excidere, excido, excidi, excisum *(3/380)* herausfallen, herabfallen; untergehen
excīdere, excīdo, excīdi, excīsum *(3/380)* aushauen, abhauen, zerstören

excidium, excidii *(o/327) n* Fall, Untergang
excipere, excipio, excepi, exceptum *(5/380)* ausnehmen, wegfangen, herausnehmen, aufnehmen
excīre, excio, excivi/excii, excitum *(4/380)* aufwecken, aufscheuchen, aufjagen, erregen, herbeiholen
excitare, excito, excitavi, excitatum *(1/380)* aufjagen, aufwecken, ermutigen, erregen, aufschrecken; *ignem excitare* ein Feuer entfachen; *turrim excitare* einen Turm errichten
exclamare, exclamo, exclamavi, exclamatum *(1/380)* ausrufen, aufschreien
excludere, excludo, exclusi, exclusum *(3/380)* ausschließen, absperren
excogitare, excogito, excogitavi, excogitatum *(1/380)* erdenken, ersinnen
excolere, excolo, excolui, excultum *(3/380)* bearbeiten, ausbilden
excors, excordis *(i/342)* einfältig, dumm, ohne Verstand
excruciare, excrucio, excruciavi, excruciatum *(1/380)* kreuzigen, quälen, martern
excubare, excubo, excubavi, excubatum *(1/380)* draußen liegen; Wache halten
excubiae, excubiarum *(a/325) f [plurale tantum]* Wache, Wachposten
excudere, excudo, excudi, excusum *(3/380)* herausschlagen, bilden, formen
excursio, excursionis *(kons./333) f* Ausfall, Streifzug
excusare, excuso, excusavi, excusatum *(1/380)* (sich) entschuldigen
excusatio, excusationis *(kons./333) f* Entschuldigung, Ausrede
excutere, excutio, excussi, excussum *(5/380)* abschütteln, herausstoßen, wegstoßen; schütteln, ausbreiten, verbreiten; untersuchen, durchsuchen
exedere, exedo, exedi, exesum *(3/380)* verzehren, aufessen, zerfressen, vernichten
exemplar, exemplaris *n* Abbild, Vorbild, Muster
exemplum, exempli *(o/327) n* Beispiel, Muster, Vorbild; *exemplo (Dativ) esse* als Beispiel dienen; *exempli gratiā/causā* zum Beispiel
exercēre, exerceo, exercui, – *(2/380)* üben, betreiben, plagen; *medicinam exercere* die Heilkunst ausüben; *se armis exercere* sich in den Waffen üben
exercitare, exercito, exercitavi, exercitatum *(1/380)* tüchtig üben, plagen
exercitatio, exercitationis *(kons./333) f* Übung
exercitatus, exercitata, exercitatum *(o/a/329)* geübt, gequält
exercitus, exercitus *(u/350) m* Heer
exhalare, exhalo, exhalavi, exhalatum *(1/380)* ausatmen, aushauchen; *animam exhalare* sterben
exhaurīre, exhaurio, exhausi, exhaustum *(4/380)* ausschöpfen, leeren
exhibēre, exhibeo, exhibui, exhibitum *(2/380)* herausholen, herausgeben, ausliefern, vorzeigen
exhortari, exhortor, exhortatus sum, – *(1/Deponens/392)* aufmuntern, auffordern, anfeuern
exigere, exigo, exegi, exactum *(3/380)* heraustreiben, wegtreiben, vertreiben; eintreiben, fordern, einfordern, verlangen; vollenden; abmessen, bemessen
exiguitas, exiguitatis *(kons./334) f* Knappheit, Kürze
exiguus, exigua, exiguum *(o/a/329)* knapp, klein, gering, unbedeutend, winzig
exilis, exilis, exile *(i/343)* mager, dünn, schmächtig, dürftig
ex(s)ilium, exilii *(o/327) n* Verbannung
eximere, eximo, exemi, exemptum *(3/380)* herausnehmen, wegnehmen, beseitigen
eximius, eximia, eximium *(o/a/329)* ausnehmend, außerordentlich; *templum eximie ornatum* ein außerordentlich prächtig geschmückter Tempel
exinde *Adverb* hierauf, dann, von da aus

exīre, exeo, exii, exitum *(unreg./414)* herausgehen, hinausgehen, weggehen, ausrücken
existimare, existimo, existimavi, existimatum *(1/380)* schätzen, einschätzen, urteilen, beurteilen, meinen
existimatio, existimationis *(kons./333) f* Meinung, Ruf, Einschätzung, Urteil
exitiosus, exitiosa, exitiosum *(o/a/329)* verderblich, unheilvoll
exitium, exitii *(o/327) n* Untergang, Verderben
exitus, exitus *(u/350) m* Ausweg, Ausgang, Ende, Ergebnis
exolescere, exolesco, exolevi, exoletum *(3/380)* aus der Mode kommen, verschwinden, vergehen
exoletus, exoleta, exoletum *(o/a/329)* erwachsen, veraltet, liederlich; *exoletus (puer)* Lustknabe
exoptare, exopto, exoptavi, exoptatum *(1/380)* herbeiwünschen, ersehnen
exorare, exoro, exoravi, exoratum *(1/380)* erflehen
exordīri, exordior, exorsus sum, – *(4/Deponens/392)* anfangen, beginnen
exordium, exordii *(o/327) n* Anfang, Ursprung
exorīri, exorior, exortus sum, –, exoriturus *(4/Deponens/392)* entstehen, losbrechen
exornare, exorno, exornavi, exornatum *(1/380)* ausschmücken, ausrüsten, ausstatten; verherrlichen
exosus, exosa, exosum *(o/a/329) [Akkusativ]* (jemanden) hassend, voll Hass (gegen jemanden)
expedīre, expedio, expedivi, expeditum *(4/380)* frei machen, befreien, bereit machen, in Bereitschaft setzen; *expedit* es ist zuträglich; *naves expedire* die Schiffe segelfertig machen
expeditio, expeditionis *(kons./333) f* Feldzug, Streifzug, Unternehmung
expeditus, expedita, expeditum *(o/a/329)* unbehindert, leicht bepackt, kampfbereit
expellere, expello, expuli, expulsum *(3/380)* vertreiben, verbannen, heraustreiben, hinaustreiben
expendere, expendo, expendi, expensum *(3/380)* abwägen, erwägen, prüfen, bezahlen, ausgeben
expensum, expensi *(o/327) n* Ausgabe
expergisci, expergiscor, experrectus sum, – *(3/Deponens/392)* erwachen, aufwachen
experientia, experientiae *(a/325) f* Probe, Versuch, Erfahrung
experimentum, experimenti *(o/327) n* Versuch, Probe, Beweis
experīri, experior, expertus sum, – *(4/Deponens/392)* versuchen, erproben, prüfen, erfahren; *Expertus dico.* Ich spreche aus Erfahrung.
expers, expertis *(i/342)* unteilhaftig, unbeteiligt; *rationis expers* unvernünftig; *consilii expers* nicht in den Plan eingeweiht
expetere, expeto, expetivi, expetitum *(3/380)* erstreben, aufsuchen, verlangen
expiare, expio, expiavi, expiatum *(1/380)* entsühnen, versöhnen
explanare, explano, explanavi, explanatum *(1/380)* erklären
explēre, expleo, explevi, expletum *(2/380)* ausfüllen, anfüllen, erfüllen, befriedigen
explicare, explico, explicavi, explicatum *(1/380)* entfalten, erklären, entwickeln
explicatio, explicationis *(kons./333) f* Deutung, Darlegung, Erklärung, Erörterung
explodere, explodo, explosi, explosum *(3/380)* auszischen, auspfeifen, zurückweisen, verwerfen
explorare, exploro, exploravi, exploratum *(1/380)* erforschen, auskundschaften, prüfen
explorator, exploratoris *(kons./331) m* Kundschafter, Späher

exponere, expono, exposui, expositum *(3/380)* aussetzen, auseinander setzen, darlegen; *rem breviter exponere* eine Sache kurz darstellen
exportare, exporto, exportavi, exportatum *(1/380)* fortschaffen, ausführen
exposcere, exposco, expoposci, – *(3/380)* verlangen, fordern, erbitten
expostulare, expostulo, expostulavi, expostulatum *(1/380)* verlangen, fordern
exprimere, exprimo, expressi, expressum *(3/380)* herauspressen, erpressen; ausdrücken, darstellen; *expressis verbis* ausdrücklich
exprobrare, exprobro, exprobravi, exprobratum *(1/380)* vorwerfen
expugnare, expugno, expugnavi, expugnatum *(1/380)* erobern, besiegen
expurgare, expurgo, expurgavi, expurgatum *(1/380)* reinigen, rechtfertigen, entschuldigen
exquirere, exquiro, exquisivi, exquisitum *(3/380)* ausforschen, prüfen, ermitteln
exquisitus, exquisita, exquisitum *(o/a/329)* auserlesen, ausgezeichnet
exsanguis, exsanguis, exsangue *(i/343)* blutlos, leblos, tot; entkräftet
exscindere, exscindo, exscidi, exscissum *(3/380)* vernichten, zerstören, ausrotten
exsecare, exseco, exsecui, exsectum *(1/380)* herausschneiden
ex(s)ecrari, exsecror, exsecratus sum, – *(1/Deponens/392)* verwünschen, verfluchen
ex(s)equi, ex(s)equor, ex(s)ecutus sum, – *(3/Deponens/392)* verfolgen, geleiten, ausführen, vollziehen
ex(s)equiae, ex(s)equiarum *(a/325) f [plurale tantum]* Leichenbegängnis
exsilīre, exsilio, exsilui, exsultum *(4/380)* herausspringen
ex(s)istere, exsisto, exstiti, – *(3/380)* auftreten, erscheinen, entstehen; *ex eo existit (mit AcI/ut)* daraus folgt, dass
exsolvere, exsolvo, exsolvi, exsolutum *(3/380)* auflösen, loslösen
ex(s)pectare, exspecto, exspectavi, exspectatum *(1/380)* ausschauen, warten, erwarten, abwarten
exspectatio, exspectationis *(kons./333) f* Erwartung
ex(s)pirare, exspiro, exspiravi, exspiratum *(1/380)* aushauchen, sterben
ex(s)tare, exsto, –, – *(1/380)* hervorstehen, vorhanden sein
exstimulare, exstimulo, exstimulavi, exstimulatum *(1/380)* aufstacheln
exstinguere, exstinguo, exstinxi, exstinctum *(3/380)* auslöschen, tilgen, vernichten
exstirpare, exstirpo, exstirpavi, exstirpatum *(1/380)* mit der Wurzel ausrotten
ex(s)truere, exstruo, exstruxi, exstructum *(3/380)* aufschichten, errichten, erbauen; *aggerem exstruere* einen Wall aufschütten
ex(s)ultare, exsulto, exsultavi, exsultatum *(1/380)* frohlocken, jubeln, jauchzen, aufspringen, übermütig sein
exsuperare, exsupero, exsuperavi, exsuperatum *(1/380)* übersteigen, überwinden, übertreffen
exta, extorum *(o/327) n [plurale tantum, poetisch]* Eingeweide
extemplo *Adverb* sogleich, sofort
extendere, extendo, extendi, extentum *(3/380)* ausdehnen, ausspannen
extenuare, extenuo, extenuavi, extenuatum *(1/380)* dünn machen, mindern, vermindern, verringern
exterior, exterior, exterius *(i/343)* der äußere
exterminare, extermino, exterminavi, exterminatum *(1/380)* vertreiben
externus, externa, externum *(o/a/329)* ausländisch, fremd, auswärtig

exterrēre, exterreo, exterrui, exterritum *(2/380)* erschrecken, aufschrecken
exter(us), extera, exterum *(o/a/329)* außen befindlich, auswärtig, ausländisch
extimescere, extimesco, extimui, – *(3/380)* in Furcht geraten, sich fürchten
extollere, extollo, extuli, – *(3/380)* emporheben, aufrichten, ermutigen
extorquēre, extorqueo, extorsi, extortum *(2/380)* entwinden, entreißen, abtrotzen, erpressen
extra *(420) Präposition [Akkusativ]* außer, außerhalb
extrahere, extraho, extraxi, extractum *(3/380)* herausziehen, hinausziehen, in die Länge ziehen, verschleppen
extremitas, extremitatis *(kons./334) f* (äußerster) Rand, Grenze
extremus, extrema, extremum *(o/a/329)* der äußerste, der letzte; *Extrema passus est.* Er musste das Äußerste ertragen.; *extremo anno* am Ende des Jahres
extrinsecus *Adverb* von außen (her), außen
extrudere, extrudo, extrusi, extrusum *(3/380)* hinausstoßen, wegstoßen
extundere, extundo, extudi, extusum *(3/380)* heraushämmern, heraustreiben
exturbare, exturbo, exturbavi, exturbatum *(1/380)* hinausdrängen, wegdrängen, verstoßen, vertreiben
exuere, exuo, exui, exutum *(3/380)* ausziehen, ablegen; berauben
ex(s)ul, exulis *(kons./331) m* Verbannter; *adjektivisch* verbannt
ex(s)ulare, exulo, exulavi, exulatum *(1/380)* in der Verbannung leben, verbannt sein
exurere, exuro, exussi, exustum *(3/380)* (gänzlich) verbrennen, wegbrennen
exuviae, exuviarum *(a/325) f* (dem Feind) abgenommene Rüstung, Raub, Beute

F

F. (filius, filia) Sohn, Tochter
faba, fabae *(a/325) f* Bohne
fabella, fabellae *(a/325) f* kleine Erzählung, Fabel, kurzes Schauspiel
faber, fabri *(o/328) m* Handwerker, Schmied, Zimmermann, Künstler, Arbeiter, Pionier; *adjektivisch* kunstfertig, geschickt
fabrica, fabricae *(a/325) f* Handwerk; Baukunst; Werkstatt
fabricare/fabricari, fabrico/fabricor, fabricavi/fabricatus sum, fabricatum *(1/380)* schmieden, zimmern, herstellen, anfertigen, verfertigen
fabula, fabulae *(a/325) f* Erzählung, Fabel, Sage, Märchen, Schauspiel, Theaterstück, Geschichte, Gerede; *fabulam narrare* eine Geschichte erzählen; *fabulam agere* ein Schauspiel aufführen
fabulosus, fabulosa, fabulosum *(o/a/329)* sagenhaft, sagenumwoben
facere, facio, feci, factum *(5/380)* tun, machen, bewirken, handeln; *certiorem facere de + Ablativ* informieren über, benachrichtigen von; *aliquem dictatorem facere* jemanden zum Diktator machen; *cum aliquo facere* zu jemandem halten, jemandes Partei ergreifen
facessere, facesso, facessivi, facessitum *(3/380)* (transitiv) ausführen, ausrichten; (intransitiv) sich entfernen, sich packen
facetus, faceta, facetum *(o/a/329)* fein, anmutig, elegant, witzig
facies, faciei *(e/351) f* Gesicht, Antlitz; Gestalt, Aussehen
facile *Adverb* leicht
facilis, facilis, facile *(i/343)* leicht, mühelos, beweglich; willig, machbar; bequem; *haud facile (Adverb) dictu*

schwer zu sagen; *multo facilius* viel (um vieles) leichter; *eo facilius* umso leichter; *facilis dictu* leicht zu sagen

facilitas, facilitatis *(kons./334) f* Leichtigkeit, Umgänglichkeit, Bereitwilligkeit

facinus, facinoris *(kons./335) n* Tat, Untat, Missetat, Verbrechen

factio, factionis *(kons./333) f* Partei, politische Gruppe, Klüngel

factiosus, factiosa, factiosum *(o/a/329)* einflussreich

factitare, factito, factitavi, factitatum *(1/380)* gewöhnlich tun, zu tun pflegen

factum, facti *(o/327) n* Ereignis, Tat, Handlung, Heldentat

facultas, facultatis *(kons./334) f* Fähigkeit, Möglichkeit, Gelegenheit; *Plural* **facultates, facultatum** Mittel; *facultas dicendi* Rednertalent

facundia, facundiae *(a/325) f* Redegewandtheit, Redefähigkeit, Beredsamkeit

facundus, facunda, facundum *(o/a/329)* beredt, redegewandt

faex, faecis *(kons./332) f* Hefe, Weinhefe, Bodensatz

fagus, fagi *(o/326) f* Buche

fallax, fallacis *(i/342)* trügerisch, betrügerisch

fallere, fallo, fefelli, – *(3/380)* täuschen; unbemerkt bleiben, verborgen bleiben, entgehen; *me fallit* es entgeht mir, bleibt mir verborgen; *Non me fallit te mentiri.* Es entgeht mir nicht, dass du lügst.; *spem alicuius fallere* jemanden in seiner Hoffnung täuschen

falso *Adverb* fälschlich

falsus, falsa, falsum *(o/a/329)* falsch, irrig; betrügerisch

falx, falcis *(kons./332) f* Sichel

fama, famae *(a/325) f* Gerücht, Ruf, Berühmtheit, Kunde; *fama fert* es geht das Gerücht; *famae consulere* für seinen (guten) Ruf sorgen

fames, famis *f* Hunger, Hungersnot; *famem depellere* den Hunger stillen; *fame interficere* aushungern

familia, familiae *(a/325) f* Hausgemeinschaft, Gesinde, Dienerschaft, Familie; *vetus et illustris familia* eine alte, vornehme Familie

familiaris, familiaris, familiare *(i/343)* zum Haus gehörig, zur Familie gehörig, häuslich, vertraut, bekannt, freundschaftlich, befreundet; *res familiaris* Vermögen, Besitz; *aliquo familiariter uti* mit jemandem befreundet sein

familiaris, familiaris *(kons./331) m* vertrauter Freund, Vertrauter

familiaritas, familiaritatis *(kons./334) f* vertrauter Umgang, Freundschaft

famosus, famosa, famosum *(o/a/329)* berühmt, berüchtigt

famula, famulae *(a/325) f* Dienerin

famulus, famuli *(o/326) m* Diener

fanum, fani *(o/327) m* Heiligtum, Tempel

far, farris *(kons./331) n* Dinkel, Spelt, Opfermehl, Brot

farcīre, farcio, farsi, fartum *(4/380)* voll stopfen, füllen

fari, for, fatus sum, – *(1/Deponens/392)* sagen, verkünden

farina, farinae *(a/325) f* Mehl

fas *n [nur Nominativ und Akkusativ Singular]* (göttliches) Recht, sittliche Pflicht, Gebot, Schicksal; *contra ius fasque* wider menschliches und göttliches Recht; *fas est* es ist erlaubt

fascis, fascis *(g/339) m* Bündel; *Plural* **fasces, fascium** Rutenbündel

fasti, fastorum *(o/326) m* Kalender

fastidiosus, fastidiosa, fastidiosum *(o/a/329)* überdrüssig; wählerisch; widerwärtig

fastidīre, fastidio, fastidivi, fastiditum *(4/380)* verschmähen, Überdruss empfinden, Ekel empfinden

fastidium, fastidii *(o/327) n* Ekel, Überdruss, Widerwille; Hochmut; *in fastidio esse* verschmäht werden

fastigium, fastigii *(o/327) n* Spitze, Steigung, Neigung, Giebel, Gipfel

fastus, fastus *(u/350) m* Dünkel, Naserümpfen, Hochmut
fatalis, fatalis, fatale *(i/343)* vom Schicksal bestimmt, verhängnisvoll, Schicksal-; *casus fatalis* Schicksalsschlag
fatēri, fateor, fassus sum, – *(2/Deponens/392)* gestehen, bekennen, eingestehen, kundtun
fatigare, fatigo, fatigavi, fatigatum *(1/380)* ermüden, erschöpfen, mürbe machen, quälen
fatiscere, fatisco, –, – *(3/380)* bersten; erschlaffen, ermatten
fatum, fati *(o/327) n [oft Plural]* Götterspruch, Weissagung; Schicksal, Geschick, Verhängnis; *sua fata dolere* sein Schicksal beklagen
fauces, faucium *(kons./331) f [plurale tantum]* Schlund, Rachen; Schlucht, Engpass; *Vox faucibus haesit.* Er brachte kein Wort heraus.
faustus, fausta, faustum *(o/a/329)* günstig, Glück bringend
fautor, fautoris *(kons./331) m* Beschützer, Gönner, Anhänger, Beifallspender
favēre, feveo, favi, fautum *(2/380) [Dativ]* günstig sein, gewogen sein, begünstigen, schwärmen (für); *Di faveant, ut …* Gebe der Himmel/Geben die Götter, dass …
favilla, favillae *(a/325) f* (heiße) Asche
favor, favoris *(kons./331) m* Gunst, Beifall
favus, favi *(o/326) m* Honig, Honigwabe
fax, facis *(kons./332) f* Fackel, Licht, Flamme; *prima face* bei Einbruch der Dunkelheit
febris, febris *(i/338) f* Fieber; *Febris crescit.* Das Fieber steigt.
fecundus, fecunda, fecundum *(o/a/329)* fruchtbar, ergiebig, reichlich
felicitas, felicitatis *(kons./334) f* Glück, Erfolg
felis/feles, felis *(g/339) f* Katze
felix, felicis *(i/342)* fruchtbar, erfolgreich, glücklich
femina, feminae *(a/325) f* weibliches Wesen, Frau
femineus, feminea, femineum *(o/a/329)* weiblich, weibisch
femur, feminis/femoris *(kons./335) n* Schenkel, Oberschenkel
fenerator, feneratoris *(kons./331) m* Geldverleiher
fenestra, fenestrae *(a/325) f* Fenster
fenus, fenoris *(kons./335) n* Zinsen, Wucher
fera (bestia), ferae *(a/325) f* Tier, wildes Tier
feralis, feralis, ferale *(i/343)* Toten-, Leichen-; *Plural* **feralia, feralium** Totenfest
ferax, feracis *(i/342)* ertragreich, fruchtbar, ergiebig
fere/ferme *Adverb [meist nachgestellt]* etwa, ungefähr, fast, in der Regel, meist; *tres fere* ungefähr drei; *omnes fere* fast alle
feriae, feriarum *(a/325) f* Feiertage, Ruhetage, Ferien
ferinus, ferina, ferinum *(o/a/329)* von wilden Tieren
ferīre, ferio, –, – *(4/380)* schlagen, treffen, schlachten; *foedus ferire* ein Bündnis schließen
feritas, feritatis *(kons./334) f* Wildheit, Rohheit
ferocia, ferociae *(a/325) f* wilder Mut, Unerschrockenheit, Verwegenheit, Trotz
ferox, ferocis *(i/342)* wild, trotzig, unbändig, grimmig
ferratus, ferrata, ferratum *(o/a/329)* eisenbeschlagen
ferre, ferro, tuli, latum *(unreg./400)* tragen, ertragen; bringen, einbringen, hervorbringen; berichten; *aliquid aegre ferre* über etwas ärgerlich sein; *alicui auxilium ferre* jemandem Hilfe bringen; *aliquid graviter ferre* über etwas ungehalten sein; *aliquid moleste ferre* über etwas empört sein; *laudem ferre* Lob ernten; *ab aliquo responsum ferre* eine Antwort von jemandem erhalten; *legem ferre* ein Gesetz einbringen; *in hostes ferri* auf die Feinde losstürzen; *homo non ferendus* ein unerträglicher Mensch; *fama fert* es geht das Gerücht, das Gerücht behauptet
ferreus, ferrei *(o/326) m* eisern

ferri, feror, latus sum, – *(unreg./402)* stürzen, eilen
ferrugo, ferruginis *(kons./333) f* (Eisen-)Rost, dunkle Farbe
ferrum, ferri *(o/327) n* Eisen, Schwert; *ferro ignique* mit Feuer und Schwert/mit Mord und Brand
fertilis, fertilis, fertile *(i/343)* ertragreich, fruchtbar
ferus, fera, ferum *(o/a/329)* wild, grausam, ungezähmt, roh; *fera (bestia)* wildes Tier
fervēre, ferveo, ferbui, – *(2/380)* glühen, sieden, brausen, wogen
fervidus, fervida, fervidum *(o/a/329)* glühend, siedend, hitzig, heiß, wallend
fervor, fervoris *(kons./331) m* Hitze, Glut, Leidenschaft
fessus, fessa, fessum *(o/a/329)* morsch, müde, ermüdet, erschöpft, ermattet; *fessus aetate* altersschwach
festinare, festino, festinavi, festinatum *(1/380)* eilen, sich beeilen, beschleunigen; *Sulla in Italiam redire festinavit.* Sulla kehrte eilig nach Italien zurück.
festinatio, festinationis *(kons./333) f* Hast, Eile
festum, festi *(o/327) n* Fest, Feier
festus, festa, festum *(o/a/329)* festlich, feierlich
fetus, feta, fetum *(o/a/329)* fruchtbar, reich an, angefüllt; säugend
fetus, fetus *(u/350) m* Junges, Frucht
fibra, fibrae *(a/325) f* Faser
fibula, fibulae *(a/325) f* Spange, Schnalle, Klammer
ficus, fici *(o/326) f* Feigenbaum, Feige
fidelis, fidelis, fidele *(i/343)* treu, zuverlässig
fidere, fido, fisus sum, – *(3/380) [Dativ/Ablativ]* trauen, vertrauen
fides, fidei *(e/351) f* Glaube, Treue, Vertrauen, Verlässlichkeit, Schutz; *fidem dare* sein Wort geben; *fidem servare* sein Wort halten; *fidem facere* Vertrauen erwecken, Glauben finden; *fidem habere* Glauben schenken; *alicui fidem habere* jemandem glauben; *fidem liberare* sein Wort einlösen, sein Versprechen erfüllen; *alicui fidem praestare/in fide manere* jemandem die Treue halten, treu bleiben; *in fidem recipere* seinem Schutz unterstellen; *fidem prodere/frangere/laedere* sein Wort brechen
fides, fidium *(kons./331) f [plurale tantum]* Saite, Saitenspiel, Laute, Leier
fidicen, fidicinis *(kons./336) m* Lautenspieler
fiducia, fiduciae *(a/325) f* Vertrauen, Zuversicht, Zuverlässigkeit; *fiducia sui* Selbstvertrauen
fidus, fida, fidum *(o/a/329)* treu, zuverlässig
fieri, fio, factus sum, – *(unreg./416) [Passiv zu facere]* werden, gemacht werden, geschehen, entstehen; *magni fieri* viel gelten; *Clamor ingens fit.* Ein ungeheures Geschrei erhebt sich.; *Gallia Romanorum fit.* Gallien wird Besitz der Römer.
figere, figo, fixi, fixum *(3/380)* heften, anheften, befestigen; durchbohren
figulus, figuli *(o/326) m* Töpfer
figura, figurae *(a/325) f* Gebilde, Figur, Gestalt
filia, filiae *(a/325) f* Tochter
filius, filii *(o/326) m* Sohn
filum, fili *(o/327) n* Faden
fimum, fimi *(o/327) n* Dünger, Mist
findere, findo, fidi, fissum *(3/380)* spalten, zerspalten
fingere, fingo, fingxi, fictum *(3/380)* formen, gestalten, bilden; sich vorstellen, erdichten; *fabula ficta* Märchen; *ars fingendi* Bildhauerkunst
finīre, finio, finivi, finitum *(4/380)* begrenzen, abgrenzen; beenden, beendigen
finis, finis *(g/339) m* Grenze, Ende; Ziel, Zweck; *Plural* **fines, finium** Gebiet; *dicendi finem facere* eine Rede beenden; *Rubico erat finis Galliae.* Der (Fluss) Rubikon bildete die Grenze Galliens.

finitimus, finitima, finitimum *(o/a/329)* angrenzend, benachbart, nahe stehend, verwandt; *gentes finitimae* Nachbarstämme
firmare, firmo, firmavi, firmatum *(1/380)* stärken, kräftigen, bekräftigen, sichern, befestigen
firmitas, firmitatis *(kons./334) f* Festigkeit, Stärke, Ausdauer
firmus, firma, firmum *(o/a/329)* stark, fest, zuverlässig, standhaft
fiscus, fisci *(o/326) m* Korb, Kasse, Staatskasse, Geldkasse
fissum, fissi *(o/327) n* Spalt, Einschnitt
fistula, fistulae *(a/325) f* Wasserrohr, Hirtenpfeife, Fistel
flagellum, flagelli *(o/327) n* Peitsche, Geißel; Ranke, Sprössling
flagitare, flagito, flagitavi, flagitatum *(1/380)* ungestüm fordern, dringend fordern
flagitiosus, flagitiosa, flagitiosum *(o/a/329)* schändlich, schmachvoll, niederträchtig
flagitium, flagitii *(o/327) n* Schande, Schandtat, Bosheit
flagrare, flagro, flagravi, flagratum *(1/380)* brennen, glühen, lodern
flamen, flaminis *(kons./336) m* Opferpriester (einer bestimmten Gottheit)
flamen, flaminis *(kons./331) n* Blasen, Wehen, Wind
Flaminius, Flaminii *(o/326) m* Gaius Flaminius (Konsul)
flamma, flammae *(a/325) f* Flamme, Feuer, Glut
flammare, flammo, flammavi, flammatum *(1/380)* (transitiv) entzünden, verbrennen; (intransitiv) brennen, lodern
flare, flo, flavi, flatum *(1/380)* blasen, wehen
flatus, flatus *(u/350) m* Blasen, Wehen, Wind, Atem
flavēre, flaveo, flavui, – *(2/380)* gelb sein, blond sein
flavus, flava, flavum *(o/a/329)* gelb, goldgelb, blond
flebilis, flebilis, flebile *(i/343)* beklagenswert, kläglich, klagend, weinend
flectere, flecto, flexi, flexum *(3/380)* biegen, beugen, lenken, wenden, umwenden, umstimmen; *cursum flectere* den Kurs ändern
flēre, fleo, flevi, fletum *(2/380)* weinen, beweinen
fletus, fletus *(u/350) m* das Weinen
flexus, flexus *(u/350) m* Biegung, Wendung, Umweg
florēre, floreo, florui, – *(2/380)* blühen; *urbes florentes* wohlhabende Städte
flos, floris *(kons./332) m* Blume, Blüte; Zierde
fluctuare, fluctuo, fluctuavi, fluctuatum *(1/380)* treiben, dahintreiben, schwanken
fluctus, fluctus *(u/350) m* Flut, Strömung; *fluctibus excitatis* bei aufgewühlter See
fluentum, fluenti *(o/327) n* Fluss, Strom, Strömung
fluere, fluo, fluxi, – *(3/380)* fließen, strömen
fluitare, fluito, fluitavi, fluitatum *(1/380)* treiben, dahintreiben; schwanken
flumen, fluminis *(kons./336) n* Fluss, Strom, Strömung; *secundo flumine* flussabwärts; *adverso flumine* flussaufwärts
fluvius, fluvii *(o/326) m* Fluss, Strom
fluxus, fluxa, fluxum *(o/a/329)* fließend, schlaff, haltlos, vergänglich
focus, foci *(o/326) m* Feuerstätte, Herd, Haus und Hof
fodere, fodio, fodi, fossum *(5/380)* stechen, graben
foedare, foedo, foedavi, foedatum *(1/380)* verunstalten, entstellen, beflecken, besudeln, entehren
foederatus, foederata, foederatum *(o/a/329)* verbündet; *substantivisch* Verbündeter
foedus, foeda, foedum *(o/a/329)* hässlich, grässlich, furchtbar, abstoßend; *homo foedus* ein hässlicher Mensch

foedus, foederis *(kons./331) n* Treuebund, Bündnis, Vertrag; *foedera violare/rumpere* Verträge brechen
folium, folii *(o/327) n* Blatt
fomentum, fomenti *(o/327) n* Verband, Umschlag; *Plural* **fomenta, fomentorum** Linderungsmittel
fons, fontis *(kons./334) m* Quelle, Ursprung
foramen, foraminis *(kons./336) n* Öffnung, Loch
foras *Adverb* hinaus
forceps, forcipis *(kons./331) m* Zange
fore = futurum esse
forensis, forensis, forense *(i/343)* zum Forum gehörig, zum Gericht gehörig
foris, foris *(g/339) f* Tür, Türflügel, Eingang; *fores claudere* die Haustür schließen
foris *Adverb* draußen, nach draußen, von draußen
forma, formae *(a/325) f* Form, Gestalt, Aussehen, Figur, Schönheit; *eximiā formā mulier* eine außergewöhnlich schöne Frau
formare, formo, formavi, formatum *(1/380)* formen, bilden, gestalten
formica, formicae *(a/325) f* Ameise
formidare, formido, formidavi, formidatum *(1/380)* sich fürchten, sich entsetzen
formido, formidinis *(kons./333) f* Grausen, Furcht, Gespenst
formidolosus/formidulosus, formidolosa, formidolosum *(o/a/329)* grauenvoll, Furcht erregend, fürchterlich, schrecklich; furchtsam
formosus, formosa, formosum *(o/a/329)* schön
formula, formulae *(a/325) f* Norm, Maßstab, Regel; Vertrag
fornax, fornacis *(kons./332) f* Ofen, Schmelzofen
fornix, fornicis *(kons./332) m* Wölbung, Bogen, Gewölbe; Bordell
fors, fortis *(g/340) f* Zufall
forsitan *Adverb* vielleicht
fortasse/fortassis *Adverb* vielleicht
forte *Adverb* zufällig, durch Zufall; *si forte (contigit)* wenn es glückt
fortis, fortis, forte *(i/343)* stark, tapfer, mutig; *viri fortes* Helden
fortitudo, fortitudinis *(kons./333) f* Tapferkeit, Tatkraft, Mut
fortuito *Adverb* zufällig, aufs Geratewohl
fortuitus, fortuita, fortuitum *(o/a/329)* zufällig
fortuna, fortunae *(a/325) f* Glück, Schicksal; *Plural* **fortunae, fortunarum** Glücksgüter, Reichtum; *fortunae cedere* sich in sein Schicksal fügen; *Audentem fortuna iuvat.* Dem Mutigen hilft das Glück.
Fortuna, Fortunae *(a/325) f* Fortuna (Glücksgöttin)
fortunatus, fortunata, fortunatum *(o/a/329)* glücklich, beglückt; wohlhabend, reich
forum, fori *(o/327) n* Platz, Markt, Marktplatz, Forum, das öffentliche Leben; *forum Romanum* DAS Forum (Roms), DER Marktplatz von Rom
fossa, fossae *(o/327) f* Graben; *castra vallo fossāque circumdare* das Lager mit Wall und Graben umgeben
fovea, foveae *(a/325) f* Grube, Fallgrube
fovēre, foveo, fovi, fotum *(2/380)* wärmen, hegen, pflegen, begünstigen
fragilis, fragilis, fragile *(i/343)* zerbrechlich, hinfällig
fragmentum, fragmenti *(o/327) n* Bruchstück, Splitter
fragor, fragoris *(kons./331) m* Krachen, Dröhnen, Lärm
fragrare, fragro, fragravi, fragratum *(1/380)* riechen, duften
framea, frameae *(a/325) f* Wurfspeer, Frame
frangere, frango, fregi, fractum *(3/380)* brechen, zerbrechen; schwächen, zwingen, überwinden; *bracchium frangere* (sich) den Arm brechen
frater, fratris *(g/340) m* Bruder
fraternus, fraterna, fraternum *(o/a/329)* brüderlich

fraudare, fraudo, fraudavi, fraudatum *(1/380) [Ablativ]* täuschen, betrügen (um), unterschlagen
fraudulentus, fraudulenta, fraudulentum *(o/a/329)* betrügerisch
fraus, fraudis *(kons./333) f* Täuschung, Betrug, Irrtum, Schaden
fraxinus, fraxini *(o/326) f* Esche
fremere, fremo, fremui, fremitum *(3/380)* brummen, lärmen, murren, brausen, tosen; *dentibus fremere* mit den Zähnen knirschen
fremitus, fremitus *(u/350) m* Getöse, Lärm, Murren, Brummen
frenare, freno, frenavi, frenatum *(1/380)* im Zaum halten, zügeln, lenken
frendere, frendo, –, frensum *(3/380)* knirschen
frenum, freni *(o/327) n* Zaum, Zügel
frequens, frequentis *(i/342)* dichtbevölkert, häufig, zahlreich; *urbs tectis frequens* eine Stadt mit vielen Häusern
frequentare, frequento, frequentavi, frequentatum *(1/380)* bevölkern, besuchen
frequentia, frequentiae *(a/325) f* Andrang, Volksmenge
fretum, freti *(o/327) n* Brandung, Meerenge
fretus, freta, fretum *(o/a/329) [Ablativ]* vertrauend (auf); *auxilio fretus* auf Hilfe vertrauend
frigēre, frigeo, –, – *(2/380)* kalt sein, frieren
frigidus, frigida, frigidum *(o/a/329)* kalt, kühl, matt; *frigidissimo anni tempore* zur kältesten Zeit des Jahres
frigus, frigoris *(kons./335) n* Kälte, Schauer, Frost
frondēre, frondeo, –, – *(2/380)* belaubt sein
frondosus, frondosa, frondosum *(o/a/329)* laubreich, belaubt
frons, frontis *(kons./334) f* Stirn, Gesicht; Front, Vorderseite; *a fronte* von vorne
frons, frondis *(kons./331) f* Laub
fructuosus, fructuosa, fructuosum *(o/a/329)* fruchtbar, ergiebig, einträglich
fructus, fructus *(u/350) m* Frucht, Ertrag, Nutzen, Gewinn
frugalitas, frugalitatis *(kons./334) f* Rechtschaffenheit, Wirtschaftlichkeit, Mäßigung
frugi *[undekliniert, Komparativ frugalior, frugalius, Superlativ frugalissimus]* wacker, rechtschaffen; sparsam, mäßig; besonnen, überlegt
frugifer, frugifera, frugiferum *(o/a/330)* fruchtbringend, fruchtbar
frui, fruor, fruitus/fructus sum, –, fruiturus *(3/Deponens/392) [Ablativ]* genießen, sich erfreuen an; *vitā frui* das Leben genießen
frumentari, frumentor, frumentatus sum, – *(1/Deponens/392)* Getreide holen
frumentarius, frumentaria, frumentarium *(o/a/329)* Getreide-, Korn-; *res frumentaria* Getreideversorgung
frumentatio, frumentationis *(kons./333) f* Getreidebeschaffung
frumentum, frumenti *(o/327) n* Getreide
frustra *Adverb* vergebens, grundlos, umsonst; *frustra tempus consumere* seine Zeit verschwenden
frustrari, frustror, frustratus sum, – *(1/Deponens/392)* täuschen
frustum, frusti *(o/327) n* Bissen, Stückchen
frutex, fruticis *(kons./332) m* Busch, Strauch
frux, frugis *(kons./331) f* Feldfrucht, Ertrag; *Plural* **fruges, frugum** Ackerfrüchte, Feldfrüchte, Getreide
fucus, fuci *(o/326) m* Purpurfarbe, Schminke
fuga, fugae *(a/325) f* Flucht, Verbannung; *fugā salutem petere* die Rettung in der Flucht suchen; *fugam capessere* die Flucht ergreifen
fugare, fugo, fugavi, fugatum *(1/380)* in die Flucht schlagen, verjagen, vertreiben, verbannen
fugax, fugacis *(i/342)* flüchtig, vergänglich

fugere, fugio, fugi, –, fugiturus *(5/380) [Akkusativ]* fliehen (vor), meiden, entgehen; *fugit* (mit Akkusativ) es entgeht; *Illud me fugit.* Das ist mir entgangen.; *hostes fugere* vor den Feinden fliehen
fugitare, fugito, fugitavi, fugitatum *(1/380)* eilig fliehen, meiden, vermeiden
fugitivus, fugitiva, fugitivum *(o/a/329)* flüchtig, entlaufen; *substantivisch* Ausreißer
fulcīre, fulcio, fulsi, fultum *(4/380)* stützen
fulgēre, fulgeo, fulsi, – *(2/380)* blitzen, glänzen, leuchten
fulgor, fulgoris *(kons./331) m* Blitzen, Glanz
fulgur, fulguris *(kons./336) n* Blitz, Wetterleuchten
fulmen, fulminis *(kons./336) n* Blitz, Blitzstrahl, Blitzschlag; *fulmine ictus* vom Bitz erschlagen; *Fulmen cadit.* Ein Blitz schlägt ein.
fulvus, fulva, fulvum *(o/a/329)* rotgelb, bräunlich
fumare, fumo, fumavi, fumatum *(1/380)* rauchen, dampfen
fumus, fumi *(o/326) n* Rauch, Dampf
funda, fundae *(a/325) f* Schleuder, Wurfnetz
fundamentum, fundamenti *(o/327) n* Grund, Grundlage, Fundament
fundare, fundo, fundavi, fundatum *(1/380)* sichern, gründen, befestigen
fundere, fundo, fusi, fusum *(3/380)* gießen, ausgießen, ausbreiten, zerstreuen; *crines fusi* herabwallende Haare
funditor, funditoris *(kons./331) m* Schleuderer
funditus *Adverb* von Grund auf, völlig
fundus, fundi *(o/326) m* Boden, Grundstück, Landgut
funebris, funebris, funebre *(i/343)* zur Bestattung gehörig, tödlich
funestus, funesta, funestum *(o/a/329)* verderblich, todbringend, unselig
fungi, fungor, functus sum, – *(3/Deponens/392) [Ablativ]* leisten, ausüben, verwalten, verrichten; *munere optime fungi* ein Amt sehr gut verwalten; *officio fungi* seine Pflicht tun
funis, funis *(g/339) m* Seil, Tau
funus, funeris *(kons./335) n* Leichenbegängnis, Bestattung, Begräbnis, Begräbnisfeier
fur, furis *(kons./336) m/f* Dieb, Diebin
furari, furor, furatus sum, – *(1/Deponens/392)* stehlen
furca, furcae *(a/325) f* Gabel
furcifer, furciferi *(o/328) m* Galgenstrick, Halunke
furere, furo, –, – *(3/380)* toben, rasen, wüten
Furia, Furiae *(a/325) f* Rachegeist, Furie
furialis, furialis, furiale *(i/343)* wahnsinnig, rasend, wütend, tobend
furibundus, furibunda, furibundum *(o/a/329)* rasend
furiosus, furiosa, furiosum *(o/a/329)* wahnsinnig, rasend, wütend, tobend, besessen
furnus, furni *(o/326) m* Backofen
furor, furoris *(kons./331) m* Raserei, Wahnsinn, Wut; *in furorem incidere* in Wahnsinn verfallen
furtim *Adverb* verstohlen, heimlich
furtivus, furtiva, furtivum *(o/a/329)* gestohlen, verstohlen, heimlich
furtum, furti *(o/327) n* Diebstahl, Hinterlist
fuscus, fusca, fuscum *(o/a/329)* dunkel, schwärzlich; dumpf (Stimme)
fustis, fustis *(g/339) f* Knüppel, Stock, Prügel
futilis, futilis, futile *(i/343)* nichtig, wertlos, vergeblich; unzuverlässig
futurus, futura, futurum *(o/a/329)* künftig, zukünftig; *Plural* **futura, futurorum** Zukunft; *res futura providere* die Zukunft vorhersehen

G

galea, galeae *(a/325) f* Lederhelm, Helm
Gallia, Galliae *(a/325) f* Gallien; *Gallia Cisalpina* das diesseitige Gallien (Norditalien)
gallina, gallinae *(a/325) f* Henne, Huhn
gallus, galli *(o/326) m* Hahn
Gallus, Galli *(o/326) m* Gallier, Kelte
garrīre, garrio, –, – *(4/380)* schwätzen, plappern
garrulus, garrula, garrulum *(o/a/329)* geschwätzig
gaudēre, gaudeo, gavisus sum, – *(2/380)* sich freuen; *in sinu gaudere* sich ins Fäustchen lachen
gaudium, gaudii *(o/327) n* Freude, Vergnügen
gaza, gazae *(a/325) f* Vorrat, Schatz
gelidus, gelida, gelidum *(o/a/329)* eiskalt, starr
gelu, gelus *(u/350) n* Eiskälte, Frost
gemere, gemo, gemui, gemitum *(3/380)* seufzen, stöhnen
geminare, gemino, geminavi, geminatum *(1/380)* verdoppeln, wiederholen
geminus/gemellus, gemina, geminum *(o/a/329)* doppelt, Zwillings-; *Plural* **gemini, geminorum** Zwillinge
gemitus, gemitus *(u/350) m* Seufzen, Stöhnen
gemma, gemmae *(a/325) f* Knospe, Edelstein, Siegelring
gena, genae *(a/325) f* Wange, Backe
gener, generi *(o/328) m* Schwiegersohn
generalis, generalis, generale *(i/343)* allgemein, General-
generare, genero, generavi, generatum *(1/380)* erzeugen, erschaffen
generatim *Adverb* nach Geschlechtern, nach Gattungen, im Allgemeinen
generosus, generosa, generosum *(o/a/329)* edelgeboren, hochherzig, edel, edelmütig
genetrix, genetricis *(kons./332) f* Erzeugerin, Mutter
genialis, genialis, geniale *(i/343)* dem Genius geweiht, hochzeitlich, fröhlich, festlich
genitor, genitoris *(kons./331) m* Erzeuger, Vater
genitrix, genitricis *(kons./332) f* Mutter
genius, genii *(o/326) m* Schutzgeist, Genius
gens, gentis *(kons./334) f* Geschlecht, Sippe, Stamm, Volk; *amplissimo genere ortus* aus vornehmstem Geschlecht; *gens Cornelia* der Familienverband/die Sippe der Cornelier
gentilis, gentilis, gentile *(i/343)* einer Sippe angehörig, einem Volk angehörig
genu, genus *(u/350) n* Knie
genus, generis *(kons./335) n* Abkunft, Abstammung, Geschlecht, Gattung; Art und Weise; *genus hominum* das Menschengeschlecht, die Menschheit
geometres, geometrae *m* Feldmesser
geometria, geometriae *(a/325) f* Geometrie, Feldmesskunst, Landvermessung
geometricus, geometrica, geometricum *(o/a/329)* geometrisch
gerere, gero, gessi, gestum *(3/380)* führen; ausführen, verrichten; tragen, zur Schau tragen; *se gerere* sich betragen, sich benehmen, sich verhalten; *se honeste gerere* ehrlich sein; *res bene gesta* Erfolg; *bellum gerere* Krieg führen; *rem gerere* seine Aufgabe verrichten; *magistratum gerere* ein Amt bekleiden
Germania, Germaniae *(a/325) f* Germanien; *Germania Inferior* Untergermanien; *Germania Superior* Obergermanien
Germanicus, Germanica, Germanicum *(o/a/329)* germanisch
Germanus, Germani *(o/326) m* Germane
germanus, germana, germanum *(o/a/329)* leiblich; *substantivisch* Bruder, Schwester; *frater germanus* leiblicher Bruder; *soror germana* leibliche Schwester

gestare, gesto, gestavi, gestatum *(1/380)* (bei sich) tragen (Waffen und Kleider)
gestīre, gestio, gestivi, gestitum *(4/380)* heftig verlangen; frohlocken, ausgelassen sein
gestus, gestus *(u/350) m* Haltung, Gebärde
gignere, gigno, genui, genitum *(3/380)* zeugen, erzeugen, hervorbringen, gebären; *Venus Aeneam genuit.* Venus hat Aeneas geboren.
glacies, glaciei *(e/351) f* Eis
gladiator, gladiatoris *(kons./331) m* Fechter, Gladiator, Schwertkämpfer
gladius, gladii *(o/326) m* Schwert; *gladiis strictis* mit gezückten Schwertern
glaeba/gleba, glaebae *(a/325) f* Erdscholle
glans, glandis *(kons./331) f* Eichel, Schleuderkugel
glaucus, glauca, glaucum *(o/a/329)* blaugrau, graugrün
gliscere, glisco, –, – *(3/380)* sich steigern, anwachsen
globosus, globosa, globosum *(o/a/329)* rund, kugelförmig
globus, globi *(o/326) m* Kugel, Ball; Haufe, Rotte, Schwarm
glomerare, glomero, glomeravi, glomeratum *(1/380)* zusammenballen, zusammendrängen
gloria, gloriae *(a/325) f* Ruhm, Ehre, Zierde; Ehrgeiz; Prahlerei
gloriari, glorior, gloriatus sum, – *(1/Deponens/392)* sich rühmen, prahlen, sich brüsten
gloriosus, gloriosa, gloriosum *(o/a/329)* ruhmvoll, prahlerisch, ehrgeizig
gnarus, gnara, gnarum *(o/a/329)* kundig, bekannt
gnavus, gnava, gnavum *(o/a/329)* regsam, emsig, tatkräftig
gracilis, gracilis, gracile *(i/343)* schlank, schmächtig, mager, dürr
gradatim *Adverb* schrittweise, stufenweise
gradi, gradior, gressus sum, – *(5/Deponens/392)* schreiten
gradus, gradus *(u/350) m* Schritt, Stufe, Grad, Rang; *gradus honorum* die Ämterlaufbahn; *gradus aetatis* Altersstufe
Graecia, Graeciae *(a/325) f* Griechenland
Graecus, Graeca, Graecum *(o/a/329)* griechisch; *substantivisch* Grieche; *Plural* **Graeci, Graecorum** Griechen
gramen, graminis *(kons./336) n* Gras
gramineus, graminea, gramineum *(o/a/329)* aus Gras, grasbedeckt
grammatica, grammaticae *(a/325) f* Grammatik, Sprachkunde, Philologie
grammaticus, grammatica, grammaticum *(o/a/329)* grammatisch, sprachwissenschaftlich; *substantivisch* Grammatiker, Philologe
grandis, grandis, grande *(i/343)* groß, erwachsen, erhaben
grando, grandinis *(kons./333) f* Hagel
granum, grani *(o/327) n* Korn
grassari, grassor, grassatus sum, – *(1/Deponens/392)* vorgehen; sich ausbreiten
gratari, grator, gratatus sum, – *(1/Deponens/392)* gratulieren, Glück wünschen
grates *(kons./331) f [nur Nominativ, Akkusativ und Ablativ]* Dank
gratia, gratiae *(a/325) f* Beliebtheit, Gunst, Anmut, Dank; *meā gratiā* meinetwegen; *gratiam habere* dankbar sein; *gratiam referre* Dank abstatten; *gratias agere* (mit Worten) danken; *Gratias tibi ago.* Ich danke dir.; *gratiam referre* sich (mit Taten) dankbar erweisen, sich revanchieren, Dank abstatten; *in gratia esse apud plebem* bei den einfachen Leuten beliebt sein; *in gratiam redire cum uxore* sich mit seiner Frau wieder vertragen; *gratiā* zu Gunsten, um ... willen; *amicitiae gratiā* um der Freundschaft willen;

hominum gratiā der Menschen wegen; *gratis (Ablativ Plural)* umsonst, unentgeltlich
gratificari, gratifico, gratificatus sum, – *(1/Deponens/392)* einen Gefallen tun, opfern
gratiosus, gratiosa, gratiosum *(o/a/329)* beliebt, freundlich; *substantivisch* Günstling
gratis *Adverb* unentgeltlich
gratuito *Adverb* unentgeltlich, umsonst
gratuitus, gratuita, gratuitum *(o/a/329)* unentgeltlich; freiwillig
gratulari, gratulor, gratulatus sum, – *(1/Deponens/392)* gratulieren, Glück wünschen
gratulatio, gratulationis *(kons./333) f* Glückwunsch, Danksagung
gratus, grata, gratum *(o/a/329)* angenehm, gefällig, dankbar, willkommen
gravare, gravo, gravavi, gravatus sum *(1/380)* beladen, belasten, erschweren
gravidus, gravida, gravidum *(o/a/329) [Ablativ]* schwanger, voll von
gravis, gravis, grave *(i/343)* schwer, schwergewichtig, drückend, bedeutend, ernst, wichtig, würdevoll, angesehen; *onus grave* eine schwere Last; *graviter ferre* (mit Akkusativ) ungern ertragen, sich ärgern (über)
gravitas, gravitatis *(kons./334) f* Schwere, Bedeutung, Ernst, Würde
gregarius, gregaria, gregarium *(o/a/329)* gemein, gewöhnlich
gremium, gremii *(o/327) n* Schoß
gressus, gressus *(u/350) m* Gang, Schritt
grex, gregis *(kons./331) m* Herde, Schar, Rotte; *gregem facere* sich versammeln, sich zusammenrotten
grus, gruis *(kons./331) f/m* Kranich
gubernaculum, gubernaculi *(o/327)* Steuerruder
gubernare, guberno, gubernavi, gubernatum *(1/380)* steuern, lenken, leiten
gubernator, gubernatoris *(kons./331) m* Steuermann, Lenker, Leiter
gula, gulae *(a/325) f* Kehle, Schlund
gurges, gurgitis *(kons./331) m* Strudel, Wirbel; Schlund, Abgrund
gustare, gusto, gustavi, gustatum *(1/380)* kosten, genießen, zu sich nehmen
gutta, guttae *(a/325) f* Tropfen
guttur, gutturis *(kons./336) n* Gurgel, Kehle
gymnasium, gymnasii *(o/327) n* Gymnasion, Turnschule, Ringerschule
gyrus, gyri *(o/326) m* Kreis, Ring, Kreislauf

H

habena, habenae *(a/325) f* Zügel, Riemen
habēre, habeo, habui, habitum *(2/380)* haben, halten, besitzen; *se habere* sich verhalten, beschaffen sein; *res se aliter habet* es verhält sich anders; *in animo habere* im Sinn haben, vorhaben; *contionem habere* eine Versammlung abhalten; *aliquem pro amico habere* jemanden als Freund behandeln
habilis, habilis, habile *(i/343)* handlich, tauglich, geeignet
habitare, habito, habitavi, habitatum *(1/380)* wohnen, bewohnen
habitus, habitus *(u/350) m* Haltung, Aussehen, Kleidung, Zustand, Stimmung; *habitus animi* die seelische Verfassung; *optimo habitū* bei bestem Befinden
hac *Adverb* hier, hierher
hāc (viā) *Adverb* hier
hactenus *Adverb* so weit, bis hierher
Hadrianus, Hadriani *(o/326) m* Hadrian (Kaiser)
haedus, haedi *(o/326) m* junger Ziegenbock, Zicklein

haerēre, haereo, haesi, –, haesurus *(2/380)* hängen, festsitzen, hängen bleiben, stecken bleiben, haften; *in equo haerere* fest im Sattel sitzen
haesitare, haesito, haesitavi, haesitatum *(1/380)* stecken bleiben, stottern
Hamilcar, Hamilcaris *(kons./331) m* Hamilkar (Vater Hannibals)
hamus, hami *(o/326) m* Haken, Angelhaken
Hannibal, Hannibalis *(i/338) m* Hannibal
harena, harenae *(a/325) f* Sand, Sandfläche, Kampfplatz
harundo, harundinis *(kons./333) f* Schilfrohr, Rohrpfeife
haruspex, haruspicis *(kons./332) m* Opferschauer, Weissager
haruspicina, haruspicinae *(a/325) f* Eingeweideschau
hasta, hastae *(a/325) f* Schaft, Speer, Spieß, Lanze
hastatus, hastata, hastatum *(o/a/329)* speerbewaffnet; *substantivisch* Speerträger
hastile, hastilis *(i/338) n* Speer, Speerschaft, Lanze, Lanzenschaft
haud *Adverb* nicht
haudquaquam *Adverb* keineswegs, durchaus nicht
haurīre, haurio, hausi, haustum *(4/380)* schöpfen, trinken, herausschöpfen; gierig aufnehmen; nehmen, entnehmen; *aquam haurire* Wasser schöpfen
hebes, hebetis *(i/342)* stumpf, matt, schwerfällig
hebescere, hebesco, –, – *(3/380)* stumpf werden; ermatten
hedera, hederae *(a/325) f* (poetisch) Efeu
herba, herbae *(a/325) f* Gras, Pflanze, Kraut, Heilkraut
Hercules, Herculis *(kons./331) m* Herkules
hereditas, hereditatis *(kons./334) f* Erbschaft
heres, heredis *(kons./334) m/f* Erbe, Erbin
heri *Adverb* gestern
heros, herois *(kons./331) m* Heros, Held
hesperius, hesperia, hesperium *(o/a/329)* abendländisch, westlich
Hesperus, Hesperi *(o/326) m* Abendstern
hesternus, hesterna, hesternum *(o/a/329)* gestrig
heu wehe, ach; *heu me!* wehe mir!
hiare, hio, hiavi, hiatum *(1/380)* klaffen; den Mund aufsperren, gähnen
hiatus, hiatus *(u/350) m* Kluft, Öffnung
hibernaculum, hibernaculi *(o/327) n* Winterzelt; *Plural* **hibernacula, hibernaculorum** Winterlager
hibernare, hiberno, hibernavi, hibernatum *(1/380)* überwintern
hibernus, hiberna, hibernum *(o/a/329)* winterlich; *Plural* **hiberna, hibernorum (castra)** Winterlager
hic *Adverb* hier, jetzt
hic, huius, haec, hoc *(362)* dieser, folgender, hiesig, jetzig
hiemare, hiemo, hiemavi, hiematum *(1/380)* überwintern
hiems, hieme *(kons./331) f* Winter, Kälte, Sturm; *hieme ineunte* bei Beginn des Winters; *hieme exeunte* gegen Ende des Winters
hilaris, hilaris, hilare *(i/343)* heiter, froh, vergnügt
hilaritas, hilaritatis *(kons./334) f* Heiterkeit
hilarus, hilara, hilarum *(o/a/329)* heiter, froh, vergnügt
hinc *Adverb* von hier aus, von da an, von jetzt an, daher
hircus, hirci *(o/326) m* Bock, Ziegenbock; Gestank
hirsutus, hirsuta, hirsutum *(o/a/329)* stachelig, borstig, struppig
hirundo, hirundinis *(kons./333) f* Schwalbe
Hispania, Hispaniae *(a/325) f* Spanien
hispidus, hispida, hispidum *(o/a/329)* rau, struppig
historia, historiae *(a/325) f* Geschichte, Erzählung; Forschung
histrio, histrionis *(kons./333) m* Schauspieler
hodie *Adverb* heute

hodiernus, hodierna, hodiernum *(o/a/329)* heutig
holus, holeris *(kons./335) n* Gemüse, Kohl
homo, hominis *(kons./333) m* Mensch, Mann; *Plural* **homines, hominum** Leute
honestas, honestatis *(kons./334) f* Ehre, Ehrbarkeit, Anstand, Würde
honestus, honesta, honestum *(o/a/329)* ehrenhaft, angesehen, geehrt, anständig, ehrbar, ehrenvoll
honorare, honoro, honoravi, honoratum *(1/380)* ehren, auszeichnen
honorificus, honorifica, honorificum *(o/a/329)* ehrenvoll
honos, honoris *(kons./332) m* Ansehen, Ehre; Ehrenstelle, Ehrenamt; *in summo honore esse* in höchstem Ansehen stehen; *cursus honorum* die Ämterlaufbahn; *honore afficere* (mit Akkusativ) (jemandem) eine Ehre erweisen
hora, horae *(a/325) f* Stunde, Zeit, Jahreszeit
Horatius, Horatii *(o/326) m* Quintus Horatius Flaccus, Horaz (römischer Dichter)
hordeum, hordei *(o/327) n* Gerste
hornus, horna, hornum *(o/a/329)* diesjährig, heurig
horrendus, horrenda, horrendum *(o/a/329)* schrecklich
horrēre, horreo, horrui, – *(2/380) [Akkusativ]* starren, schaudern, sich entsetzen, zittern vor; *crudelitatem tyranni horrere* vor der Grausamkeit des Tyrannen zittern
horrescere, horresco, horrui, – *(3/380)* starren, schaudern, sich entsetzen, zittern vor
horreum, horrei *(o/327) n* Scheune, Getreidespeicher
horribilis, horribilis, horribile *(kons./331)* schauerlich, schrecklich; *horribile dictu!* schrecklich!
horridus, horrida, horridum *(o/a/329)* rau, roh, schaurig, entsetzlich
horror, horroris *(kons./331) m* Schauder, Schrecken
hortamen, hortaminis *(kons./336) n* Aufmunterung
hortari, hortor, hortatus sum, – *(1/Deponens/392)* auffordern, mahnen, ermahnen, ermuntern
hortulus, hortuli *(o/326) m* Gärtchen
hortus, horti *(o/326) m* Garten; *horti Caesaris* die Gartenanlagen Cäsars
hospes, hospitis *(kons./331) m* Gastgeber, Gastfreund, Gast, Fremder
hospitalis, hospitalis, hospitale *(i/343)* gastfreundlich
hospitium, hospitii *(o/327) n* Gastfreundschaft, Herberge; *aliquem hospitio accipere* jemanden gastlich aufnehmen
hospitus, hospita, hospitum *(o/a/329)* gastfreundlich, fremd
hostia, hostiae *(a/325) f* Opfertier
hostilis, hostilis, hostile *(i/343)* feindlich
hostis, hostis *(g/339) m/f* Feind, Landesfeind, Feindin
huc *Adverb* hierher, (bis) hierher, hierzu, hierhin
huiusmodi *[undekliniert]* derartig
humanitas, humanitatis *(kons./334) f* Menschlichkeit, Freundlichkeit; Bildung; *cultus atque humanitas* Kultur, Zivilisation
humanus, humana, humanum *(o/a/329)* gebildet, menschlich, freundlich, menschenfreundlich
humare, humo, humavi, humatum *(1/380)* beerdigen
humidus, humida, humidum *(o/a/329)* feucht
humilis, humilis, humile *(i/343)* niedrig, gering, demütig, niedergeschlagen; *humilis staturā esse* von kleiner Gestalt sein
humilitas, humilitatis *(kons./334) f* Niedrigkeit, Unterwürfigkeit, Unbedeutendheit, Schwäche
humor, humoris *(kons./331) m* Feuchtigkeit
humus, humi *(o/326) f* Boden, Erdboden, Erdreich, Erde; *humi iacēre* am Boden liegen
hydrus/hydra, hydri/hydrae *(o/326) m/f* Wasserschlange
hymenaeus, hymenaei *(o/326) m* Hochzeitslied, Hochzeit

I

I (unus) eins
iacere, iacio, ieci, iactum *(3/380)* werfen, schleudern, aufwerfen, errichten; *lapides iacere* Steine werfen
iacēre, iaceo, iacui, – *(2/380)* liegen, daliegen, daniederliegen
iactare, iacto, iactavi, iactatum *(1/380)* werfen, schleudern, hin- und herwerfen, schütteln; im Munde führen, erörtern, rühmen; *manūs iactare* gestikulieren; *se iactare* sich brüsten, sich rühmen
iactura, iacturae *(a/325) f* Einbuße, Verlust
iactus, iactus *(u/350) m* Wurf
iaculari, iaculor, iaculatus sum, – *(1/Deponens/392)* schleudern
iaculum, iaculi *(o/327) n* Wurfspieß
iam *Adverb* schon, nun, bereits; *non iam* nicht mehr
Ianiculum, Ianiculi *(o/327) n* Janiculum (Hügel Roms)
ianitor, ianitoris *(kons./331) m* Türhüter, Pförtner
ianua, ianuae *(a/325) f* Türe, Haustüre, Eingang, Zugang, Öffnung
Ianuarius, Ianuaria, Ianuarium *(o/a/329)* dem Janus geweiht; *mensis Ianuarius* Januar
Ianus, Iani *(o/326)* Janus (Gott der Türen und Tore)
ibi *Adverb* da, dort
ibidem *Adverb* ebenda
Icarus, Icari *(o/326) m* Ikarus (Sohn des Dädalus)
ictus, icta, ictum *(o/a/329)* geschlagen, getroffen, erregt
ictus, ictus *(u/350) m* Schlag, Stoß, Hieb, Schuss
ID. (Idus) die Iden (der 15. oder 13. eines Monats)
idcirco *Adverb* deswegen
idem, eiusdem, eadem, idem *(364)* (eben)derselbe, der nämliche, der Gleiche; *uno eodemque tempore* zu ein und derselben Zeit
identidem *Adverb* mehrfach, wiederholt, immer wieder
ideo *Adverb* deswegen, deshalb
idoneus, idonea, idoneum *(o/a/329)* passend, geeignet, tauglich, fähig; *locus idoneus ad animum reficiendum* ein passender Ort zur Erholung
Idus, Iduum *(u/350) f [plurale tantum]* die Iden (Monatsmitte, 13. bzw. 15. Tag); *Idus Martiae* die Iden des März (15. März)
i. e. (id est) das heißt (d.h.)
iecur, iecoris *(kons./335) n* Leber
ieiunium, ieiunii *(o/327) n* Nüchternheit, Fasten, Hunger
ieiunus, ieiuna, ieiunum *(o/a/329)* nüchtern, hungrig
igitur *(422) Konjunktion* daher, also, folglich
ignarus, ignara, ignarum *(o/a/329)* unwissend, unkundig, unbekannt; *litterarium ignarus* ungebildet
ignavia, ignaviae *(a/325) f* Trägheit, Untätigkeit, Feigheit
ignavus, ignava, ignavum *(o/a/329)* träge, untätig, kraftlos, feige
igneus, ignea, igneum *(o/a/329)* feurig, glühend
ignis, ignis *(g/339) m* Feuer; *ignem facere* Feuer machen
ignobilis, ignobilis, ignobile *(i/343)* unbekannt, unbedeutend, unberühmt, von niederer Abkunft
ignominia, ignominiae *(a/325) f* Schande, Beschimpfung, Schmach
ignorantia, ignorantiae *(a/325) f* Unkenntnis, Unwissenheit
ignorare, ignoro, ignoravi, ignoratum *(1/380)* nicht wissen, nicht kennen; *haud ignorare* genau wissen; *non ignorare* sehr gut wissen, genau wissen, genau kennen
ignoratio, ignorationis *(kons./333) f* Unkenntnis, Unwissenheit
ignoscere, ignosco, ignovi, ignotum *(3/380)* verzeihen
ignotus, ignota, ignotum *(o/a/329)* unbekannt
ii (ei), eae, ea sie (Plural)
ilex, ilicis *(kons./332) f* Steineiche

ilia, ilium *(o/327) n [plurale tantum]* Eingeweide, Unterleib
ilico *Adverb* auf der Stelle, sofort
illabi, illabor, illapsus sum, – *(3/Deponens/392)* hineingleiten, einstürzen
illacrimabilis, illacrimabilis, illacrimabile *(i/343)* unbeweint, ungerührt, unerbittlich
ille, illius, illa, illud *(363)* jener
illecebra, illecebrae *(a/325) f* Verlockung, Verführung
illic *Adverb* da, dort
illicere, illicio, illexi, illectum *(5/380)* anlocken, verlocken
illidere, illido, illisi, illisum *(3/380)* hineinstoßen, dagegenstoßen, anstoßen
illigare, illigo, illigavi, illigatum *(1/380)* anbinden
illinc *Adverb* von dort
illinere, illino, illevi, illitum *(3/380)* aufstreichen, bestreichen
illo *Adverb* dorthin
illuc *Adverb* dorthin, dahin
illudere, illudo, illusi, illusum *(3/380)* verspotten
illustrare, illustro, illustravi, illustratum *(1/380)* erleuchten, erhellen, bescheinen; erklären, verherrlichen
illustris, illustris, illustre *(i/343)* hell, klar, glänzend; erlaucht, vornehm, berühmt
illutus, illuta, illutum *(o/a/329)* ungewaschen, schmutzig
imago, imaginis *(kons./333) f* Bild, Abbild, Bildnis; Trugbild; *imago picta* Porträtbild
imbecillitas, imbecillitatis *(kons./334) f* Schwäche, Hilflosigkeit
imbecillus, imbecilla, imbecillum *(o/a/329)* schwach, kraftlos, matt
imbellis, imbellis, imbelle *(i/343)* unkriegerisch, friedlich
imber, imbris *(g/339) m* Regen, Regenguss
imberbis, imberbis, imberbe *(i/343)* bartlos
imbuere, imbuo, imbui, imbutum *(3/380)* benetzen, erfüllen; vertraut machen
imitari, imitor, imitatus sum, – *(1/Deponens/392)* nachahmen, nachbilden
imitatio, imitationis *(kons./333) f* Nachahmung
imitator, imitatoris *(kons./331) m* Nachahmer
immanis, immanis, immane *(i/343)* ungeheuer, schrecklich, riesig
immanitas, immanitatis *(kons./334) f* Wildheit, Rohheit, Schrecklichkeit, Unmenschlichkeit
immemor, immemoris *(i/342) [Genitiv]* uneingedenk, nicht denkend an, vergessend, undankbar; *sui immemor* ohne an sich zu denken
immensus, immensa, immensum *(o/a/329)* unermesslich, ungemein
immerens, immerentis *(i/342)* unschuldig
immeritus, immerita, immeritum *(o/a/329)* unschuldig, unverdient
immigrare, immigro, immigravi, immigratum *(1/380)* einwandern
imminēre, immineo, –, – *(2/380)* hereinragen, drohen, drohend bevorstehen
imminuere, imminuo, imminui, imminutum *(3/380)* vermindern, schwächen, schmälern, beeinträchtigen
immiscēre, immisceo, immiscui, immixtum *(2/380)* beimischen, einmischen; verbinden
immitis, immitis, immite *(i/343)* hart, rau, streng, grausam
immittere, immitto, immisi, immissum *(3/380)* hineinschicken, werfen; anstiften
immo (vero) *(422) Konjunktion* im Gegenteil, ja sogar, nein vielmehr
immobilis, immobilis, immobile *(i/343)* unbeweglich
immoderatus, immoderata, immoderatum *(o/a/329)* unbegrenzt, maßlos

immodestia, immodestiae *(a/325) f* Unbescheidenheit, Zügellosigkeit
immodicus, immodica, immodicum *(o/a/329)* übermäßig, maßlos
immolare, immolo, immolavi, immolatum *(1/380)* opfern; *Iovi boves immolare* dem Jupiter Rinder opfern
immortalis, immortalis, immortale *(i/343)* unsterblich; *di immortales* die unsterblichen Götter
immortalitas, immortalitatis *(kons./334) f* Unsterblichkeit
immotus, immota, immotum *(o/a/329)* unbewegt, unbeweglich, unerschütterlich
immundus, immunda, immundum *(o/a/329)* unrein
immunis, immunis, immune *(i/343)* abgabenfrei
immutabilis, immutabilis, immutabile *(i/343)* unveränderlich
immutare, immuto, immutavi, immutatum *(1/380)* verändern
immutatio, immutationis *(kons./333) f* Veränderung
IM(P). (imperator) Kaiser
impar, imparis *(i/342)* ungleich, ungerade (Zahl)
impatiens, impatientis *(i/342)* unfähig zu ertragen, ungeduldig
impavidus, impavida, impavidum *(o/a/329)* unerschrocken
impedimentum, impedimenti *(o/327) n* Hindernis; *Plural* **impedimenta, impedimentorum** Gepäck, Tross
impedīre, impedio, impedivi, impeditum *(4/380)* hindern, behindern, verhindern, fesseln; *impedire, ne* (mit Konjunktiv) daran hindern dass, verhindern dass
impeditus, impedita, impeditum *(o/a/329)* behindert, unzugänglich, unwegsam, schwierig, nicht schlagfertig
impellere, impello, impuli, impulsum *(3/380)* antreiben, veranlassen; *spe impulsus* in der Hoffnung

impendere, impendo, impendi, impensum *(3/380)* aufwenden, ausgeben; *tempus impendere ad* (mit Akkusativ) Zeit aufwenden für
impendēre, impendeo, –, – *(2/380)* darüberhängen, drohend bevorstehen, drohen
impendium, impendii *(o/327) n* Aufwand, Kosten
impensa (pecunia), impensae *(a/325) f* Aufwand, Kosten
imperare, impero, imperavi, imperatum *(1/380) [Dativ]* auftragen, befehlen, gebieten, herrschen (über); *finitimis gentibus imperare* die Nachbarvölker beherrschen
imperator, imperatoris *(kons./331) m* Herrscher, Kaiser, Feldherr
imperatorius, imperatoria, imperatorium *(o/a/329)* kaiserlich, Feldherrn-
imperiosus, imperiosa, imperiosum *(o/a/329)* mächtig, herrisch, tyrannisch, gebieterisch
imperitare, imperito, imperitavi, imperitatum *(1/380) [Dativ]* befehligen, herrschen über
imperitia, imperitiae *(a/325) f* Unerfahrenheit
imperitus, imperita, imperitum *(o/a/329)* unerfahren, unkundig
imperium, imperii *(o/327) n* Befehl, Gewalt, Macht, Reich, Herrschaft; *Imperium Romanum* das Römische Reich; *imperium maritimum* Oberkommando zur See; *sub imperio Caesaris* unter dem Befehl Cäsars
impertīre, impertio, impertivi, impertitum *(4/380)* zuteilen
impetrare, impetro, impetravi, impetratum *(1/380)* erreichen, erlangen, erwirken, durchsetzen
impetus, impetus *(u/350) m* Ansturm, Andrang, Anprall, Angriff, Schwung, Drang, Ungestüm; *impetum facere* angreifen
impiger, impigra, impigrum *(o/a/330)* unverdrossen, rastlos, fleißig
impius, impia, impium *(o/a/329)* gottlos, pflichtvergessen, gewissenlos

implacabilis, implacabilis, implacabile *(i/343)* unversöhnlich
implēre, impleo, implevi, impletum *(2/380)* anfüllen, erfüllen, einfüllen, ausfüllen, voll gießen; *se vino implere* sich mit Wein voll laufen lassen
implicare, implico, implicavi, implicatum *(1/380)* einwickeln, verbinden, verwirren
implorare, imploro, imploravi, imploratum *(1/380)* anrufen, anflehen, erflehen
imponere, impono, imposui, impositum *(3/380)* auflegen, hineinlegen, auferlegen, aufbürden; *populo leges severas imponere* dem Volk strenge Gesetze auferlegen
importare, importo, importavi, importatum *(1/380)* einführen, verursachen
importunus, importuna, importunum *(o/a/329)* ungünstig; unzugänglich; rücksichtslos
impotens, impotentis *(i/342)* machtlos, ohne Macht, ohne Gewalt; unbeherrscht, zügellos
impransus, impransa, impransum *(o/a/329)* nüchtern
imprimere, imprimo, impressi, impressum *(3/380)* hineindrücken, eindrücken, einprägen
imprimis *Adverb* vor allem, vorzüglich, besonders
improbare, improbo, improbavi, improbatum *(1/380)* missbilligen, verwerfen
improbitas, improbitatis *(kons./334) f* Ruchlosigkeit, Schlechtigkeit
improbus, improba, improbum *(o/a/329)* unredlich, ruchlos, böse, schlecht, unverschämt, frech
improvisus, improvisa, improvisum *(o/a/329) [Adverb improviso]* unvermutet, unvorhergesehen; *de/ex improviso* unversehens
imprudens, imprudentis *(i/342)* unabsichtlich; unkundig, unklug
imprudentia, imprudentiae *(a/325) f* Absichtslosigkeit, Unabsichtlichkeit; Unkenntnis
impubis, impubis, impube *(i/343)* unberührt, unerfahren
impudens, impudentis *(i/342)* unverschämt, schamlos
impudentia, impudentiae *(a/325) f* Unverschämtheit, Schamlosigkeit
impudicitia, impudicitiae *(a/325) f* Unkeuschheit, Unzucht
impudicus, impudica, impudicum *(o/a/329)* unkeusch, schamlos, unverschämt
impugnare, impugno, impugnavi, impugnatum *(1/380)* bekämpfen, angreifen
impulsus, impulsus *(u/350) m* Antrieb, Anstoß
impune *Adverb* ungestraft, straflos
impunitas, impunitatis *(kons./334) f* Straflosigkeit, Zügellosigkeit
impurus, impura, impurum *(o/a/329)* schmutzig, unrein, lasterhaft
imputare, imputo, imputavi, imputatum *(1/380)* anrechnen
imus, ima, imum *(o/a/329)* der unterste, der geringste
in *(420) Präposition* (Akkusativ) in, nach, gegen, bis … in, in … hinein, zu, für; (Ablativ) in, an, auf, innerhalb, während, bei
inaedificare, inaedifico, inaedificavi, inaedificatum *(1/380)* hineinbauen, anbauen, verbauen
inanimus, inanima, inanimum *(o/a/329)* unbelebt, leblos
inanis, inanis, inane *(i/343)* leer, hohl, eitel, wertlos, nichtig, unnütz
inautidus, inautida, inautidum *(o/a/329)* ungehört, unerhört
incalescere, incalesco, incalui, – *(3/380)* heiß werden
incassum *Adverb* erfolglos, vergeblich
incautus, incauta, incautum *(o/a/329)* unvorsichtig, sorglos, ungeschützt
incedere, incedo, incessi, incessum *(3/380)* einhergehen, schreiten, einherschreiten, heranrücken an, hineingehen; *Timor fratrem incessit.* Furcht befiel den Bruder.

incendere, incendo, incendi, incensum *(3/380)* anzünden, in Brand stecken, entflammen, erregen; *irā incensu* zornentbrannt; *amore incendere* in Liebe entbrennen
incendium, incendii *(o/327) n* Feuer, Brand, Feuersbrunst, Brandstiftung; *incendium facere* Feuer legen; *incendium exstinguere* ein Feuer löschen
inceptare, incepto, inceptavi, inceptatum *(1/380)* anfangen, beginnen
inceptum, incepti *(o/327) n* Anfang, Beginn, Beginnen, Vorhaben
incertus, incerta, incertum *(o/a/329)* unsicher, ungewiss, unbestimmt, unzuverlässig
incessere, incesso, incessivi, incessitum *(3/380)* anfallen, eindringen auf, angreifen
incessus, incessus *(u/350) m* Gang, Vordringen, Vorrücken, Einfall
incestus, incesta, incestum *(o/a/329)* unrein, befleckt
incidere, incido, incidi, – *(3/380) [in mit Akkusativ]* hineinfallen, geraten (in), stoßen auf, hineingeraten; *in morbum incidere* krank werden
incīdere, incīdo, incīdi, incīsum *(3/380)* einschneiden, unterbrechen, durchschneiden
incingere, incingo, incinxi, incinctum *(3/380)* umgürten, umgeben
incipere, incipio, incepi/coepi, inceptum/coeptum *(5/380)* anfangen, beginnen; *Hospites aegre ferre coeperunt.* Die Gäste wurden allmählich ärgerlich.
incitamentum, incitamenti *(o/327) n* Anreiz
incitare, incito, incitavi, incitatum *(1/380)* antreiben, aufregen, aufwiegeln, reizen, aufreizen
inclinare, inclino, inclinavi, inclinatum *(1/380)* neigen, ins Wanken bringen, beugen, sich beugen, sich hinneigen
inclinatio, inclinationis *(kons./333) f* Beugung, Wendung, Zuneigung
includere, includo, inclusi, inclusum *(3/380)* einschließen, verschließen
inclutus/inclitus, incluta, inclutum *(o/a/329)* berühmt, bekannt
incohare, incoho, incohavi, incohatum *(1/380)* anfangen, beginnen
incola, incolae *(a/325) m* Einwohner, Bewohner; *adjektivisch* einheimisch
incolere, incolo, incolui, incultum *(3/380)* wohnen, siedeln, bewohnen; *trans Alpes incolere* jenseits der Alpen wohnen
incolumis, incolumis, incolume *(i/343)* unverletzt, unversehrt, heil, mit heiler Haut
incolumitas, incolumitatis *(kons./334) f* Unverletztheit, Unversehrtheit
incommodum, incommodi *(o/327) n* Unbequemlichkeit, Nachteil, Unglück, Schaden
incommodus, incommoda, incommodum *(o/a/329)* unpassend, unbequem, beschwerlich
incomptus, incompta, incomptum *(o/a/329)* ungepflegt
inconcinnus, inconcinna, inconcinnum *(o/a/329)* ungeschickt, unharmonisch, plump
inconditus, incondita, inconditum *(o/a/329)* ungeordnet, kunstlos
inconstans, inconstantis *(i/342)* unbeständig, schwankend
inconstantia, inconstantiae *(a/325) f* Unbeständigkeit
inconsultus, inconsulta, inconsultum *(o/a/329)* unüberlegt, übereilt
incontinens, incontinentis *(i/342)* unbeherrscht, unmäßig, maßlos, begehrlich
incorruptus, incorrupta, incorruptum *(o/a/329)* unverdorben, unversehrt, echt, unbestechlich
incredibilis, incredibilis, incredibile *(i/343)* unglaublich, erstaunlich
increpare, increpo, increpavi, increpatum *(1/380)* schelten, anschreien

increpitare, increpito, increpitavi, increpitatum *(1/380)* tadeln, schelten, höhnen
incruentus, incruenta, incruentum *(o/a/329)* unblutig, unverletzt
incubare, incubo, incubavi, incubatum *(1/380) [Dativ]* liegen auf
incultus, inculta, incultum *(o/a/329)* unbearbeitet, ungepflegt, ungebildet
incumbere, incumbo, incubui, incubitum *(3/380) [Dativ] [+ in]* sich (auf etwas) legen, sich widmen; *litteris incumbere* sich den Wissenschaften widmen
incuria, incuriae *(a/325) f* Sorglosigkeit, Nachlässigkeit
incuriosus, incuriosa, incuriosum *(o/a/329)* sorglos, nachlässig
incurrere, incurro, incurri, incursum *(3/380)* hineinlaufen, anstürmen, angreifen, stoßen auf
incursare, incurso, incursavi, incursatum *(1/380)* anstürmen, angreifen
incursio, incursionis *(kons./333) f* Einfall, Angriff
incursus, incursus *(u/350) m* Angriff, Ansturm
incus, incudis *(kons./333) f* Amboss
incusare, incuso, incusavi, incusatum *(1/380)* beschuldigen, anklagen
incutere, incutio, incussi, incussum *(5/380)* hineinstoßen, einflößen
I. N. D. (in nomine dei/domini) im Namen Gottes/des Herrn
indagare, indago, indagavi, indagatum *(1/380)* aufspüren, erforschen
inde *Adverb* von dort, von da, danach, daher; *inde ab* von ... an
indecoris, indecoris, indecore *(i/343)* schimpflich, unrühmlich
indecorus, indecora, indecorum *(o/a/329)* hässlich, unschicklich, unrühmlich
indere, indo, indidi, inditum *(3/380)* hineintun, anfügen, einflößen
index, indicis *(kons./332) m* Anzeiger, Angeber, Verräter, Kennzeichen, Aufschrift, Titel
indicare, indico, indicavi, indicatum *(1/380)* anzeigen, melden
indicere, indico, indixi, indictum *(3/380)* ansagen, ankündigen, bekannt machen; auferlegen, befehlen
indicium, indicii *(o/327) n* Aussage, Anzeige, Kennzeichen; Beweis
indidem *Adverb* ebendaher
indigena, indigenae *(a/325) m* Eingeborener, Inländer; *adjektivisch* einheimisch
indigentia, indigentiae *(a/325) f* Mangel, Not, Bedürftigkeit
indigēre, indigeo, indigui, – *(2/380) [Ablativ]* darben, nötig haben, bedürfen; *auxilio egere* auf Hilfe angewiesen sein
indignari, indignor, indignatus sum, – *(1/Deponens/392) [Akkusativ]* sich entrüsten, sich aufregen, unwillig, entrüstet sein, empört sein, sich ärgern (über); *indignari iniuriam* sich über ein Unrecht empören
indignatio, indignationis *(kons./333) f* Entrüstung, Unmut
indignitas, indignitatis *(kons./334) f* Nichtswürdigkeit, Schmach, Entrüstung
indignus, indigna, indignum *(o/a/329)* unwürdig, unziemlich, schmachvoll, unverdient
individuus, individua, individuum *(o/a/329)* unteilbar
indocilis, indocilis, indocile *(i/343)* ungelehrig, ungelehrt
indoctus, indocta, indoctum *(o/a/329)* ungebildet, ungeschickt
indolentia, indolentiae *(a/325) f* Schmerzlosigkeit, Unempfindlichkeit
indoles, indolis *f [nur Singular]* natürliche Anlagen, Begabung
indolescere, indolesco, indolui, – *(3/380)* Schmerz empfinden, Kummer empfinden

indomitus, indomita, indomitum *(o/a/329)* ungezähmt, unbezwinglich, wild
indotatus, indotata, indotatum *(o/a/329)* arm, ohne Mitgift
inducere, induco, induxi, inductum *(3/380)* einführen, verleiten
induere, induo, indui, indutum *(3/380)* anziehen, anlegen
indulgentia, indulgentiae *(a/325) f* Nachsicht, Willfährigkeit
indulgēre, indulgeo, indulsi, indultum *(2/380)* Nachsicht schenken, nachsichtig sein, sich hingeben
industria, industriae *(a/325) f* Regsamkeit, Fleiß, Engagement, Unternehmungsgeist
indutiae, indutiarum *(a/325) f [plurale tantum]* Waffenstillstand
inedia, inediae *(a/325) f* Hungern, Fasten
ineptus, inepta, ineptum *(o/a/329)* unpassend; einfältig, albern, töricht
inermis, inermis, inerme *(i/343)* waffenlos, wehrlos, unbewaffnet
iners, inertis *(i/342)* untätig, träge, zaghaft, ungeschickt, untüchtig
inertia, inertiae *(a/325) f* Ungeschicklichkeit, Untätigkeit, Trägheit
inesse, insum, infui, –, infuturus *(unreg./398)* darin sein, enthalten sein, sich befinden in/an/auf, innewohnen
inexpertus, inexperta, inexpertum *(o/a/329)* unerfahren, unerprobt
infamia, infamiae *(a/325) f* übler Ruf, Schande
infamis, infamis, infame *(i/343)* verrufen, berüchtigt, schimpflich, schändlich
infandus, infanda, infandum *(o/a/329)* grässlich, unsagbar
infans, infantis *(kons./334) m/f* Kleinkind (das noch nicht sprechen kann); *ab infante* von Kindheit an
infaustus, infausta, infaustum *(o/a/329)* ungünstig, unglücklich
infectus, infecta, infectum *(o/a/329)* ungeschehen; *infectis rebus* unverrichteter Dinge
infelix, infelicis *(i/342)* unglücklich, unglückselig, unheilvoll
infensus, infensa, infensum *(o/a/329)* erbittert, feindselig, aufgebracht
inferi, inferorum *(o/328) m [plurale tantum]* die unterirdischen Götter
inferiae, inferiarum *(a/325) f [plurale tantum]* Totenopfer
inferior, inferior, inferius *(i/343)* der untere, der tiefere, der geringere, der unterlegene, der schwächere; *aetate inferior* jünger
infernus, inferna, infernum *(o/a/329)* unten befindlich, unterirdisch, zur Unterwelt gehörig
inferre, infero, intuli, illatum *(unreg./400)* hineintragen, zufügen; *poenam inferre* eine Strafe verhängen; *iniurium inferre* Unrecht zufügen
inferus, infera, inferum *(o/a/329)* unten befindlich, der untere; *Plural* **inferi, inferorum** die Unterirdischen, die Unterwelt
infestus, infesta, infestum *(o/a/329)* feindselig, feindlich, gefährlich, kampfbereit, angriffsbereit
inficere, inficio, infeci, infectum *(5/380)* färben, anstecken, vergiften
infidelis, infidelis, infidele *(i/343)* treulos, unzuverlässig
infidus, infida, infidum *(o/a/329)* treulos, unzuverlässig
infigere, infigo, infixi, infixum *(3/380)* hineinstoßen, anheften
infimus, infima, infimum *(o/a/329)* der unterste, der geringste; *in infimo mari* auf dem Meeresgrund
infinitas, infinitatis *(kons./334) f* Unendlichkeit
infinitio, infinitionis *(kons./333) f* Unendlichkeit
infinitus, infinita, infinitum *(o/a/329)* unbegrenzt, unbestimmt, unendlich

infirmare, infirmo, infirmavi, infirmatum *(1/380)* schwächen
infirmitas, infirmitatis *(kons./334) f* Schwäche, Krankheit
infirmus, infirma, infirmum *(o/a/329)* kraftlos, schwach, krank
infitiari, infitior, infitiatus sum, – *(1/Deponens/392)* leugnen
inflammare, inflammo, inflammavi, inflammatum *(1/380)* entflammen
inflare, inflo, inflavi, inflatum *(1/380)* hineinblasen, aufblasen
inflectere, inflecto, inflexi, inflexum *(3/380)* krümmen, biegen, beugen
influere, influo, influxi, – *(3/380)* hineinfließen, hineinströmen
infodere, infodio, infodi, infossum *(5/380)* eingraben, vergraben
informare, informo, informavi, informatum *(1/380)* formen, bilden, gestalten
informis, informis, informe *(i/343)* unförmig, ungestalt, hässlich
infra *(420) Präposition [Akkusativ]* unter, unterhalb, darunter
infra *Adverb* unten
infringere, infringo, infregi, infractum *(3/380)* einbrechen, einschlagen, zerschlagen; entkräften
infula, infulae *(a/325) f* Stirnbinde
infundere, infundo, infusi, infusum *(3/380)* eingießen, hineingießen
ingeminare, ingemino, ingeminavi, ingeminatum *(1/380)* verdoppeln
ingemiscere, ingemisco, ingemui, – *(3/380)* aufseufzen
ingeniosus, ingeniosa, ingeniosum *(o/a/329)* talentiert, geistreich, begabt
ingenium, ingenii *(o/327) n* Naturanlage, Begabung, Charakter, Wesen, Geist, Geisteskraft, Genie; *vir magni ingenii* ein geistvoller Mann
ingens, ingentis *(i/342)* groß, gewaltig, ungeheuer
ingenuus, ingenua, ingenuum *(o/a/329)* freigeboren, anständig, edel
inglorius, ingloria, inglorium *(o/a/329)* unrühmlich, ruhmlos
ingratus, ingrata, ingratum *(o/a/329)* unangenehm, undankbar
ingravescere, ingravesco, –, – *(3/380)* drückend werden, sich verschlimmern
ingredi, ingredior, ingressus sum, – *(5/Deponens/392)* einherschreiten, betreten, hineingehen; beginnen
ingruere, ingruo, ingrui, – *(3/380)* hereinbrechen, anstürmen
inguen, inguinis *(kons./336) n* Unterleib
inhaerēre, inhaereo, inhaesi, –, inhaesurus *(2/380)* haften an, festhängen
inhiare, inhio, inhiavi, inhiatum *(1/380)* den Mund aufsperren, trachten nach *(mit Dativ)*
inhibēre, inhibeo, inhibui, inhibitum *(2/380)* anhalten, hemmen, anwenden
inhonestus, inhonesta, inhonestum *(o/a/329)* unehrenhaft, schändlich, unansehnlich, hässlich
inhospitalis, inhospitalis, inhospitale *(i/343)* ungastlich, unwirtlich
inhumanus, inhumana, inhumanum *(o/a/329)* unmenschlich, ungebildet
inhumatus, inhumata, inhumatum *(o/a/329)* unbeerdigt
inicere, inicio, inieci, iniectum *(5/380)* hineinwerfen, einflößen, einjagen; verursachen
inimicitiae, inimicitiarum *(a/325) f [plurale tantum]* Feindschaft
inimicus, inimici *(o/326) m* Feind

inimicus, inimica, inimicum *(o/a/329)* feindlich
iniquitas, iniquitatis *(kons./334) f* Unebenheit; Ungunst; Ungleichheit, Ungerechtigkeit
iniquus, iniqua, iniquum *(o/a/329)* uneben, ungleich; ungünstig; ungerecht, unbillig
inīre, ineo, inii, initum *(unreg./414)* hineingehen; beginnen, antreten; *hieme ineunte* zu Anfang des Winters
initi, initor, inisus sum, – *(3/Deponens/392)* sich stützen auf, beruhen auf
initium, initii *(o/327) n* Anfang, Beginn
iniungere, iniungo, iniunxi, iniunctum *(3/380)* auferlegen, aufbürden
iniuria, iniuriae *(a/325) f* Unrecht, Ungerechtigkeit; Kränkung, Beleidigung; *iniuriam facere* Unrecht tun
iniuriosus, iniuriosa, iniuriosum *(o/a/329)* ungerecht, unrechtmäßig; gewalttätig
iniurius, iniuria, iniurium *(o/a/329)* ungerecht
iniussū *Adverb [Ablativ]* ohne Auftrag, ohne Befehl
iniustitia, iniustitiae *(a/325) f* Ungerechtigkeit
iniustus, iniusta, iniustum *(o/a/329)* ungerecht
innare, inno, innavi, innatum *(1/380)* hineinschwimmen, schwimmen, fahren
innasci, innascor, innatus sum, – *(3/Deponens/392)* geboren werden, entstehen, wachsen
innatare, innato, innatavi, innatatum *(1/380)* hineinschwimmen, schwimmen, fahren
innatus, innata, innatum *(o/a/329)* angeboren
innectere, innecto, innexui, innexum *(3/380)* anknüpfen, verknüpfen
innocens, innocentis *(i/342)* unschuldig, unschädlich, rechtschaffen
innocentia, innocentiae *(a/325) f* Unschuld, Rechtschaffenheit
innocuus, innocua, innocuum *(o/a/329)* unschädlich, unschuldig, rechtschaffen
innoxius, innoxia, innoxium *(o/a/329)* unschädlich, unschuldig, rechtschaffen
innumerabilis, innumerabilis, innumerabile *(i/343)* unzählig
innumerus, innumera, innumerum *(o/a/329)* zahllos
innummerabilis, innummerabilis, innummerabile *(i/343)* unzählbar, zahllos
innupta, innuptae *(a/325) f* Jungfrau; *adjektivisch* unverheiratet
inopia, inopiae *(a/325) f* Mangel, Not, Armut
inopinans, inopinantis *(i/342)* ahnungslos, nichts ahnend; *Caesar Helvetios inopinantes aggressus est.* Cäsar griff die Helvetier an, die darauf nicht gefasst waren.
inopinatus, inopinata, inopinatum *(o/a/329)* unvermutet, unerwartet, überraschend; ahnungslos
inops, inopis *(i/342)* machtlos, hilflos, arm
inquam *[inquis, inquit]* sage ich, sagte ich
inquietus, inquieta, inquietum *(o/a/329)* unruhig
inquinare, inquino, inquinavi, inquinatum *(1/380)* verunreinigen, beschmutzen, beflecken
inquirere, inquiro, inquisivi, inquisitum *(3/380)* untersuchen, erkunden
inquit, inquam, –, – *[Plural inquiunt]* sagt, sagte
insania, insaniae *(a/325) f* Wahnsinn, Verrücktheit
insanīre, insanio, insanivi, insanitum *(4/380)* wahnsinnig sein, verrückt sein
insanus, insana, insanum *(o/a/329)* wahnsinnig, rasend, unsinnig, verrückt
insciens, inscientis *(i/342)* unwissend, ohne Wissen; ohne Absicht, unabsichtlich
inscientia, inscientiae *(a/325) f* Unwissenheit, Unkenntnis
inscitia, inscitiae *(a/325) f* Ungeschick, Unverstand, Unkenntnis, Unüberlegtheit
inscitus, inscita, inscitum *(o/a/329)* ungeschickt, unklug, unverständig

inscius, inscia, inscium *(o/a/329)* unwissend, unkundig

inscribere, inscribo, inscripsi, inscriptum *(3/380)* einschreiben, betiteln

insecare, inseco, insecavi, insecatum *(1/380)* einschneiden

insectari, insector, insectatus sum, – *(1/Deponens/392)* verfolgen

inseparabilis, inseparabilis, inseparabile *(i/343)* untrennbar, unzertrennlich

insequi, insequor, insecutus sum, – *(3/Deponens/392)* nachfolgen, verfolgen

inserere, insero, inserui, insertum *(3/380)* einreihen, einfügen, hineinstecken

inserere, insero, insevi, insitum *(3/380)* einpflanzen, (auf)propfen

insidere, insido, insedi, – *(3/380)* sich setzen auf, sich niederlassen

insidiae, insidiarum *(a/325) f [plurale tantum]* Hinterhalt, Anschlag, Nachstellungen, Hinterlist; *insidias parare* auflauern; *per insidias* hinterlistigerweise

insidiari, insidior, insidiatus sum, – *(1/Deponens/392)* auflauern, nachstellen

insigne, insignis *(i/338) n* Abzeichen, Kennzeichen, Ehrenzeichen

insignis, insignis, insigne *(i/343)* ausgezeichnet, kenntlich, auffallend, kennzeichnend; *homo insigni virtute* ein auffallend tüchtiger Mensch

insilīre, insilio, insilui, – *(4/380)* hineinspringen, hinaufspringen

insimulare, insimulo, insimulavi, insimulatum *(1/380)* verdächtigen, bezichtigen, beschuldigen

insinuare, insinuo, insinuavi, insinuatum *(1/380)* eindringen, sich eindrängen

insipiens, insipientis *(i/342)* unverständig, töricht, albern

insistere, insisto, institi, – *(3/380)* sich hinstellen, nachsetzen, eifrig betreiben, bleiben bei; *consilium meum insisto* ich bleibe bei meinem Plan

insolens, insolentis *(i/342)* ungewohnt, überheblich, anmaßend

insolentia, insolentiae *(a/325) f* Ungewöhnlichkeit, Anmaßung, Unverschämtheit

insolitus, insolita, insolitum *(o/a/329)* ungewohnt, fremd, selten

insonare, insono, insonavi, insonatum *(1/380)* tönen, ertönen, erschallen, sich hören lassen

insons, insontis *(i/342)* unschuldig

inspectare, inspecto, inspectavi, inspectatum *(1/380)* hinblicken, zuschauen

inspicere, inspicio, inspexi, inspectum *(5/380)* hineinsehen, ansehen, prüfen

inspirare, inspiro, inspiravi, inspiratum *(1/380)* einhauchen

instare, insto, institi, instaturus *(1/380)* drohen, drohend bevorstehen, bedrängen

instaurare, instauro, instauravi, instauratum *(1/380)* veranstalten, wiederherstellen

instigare, instigo, instigavi, instigatum *(1/380)* anstacheln

instillare, instillo, instillavi, instillatum *(1/380)* einträufeln

instituere, instituo, institui, institutum *(3/380)* aufstellen, einrichten; unternehmen, anfangen; unterrichten, unterweisen, anordnen; veranstalten

institutio, institutionis *(kons./333) f* Einrichtung, Anleitung, Unterricht

institutum, instituti *(o/327) n* Vorhaben, Einrichtung, Grundsatz, Brauch

instruere, instruo, instruxi, instructum *(3/380)* einrichten, aufstellen, ausrüsten, ausstatten; unterrichten, unterweisen; *litteris instruere* in den Wissenschaften unterrichten

instrumentum, instrumenti *(o/327) n* Gerät, Werkzeug, Hilfsmittel
insuetus, insueta, insuetum *(o/a/329)* ungewohnt, nicht gewohnt
insula, insulae *(a/325) f* Mietshaus, Häuserblock; Insel
insultare, insulto, insultavi, insultatum *(1/380)* verhöhnen
insumere, insumo, insumpsi, insumptum *(3/380)* verwenden, aufwenden
insuper *Adverb* darüber, außerdem
insurgere, insurgo, insurrexi, insurrectum *(3/380)* aufstehen, sich erheben, sich aufrichten
intactus, intacta, intactum *(o/a/329)* unberührt, unversehrt
integer, integra, integrum *(o/a/330)* unangetastet, unversehrt, rein, unberührt, anständig, vernünftig, unbescholten; *vitae integer* von reinem/unbescholtenem Lebenswandel
integere, intego, intexi, intectum *(3/380)* bedecken
integritas, integritatis *(kons./334) f* Unversehrtheit, Redlichkeit
intellegentia, intellegentiae *(a/325) f* Einsicht, Verstand, Kenntnis
intellegere, intellego, intellexi, intellectum *(3/380)* wahrnehmen, einsehen, erkennen, verstehen; *Intellego, quid loquar.* Ich bin mir darüber im Klaren, was ich sage.
intemperantia, intemperantiae *(a/325) f* Unbeherrschtheit, Zügellosigkeit
intempestivus, intempestiva, intempestivum *(o/a/329)* unzeitig, unangebracht, ungelegen
intempestus, intempesta, intempestum *(o/a/329)* tief, dunkel (Nacht)
intendere, intendo, intendi, intentum *(3/380)* beabsichtigen, anspannen, hinstrecken, richten, sich anstrengen; *Quod intenderat, perficere potuit.* Was er beabsichtigt hatte, konnte er erreichen.
intentare, intento, intentavi, intentatum *(1/380)* richten gegen, zücken (Waffe)
intentus, intenta, intentum *(o/a/329)* gespannt, angespannt, eifrig, schlagfertig, erwartungsvoll; *intentis oculis intueri* aufmerksam beobachten
inter *(420) Präposition [Akkusativ]* zwischen, (mitten) unter, während
intercedere, intercedo, intercessi, intercessum *(3/380)* dazwischentreten, Einspruch erheben
intercessio, intercessionis *(kons./333) f* Einspruch, Vermittlung, Bürgschaft
intercipere, intercipio, intercepi, interceptum *(5/380)* wegnehmen, entreißen, abfangen, unterbrechen
intercludere, intercludo, interclusi, interclusum *(3/380)* absperren, abschneiden
interdicere, interdico, interdixi, interdictum *(3/380)* untersagen, verbieten; *interdicere, ne* (mit Konjunktiv) untersagen, dass
interdictum, interdicti *(o/327) n* Verbot, Ausschluss, Anordnung
interdiu *Adverb* am Tag, tagsüber, bei Tage, untertags
interdum *Adverb* manchmal, zuweilen, bisweilen
interea *Adverb* unterdessen, inzwischen
interesse, intersum, interfui, –, interfuturus *(unreg./398)* dabei sein, teilnehmen an; dazwischenliegen, sich unterscheiden; *interest* es ist von Interesse, es ist wichtig, es liegt (jemandem) daran, es ist ein Unterschied; *patris (magni/multum) interest* dem Vater liegt (viel) daran; *interest inter* (mit Akkusativ) es besteht ein Unterschied zwischen; *Mea multum interest, quid sentias.* Mir liegt viel an deiner Meinung.; *Amici parvi interest te assentiri.* Dem Freund liegt wenig an deiner Zustimmung.; *Multum interest inter eos.* Zwischen ihnen besteht ein großer Unterschied.; *ludis interesse* an den Spielen teilnehmen
interfector, interfectoris *(kons./331) m* Mörder
interficere, interficio, interfeci, interfectum *(5/380)* niedermachen, töten, umbringen
intericere, intericio, interieci, interiectum *(5/380)* einfügen

interim *Adverb* unterdessen, inzwischen
interimere, interimo, interemi, interemptum *(3/380)* aus dem Weg räumen, beseitigen, vernichten, töten
interior, interior, interius *(i/343)* der innere; *interior pars aedium* das Innere des Hauses
interīre, intereo, interii, interitum *(unreg./414)* untergehen, zugrunde gehen, umkommen, sterben; *famen interire* verhungern
interitus, interitus *(u/350) m* Untergang, Vernichtung
intermittere, intermitto, intermisi, intermissum *(3/380)* unterbrechen; vorübergehen lassen; *quattuor diebus intermissis* nach Ablauf von vier Tagen
internecio, internecionis *(kons./333) f* Vernichtung
internoscere, internosco, internovi, internotum *(3/380)* unterscheiden
internus, interna, internum *(o/a/329)* innerlich, einheimisch
interpellare, interpello, interpellavi, interpellatum *(1/380)* unterbrechen, stören, Ins Wort fallen
interponere, interpono, interposui, interpositum *(3/380)* dazwischenstellen, einschieben
interpres, interpretis *(kons./331) m* Vermittler, Dolmetscher, Übersetzer
interpretari, interpretor, interpretatus sum, – *(1/Deponens/392)* auslegen, deuten, beurteilen, übersetzen
interpretatio, interpretationis *(kons./333) f* Auslegung, Erklärung, Übersetzung
interregnum, interregni *(o/327) n* Zwischenregierung
interrex, interregis *(kons./331) m* Zwischenkönig, Reichsverweser
interritus, interrita, interritum *(o/a/329)* unerschrocken
interrogare, interrogo, interrogavi, interrogatum *(1/380)* fragen, befragen
interrogatio, interrogationis *(kons./333) f* Frage, Befragung, Verhör
interrumpere, interrumpo, interrupi, interruptum *(3/380)* unterbrechen, abbrechen
intervallum, intervalli *(o/327) n* Zwischenraum
intervenīre, intervenio, interveni, interventum *(4/380)* dazwischenkommen, unterbrechen
intestinus, intestina, intestinum *(o/a/329)* innerlich, inwendig
intexere, intexo, intexui, intextum *(3/380)* einweben, umflechten, umgeben
intimus, intima, intimum *(o/a/329)* der innerste, der geheimste, der vertrauteste
intolerabilis, intolerabilis, intolerabile *(i/343)* unerträglich
intolerandus, intoleranda, intolerandum *(o/a/329)* unerträglich
intonare, intono, intonavi, intonatum *(1/380)* donnern, dröhnen, laut dröhnen, ertönen (lassen)
intonsus, intonsa, intonsum *(o/a/329)* ungeschoren
intorquēre, intorqueo, intorsi, intortum *(2/380)* flechten, einflechten; schwingen, schleudern; drehen, verdrehen
intra *(420) Präposition [Akkusativ]* innerhalb, binnen
intrare, intro, intravi, intratum *(1/380)* hineingehen, betreten, eintreten
intro *Adverb* hinein
introducere, introduco, introduxi, introductum *(3/380)* hineinführen, einrücken lassen
introīre, introeo, introii, introitum *(unreg./414)* hineingehen, betreten
introitus, introitus *(u/350) m* Eintritt, Einzug, Zugang, Eingang
intromittere, intromitto, intromisi, intromissum *(3/380)* hineinschicken, hineinlassen
introrsum *Adverb* hinein, nach innen
introrsus *Adverb* nach innen
introspicere, introspicio, introspexi, introspectum *(5/380)* hineinblicken, hineinschauen; betrachten, prüfen

intuēri, intueor, intuitus/intutatus sum, – *(2/Deponens/392)* anschauen, ansehen, betrachten
intumescere, intumesco, intumui, – *(3/380)* anschwellen, sich überheben, zornig werden
intus *Adverb* innen, drinnen, nach innen
intutus, intuta, intutum *(o/a/329)* ungeschützt, unsicher, unzuverlässig
inultus, inulta, inultum *(o/a/329)* ungerächt, ungestraft
inundare, inundo, inundavi, inundatum *(1/380)* überschwemmen
inunguere, inunguo, inunxi, inunctum *(3/380)* einreiben, salben
inusitatus, inusitata, inusitatum *(o/a/329)* ungebräuchlich, ungewohnt, unerhört
inutilis, inutilis, inutile *(i/343)* nutzlos, unbrauchbar, schädlich
invadere, invado, invasi, invasum *(3/380)* eindringen, angreifen, befallen, überfallen
invalidus, invalida, invalidum *(o/a/329)* schwach
invasor, invasoris *(kons./331) m* Angreifer, Eroberer
invehere, inveho, invexi, invectum *(3/380)* hineinführen, hineinbringen
invehi, invehor, invectus sum, – *(3/Deponens/392)* hineinfahren, eindringen, losfahren
invenīre, invenio, inveni, inventum *(4/380)* finden, erfinden, entdecken
inventio, inventionis *(kons./333) f* Erfindung, Erfindungsgabe
inventor, inventoris *(kons./331) m* Erfinder
inventum, inventi *(o/327) n* Erfindung, Erkenntnis
invertere, inverto, inverti, inversum *(3/380)* umdrehen, umwenden, umstürzen
investigare, investigo, investigavi, investigatum *(1/380)* aufspüren, erkunden, erforschen
investigatio, investigationis *(kons./333) f* Erforschung
inveterare, invetero, inveteravi, inveteratum *(1/380)* alt werden (lassen), einwurzeln
inveterascere, inveterasco, inveteravi, – *(3/380)* alt werden, sich einbürgern, einwurzeln
invicem *Adverb* abwechselnd, wechselweise
invictus, invicta, invictum *(o/a/329)* unbesiegt, unbesiegbar
invidēre, invideo, invidi, invisum *(2/380) [Dativ]* beneiden; *fratro (Dativ) invidere* den Bruder beneiden; *Tibi invideo.* Ich beneide dich.
invidia, invidiae *(a/325) f* Abneigung, Neid, Unzufriedenheit, Anfeindung, Missgunst, Hass; *Hoc tibi invidiae erit.* Dafür wird man dich hassen.
invidiosus, invidiosa, invidiosum *(o/a/329)* neidisch, verhasst
invidus, invida, invidum *(o/a/329) [Dativ]* neidisch, missgünstig
inviolatus, inviolata, inviolatum *(o/a/329)* unverletzt, unverletzlich
invisere, inviso, invisi, – *(3/380)* betrachten, besuchen
invisus, invisa, invisum *(o/a/329)* verhasst; *omnibus invisum esse* allen verhasst sein
invitare, invito, invitavi, invitatum *(1/380)* einladen
invitus, invita, invitum *(o/a/329)* ungern, gegen den Willen, widerwillig; *Inviti profecti sumus.* Nur ungern sind wir abgereist.; *eo invito* gegen seinen Willen; *consule invito* gegen den Willen des Konsuls
invius, invia, invium *(o/a/329)* unwegsam
invocare, invoco, invocavi, invocatum *(1/380)* anrufen
involvere, involvo, involvi, involutum *(3/380)* hineinwälzen, hinaufwälzen; einwickeln, einhüllen
iocari, iocor, iocatus sum, – *(1/Deponens/392)* scherzen
iocosus, iocosa, iocosum *(o/a/329)* scherzhaft
iocus, ioci *(o/326) m* Scherz, Spaß, Kurzweil

ipse, ipsius, ipsa, ipsum *(364)* selbst, persönlich, gerade; *Ipse dixit!* Er selbst hat es gesagt!; *Cicero ipse* Cicero persönlich; *haec ipsa nox* gerade diese Nacht

ira, irae *(a/325) f* Zorn, Wut; *irā incensus* in heller Wut

iracundia, iracundiae *(a/325) f* Jähzorn, Leidenschaft

iracundus, iracunda, iracundum *(o/a/329)* jähzornig, leidenschaftlich

irasci, irascor, –, – *(3/Deponens/392)* zornig werden, zürnen

iratus, irata, iratum *(o/a/329)* erzürnt, zornig, wütend

īre, eo, ii, itum *(unreg./414)* gehen; *equo ire* reiten

irridēre, irrideo, irrisi, irrisum *(2/380)* lachen, auslachen, verlachen, verspotten

irrigare, irrigo, irrigavi, irrigatum *(1/380)* bewässern

irriguus, irrigua, irriguum *(o/a/329)* bewässert, bewässernd

irritare, irrito, irritavi, irritatum *(1/380)* erregen, erzürnen, reizen

irritus, irrita, irritum *(o/a/329)* ungültig, erfolglos; *ad/in irritum cadere* fehlschlagen; *aliquid irritum redigere* vereiteln

irruere, irruo, irrui, – *(3/380)* hineinrennen, hineinstürzen, eindringen

irrumpere, irrumpo, irrupi, irruptum *(3/380)* einbrechen, eindringen

is, sui, ea, id *(359/363)* er, sie (Singular), es; der, dieser, derjenige

iste, istius, ista, istud *(362)* der da, dieser da (bei dir)

istic *Adverb* dort

istinc *Adverb* von dort

isto/istuc *Adverb* dorthin, dahin

ita *Adverb* so, auf diese Weise; *ita ... ut* so ... wie; *quae cum ita sint* da dies so ist, unter diesen Umständen

Italia, Italiae *(a/325) f* Italien

Italicus, Italica, Italicum *(o/a/329)* italisch

itaque *(422) Konjunktion* daher, deshalb, demnach, folglich

item *Adverb* ebenso, ebenfalls, auch; *item ... ut/quasi/quemadmodum* ebenso ... wie

iter, itineris *(kons./331) n* Reise, Marsch, Weg; *iter facere* reisen, eine Reise machen, marschieren; *magnum iter* Eilmarsch; *magnis itineribus* in Eilmärschen; *in itinere* unterwegs

iterare, itero, iteravi, iteratum *(1/380)* wiederholen

iterum *Adverb* zum zweiten Mal, wiederum; *iterum atque iterum* immer wieder

itidem *Adverb* ebenso, gleichfalls

iuba, iubae *(a/325) f* Mähne

iubēre, iubeo, iussi, iussum *(2/380) [Akkusativ]* heißen, lassen, befehlen, beauftragen, anordnen; *Caesar milites arcem claudere iussit.* Cäsar befahl den Soldaten, die Burg zu schließen.; *Caesar arcem claudi iussit.* Cäsar befahl den Soldaten, die Burg zu schließen.; *Milites arcem claudere iussi sunt.* Den Soldaten wurde befohlen, die Burg zu schließen.; *Arx claudi iussa est.* Man befahl, die Burg zu schließen.

iubilare, iubilo, iubilavi, iubilatum *(1/380)* jubeln, jauchzen

iucunditas, iucunditatis *(kons./334) f* Annehmlichkeit, Liebenswürdigkeit

iucundus, iucunda, iucundum *(o/a/329)* erfreulich, willkommen, angenehm, beliebt

iudex, iudicis *(kons./332) m* Richter

iudicare, iudico, iudicavi, iudicatum *(1/380)* urteilen, beurteilen, entscheiden, halten für, meinen, Recht sprechen; *virum idoneum iudicare* einen Mann für geeignet halten

iudicium, iudicii *(o/327) n* Urteil, Gericht, Gerichtsverhandlung, Prozess; *omnium iudicio* nach allgemeinem Urteil; *reum in iudicium adducere* einen Angeklagten vor Gericht stellen

iugalis, iugalis, iugale *(i/343)* zusammengespannt, ehelich
iugerum, iugeri *(o/327) n* ein Morgen Landes
iugis, iugis, iuge *(i/343)* zusammengespannt, unversiegbar
iugulare, iugulo, iugulavi, iugulatum *(1/380)* die Kehle abschneiden, erstechen, ermorden, vernichten
iugulum, iuguli *(o/327) n* Kehle
iugum, iugi *(o/327) n* Joch, Gespann; Bergrücken, Pass
iumentum, iumenti *(o/327) n* Zugtier, Lasttier
iunctura, iuncturae *(a/325) f* Verbindung
iungere, iungo, iunxi, iunctum *(3/380)* verbinden, vereinigen; *amicitiam iungere* Freundschaft schließen; *flumen ponte iungere* einen Fluss überbrücken; *pacem iungere cum Germanis* mit den Germanen Frieden schließen
iunior, iunioris *(i/342)* jünger; *Plural* **iuniores, iuniorum** die Jüngeren, die junge, waffenfähige Mannschaft
Iuno, Iunonis *(kons./333) f* Juno
Iuppiter, Iovis *m* Jupiter
iurare, iuro, iuravi, iuratum *(1/380)* schwören; *per deos iurare* bei den Göttern schwören; *falsum iurare* einen Meineid schwören
iuratus, iurata, iuratum *(o/a/329)* vereidigt; *substantivisch* Geschworener
iurgare, iurgo, iurgavi, iurgatum *(1/380)* streiten, zanken
iurgium, iurgii *(o/327) n* Streit, Wortwechsel, Zank
ius, iuris *(kons./335) n* Recht, Vorrecht, Macht; *ius est* es ist rechtens; *optimo iure* mit vollem Recht; *nullum ius* Rechtlosigkeit; *iuris consultus* rechtskundig; *in ius vocare* vor Gericht bringen/rufen, anklagen; *ius dicere/reddere* Recht sprechen; *ius suum persequi* sein Recht geltend machen; *sui/proprii iuris esse* sein eigener Herr/unabhängig/selbstständig sein
ius iurandum/iusiurandum, iuris iurandi *(kons./331) n* Eid, Schwur
ius *(kons./331) n* Brühe, Suppe
iussū *Adverb [Ablativ]* auf Befehl, auf Geheiß; *iussū Caesaris* auf Befehl Cäsars
iussum, iussi *(o/327) n* Befehl
iustitia, iustitiae *(a/325) f* Gerechtigkeit
iustus, iusta, iustum *(o/a/329)* gerecht, rechtmäßig
iuvare, iuvo, iuvi, iutum *(1/380) [Akkusativ]* freuen, erfreuen, unterstützen, helfen; *iuvat* es erfreut, es macht Spaß; *Iuvat edere.* Essen macht Spaß.
iuvenalis, iuvenalis, iuvenale *(i/343)* jugendlich, Jugend-
iuvencus, iuvenci *(o/326) m* junges Rind, junger Stier
iuvenilis, iuvenilis, iuvenile *(i/343)* jugendlich
iuvenis, iuvenis *(g/341) m* Jüngling, junger Mann; *adjektivisch* jung
iuventa, iuventae *(a/325) f* Jugend
iuventas, iuventatis *(kons./334) f* Jugend
iuventus, iuventutis *(kons./333) f* Jugend, Jungmannschaft
iuxta *(420) Präposition [Akkusativ]* neben, nahe bei, unmittelbar nach
iuxta *Adverb [Akkusativ]* daneben, in der Nähe

K

K. Kaeso (Vorname)
Kal. (Kalendae/Calendae) die Kalenden (der Monatserste)
Kalendae, Kalendarum *(a/325) f* die Kalenden (der 1. Monatstag)

L

L. Lucius (Vorname)
labare, labo, labavi, labatum *(1/380)* schwanken, wanken
labefacere, labefacio, labefeci, labefactum *(5/380)* wankend machen, erschüttern
labefactare, labefacto, labefactavi, labefactatum *(1/380)* zum Wanken bringen, heftig erschüttern
labes, labis *f* Fall, Unheil, Schandfleck, Makel
labi, labor, lapsus sum, – *(3/Deponens/392)* gleiten, sinken, herabfallen
labor, laboris *(kons./331) m* Plage, Arbeit, Mühe, Anstrengung; *laborem perferre* Mühe ertragen
laborare, laboro, laboravi, laboratum *(1/380)* leiden an *(mit Ablativ)*, arbeiten, sich anstrengen; *morbo laborare* an einer Krankheit leiden; *(e) pedibus laborare* an den Beinen krank sein
laboriosus, laboriosa, laboriosum *(o/a/329)* mühsam, beschwerlich, geplagt
labrum, labri *(o/327) n* Lippe, Rand
lac, lactis *(kons./337) n* Milch
Lacedaemonii, Lacedaemoniorum *(o/326) m* die Spartaner (Bewohner der Landschaft Lakedämon)
lacer, lacera, lacerum *(o/a/330)* zerrissen
lacerare, lacero, laceravi, laceratum *(1/380)* zerreißen, zerfleischen
lacerta, lacertae *(a/325) f* Eidechse
lacertus, lacerti *(o/326) m* Arm, Oberarm, Kraft
lacessere, lacesso, lacessivi, lacessitum *(3/380)* reizen, herausfordern; *proelio lacessere* zum Kampf herausfordern
lacrima, lacrimae *(a/325) f* Träne, Zähre; *multis cum lacrimis* unter vielen Tränen
lacrimare, lacrimo, lacrimavi, lacrimatum *(1/380)* Tränen vergießen, weinen
lacrimosus, lacrimosa, lacrimosum *(o/a/329)* tränenreich, weinerlich, tränenerregend
lacteus, lactea, lacteum *(o/a/329)* milchig
lactuca, lactucae *(a/325) f* Salat, Kopfsalat
lacuna, lacunae *(a/325) f* Lache, Loch, Lücke
lacus, lacus *(u/350) m* der See, Teich
laedere, laedo, laesi, laesum *(3/380)* stoßen, verletzen, beleidigen, kränken; *fidem laedere* sein Wort brechen
laetari, laetor, laetatus sum, – *(1/Deponens/392) [(de) + Ablativ]* sich freuen; *malo alieno laetari* schadenfroh sein
laetitia, laetitiae *(a/325) f* Freude, Fröhlichkeit
laetus, laeta, laetum *(o/a/329)* froh, munter, erfreulich, fröhlich, üppig; *victoriā laetus* froh über den Sieg
laevus, laeva, laevum *(o/a/329)* link, linkisch
lagoena, lagoenae *(a/325) f* Flasche, Krug
lambere, lambo, lambi, lambitum *(3/380)* lecken, belecken
lamenta, lamentorum *(o/327) n* Wehklagen
lamentari, lamentor, lamentatus sum, – *(1/Deponens/392)* klagen, wehklagen, jammern, bejammern, beklagen
lamentatio, lamentationis *(kons./333) f* Wehklagen
lampas, lampadis *(kons./331) f* Fackel, Licht, Leuchter, Lampe
lana, lanae *(a/325) f* Wolle
lancea, lanceae *(a/325) f* Wurfspeer, Lanze
laneus, lanea, laneum *(o/a/329)* aus Wolle, wollen
languēre, langueo, langui, – *(2/380)* matt, schlaff, welk sein
languescere, languesco, langui, – *(3/380)* schlaff werden, ermatten
languidus, languida, languidum *(o/a/329)* matt, schlaff
languor, languoris *(kons./331) m* Mattigkeit, Trägheit
laniare, lanio, laniavi, laniatum *(1/380)* zerfleischen, zerfetzen

laniger, lanigera, lanigerum *(o/a/330)* Wolle tragend; *substantivisch* Widder
lanius, lanii *(o/326) m* Metzger
lanx, lancis *(kons./332) f* Schüssel, Schale
Laocoon, Laocoontis *(kons./331) m* Laokoon (trojanischer Priester)
lapideus, lapidea, lapideum *(o/a/329)* steinern
lapillus, lapilli *(o/326) m* Steinchen, Kiesel
lapis, lapidis *(kons./332) m* Stein
lapsus, lapsus *(u/350) m* Gleiten, Sturz, Fehltritt, Versehen
laqueus, laquei *(o/326) m* Schlinge, Strick
Lar, Laris *(kons./331) m [meist Plural]* Schutzgott, Hausgott
largīri, largior, largitus sum, – *(4/Deponens/392)* (reichlich) schenken, gewähren, spenden
largitio, largitionis *(kons./333) f* Freigebigkeit, Bestechung
largus, larga, largum *(o/a/329)* freigebig, reichlich
lar(i)dum, lar(i)di *(o/327) n* Speck
lascivia, lasciviae *(a/325) f* Ausgelassenheit, Mutwille, Zügellosigkeit
lascivīre, lascivio, lascivivi, lascivitum *(4/380)* ausgelassen sein, mutwillig sein
lascivus, lasciva, lascivum *(o/a/329)* ausgelassen, mutwillig, zügellos
lassare, lasso, lassavi, lassatum *(1/380)* müde machen
lassitudo, lassitudinis *(kons./333) f* Ermüdung, Mattigkeit
lassus, lassa, lassum *(o/a/329)* müde, matt
latebra, latebrae *(a/325) f* Schlupfwinkel, Versteck
later, lateris *(kons./332) m* Ziegelstein
latēre, lateo, latui, – *(2/380)* verborgen sein, verborgen bleiben, unbekannt sein; *latet* es ist unbekannt
latericius, latericia, latericium *(o/327)* aus Ziegel
latex, laticis *(kons./332) m* Wasser, Nass, Flüssigkeit
latibulum, latibuli *(o/327) f* Schlupfwinkel
Latinus, Latina, Latinum *(o/a/329)* lateinisch
latitudo, latitudinis *(kons./333) f* Breite, Ausdehnung, Fülle, Größe
latrare, latro, latravi, latratum *(1/380)* bellen
latratus, latratus *(u/350) m* Gebell, Gekläff
latro, latronis *(kons./333) m* Söldner, Räuber, Straßenräuber
latrocinium, latrocinii *(o/327) n* Räuberei, Raubzug
latus, lateris *(kons./335) n* Seite, Flanke; *a latere* von der Seite; *ab uterque latere* auf beiden Seiten
latus, lata, latum *(o/a/329)* breit, ausgedehnt, weit, ausführlich; *longe lateque* weit und breit
laudabilis, laudabilis, laudabile *(i/343)* lobenswert
laudare, laudo, laudavi, laudatum *(1/380)* loben, preisen, befürworten, gutheißen
laudatio, laudationis *(kons./333) f* Lobrede
laudator, laudatoris *(kons./331) m* Lobredner
laurea (corona), laureae *(a/325) f* Lorbeerkranz
laurus, lauri *(o/326) f* Lorbeerbaum, Lorbeer
laus, laudis *(kons./333) f* Lob, Ruhm, Anerkennung, Verdienst; *laudem sibi parere* sich Ruhm erwerben; *Hoc tibi laudi non est.* Das macht dir keine Ehre.; *laudem ferre* Lob davontragen; *laude affici* Lob ernten
lautus, lauta, lautum *(o/a/329)* sauber, stattlich, fein, gewaschen
lavare, lavo, lavavi, lautum/lavatum *(1/380)* waschen
laxare, laxo, laxavi, laxatum *(1/380)* lockern, erleichtern
laxus, laxa, laxum *(o/a/329)* schlaff, locker, lose, geräumig
lectica, lecticae *(a/325) f* Sänfte
lector, lectoris *(kons./331) m* Leser, Vorleser
lectus, lecti *(o/326) m* Bett, Ruhelager, Liege; *lecto teneri* das Bett hüten müssen, ans Bett gefesselt sein
legalis, legalis, legale *(i/343)* gesetzlich, rechtmäßig

legare, lego, legavi, legatum *(1/380)* gesetzlich verfügen, vermachen, abordnen
legatio, legationis *(kons./333) f* Gesandtschaft
legatum, legati *(o/327) n* Vermächtnis
legatus, legati *(o/326) m* Legat, Gesandter, Diplomat; Unterfeldherr, Statthalter einer Provinz, Unterstatthalter; *Ab Helvetiis legati venerunt pacem petitum (Supin).* Von den Helvetiern kamen Gesandte, um um Frieden zu bitten.
legere, lego, legi, lectum *(3/380)* sammeln, auflesen, lesen, auswählen; *spolia caesorum legere* die Rüstungen der Gefallenen einsammeln
legio, legionis *(kons./333) f* Legion
legionarius, legionarii *(o/326) m* Legionssoldat
legitimus, legitima, legitimum *(o/a/329)* gesetzlich, rechtmäßig
lembus, lembi *(o/326) m* Kahn, Boot, Barke
lenīre, lenio, lenivi, lenitum *(4/380)* mildern, besänftigen, begütigen, lindern
lenis, lenis, lene *(i/343)* ruhig, sanft, lind, mild, gelassen
lenitas, lenitatis *(kons./334) f* Sanftheit, Milde
leno, lenonis *(kons./333) f* Zuhälter, Kuppler
lentus, lenta, lentum *(o/a/329)* biegsam, zäh, langsam, träge
leo, leonis *(kons./333) m* Löwe
lepidus, lepida, lepidum *(o/a/329)* fein, anmutig, zierlich, unterhaltsam
lepos/lepor, leporis *(kons./332) m* Feinheit, Anmut, Witz
lepus, leporis *(kons./335) m* Hase
letalis, letalis, letale *(i/343)* tödlich
letum, leti *(o/327) n* Tod, Untergang; *letum petere* den Tod suchen
levamen/levamentum, levaminis/levamenti *(kons./331) n* Linderung, Linderungsmittel
levare, levo, levavi, levatum *(1/380)* aufrichten, aufheben, in die Höhe heben; leichter machen, erleichtern; *sitim levare* den Durst stillen
levatio, levationis *(kons./333) f* Erleichterung, Verminderung, Linderung
levis, levis, leve *(i/343)* leicht, leichtgewichtig, leichtsinnig, unbedeutend, geringfügig; *levi animo esse* leichtsinnig sein
levis, levis, leve *(i/343)* glatt
levitas, levitatis *(kons./334) f* Leichtigkeit, Leichtsinn
lex, legis *(kons./331) f* Gesetz, Vorschrift, Gebot, Bedingung; *legem ferre/rogare* ein Gesetz einbringen/beantragen; *eā lege, ut* unter der Bedingung, dass; *legem tollere* ein Gesetz aufheben
libare, libo, libavi, libatum *(1/380)* ausgießen, weihen, (Trankopfer) spenden
libellus, libelli *(o/326) m* Büchlein, Heft, Notizbuch
libens, libentis *(i/342)* gern, willig
libenter *Adverb* gerne
liber, libera, liberum *(o/a/330)* frei, unbeschränkt, ungebunden, freimütig; *liber atque solutus* völlig ungebunden; *liber (a) metu* frei von Furcht
liber, libri *(o/328) m* Buch
liberalis, liberalis, liberale *(i/343)* großzügig, edel, hochherzig, vornehm, gütig, freigiebig
liberalitas, liberalitatis *(kons./334) f* edle Gesinnung, Freigebigkeit, Güte
liberare, libero, liberavi, liberatum *(1/380) [a mit Ablativ]* befreien (von), freisprechen; *aliquem periculo liberare* jemanden aus der Gefahr befreien; *liberare culpā* von der Schuld freisprechen
liberi, liberorum *(o/328) m [plurale tantum]* Kinder
libertas, libertatis *(kons./334) f* Freiheit, Freiheitsliebe, Freimut, Freiheitssinn, Unabhängigkeit; *libertate uti* frei sein; *adepta libertate* nach Erlangung der Freiheit

libertinus, libertini *(o/326) m* Freigelassener; *adjektivisch* freigelassen
libertus, liberti *(o/326) m* Freigelassener, ehemaliger Sklave
libet, libet, libuit/libitum est, – es beliebt, es gefällt; *ut libet* nach Belieben
libidinosus, libidinosa, libidinosum *(o/a/329)* ausschweifend, zügellos, willkürlich
libido, libidinis *(kons./333) f* Begierde, Genusssucht, Lust; Willkür; *ex libidine* nach Laune
libra, librae *(a/325) f* Waage, Pfund
librare, libro, libravi, libratum *(1/380)* im Gleichgewicht halten, schwingen, schleudern
libum, libi *(o/327) n* Kuchen, Opferkuchen
licens, licentis *(i/342)* frei, ungebunden, zügellos
licentia, licentiae *(a/325) f* Freiheit, Erlaubnis, Willkür, Zügellosigkeit
licēre, liceo, licui, – *(2/380)* feil sein
licēri, liceor, licitus sum, – *(2/Deponens/392)* auf etwas bieten
licet, licet, licuit/licitum est, – es steht frei, es ist erlaubt; *Nunc tibi licet otioso esse.* Jetzt darfst du ausruhen.
lictor, lictoris *(kons./331) m* Liktor (Begleiter höherer Beamter und Priester)
ligare, ligo, ligavi, ligatum *(1/380)* binden, festbinden, umbinden
lignari, lignor, lignatus sum, – *(1/Deponens/392)* Holz holen
lignum, ligni *(o/327) n* Holz; Baum; *ligna in silvam ferre* Überflüssiges tun
ligo, ligonis *(kons./333) m* Hacke
ligurrīre, ligurrio, ligurrivi, ligurritum *(4/380) [Akkusativ]* lüstern sein nach
lilium, lilii *(o/327) n* Lilie
lima, limae *(a/325) f* Feile
limare, limo, limavi, limatum *(1/380)* feilen, abfeilen, vermindern, glätten
limen, liminis *(kons./336) n* Schwelle, Eingang, Haus, Anfang
limes, limitis *(kons./331) m* Rain, Grenze, Grenzwall, Pfad
limus, limi *(o/326) m* Schlamm, Schmutz
linea, lineae *(a/325) f* leinene Schnur, Richtschnur, Linie
lineamentum, lineamenti *(o/327) n* Strich, Linie, Umriss, Züge
linere, lino, levi/livi, – *(3/380)* beschmieren, bestreichen
lingua, linguae *(a/325) f* Zunge, Sprache; Landzunge
lingula, lingulae *(a/325) f* Feinschmeckerzunge
linquere, linquo, liqui, lictum *(3/380)* verlassen, zurücklassen
linter, lintris *(kons./331) f* Kahn, Nachen
linteum, lintei *(o/327) n* Leinentuch, Segel
linum, lini *(o/327) n* Flachs, Leinwand, Schnur
lippus, lippa, lippum *(o/a/329)* triefäugig
liquefacere, liquefacio, liquefeci, liquefactum *(5/380)* auflösen, schmelzen
liquere, liquo, liqui/licui, – *(3/380)* flüssig, klar, deutlich sein
liquescere, liquesco, licui, – *(3/380)* flüssig werden, schmelzen
liqui, liquor, –, – *(3/Deponens/392)* flüssig sein, fließen, zerfließen
liquidus, liquida, liquidum *(o/a/329)* flüssig, fließend, hell, klar
liquor, liquoris *(kons./331) m* Flüssigkeit, Wasser
litis, litis *(kons./331) f* Streit, Rechtsstreit, Prozess
littera, litterae *(a/325) f* Buchstabe; *Plural* **litterae, litterarum** Brief, Literatur, Wissenschaften; *litteras dare ad aliquem* jemandem einen Brief schreiben; *atrocissimae litterae* Schreckenspost

litura, liturae *(a/325) f* Korrektur (auf der Wachstafel ausgestrichene Stelle)
litus, litoris *(kons./335) n* Meeresufer, Küste, Strand
lituus, litui *(o/326) m* Signalhorn, Krummstab
livēre, liveo, –, – *(2/380)* bleifarbig sein, bläulich sein, neidisch sein
lividus, livida, lividum *(o/a/329)* bläulich, neidisch
Livius, Livii *(o/326) m* Titus Livius (Geschichtsschreiber)
livor, livoris *(kons./331) m* blauer Fleck, Neid
lixa, lixae *(a/325) f* Marketender
loc. (locus) Ort, Stelle
locare, loco, locavi, locatum *(1/380)* stellen, aufstellen, vermieten
loc. cit. (loco citato) am angeführten Ort
loculus, loculi *(o/326) m* Behälter, Kästchen
locuples, locupletis *(kons./331)* reich, begütert, wohlhabend
locupletare, locupleto, locupletavi, locupletatum *(1/380)* bereichern
locus, loci *(o/326) m* Rang, Ort, Platz, Stelle, Posten, Standpunkt; *Plural* **loca, locorum** Orte, Gegend; *loca superiora* Anhöhen; *eā locā incolere* diese Gegend bewohnen; *locum dare* Platz machen; *ex loco superiore* von einem höher gelegenen Platz aus; *illo loco* an jener Stelle; *loco hostium habere* als Feind ansehen
longaevus, longaeva, longaevum *(o/a/329)* hochbetagt
longe *Adverb* weithin, von weitem, bei weitem
longinquitas, longinquitatis *(kons./334) f* Entfernung, Länge
longinquus, longinqua, longinquum *(o/a/329)* weit entfernt, langwierig, fern
longitudo, longitudinis *(kons./333) f* Länge
longurius, longurii *(o/326) m* Stange, Latte
longus, longa, longum *(o/a/329)* lang, dauernd, lang dauernd, ausgedehnt, weit; *longum est ea dicere* es würde zu weit führen, davon zu sprechen; *nihil longius est quam* nichts ist langweiliger als; *navis longa* Kriegsschiff; *longe optimus* der bei weitem beste
loquax, loquacis *(i/342)* geschwätzig, redselig
loqui, loquor, locutus sum, – *(3/Deponens/392)* sagen, reden, sprechen, im Munde führen; *linguā Latinā loqui* Lateinisch sprechen
lorica, loricae *(a/325) f* Panzer, Harnisch, Brustwehr
lorum, lori *(o/327) n* Riemen, Zügel, Peitsche
lubricus, lubrica, lubricum *(o/a/329)* schlüpfrig, glatt, unsicher
lucellum, lucelli *(o/327) n* kleiner Gewinn
lucēre, luceo, luxi, – *(2/380)* leuchten, hell sein; *Lucet.* Es ist Tag.
lucerna, lucernae *(a/325) f* Lampe, Öllampe
lucescit, (illuxit) es wird hell, es wird Tag
lucidus, lucida, lucidum *(o/a/329)* hell, leuchtend, deutlich
lucifer, lucifera, luciferum *(o/a/330)* Licht bringend
lucrum, lucri *(o/327) n* Gewinn, Profit, Vorteil
luctari, luctor, luctatus sum, – *(1/Deponens/392)* ringen, sich bemühen
luctuosus, luctuosa, luctuosum *(o/a/329)* traurig, kläglich, jammervoll
luctus, luctus *(u/350) m* (laute) Trauer
luculentus, luculenta, luculentum *(o/a/329)* hell, glänzend
lucus, luci *(o/326) m* Hain
ludere, ludo, lusi, lusum *(3/380)* spielen, scherzen, necken
ludibrium, ludibrii *(o/327) n* Spielzeug, Spott, Beleidigung, Gespött; *hominibus ludibrio esse* zum Gespött der Menschen gereichen
ludicer/ludicrus, ludicra, ludicrum *(o/a/330)* spielerisch, kurzweilig, unterhaltsam
ludicrum, ludicri *(o/327) n* Kurzweil, Sport, Spiel

ludus, ludi *(o/326) m* Spiel, Scherz, Schauspiel, Schule, Grundschule; *Plural* **ludi, ludorum** Zirkusspiele; *per ludum* im Scherz; *ludum exercere* Schule halten
luere, luo, lui, –, luiturus *(3/380)* lösen, büßen, sühnen, bezahlen
lugēre, lugeo, luxi, luctum *(2/380)* trauern, betrauern
lugubris, lugubris, lugubre *(i/343)* zur Trauer gehörig, traurig gestimmt
lumbus, lumbi *(o/326) m* Lende
lumen, luminis *(kons./336) n* Licht, Glanz, Leuchtkörper, Lampe, Augenlicht
luna, lunae *(a/325) f* Mond; *lunā plenā* bei Vollmond
lupinus, lupina, lupinum *(o/a/329)* Wolfs-
lupus, lupi *(o/326) m* Wolf
luridus, lurida, luridum *(o/a/329)* gelblich, fahl
luscinia, lusciniae *(a/325) f* Nachtigall
lustrare, lustro, lustravi, lustratum *(1/380)* reinigen, sühnen, mustern
lustrum, lustri *(o/327) n* Sühneopfer, Zeitraum von fünf Jahren
lusus, lusi *(o/326) m* Spiel
lutulentus, lutulenta, lutulentum *(o/a/329)* schlammig, schmutzig
lutum, luti *(o/327) n* Schlamm, Lehm, Schmutz
lux, lucis *(kons./332) f* Licht, Helligkeit, Tageslicht, Öffentlichkeit; *primā luce* bei Tagesanbruch
luxuria, luxuriae *(a/325) f* Üppigkeit, Zügellosigkeit, Ausschweifung, Verschwendung, Überfluss, Genusssucht, Verschwendungssucht
luxuriare, luxurio, luxuriavi, luxuriatum *(1/380)* üppig wachsen, schwellen, anschwellen, ausgelassen sein, schwelgen, ausschweifend leben
luxuriosus, luxuriosa, luxuriosum *(o/a/329)* ausschweifend, üppig, verschwenderisch
luxus, luxus *(u/350) m* Aufwand, Pracht, Ausschweifung
lynx, lyncis *(kons./332) f* Luchs
lyra, lyrae *(a/325) f* Leier, Laute, Lyra

M

M. Marcus (Vorname)
M. (mensis) Monat
M (mille) tausend
Macedones, Macedonum *(kons./331) m* die Makedonen
Macedonia, Macedoniae *(a/325) f* Makedonien
macellum, macelli *(o/327) n* Fleischmarkt
macer, macra, macrum *(o/a/330)* mager
macerare, macero, maceravi, maceratum *(1/380)* schwächen, aufzehren, entkräften
machina, machinae *(a/325) f* Vorrichtung, Maschine; List; *machina tractoria* Traktor
machinari, machinor, machinatus sum, – *(1/Deponens/392)* ersinnen
machinatio, machinationis *(kons./333) f* Fertigkeit, Kunstgriff, Erfindung
macies, maciei *(e/351) f* Magerkeit
mactare, macto, mactavi, mactatum *(1/380)* ehren, (durch Opfer) verherrlichen, beschenken, weihen, schlachten, opfern
macte (esto) Heil dir!
macula, maculae *(a/325) f* Fleck, Schandfleck, Makel
maculare, maculo, maculavi, maculatum *(1/380)* beflecken, besudeln, entweihen
madefacere, madefacio, madefeci, madefactum *(5/380)* nass machen, tränken, befeuchten, betrunken machen
madēre, madeo, madui, – *(2/380)* nass sein, triefen
madidus, madida, madidum *(o/a/329)* nass, feucht; betrunken

maerēre, maereo, maerui, – *(2/380)* trauern, betrübt sein, betrauern; *amici mortem maerere* über den Tod des Freundes trauern
maeror, maeroris *(kons./331) m* Trauer, Betrübnis, Gram
maestitia, maestitiae *(a/325) f* Trauer, Traurigkeit
maestus, maesta, maestum *(o/a/329)* traurig, betrübt; *maestus pecuniā amissā* traurig über den Verlust des Geldes
magicus, magica, magicum *(o/a/329)* magisch, Zauber-
magis *Adverb* mehr, in höherem Grade; *eo magis, quod* um so mehr, als
magister, magistri *(o/328) m* Anführer, Meister, Ratgeber, Lehrer
magistratus, magistratus *(u/350) m* Amt; Beamter, Amtsträger; *Plural* **magistratus, magistratuum** Behörde; *magistratum gerere* ein Amt ausüben
magnanimus, magnanima, magnanimum *(o/a/329)* hochherzig
magnificentia, magnificentiae *(a/325) f* Großartigkeit, Pracht, Prahlerei
magnificus, magnifica, magnificum *(o/a/329)* großartig, glänzend, prächtig, prahlerisch
magnitudo, magnitudinis *(kons./333) f* Größe, Bedeutung, Würde
magnopere *Adverb* sehr, überaus
magnus, magni, magnum *(o/a/329)* groß, bedeutend; *magni (pretii) esse* viel wert sein; *magni putare* hoch einschätzen
magus, magi *(o/326) m* Magier, Zauberer
maiestas, maiestatis *(kons./334) f* Glanz, Erhabenheit, Ansehen, Größe, Hoheit, Würde
maior, maior, maius *(i/343)* größer, älter; *natu maior* älter
maiores, maiorum *(kons./331) m [plurale tantum]* Vorfahren; *more maiorum* nach dem Brauch der Vorfahren
mala, malae *(a/325) f* Backe, Kinnbacke, Wange
male *Adverb* schlecht
maledicere, maledicco, maledixi, maledictum *(3/380) [Dativ]* schmähen, lästern
maledictum, maledicti *(o/327) n* Schmähung, Verleumdung
maleficium, maleficii *(o/327) n* Übeltat, Feindseligkeit
malignus, maligna, malignum *(o/a/329)* bösartig, boshaft
malitia, malitiae *(a/325) f* Schlechtigkeit, Bosheit
malitiosus, malitiosa, malitiosum *(o/a/329)* boshaft, arglistig, heimtückisch
malle, malo, malui, – *(unreg./412)* lieber wollen
malum, mali *(o/327) n* Unheil, Übel, Fehler, Schaden
malum, mali *(o/327) n* Apfel
malus, mala, malum *(o/a/329)* schlecht, gering, böse, schlimm
malus, mali *(o/326) m* Balken, Mastbaum, Mast
malus, mali *(o/326) f* Apfelbaum
malva, malvae *(a/325) f* Malve
mamma, mammae *(a/325) f* Brust, Brustwarze, Euter
manare, mano, manavi, manatum *(1/380)* fließen, rinnen, sich verbreiten
mancipium, mancipii *(o/327) n* Kauf, Kaufvollzug, Eigentum, Besitz, Sklave
mancus, manca, mancum *(o/a/329)* verstümmelt, verkrüppelt; mangelhaft, unvollständig, kraftlos
mandare, mando, mandavi, mandatum *(1/380)* übergeben, anvertrauen, auftragen; *se fugae mandare* fliehen
mandatum, mandati *(o/327) n* Auftrag, Weisung, Befehl
mandere, mando, mandi, mansum *(3/380)* kauen, essen, verzehren
mane *Adverb* morgens, frühmorgens, am Morgen
manēre, maneo, mansi, mansurus *(2/380)* bleiben, dauern, erwarten, warten auf; *eodem loco manere* am selben Ort bleiben

manes, manium *(kons./331) m [plurale tantum]* die abgeschiedenen Seelen, Manen
manifestus, manifesta, manifestum *(o/a/329)* handgreiflich, offenbar, erwiesen
manipularis, manipularis, manipulare *(i/343)* zu einem Manipel gehörig; *substantivisch* gewöhnlicher/einfacher Soldat
manipulus, manipuli *(o/326) m* Schar, Manipel
Manlius, Manlii *(o/326) m* Marcus Manlius Capitolinus (Konsul und Retter des Kapitols)
mannus, manni *(o/326) m* Pony
mansio, mansionis *(kons./333) f* Bleibe, Zuhause
mansuefacere, mansuefacio, mansuefeci, mansuefactum *(5/380)* zähmen, bändigen
mansuetudo, mansuetudinis *(kons./333) f* Milde, Sanftheit, Umgänglichkeit
mansuetus, mansueta, mansuetum *(o/a/329)* zahm
manubiae, manubiarum *(a/325) f [plurale tantum]* Beute, Kriegsbeute, Raub
manus, manus *(u/350) f* Hand, Schar, Mannschaft; Handgemenge; *sua manu* eigenhändig; *manūs Germanorum* die Scharen der Germanen; *in manus venire* in Kampf geraten
mappa, mappae *(a/325) f* Mundtuch, Serviette; Signaltuch, Flagge
mare, maris *(i/338) n [Ablativ mare und mari]* Meer, die See; *terrā marique* zu Wasser und zu Land; *mare nostrum* das Mittelmeer
margarita, margaritae *(a/325) f* Perle
margo, marginis *(kons./333) f* Rand, Grenze
marinus, marina, marinum *(o/a/329)* zum Meer gehörig, am Meer gelegen, Meer-, See-, Küsten-
maritimus, maritima, maritimum *(o/a/329)* zum Meer gehörig, am Meer gelegen, Meer-, See-, Küsten-; *urbes maritimae* Küstenstädte
maritus, mariti *(o/326) m* Ehegatte, Ehemann, Gemahl; *adjektivisch* verheiratet
marmor, marmoris *(kons./331) n* Marmor; (glänzende) Meeresfläche
marmoreus, marmorea, marmoreum *(o/a/329)* aus Marmor, marmorn; *mensis Martius* März
Mars, Martis *(g/340) m* Mars
Martius, Martia, Martium *(o/a/329)* dem Mars gehörend, Mars-
mas, maris *(kons./331) m* Männchen; *adjektivisch* männlich
masculus, mascula, masculum *(o/a/329)* männlich
mater, matris *(g/340) f* Mutter; *mater familiae/familias* Hausfrau
materia/materies, materiae/materiei *f* Stoff, Grundstoff, Baustoff, Holz; Anlass
maternus, materna, maternum *(o/a/329)* mütterlich
mathematicus, mathematici *(o/326) m* Mathematiker, Astrologe
matrimonium, matrimonii *(o/327) n* Ehe; *aliquam in matrimonium ducere* (eine Frau) heiraten; *alicui nubere* (einen Mann) heiraten
matrona, matronae *(a/325) f* Ehefrau, verheiratete Frau, Dame
maturare, maturo, maturavi, maturatum *(1/380)* beschleunigen, sich beeilen
maturescere, maturesco, maturui, – *(3/380)* reifen
maturitas, maturitatis *(kons./334) f* Reife, Vollendung
maturus, matura, maturum *(o/a/329)* reif, rechtzeitig, frühzeitig
matutinus, matutina, matutinum *(o/a/329)* morgendlich, Morgen-
maxime *Adverb* am meisten, im höchsten Grad, besonders

maximus, maxima, maximum *(o/a/329)* der größte, der älteste
meare, meo, meavi, meatum *(1/380)* gehen
medēri, medeor, –, – *(2/Deponens/392) [Dativ]* heilen, abhelfen
medicamen, medicaminis *(kons./336) n* Heilmittel, Zaubertrank, Gift
medicamentum, medicamenti *(o/327) n* Heilmittel, Zaubertrank, Gift
medicina (ars), medicinae *(a/325) f* Heilkunst, Heilmittel, Arznei, Medizin
medicus, medici *(o/326) m* Arzt
mediocris, mediocris, mediocre *(i/343)* mittelmäßig, gering, unbedeutend
mediocritas, mediocritatis *(kons./334) f* Mittelmaß, Mittelmäßigkeit, Mäßigung
meditari, meditor, meditatus sum, – *(1/Deponens/392) [Akkusativ/de + Ablativ]* überdenken, nachdenken über, sinnen auf, (sich) vorbereiten; *nihil aliud meditari nisi* an nichts anderes denken als
meditatio, meditationis *(kons./333) f* Einübung, Vorbereitung, Nachdenken
mediterranea, mediterraneorum *(o/327) n* Binnenland
mediterraneus, mediterranea, mediterraneum *(o/a/329)* binnenländisch
medium, medii *(o/327) n* Mitte, Öffentlichkeit; *in medium prodire* in der Öffentlichkeit auftreten; *in medium proferre* in die Öffentlichkeit bringen
medius, media, medium *(o/a/329)* mitten gelegen, der mittlere; *media in urbe* mitten in der Stadt; *medio die* mitten am Tag; *media nocte* um Mitternacht; *medio in monte* auf halber Höhe des Berges
medulla, medullae *(a/325) f* Mark (in Knochen und Pflanzen)
meherc(u)le! beim Herkules!
mel, mellis *(kons./337) n* Honig
melior, melior, melius *(i/343) [Komparativ von bonus]* besser, tüchtiger
membrana, membranae *(a/325) f* Haut, Pergament
membrum, membri *(o/327) n* Glied, Teil
meminisse, memini, –, – *(unreg./418) [Genitiv]* sich erinnern (an), daran denken, gedenken; *Memento mei!* Denk an mich!
memor, memoris *(i/342) [Genitiv]* eingedenk, denkend an, im Bewusstsein von, ermahnend; *iniuriae acceptae memor* im Bewusstein des erlittenen Unrechts
memorabilis, memorabilis, memorabile *(i/343)* denkwürdig
memorare, memoraro, memoravi, memoratum *(1/380) [Akkusativ]* gedenken, erwähnen, berichten, erinnern an; *mira memorare* wundersame Dinge berichten
memoria, memoriae *(a/325) f* Gedächtnis, Erinnerung, Überlieferung; *aliquid memoriae mandare* sich etwas einprägen, merken; *memoriā tenere* im Gedächtnis behalten; *memoriae prodere/tradere* der Nachwelt überliefern; *patrum nostrorum memoriā* zur Zeit unserer Väter
memoriter *Adverb* auswendig
mendacium, mendacii *(o/327) n* Lüge, Täuschung
mendax, mendacis *(i/342)* lügnerisch, trügerisch, täuschend (echt)
mendicus, mendica, mendicum *(o/a/329)* Bettler
mendosus, mendosa, mendosum *(o/a/329)* fehlerhaft
mendum, mendi *(o/327) n* Fehler, Versehen
mens, mentis *(kons./334) f* Sinnesart, Gedanke, Sinn, Seele, Geist, Verstand, Denkvermögen; *hac mente* in dieser Absicht; *mihi in mentem venit/incidit* mir kommt in den Sinn, mir fällt ein; *suae mentis esse* bei Verstand sein
mensa, mensae *(a/325) f* Tisch, Gericht, Essen; *mensas cibis exstruere* Speisen auftischen
mensis, mensis *(g/339) m* Monat

mensura, mensurae *(a/325) f* Messung, Maß
mentio, mentionis *(kons./333) f* Erwähnung, Vorschlag
mentīri, mentior, mentitus sum, – *(4/Deponens/392)* ersinnen, erdichten, lügen
mentum, menti *(o/327) n* Kinn
mercari, mercor, mercatus sum, – *(1/Deponens/392)* Handel treiben, kaufen
mercator, mercatoris *(kons./331) m* Kaufmann, Händler
mercatura, mercaturae *(a/325) f* Handel, Markt
mercen(n)arius, mercennaria, mercennarium *(o/a/329)* gekauft, gemietet; *substantivisch* Söldner, Tagelöhner
merces, mercedis *(kons./334) f* Lohn, Sold, Honorar
Mercurius, Mercurii *(o/326) m* Merkur (Götterbote)
merēre, mereo, merui, meritum *(2/380)* verdienen, erwerben, Kriegsdienst tun; *merito* verdientermaßen, zu Recht
merēri, mereor, meritus sum, – *(2/Deponens/392)* sich verdient machen, verdienen; *de re publica bene mereri* sich um den Staat verdient machen
meretricius, meretricia, meretricium *(o/a/329)* Dirnen-
meretrix, meretricis *(kons./332) f* Dirne
mergere, mergo, mersi, mersum *(3/380)* tauchen, eintauchen, versenken
meridianus, meridiana, meridianum *(o/a/329)* mittägig, südlich
meridies, meridiei *(e/351) m* Süden, Mittag; *a meridie* auf der Südseite; *in dies* von Tag zu Tag
merito *Adverb* nach Verdienst, verdientermaßen, mit Recht
meritum, meriti *(o/327) n* Verdienst, Gebühr, Schuld
mersare, merso, mersavi, mersatum *(1/380)* eintauchen
merula, merulae *(a/325) f* Amsel
merum, meri *(o/327) n* reiner Wein, unvermischter Wein
merus, mera, merum *(o/a/329)* unvermischt, rein, echt; nichts weiter als, nur
merx, mercis *(kons./332) f* Ware
messis, messis *(g/339) f* Ernte
-met selbst; *egomet* ich selbst
meta, metae *(a/325) f* Kegel, Pyramide; spitze Säule, Zielsäule; Wendepunkt, Ziel
metallum *(o/327) n* Bergwerk, Metall
metere, meto, (messem feci), messum *(3/380)* ernten, mähen
metiri, metior, mensus sum, – *(5/Deponens/392)* messen, ermessen, beurteilen, bemessen; *aliquem virtute metiri* jemanden nach seiner Tugend beurteilen
metrum, metri *(o/327) n* Maß, Versmaß
metuere, metuo, metui, – *(3/380)* fürchten, befürchten
metus, metus *(u/350) m* Angst, Furcht, Besorgnis; *metum inicere* Furcht einjagen, Furcht einflößen; *metus mortis* Todesfurcht; *metu commotus/impulsus/excitatus* aus Furcht
meus, mea, meum *(o/a/329)* mein
micare, mico, micavi, micatum *(1/380)* zucken, schimmern, blitzen
migrare, migro, migravi, migratum *(1/380)* wandern, übersiedeln
miles, militis *(kons./331) m* Soldat, Krieger
milita, militae *(a/325) f* Kriegsdienst
militare, milito, militavi, militatum *(1/380)* Kriegsdienst leisten, dienen
militaris, militaris, militare *(i/343)* militärisch, soldatisch, kriegerisch, zum Kriegswesen gehörig, Kriegs-; *res militaris* Heerwesen
militia, militiae *(a/325) f* Kriegsdienst, Krieg, Truppe
mille *(378) [Plural milia, milium]* tausend; *duo milia* zweitausend
millesimus, millesima, millesimum *(o/a/329)* der tausendste

mima, mimae *(a/325) f* Schauspielerin, Mimin, Possenreißerin
mimus, mimi *(o/326) m* Posse, Mimus, Schauspieler, Mime, Possenreißer
minae, minarum *(a/325) f [plurale tantum]* Drohungen; Spitzen, (hohe) Mauerzinnen
minari, minor, minatus sum, – *(1/Deponens/392)* (mit Worten) drohen, androhen
minax, minacis *(i/342)* drohend
Minerva, Minervae *(a/325) f* Minerva
mingere, mingo, minxi, mi(n)ctum *(3/380)* pissen
minime *Adverb* am wenigsten, sehr wenig, keineswegs
minimus, minima, minimum *(o/a/329)* sehr klein, der kleinste, der geringste
minister, ministri *(o/328) m* Diener, Gehilfe, Untergebener
ministerium, ministerii *(o/327) n* Dienstleistung, Amt
ministrare, ministro, ministravi, ministratum *(1/380)* bedienen, verschaffen, ausführen, besorgen
minitari, minitor, minitatus sum, – *(1/Deponens/392)* drohen, androhen
minor, minor, minus *(i/343)* minder, kleiner, geringer; *minor natu* jünger
Minotaurus, Minotauri *(o/326) m* Minotaurus
minuere, minuo, minui, minutum *(3/380)* vermindern, schwächen, verkleinern, verringern; *auctoritatem senatus minuere* das Ansehen des Senats schmälern
minus *Adverb* weniger; *paulo minus valere* sich ein wenig schwach fühlen
minutus, minuta, minutum *(o/a/329)* klein, unbedeutend, winzig
mirabilis, mirabilis, mirabile *(i/343)* bewundernswert, erstaunlich
miraculum, miraculi *(o/327) n* Wunder, Wunderding
mirari, miror, miratus sum, – *(1/Deponens/392) [Akkusativ]* bewundern, sich wundern (über), staunen
mirificus, mirifica, mirificum *(o/a/329)* erstaunlich, bewundernswert, außerordentlich
mirus, mira, mirum *(o/a/329)* wunderbar, sonderbar, auffallend, erstaunlich, seltsam; *mirum in modum* auf wunderbare Weise
miscēre, misceo, miscui, mixtum *(2/380)* mischen, vermischen, verwirren; *falsa veris miscēre* Lügen und Wahrheiten vermischen
miser, misera, miserum *(o/a/330)* arm, kläglich, bejammernswert, unglücklich, elend, armselig
miserabilis, miserabilis, miserabile *(i/343)* bejammernswert, kläglich
miserari, miseror, miseratus sum, – *(1/Deponens/392)* bejammern, bedauern, beklagen; *fortunam miserari* sein Schicksal beklagen
miseratio, miserationis *(kons./333) f* Jammern, Mitgefühl, Mitleid
miserēri, misereor, miseritus sum, – *(2/Deponens/392) [Genitiv]* sich erbarmen, bemitleiden, Mitleid haben; *Miserere mei!* Erbarme dich meiner!
miseret *[Genitiv]* es jammert, es tut Leid; *me eius miseret* er tut mir Leid
miseria, miseriae *(a/325) f* Elend, Unglück, Not
misericordia, misericordiae *(a/325) f* Mitleid, Barmherzigkeit; *misericordiam habere* Mitleid verdienen/erregen
missile, missilis *(i/338) n* Wurfgeschoss
missilis, missilis, missile *(i/343)* werfbar
missio, missionis *(kons./333) f* Sendung, Entsendung, Entlassung, Abschied, Beendigung
mitigare, mitigo, mitigavi, mitigatum *(1/380)* mildern, lindern, besänftigen
mitis, mitis, mite *(i/343)* mild, weich, sanft, friedlich
mittere, mitto, misi, missum *(3/380)* gehen lassen, schicken, senden, werfen; *legatos de pace mittere*

Gesandte wegen Friedensverhandlungen schicken; *subsidio (Dativ) mittere* zu Hilfe schicken
mobilis, mobilis, mobile *(i/343)* beweglich, unbeständig, wankelmütig
mobilitas, mobilitatis *(kons./334) f* Beweglichkeit, Schnelligkeit, Wankelmut, Unbeständigkeit
moderari, moderor, moderatus sum, – *(1/Deponens/392)* mäßigen, lenken, einrichten, ordnen
moderatio, moderationis *(kons./333) f* Mäßigung, Beherrschung, Selbstbeherrschung, Leitung
moderator, moderatoris *(kons./331) m* Lenker, Leiter
moderatus, moderata, moderatum *(o/a/329)* gemäßigt, maßvoll, besonnen
modestia, modestiae *(a/325) f* Anstand, Mäßigung, Bescheidenheit, Zurückhaltung; *modestia vitae* anspruchsloses Leben
modestus, modesta, modestum *(o/a/329)* anständig, maßvoll, bescheiden
modicus, modica, modicum *(o/a/329)* angemessen, mäßig, bescheiden
modius, modii *(o/326) m* Scheffel (Getreidemaß)
modo *Adverb* soeben, eben, erst, nur; *non modo … sed etiam* nicht nur … sondern auch; *nullo modo* auf keinen Fall, keinesfalls
modo – modo *Adverb* bald … bald, mal … mal
modo *(422) Konjunktion [mit Konjunktiv]* wenn nur
modulus, moduli *(o/326) m* Maß, Maßstab
modus, modi *(o/326) m* Art, Weise, Grenze, Maß, Mäßigung; *modum adhibere* Maß halten; *sine modo modestiaque* ohne Mäßigung; *quoquo modo poterat* auf jede erdenkliche Weise; *modus vitae/vivendi* Lebensweise
moecha, moechae *(a/325) m* Ehebrecherin
moechus, moechi *(o/326) m* Ehebrecher
moenia, moenium *(kons./331) n [plurale tantum]* Mauern, Mauerring, Befestigung, Stadtmauern
mola, molae *(a/325) f* Mühle, Mühlstein
molere, molo, molui, molitum *(3/380)* mahlen
moles, molis *f* Last, Masse, Damm; Anstrengung
molestia, molestiae *(a/325) f* Verdruss, Ärger, Beschwerlichkeit
molestus, molesta, molestum *(o/a/329)* lästig, beschwerlich, verdrießlich; *moleste ferre, quod* darüber ärgerlich sein, dass
molīri, molior, molitus sum, – *(4/Deponens/392)* in Bewegung setzen, fortbewegen; ins Werk setzen, bewerkstelligen, unternehmen; sich plagen; *montes sede suā moliri* Berge versetzen
mollīre, mollio, mollivi, mollitum *(4/380)* weich machen, erweichen, mildern, besänftigen
mollis, mollis, molle *(i/343)* weich, sanft, mild, nachgiebig, weichlich, freundlich gesonnen
mollitia/mollities, mollitiae/mollitiei Weichlichkeit, Milde
momentum, momenti *(o/327) n* Bewegung, Gewicht, Ursache, Bedeutung
monēre, moneo, monui, monitum *(2/380)* mahnen (mit ut), ermahnen, warnen (mit ne), erinnern (mit AcI); *Moniti sunt, ne hoc experirentur.* Sie wurden davor gewarnt, dies zu versuchen.
monitor, monitoris *(kons./331) m* Mahner, Warner
monitum, moniti *(o/327) n* Ermahnung
monitus, monitus *(u/350) m* Ermahnung
mons, montis *(kons./334) m* Berg, Hügel, Gebirge; *sub monte* am Fuß des Berges; *in summo monte* auf dem Gipfel des Berges
monstrare, monstro, monstravi, monstratum *(1/380)* zeigen, vorschreiben, verordnen
monstrum, monstri *(o/327) n* Scheusal, Ungeheuer, Wahrzeichen, Wunderzeichen
montani, montanorum *(o/326) m* Bergbewohner
montanus, montana, montanum *(o/a/329)* im Gebirge befindlich, gebirgig

monumentum, monumenti *(o/327) n* Augenblick, Zeitraum; Ausschlag, Bedeutung; Denkmal, Grabmal; Urkunde; *Plural* **monumenta, monumentorum** Urkunden, Akten

mora, morae *(a/325) f* Pause, Rast, Aufenthalt, Verzögerung, Aufschub

morari, moror, moratus sum, – *(1/Deponens/392)* verweilen, aufhalten, hindern, aufhalten, sich aufhalten, zögern, verzögern

moratus, morata, moratum *(o/a/329)* gesittet, geartet, mit Charakter

morbus, morbi *(o/326) m* Krankheit; *morbō laborare* krank sein

mordax, mordacis *(i/342)* bissig, beißend

mordēre, mordeo, momordi, morsum *(2/380)* beißen, kränken

mori, morior, mortuus sum, –, moriturus *(5/Deponens/392)* sterben, vergehen

moribundus, moribunda, moribundum *(o/a/329)* sterbend

mors, mortis *(g/340) f* Tod; *mortem obire* sterben

morsus, morsus *(u/350) m* Biss

mortalis, mortalis, mortale *(i/343)* sterblich, irdisch; *Plural* **mortales, mortalium** die Menschen

mortifer, mortifera, mortiferum *(o/a/330)* todbringend, tödlich

mortuus, mortua, mortuum *(o/a/329)* tot, verstorben

mos, moris *(kons./332) m* Sitte, Brauch, Gewohnheit; *Plural* **mores, morum** Sinnesart, Charakter, Sitten; *his moribus* beim heutigen Zeitgeist; *more Persarum* nach Sitte der Perser; *mos maiorum* Sitte/Art/Lebensart der Vorfahren; *ut mos est amicorum* wie es unter Freunden Brauch ist

motio, motionis *(kons./333) f* Bewegung

motus, motus *(u/350) m* Bewegung, Aufstand, Erregung, Unruhe; *motus animi* Gemütsbewegung

movēre, moveo, movi, motum *(2/380)* bewegen, antreiben, fortschaffen, beeinflussen, verursachen; *suspicionem movere* Verdacht erregen; *castra movere* weiterziehen, das Lager abbrechen

mox *Adverb* bald

Mucius, Mucii *(o/326) m* Gaius Mucius Scaevola (Held der Frühgeschichte)

mucro, mucronis *(kons./333) m* Schwertspitze, Dolch

mugīre, mugio, mugivi, mugitum *(4/380)* brüllen, dröhnen, krachen

mugitus, mugitus *(u/350) m* Brüllen, Dröhnen, Krachen

mulcēre, mulceo, mulsi, mulsum *(2/380)* streicheln, beschwichtigen, beruhigen

muliebris, muliebris, muliebre *(i/343)* weiblich

mulier, mulieris *(kons./332) f* Weib, Frau, Ehefrau

multa, multae *(a/325) f* Buße, Geldstrafe

multare, multo, multavi, multatum *(1/380)* strafen, bestrafen, büßen lassen

multi, multae, multa *(o/a/329)* viele

multiplicare, multiplico, multiplicavi, multiplicatum *(1/380)* vervielfältigen, vermehren

multitplex, multitplicis *(i/342)* vielfältig, zahlreich

multitudo, multitudinis *(kons./333) f* Menge, Vielzahl, Masse, Menschenmenge, Übermacht

multum *Adverb* viel, sehr, weit, oft; *Me multum adiuvit.* Er hat mir sehr geholfen.

multus, multa, multum *(o/a/329)* viel, zahlreich, reichlich; *Plural* **multa, multorum** substantivisch viel(es); *multis verbis* ausführlich, weitschweifig; *multum temporis* viel Zeit; *multo die* spät am Tag; *multa nocte* tief in der Nacht; *multo maior* weitaus größer; *ad multum diem* bis weit in den Tag

mulus/mula, muli/mulae *m/f* Maultier

munditia/mundities, munditiae/munditiei *f* Sauberkeit

mundus, mundi *(o/326) m* Welt, Weltall

mundus, munda, mundum *(o/a/329)* rein, sauber, schmuck, elegant
munia, munium *(o/327) n [plurale tantum]* Pflichten, Leistungen
municeps, municipis *(kons./331) m* Bürger einer Landstadt
municipium, municipii *(o/327) n* Landstadt, Kleinstadt
munificentia, munificentiae *(a/325) f* Freigebigkeit
munimentum, munimenti *(o/327) n* Befestigung, Schutz
munīre, munio, munivi, munitum *(4/380)* schanzen, verschanzen, befestigen, sichern, schützen; *viam munire* eine feste Straße anlegen, bahnen
munitio, munitionis *(kons./333) f* Befestigung, Wegebau
munus, muneris *(kons./335) n* Leistung, Abgabe; Geschenk; Aufgabe, Amt, Pflicht; *aliquid muneri dare* etwas als Geschenk geben; *munere fungi* ein Amt verwalten; *munus praestare* seinen Dienst leisten
murex, municis *(kons./332) m* Pupurschnecke, Purpur
muria, muriae *(a/325) f* Salzlake
murmur, murmuris *(kons./336) n* Gemurmel, Murren, dumpfes Geräusch, Dröhnen
murra, murrae *(a/325) f* Myrrhe
murtus, murti *(o/326) f* Myrte, Myrtenholz
murus, muri *(o/326) m* Mauer
mus, muris *(kons./335) m* Maus
Musae, Musarum *(a/325) f [plurale tantum]* Musen (Göttinen der Künste, Töchter des Zeus)
musca, muscae *(a/325) f* Fliege
musculus, musculi *(o/326) m* Mäuschen; Muskel
muscus, musci *(o/326) m* Moos
musica, musicae *(a/325) f* Kunst der Musen, Musik, Dichtkunst
musicus, musica, musicum *(o/a/329)* musikalisch; *substantivisch* Musiker
mutabilis, mutabilis, mutabile *(i/343)* veränderlich
mutare, muto, mutavi, mutatum *(1/380)* tauschen, vertauschen, verwandeln, wechseln, ändern, verändern; *Tempora mutantur, nos et mutamur in ilis.* Die Zeiten ändern sich, wir ändern uns mit ihnen.
mutatio, mutationis *(kons./333) f* Änderung, Wechsel
mutuari, mutuor, mutuatus sum, – *(1/Deponens/392)* borgen, leihen, entleihen
mutus, muta, mutum *(o/a/329)* stumm, lautlos
mutuus, mutua, mutuum *(o/a/329)* wechselseitig, gegenseitig, geborgt; *mutuum dare* borgen, leihen
myrica, myricae *(a/325) f* Tamariske
myrrha, myrrhae *(a/325) f* Myrrhe
myrtus, myrti *(o/326) f* Myrte, Myrtenholz
mysterium, mysterii *(o/327) n* Geheimnis; *Plural* **mysteria, mysteriorum** Geheimlehren, Geheimkult, Mysterien

N

naias, naiadis *(kons./331) f* Wassernymphe, Najade
nam *(422) Konjunktion* denn, nämlich; *quid nam?* was denn?
namque *(422) Konjunktion* denn, fürwahr
nancisci, nanciscor, na(n)ctus sum, – *(3/Deponens/392)* (zufällig) erlangen, erreichen, erhalten, bekommen; *Captivus occasionem nactus effugit.* Der Gefangene floh, als sich ihm zufällig eine Gelegenheit bot.
narcissus, narcissi *(o/326) m* Narzisse
nardus, nardi *(o/326) f* Narde, Nardenöl
nare, no, navi, natum *(1/380)* schwimmen
naris, naris *(g/339) f* Nasenloch; *Plural* **nares, narum** Nase
narrare, narro, narravi, narratum *(1/380)* erzählen, erwähnen

nasci, nascor, natus sum, – *(3/Deponens/392)* geboren werden, entstehen, vorkommen; *ante/post Christum natum* vor/nach Christi Geburt; *decem annos natus* zehn Jahre alt
nasus, nasi *(o/326) m* Nase
natalis, natalis, natale *(i/343)* zur Geburt gehörig; *dies natalis* Geburtstag
natalis, natalis *(kons./331) m* Geburtstag
natare, nato, natavi, natatum *(1/380)* schwimmen, treiben
natio, nationis *(kons./333) f* Herkunft, Abstammung, Volk, Volksstamm, Nation
nativus, nativa, nativum *(o/a/329)* angeboren, natürlich
natu *Adverb* von Geburt, dem Alter nach
natura, naturae *(a/325) f* natürliche Beschaffenheit, Natur, Wesen, Schöpfung, Weltall; *rerum natura* das Wesen der Dinge; *loci natura* Beschaffenheit des Geländes
naturalis, naturalis, naturale *(i/343)* natürlich, angeboren
natus, nata, natum *(o/a/329)* geboren; *summo loco natus* von hoher Abkunft
naufragium, naufragii *(o/327) n* Schiffbruch, Ruin
naufragus, naufraga, naufragum *(o/a/329)* schiffbrüchig, ruiniert
nausea, nauseae *(a/325) f* Seekrankheit
nauta, nautae *(a/325) m* Schiffer, Seemann, Matrose
nauticus, nautica, nauticum *(o/a/329)* Schiffs-, See-; *substantivisch* Seemann
navalis, navalis, navale *(i/343)* zu Schiffen gehörig, Schiffs-, See-
navicula, naviculae *(a/325) f* Schifflein
navigare, navigo, navigavi, navigatum *(1/380)* segeln, zu Schiff fahren, zur See fahren
navigatio, navigationis *(kons./333) f* Schifffahrt, Seefahrt
navigium, navigii *(o/327) n* Schiff, Boot, Fahrzeug
navis, navis *(g/339) f* Schiff; *navis longa* Kriegsschiff; *navem solvere* in See stechen; *navem flectere* den Kurs ändern; *naves litore deducere* Schiffe zu Wasser bringen
navus, nava, navum *(o/a/329)* regsam, emsig, tatkräftig
ne *(422) Konjunktion (mit Konjunktiv)* dass, damit (nicht); *Hannibal verens, ne dederetur, Cretam venit.* Da Hannibal befürchtete, ausgeliefert zu werden, begab er sich nach Kreta.; *ne ... quidem* nicht ... einmal
-ne etwa? ob?; *Venisne mecum?* Kommst du mit mir?; *-ne ... an* (ob ...) oder
nebula, nebulae *(a/325) f* Nebel, Dunst, Wolke
nebulo, nebulonis *(kons./333) f* Windbeutel, Taugenichts
nec *(422) Konjunktion* und nicht, auch nicht; *nec ... nec* weder ... noch
necare, neco, necavi, necatum *(1/380)* töten, umbringen, vernichten
necessarii, necessariorum *(o/326)* Verwandte, Nahestehende
necessarius, necessaria, necessarium *(o/a/329)* *[Adverb necessario]* notwendig, nötig; nahe stehend, verwandt; *res ad vitam necessariae* lebensnotwendige Dinge
necesse est es ist notwendig, es ist unausweichlich
necessitas, necessitatis *(kons./334) f* Notwendigkeit, Notlage, Zwangslage
necessitudo, necessitudinis *(kons./333) f* Not, Notlage, Notwendigkeit; enge Verbindung, Freundschaft
necne *(422) Konjunktion* oder nicht
necopinatus, necopinata, necopinatum *(o/a/329)* unvermutet, unerwartet
nectar, nectaris *n* Nektar, Göttertrank
nectere, necto, nexui, nexum *(3/380)* knüpfen, verknüpfen
nedum *(422) Konjunktion (mit Konjunktiv)* geschweige denn, dass
nefandus, nefanda, nefandum *(o/a/329)* frevelhaft, ruchlos, verrucht

nefarius, nefaria, nefarium *(o/a/329)* gottlos, frevelhaft, ruchlos, verbrecherisch; *nefaria facere* Schandtaten begehen
nefas *n [nur Nominativ und Akkusativ Singular]* Sünde, Frevel, Unrecht
nefastus, nefasta, nefastum *(o/a/329)* unheilig, verboten, frevelhaft
negare, nego, negavi, negatum *(1/380)* (mit AcI) leugnen, verneinen, sagen, dass nicht; verweigern, behaupten, dass nicht; *Negat se meminisse.* Er sagt, er erinnert sich nicht.
neglegentia, neglegentiae *(a/325) f* Nachlässigkeit, Vernachlässigung
neglegere, neglego, neglexi, neglectum *(3/380)* vernachlässigen, übersehen, nicht beachten; *iniurias non neglegere* über Ungerechtigkeit nicht hinweggehen
negotiari, negotior, negotiatus sum, – *(1/Deponens/392)* Handel treiben
negotiator, negotiatoris *(kons./331) m* Großhändler, Geschäftsmann, Bankier
negotium, negotii *(o/327) n* Beschäftigung, Geschäft, Aufgabe, Tätigkeit, Auftrag; *Quid tibi hic negotii est?* Was hast du hier zu tun?; *negotia aliena curare* sich um fremder Leute Geschäfte kümmern
nemo, nullius *(367) [substantivisch]* niemand, keiner; *Nemo nostrum hoc faciet.* Niemand von uns wird das tun.
nempe *Adverb* doch, also doch, wirklich
nemus, nemoris *(kons./335) n* Hain, Wald
nenia, neniae *(a/325) f* Klagelied, Trauerlied
nepos, nepotis *(kons./331) m* Enkel, Neffe
neptis, neptis *(g/339) f* Enkelin
Neptunus, Neptuni *(o/326) m* Neptun
nequam *[undekliniert]* nichtsnutzig
nequaquam *Adverb* keineswegs, durchaus nicht
neque *(422) Konjunktion* und nicht, auch nicht (nach non); *neque/nec ... neque/nec* weder ... noch
nequiquam *Adverb* vergeblich, umsonst, erfolglos
nequīre, nequeo, nequii, nequitum *(unreg./414)* nicht können
nequitia, nequitiae *(a/325) f* Wertlosigkeit, Untauglichkeit, Nichtsnutzigkeit, Liederlichkeit
Nero, Neronis *(kons./333) m* Nero (Kaiser)
nervus, nervi *(o/326) m* Sehne, Saite, Muskel, Kraft
nescīre, nescio, nescivi, nescitum *(4/380)* nicht wissen, nicht kennen
nescius, nescia, nescium *(o/a/329)* unwissend, unfähig, unbekannt
neuter, neutrius, neutra, neutrum *(o/a/330) [Dativ neutri]* (*substantivisch* und *adjektivisch*) keiner von beiden
neutiquam *Adverb* keineswegs, keinesfalls
neve/neu *(422) Konjunktion* oder nicht, und nicht (nach ne)
nex, necis *(kons./332) f* (gewaltsamer) Tod, Mord
nexus, nexus *(u/350) m* Verbindung, Verpflichtung
nidor, nidoris *(kons./331) m* Duft, Dunst, Dampf, Qualm, Gestank
nidus, nidi *(o/326) m* Nest
niger, nigra, nigrum *(o/a/330)* schwarz, dunkel, düster
nigrans, nigrantis *(kons./334)* dunkel, schwarz
nihil/nil, nullius rei nichts; *nihil novi* nichts Neues; *nihil nisi* nichts außer
nihilominus/nihilo minus *Adverb* nichtsdestoweniger, trotzdem
nihilum, nihili *(o/327) n [Nominativ und Dativ nicht gebräuchlich]* Nichts; *ex nihilo creare* aus dem Nichts erschaffen
nimbus, nimbi *(o/326) m* Regenwolke, Nebel, Regenschauer
nimirum *Adverb* freilich, allerdings

nimis *Adverb* zu sehr, allzu (sehr); *Ne quid nimis!* Nichts im Übermaß!
nimium *Adverb* außerordentlich, überaus, allzu
nimius, nimia, nimium *(o/a/329)* zu groß, zu viel, übermäßig
nisi/ni *(422) Konjunktion* wenn ... nicht; *non ... nisi* nur, außer
nisus, nisus *(u/350) m* Anstrengung, Schwung
nitēre, niteo, nitui, – *(2/380)* glänzen
niti, nitor, nixus/nisus sum, – *(3/Deponens/392)* sich bemühen, streben, sich stützen auf; *summā ope niti* sich mit aller Kraft bemühen
nitidus, nitida, nitidum *(o/a/329)* glänzend
nitor, nitoris *(kons./331) m* Glanz
nivalis, nivalis, nivale *(i/343)* verschneit, schneebedeckt, schneeweiß
niveus, nivea, niveum *(o/a/329)* verschneit, schneebedeckt, schneeweiß
nix, nivis *(kons./331) f* Schnee; *nives* Schneemassen
N. N. (non nominatus) nicht bekannt
N. N. (nomen nescio) Name unbekannt
nobilis, nobilis, nobile *(i/343)* edel, adlig, berühmt, vornehm, bekannt; *substantivisch* Adliger; *nobilissimi civitatis* die vornehmsten Bürger der Stadt
nobilitare, nobilito, nobilitavi, nobilitatum *(1/380)* bekannt machen, berühmt machen
nobilitas, nobilitatis *(kons./334) f* Berühmtheit, Adel; *coniuratio nobilitatis* eine Verschwörung des Adels
nocens, nocentis *(i/342)* schädlich, schuldig, verbrecherisch
nocēre, noceo, nocui, nocitum *(2/380)* schaden
noctu *Adverb* bei Nacht, nachts
nocturnus, nocturna, nocturnum *(o/a/329)* nächtlich
nodosus, nodosa, nodosum *(o/a/329)* knotig
nodus, nodi *(o/326) m* Knoten, Verwicklung
nolle, nolo, nolui, – *(unreg./410)* nicht wollen; *Nollem id dixisses!* Hättest du das doch nicht gesagt!; *Noli impudens esse!* Sei nicht unverschämt!
nomen, nominis *(kons./336) n* Name, Titel; *Nomen mihi est Titus./Mihi est nomen Tito.* Ich heiße Titus.; *nomen trahere a* (mit Ablativ) den Namen bekommen von
nominare, nomino, nominavi, nominatum *(1/380)* nennen, ernennen, benennen, erwähnen
nominatim *f* namentlich
non *Adverb* nicht
N(on.) (Nonae) die Nonen (der 5. oder 7. eines Monats)
Nonae, Nonarum *(a/325) f [plurale tantum]* die Nonen (der 9. Tag vor den Iden, d.h. der 5. bzw. der 7. Tag eines Monats)
nonagesimus, nonagesima, nonagesimum *(o/a/329)* der neunzigste
nonaginta neunzig
nondum *Adverb* noch nicht
nonne etwa nicht? denn nicht? ob nicht?; *Nonne meministi?* Erinnerst du dich etwa nicht?
nonnemo mancher
nonnullus, nonnulla, nonnullum *(o/a/329)* mancher, manche, manches; *Plural* **nonnulli, nonnullorum** einige, manche
nonnumquam *Adverb* manchmal, bisweilen
nonus, nona, nonum *(o/a/329)* der neunte
norma, normae *(a/325) f* rechter Winkel, Richtschnur, Regel
nos, nostri/nostrum *(358)* wir
noscere, nosco, novi, notum *(3/380)* kennen, lernen, kennen lernen, erfahren; *Novi nomen tuum.* Ich habe deinen Namen erfahren/ich kenne deinen Namen.
noster, nostra, nostrum *(o/a/330)* unser
nota, notae *(a/325) f* Zeichen, Mal, Merkmal, Schriftzeichen

notabilis, notabilis, notabile *(i/343)* bemerkenswert, auffallend
notare, noto, notavi, notatum *(1/380)* zeichnen, bezeichnen; tadeln, rügen; wahrnehmen, beobachten
notio, notionis *(kons./333) f* Untersuchung, Kenntnis; Begriff
notitia, notitiae *(a/325) f* Bekanntschaft, Kenntnis; Begriff
notus, nota, notum *(o/a/329)* bekannt; *Nomen meum vobis notum est.* Mein Name ist euch bekannt.
notus, noti *(o/326) m* Südwind, Wind
novare, novo, novavi, novatum *(1/380)* erneuern
novem neun
noverca, novercae *(a/325) f* Stiefmutter
novie(n)s *Adverb* neunmal
novisse, novi, –, – *(3/380) [Perfekt von nosco]* wissen
novissimus, novissima, novissimum *(o/a/329)* der äußerste, letzte
novitas, novitatis *(kons./334) f* Neuheit
novus, nova, novum *(o/a/329)* neu, neuartig, ungewöhnlich; *Nihil novi sub sole.* Es geschieht nichts Neues unter der Sonne.; *novis rebus studere* nach Umsturz streben; *homo novus* Emporkömmling, Aufsteiger; *novus venio* ich komme als letzter; *novum agmen* Nachhut
nox, noctis *(g/340) f* Nacht, Finsternis; *primā nocte* bei Einbruch der Nacht; *sub noctem* bei Einbruch der Nacht; *multā nocte* tief in der Nacht; *hac nocte* in dieser Nacht; *nox instat* die Nacht bricht an
noxa, noxae *(a/325) f* Schaden, Schuld, Bestrafung, Strafe
noxia, noxiae *(a/325) f* Schuld, Vergehen
noxius, noxia, noxium *(o/a/329)* schädlich, schuldig, strafbar
nubere (viro), nubo, nupsi, nuptum *(3/380)* heiraten (einen Mann)
nubes, nubis *f* Wolke, dichte Schar
nubilus, nubila, nubilum *(o/a/329)* wolkig, trüb
nudare, nudo, nudavi, nudatum *(1/380)* entblößen, entkleiden, berauben
nudus, nuda, nudum *(o/a/329)* nackt, kahl, entblößt, leicht bewaffnet
nuere, nuo, nui, nutum *(3/380)* winken, nicken, zunicken, beistimmen
nugae, nugarum *(a/325) f [plurale tantum]* Kleinigkeiten, Possen
nugari, nugor, nugatus sum, – *(1/Deponens/392)* Possen treiben
nullus, nullius, nulla, nullum *[Dativ nulli]* (*adjektivisch*) keiner, kein
num nun noch, etwa?, ob; *Num quis dubitat?* Zweifelt etwa jemand?
numen, numinis *(kons./336) n* göttlicher Befehl, göttlicher Wille; Gottheit, Macht, Gott; *numine deorum regi* sich vom Willen der Götter leiten lassen
numerare, numero, numeravi, numeratum *(1/380)* zählen, einreihen
numerus, numeri *(o/326) m* Zahl, Menge, Rang, Takt, Anzahl; *Herculem in deorum numero referre/ponere* Hercules zu den Göttern zählen; *in numero atque honore esse* Rang und Namen haben
Numitor, Numitoris *(kons./331) m* Numitor (Großvater von Romulus und Remus)
nummus, nummi *(o/326) m* Münze, Geldstück
numquam *Adverb* nie, niemals
nunc *Adverb* jetzt, jüngst, vor kurzem, neulich, nun; *etiam nunc* auch jetzt noch
nunciam *Adverb* jetzt eben
nuncupare, nuncupo, nuncupavi, nuncupatum *(1/380)* feierlich erklären, feierlich aussprechen, nennen, benennen
nuntiare, nuntio, nuntiavi, nuntiatum *(1/380)* melden, verkünden

nuntius, nuntii *(o/326) m* Bote, Botschaft, Nachricht; *hoc nuntio allato* auf diese Nachricht hin

nuper *Adverb* vor kurzem, jüngst, neulich

nupta, nuptae *(a/325) f* Braut

nuptiae, nuptiarum *(a/325) f [plurale tantum]* Hochzeit, Vermählung

nurus, nurus *(u/350) f* Schwiegertochter, junge Frau

nusquam *Adverb* nirgends

nutare, nuto, nutavi, nutatum *(1/380)* schwanken, wanken, nicken

nutrīre, nutrio, nutrivi, nutritum *(4/380)* nähren, ernähren, säugen, pflegen

nutrix, nutricis *(kons./332) f* Amme, Ernährerin

nutus, nutus *(u/350) m* Wink, Befehl, Zustimmung

nux, nucis *(kons./332) f* Nuss

nympha, nymphae *(a/325) f* Nymphe

O

ob *(420) Präposition [Akkusativ]* gegen, gegen … hin, gegenüber, wegen; *ob eam causam* aus diesem Grund, deswegen

obducere, obduco, obduxi, obductum *(3/380)* bedecken, führen (gegen)

obesse, obsum, obfui/offui, –, obfuturus *(unreg./398)* hinderlich sein, dagegen sein, schaden

obicere, obicio, obieci, obiectum *(5/380)* entgegenwerfen, vorwerfen, Vorwürfe machen

obiectare, obiecto, obiectavi, obiectatum *(1/380)* entgegenwerfen, vorwerfen

ob(i)ex, obicis *(kons./332) f* Riegel, Damm, Hindernis

obīre, obeo, obii, obitum *(unreg./414)* entgegengehen, herangehen, besuchen, bereisen, sterben; *provinciam obire* eine Provinz bereisen; *mortem obire* sterben

obitus, obitus *(u/350) m* Untergang, Tod

obiurgare, obiurgo, obiurgavi, obiurgatum *(1/380)* tadeln, schelten

oblectare, oblecto, oblectavi, oblectatum *(1/380)* unterhalten, erheitern

oblectatio, oblectationis *(kons./333) f* Unterhaltung, Genuss, Zeitvertreib

obligare, obligo, obligavi, obligatum *(1/380)* festbinden, verbinden, verpflichten

oblinere, oblino, oblevi, oblitum *(3/380)* bestreichen, beschmieren

obliquus, obliqua, obliquum *(o/a/329)* schräg, tief

oblitterare, oblittero, oblitteravi, oblitteratum *(1/380)* ausstreichen, in Vergessenheit bringen, auslöschen

oblivio, oblivionis *(kons./333) f* Vergessenheit, Vergesslichkeit

oblivisci, obliviscor, oblitus sum, – *(3/Deponens/392) [Genitiv]* vergessen; *Huius rei paene oblitus sum.* Das hätte ich beinahe vergessen.

oblivium, oblivii *(o/327) f* Vergessenheit, Vergesslichkeit

obmutescere, obmutesco, obmutui, – *(3/380)* verstummen

obniti, obnitor, obnisus sum, – *(3/Deponens/392)* sich entgegenstemmen

obnoxius, obnoxia, obnoxium *(o/a/329)* schuldig, verpflichtet; unterwürfig

oboedīre, oboedio, oboedivi, oboeditum *(4/380)* gehorchen, Gehör schenken

oborīri, oborior, obortus sum, –, exoriturus *(4/Deponens/392)* entstehen, aufgehen, sich zeigen

obruere, obruo, obrui, obrutum *(3/380)* überschütten, bedecken, erdrücken

obsc(a)enus, obscena, obscenum *(o/a/329)* schmutzig, unanständig; unheilvoll
obscurare, obscuro, obscuravi, obscuratum *(1/380)* verdunkeln, verhüllen, verbergen
obscuritas, obscuritatis *(kons./334) f* Dunkelheit, Unbekanntheit
obscurus, obscura, obscurum *(o/a/329)* dunkel, unbekannt, versteckt, unklar, niedrig; *obscuro loco natus* von unbekannter Herkunft
obsecrare, obsecro, obsecravi, obsecratum *(1/380)* beschwören, anflehen; *orare atque obsecrare* inständig bitten
obsequi, obsequor, obsecutus sum, – *(3/Deponens/392)* willfahren, nachgeben, gehorchen, sich hingeben
obsequium, obsequii *(o/327) n* Willfährigkeit, Nachgiebigkeit, Gehorsam
observare, observo, observavi, observatum *(1/380)* beobachten, beachten, Acht geben auf, befolgen, einhalten; *imperium observare* einen Befehl befolgen
observatio, observationis *(kons./333) f* Beobachtung
obses, obsidis *(kons./331) m/f* Geisel, Bürge
obsessio, obsessionis *(kons./333) f* Belagerung, Blockade
obsidēre, obsideo, obsedi, obsessum *(2/380)* besetzt halten, belagern
obsidio, obsidionis *(kons./333) f* Belagerung, Blockade
obsidium, obsidii *(o/327) n* Belagerung, Blockade
obsignare, obsigno, obsignavi, obsignatum *(1/380)* siegeln, versiegeln, besiegeln
obsistere, obsisto, obstiti, – *(3/380)* sich entgegenstellen, sich widersetzen, Widerstand leisten
obsoletus, obsoleta, obsoletum *(o/a/329)* unscheinbar, alltäglich, abgenutzt, schäbig
obsonium, obsonii *(o/327) n* Zukost (zum Brot), Fisch, Fleisch
obstare, obsto, obstiti, –, obstaturus *(1/380)* im Weg stehen, entgegenstehen, hindern
obstetrix, obstetricis *(kons./332) f* Hebamme
obstinatus, obstinata, obstinatum *(o/a/329)* fest entschlossen, hartnäckig
obstrepere, obstrepo, obstrepui, obstrepitum *(3/380)* entgegentönen, übertönen, stören
obstringere, obstringo, obstrinxi, obstrictum *(3/380)* zubinden, fesseln, verstricken, verpflichten
obstruere, obstruo, obstruxi, obstructum *(3/380)* verbauen, verschließen
obstupescere, obstupesco, obstupui, – *(3/380)* verblüfft sein, erstaunen, erstarren
obsurdescere, obsurdesco, obsurdui, – *(3/380)* taub werden
obtemperare, obtempero, obtemperavi, obtemperatum *(1/380)* gehorchen
obtendere, obtendo, obtendi, obtentum *(3/380)* vorziehen, vorschützen; verhüllen, einhüllen
obterere, obtero, obtrivi, obtritum *(3/380)* zertreten
obtestari, obtestor, obtestatus sum, – *(1/Deponens/392)* bitten, beschwören, beteuern; *Per omnes deos te obtestor, ut ...* Bei allen Göttern beschwöre ich dich, dass ...
obtinēre, obtineo, obtinui, obtentum *(2/380)* festhalten, (eine Stellung) behaupten, besitzen; *numerum deorum obtinere* zu den Göttern gehören; *magistratum obtinere* ein Amt bekleiden; *oppidum obtinere* eine Stadt (besetzt) halten
obtingere, obtingo, obtigi, obtactum *(3/380)* zustoßen, zuteil werden, widerfahren
obtrectare, obtrecto, obtrectavi, obtrectatum *(1/380)* *[Dativ]* entgegenarbeiten, anfeinden; herabsetzen
obtrectatio, obtrectationis *(kons./333) f* Missgunst, Neid
obtruncare, obtrunco, obtruncavi, obtruncatum *(1/380)* verstümmeln, niederschlagen, niedermachen

obtundere, obtundo, obtudi, obtu(n)sum *(3/380)* abstumpfen
obtutus, obtutus *(u/350) m* Blick, Betrachtung
obvenīre, obvenio, obveni, obventum *(4/380)* zuteil werden, zufallen
obvertere, obverto, obverti, obversum *(3/380)* zuwenden
obviam *Adverb* entgegen; *obviam ire* entgegengehen, entgegentreten
obvius, obvia, obvium *(o/a/329)* begegnend, am Weg liegend, entgegenkommend
occaecare, occaeco, occaecavi, occaecatum *(1/380)* blenden
occasio, occasionis *(kons./333) f [Genitiv]* Gelegenheit (zu); *occasionem praetermittere* sich eine Chance entgehen lassen
occasus, occasus *(u/350) m* Untergang, Abend, Westen
occidens, occidentis *(kons./334) m* Westen
occidere, occido, occidi, –, occasurus *(3/380)* niederfallen, niedersinken, zugrunde gehen, umkommen, sterben, untergehen; *in bello occidere* im Krieg fallen
occīdere, occido, occidi, occisum *(3/380)* niederschlagen, niederhauen, töten, umbringen
occipere, occipio, occepi, occeptum *(5/380)* anfangen, unternehmen
occulere, occulo, occului, occultum *(3/380)* verdecken, verbergen
occultare, occulto, occultavi, occultatum *(1/380)* verbergen, verstecken
occultus, occulta, occultum *(o/a/329)* verborgen, versteckt, geheim
occumbere, occumbo, occubui, occubitum *(3/380)* niedersinken, sterben
occupare, occupo, occupavi, occupatum *(1/380)* überfallen, einnehmen, besetzen; beschäftigen, erfassen; *(in) re occupatus* mit einer Sache beschäftigt; *luctu occupatus* von Trauer egriffen
occupatio, occupationis *(kons./333) f* Besetzung, Beschäftigung
occupatus, occupata, occupatum *(o/a/329)* beschäftigt
occurrere, occurro, occurri, occursum *(3/380)* entgegenlaufen, entgegeneilen, begegnen
occursare, occurso, occursavi, occursatum *(1/380)* begegnen, entgegenlaufen, entgegentreten
ocellus, ocelli *(o/326) m* Äuglein
ocior, ocior, ocius *(i/343)* schneller
ocius, ocissime *Adverb* schneller
Octavianus, Octaviani *(o/326) m* Gaius Iulius Octavianus (Kaiser Augustus)
octavus, octava, octavum *(o/a/329)* der achte
octingenti, octingentae, octingenta *(o/a/329)* achthundert
octo acht
octogesimus, octogesima, octogesimum *(o/a/329)* der achzigste
octoginta achtzig
oculus, oculi *(o/326) m* Auge
odiosus, odiosa, odiosum *(o/a/329)* verhasst, widerwärtig
odisse, odi, –, –, osurus *(unreg./419)* hassen
odium, odii *(o/327) n* Hass, Abneigung; *alicui odio esse* jemandem verhasst sein
odor, odoris *(kons./331) m* Geruch, Duft; Ahnung, Vermutung
odorari, odoror, odoratus sum, – *(1/Deponens/392)* riechen, wittern
odoratus, odorata, odoratum *(o/a/329)* duftend, wohlriechend
offendere, offendo, offendi, offensum *(3/380)* angreifen, anstoßen; beleidigen, kränken, verletzen; *animum alicuius offendere* jemanden beleidigen
offensa, offensae *(a/325) f* Beleidigung, Anstoß
offensio, offensionis *(kons./333) f* Beleidigung, Anstoß, Verdruss, Ärger; Erkrankung; Unfall

offensus, offensa, offensum *(o/a/329)* beleidigt, zuwider
offerre, offero, obtuli, oblatum *(unreg./400)* entgegenbringen, anbieten; *occasione oblata* wenn sich eine Gelegenheit bietet; *se offerre* entgegentreten
officere, officio, offeci, offectum *(5/380) [Dativ]* hindern, sich entgegenstellen
officina, officinae *(a/325) f* Werkstatt
officiosus, officiosa, officiosum *(o/a/329)* hilfsbereit, gefällig, freiwillig
officium, officii *(o/327) n* Beruf, Dienst, Dienstleistung; Pflicht, Pflichtgefühl; *in officio esse* im Gehorsam bleiben; *officia praestare* seine Pflichten erfüllen
offundere, offundo, offusi, offusum *(3/380)* eingießen, hineingießen
olea, oleae *(a/325) f* Olive, Ölbaum
oleaster, oleastri *(o/328) m* wilder Ölbaum
olēre, oleo, olui, – *(2/380) [Akkusativ/Ablativ]* riechen (nach), stinken (nach)
oleum, olei *(o/327) n* Olive, Ölbaum
olim *Adverb* einst, vor langer Zeit
oliva, olivae *(a/325) f* Olive, Ölbaum
olivum, olivi *(o/327) n* Öl, Olivenöl
olor, oloris *(kons./331) m* Schwan
olus, oleris *(kons./335) n* Gemüse, Kohl
Olympia, Olympiae *(a/325) f* Olympia
Olympus, Olympi *(o/326) m* Olymp (Berg in Griechenland)
omen, ominis *(kons./336) n* Vorzeichen, Vorbedeutung; *bonis cum ominibus incipere* unter guten Vorzeichen beginnen
ominari, ominor, ominatus sum, – *(1/Deponens/392)* verkünden, weissagen
omittere, omitto, omisi, omissum *(3/380)* unterlassen, verstreichen lassen, aufgeben, übergehen, wegwerfen; *omnibus rebus omissis* unter Hintanstellung aller anderen Dinge
omnes, omnes, omnia *(i/343)* alle; *omnes praeter unum* alle außer einem; *ad unum omnes* alle bis zum letzten, alle ohne Ausnahme, bis auf den letzten Mann
omnino *Adverb* gänzlich, ganz und gar, überhaupt
omnipotens, omnipotentis *(i/342)* allmächtig
omnis, omnis, omne *(i/343)* all, jeder, ganz
onerare, onero, oneravi, oneratum *(1/380)* beladen, belasten
onerarius, oneraria, onerarium *(o/a/329)* lasttragend
onus, oneris *(kons./335) n* Last, Ladung, Bürde
onustus, onusta, onustum *(o/a/329)* beladen
opacus, opaca, opacum *(o/a/329)* schattig, dunkel
opera, operae *(a/325) f* Dienst, Arbeit, Mühe; *Plural* **operae, operarum** Arbeiter; *operam dare* (mit Dativ) sich Mühe geben um/mit
operari, operor, operatus sum, – *(1/Deponens/392)* arbeiten, sich beschäftigen, opfern
operīre, operio, operui, opertum *(4/380)* verschließen, bedecken, zudecken, verhüllen
operosus, operosa, operosum *(o/a/329)* tätig, mühevoll
opifex, opificis *(kons./332) m* Handwerker, Schöpfer
opimus, opima, opimum *(o/a/329)* fett; reich, ansehnlich, stattlich
opinabilis, opinabilis, opinabile *(i/343)* vermutlich; eingebildet (z.B. Schmerz)
opinari, opinor, opinatus sum, – *(1/Deponens/392)* meinen, vermuten
opinatio, opinationis *(kons./333) f* Vermutung, Einbildung
opinio, opinionis *(kons./333) f* Meinung, Vermutung, guter Ruf, Gerücht; *praeter opinionem* wider Erwarten; *opinione celerius* über Erwarten schnell

oportet, oportuit es gehört sich, es ist in Ordnung; *oportuit* es hätte sich gehört; *Hoc iam prius fieri oportuit.* Das hätte schon früher geschehen müssen.
opperīri, opperior, oppertus sum, – *(4/Deponens/392)* warten, erwarten
oppetere, oppeto, oppetivi, oppetitum *(3/380)* erleiden; *mortem oppetere* den Tod erleiden, sterben
oppidanus, oppidana, oppidanum *(o/a/329)* städtisch, kleinstädtisch; *substantivisch* Städter
oppido *Adverb* ungemein, überaus, äußerst
oppidum, oppidi *(o/327) n* Festung, Stadt, Landstadt
opponere, oppono, opposui, oppositum *(3/380)* entgegenstellen, entgegenhalten, einwenden
opportunitas, opportunitatis *(kons./334) f* günstige Lage, Gelegenheit, Vorteil
opportunus, opportuna, opportunum *(o/a/329)* günstig gelegen, geeignet
opprimere, opprimo, oppressi, oppressum *(3/380)* unterdrücken, überfallen, überrumpeln, überwältigen, überraschen
opprobrium, opprobrii *(o/327) n* Vorwurf, Schande, Beschimpfung
oppugnare, oppugno, oppugnavi, oppugnatum *(1/380)* angreifen, bestürmen, belagern
oppugnatio, oppugnationis *(kons./333) f* Sturmangriff, Belagerung
ops, opis *(kons./331) f* Macht, Kraft, Stärke, Hilfe; *Plural* **opes, opum** Hilfsmittel, Macht, Streitmacht, Schätze, Reichtum, Truppen; *summis opibus* mit aller Macht; *opibus valere* reich sein, mächtig sein; *suis opibus aliorum inopiam levare* mit seinem Reichtum die Armut anderer lindern
optabilis, optabilis, optabile *(i/343)* wünschenswert
optare, opto, optavi, optatum *(1/380)* bitten, wünschen
optimates, optimatium *(kons./331) m* die Aristokraten, die Vornehmen, Adelspartei, Optimaten
optimus, optima, optimum *(o/a/329) [Superlativ von bonus]* der beste; *optimus quisque* gerade die besten (jeder beste)
optio, optionis *(kons./333) f* Wahl, Wahlmöglichkeit
opulentia, opulentiae *(a/325) f* Reichtum, Macht
opulentus, opulenta, opulentum *(o/a/329)* wohlhabend, reich, mächtig, glänzend
opus, operis *(kons./335) n* Werk, Arbeit, Befestigung; *opus est* es ist nötig, man braucht; *Multis rebus mihi opus est.* Ich brauche viele Dinge.
opusculum, opusculi *(o/327) n* kleines Werk (Literatur)
ora, orae *(a/325) f* Küste, Rand, Zone
oraculum, oraculi *(o/327) n* Orakel, Orakelstätte, Götterspruch, Orakelspruch; *oraculum adire* ein Orakel befragen; *oraculum ēdere* ein Orakel verkünden
orare, oro, oravi, oratum *(1/380)* verhandeln, reden, bitten, beten
oratio, orationis *(kons./333) f* Rede, Redegabe, Vortrag; *orationem habere* eine Rede halten; *figurae orationis* Redewendungen
orator, oratoris *(kons./331) m* Redner
oratorius, oratoria, oratorium *(o/a/329)* rednerisch
orbare, orbo, orbavi, orbatum *(1/380)* berauben
orbis, orbis *(g/339) m* Kreis, Scheibe, Erdkreis; *toto orbe terrarum* auf der ganzen Welt
orbitas, orbitatis *(kons./334) f* Elternlosigkeit, Kinderlosigkeit
orbus, orba, orbum *(o/a/329)* verwaist
ordinare, ordino, ordinavi, ordinatum *(1/380)* ordnen, einreihen
ordīri, ordior, orsus sum, – *(4/Deponens/392)* anfangen, beginnen
ordo, ordinis *(kons./333) m* Abteilung, Reihe, Klasse, Stand, Ordnung; *ordo senatorius* der Senatorenstand; *in ordinem/ordine* der Reihe nach, ordentlich; *ordo equester* Ritterstand

orgia, orgiorum *(o/327) n* Orgien, (Bacchus-)Feier
oriens (sol), orientis *(kons./334) m* aufgehende Sonne, Osten; *ad orientem spectare* im Osten liegen
origo, originis *(kons./333) f* Ursprung, Abkunft, Abstammung, Anfang, Herkunft
orīri, orior, ortus sum, –, oriturus *(4/Deponens/392)* sich erheben, entstehen, abstammen, anfangen; *Sol oritur.* Die Sonne geht auf.
ornamentum, ornamenti *(o/327) n* Schmuck, Schmuckstück; Ausrüstung, Auszeichnung; *ornamenta eloquentiae* Redeschmuck
ornare, orno, ornavi, ornatum *(1/380)* ausstatten, schmücken, ehren
ornatus, ornatus *(u/350) m* Schmuck, Ausrüstung
ornatus, ornata, ornatum *(o/a/329)* ausgezeichnet, angesehen
ornus, orni *(o/326) f* Bergesche
Orpheus, Orphei *(o/326) m* Orpheus
ortus, ortus *(u/350) m* Aufgang, Entstehung
os, oris *(kons./331) n* Mund, Sprache; Gesicht, Antlitz, Miene; *in ore omnium esse* in aller Munde sein; *os Tiberis* Tibermündung
os, ossis *(g/340) n* Knochen; *Plural* **ossa, ossium** Gebein(e)
osculum, osculi *(o/327) n* Kuss
osidere, osido, osedi, – *(3/380)* besetzen
ostendere, ostendo, ostendi, ostentum *(3/380)* darlegen, zeigen, in Aussicht stellen
ostentare, ostento, ostentavi, ostentatum *(1/380)* zeigen, prahlen, zur Schau stellen
ostentatio, ostentationis *(kons./333) f* Prahlerei, Zurschaustellung; Schein, Täuschung
ostentum, ostenti *(o/327) n* Wunder; Ungeheuer
ostium, ostii *(o/327) n* Mündung, Eingang; *ostium Tiberis* die Tibermündung
ostrea, ostreae *(a/325) f* Auster
ostrum, ostri *(o/327) n* Purpur, Purpurgewand
otiosus, otiosa, otiosum *(o/a/329)* ruhig, geruhsam, untätig, müßig, unbeschäftigt, ohne öffentliches Amt
otium, otii *(o/327) n* freie Zeit, Freizeit, Ruhe, Muße, beschauliches Dasein; *otium cum dignitate* ehrenvoller Ruhestand
ovare, ovo, ovavi, ovatum *(1/380)* jubeln, frohlocken, triumphieren
Ovidius, Ovidii *(o/326) m* Publius Ovidius Naso (Dichter)
ovile, ovilis *(i/338) n* Schafstall, Pferch
ovis, ovis *(g/339) f* Schaf
ovum, ovi *(o/327) n* Ei

P

P. Publius (Vorname)
p. a. (per annum/pro anno) pro Jahr
pabulari, pabulor, pabulatus sum, – *(1/Deponens/392)* Futter holen
pabulatio, pabulationis *(kons./333) f* Futterholen, Furagieren
pabulator, pabulatoris *(kons./331) m* Futterholer
pabulum, pabuli *(o/327) n* Futter, Nahrung
pacare, paco, pacavi, pacatum *(1/380)* befrieden, unterwerfen
pacatus, pacata, pacatum *(o/a/329)* befriedet, ruhig, friedlich
pacisci, paciscor, pactus sum, – *(3/Deponens/392)* Vertrag schließen, verabreden
pactio, pactionis *(kons./333) f* Vereinbarung, Übereinkommen, Versprechen

pactum, pacti *(o/327) n* Vertrag, Abkommen, Bedingung; *in pacto manere* sich an den Vertrag halten; *eodem pacto* auf dieselbe Weise
paedagogus, paedagogi *(o/326) m* Pädagoge, Erzieher
paelex, paelicis *(kons./332) f* Nebenfrau, Mätresse
paene *Adverb* beinahe, fast; *paene dixi* beinahe hätte ich gesagt; *Paene cecidi.* Beinahe wäre ich hingefallen.
paeninsula, paeninsulae *(a/325) f* Halbinsel
paenitentia, paenitentiae *(a/325) f* Reue
paenitēre, paeniteo, paenitui, – *(2/380)* bereuen, unzufrieden sein; *paenitet* es reut, verdrießt; *Consilii mei me paenitet.* Ich bereue meine Absicht.
paganus, pagani *(o/326) m* Gaubewohner, Bauer; Heide
pagina, paginae *(a/325) f* Blatt, Papier, Seite
pagus, pagi *(o/326) m* Gau, Dorfgemeinde
palaestra, palaestrae *(a/325) f* Ringschule, Ringkunst
palam *Adverb* öffentlich, offen
palam *(420) Präposition [Ablativ]* in Gegenwart von
palari, palor, palatus sum, – *(1/Deponens/392)* sich zerstreuen, umherstreifen
Palatium, Palatii *(o/327) m* Palatin (Hügel Roms)
palatum, palati *(o/327) n* Gaumen
palla, pallae *(a/325) f* langer Umhang, Mantel
pallēre, palleo, pallui, – *(2/380)* fahl sein, blass sein
pallescere, pallesco, pallui, – *(3/380)* erblassen, sich ängstigen
pallidus, pallida, pallidum *(o/a/329)* fahl, blass
pallor, palloris *(kons./331) m* Blässe, Angst
palma, palmae *(a/325) f* flache Hand, Handfläche; Palme, Siegespreis
palmes, palmitis *(kons./331) f* Schössling, Rebschössling
palus, paludis *(kons./333) f* Sumpf, Pfütze
palus, pali *(o/326) m* Pfahl
paluster, palustris, palustre *(i/344)* sumpfig
pampineus, pampinea, pampineum *(o/a/329)* aus Weinlaub bestehend
pampinus, pampini *(o/326) m* Weinranke, Weinlaub
pandere, pando, pandi, passum *(3/380)* ausbreiten, öffnen
pandus, panda, pandum *(o/a/329)* gekrümmt, gebogen
pangere, pango, pepigi, pactum *(3/380)* befestigen, festsetzen, verfassen
panis, panis *(g/339) m* Brot
pannus, panni *(o/326) m* Lappen, Lumpen
papaver, papaveris *(kons./332) n* Mohn
par, paris *(i/342)* gleich, gleichwertig, entsprechend, angemessen; *Ego pariter (Adverb) gaudeo ac tu.* Ich freue mich genauso wie du.
par, paris *(kons./331) n* Paar
parare, paro, paravi, paratum *(1/380)* bereiten, vorbereiten, sich anschicken (mit Infinitiv), vorhaben, verschaffen, erwerben; *bellum parare* zum Kriege rüsten; *Proficisci paro.* Ich beabsichtige abzureisen.
parasitus, parasiti *(o/326) m* (ständiger) Tischgast, Parasit, Schmarotzer
paratus, paratus *(u/350) m* Vorbereitung, Beschaffung, Ausstattung
parcere, parco, peperci, parsurus *(3/380) [Dativ]* schonen, verschonen, sparen; *tempori parcere* mit der Zeit sparsam umgehen; *Parce valetudini tuae!* Nimm Rücksicht auf deine Gesundheit!
parcus, parca, parcum *(o/a/329)* schonend, sparsam, kärglich
parens, parentis *(kons./334) m/* Vater, Mutter; *Plural* **parentes, parentum** Eltern
parere, pario, peperi, partum, pariturus *(5/380)* zeugen, gebären, hervorbringen, erwerben; *sibi divitias parere* Reichtümer erwerben; *victoriā partā* als der Sieg errungen war; *Terra fruges parit.* Die Erde bringt Früchte hervor.

parēre, pareo, parui, pariturus *(2/380)* gehorchen, sich richten nach
paries, parietis *(kons./331) m* Wand
pariter *Adverb* gleichermaßen, gleichzeitig
parma, parmae *(a/325) f* (kleiner, leichter) Rundschild
parochus, parochi *(o/326) m* Gastgeber, Gastwirt, Wirt, Hausherr
parricida, parricidae *(a/325) m/f* Mörder, Vatermörder, Verwandtenmörder
parricidium, parricidii *(o/327) n* Mord, Verwandtenmord, Verbrechen
pars, partis *(g/340) f* Teil, Anteil, Seite, Stück; *Plural* **partes, partium** Rolle, Partei; *maximam partem/ex maxima parte* zum größten Teil; *(in) omnibus partibus* in jeder Hinsicht, überall; *partes Caesaris sequi* sich Cäsars Partei anschließen; *ex altera parte* andererseits
parsimonia, parsimoniae *(a/325) f* Sparsamkeit
particeps, participis *(kons./345)* teilhaftig, beteiligt
particula, particulae *(a/325) f* Teilchen
partim *Adverb* zum Teil, teils, teilweise; *partim ... partim* teils ... teils
partīri, partior, partitus sum, – *(4/Deponens/392)* teilen
partitio, partitionis *(kons./333) f* Teilung
parturīre, parturio, parturivi, parturitum *(4/380)* gebären (wollen)
partus, partus *(u/350) m* Geburt, Leibesfrucht, Kind, Junges
parum *Adverb* zu wenig, nicht genug; *parum sapientiae* zu wenig Einsicht
parumper *Adverb* (auf) kurze Zeit
parvulus, parvula, parvulum *(o/a/329)* sehr klein, sehr jung, ganz jung
parvus, parva, parvum *(o/a/329)* klein, gering, unbedeutend; *parvo (pretio) vendere* billig verkaufen; *minoris vendere* billiger verkaufen; *parvi facere/aestimare* gering achten; *parvi esse* wenig gelten
pascere, pasco, pavi, pastum *(3/380)* hüten, weiden; füttern, nähren
pascuum, pascui *(o/327) n* Weideland
passim *Adverb* weit und breit, überall, ringsum, allenthalben
passus, passus *(u/350) m* Schritt, Doppelschritt, 1,5 Meter; *mille passus* 1 römische Meile (1,5 km); *duo milia passuum* 2 römische Meilen
pastor, pastoris *(kons./331) m* Hirte
pastus, pastus *(u/350) m* Fütterung, Futter; Weide
patefacere, patefacio, patefeci, patefactum *(5/380)* öffnen, aufdecken
pater, patris *(g/340) m* Vater; *Plural* **patres, patrum** die Senatoren; *pater familiae/familias* Familienoberhaupt, Hausherr; *Patres conscripti!* Meine Herren Senatoren!
patera, paterae *(a/325) f* Schale, Opferschale
patēre, pateo, patui, – *(2/380)* offen stehen, offenbar sein, sich erstrecken; *paetet (mit AcI)* es ist klar, es ist offenbar, dass; *Via patet.* Der Weg ist gangbar.
paternus, paterna, paternum *(o/a/329)* väterlich, ererbt, heimatlich, heimisch
pati, patior, passus sum, – *(5/Deponens/392)* dulden, leiden, ertragen, aushalten, zulassen
patiens, patientis *(i/342)* geduldig, ausdauernd
patientia, patientiae *(a/325) f* Geduld, Ausdauer
patina, patinae *(a/325) f* Schüssel, Pfanne
patrare, patro, patravi, patratum *(1/380)* vollbringen, vollenden, ausführen, zustande bringen
patria, patriae *(a/325) f* Vaterland, Vaterstadt, Heimat
patricius, patricia, patricium *(o/a/329)* adelig; *substantivisch* Patrizier
patrimonium, patrimonii *(o/327) n* (väterliches) Erbe

patrius, patria, patrium *(o/a/329)* väterlich, heimisch, vaterländisch, heimatlich
patrocinium, patrocinii *(o/327) n* Schutz, Patronat, Schutzherrschaft, Vertretung, Verteidigung
patronus, patroni *(o/326) m* Schutzherr, Beschützer, Anwalt, Verteidiger
patruus, patrui *(o/326) m* Onkel (Bruder des Vaters)
patulus, patula, patulum *(o/a/329)* ausgebreitet, offen (stehend), weit, breit, zugänglich
pauci, paucae, pauca *(o/a/329)* wenige; *ut paucis dicam* um es kurz zu machen
paucitas, paucitatis *(kons./334) f* geringe Zahl
paul(l)atim *Adverb* allmählich
pau(l)lisper *Adverb* eine Zeitlang, ein Weilchen
paulo *Adverb* (um) ein wenig; *paulo ante(a)* ein wenig früher, etwas eher, kurz zuvor; *paulo post* wenig später, kurz darauf
paul(l)ulus, paulula, paululum *(o/a/329)* gering, wenig, winzig
paul(l)um *Adverb* wenig, ein wenig, etwas
paul(l)us, paula, paulum *(o/a/329)* klein, gering
pauper, pauperis *(kons./345)* arm, bescheiden
pauperies, pauperiei *(e/351) f* Armut, Not
paupertas, paupertatis *(kons./334) f* Armut, Not
pavēre, paveo, pavi, – *(2/380)* sich ängstigen, beben, zittern
pavidus, pavida, pavidum *(o/a/329)* verängstigt, furchtsam, bebend, zitternd
pavo, pavonis *(kons./333) m* Pfau
pavor, pavoris *(kons./331) m* Angst, Beben, Zittern
pax, pacis *(kons./332) f* Friede; *de pace agere* über den Friedensschluss verhandeln; *media in pace* mitten im Frieden
p. c. (pro centum) Prozent (%)
p. Chr. n. (post Christum natum) nach Christi Geburt
peccare, pecco, peccavi, peccatum *(1/380)* sündigen, fehlen, ein Versehen begehen, etwas verkehrt machen; *Multa peccantur.* Es werden viele Fehler gemacht.
peccatum, peccati *(o/327) n* Fehler, Irrtum, Vergehen, Sünde
pecten, pectinis *(kons./336) n* Kamm, Weberkamm
pectus, pectoris *(kons./335) n* Brust, Herz, Seele; *toto pectore* von ganzem Herzen
peculatus, peculatus *(u/350) m* Unterschleif, Unterschlagung
pecunia, pecuniae *(a/325) f* Vermögen, Geld; *pecuniam dare mutuam* Geld verleihen
pecus, pecoris *(kons./335) n* Vieh, Kleinvieh, Schafe, Ziegen, Schweine, Herde
pecus, pecudis *(kons./331) f* Stück Vieh, Schaf, Haustier; *Plural* **pecudes, pecudum** Vieh
pedes, peditis *(kons./331) m* Soldat zu Fuß, Infanterist
pedester, pedestris, pedestre *(i/344)* zu Fuß, zu Land sich bewegend; *copiae pedestres* Fußtruppen
peditatus, peditatus *(u/350) m* Fußvolk, Infanterie
peierare, peiero, peieravi, peieratum *(1/380)* falsch schwören
peior, peior, peius *(i/343) [Komparativ]* schlechter, geringer
pelagus, pelagi *(o/326) n* Meer
pellere, pello, pepuli, pulsum *(3/380)* schlagen, stoßen; treiben, vertreiben; *patriā pellere* aus der Heimat vertreiben
pellicere, pellicio, pellexi, pellectum *(5/380)* anlocken, verlocken
pellis, pellis *(g/339) f* Fell, Haut, Pelz
penates, penatium *(kons./331) m [plurale tantum]* Penaten, Hausgötter; Haus
pendere, pendo, pependi, pensum *(3/380)* aufhängen, wägen, abwägen, abwiegen, schätzen; zahlen, bezahlen; *sua parvi pendere* sein Eigentum gering schätzen

pendēre, pendeo, pependi, pensum *(2/380)* hängen, abhängen, schweben, schwanken; *ex arbore pendere* am Baum hängen; *Fortuna belli pendet.* Der Ausgang des Krieges ist ungewiss.

penes *(420) Präposition [Akkusativ]* im Besitz, bei

penetralia, penetralium *(o/327) n* das Innere eines Hauses (oder Tempels), Gemächer, Hausheiligtum

penetralis, penetralis, penetrale *(i/343)* innerlich

penetrare, penetro, penetravi, penetratum *(1/380)* eindringen, durchdringen

penitus *Adverb* tief hinein, innen; gründlich, völlig

penna, pennae *(a/325) f* Feder, Flügel

pensare, penso, pensavi, pensatum *(1/380)* abwägen, überlegen, bezahlen

pensum, pensi *(o/327) n* Aufgabe, Tagewerk

penuria, penuriae *(a/325) f* Mangel

per *(420) Präposition [Akkusativ]* durch, hindurch, durch ... hindurch, über ... hin, während, mittels

peragere, perago, peregi, peractum *(3/380)* ausführen, durchführen, vollenden; *vitam peragere* das Leben verbringen

peragrare, peragro, peragravi, peragratum *(1/380)* durchwandern, durchstreifen

perambulare, perambulo, perambulavi, perambulatum *(1/380)* durchschreiten, durchwandern

percellere, percello, perculi, perculsum *(3/380)* stoßen, niederwerfen, erschüttern

perceptio, perceptionis *(kons./333) f* Wahrnehmung, Erkenntnis

percipere, percipio, percepi, perceptum *(5/380)* wahrnehmen, aufnehmen, erfassen, empfangen, sich aneignen; *oculis percipere* sehen

percontare, perconto, percontavi, percontatum *(1/380)* erforschen, fragen, ausfragen

percontari, percontor, percontatus sum, – *(1/Deponens/392)* fragen, befragen, ausfragen, erforschen, sich erkundigen

percurrere, percurro, percurri, percursum *(3/380)* durcheilen, hinlaufen

percussor, percussoris *(kons./331) m* Mörder

percutere, percutio, percussi, percussum *(5/380)* treffen, erschüttern, durchbohren; *calamitate percussus* vom Unglück tief getroffen

perdere, perdo, perdidi, perditum *(3/380)* verlieren, zu Grunde richten, vernichten, verderben

perdifficilis, perdifficilis, perdifficile *(i/343)* sehr schwierig

perducere, perduco, perduxi, perductum *(3/380)* hinführen, hinbringen, veranlassen

peregre *Adverb* in der Fremde, in die Fremde

peregrinus, peregrina, peregrinum *(o/a/329)* fremd, ausländisch; *substantivisch* Fremder, Ausländer, Pilger

perennis, perennis, perenne *(i/343)* das ganze Jahr dauernd, ganzjährig, beständig

pererrare, pererro, pererravi, pererratum *(1/380)* durchirren, durchstreifen

perfacilis, perfacilis, perfacile *(i/343)* sehr leicht; *haud facile (Adverb) dictu* schwer zu sagen

perfectio, perfectionis *(kons./333) f* Vollendung, Vollkommenheit

perfectus, perfecta, perfectum *(o/a/329)* vollendet, vollkommen

perferre, perfero, pertuli, perlatum *(unreg./400)* hinbringen, überbringen, ertragen, aushalten; *omnia pati et perferre* alles erdulden und aushalten; *Fama Romam perlata est.* Das Gerücht gelangte nach Rom.

perficere, perficio, perfeci, perfectum *(5/380)* zu Stande bringen, vollenden, beenden, durchsetzen

perfidia, perfidiae *(a/325) f* Treulosigkeit

perfidus, perfida, perfidum *(o/a/329)* treulos, verräterisch, falsch

perforare, perforo, perforvi, perforatum *(1/380)* durchbohren, durchlöchern
perfordere, perfordio, perfordi, perfossum *(5/380)* durchbohren
perfringere, perfringo, perfregi, perfractum *(3/380)* durchbrechen, zerbrechen, zunichte machen
perfrui, perfruor, perfruitus/perfructus sum, –, perfruiturus *(3/Deponens/392) [Ablativ]* auskosten
perfuga, perfugae *(a/325) m* Überläufer
perfugere, perfugo, perfugi, –, perfugiturus *(3/380)* sich flüchten, überlaufen
perfugium, perfugii *(o/327) n* Zuflucht, Zufluchtsort
perfundere, perfundo, perfusi, perfusum *(3/380)* begießen, übergießen, erfüllen
perfungi, perfungo, perfunctus sum, – *(3/380) [Ablativ]* gehörig verrichten, überstehen
pergere, pergo, perrexi, perrectum, perrecturus *(3/380)* fortfahren, fortsetzen, weitermachen, vorrücken; *Perge, qua coepisti!* Mach weiter, wie du begonnen hast!
perhibēre, perhibeo, perhibui, perhibitum *(2/380)* angeben, nennen, anführen
perhorrescere, perhorresco, perhorrui, – *(3/380)* schaudern, sich entsetzen
Pericles, Periclis *(kons./331) m* Perikles (athenischer Staatsmann)
periclitari, periclitor, periclitatus sum, – *(1/Deponens/392)* Gefahr laufen, in Gefahr geraten, bedroht sein; erproben, versuchen
periculosus, periculosa, periculosum *(o/a/329)* gefährlich
periculum, periculi *(o/327) n* Gefahr; Versuch, Probe; *magno (cum) periculo* unter großer Gefahr
perimere, perimo, peremi, peremptum *(3/380)* vernichten, zerstören
perinde *Adverb* ebenso
perīre, pereo, perii, peritum *(unreg./414)* umkommen, zu Grunde gehen, (gewaltsam) sterben
peritia, peritiae *(a/325) f* Kenntnis, Erfahrung
peritus, perita, peritum *(o/a/329) [Genitiv]* erfahren (in etwas), kundig, geschickt (in); *iuris peritus* rechtskundig; *peritissimus rerum civilium* in der Politik sehr erfahren
periurare, periuro, periuravi, periuratum *(1/380)* falsch schwören
periurium, periurii *(o/327) n* Meineid
periurus, periura, periurum *(o/a/329)* meineidig
perlegere, perlego, perlegi, perlectum *(3/380)* durchlesen
perlucidus, perlucida, perlucidum *(o/a/329)* durchsichtig, durchscheinend, sehr hell
perlustrare, perlustro, perlustravi, perlustratum *(1/380)* durchmustern, durchwandern
permagnus, permagna, permagnum *(o/a/329)* sehr groß
permanare, permano, permanavi, permanatum *(1/380)* fließen, hinfließen, eindringen
permanēre, permaneo, permansi, –, permansurus *(2/380)* verbleiben, ausharren, verharren; dauern, fortdauern
permiscēre, permisceo, permiscui, permixtum *(2/380)* vermischen, verwirren
permittere, permitto, permisi, permissum *(3/380)* anvertrauen, erlauben, durchgehen lassen, überlassen; *eā re permissā* nachdem die Erlaubnis dazu gegeben war; *se permittere* sich ergeben
permovēre, permoveo, permovi, permotum *(2/380)* heftig bewegen, erregen, beunruhigen, veranlassen, ergreifen
permulcēre, permulceo, permulsi, permulsum *(2/380)* streicheln, beschwichtigen, beruhigen
permulti, permultae, permulta *(o/a/329)* sehr viele
permultus, permulta, permultum *(o/a/329)* sehr viel
permutare, permuto, permutavi, permutatum *(1/380)* austauschen, verändern

perna, pernae *(a/325) f* Schinken
pernicies, perniciei *(e/351) f* Untergang, Verderben, Vernichtung
perniciosus, perniciosa, perniciosum *(o/a/329)* verderblich, schädlich
pernix, pernicis *(i/342)* ausdauernd, behend, schnell, hurtig, flink
pernoctare, pernocto, pernoctavi, pernoctatum *(1/380)* übernachten
pernoscere, pernosco, pernovi, pernotum *(3/380)* gründlich kennen lernen
perorare, peroro, peroravi, peroratum *(1/380)* seine Rede beenden, eine Schlussrede halten
perosus, perosa, perosum *(o/a/329) [Akkusativ]* (jemanden) hassend, voll Hass (gegen jemanden)
perpauci, perpaucae, perpauca *(o/a/329)* sehr wenige
perpellere, perpello, perpuli, perpulsum *(3/380)* durchsetzen
perperam *Adverb* falsch, irrtümlich, aus Versehen
perpeti, perpetior, perpessus sum, – *(5/Deponens/392)* erdulden, ertragen, erleiden
perpetrare, perpetro, perpetravi, perpetratum *(1/380)* vollführen, vollziehen, vollbringen, durchsetzen
perpetuitas, perpetuitatis *(kons./334) f* Fortdauer
perpetuus, perpetua, perpetuum *(o/a/329) [Adverb perpetuo]* ununterbrochen, fortdauernd, beständig; *in perpetuum* für immer
perquirere, perquiro, perquisivi, perquisitum *(3/380)* durchforschen
perrumpere, perrumpo, perrupi, perruptum *(3/380)* durchbrechen, hindurchbrechen
Persae, Persarum *(a/325) m* die Perser
persaepe *Adverb* sehr oft
perscribere, perscribo, perscripsi, perscriptum *(3/380)* niederschreiben; (Geld) anweisen
persequi, persequor, persecutus sum, – *(3/Deponens/392)* verfolgen, einholen, strafen
perseverare, persevero, perseveravi, perseveratum *(1/380)* verharren, beharren, fortfahren
persolvere, persolvo, persolvi, persolutum *(3/380)* abzahlen, abstatten, erfüllen
persona, personae *(a/325) f* Maske, Person
personare, persono, personavi, personatum *(1/380)* widerhallen (lassen)
perspicax, perspicacis *(i/342)* einsichtsvoll, scharfsinnig
perspicere, perspicio, perspexi, perspectum *(5/380)* durchschauen, erkennen; besichtigen; *voluntatem alicuius perspicere* jemandes Absicht durchschauen
perspicuitas, perspicuitatis *(kons./334) f* Deutlichkeit
perspicuus, perspicua, perspicuum *(o/a/329)* deutlich, klar, durchsichtig
perstare, persto, perstiti, –, perstaturus *(1/380)* stehen bleiben, beharren, ausdauern, fortdauern
perstringere, perstringo, perstrinxi, perstrictum *(3/380)* streifen, berühren; tadeln
persuadēre, persuadeo, persuasi, persuasum *(2/380) [Dativ]* überreden, überzeugen; *mihi persuasum est (mit AcI)* ich bin überzeugt; *Mihi persuasum est Homerum maximum poetam fuisse.* Ich bin überzeugt davon, dass Homer der größte Dichter war.; *Persuadeo tibi, ut maneas.* Ich überrede dich zu bleiben.; *Id mihi persuasi/id mihi persuasum est.* Davon bin ich überzeugt.
pertemptare, pertempto, pertemptavi, pertemptatum *(1/380)* prüfen, überlegen
perterrēre, perterreo, perterrui, perterritum *(2/380)* (jemanden) sehr erschrecken, einschüchtern
pertimescere, pertimesco, pertimui, – *(3/380)* in Furcht geraten, sich fürchten
pertinacia, pertinaciae *(a/325) f* Hartnäckigkeit, Beharrlichkeit
pertinax, pertinacis *(i/342)* beharrlich, hartnäckig

pertinēre, pertineo, pertinui, – *(2/380) [ad mit Akkusativ]* sich erstrecken, sich beziehen (auf), betreffen, gehören (zu); *Montes ad flumen pertinet.* Das Gebirge erstreckt sich bis zum Fluss.; *Hoc nihil ad me pertinet.* Das betrifft mich nicht.

pertractare, pertracto, pertractavi, pertractatum *(1/380)* behandeln, bearbeiten, untersuchen

perturbare, perturbo, perturbavi, perturbatum *(1/380)* verwirren, beunruhigen, verängstigen

perturbatio, perturbationis *(kons./333) f* Verwirrung, Leidenschaft

perunguere, perunguo, perunxi, perunctum *(3/380)* einreiben, salben

perurere, peruro, perussi, perustum *(3/380)* (gänzlich) verbrennen

pervadere, pervado, pervasi, pervasum *(3/380)* durchdringen, hindurchdringen

pervenīre, pervenio, perveni, perventum *(4/380) [ad/in mit Akkusativ]* hinkommen, hingelangen, gelangen (zu/nach), ans Ziel gelangen

perversus, perversa, perversum *(o/a/329)* verdreht, verkehrt, falsch

pervertere, perverto, perverti, perversum *(3/380)* umdrehen, umstürzen, zugrunde richten

pervestigare, pervestigo, pervestigavi, pervestigatum *(1/380)* durchforschen, auskundschaften

pervicax, pervicacis *(i/342)* beharrlich, hartnäckig, eigensinnig

pervincere, pervincio, pervici, pervictum *(5/380)* durchsetzen, völlig besiegen

pervius, pervia, pervium *(o/a/329)* zugänglich, passierbar

pes, pedis *(kons./334) m* Fuß; *pedibus ire* zu Fuß gehen; *pedem referre* zurückweichen; *nudis pedibus* barfuß

pessimus, pessima, pessimum *(o/a/329) [Superlativ]* sehr schlecht, der schlechteste, der schlimmste, der geringste

pestifer, pestifera, pestiferum *(o/a/330)* verderblich, unheilbringend

pestilens, pestilentis *(i/342)* ungesund, verderblich

pestilentia, pestilentiae *(a/325) f* Pest, Seuche

pestis, pestis *(g/339) f* Pest, Seuche, Unheil, Verderben

petere, peto, petivi, petitum *(3/380)* aufsuchen, erstreben, zu erreichen (ver)suchen, sich bewerben, (er)bitten, verlangen, angreifen, holen; *curiam petere* zum Rathaus eilen, das Rathaus aufsuchen; *Naves litus petunt.* Die Schiffe halten Kurs auf die Küste.; *Cicero consulatum petivit.* Cicero bewarb sich um das Konsulat.; *Alexander telis petebatur.* Man versuchte Alexander mit Speerwürfen zu treffen.; *Mons caelum petit.* Der Berg ragt zum Himmel.; *Marcus ab amicis auxilium petit.* Marcus bittet die Freunde um Hilfe.; *Fugā salutem petit.* Er versucht sich durch Flucht zu retten.

petitio, petitionis *(kons./333) f* Angriff; Bitte, Bewerbung; Anspruch

petorritum, petorriti *(o/327) n* (offener) Wagen, Kutsche

petulans, petulantis *(i/342)* mutwillig, frech

petulantia, petulantiae *(a/325) f* Ausgelassenheit, Mutwille

phalanx, phalangis *(kons./331) f* Schlachtreihe

pharetra, pharetrae *(a/325) f* Köcher

philosophari, philosophor, philosophatus sum, – *(1/Deponens/392)* philosophieren

philosophia, philosophiae *(a/325) f* Philosophie

philosophus, philosophi *(o/326) m* Philosoph, Gelehrter

physicus, physica, physicum *(o/a/329)* naturkundlich, die Natur betreffend, physikalisch, naturphilosophisch

piaculum, piaculi *(o/327) n* Sühneopfer, Strafe

piare, pio, piavi, piatum *(1/380)* sühnen, besänftigen, versöhnen

picea, piceae *(a/325) f* Kiefer

piceus, picea, piceum *(o/a/329)* aus Pech, pechschwarz

pictor, pictoris *(kons./331) m* Maler
pictura, picturae *(a/325) f* Malerei, Gemälde
pietas, pietatis *(kons./334) f* liebevolle Gesinnung, Anhänglichkeit; Pflichtgefühl, Ehrfurcht, Frömmigkeit; *pietas erga parentes* Liebe (der Kinder) zu den Eltern
piger, pigra, pigrum *(o/a/330)* verdrossen, träge, widerwillig, langsam
piget, piguit es verdrießt
pignus, pignoris/pigneris *(kons./335) n* Pfand, Unterpfand, Bürgschaft
pigritia, pigritiae *(a/325) f* Faulheit, Trägheit
pila, pilae *(a/325) f* Ball
pila, pilae *(a/325) f* Pfeiler
pilum, pili *(o/327) n* Wurfspieß, Speer
pineus, pinea, pineum *(o/a/329)* Fichten-
pingere, pingo, pinxi, pictum *(3/380)* malen, ausmalen, schildern
pinguis, pinguis, pingue *(i/343)* fett, schwerfällig
pinna, pinnae *(a/325) f* Feder, Flügel
pinus, pini *(o/326) f* Fichte, Föhre
piper, piperis *(kons./332) n* Pfeffer
pirata, piratae *(a/325) m* Seeräuber, Pirat
pirum, piri *(o/327) n* Birne
pirus, piri *(o/326) f* Birnbaum
piscator, piscatoris *(kons./331) m* Fischer
piscis, piscis *(g/339) m* Fisch
Pisistratus, Pisistrati *(o/326) m* Peisistratos (Tyrann von Athen)
pistrinum, pistrini *(o/327) n* Mühle, Getreidemühle
pituita, pituitae *(a/325) f* Schleim, Schnupfen
pius, pia, pium *(o/a/329)* liebevoll, pflichtbewusst, pflichtgetreu, rechtschaffen, fromm
pix, picis *(kons./332) f* Pech
placabilis, placabilis, placabile *(i/343)* versöhnlich
placare, placo, placavi, placatum *(1/380)* glätten, besänftigen, beschwichtigen, beruhigen, versöhnen
placenta, placentae *(a/325) f* Kuchen
placēre, placeo, placui, placitum *(2/380)* gefallen, zusagen; *placet* (mit Dativ) es gefällt, man beschließt; *Mihi placet.* Es gefällt mir.; *Hi libri mihi placent.* Diese Bücher gefallen mir.; *Senatui placuit, ut Carthago deleretur.* Der Senat beschloss, Karthago zu zerstören.; *Eis placuit tabulas intueri.* Sie beschlossen, die Bilder anzusehen.
placidus, placida, placidum *(o/a/329)* eben, sanft, still, ruhig, freundlich, friedlich
placitus, placita, placitum *(o/a/329)* angenehm, gefällig
plaga, plagae *(a/325) f* Schlag, Hieb, Stich
plaga, plagae *(a/325) f* Gegend, Fläche
plane *Adverb* deutlich, gänzlich, völlig
plangere, plango, planxi, planctum *(3/380)* (an die Brust) schlagen (zum Zeichen der Trauer), trauern
plangor, plangoris *(kons./331) m* Schlagen (zum Zeichen der Trauer), (laute) Wehklage, Trauer
planities, planitiei *(e/351) f* Ebene; *planities deserta* unbewohnte Ebene
planta, plantae *(a/325) f* Pflanze
planus, plana, planum *(o/a/329)* flach, eben, deutlich, klar
platanus, platani *(o/326) f* Platane
platea, plateae *(a/325) f* Straße, Weg
Plato, Platonis *(kons./333) m* Plato (griechischer Philosoph)
plaudere, plaudo, plausi, plausum *(3/380)* (Beifall) klatschen
plausor, plausoris *(kons./331) m* Beifallklatscher
plaustrum, plaustri *(o/327) n* Wagen, Lastwagen
plausus, plausus *(u/350) m* Klatschen, Beifallklatschen
plebeius, plebeia, plebeium *(o/a/329)* bürgerlich, niedrig; *substantivisch* Plebejer

plebes, plebei *(e/351) f* Menge, Haufe, Bürgerstand, Volksmenge, Plebejer (Plural)
plebiscitum, plebisciti *(o/327) n* Beschluss, Volksbeschluss
plebs, plebis *(kons./334) f* Volk, Menge, Haufe, Bürgerstand, Volksmenge; Plebejer (Plural), die Armen
plecti, plector, –, – *(3/Deponens/392)* geschlagen werden, geprügelt werden, bestraft werden
plectrum, plectri *(o/327) n* Schlagstäbchen (zum Zitherspiel), Zither, Laute; Ton, Lied
plenus, plena, plenum *(o/a/329) [Genitiv]* voll (von/mit); *plenus timoris* voller Furcht; *Animus meus est plenus spei.* Ich bin voller Hoffnung.
plerique, pleraeque, pleraque sehr viele, die meisten
plerumque *Adverb* meist, meistens
plicare, plico, plicavi, plicatum *(1/380)* falten, zusammenfalten, zusammenrollen, zusammenwickeln
Plinius, Plinii *(o/326) m* Gaius Plinius Secundus (der Ältere); Gaius Plinius Caecilius Secundus (der Jüngere)
plorare, ploro, ploravi, ploratum *(1/380)* wehklagen, weinen, beklagen
pluit, pluit es regnet
pluma, plumae *(a/325) f* Feder, Flaum
plumbum, plumbi *(o/327) n* Blei
plures, plures, plurea mehr; *pluribus verbis dicere* ausführlicher darstellen; *plures ... quam* mehr ... als
plurimi, plurimae, plurima *(o/a/329)* die meisten, sehr viele
plurimum *Adverb* sehr viel, am meisten; *plurimum valere* sehr großen Einfluss haben
plurimus, plurima, plurimum *(o/a/329)* sehr viel, der meiste
plus *Adverb* mehr
plus, pluris *(i/342) n* mehr
pluteus/pluteum, plutei *(o/326) m/n* Schirmdach, Brustwehr
pluvia, pluviae *(a/325) f* Regen, Regenguss
pluvius, pluvia, pluvium *(o/a/329)* Regen bringend, regnerisch
p. m. (post meridiem) nach Mittag
p. m. (per mensem/pro mense) pro Monat
poculum, poculi *(o/327) n* Becher, Trinkbecher; *poculum exhaurire* austrinken
poema, poematis *(kons./331) n* Gedicht
poena, poenae *(a/325) f* Strafe, Buße, Bußgeld; Rache
poeta, poetae *(a/325) m* Dichter
polīre, polio, polivi, politum *(4/380)* glätten, polieren, verfeinern; *homo politus* gebildeter, feiner Mensch
pollēre, polleo, pollui, – *(2/380)* vermögen, können, stark sein
pollex, pollicis *(kons./332) m* Daumen
pollicēri, polliceor, pollicitus sum, – *(2/Deponens/392)* versprechen; *maria montesque polliceri* goldene Berge versprechen
pollicitatio, pollicitationis *(kons./333) f* Versprechen
polluere, polluo, pollui, pollutum *(3/380)* beflecken, besudeln, entweihen
polus, poli *(o/326) m* Erdachse, Pol, Himmel
pomifer, pomifera, pomiferum *(o/a/330)* obsttragend
pompa, pompae *(a/325) f* Umzug, Prozession, Leichenzug, Festzug; Pracht, Pomp, Gepränge, Prunk
Pompei, Pompeiorum *(o/326) m [plurale tantum]* Pompeji
Pompeianus, Pompeiana, Pompeianum *(o/a/329)* pompejanisch, aus Pompeji; *Plural* **Pompeiani, Pompeianorum** Pompejaner
Pompeianus, Pompeiani *(o/326) m* Pompeianer (Anhänger des Pompeius)
Pompeius, Pompeii *(o/326) m* Gnaeus Pompeius Magnus

pomum, pomi *(o/327) n* Baumfrucht; *Plural* **poma, pomorum** Obst
ponderare, pondero, ponderavi, ponderatum *(1/380)* wägen, abwägen, erwägen, beurteilen
pondo *Adverb* an Gewicht, Pfund
pondus, ponderis *(kons./335) n* Gewicht, Last, Bedeutung, Masse
pone *Adverb* hinten
pone *(420) Präposition [Akkusativ]* hinter
ponere, pono, posui, positum *(3/380)* setzen, stellen, legen, einreihen; *in dubio ponere* in Zweifel ziehen
pons, pontis *(kons./334) m* Brücke
pontifex, pontificis *(kons./332) m* Oberpriester; *pontifex maximus* Oberpriester
pontificius, pontificia, pontificium *(o/a/329)* priesterlich, oberpriesterlich
pontus, ponti *(o/326) m* Meer
popina, popinae *(a/325) f* Garküche, Kneipe
poples, poplitis *(kons./331) m* Knie, Kniekehle
populares, popularium *(kons./331) m* Volkspartei, Popularen
populari, populor, populatus sum, – *(1/Deponens/392)* entvölkern, verheeren, verwüsten
popularis, popularis, populare *(i/343)* volkstümlich, volksfreundlich; *substantivisch* Landsmann
populatio, populationis *(kons./333) f* Verheerung, Plünderung
populeus, populea, populeum *(o/a/329)* Pappel-
populus, populi *(o/326) m* Volk, Volksmenge
populus, populi *(o/326) f* Pappel
porcus, porci *(o/326) m* Schwein
porrigere, porrigo, porrexi, porrecturus *(3/380)* ausstrecken, darreichen, gewähren
porro *Adverb* vorwärts, ferner
porrum/porrus, porri *(o/327) n/m* Lauch
Porsenna, Porsennae *(a/325) f* Porsenna (etruskischer König)
porta, portae *(a/325) f* Tor, Tür, Pforte
portare, porto, portavi, portatum *(1/380)* tragen, bringen
portendere, portendo, portendi, portentum *(3/380)* ankündigen, voraussagen
portenderi, portendor, portentus sum, – *(3/Deponens/392)* bevorstehen
portentum, portenti *(o/327) n* Vorzeichen, Wunder, Ungeheuer
porticus, porticus *(o/326) f* Säulengang, Halle
portio, portionis *(kons./333) f* Anteil
portorium, portorii *(o/327) n* Hafenzoll
portus, portus *(u/350) m* Hafen
poscere, posco, poposci, – *(3/380)* fordern, verlangen; *Verres populum pecuniam poposcit.* Verres forderte Geld vom Volk.; *Pater ab filiis auxilium poscit.* Der Vater verlangt Hilfe von den Söhnen.
posse, possum, potui, – *(unreg./404)* vermögen, können, imstande sein; *fieri potuit* es wäre möglich gewesen; *multum posse* viel vermögen, großen Einfluss haben
possessio, possessionis *(kons./333) f* Besitz
possidere, possido, possedi, possessum *(3/380)* in Besitz nehmen, besetzen
possidēre, possideo, possedi, possessum *(2/380)* besitzen, haben
post *Adverb* hinten, später, nachher; *paulo post* ein wenig später, bald darauf
post *(420) Präposition [Akkusativ]* nach, hinter
postea *Adverb* hernach, später, nachher
posteri, posterorum *(o/328) m* Nachkommen
posterior, posterior, posterius *(i/343)* der spätere, der geringere
posteritas, posteritatis *(kons./334) f* Zukunft, Nachwelt

posterus, postera, posterum *(o/a/329)* folgend, nachkommend
posthac *Adverb* künftig, später
postilla *Adverb* danach, später
postis, postis *(g/339) m* Pfosten, Türpfosten
postponere, postpono, postposui, postpositum *(3/380)* zurückstellen, hintanstellen
postquam *(422) Konjunktion (mit Indikativ Perfekt)* nachdem
postremo *Adverb* zuletzt, schließlich
postremum *Adverb* zuletzt, zum letzten Mal
postremus, postrema, postremum *(o/a/329)* der letzte, der geringste
postridie *Adverb* am folgenden Tag, tags darauf; *postridie eius diei* am darauffolgenden Tag
postulare, postulo, postulavi, postulatum *(1/380)* fordern, verlangen; *Pater ab filiis auxilium postulat.* Der Vater verlangt Hilfe von den Söhnen.
postulatum, postulati *(o/327) n* Forderung
postumus, postuma, postumum *(o/a/329)* nachgeboren, spätgeboren
potare, poto, potavi, potatum *(1/380)* trinken, zechen
potens, potentis *(i/342)* mächtig, stark
potentia, potentiae *(a/325) f* Macht, Einfluss, Gewalt
potestas, potestatis *(kons./334) f* Macht, Amtsgewalt, Möglichkeit, Gelegenheit; *populi potestas* Macht des Volkes
potio, potionis *(kons./333) f* Trank
potior, potior, potius *(i/343)* vorzüglicher, tüchtiger, besser, wichtiger
potīri, potior, potitus sum, – *(4/Deponens/392) [Ablativ]* sich bemächtigen, in seine Gewalt bringen, erlangen, erobern; *magnā praedā potiri* reichliche Beute machen; *rerum potiri* die Macht an sich reißen, sich der Herrschaft bemächtigen
potis, potis, pote *(i/343)* möglich
potissimum *Adverb* vornehmlich, hauptsächlich, am liebsten, vorzugsweise, gerade; *eo potissimum tempore* hauptsächlich zu dieser Zeit
potissimus, potissima, potissimum *(o/a/329)* der vorzüglichste, der tüchtigste, der beste, der wichtigste
potius *Adverb* vielmehr, eher, lieber; *potius quam* eher als, lieber als
potor, potoris *(kons./331) m* Trinker, Zecher
potus, potus *(u/350) m* Trank
potus, pota, potum *(o/a/329)* getrunken, betrunken
P. P. (Pater patriae) Vater des Vaterlandes
prae *(420) Präposition [Ablativ]* vor, im Vergleich zu, wegen; *prae se ferre* (deutlich) zeigen
praeacutus, praeacuta, praeacutum *(o/a/329)* vorne zugespitzt
praebēre, praebeo, praebui, praebitum *(2/380)* darreichen, gewähren; *se praebere* (mit Akkusativ) sich zeigen (als); *se fortem praebere* sich tapfer zeigen
praecedere, praecedo, praecessi, praecessum *(3/380)* vorangehen, übertreffen
praecellere, praecello, –, – *(3/380)* sich auszeichnen, hervorragen, übertreffen
praeceps, praecipitis *(i/342)* nach vorne geneigt, abschüssig, steil; voreilig, kopfüber, überstürzt
praeceptor, praeceptoris *(kons./331) m* Lehrer
praeceptum, praecepti *(o/327) n* Vorschrift, Lehre, Lehrsatz, Befehl; *praecepta philosophorum* philosophische Lehren
praecīdere, praecīdo, praecīdi, praecīsum *(3/380)* abschneiden, entfernen
praecingere, praecingo, praecinxi, praecinctum *(3/380)* umgürten
praecipere, praecipio, praecepi, praeceptum *(5/380)* vorwegnehmen, vorschreiben, befehlen, lehren

praecipitare, praecipito, praecipitavi, praecipitatum *(1/380)* kopfüber herabstürzen (intransitiv), beschleunigen, übereilen, untergehen
praecipue *Adverb* vornehmlich, besonders
praecipuus, praecipua, praecipuum *(o/a/329)* vorzüglich, hervorragend
praeclarus, praeclara, praeclarum *(o/a/329)* ausgezeichnet, glänzend, berühmt, vortrefflich
praecludere, praecludo, praeclusi, praeclusum *(3/380)* verschließen
praeco, praeconis *(kons./331) m* Herold, Ausrufer
praeconium, praeconii *(o/327) n* Bekanntmachung, Lobpreis
praecordia, praecordiorum *(o/327) m [plurale tantum]* Zwerchfell, Eingeweide, Herz, Brust, Brusthöhle
praecurrere, praecurro, praecurri, praecursum *(3/380)* vorauslaufen, zuvorkommen, überholen
praeda, praedae *(a/325) f* Beute, Vorteil, Gewinn
praedari, praedor, praedatus sum, – *(1/Deponens/392)* erbeuten, plündern, rauben, berauben
praedicare, praedico, praedicavi, praedicatum *(1/380)* bekannt machen, rühmen, preisen, aussagen
praedicere, praedico, praedixi, praedictum *(3/380)* vorhersagen, weissagen; festlegen, befehlen
praedictio, praedictionis *(kons./333) f* Vorhersage, Prophezeiung
praedictum, praedicti *(o/327) n* Vorhersage; Befehl; Verabredung
praediscere, praedisco, praedidici, – *(3/380)* vorher lernen, vorher erfahren
praeditus, praedita, praeditum *(o/a/329)* ausgestattet, begabt; *ratione praeditus* vernunftbegabt
praedium, praedii *(o/327) n* Grundstück, Landgut
praedo, praedonis *(kons./333) m* Räuber, Straßenräuber
praeesse, praesum, praefui, –, praefuturus *(unreg./398) [Dativ]* an der Spitze stehen, vorstehen, leiten, befehligen; *qui praesunt* die Vorgesetzten; *exercitui praeesse* ein Heer führen
praefectura, praefecturae *(a/325) f* Kommando, Befehlsstelle, Provinzverwaltung
praefectus, praefecti *(o/326) m* Befehlshaber, Statthalter
praeferre, praeferro, praetuli, praelatum *(unreg./400)* vorantragen, vorziehen, an den Tag legen
praeficere, praeficio, praefeci, praefectum *(5/380)* an die Spitze stellen, die Befehlsgewalt übergeben; *Pompeius classi praefectus est.* Pompeius wurde das Kommando über die Flotte übertragen.
praefigere, praefigo, praefixi, praefixum *(3/380)* vorne beschlagen, vorne versehen mit
praegravare, praegravo, praegravavi, praegravatus sum *(1/380)* belasten, niederdrücken
praegredi, praegredior, praegressus sum, – *(5/Deponens/392)* vorangehen, zuvorkommen
praeīre, praeeo, praeii, praeitum *(unreg./414)* vorangehen
praemittere, praemitto, praemisi, praemissum *(3/380)* vorausschicken
praemium, praemii *(o/327) n* Lohn, Belohnung, Auszeichnung, Gewinn; *praemia exponere* eine Belohnung aussetzen
praeoccupare, praeoccupo, praeoccupavi, praeoccupatum *(1/380)* vorher besetzen, zuvorkommen
praeparare, praeparo, praeparavi, praeparatum *(1/380)* vorbereiten
praeponere, praepono, praeposui, praepositum *(3/380)* an die Spitze stellen, vorziehen
praepotens, praepotentis *(i/342)* (überaus) mächtig
praeruptus, praerupta, praeruptum *(o/a/329)* schroff, steil abfallend, abschüssig
praescius, praescia, praescium *(o/a/329)* vorherwissend

praescribere, praescribo, praescripsi, praescriptum *(3/380)* vorschreiben, verordnen
praescriptum, praescripti *(o/327) n* Vorschrift, Verordnung
praesens, praesentis *(i/342)* anwesend, gegenwärtig, wirksam, persönlich (anwesend); *te praesente* in deiner Anwesenheit; *te praesente absente* ob du da bist oder nicht; *ad/in praesens* für den Augenblick
praesensio, praesensionis *(kons./333) f* Ahnung
praesentia, praesentiae *(a/325) f* Anwesenheit, Gegenwart
praesentīre, praesentio, praesensi, praesensum *(4/380)* vorherempfinden, ahnen
praes(a)epe, praes(a)epis *(i/338) n* Krippe, Stall
praesertim (cum) *(422) Konjunktion [mit Konjunktiv]* in erster Linie, besonders, zumal (da)
praesidēre, praesideo, praesedi, praesessum *(2/380)* den Vorsitz führen, schützen, verteidigen, befehligen
praesidium, praesidii *(o/327) n* Schutz, Besatzung, Posten, Stützpunkt; *praesidio (Dativ) mittere* zu Hilfe schicken
praestabilis, praestabilis, praestabile *(i/343)* vortrefflich, vorzüglich
praestans, praestantis *(i/342)* vortrefflich, vorzüglich
praestantia, praestantiae *(a/325) f* Vortrefflichkeit, Vorzug
praestare, praesto, praestiti, praestitum, praestaturus *(1/380) [Akkusativ]* voranstehen, sich auszeichnen, beweisen, leisten, erweisen, verbürgen, gewährleisten; *(mit Dativ)* übertreffen; *se praestare* sich erweisen als; *praestat* es ist besser; *multo praestare* weit (um vieles) übertreffen; *fratri praestare* den Bruder übertreffen; *se fortem praestare* sich als tapfer erweisen; *officia diligenter praestare* seine Pflichten gewissenhaft erfüllen; *Praestate vos clementes!* Zeigt euch klug!; *Tibi prudentiā praesto.* Ich bin klüger als du.; *Praestat ridere quam flere.* Es ist besser zu lachen als zu weinen.
praesto *Adverb* gegenwärtig, zugegen, zur Verfügung, zur Hand
praesumere, praesumo, praesumpsi, praesumptum *(3/380)* vorwegnehmen, vermuten
praetendere, praetendo, praetendi, praetentum *(3/380)* vorstrecken, vorgeben, vorschützen
praeter *(420) Präposition [Akkusativ]* an ... vorbei, vorbei an, über ... hinaus, außer, wider
praeterea *Adverb* außerdem
praeterīre, praetereo, praeterii, praeteritum *(unreg./414)* vorübergehen, überholen, übergehen; *praeterit me* es entgeht mir, bleibt mir verborgen; *tempus praeteritum* vergangene Zeit
praetermittere, praetermitto, praetermisi, praetermissum *(3/380)* vorbeigehen lassen, vorübergehen lassen, übergehen, auslassen, unterlassen, weglassen
praetexere, praetexo, praetexui, praetextum *(3/380)* verbrämen, vorschützen, vorgeben
praetexta (toga), praetextae (togae) *(a/325) f* purpurbesetzte Toga
praetor, praetoris *(kons./331) m* Feldherr, Statthalter, Prätor (für das Gerichtswesen zuständiger Beamter)
praetorianus, praetoriana, praetorianum *(o/a/329)* zur kaiserlichen Leibwache gehörig
praetorium, praetorii *(o/327) n* Feldherrnzelt, Kriegsrat
praetorius, praetoria, praetorium *(o/a/329)* zum Feldherrn gehörig, zum Prätor gehörig
praetura, praeturae *(a/325) f* Prätorenamt, Prätur
praevalēre, praevaleo, praevalui, – *(2/380)* besonders stark sein, das Übergewicht haben
praevalidus, praevalida, praevalidum *(o/a/329)* sehr stark, zu stark, bedeutend, mächtig, übermächtig
praevenīre, praevenio, praeveni, praeventum *(4/380)* zuvorkommen
praevertere, praeverto, praeverti, praeversum *(3/380)* zuvorkommen

praefluere, praefluo, praefluxi, – *(3/380)* vorbeifließen
prandēre, prandeo, prandi, pransum *(2/380)* frühstücken
prandium, prandii *(o/327) n* Frühstück
pratum, prati *(o/327) n* Wiese
pravitas, pravitatis *(kons./334) f* Krümmung, Verunstaltung, Schlechtigkeit, Verkehrtheit
pravus, prava, pravum *(o/a/329)* verkehrt, schlecht, verdorben
precari, precor, precatus sum, – *(1/Deponens/392)* bitten, beten, wünschen, anflehen; *deos precari* zu den Göttern beten
precarius, precaria, precarium *(o/a/329)* auf Bitte gewährt, widerruflich, unsicher
preces, precum *(kons./331) f [plurale tantum]* Bitten, Gebet, Verwünschung; *his precibus adductus* auf diese Bitten hin
prehendere, prehendo, prehendi, prehensum *(3/380)* fassen, ergreifen
premere, premo, pressi, pressum *(3/380)* drücken, drängen, bedrängen, belasten
prensare, prenso, prensavi, prensatum *(1/380)* fassen, ergreifen, nehmen
pretiosus, pretiosa, pretiosum *(o/a/329)* wertvoll, kostbar
pretium, pretii *(o/327) n* Preis, Wert, Lohn; Lösegeld; *pretium quaerere (a mit Ablativ)* (jemanden) nach dem Preis fragen; *operae pretium esse* der Mühe/Anstrengung wert sein, sich lohnen; *maxime dare operam* sich größte Mühe geben
pridem *Adverb* vor langer Zeit, längst
pridie *Adverb* am vorhergehenden Tag, tags zuvor
primarius, primaria, primarium *(o/a/329)* vornehm, hervorragend
primo *Adverb* anfangs, zuerst
primordium, primordii *(o/327) n* Anfang, Ursprung
primores, primorum *(kons./331) m* die Vornehmsten
primoris, primoris, primore *(i/343)* der vorderste, der vornehmste
primum *Adverb* zuerst, zum ersten Mal
primus, prima, primum *(o/a/329)* der vorderste, der erste; *primus adesse* als Erster da sein
princeps, principis *(kons./345) m* der führende Mann, der Erste, Führer, Fürst, Herrscher; *adjektivisch* führend, erster; *principes philosophorum* die führenden Philosophen; *principes civitatis* die führenden Männer des Staates
principatus, principatus *(u/350) m* Vorrang, Vorrangstellung, der Prinzipat, die erste Stelle
principium, principii *(o/327) n* Anfang, Grundlage
prior, prior, prius *(i/343)* der vordere, der frühere; *priore aestate* vorigen Sommer
priscus, prisca, priscum *(o/a/329)* alt, altertümlich, altehrwürdig
pristinus, pristina, pristinum *(o/a/329)* früher, vormalig; *in pristinum restituere* in den früheren Zustand bringen
prius *Adverb* eher, früher
priusquam *(422) Konjunktion* (mit Indikativ/Konjunktiv) ehe, bevor
privare, privo, privavi, privatum *(1/380) [Ablativ]* (einer Sache) berauben, befreien (von); *libertate privatus* der Freiheit berauben; *vitā privare* des Lebens berauben
privatim *Adverb* für die eigene Person, als Privatmann
privatus, privata, privatus *(o/a/329) [Adverb privatim]* privat, persönlich zu eigen; *nihil privati* nichts Privates, kein Privatbesitz
privignus, privigni *(o/326) m* Stiefsohn
privus, priva, privum *(o/a/329)* einzeln, je einer, eigen
pro *(420) Präposition [Ablativ]* vor, für, anstelle von, gemäß, im Verhältnis zu
proavus, proavi *(o/326) m* Urgroßvater, Ahn
probabilis, probabilis, probabile *(i/343)* annehmbar, glaublich, wahrscheinlich

probare, probo, probavi, probatum *(1/380)* erproben, prüfen, billigen, darlegen, beweisen; *consilium probare* einen Plan billigen
probatus, probata, probatum *(o/a/329)* erprobt, geachtet
probitas, probitatis *(kons./334) f* Rechtschaffenheit
probrosus, probrosa, probrosum *(o/a/329)* entehrend, schimpflich, schändlich, entehrt
probrum, probri *(o/327) n* Vorwurf, Beschimpfung, Schande; Ehebruch; *alicui avaritiam probro dare* jemandem seinen Geiz zum Vorwurf machen
probus, proba, probum *(o/a/329)* vortrefflich, tüchtig, gut, rechtschaffen, anständig
procax, procaci *(i/342)* frech, zudringlich, begierig
procedere, procedo, processi, processum *(3/380)* vorwärts gehen, vorrücken, vorankommen, hervortreten; Erfolg haben; *procedente tempore* im Verlauf der Zeit
procella, procellae *(a/325) f* Sturm, Wirbelsturm
proceres, procerum *(kons./331) m [plurale tantum]* die Vornehmen, die Adeligen
procerus, procera, procerum *(o/a/329)* hochgewachsen, schlank
procidere, procido, procidi, procisum *(3/380)* niederfallen
proclivis, proclivis, proclive *(i/343)* abschüssig, ansteigend, geneigt
proconsul, proconsulis *(kons./331) m* Statthalter, stellvertretender Konsul
procreare, procreo, procreavi, procreatum *(1/380)* zeugen, hervorbringen
procul *Adverb* fern, weit, aus/in d. Ferne
procumbere, procumbo, procubui, procubitum *(3/380)* sich niederwerfen, niederfallen
procurare, procuro, procuravi, procuratum *(1/380)* besorgen, verwalten
procuratio, procurationis *(kons./333) f* Verwaltung, Amt eines Prokurators
procurator, procuratoris *(kons./331) m* Verwalter, Prokurator
procurrere, procurro, procurri, procursum *(3/380)* vorrücken, vorstürmen
procus, proci *(o/326) m* Freier
prodere, prodo, prodidi, proditum *(3/380)* verraten, preisgeben, ausliefern, bekannt machen, überliefern; *memoriae prodere* der Nachwelt überliefern
prodesse, prosum, profui, –, profuturus *(unreg./406)* förderlich sein, nützen; *Divitiae mihi prosunt.* Geld nützt mir.
prodigium, prodigii *(o/327) n* Vorzeichen, Wunder, Wunderzeichen; Ungeheuer; *prodigii simile esse* an ein Wunder grenzen
prodigus, prodiga, prodigum *(o/a/329)* verschwenderisch
prodīre, prodeo, prodii, proditum *(unreg./414)* hervorgehen, hervorkommen, hervortreten, auftreten, vorrücken
proditio, proditionis *(kons./333) f* Verrat
proditor, proditoris *(kons./331) m* Verräter
producere, produco, produxi, productum *(3/380)* vorführen, ausdehnen, befördern
proeliari, proelior, proeliatus sum, – *(1/Deponens/392)* streiten, fechten, kämpfen
proelium, proelii *(o/327) n* Gefecht, Treffen, Schlacht, Kampf; *proelium committere* sich eine Schlacht liefern
profanus, profana, profanum *(o/a/329)* gottlos, unheilig, ungeweiht
profectio, profectionis *(kons./333) f* Abreise, Abmarsch, Aufbruch
profecto *Adverb* tatsächlich, in der Tat, fürwahr, wahrhaftig, gewiss, sicherlich, wirklich
proferre, proferro, protuli, prolatum *(unreg./400)* hervorbringen, veröffentlichen; vorwärts tragen; verschieben, verlängern

profestus, profesta, profestum *(o/a/329)* werktäglich
proficere, proficio, profeci, profectum *(5/380)* Fortschritte machen, nützen; *Intellego te multum in medicina profecisse.* Ich sehe, dass du in der Heilkunst große Fortschritte gemacht hast.
proficisci, proficiscor, profectus sum, – *(3/Deponens/392)* sich aufmachen, aufbrechen, reisen, abreisen, marschieren, abmarschieren; von etwas ausgehen
profitēri, profiteor, professus sum, – *(2/Deponens/392)* gestehen, (offen) bekennen, offen erklären, verheißen, versprechen
profligare, profligo, profligavi, profligatum *(1/380)* zu Boden werfen, niederschlagen, überwältigen
profugere, profugo, profugi, –, profugiturus *(3/380)* entfliehen, sich flüchten, meiden
profugus, profuga, profugum *(o/a/329)* flüchtig, heimatlos, verbannt; *substantivisch* Flüchtling
profundere, profundo, profusi, profusum *(3/380)* vergießen, hingeben, verschwenden
profundus, profunda, profundum *(o/a/329)* tief
progenies, progeniei *(e/351) f* Abstammung, Nachkommenschaft, Nachkomme
prognatus, prognata, prognatum *(o/a/329)* entsprossen, abstammend
progredi, progredior, progressus sum, – *(5/Deponens/392)* weitergehen, vorrücken, Fortschritte machen
progressio, progressionis *(kons./333) f* Fortschritt
prohibēre, prohibeo, prohibui, prohibitum *(2/380)* *[a mit Ablativ]* fern halten, abhalten (von), hindern, verhindern, schützen (vor); *(a) finibus prohibere* von einem Gebiet abhalten; *itinere prohiberi* am Marsch gehindert werden
proicere, proicio, proieci, proiectum *(5/380)* vorwerfen, hinwerfen, wegwerfen, preisgeben; *se proicere* sich zu Boden werfen; *se ad pedes alicuius proicere* sich jemandem zu Füßen werfen
proinde *Adverb* demgemäß, ebenso, also, daher
prolabi, prolabor, prolapsus sum, – *(3/Deponens/392)* vorwärts gleiten, stürzen, einstürzen
prolatare, prolato, prolatavi, prolatatum *(1/380)* erweitern, vergrößern, aufschieben
proles, prolis *f* Sprößling, Nachkomme
prologus, prologi *(o/326) m* Vorrede, Prolog
proloqui, proloquor, prolocutus sum, – *(3/Deponens/392)* aussprechen
proluere, proluo, prolui, –, proluiturus *(3/380)* ausspülen, wegspülen, wegwaschen
promere, promo, prompsi, promptum *(3/380)* hervorholen, enthüllen
Prometheus, Promethei *(o/326) m* Prometheus
prominēre, promineo, prominui, – *(2/380)* hervorragen
promiscu(u)s, promiscua, promiscuum *(o/a/329)* vermischt, gemischt, gemeinsam, unterschiedlos, gewöhnlich
promissum, promissi *(o/327) n* Versprechen
promittere, promitto, promisi, promissum *(3/380)* in Aussicht stellen, versprechen; *Plura promittit quam praestat.* Er verspricht mehr, als er hält.
promonturium/promunturium, promonturii *(o/327) n* Bergvorsprung, Kap, Vorgebirge
promovēre, prormoveo, prormovi, prormotum *(2/380)* vorschieben, vortreiben; fördern, befördern
promptus, prompta, promptum *(o/a/329)* bereit, entschlossen, schlagfertig (mit ad), sichtbar; *in promptu* in Bereitschaft, bereit
promulgare, promulgo, promulgavi, promulgatum *(1/380)* veröffentlichen
pronuntiare, pronuntio, pronuntiavi, pronuntiatum *(1/380)* verkünden, vortragen
pronus, prona, pronum *(o/a/329)* geneigt, abschüssig; gewogen; leicht

propagare, propago, propagavi, propagatum *(1/380)* fortpflanzen, erweitern, ausdehnen
propago, propagonis *(kons./333) f* Setzling, Ableger, Sprössling
propalam *Adverb* öffentlich
prope *Adverb* nahe, beinahe, in der Nähe
prope *(420) Präposition [Akkusativ]* nahe bei, neben, um, um ... herum, gegen (zeitlich)
propellere, propello, propuli, propulsum *(3/380)* vorwärts treiben; abwehren, vertreiben
propemodum *Adverb* beinahe, fast
propensus, propensa, propensum *(o/a/329)* sich zuneigend, geneigt
properare, propero, properavi, properatum *(1/380)* eilen, sich beeilen, beschleunigen
propere *Adverb* eilens
properus, propera, properum *(o/a/329)* eilig
propinquare, propinquo, propinquavi, propinquatum *(1/380)* sich nähern
propinquitas, propinquitatis *(kons./334) f* Nähe, Verwandtschaft
propinquus, propinqua, propinquum *(o/a/329)* nahestehend, verwandt, benachbart, nahe, nahe bevorstehend
propior, propior, propius *(i/343)* näher
propitius, propitia, propitium *(o/a/329)* geneigt, gewogen, gnädig
propius *Adverb* näher
proponere, propono, proposui, propositum *(3/380)* öffentlich aufstellen, vorlegen, darlegen, vorschlagen, in Aussicht stellen; sich vornehmen; *sibi proponere* sich vornehmen
propositum, propositi *(o/327) n* Vorsatz, Plan
propraetor, propraetoris *(kons./331) m* stellvertretender Prätor, Statthalter
proprius, propria, proprium *(o/a/329)* eigen, persönlich, eigentümlich, wesentlich, charakteristisch
propter *(420) Präposition [Akkusativ]* nahe bei, neben, um, um ... herum, gegen (zeitlich), wegen
propterea *Adverb* deswegen, deshalb; *propterea quod* deswegen weil
propugnaculum, propugnaculi *(o/327) n* Schutzwehr, Bollwerk
propugnare, propugno, propugnavi, propugnatum *(1/380)* zum Angriff vorgehen, verteidigen
propulsare, propulso, propulsavi, propulsatum *(1/380)* abwehren, vertreiben, zurückschlagen
prora, prorae *(a/325) f* Schiffsbug, Vorderdeck
prorepere, prorepo, prorepsi, proreptum *(3/380)* hervorkriechen
prorogare, prorogo, prorogavi, prorogatum *(1/380)* verlängern
prorsus *Adverb* geradewegs, durchaus
proruere, proruo, prorui, prorutum *(3/380)* einstürzen (lassen), einreißen
prorumpere, prorumpo, prorupi, proruptum *(3/380)* hervorbrechen, zum Ausbruch kommen
proscribere, proscribo, proscripsi, proscriptum *(3/380)* bekannt geben, ächten
proscriptio, proscriptionis *(kons./333) f* Ausschreibung, Ächtung
prosequi, prosequor, prosecutus sum, – *(3/Deponens/392)* geleiten, verfolgen
prosilīre, prosilio, prosilui, – *(4/380)* hervorspringen, hervorstürzen
prospectare, prospecto, prospectavi, prospectatum *(1/380)* (aus der Ferne) anschauen, erwarten
prospectus, prospectus *(u/350) m* Aussicht, Anblick
prosper(us), prospera, prosperum *(o/a/330)* günstig, glücklich, erwünscht

prospicere, prospicio, prospexi, prospectum *(5/380)* Ausschau halten; (Akkusativ) vorhersehen; besorgen, beschaffen; (Dativ) sorgen für, vorsorgen; *futura prospicere* die Zukunft voraussehen; *saluti suae prospicere* für sein Wohlergehen sorgen

prosternere, prosterno, prostravi, prostratum *(3/380)* zu Boden werfen, niederstrecken, vernichten

protegere, protego, protexi, protectum *(3/380)* schützen, beschützen, bedecken

protendere, protendo, protendi, protentum *(3/380)* hervorstrecken

proterere, protero, protrivi, protritum *(3/380)* zerreiben, niedertreten, vernichten

protervus, proterva, protervum *(o/a/329)* dreist, frech, ungestüm

protinus *Adverb* vorwärts, weiter, sofort, unverzüglich

proturbare, proturbo, proturbavi, proturbatum *(1/380)* forttreiben, niederwerfen

prout *(422) Konjunktion* je nachdem

provehere, proveho, provexi, provectum *(3/380)* fortführen, wegbringen, emporheben; befördern, weiterbringen

provenīre, provenio, proveni, proventum *(4/380)* hervorkommen, auftreten, entstehen, gelingen

proverbium, proverbii *(o/327) n* Sprichwort

providentia, providentiae *(a/325) f* Vorsorge, Fürsorge, Vorsehung

providēre, provideo, providi, provisum *(2/380)* (Akkusativ) voraussehen, vorhersehen, (Dativ) sorgen für, vorsorgen; *frumentum providere* Getreide besorgen; *futura providere* die Zukunft voraussehen; *saluti suae providere* für sein Wohlergehen sorgen

providus, provida, providum *(o/a/329)* seherisch, voraussehend; vorsichtig, fürsorglich

provincia, provinciae *(a/325) f* Amtsbezirk, Provinz

provincialis, provincialis, provinciale *(i/343)* Provinz-; *Plural* **provinciales, provincialium** Provinzbewohner

provocare, provoco, provocavi, provocatum *(1/380)* hervorrufen, auffordern, herausfordern, Berufung einlegen

provocatio, provocationis *(kons./333) f* Berufung

provolvere, provolvo, provolui, provolutum *(3/380)* vorwärts rollen, sich niederwerfen

proximus, proxima, proximum *(o/a/329)* der nächste, der nächstverwandte, letzte; *Plural* **proximi, proximorum** die Angehörigen, Verwandten; *proximum iter per Alpes* der kürzeste Weg über die Alpen; *proximus a* (mit Ablativ) ganz nahe bei

prudens, prudentis *(i/342)* klug

prudentia, prudentiae *(a/325) f* Klugheit; *mulier summae prudentiae* eine äußerst kluge Frau

pruina, pruinae *(a/325) f* Reif, Raureif

P. S. (Postscriptum) Nachschrift

psaltria, psaltriae *(a/325) f* Zitherspielerin

puber, puberis *(i/342)* erwachsen, kräftig

pubertas, pubertatis *(kons./334) f* Mannbarkeit, Jugendkraft

pubes, puberis *(i/342)* erwachsen, mannbar

pubes, pubis *(kons./331) f* junge (waffenfähige) Mannschaft

publicanus, publicani *(o/326) m* Steuerpächter

publicare, publico, publicavi, publicatum *(1/380)* verstaatlichen, beschlagnahmen, einziehen; veröffentlichen

publice *Adverb* auf Staatskosten, von Staats wegen, allgemein, öffentlich

publicus, publica, publicum *(o/a/329)* staatlich, öffentlich; *vincula publica* Staatsgefängnis; *in publico* in der Öffentlichkeit; *in publicum prodire* an die Öffentlichkeit treten; *res publica* Gemeinwesen, Staat

pudendus, pudenda, pudendum *(o/a/329)* schändlich, schimpflich
pudens, pudentis *(i/342)* verschämt, sittsam, züchtig, bescheiden
pudet, puduit es beschämt; *Cur te pudet huius facti?* Warum schämst du dich dieser Tat?
pudicitia, pudicitiae *(a/325) f* Keuschheit, Sittsamkeit
pudicus, pudica, pudicum *(o/a/329)* schamhaft, keusch
pudor, pudoris *(kons./331) m* Scham, Schamgefühl, Ehrgefühl; *pulso pudore* schamlos
puella, puellae *(a/325) f* Mädchen
puer, pueri *(o/328) m* Knabe, Junge, Kind; *a puero/a pueris* von Kindheit an
puerilis, puerilis, puerile *(i/343)* kindlich, kindisch
pueritia, pueritiae *(a/325) f* Kindheit; *inde a pueritia* von Kindheit an
puerpera, puerperae *(a/325) f* Gebärende, Wöchnerin
pugil, pugilis *(kons./331) m* Boxer, Faustkämpfer
pugio, pugionis *(kons./333) m* Dolch
pugna, pugnae *(a/325) f* Handgemenge, Kampf, Gefecht, Schlacht
pugnare, pugno, pugnavi, pugnatum *(1/380)* kämpfen, streiten; *id secum pugnat* das widerspricht sich
pugnax, pugnacis *(i/342)* kampflustig, streitbar
pugnus, pugni *(o/326) m* Faust
pulcher, pulchra, pulchrum *(o/a/330)* schön, trefflich
pulchritudo, pulchritudinis *(kons./333) m* Schönheit
pullus, pulli *(o/326) m* Junges (eines Tieres)
pullus, pulla, pullum *(o/a/329)* dunkel, schwärzlich
pulmentum, pulmenti *(o/327) n* Fleischstück
pulmo, pulmonis *(kons./333) m* Lunge
pulpitum, pulpiti *(o/327) n* Brettergerüst, Bühne, Tribüne
pulsare, pulso, pulsavi, pulsatum *(1/380)* klopfen, anklopfen, schlagen, stoßen
pulsus, pulsus *(u/350) m* Anstoß, Stoßen, Schlagen
pultare, pulto, pultavi, pultatum *(1/380)* klopfen (an die Tür)
pulverulentus, pulverulenta, pulverulentum *(o/a/329)* staubig
pulvinar, pulvinaris *n* Polstersitz, Göttersitz, Göttermahl
pulvis, pulveris *(kons./331) m* Staub
pumex, pumicis *(kons./332) m* Bimsstein
punctum, puncti *(o/327) n* Stich, Punkt; Augenblick
pungere, pungo, pupugi, punctum *(3/380)* stechen, verletzen
puniceus, punicea, puniceum *(o/a/329)* punisch; purpurn
punīre, punio, punivi, punitum *(4/380)* strafen, bestrafen, Rache nehmen
pupillus, pupilli *(o/326) m* Mündel, Waise
puppis, puppis *(i/338) f* Achterdeck, Hinterdeck, Heck
purgare, purgo, purgavi, purgatum *(1/380)* reinigen, säubern, sühnen, rechtfertigen
purpura, purpurae *(a/325) f* Purpurfarbe, Purpurkleid
purpuratus, purpurati *(o/326) m* Höfling
purpureus, purpurea, purpureum *(o/a/329)* purpurn
purus, pura, purum *(o/a/329)* rein, lauter, unvermischt
pusillus, pusilla, pusillum *(o/a/329)* winzig, kleinlich
putare, puto, putavi, putatum *(1/380)* beschneiden; meinen, glauben, halten für; rechnen, berechnen, schätzen; *magni putare* hochschätzen; *aliquem stultum putare* jemanden für dumm halten
puter, putris, putre *(i/344)* morsch, verfallen, faul, locker, welk, schlaff, matt
putēre, puteo, putui, – *(2/380)* faulig riechen, stinken
puteus, putei *(o/326) m* Brunnen, Grube
putidus, putida, putidum *(o/a/329)* faulig, modrig, widerlich
pyra, pyrae *(a/325) f* Scheiterhaufen

Pythagoras, Pythagorae *(a/325) m* Pythagoras (griechischer Philosoph)
Pythia, Pythiae *(a/325) f* Pythia (Orakelpriesterin in Delphi)

Q

Q. Quintus (Vorname)
q. e. d. (quod erat demonstrandum) was zu beweisen war
qua *Adverb* wo, wie
quadragesimus, quadragesima, quadragesimum *(o/a/329)* der vierzigste
quadraginta vierzig
quadrans, quadrantis *(kons./334) m* Viertelas
quadrare, quadro, quadravi, quadratum *(1/380)* viereckig machen, voll machen, abschließen; viereckig sein, passen
quadratus, quadrata, quadratum *(o/a/329)* viereckig
quadrigae, quadrigarum *(a/325) f [plurale tantum]* Viergespann
quadringenti, quadringentae, quadringenta *(o/a/329)* vierhundert
quadrupes, quadrupedis *(kons./334)* vierfüßig
quaerere, quaero, quaesivi, quaesitum *(3/380) [ex/ab mit Ablativ]* forschen, (jemanden) fragen, erwerben (wollen), zu bekommen versuchen, untersuchen, suchen; *de morte alicuius quaerere* jemandes Tod untersuchen; *Ab/ex te quaero, ubi fueris.* Ich frage dich, wo du warst.; *Totā urbe te quaesivi.* Ich habe dich in der ganzen Stadt gesucht.
quaeritare, quaerito, quaeritavi, quaeritatum *(1/380)* eifrig suchen
quaeso/quaesumus ich bitte/wir bitten
quaestio, quaestionis *(kons./333) f* Frage, Untersuchung
quaestor, quaestoris *(kons./331) m* Schatzmeister, Quästor (römischer Finanzbeamter)
quaestura, quaesturae *(a/325) f* Amt des Quästors, Quästur
quaestus, quaestus *(u/350) m* Erwerb, Gewinn, Gewerbe; *provinciam quaestui habere* eine Provinz als persönliche Erwerbsquelle betrachten
qualis, qualis, quale wie beschaffen, von welcher Art
qualiscumque, qualiscumque, qualecumque wie (beschaffen) auch immer
qualitas, qualitatis *(kons./334) f* Eigenschaft, Beschaffenheit
quam *Adverb* wie, wie sehr, als (Vergleich); *maior quam* größer als; *quam optime* möglichst gut; *quam celerrime* möglichst schnell; *quam maxime* äußerst
quam ob rem *Adverb* deswegen
quamlibet *Adverb* wie (sehr) auch
quamquam *(422) Konjunktion [mit Indikativ]* obwohl, obgleich
quamvis *(422) Konjunktion [mit Konjunktiv]* wie sehr auch, obwohl, wenn auch (noch so)
quamvis *Adverb* beliebig
quando *Adverb* wann
quandocumque *Adverb* wann auch immer
quandoque *Adverb* irgendeinmal
quandoque *(422) Konjunktion* sooft
quantum, quanti wie viel
quantus, quanta, quantum wie groß
quapropter *(422) Konjunktion* warum, weshalb, deshalb
quare *Adverb* warum, weshalb, deshalb (relativer Satzanschluss)
quartus, quarta, quartum *(o/a/329)* der vierte
quasi *Adverb [+ Konjunktiv]* wie wenn, gleichsam, als ob, ungefähr

quassare, quasso, quassavi, quassatum *(1/380)* heftig erschüttern, schütteln
quatenus insofern als
quater *Adverb* viermal
quatere, quatio, –, quassum *(5/380)* schütteln, stoßen, erschüttern
quattuor vier
-que *(422) Konjunktion* und; *senatus populusque Romanus* Senat und Volk von Rom
quemadmodum/quomodo wie, auf welche Weise
quercus, quercus *(u/350) f* Eiche
querela, querelae *(a/325) f* Klage, Beschwerde
queri, queror, questus sum, – *(3/Deponens/392) [Akkusativ]* klagen, (sich) beklagen (über), sich beschweren (über); *Iniuriam sibi illatam questus est.* Er beklagte sich über das Unrecht, das man ihm angetan hatte.
querimonia, querimoniae *(a/325) f* Klage, Beschwerde
querulus, querula, querulum *(o/a/329)* klagend, kläglich
questus, questus *(u/350) m* Klage, Beschwerde
qui, cuius, quae, quod *(365)* welcher/welche/welches, der/die/das; *sunt, qui dicant* es gibt welche, die sagen
qui, cuius, qua, quod *[adjektivisch]* irgendein; *si qua spes est* wenn noch irgendeine Hoffnung besteht
qui, cuius, quae, quod *[adjektivisch]* welcher/welche/welches; *Quo modo (quomodo) res se habet?* Wie verhält es sich?
qui *Adverb* wie? wie denn? wodurch?
quia *(422) Konjunktion [mit Indikativ]* weil, da
quicumque, cuiuscumque, quaecumque, quodcumque wer auch immer, jeder der; *Rogavi, quoscumque potui.* Ich fragte alle möglichen Leute.
quidam, cuiusdam, quaedam, quiddam/quoddam (*substantivisch* und *adjektivisch*) ein bestimmter, irgendeiner, einer, ein gewisser; Plural einige; *maximus quidam* der allergrößte; *Accurit quidam notus mihi nomine tantum.* Da läuft einer heran, der mir nur dem Namen nach bekannt ist.; *divinā quādam mente praeditus* mit geradezu göttlichem Verstand begabt
quidem *(422) Konjunktion* wenigstens, zwar, gewiss, freilich; *ne … quidem* nicht einmal
quidni *Adverb* warum nicht?
quies, quietis *(e/351) f* Ruhe, Stille, Rast, Erholung, Tatenlosigkeit, Schlaf, Friede; *quietem capere* sich erholen
quiescere, quiesco, quievi, –, quieturus *(3/380)* zur Ruhe kommen, ruhen, ausruhen
quietus, quieta, quietum *(o/a/329)* ruhig, gelassen, still, friedlich
quilibet, quaelibet, quidlibet/quodlibet (*substantivisch* und *adjektivisch*) jeder beliebige
quin *Adverb* warum nicht? gewiss, ja sogar; *quin etiam* ja sogar
quin *(422) Konjunktion* dass (nicht)
quindecim fünfzehn
quingenti, quingentae, quingenta *(o/a/329)* fünfzig
quini, quinae, quina *(o/a/329)* je fünf
quinquagesimus, quinquagesima, quinquagesimum *(o/a/329)* der fünfzigste
quinquaginta fünfzig
quinque fünf
quinquennis, quinquennis, quinquenne *(i/343)* fünfjährig
quinquennium, quinquennii *(o/327) m* Zeitraum von 5 Jahren
quinqueremis (navis), quinqueremis *(g/339) f* Fünfruderer, Fünfdecker
Quintilianus, Quintiliani *(o/326) m* Marcus Fabius Quintilianus (Lehrer der Rhetorik)
quintus, quinta, quintum *(o/a/329)* der fünfte
quippe *Adverb* freilich, natürlich, allerdings

quīre, queo, quivi, quitum *(unreg./414)* können
quis, cuiuc, quis, quid *(366) [substantivisch]* irgendeiner, jemand; *se quis dicat* wenn jemand sagen sollte; *quid novi?* welche Neuigkeit?
quis, cuius, quis, quid *[substantivisch]* wer, was; *Quid faciam?* Was soll ich tun?
quisnam wer denn?
quisquam, cuiusquam, quisquam, quicquam *[substantivisch]* irgendeiner, jemand; *vix quisquam* kaum jemand
quisque, quaeque, quidque/quodque (*substantivisch* und *adjektivisch*) jeder; *optimus quisque* jeder Beste
quisquis, cuiuscuius, quisquis, quidquid/quicquid wer auch immer, jeder, der; *quoquo modo se res habet* es sei, wie es wolle
quivis, cuiusvis, quaevis, quidvis/quodvis (*substantivisch* und *adjektivisch*) jeder beliebige
quo *Adverb* wohin; *quo ... eo* je ... desto; *quo celerius, eo melius* je schneller, desto besser
quoad *(422) Konjunktion* so weit, solange, bis
quoad *(420) Präposition [Akkusativ]* hinsichtlich, was betrifft
quocirca *Adverb* daher, deshalb
quocumque *Adverb* wohin auch immer
quod *(422) Konjunktion [mit Indikativ]* da, weil, dass
quodsi *(422) Konjunktion* wenn aber, wenn also, wenn nun
quominus *(422) Konjunktion (mit Konjunktiv)* dass nicht
quomodo *Adverb* auf welche Weise, wie
quondam *Adverb* einmal, einst
quoniam *(422) Konjunktion [mit Konjunktiv]* weil nun, weil ja, da ja
quoque *(422) Konjunktion [nachgestellt]* auch, sogar, noch
quorsum *Adverb* wohin? wozu? zu welchem Zweck?
quot wie viele
quotannis *Adverb* jährlich, alljährlich, Jahr für Jahr
quotiens wie oft, sooft
quotie(n)scumque *Adverb* wie oft auch immer
quotus, quota, quotum der wievielte

R

rabidus, rabida, rabidum *(o/a/329)* wütend, rasend, toll, begeistert
rabies, rabiei *(e/351) f* Wut, Raserei, Tollwut, Begeisterung
racemus, racemi *(o/326) m* Weinbeere, Weintraube
radere, rado, rasi, rasum *(3/380)* kratzen, scheren
radiare, radio, radiavi, radiatum *(1/380)* strahlen
radicitus *Adverb* mit der Wurzel, völlig, von Grund auf
radius, radii *(o/326) m* Strahl, Radspeiche, Schiffchen (Webstuhl)
radix, radicis *(kons./332) f* Wurzel
raeda, raedae *(a/325) f* Reisewagen
ramus, rami *(o/326) m* Zweig, Ast
rana, ranae *(a/325) f* Frosch, Kröte
rapax, rapacis *(i/342)* räuberisch, reißend; unwiderstehlich
rapere, rapio, rapui, raptum *(5/380)* rauben, raffen, erraffen, fortreißen
rapidus, rapida, rapidum *(o/a/329)* reißend, ungestüm, schnell
rapina, rapinae *(a/325) f* Raub, Räuberei
raptare, rapto, raptavi, raptatum *(1/380)* rauben, plündern, fortschleppen, fortreißen
raptim *Adverb* eilens, hastig
raptor, raptoris *(kons./331) m* Räuber, Entführer

raptum, rapti *(o/327) n* Beute, Raub
raptus, raptus *(u/350) m* Raub, Entführung
rapulum, rapuli *(o/327) n* kleine Rübe
raro *Adverb* selten, vereinzelt; *haud raro* nicht selten
rarus, rara, rarum *(o/a/329)* selten, vereinzelt
raster, rastri *(o/328) m [meist Plural]* Hacke, Karst
ratio, rationis *(kons./333) f* Vernunft, Überlegung, Berechnung; Methode, Art und Weise, Lehre, Angelegenheit; *ratio est + Infinitiv* es ist vernünftig; *ratio belli gerendi* Methode der Kriegsführung, Kriegstaktik; *rationem reddere* Rechenschaft ablegen; *rationem habere* Rücksicht nehmen; *omni ratione* auf jede Weise; *ratio dicendi* Lehrmethode; *ultima ratio* die letzte Möglichkeit
ratis, ratis *(g/339) f* Floß
ratus, rata, ratum *(o/a/329)* berechnet, gültig
raucus, rauca, raucum *(o/a/329)* rau, heiser, dumpf
ravus, rava, ravum *(o/a/329)* graugelb
reapse *Adverb* in der Tat, wirklich
rebellare, rebello, rebellavi, rebellatum *(1/380)* sich auflehnen, sich empören, den Krieg erneuern
rebellio, rebellionis *(kons./333) f* Aufstand, Empörung, Wiederaufnahme des Krieges
rebellis, rebellis, rebelle *(i/343)* aufständisch
recedere, recedo, recessi, recessum *(3/380)* zurückweichen, sich zurückziehen; *in extremas partes Italiae recedere* sich in die abgelegensten Gebiete Italiens zurückziehen
recens, recentis *(i/342)* jung, neu, frisch; *iniuria recens* soeben zugefügtes Unrecht
recensēre, recenseo, recensui, recensum *(2/380)* mustern
receptus, receptus *(u/350) m* Rückzug, Rücktritt; Zuflucht
recessus, recessus *(u/350) m* Rückzug, Zurückgehen; Abgeschiedenheit
recīdere, recīdo, recīdi, recīsum *(3/380)* abhauen, abschneiden, beschränken
recinere, recino, –, – *(3/380)* widerhallen
recipere, recipio, recepi, receptum *(5/380)* zurücknehmen, zurückziehen; aufnehmen; wiedererlangen, wieder bekommen; *se recipere* sich zurückziehen; *fugā se recipere* sich fluchtartig zurückziehen; *se ex terrore recipere* sich vom Schrecken erholen; *officium recipere* eine Pflicht übernehmen
recitare, recito, recitavi, recitatum *(1/380)* vortragen, vorlesen, aufsagen
reclinare, reclino, reclinavi, reclinatum *(1/380)* zurücklehnen, anlehnen
recludere, recludo, reclusi, reclusum *(3/380)* aufschließen, öffnen
reconciliare, reconcilio, reconciliavi, reconciliatum *(1/380)* wiedergewinnen, wiederherstellen, zurückgewinnen, versöhnen
recondere, recondo, recondi(di), reconditum *(3/380)* verbergen, verwahren
reconditus, recondita, reconditum *(o/a/329)* abgelegen, verborgen
recordari, recordor, recordatus sum, – *(1/Deponens/392) [Akkusativ/de + Ablativ]* sich erinnern, beherzigen; *Illud tempus recordor.* Ich erinnere mich an jene Zeit.
recordatio, recordationis *(kons./333) f* Erinnerung
recreare, recreo, recreavi, recreatum *(1/380)* wiederherstellen, erquicken, erfrischen; *se recreare* sich erholen
recte *Adverb* geradeaus, richtig, zu Recht, gut
rector, rectoris *(kons./331) m* Lenker, Leiter
rectus, recta, rectum *(o/a/329)* richtig, recht, gerade, geradeaus
recubare, recubo, recubavi, recubatum *(1/380)* ruhen, liegen

recumbere, recumbo, recubui, recubitum *(3/380)* sich niederlegen
recuperare, recupero, recuperavi, recuperatum *(1/380)* wiedererlangen, zurückgewinnen
recuperator, recuperatoris *(kons./331) m* Erstattungsrichter
recurrere, recurro, recurri, recursum *(3/380)* zurücklaufen
recurvus, recurva, recurvum *(o/a/329)* rückwärts gebogen, zurückgebogen
recusare, recuso, recusavi, recusatum *(1/380)* zurückweisen, ablehnen, sich weigern
redarguere, redarguo, redargui, redargutum *(3/380)* widerlegen
reddere, reddo, reddidi, redditum *(3/380)* zurückgeben, zu etwas machen; *Me iratum reddis.* Du machst mich zornig.; *mare tutum reddere* das Meer sicher machen; *gentem nobilem reddere* eine Familie berühmt machen
redigere, redigo, redegi, redactum *(3/380)* zurücktreiben, einbringen, eintreiben; in eine Lage versetzen, in einen Zustand versetzen
redimere, redimo, redemi, redemptum *(3/380)* zurückkaufen, loskaufen, befreien
redimīre, redimio, redimivi, redimitum *(4/380)* umwinden, bekränzen
redintegrare, redintegro, redintegravi, redintegratum *(1/380)* wiederherstellen
redīre, redeo, redii, reditum *(unreg./414)* zurückgehen, zurückkehren, (als Ertrag) eingehen
reditus, reditus *(u/350) m* Rückkehr, Heimkehr; Einkommen
redonare, redono, redonavi, redonatum *(1/380)* wieder schenken
reducere, reduco, reduxi, reductum *(3/380)* zurückführen, zurückziehen
redundare, redundo, redundavi, redundatum *(1/380)* überfließen, sich ergießen; im Überfluss vorhanden sein
redux, reducis *(i/342)* zurückführend, zurückkehrend, zurückkommend
refellere, refello, refelli, – *(3/380)* widerlegen, zurückweisen
refercīre, refercio, refersi, refertum *(4/380)* voll stopfen
referre, refero, rettuli, relatum *(unreg./400)* zurückbringen, abliefern, melden, berichten; *his nuntiis ad Caesarem relatis* als Cäsar diese Nachrichten erhalten hatte; *pedem referre* sich (langsam) zurückziehen; *refert* es ist wichtig, ist daran gelegen
refertus, referta, refertum *(o/a/329) [Ablativ]* vollgestopft mit, dichtgedrängt, voll von
reficere, reficio, refeci, refectum *(5/380)* wiederherstellen, neu beleben, bessern; *se reficere* sich erholen
refigere, refigo, refixi, refixum *(3/380)* losmachen, abreißen, abschaffen
reflectere, reflecto, reflexi, reflexum *(3/380)* rückwärts biegen, abwenden
refluere, refluo, refluxi, – *(3/380)* zurückfließen
reformidare, reformido, reformidavi, reformidatum *(1/380)* sich fürchten, sich entsetzen
refringere, refringo, refregi, refractum *(3/380)* aufbrechen
refugere, refugo, refugi, –, refugiturus *(3/380)* fliehen, zurückweichen
refulgēre, refulgeo, refulsi, – *(2/380)* aufleuchten
refundere, refundo, refusi, refusum *(3/380)* zurückgießen
regalis, regalis, regale *(i/343)* königlich
regere, rego, rexi, rectum *(3/380)* lenken, leiten, beherrschen, regieren
regia (domus), regiae *(a/325) f* Königsschloss, Hof, Königsfamilie
regimen, regiminis *(kons./336) n* Leitung, Lenkung, Verwaltung
regina, reginae *(a/325) f* Königin

regio, regionis *(kons./333) f* Grenzlinie, Landstrich, Gegend, Gebiet, Richtung; *eandem regionem petere* die gleiche Richtung einschlagen
regius, regia, regium *(o/a/329)* königlich
regnare, regno, regnavi, regnatum *(1/380)* (als König) herrschen, regieren; *Tarquinio regnante* unter der Herrschaft des Tarquinius
regnator, regnatoris *(kons./331) m* Herrscher
regnum, regni *(o/327) n* Königtum, Königreich, Herrschaft
regredi, regredior, regressus sum, – *(5/Deponens/392)* zurückgehen, zurückkehren
regressus, regressus *(u/350) m* Rückkehr, Rückzug
regula, regulae *(a/325) f* Richtschnur, Maßstab, Lineal, Regel
Regulus, Reguli *(o/326) m* Marcus Attilius Regulus (römischer Konsul)
regulus, reguli *(o/326) m* Häuptling, Fürst, Prinz, König (eines kleinen Landes)
reicere, reicio, reieci, reiectum *(5/380)* zurückwerfen, zurückweisen, abweisen, ablehnen; *Senatus pacis condiciones reiecit.* Der Senat lehnte die Friedensbedingungen ab.
relabi, relabor, relapsus sum, – *(3/Deponens/392)* zurückfallen, zurückgleiten
relaxare, relaxo, relaxavi, relaxatum *(1/380)* lockern, erleichtern
relegare, relego, relegavi, relegatum *(1/380)* fortschicken, wegschicken, verbannen, ausweisen, zurückweisen
relevare, relevo, relevavi, relevatum *(1/380)* (wieder) aufheben, erleichtern, lindern, mildern
religare, religo, religavi, religatum *(1/380)* emporbinden, zurückbinden, anbinden, festbinden
religio, religionis *(kons./333) f* Gewissenhaftigkeit, Frömmigkeit, Glaube, Gottesfurcht, Religion, Götterverehrung, Kult, Aberglaube, Bedenken
religiosus, religiosa, religiosum *(o/a/329)* gewissenhaft, fromm, heilig, religiös, bedenklich
relinquere, relinquo, reliqui, relictum *(3/380)* verlassen, übriglassen, zurücklassen
reliquiae, reliquiarum *(a/325) f [plurale tantum]* Überbleibsel, Rest
reliquus, reliqua, reliquum *(o/a/329)* übrig, künftig; *in reliquum (tempus)* für die Zukunft; *reliquum diei* Rest des Tages; *nihil reliqui facere* nichts übrig lassen
remanēre, remaneo, remansi, –, remansurus *(2/380)* zurückbleiben, verbleiben
remeare, remeo, remeavi, remeatum *(1/380)* zurückkehren, zurückkommen
remedium, remedii *(o/327) n* Heilmittel, Abhilfe
remex, remigis *(kons./331) m* Ruderer
remigare, remigo, remigavi, remigatum *(1/380)* rudern
remigium, remigii *(o/327) n* Ruderwerk, Rudervolk, Rudermannschaft
reminisci, reminiscor, (recordatus sum), – *(3/Deponens/392)* sich erinnern
remissus, remissa, remissum *(o/a/329)* gelassen, nachlässig, locker, schlaff, sanft
remittere, remitto, remisi, remissum *(3/380)* erlassen, nachlassen, zurückschicken; *arma remittere* die Waffen sinken lassen
remorari, remoror, remoratus sum, – *(1/Deponens/392)* (transitiv) aufhalten; (intransitiv) sich aufhalten, verweilen
remotus, remota, remotum *(o/a/329)* entfernt, fern, entlegen, abgelegen
removēre, removeo, removi, remotum *(2/380)* zurückbewegen, wegschaffen, entfernen
remugīre, remugio, remugivi, remugitum *(4/380)* zurückbrüllen, dröhnen
remus, remi *(o/326) m* Ruder, Riemen
Remus, Remi *(o/326) m* Remus (Bruder des Romulus)

renasci, renascor, renatus sum, – *(3/Deponens/392)* wieder geboren werden, nachwachsen
renes, renium/renum *(kons./331) m [plurale tantum]* Nieren
renidēre, renideo, –, – *(2/380)* zurückstrahlen, lächeln, (vor Freude) strahlen
renovare, renovo, renovavi, renovatum *(1/380)* erneuern, wiederherstellen
renuere, renuo, renui, renutum *(3/380)* abwinken, ablehnen
renuntiare, renuntio, renuntiavi, renuntiatum *(1/380)* berichten, melden, verkünden, aufkündigen
reparare, reparo, reparavi, reparatum *(1/380)* wiederherstellen, wiedergewinnen
repellere, repello, reppuli, repulsum *(3/380)* zurückstoßen, wegstoßen, zurücktreiben, abweisen, verschmähen
repens, repentis *(i/342)* unerwartet, plötzlich
repente *Adverb* plötzlich
repentinus, repentina, repentinum *(o/a/329)* unerwartet, unvermutet, plötzlich; *repentinum venenum* schnell wirkendes Gift
repere, repo, repsi, reptum *(3/380)* kriechen
reperīre, reperio, repperi, repertum *(4/380)* finden, wiederfinden, auffinden, ermitteln
repetere, repeto, repetivi, repetitum *(3/380)* zurückfordern, wiedergewinnen, wiederholen; *sermonem memoriā repetere* ein Gespräch aus dem Gedächtnis wiederholen
replēre, repleo, replevi, repletum *(2/380)* auffüllen, ergänzen
reponere, repono, reposui, repositum *(3/380)* zurückstellen, zurücklegen, vergelten, zurückgeben, ersetzen
reportare, reporto, reportavi, reportatum *(1/380)* zurücktragen, zurückbringen
reposcere, reposco, repoposci, – *(3/380)* zurückfordern, zurückverlangen
reprehendere, reprehendo, reprehendi, reprehensum *(3/380)* zurechtweisen, tadeln, kritisieren
reprehensio, reprehensionis *(kons./333) f* Tadel
reprimere, reprimo, repressi, repressum *(3/380)* zurückdrängen, beschwichtigen
repudiare, repudio, repudiavi, repudiatum *(1/380)* zurückweisen, verschmähen, ablehnen
repugnare, repugno, repugnavi, repugnatum *(1/380)* Widerstand leisten, widerstreben, widerstehen, widersprechen
repulsa, repulsae *(a/325) f* Zurückweisung, Abweisung
reputare, reputo, reputavi, reputatum *(1/380)* überlegen, erwägen, berechnen
requies, requietis *(e/351) f* Ruhe, Stille, Rast, Erholung, Tatenlosigkeit, Schlaf, Friede; *quietem capere* sich erholen
requiescere, requiesco, requievi, –, quieturus *(3/380)* zur Ruhe kommen, ruhen, ausruhen
requirere, requiro, requisivi, requisitum *(3/380)* verlangen, fordern, erfordern, aufsuchen, nachforschen, nach etwas fragen, sich erkundigen; *Multae res requiruntur.* Viele Dinge sind erforderlich.
rēri, reor, ratus sum, – *(2/Deponens/392)* meinen, glauben; rechnen, berechnen; *ratus (mit AcI)* in der Annahme, dass
res, rei *(e/351) f* Besitz, Sache, Ding, Tatsache, Lage, Ereignis, Angelegenheit; *res familiaris* Vermögen; *res secundae* Glück; *res adversae* Unglück; *res publica* Staat, Politik, Staatsgeschäfte; *res gestae (Plural)* Taten, Leistungen; *res divinae* Gottesdienst; *ex mea re est* es liegt in meinem Interesse; *rem publicam capessere/ad rem publicam accedere* die politische Laufbahn einschlagen; *in re publica versari* sich politisch betätigen; *Non est e re publica.* Es liegt nicht im Interesse des Staates.; *in optima re publica* unter günstigen politischen Verhältnissen; *rei publicae*

forma Verfassung; *res novae* Umsturz; *Catilina novis rebus studuit.* Catilina plante einen Umsturz.
rescindere, rescindo, rescidi, rescissum *(3/380)* einreißen, abbrechen, vernichten
resciscere, rescisco, rescivi, rescitum *(3/380)* erfahren
rescribere, rescribo, rescripsi, rescriptum *(3/380)* zurückschreiben, neu schreiben, umschreiben
resecare, reseco, resecui, resectum *(1/380)* wegschneiden, beschneiden
reserare, resero, reseravi, reseratum *(1/380)* entriegeln, öffnen
reservare, reservo, reservavi, reservatum *(1/380)* aufbewahren, erhalten
residere, resido, resedi, – *(3/380)* sich setzen
residēre, resideo, resedi, resessum *(2/380)* sitzen bleiben, zurückbleiben
resignare, resigno, resignavi, resignatum *(1/380)* entsiegeln, öffnen
resistere, resisto, restiti, – *(3/380)* stehen bleiben, Widerstand leisten, sich widersetzen; *resistere hostibus* sich gegen die Feinde zur Wehr setzen
resolvere, resolvo, resolvi, resolutum *(3/380)* auflösen, lösen, befreien
resonare, resono, resonui, –, resonaturus *(1/380)* widerhallen, ertönen
respicere, respicio, respexi, respectum *(5/380)* zurückblicken, berücksichtigen, beachten; *aetatem alicuius respicere* auf jemandes Alter Rücksicht nehmen
respirare, respiro, respiravi, respiratum *(1/380)* aufatmen, sich wieder erholen
respondēre, respondeo, respondi, responsum *(2/380)* antworten; entsprechen
responsare, responso, responsavi, responsatum *(1/380)* antworten; widerstehen
responsum, responsi *(o/327) n* Antwort
respublica, respublicae *(a/325) f* Gemeinwesen, Staat
respuere, respuo, respui, resputum *(3/380)* verschmähen
restare, resto, restiti, – *(1/380)* übrig bleiben, zurückbleiben, Widerstand leisten
restaurare, restauro, restauravi, restauratum *(1/380)* wiederherstellen, erneuern
restinguere, restinguo, restinxi, restinctum *(3/380)* auslöschen, tilgen, vernichten
restituere, restituo, restitui, restitutum *(3/380)* wiederherstellen, wieder einsetzen; zurückführen, zurückversetzen; *oppidum restituere* eine Stadt wieder aufbauen
resultare, resulto, resultavi, resultatum *(1/380)* zurückspringen, abprallen, widerhallen
resumere, resumo, resumpsi, resumptum *(3/380)* wieder aufnehmen, erneuern
resupinus, resupina, resupinum *(o/a/329)* zurückgelehnt, auf dem Rücken liegend
resurgere, resurgo, resurrexi, resurrectum *(3/380)* wieder aufstehen, sich erneut erheben
retardare, retardo, retardavi, retardatum *(1/380)* verzögern, aufhalten
rete, retis *(i/338) n* Netz
retegere, retego, retexi, retectum *(3/380)* aufdecken, entdecken, öffnen, entblößen
retemptare, retempto, retemptavi, retemptatum *(1/380)* nochmals versuchen
reticēre, reticeo, reticui, – *(2/380)* schweigen, verschweigen
retinēre, retineo, retinui, retentum *(2/380)* zurückhalten, festhalten, beibehalten, (im Besitz) behalten
retorquēre, retorqueo, retorsi, retortum *(2/380)* zurückdrehen, wegdrehen, abwenden
retractare, retracto, retractavi, retractatum *(1/380)* zurückziehen, sich zurückziehen; sich weigern, sich sträuben; erneut ergreifen, neu behandeln

retrahere, retraho, retraxi, retractum *(3/380)* zurückziehen, erneut hervorziehen
retro *Adverb* rückwärts, zurück
retrorsum *Adverb* rückwärts, zurück
reus, rei *(o/326) m* Angeklagter; *reum facere* anklagen
revehere, reveho, revexi, revectum *(3/380)* zurückführen, zurückbringen
revellere, revello, revelli/revulsi, revulsum *(3/380)* aufreißen, herausreißen
reverentia, reverentiae *(a/325) f* Ehrfurcht, Ehrerbietung, Achtung, Scheu
reversus, reversa, reversum *(o/a/329)* zurückgekehrt
reverti, revertor, reverti, – *(3/Deponens/392)* zurückkehren, umkehren
revincīre, revincio, revinxi, revinctum *(4/380)* festbinden
revisere, reviso, revisi, revisum *(3/380)* wieder aufsuchen
revocare, revoco, revocavi, revocatum *(1/380)* zurückrufen, abberufen
revolvere, revolvo, revolvi, revolutum *(3/380)* zurückwälzen, aufrollen
rex, regis *(kons./331) m* König, Tyrann, Herrscher
Rhenus, Rheni *(o/326) m* Rhein
rhetor, rhetoris *(kons./331) m* Redelehrer, Redner
rhetoricus, rhetorica, rhetoricum *(o/a/329)* die Redekunst betreffend, rednerisch
rhombus, rhombi *(o/326) m* Plattfisch, Steinbutt
rictus/rictum, ricti *(o/326) m/n* offener Mund, Rachen
ridēre, rideo, risi, risum *(2/380) [Akkusativ]* lachen, auslachen, sich lustig machen über
ridiculus, ridicula, ridiculum *(o/a/329)* lächerlich, witzig
rigare, rigo, rigavi, rigatum *(1/380)* bewässern
rigēre, rigeo, rigui, – *(2/380)* starren, steif sein
rigidus, rigida, rigidum *(o/a/329)* steif, starr, hart, rau
rigor, rigoris *(kons./331) m* Erstarrung, Härte
rima, rimae *(a/325) f* Riss, Spalt, Ritze
rimari, rimor, rimavi, rimatum *(1/Deponens/392)* spalten, durchwühlen, durchsuchen, durchforschen
ripa, ripae *(a/325) f* Ufer; *ripam attingere* das Ufer erreichen
risus, risus *(u/350) m* Gelächter, Lachen
rite *Adverb* dem Brauch gemäß, gehörig
ritus, ritus *(u/350) m* Brauch, Satzung, Sitte
rivalis, rivalis *(g/339) m* Nebenbuhler, Rivale
rivus, rivi *(o/326) m* Bach
rixa, rixae *(a/325) f* Zank, Streit, Rauferei
rixare, rixor, rixatus sum, – *(1/380)* streiten
robur, roboris *(kons./335) n* Kernholz; Stärke, Kraft; Kerntruppe
robustus, robusta, robustum *(o/a/329)* eichen, stark, kräftig
rodere, rodo, rosi, rosum *(3/380)* benagen, verzehren, herabsetzen
rogare, rogo, rogavi, rogatum *(1/380)* fragen, bitten; *auxilium rogare* um Hilfe bitten; *Patres sententiam rogantur.* Die Senatoren werden um ihre Meinung gefragt.
rogatio, rogationis *(kons./333) f* Bitte, Antrag, Frage; Gesetzesvorschlag
rogitare, rogito, rogitavi, rogitatum *(1/380)* (erneut/wiederholt) fragen
rogus, rogi *(o/326) m* Scheiterhaufen
Roma, Romae *(a/325) f* Rom; *Romam* nach Rom; *Romae* in Rom
Romanus, Romana, Romanum *(o/a/329)* römisch; *substantivisch* Römer
Romulus, Romuli *(o/326) m* Romulus (der Sage nach Gründer Roms)
rorare, roro, roravi, roratum *(1/380)* tauen, betauen, feucht sein, befeuchten, tropfen

ros, roris *(kons./332) m* der Tau, Feuchtigkeit, Nass
rosa, rosae *(a/325) f* Rose, Rosenstrauch
roscidus, roscida, roscidum *(o/a/329)* tauend, betaut
roseus, rosea, roseum *(o/a/329)* rosig, Rosen-
rostrum, rostri *(o/327) n* Schnabel, Schiffsschnabel; *Plural* **rostra, rostrorum** Rednerbühne auf dem Forum
rota, rotae *(a/325) f* Rad, Scheibe
rotare, roto, rotavi, rotatum *(1/380)* (im Kreis) herumdrehen, schwingen
rotundus, rotunda, rotundum *(o/a/329)* rund, vollkommen
ruber, rubra, rubrum *(o/a/330)* rot
rubēre, rubeo, rubui, – *(2/380)* rot sein, prangen, schimmern
rubescere, rubesco, rubui, – *(3/380)* rot werden
rubor, ruboris *(kons./331) m* Röte, Scham, Schamröte, Schande
rudens, rudentis *(kons./334) m* Seil, Schiffstau
rudere, rudo, rudivi, – *(3/380)* brüllen, schreien, knarren
rudis, rudis, rude *(i/343)* ungebildet, ungeschickt, unerfahren, bearbeitet, kunstlos, roh
ruere, ruo, rui, –, ruiturus *(3/380)* stürzen, anstürmen, eilen; *Quo ruis?* Wo rennst du hin?
ruga, rugae *(a/325) f* Runzel, Falte
ruina, ruinae *(a/325) f* Sturz, Einsturz, Fall, Untergang; *Plural* **ruinae, ruinarum** Trümmer
rumor, rumororis *(kons./331) m* Geräusch, Gerede, Gerücht, Ruf; *rumorem excipere* Geflüster aufschnappen; *rumoribus falsis terreri* sich durch falsche Gerüchte erschrecken lassen
rumpere, rumpo, rupi, ruptum *(3/380)* brechen, zerbrechen, zerreißen; *vincula rumpere* die Fesseln sprengen
rupes, rupis *f* Fels, Schlucht, Felsenschlucht, Klippe
ruricola, ruricolae *(a/325) m* Bauer, Stier; *adjektivisch* ländlich
rursus/rursum *Adverb* wieder, wiederum, andererseits, rückwärts
rus, ruris *(kons./335) n* Land, Feld, Landgut; *rus ire* aufs Land gehen; *ruri vivere* auf dem Land leben; *rure redire* vom Land zurückkehren
rusticus, rustica, rusticum *(o/a/329)* ländlich, bäuerlich, bäuerisch, plump; *substantivisch* Bauer
rutilus, rutila, rutilum *(o/a/329)* rötlich

S

S. Sextus (Vorname)
Sabinus, Sabini *(o/326) m* Sabiner
saccus, sacci *(o/326) m* Sack
sacer, sacra, sacrum *(o/a/330) [Genitiv]* heilig, (jemandem) geweiht, verflucht; *sanguis sacer* Opferblut
sacerdos, sacerdotis *(kons./331) m/f* Priester, Priesterin
sacerdotium, sacerdotii *(o/327) n* Priesteramt
sacramentum, sacramenti *(o/327) n* Fahneneid, Eid, Treueid; *sacramentum dicere* (mit Dativ) den Treueid leisten (auf)
sacrare, sacro, sacravi, sacratum *(1/380)* weihen, heiligen, verewigen
sacrarium, sacrarii *(o/327) n* Heiligtum, Kapelle
sacrificare, sacrifico, sacrificavi, sacrificatum *(1/380)* opfern
sacrificium, sacrificii *(o/327) n* Opfer; *sacrificium perficere* ein Opfer vollziehen
sacrilegium, sacrilegii *(o/327) n* Tempelraub, Frevel
sacrilegus, sacrilega, sacrilegum *(o/a/329)* tempelräuberisch, gottlos, verrucht; *substantivisch* Tempelräuber

sacrosanctus, sacrosancta, sacrosanctum *(o/a/329)* unverletzlich, hochheilig
sacrum, sacri *(o/327) n* Heiligtum, Gottesdienst, Opfer; *sacra facere* Opfer bringen
saeculum, saeculi *(o/327) n* Zeitalter, Menschenalter, Jahrhundert, Zeitgeist, Mode
saepe *Adverb* oft, oftmals
saepenumero *Adverb* oft, oftmals
saepes, saepis *f* Zaun, Gehege
saepīre, saepio, saepsi, saeptum *(4/380)* umzäunen, einzäunen, umhegen, einschließen, sichern
saeta, saetae *(a/325) f* Borste
saevīre, saevio, saevivi, saevitum *(4/380)* toben, wüten, rasen
saevitia, saevitiae *(a/325) f* Wut
saevus, saeva, saevum *(o/a/329)* wild, wütend, grimmig
sagacitas, sagacitatis *(kons./334) f* scharfer Blick, scharfer Sinn, Schärfe
sagax, sagacis *(i/342)* scharfsinnig, schlau
sagitta, sagittae *(a/325) f* Pfeil
sagittarius, sagittarii *(o/326) m* Pfeilschütze, Bogenschütze
sagum/sagulum, sagi/saguli *(o/327) n* Soldatenmantel, Kriegsmantel
sal, salis *(i/338) m/n* Salz, Meer, Witz, Geschmack
salīre, salio, salui, – *(4/380)* springen, hüpfen
salix, salicis *(kons./332) f* Weide(nbaum)
salsus, salsa, salsum *(o/a/329)* salzig, gesalzen, scharf, witzig
saltare, salto, saltavi, saltatum *(1/380)* tanzen
saltem *Adverb* wenigstens
saltus, saltus *(u/350) m* Schlucht, Waldschlucht, Pass, Waldgebirge
saltus, saltus *(u/350) m* Sprung
saluber, salubris, salubre *(o/328)* heilsam, gesund; *Aqua huius fontis salubris est.* Das Wasser dieser Quelle ist gesund.
salus, salutis *(kons./333) f* Gesundheit, Wohl, Wohlergehen, Heil, Rettung; Gruß; *communi saluti servire* dem Gemeinwohl dienen; *saluti esse* zur Rettung beitragen
salutare, saluto, salutavi, salutatum *(1/380)* grüßen, begrüßen
salutaris, salutaris, salutare *(i/343)* wohlbehalten, heilsam, nützlich, rettend
salutatio, salutationis *(kons./333) f* Begrüßung
salve/salvete sei/seid gegrüßt!
salvus, salva, salvum *(o/a/329)* wohlbehalten, unverletzt, unversehrt, mit heiler Haut, gesund; *Amici salvi redierunt.* Die Freunde kehrten wohlbehalten zurück.
sanare, sano, sanavi, sanatum *(1/380)* heilen, wiedergutmachen, beruhigen, zur Vernunft bringen
sancīre, sancio, sanxi, sanctum *(4/380)* weihen, festsetzen, bekräftigen, bestätigen; bestrafen, verbieten
sanctitas, sanctitatis *(kons./334) f* Heiligkeit, Unverletzlichkeit, Rechtschaffenheit
sanctus, sancta, sanctum *(o/a/329)* heilig, geweiht, ehrwürdig; unverletzt
sane *Adverb* wohl, freilich, wirklich, gewiss, allerdings
sanguineus, sanguinea, sanguineum *(o/a/329)* blutig, aus Blut, rot, blutdürstig
sanguinulentus, sanguinulenta, sanguinulentum *(o/a/329)* blutbefleckt
sanguis, sanguinis *(kons./331) m* Blut, Blutvergießen
sanies, saniei *(e/351) f* Eiter, Gift
sanitas, sanitatis *(kons./334) f* Gesundheit, Vernunft, Besonnenheit
sanus, sana, sanum *(o/a/329)* gesund, heil, besonnen, vernünftig; *aliquem sanum facere* jemanden

gesund machen; *pro sano facere* handeln wie ein vernünftiger Mensch

sapere, sapio, sapivi/sapii, – *(5/380)* schmecken; verständig sein, einsichtig sein, Verstand haben

sapiens, sapientis *(i/342)* weise, vernünftig, verständig; *substantivisch* der Weise, Philosoph

sapientia, sapientiae *(a/325) f* Weisheit, Einsicht, Philosophie; *studium sapientiae* eifriges Bemühen um die Weisheit

sapor, saporis *(kons./331) m* Geschmack, Urteil

sarcina, sarcinae *(a/325) f* Bündel, Gepäck; *Plural* **sarcinae, sarcinarum** Gepäck, Marschgepäck

sarcīre, sarcio, sarci, sartum *(4/380)* flicken, ausbessern, wiedergutmachen

sata, satorum *(o/327) n* Saaten, Saatfelder, Pflanzungen

satelles, satellitis *(kons./331) m* Leibwächter, Trabant, Helfershelfer

satiare, satio, satiavi, satiatum *(1/380)* sättigen

satietas, satietatis *(kons./334) f* Sättigung, Überdruss

satis/sat *Adverb* genug, ausreichend; *satius est* es ist besser; *Satis verborum!* Genug geredet!; *In magnis voluisse sat est.* Bei großen Dingen genügt der Wille.

satisfacere, satisfacio, satisfeci, satisfactum *(5/380)* zufrieden stellen, entschädigen, Genüge tun, Genüge leisten, befriedigen

satur, satura, saturum *(o/a/329)* satt, reich

satura, saturae *(a/325) f* Satire

saturare, saturo, saturavi, saturatum *(1/380)* sättigen

satus, satus *(u/350) m* Säen, Pflanzen, Saat, Same, Zeugung

Satyrus, Satyri *(o/326) m* Satyr

sauciare, saucio, sauciavi, sauciatum *(1/380)* verwunden

saucius, saucia, saucium *(o/a/329)* verwundet

saxum, saxi *(o/327) n* Stein, Fels, Felsblock, Steinblock, Klippe; *Sisyphus frustra saxum in summum montem volvere studuit.* Sisyphus versuchte vergeblich, den Fels auf die Bergspitze zu rollen.

S. C. (senatus consultum) Senatsbeschluss

scabies, scabiei *(e/351) f* Rauheit, Krätze, Jucken

scaena, scaenae *(a/325) f* Bühne, Szene, Schauplatz

scalae, scalarum *(a/325) f [plurale tantum]* Leiter, Treppe

scalpere, scalpo, scalpsi, scalptum *(3/380)* kratzen, eingravieren

scandere, scando, scandi, scansum *(3/380)* steigen, besteigen

scapha, scaphae *(a/325) f* Kahn, Boot

sceleratus, scelerata, sceleratum *(o/a/329)* frevelhaft, verbrecherisch, entweiht, befleckt

scelestus, scelesta, scelestum *(o/a/329)* frevelhaft, verbrecherisch, verrucht

scelus, sceleris *(kons./335) n* Frevel, Verbrechen; Verbrecher, Schurke

sceptrum, sceptri *(o/327) n* Zepter, Reich, Herrschaft

schola, scholae *(a/325) f* Schule

sciens, scientis *(i/342)* wissentlich, bewusst, kundig, erfahren (in etwas), geschickt

scientia, scientiae *(a/325) f* Wissen, Wissenschaft, Kenntnis, Einsicht; *scientiā atque usu* in Theorie und Praxis

scilicet *Adverb* selbstverständlich, natürlich

scindere, scindo, scidi, scissum *(3/380)* zerreißen, spalten

Scipio, Scipionis *(kons./333) m* Publius Scipio (Sieger über Hannibal)

scīre, scio, scivi, scitum *(4/380)* wissen, kennen, verstehen; *quod sciam* soweit ich weiß; *Scio te hoc dixisse.* Ich weiß, dass du das gesagt hast.

sciscere, scisco, scivi, scitum *(3/380)* erfahren, beschließen

scitum, sciti *(o/327) n* Beschluss, Volksbeschluss

scitus, scita, scitum *(o/a/329)* kundig, geschickt, klug, nett
scleratus, sclerata, scleratum *(o/a/329)* verbrecherisch
scopulus, scopuli *(o/326) m* Felsen, Klippe
scorpio, scorpionis *(kons./333) m* Skorpion, Wurfmaschine
scortum, scorti *(o/327) n* Prostituierte, Dirne
scriba, scribae *(a/325) m* Schreiber
scribere, scribo, scripsi, scriptum *(3/380)* schreiben, verfassen; *epistulam scribere* einen Brief schreiben
scrinium, scrinii *(o/327) n* Kapsel
scriptor, scriptoris *(kons./331) m* Schriftsteller, Geschichtsschreiber, Schreiber; *rerum scriptor* Geschichtsschreiber
scriptum, scripti *(o/327) n* Schrift, Buch; Linie (auf dem Spielbrett)
scriptura, scripturae *(a/325) f* Schreiben, Schreibweise, Schriftstück
scrobis, scrobis *(g/339) m/f* Grube, Loch
scrupulus, scrupuli *(o/326) m* (spitzes) Steinchen, Besorgnis, Skrupel, Bedenken
scruta, scrutorum *(o/327) n [plurale tantum]* Gerümpel, Plunder
scrutari, scrutor, scrutatus sum, – *(1/Deponens/392)* untersuchen, erforschen
scrutatio, scrutationis *(kons./333) f* Untersuchung, Durchsuchung
scurra, scurrae *(a/325) m* Spaßmacher, Schmeichler
scurrari, scurror, scurratus sum, – *(1/Deponens/392)* Spaßmacher sein, schmeicheln
scutum, scuti *(o/327) n* (der) Schild
scyphus, scyphi *(o/326) m* Becher, Pokal
secare, seco, secui, sectum *(1/380)* schneiden, abschneiden, durchschneiden
secedere, secedo, secessi, secessum *(3/380)* weggehen, sich trennen
secernere, secerno, secrevi, secretum *(3/380)* trennen, absondern, unterscheiden
secessio, secessionis *(kons./333) f* Absonderung, Auszug, Trennung
secreto *Adverb* insgeheim
secretum, secreti *(o/327) n* Abgeschiedenheit, Geheimnis
secretus, secreta, secretum *(o/a/329)* abgesondert, geheim
sectari, sector, sectatus sum, – *(1/Deponens/392) [Akkusativ]* nachjagen, nachlaufen
secundum *(420) Präposition [Akkusativ]* entlang, längs, sogleich nach, unmittelbar nach; entsprechend, gemäß
secundus, secunda, secundum *(o/a/329)* der folgende, der zweite; günstig; *in rebus secundis* im Glück; *vento secundo* mit günstigem Wind
securis, securis *(i/338) f* Beil
securitas, securitatis *(kons./334) f* Sorglosigkeit, Nachlässigkeit; Sicherheit
securus, secura, securum *(o/a/329)* sorgenlos, sorglos, unbekümmert, sicher
secus *Adverb* anders
sed *(422) Konjunktion* aber, jedoch, sondern
sedare, sedo, sedavi, sedatum *(1/380)* beruhigen, zur Ruhe bringen, stillen, mildern; *bellum sedare* den Krieg beilegen
sedatio, sedationis *(kons./333) f* Beruhigung
sedatus, sedata, sedatum *(o/a/329)* ruhig; *sedate ferre* ruhig ertragen
sedecim sechzehn
sedēre, sedeo, sedi, sessum *(2/380)* sitzen
sedes, sedis *f* Sitz, Wohnsitz; *sedibus incertis vagari* ohne festen Wohnsitz herumziehen

sedile, sedilis *(i/338) n* Stuhl, Sitz, Bank, Sessel
seditio, seditionis *(kons./333) f* Trennung, Zwiespalt, Zwist, Aufstand, Aufruhr, Meuterei; *seditionem facere* einen Aufstand machen
seditiosus, seditiosa, seditiosum *(o/a/329)* aufrührerisch, meuternd
seducere, seduco, seduxi, seductum *(3/380)* beiseite führen, trennen
sedulitas, sedulitatis *(kons./334) f* Eifer, Emsigkeit, Fleiß
sedulo *Adverb* ohne Arg, fleißig
sedulus, sedula, sedulum *(o/a/329)* fleißig, eifrig, willig
seges, segetis *(kons./331) f* Saat, Saatfeld, Ertrag
segnis, segnis, segne *(i/343)* langsam, träge, schlaff, lässig; *nihilo segnius* umso eifriger
segnitia, segnitiae *(a/325) f* Langsamkeit, Trägheit, Schlaffheit
segregare, segrego, segregavi, segregatum *(1/380)* absondern, trennen
seiungere, seiungo, seiunxi, seiunctum *(3/380)* trennen, unterscheiden
selectio, selectionis *(kons./333) f* Auswahl
sella, sellae *(a/325) f* Sessel, Stuhl
semel *Adverb* einmal
semen, seminis *(kons./336) n* Same, Samenkorn, Samen
sementis, sementis *(g/339) f* Aussaat
seme(n)stris, semestris, semestre *(i/343)* sechsmonatig
semianimis, semianimis, semianime *(i/343)* halb tot
seminex, seminecis *(i/342)* halb tot
semita, semitae *(a/325) f* Fußpfad
semovēre, semoveo, semovi, semotum *(2/380)* entfernen, ausschließen, absondern
semper *Adverb* immer, stets
sempiternus, sempiterna, sempiternum *(o/a/329)* ewig, immerwährend
senator, senatoris *(kons./331) m* Senator, Mitglied des Senats
senatorius, senatoria, senatorium *(o/a/329)* senatorisch
senatus, senatus *(u/350) m* Rat der Alten, Senat, Senatsversammlung; *senatūs consultum* Senatsbeschluss; *senatūs consultum ultimum* der äußerste Senatsbeschluss (im Notfall)
Seneca, Senecae *(a/325) m* Seneca (römischer Philosoph)
senecta, senectae *(a/325) f* (hohes) Alter, Greisenalter
senectus, senectutis *(kons./333) f* (hohes) Alter, Greisenalter
senescere, senesco, senui, – *(3/380)* alt werden, altern; verkümmern, verwelken, verfallen
senex, senis *(kons./331) m* alt, bejahrt; *substantivisch* alter Mann, Greis
seni, senae, sena *(o/a/329)* je sechs
senilis, senilis, senile *(i/343)* greisenhaft
senior, senioris *(i/342) [Komparativ zu senex]* älter; *Plural* **seniores, seniorum** die Älteren
sensim *Adverb* allmählich, bedächtig
sensus, sensus *(u/350) m* Sinn, Gesinnung, Verstand, Empfindung, Gefühl, Gedanke; *sensus communis* gesunder Menschenverstand; *Morte omnis sensus exstinguitur.* Durch den Tod wird jede Empfindung ausgelöscht.
sententia, sententiae *(a/325) f* Meinung, Urteil, Gedanke, Sinn, Satz, Sinnspruch; *meā sententiā* meiner Meinung nach; *sententiam dicere/ferre* die Stimme abgeben
sentīre, sentio, sensi, sensum *(4/380)* fühlen, spüren, merken, wahrnehmen, meinen; *Idem sentio ac tu.* Ich meine dasselbe wie du.
sentis, sentis *(g/339) m* Dornstrauch, Dornbusch
separare, separo, separavi, separatum *(1/380)* trennen, absondern
separatim *Adverb* getrennt, besonders

sepelīre, sepelio, sepelivi, sepultum *(4/380)* bestatten, begraben
seponere, sepono, seposui, sepositum *(3/380)* beiseite legen, trennen, absondern, entfernen
septem sieben
septeni, septenae, septena *(o/a/329)* je sieben
septentrionalis, septentrionalis, septentrionale *(i/343)* nördlich
septentriones, septentrionum *(kons./331) m [plurale tantum]* Sternbild „Wagen"/„Großer Bär", Norden
septimus, septima, septimum *(o/a/329)* der siebte
septingenti, septingentae, septingenta *(o/a/329)* siebenhundert
septuagesimus, septuagesima, septuagesimum *(o/a/329)* der siebzigste
septuaginta siebzig
sepulcrum, sepulcri *(o/327) n* Grab, Grabmal
sepultura, sepulturae *(a/325) f* Begräbnis, Bestattung, Verbrennung
sequax, sequacis *(i/342)* schnell folgend
sequi, sequor, secutus sum, – *(3/Deponens/392)* folgen, nachfolgen, verfolgen; *eā, quae secuta est, hieme* im folgenden Winter; *sequitur, ut* daraus ergibt sich, dass
sequius *Adverb* anders, weniger, schlechter
sera, serae *(a/325) f* Riegel
serenus, serena, serenum *(o/a/329)* heiter, wolkenlos
serere, sero, serui, sertum *(3/380)* reihen, aneinanderreihen, verknüpfen
serere, sero, sevi, satum *(3/380)* säen, pflanzen
series, seriei *(e/351) f* Reihe, Folge, Serie
serio *Adverb* ernst, im Ernst
serius, seria, serium *(o/a/329) [Adverb serio]* ernst, ernsthaft
sermo, sermonis *(kons./333) m* Gespräch; Sprache, Umgangssprache, Redeweise; *sermonem habere* ein Gespräch führen; *in sermone omnium esse* in aller Munde sein
sero *Adverb* spät, zu spät
serpens, serpentis *(kons./334) m* Schlange
serpere, serpo, serpsi, serptum *(3/380)* kriechen, schleichen
serta, sertorum *(o/327) n [plurale tantum]* Kran, Girlande
serus, sera, serum *(o/a/329)* spät, verspätet
serva, servae *(a/325) f* Sklavin, Magd, Dienerin
servare, servo, servavi, servatum *(1/380) [a mit Ablativ]* retten, bewahren, behüten, schützen (vor), erhalten; beobachten
servilis, servilis, servile *(i/343)* Sklaven betreffend, Sklaven-, sklavisch, knechtisch
servīre, servio, servivi, servitum *(4/380)* dienen, frönen, Sklave sein; *vitiis servire* Lastern frönen
servitium, servitii *(o/327) n* Sklaverei, Knechtschaft; *Plural* **servitia, servitiorum** Sklaven; *aliquem in servitium ducere* jemanden versklaven
servitus, servitutis *(kons./333) f* Sklaverei, Knechtschaft; *servitutem servire* in Knechtschaft leben
servulus, servuli *(o/326) m* junger Sklave
servus, servi *(o/326) m* Sklave, Knecht, Dienerin
sescenti, sescentae, sescenta *(o/a/329)* sechshundert
sestertius, sestertii *(o/326) m* Sesterz (= ursprünglich 2,5 As, klassisch 4 As)
setius *Adverb* anders, weniger, schlechter
severitas, severitatis *(kons./334) f* Ernst, Strenge
severus, severa, severum *(o/326)* ernst, gesetzt, streng
sex sechs
Sex. Sextus (Vorname)
sexagesimus, sexagesima, sexagesimum *(o/a/329)* der sechzigste
sexaginta sechzig
sextus, sexta, sextum *(o/a/329)* der sechste

sexus, sexus *(u/350) m* Geschlecht
si *(422) Konjunktion* wenn, falls, ob
sic *Adverb* so, auf diese Weise; *sic ... ut* so ... wie
sica, sicae *(a/325) f* Dolch, Meuchelmord
sicarius, sicaria *(o/326) m* Meuchelmörder
siccare, sicco, siccavi, siccatum *(1/380)* trocknen, austrocknen
siccus, sicca, siccum *(o/a/329)* trocken, durstig, nüchtern
sicubi *(422) Konjunktion* wenn irgendwo
sicut *Adverb* wie, so wie, wie zum Beispiel
sidere, sido, sedi, sessum *(3/380)* sich setzen, sich senken
sidereus, siderea, sidereum *(o/a/329)* gestirnt, Sternen-
sidus, sideris *(kons./335) n* Gestirn, Sternbild; *sidera, quae errantia vocantur* die so genannten Planeten
sigillum, sigilli *(o/327) n* Statuette, Siegel
signare, signo, signavi, signatum *(1/380)* zeichnen, bezeichnen; siegeln, versiegeln
signifer, signiferi *(o/328) m* Bannerträger, Fähnrich
significare, significo, significavi, significatum *(1/380)* bezeichnen, bedeuten
significatio, significationis *(kons./333) f* Zeichen, Anzeichen, Bezeichnung, Bedeutung
signum, signi *(o/327) n* Feldzeichen, Standarte, Zeichen, Parole, Losung, Merkmal, Bild, Bildnis; *signa relinquere* fahnenflüchtig werden; *signa inferre* angreifen
silentium, silentii *(o/327) n* Schweigen, Stille, Ruhe
silēre, sileo, silui, – *(2/380)* schweigen, still sein, ruhen
silex, silicis *(kons./331) m* Kiesel, Stein, Fels
silva, silvae *(a/325) f* Wald
silvestris, silvestris, silvestre *(i/343)* bewaldet, im Wald lebend, wild
similis, similis, simile *(i/343)* ähnlich, gleichartig; *veri similis/verisimilis* wahrscheinlich
similitudo, similitudinis *(kons./333) f* Ähnlichkeit
simplex, simplicis *(i/342)* einfach, natürlich, schlicht, arglos
simplicitas, simplicitatis *(kons./334) f* Einfachheit, Schlichtheit, Aufrichtigkeit
simul *Adverb* zugleich, gleichzeitig
simul *(422) Konjunktion [mit Indikativ Perfekt]* sobald
simul ac (simulatque) *(422) Konjunktion [mit Indikativ Perfekt]* sobald als
simul atque *[mit Indikativ Perfekt]* sobald als
simulacrum, simulacri *(o/327) n* Bild, Bildnis, Abbild; Trugbild; Götterbild
simulare, simulo, simulavi, simulatum *(1/380)* nachahmen, etwas vorgeben, heucheln, so tun als ob; *Marcus se aegrum esse simulat.* Marcus stellt sich krank.
simulatio, simulationis *(kons./333) f* Verstellung, Vorwand
simultas, simultatis *(kons./334) f* Feindschaft
sin (autem) *(422) Konjunktion* wenn aber
sincerus, sincera, sincerum *(o/a/329)* rein, unversehrt, aufrichtig
sine *(420) Präposition [Ablativ]* ohne
sinere, sino, sivi, situm *(3/380)* lassen, zulassen, erlauben; *Non sino te abire.* Ich lasse dich nicht weggehen.
singularis, singularis, singulare *(i/343)* einzeln, einzigartig, ausgezeichnet
singuli, singulae, singula *(o/a/329)* einzelne, je ein; *in singulos annos* jeweils für ein Jahr
sinister, sinistra, sinistrum *(o/a/330)* links, linkisch; Unglück verheißend; *ad sinistram (manum)* zur Linken (Hand), auf der linken Seite
sinus, sinus *(u/350) m* Biegung, Krümmung, Bucht; Bausch, Gewandbausch, Busen, Tasche; *sinus maritimus* Meerbusen, Meeresbucht
siquidem *(422) Konjunktion* wenn wirklich

sistere, sisto, stiti, – *(3/380)* stellen, hinstellen, zum Stehen bringen, sich stellen, sich hinstellen, stehen bleiben, bestehen

Sisyphus, Sisyphi *(o/326) m* Sisyphus

sitīre, sitio, sitivi, sititum *(4/380)* dürsten, trocken sein

sitis, sitis *(i/338) f* Durst, Dürre; *sitim explere* den Durst löschen

situs, sita, situm *(o/a/329)* gelegen, liegend, befindlich (bei Ortsangaben); *urbs ad flumen sita* die Stadt am Fluss

situs, situs *(u/350) m* Lage, Stellung; Vernachlässigung

sive/seu *(422) Konjunktion* oder wenn; oder; *sive … sive/seu … seu* sei es, dass … oder dass

sobrius, sobria, sobrium *(o/a/329)* nüchtern, enthaltsam, besonnen

soccus, socci *(o/326) m* niederer/leichter Schuh

socer, soceri *(o/328) m* Schwiegervater

socialis, socialis, sociale *(i/343)* freundschaftlich, kameradschaftlich, ehelich

sociare, socio, sociavi, sociatum *(1/380)* verbinden, vereinigen, zum Bundesgenossen machen

societas, societatis *(kons./334) f* Gemeinschaft, Gesellschaft, Bündnis, Verbindung; *latronum societas* Räuberbande

socius, socii *(o/326) m* Verbündeter, Bundesgenosse, Gefährte, Kamerad; *adjektivisch* verbündet, gemeinsam

socordia, socordiae *(a/325) f* Sorglosigkeit, Beschränktheit

socors, socordis *(i/342)* fahrlässig, sorglos, schwerfällig, beschränkt

Socrates, Socratis *(kons./331) m* Sokrates (griechischer Philosoph)

socrus, socrus *(u/350) f* Schwiegermutter

sodalis, sodalis *(g/339) m* Gefährte, Kamerad, Freund, Mitglied, Genosse

sol, solis *(kons./331) f* Sonne, Sonnengott, Tag; *sole oriente* bei Sonnenaufgang; *sole occidente* bei Sonnenuntergang

solacium, solacii *(o/327) n* Trost

solamen, solaminis *(kons./336) n* Trost

solari, solor, solatus sum, – *(1/Deponens/392)* trösten, lindern, mildern

solea, soleae *(a/325) f* Sandale

solēre, soleo, solitus sum, – *(2/380) [mit Infinitiv]* pflegen, gewohnt sein (etwas zu tun); *Hoc quotannis accidere solet.* Dies kommt gewöhnlich in jedem Jahr vor.

solidus, solida, solidum *(o/a/329)* gediegen, fest, echt, ganz

solitudo, solitudinis *(kons./333) f* Einsamkeit, Einöde

solitus, solita, solitum *(o/a/329)* gewohnt, üblich, gebräuchlich

solium, solii *(o/327) n* Thron

sollemnis, sollemnis, sollemne *(i/343)* feierlich, alljährlich (jährlich wiederkehrend); *Plural* **sollemnia, sollemnium** substantivisch Feierlichkeiten

sollers, sollertis *(i/342)* kunstfertig, geschickt, schlau

sollertia, sollertiae *(a/325) f* Geschicklichkeit, Schlauheit

sollicitare, sollicito, sollicitavi, sollicitatum *(1/380)* heftig bewegen, heftig erregen, stören, beunruhigen, stark bewegen, aufwiegeln

sollicitudo, sollicitudinis *(kons./333) f* Erregung, Unruhe, Kummer, Sorge; *magnā affectus sollicitudine* von großer Unruhe erfüllt

sollicitus, sollicita, sollicitum *(o/a/329)* heftig erregt, besorgt, stark bewegt, unruhig, beunruhigt, besorgt; *sollicita plebs* die erregte Volksmenge

Solo, Solonis *(kons./333) m* Solon (athenischer Gesetzgeber)

solum, soli *(o/327) n* Boden, Sohle, Grundfläche, Erdboden; *urbem solo (Dativ) aequare* die Stadt dem Erdboden gleichmachen

solum *Adverb* allein, nur; *non solum ... sed etiam* nicht nur ... sondern auch
solus, sola, solum *[Genitiv solius, Dativ soli]* allein, einzig, einsam
solutus, soluta, solutum *(o/a/329)* ungebunden, frei, schlaff, gelöst, zügellos
solvere, solvo, solvi, solutum *(3/380)* lösen, ablösen, auflösen, befreien, zahlen; *vela solvere* die Segel setzen; *pecuniam debitam solvere* Schulden bezahlen
somniare, somnio, somniavi, somniatum *(1/380)* träumen
somnium, somnii *(o/327) n* Traum, Traumbild; *somnium videre* träumen
somnus, somni *(o/326) m* Schlaf, Untätigkeit; *somnum capere non posse* nicht einschlafen können
sonare, sono, sonui, –, sonaturus *(1/380)* tönen, schallen, klirren, klingen
sonipes, sonipedis *(kons./334) m* Pferd, Ross
sonitus, sonitus *(u/350) m* Ton, Geräusch
sonorus, sonora, sonorum *(o/a/329)* tönend, rauschend
sonus, sonus *(u/350) m* Laut, Schall, Ton, Klang
sopīre, sopio, sopivi, sopitum *(4/380)* einschläfern, tief einschlafen
sopor, soporis *(kons./331) m* tiefer Schlaf
sordēre, sordeo, sordui, – *(2/380)* schmutzig sein
sordes, sordium *(kons./331) f* Schmutz, niedrige Gesinnung
sordidus, sordida, sordidum *(o/a/329)* schmutzig, gemein, niedrig, schäbig
soror, sororis *(kons./331) f* Schwester
sors, sortis *(g/340) f* Los, Losorakel, Schicksal; *sorti destinatus* dem Schicksal verfallen
sortīri, sortior, sortitus sum, – *(4/Deponens/392)* losen, erlosen; *sortito* durch das Los
sospes, sospitis *(kons./345)* wohlbehalten, unversehrt
spargere, spargo, sparsi, sparsum *(3/380)* sprengen, besprengen, streuen, ausstreuen, zerstreuen, werfen
spatiari, spatior, spatiatus sum, – *(1/Deponens/392)* einhergehen, spazieren gehen
spatiosus, spatiosa, spatiosum *(o/a/329)* ausgedehnt, weit, geräumig, groß
spatium, spatii *(o/327) n* Raum, Strecke, Zwischenraum; Zeitraum; *magno spatio confecto* nachdem eine große Strecke bewältigt war; *triginta dierum spatium dare* eine Frist von dreißig Tagen einräumen
specere, specio, spexi, spectum *(5/380)* schauen
specialis, specialis, speciale *(i/343)* besonders
species, speciei *(e/351) f* Aussehen, Gestalt, Anblick, Gestalt; Anschein, Schein, Vorwand; *prima specie* auf den ersten Blick
specimen, speciminis *(kons./336) n* Probe, Muster
speciosus, speciosa, speciosum *(o/a/329)* schön, stattlich, blendend, glänzend
spectabilis, spectabilis, spectabile *(i/343)* sichtbar; herrlich, ansehnlich
spectaculum, spectaculi *(o/327) n* Schauspiel, Tribüne; *spectaculum capere* sich ein Schauspiel ansehen
spectare, specto, spectavi, spectatum *(1/380)* schauen, anschauen, betrachten, anstreben
spectator, spectatoris *(kons./331) m* Zuschauer, Betrachter
spectatus, spectata, spectatum *(o/a/329)* erprobt, anerkannt, bewährt, geprüft
specula, speculae *(a/325) f* Aussichtspunkt, Warte
speculari, speculor, speculatus sum, – *(1/Deponens/392)* auskundschaften, beobachten
speculator, speculatoris *(kons./331) m* Kundschafter, Späher
speculum, speculi *(o/327) n* Spiegel
specus, specus *(u/350) m* Höhle, Grotte, Graben, Stollen

spelunca, speluncae *(a/325) f* Höhle, Grotte
sperare, spero, speravi, speratum *(1/380)* hoffen, erhoffen, erwarten; *sperare salutem/de salute* auf Rettung hoffen
spernere, sperno, sprevi, spretum *(3/380)* abweisen, verachten, verschmähen
spes, spei *(e/351) f* Hoffnung, Erwartung; *spem ponere in + Ablativ* seine Hoffnung setzen auf
sphaera, sphaerae *(a/325) f* Kugel
spiculum, spiculi *(o/327) n* Spitze, Wurfspieß, Lanze, Pfeil
spina, spinae *(a/325) f* Dorn, Stachel
spira, spirae *(a/325) f* Windung
spirare, spiro, spiravi, spiratum *(1/380)* hauchen, atmen, wehen
spiritus, spiritus *(u/350) m* Atem, Hauch, Lufthauch, Seele, Gesinnung; *extremo spiritu* beim letzten Atemzug
spissus, spissa, spissum *(o/a/329)* dicht, voll, mühsam, langsam
splendēre, splendeo, splendui, – *(2/380)* glänzen, schimmern, strahlen
splendidus, splendida, splendidum *(o/a/329)* glänzend, angesehen, prächtig
splendor, splendoris *(kons./331) m* Glanz
spoliare, spolio, spoliavi, spoliatum *(1/380)* entkleiden, plündern, ausplündern, berauben
spolium, spolii *(o/327) n [meist im Plural]* erbeutete Rüstung, Beute, Raub
spondēre, spondeo, spopondi, sponsum *(2/380)* geloben, versprechen, bürgen
sponsio, sponsionis *(kons./333) f* Gelöbnis, Bürgschaft; Wette
sponsor, sponsoris *(kons./331) m* Bürge
sponsus, sponsi *(o/326) m* Bräutigam, Verlobter; *adjektivisch* verlobt
(meā/tuā/suā/nostrā/vestrā) sponte *f* aus eigenem Antrieb, freiwillig; *Meā sponte hoc feci.* Das habe ich aus eigenem Antrieb getan.
S. P. Q. R. (Senatus populusque Romanus) Senat und Volk von Rom
spuere, spuo, spui, sputum *(3/380)* speien, spucken
spuma, spumae *(a/325) f* Schaum, Gischt
spumare, spumo, spumavi, spumatum *(1/380)* schäumen
spumeus, spumea, spumeum *(o/a/329)* schäumend
squalēre, squaleo, –, – *(2/380)* rau sein, starren, schmutzig sein
squalidus, squalida, squalidum *(o/a/329)* schmutzig, ungepflegt
squalor, squaloris *(kons./331) m* Schmutz, Trauer, Trauerkleidung
squama, squamae *(a/325) f* Schuppe
squilla, squillae *(a/325) f* Krabbe, Krebs
SS. (sestertii) Sesterzen
Stabiae, Stabiarum *(a/325) f [plurale tantum]* Stabiä (Kleinstadt am Golf von Neapel)
stabilīre, stabilio, stabilivi, stabilitum *(4/380)* befestigen, sichern
stabilis, stabilis, stabile *(i/343)* standhaft, dauerhaft, zuverlässig, beständig, fest
stabilitas, stabilitatis *(kons./334) f* Festigkeit, Bestand, Beständigkeit
stabulum, stabuli *(o/327) n* Stall, Gehege
stadium, stadii *(o/327) n* Stadion, Rennbahn
stagnum, stagni *(o/327) n* Tümpel, Teich
stamen, staminis *(kons./336) n* Faden, Schicksalsfaden
stare, sto, steti, staturus *(1/380)* stehen
statim *Adverb* auf der Stelle, sofort, sogleich
statio, stationis *(kons./333) f* Standort, Posten, Wache, Wachmannschaft

stativa, stativorum *(o/327) n [plurale tantum]* Standlager
stativus, stativa, stativum *(o/a/329)* stehend
statua, statuae *(a/325) f* Statue, Standbild
statuere, statuo, statui, statutum *(3/380)* hinstellen, aufstellen; feststellen; beschließen, festsetzen; *arborem statuere* einen Baum pflanzen
statura, staturae *(a/325) f* Gestalt, Wuchs
status, status *(u/350) m* Stand, Zustand, Verfassung, Bestand; *status belli* die Lage des Krieges/Kriegslage
stella, stellae *(a/325) f* Stern
sterilis, sterilis, sterile *(i/343)* unfruchtbar, ertraglos
sternere, sterno, stravi, stratum *(3/380)* ausbreiten, hinbreiten, hinwerfen, hinstrecken, niederwerfen
stertere, sterto, –, – *(3/380)* schnarchen
stilla, stillae *(a/325) f* Tropfen
stilus, stili *(o/326) m* Schreibgriffel, Schreibart
stimulare, stimulo, stimulavi, stimulatum *(1/380)* anstacheln, beunruhigen, quälen
stimulus, stimuli *(o/326) m* Stachel, Ansporn
stipare, stipo, stipavi, stipatum *(1/380)* zusammendrängen, umringen
stipendiarius, stipendiaria, stipendiarium *(o/a/329)* tributpflichtig
stipendium, stipendii *(o/327) n* Steuer, Abgabe, Tribut, Sold; *Plural* **stipendia, stipendiorum** Kriegsdienst; *Populi subacti stipendia pependerunt.* Die unterdrückten Völker zahlten Steuern.; *stipendia facere/merere* Sold verdienen, Kriegsdienst leisten
stipes, stipitis *(kons./331) m* Baumstamm, Pfahl
stipula, stipulae *(a/325) f* Stroh, Strohhalm, Rohr, Halm
stirps, stirpis *(kons./331) f* Wurzelstock, Ursprung, Spross, Geschlecht
stola, stolae *(a/325) f* langes Kleid (von Frauen)
stolidus, stolida, stolidum *(o/a/329)* töricht, dumm
stomachari, stomachor, stomachatus sum, – *(1/Deponens/392)* unwillig sein, sich ärgern
stomachus, stomachi *(o/326) m* Schlund, Magen; Verdruss, Ärger
strages, stragis *f* Niederlage, Vernichtung, Verwüstung, Gemetzel
stramentum, stramenti *(o/327) n* Streu, Stroh
stratum, strati *(o/327) n* Decke, Polster, Lager
strenuus, strenua, strenuum *(o/a/329)* tätig, tüchtig, tatkräftig, rührig, wacker
strepere, strepo, strepui, – *(3/380)* lärmen, rauschen, toben
strepitus, strepitus *(u/350) m* Lärm, Geräusch, Getöse
stridēre, strideo, stridi, – *(2/380)* pfeifen, zischen
stridor, stridoris *(kons./331) m* Pfeifen, Zischen
stringere, stringo, strinxi, strictum *(3/380)* (eine Waffe) ziehen, abstreifen; *gladio stricto* mit gezücktem Schwert
struere, struo, struxi, structum *(3/380)* aufbauen, schichten, ordnen
studēre, studeo, studui, – *(2/380) [Dativ]* sich bemühen um, eifrig betreiben, streben nach, begünstigen; *studere litteris* sich wissenschaftlich betätigen; *id studere, ut* sich darum bemühen, dass
studiosus, studiosa, studiosum *(o/a/329) [Genitiv]* eifrig bemüht (um), bedacht (auf), wissbegierig; *studiosissimus litterarum* ein großer Freund der Wissenschaften
studium, studii *(o/327) n* Eifer, Studium, Streben, Beschäftigung; Vorliebe, Neigung, Voreingenommenheit; *studium discendi* Lerneifer; *sine ira et studio* objektiv
stultitia, stultitiae *(a/325) f* Torheit, Dummheit
stultus, stulta, stultum *(o/a/329)* töricht, dumm
stupefacere, stupefacio, stupefeci, stupefactum *(5/380)* verblüffen; betäuben
stupēre, stupeo, stupui, – *(2/380)* staunen, stutzen

stupidus, stupida, stupidum *(o/a/329)* verdutzt, stumpfsinnig
stuprum, stupri *(o/327) n* Unzucht, Ehebruch, Schändung
suadēre, suadeo, suasi, suasum *(2/380)* raten, anraten, empfehlen, zureden; *pacem suadere* zum Frieden raten; *Tibi suadeo, ne sero venias.* Ich rate dir, nicht zu spät zu kommen.
suavis, suavis, suave *(i/343)* süß, lieblich, angenehm
suavitas, suavitatis *(kons./334) f* Süßigkeit, Annehmlichkeit
sub *(420) Präposition* (Akkusativ) unter, unterhalb, gegen, um, bei, unter … hin; (Ablativ) unter, unterhalb, während, innerhalb, gegen, bei
subdere, subdo, subdidi, subditum *(3/380)* unterwerfen; unterschieben, unterstellen, vorschieben
subdolus, subdola, subdolum *(o/a/329)* arglistig, betrügerisch, hinterlistig
subducere, subduco, subduxi, subductum *(3/380)* wegführen, entziehen
subesse, subsum, –, – *(unreg./398)* darunter sein, zu Grunde liegen, vorhanden sein
subicere, subicio, subieci, subiectum *(5/380)* unterwerfen, unterordnen; *subiectis parcere* die Unterworfenen schonen
subigere, subigo, subegi, subactum *(3/380)* hinunter-/hinauftreiben; zwingen, bezwingen, unterwerfen, unterjochen, gefügig machen
subinde *Adverb* unmittelbar darauf, wiederholt
subīre, subeo, subii, subitum *(unreg./414)* (heimlich) herangehen an, heranrücken an, emporsteigen, unternehmen, sich unterziehen, auf sich nehmen, erdulden; *pericula subire* Gefahren auf sich nehmen; *locum subire* sich einem Ort nähern
subito *Adverb* plötzlich
subitus *Adverb* unvermutet, plötzlich; *subito (Adverb)* plötzlich
sublabi, sublabor, sublapsus sum, – *(3/Deponens/392)* heranschleichen
sublevare, sublevo, sublevavi, sublevatum *(1/380)* erleichtern, emporheben, aufrichten, unterstützen, fördern
sublica, sublicae *(a/325) f* Pfahl
sublime *Adverb* hochragend, erhaben
sublimis, sublimis, sublime *(i/343)* hochragend, erhaben
submergere, submergo, submersi, submersum *(3/380)* untertauchen, versenken
submittere, submitto, submisi, submissum *(3/380)* herablassen; heimlich nachsenden, zu Hilfe schicken
submovēre, submoveo, submovi, submotum *(2/380)* wegschaffen, vertreiben, fern halten
subnectere, subnecto, subnexui, subnexum *(3/380)* (von unten) anknüpfen
subnisus/subnixus, subnisa, subnisum *(o/a/329)* gestützt auf
suboles, subolis *(kons./331) f* Nachkommenschaft
subridēre, subrideo, subrisi, subrisum *(2/380)* lächeln, anlächeln
subruere, subruo, subrui, subrutum *(3/380)* unterwühlen, untergraben
subsellium, subsellii *(o/327) n* Schemel, Bank
subsequi, subsequor, subsecutus sum, – *(3/Deponens/392)* unmittelbar folgen, nachfolgen, nachahmen
subsidere, subsido, subsedi, – *(3/380)* sich niedersetzen, sich senken
subsidium, subsidii *(o/327) n* Hilfe, Hintertreffen, Reserve; *Plural* **subsidia, subsidiorum** Hilfstruppen, Entsatz
subsistere, subsisto, substiti, – *(3/380)* Halt machen, stillstehen, standhalten
subter *Adverb* unterhalb, unten

subter *(420) Präposition [Akkusativ/Ablativ]* unterhalb von, unter
subtilis, subtilis, subtile *(i/343)* fein, genau
subtilitas, subtilitatis *(kons./334) f* Scharfsinn, Feinheit, Genauigkeit, Schlichtheit
subtrahere, subtraho, subtraxi, subtractum *(3/380)* (heimlich) entziehen
Subura, Suburae *(a/325) f* Subura (Stadtviertel Roms)
suburbanus, suburbana, suburbanum *(o/a/329)* in Stadtnähe, vorstädtisch
subvehere, subveho, subvexi, subvectum *(3/380)* hinaufführen, zuführen
subvenīre, subvenio, subveni, subventum *(4/380)* zu Hilfe kommen, abhelfen; *amicis subvenire* den Freunden zu Hilfe kommen
subvertere, subverto, subverti, subversum *(3/380)* umstürzen, vernichten
succedere, succedo, successi, successum *(3/380)* heranrücken, nachrücken, nachfolgen, ablösen; gelingen; *patri succedere* den Vater ablösen
succendere, succendo, succendi, succensum *(3/380) n* anzünden, in Brand stecken, entflammen
successor, successoris *(kons./331) m* Nachfolger
successus, successus *(u/350) m* Vorrücken, Erfolg
succīdere, succīdo, succīdi, succīsum *(3/380)* (unten) abschneiden, abmähen
succingere, succingo, succinxi, succinctum *(3/380)* aufschürzen, hochbinden, umgürten, umgeben
succumbere, succumbo, succubui, succubitum *(3/380)* unterliegen
succurrere, succurro, succurri, succursum *(3/380)* zu Hilfe eilen, beistehen; in den Sinn kommen
sucinum, sucini *(o/327) n* Bernstein
sucus, suci *(o/326) m* Saft
sudare, sudo, sudavi, sudatum *(1/380)* schwitzen
sudis, sudis *(g/339) f* Pfahl
sudor, sudoris *(kons./331) m* Schweiß, Anstrengung
suere, suo, sui, sutum *(3/380)* nähen
suescere, suesco, suevi, suetum *(3/380)* gewöhnen, sich gewöhnen
Suetonius, Suetonii *(o/326) m* Gaius Suetonius Tranquillus (Geschichtsschreiber, Biograph)
sufficere, sufficio, suffeci, suffectum *(5/380)* darreichen, ausreichen, genügen
suffragium, suffragii *(o/327) n* Abstimmung, Stimme, Stimmrecht
suffundere, suffundo, suffusi, suffusum *(3/380)* übergießen
sui/sibi/se *(360)* sich
sulcus, sulci *(o/326) m* Furche
Sulla, Sullae *(a/325) m* Lucius Cornelius Sulla
sulphur, sulphuris *(kons./336) n* Schwefel
sumere, sumo, sumpsi, sumptum *(3/380)* an sich nehmen
summa, summae *(a/325) f* Hauptsache, Gesamtheit, Gesamtzahl, Inbegriff; *in summā* im Ganzen, kurz
summergere, summergo, summersi, summersum *(3/380)* untertauchen, versenken
summus, summa, summum *(o/a/329)* der höchste, der oberste, der größte; *in summo muro* oben auf der Mauer; *in summa aqua* auf der Wasseroberfläche
sumptus, sumptus *(u/350) m* Aufwand, Kosten; *suo sumptu* auf eigene Kosten
supellex, supellectilis *(kons./331) f* Hausgerät, Ausstattung
super/supra *(420) Präposition [Akkusativ]* oberhalb, über, oben auf, über ... hinaus, über
super/supra *Adverb [Akkusativ]* oben, darüber

superare, supero, superavi, superatum *(1/380)* überlegen sein, überragen, überwinden, übertreffen, besiegen; *aliquem gloriā superare* jemanden an Ruhm übertreffen
superbia, superbiae *(a/325) f* Stolz, Hochmut, Überheblichkeit; *inanis superbia* eitler Hochmut
superbus, superba, superbum *(o/a/329)* hochmütig, stolz; prächtig; *pecuniā superbus esse* stolz auf sein Geld sein
superesse, supersum, superfui, –, superfuturus *(unreg./398)* überflüssig sein, übrig sein; überlegen sein; überleben; *virtute superesse* an Tapferkeit überlegen sein
superi, superorum *(o/328) m* die Überirdischen, die Götter, die Oberwelt
superior, superior, superius *(i/343)* der höhere, der obere; der überlegene; der frühere; *superiore hieme* im vorigen Winter
supernus, superna, supernum *(o/a/329)* oben befindlich, himmlisch
supersidēre, supersideo, supersedi, supersessum *(2/380) [Ablativ]* sich hinwegsetzen über
superstes, superstitis *(kons./345)* überlebend
superstitio, superstitionis *(kons./333) f* Aberglaube
superstitiosus, superstitiosa, superstitiosum *(o/a/329)* abergläubisch
superus, supera, superum *(o/a/329)* oben befindlich
supervacaneus, supervacanea, supervacaneum *(o/a/329)* überflüssig, unnütz
supervacuus, supervacua, supervacuum *(o/a/329)* überflüssig, unnütz
supervenīre, supervenio, superveni, superventum *(4/380)* überraschen, überfallen, zu Hilfe kommen
supinus, supina, supinum *(o/a/329)* angelehnt, auf dem Rücken liegend
suppeditare, suppedito, suppeditavi, suppeditatum *(1/380)* darreichen, reichlich vorhanden sein
suppetere, suppeto, suppetivi, suppetitum *(3/380)* (reichlich) vorhanden sein, zur Verfügung stehen
supplementum, supplementi *(o/327) n* Ergänzung, Verstärkung, Nachschub
supplēre, suppleo, supplevi, suppletum *(2/380)* auffüllen, ergänzen
supplex, supplicis *(i/342)* demütig bittend, flehend, flehentlich
supplicare, supplico, supplicavi, supplicatum *(1/380)* flehentlich bitten, anflehen
supplicatio, supplicationis *(kons./333) f* Dankfest, Bußfest
supplicium, supplicii *(o/327) n* (demütiges) Bitten, Flehen, Gebet; Strafe, Todesstrafe, Hinrichtung; *supplicium sumere* die (Todes-)Strafe vollstrecken
supponere, suppono, supposui, suppositum *(3/380) [Dativ]* darunterlegen, anstelle … setzen
supportare, supporto, supportavi, supportatum *(1/380)* herbeitragen, beischaffen
supra *Adverb* darüber hinaus, außerdem, oben, oberhalb
supra *(420) Präposition* oberhalb, über
supremus, suprema, supremum *(o/a/329)* der höchste, der oberste, der letzte; *supremi montes* Berggipfel; *suprema hora* Todesstunde
sura, surae *(a/325) f* Wade
surdus, surda, surdum *(o/a/329)* taub, ungehört, still
surgere, surgo, surrexi, surrectum *(3/380)* aufstehen, sich erheben; *Tempestas surgit.* Ein Sturm kommt auf.
surripere, surripio, surripui, surreptum *(5/380)* heimlich wegnehmen, stehlen, entziehen
sus, suis *(kons./331) f* Schwein, Sau
suscensēre, suscenseo, suscensui, suscensum *(2/380)* zürnen
suscipere, suscipio, suscepi, susceptum *(5/380)* aufnehmen, übernehmen, unternehmen, auf sich nehmen; *negotium suscipere* eine Aufgabe übernehmen

suscitare, suscito, suscitavi, suscitatum *(1/380)* aufjagen, aufschrecken; aufwecken, ermutigen, erregen
suspectare, suspecto, suspectavi, suspectatum *(1/380)* argwöhnen, beargwöhnen, verdächtigen
suspectus, suspecta, suspectum *(o/a/329)* verdächtig
suspendere, suspendo, suspendi, suspensum *(3/380)* aufhängen
suspensus, suspensa, suspensum *(o/a/329)* schwebend, ungewiss, unentschieden; *in suspenso relinquere* unentschieden lassen
suspicari, suspicor, suspicatus sum, – *(1/Deponens/392)* vermuten, argwöhnen
suspicere, suspicio, suspexi, suspectum *(5/380)* vermuten, argwöhnen
suspicio, suspicionis *(kons./333) f* Argwohn, Verdacht, Vermutung, Ahnung; *in suspicionem incidere/venire* in Verdacht geraten; *suspicionem inicere* Verdacht einflößen; *suspicionem tollere* den Verdacht nehmen
suspiciosus, suspiciosa, suspiciosum *(o/a/329)* argwöhnisch, misstrauisch
suspirare, suspiro, suspiravi, suspiratum *(1/380)* seufzen
sustentare, sustento, sustentavi, sustentatum *(1/380)* unterstützen, aushalten
sustinēre, sustineo, sustinui, sustentum *(2/380)* aushalten, übernehmen, ertragen; *labores sustinere* Strapazen aushalten
sutor, sutoris *(kons./331) m* Schuster
suus, sua, suum *(o/a/329)* sein, ihr (Singular); *Plural* **sui** die Angehörigen; sua der Besitz

T

T. Titus (Vorname)
tabella, tabellae *(a/325) f* Täfelchen, Urkunde
tabellarius, tabellarii *(o/326) m* Briefbote
taberna, tabernae *(a/325) f* Hütte, Laden, Bude, Wirtshaus
tabernaculum, tabernaculi *(o/327) n* Zelt
tabes, tabis *f* Fäulnis, Zersetzung, Gift, Verwesung; Schwindsucht
tabescere, tabesco, tabui, – *(3/380)* hinschwinden, vergehen
tabula, tabulae *(a/325) f* Brett, Tafel, Schreibtafel; Verzeichnis; Gemälde
tabulatum, tabulati *(o/327) n* Stockwerk
tabum, tabi *(o/327) n* Eiter, Gift
tacēre, taceo, tacui, tacitum *(2/380)* schweigen, verschweigen; *Si tacuisses, philosophus mansisses.* Wenn du geschwiegen hättest, wärest du ein Philosoph geblieben.
taciturnus, taciturna, taciturnum *(o/a/329)* schweigsam, schweigend
tacitus, tacita, tacitum *(o/a/329)* verschwiegen, schweigend, lautlos
Tacitus, Taciti *(o/326) m* Publius Cornelius Tacitus (Geschichtsschreiber)
tactus, tactus *(u/350) m* Berührung, Tastsinn
taeda, taedae *(a/325) f* Kieferholz, Fackel, Hochzeitsfackel; Hochzeit
taedet, taedet, taeduit, – es ekelt; *Me belli taedet.* Der Krieg ekelt mich an.
taedium, taedii *(o/327) n* Ekel, Überdruss
taeter, taetra, taetrum *(o/a/330)* ekelhaft, abscheulich, widerwärtig
talentum, talenti *(o/327) n* Talent (Geldsumme)
talis, talis, tale *(i/343)* derartig, ein solcher, so beschaffen; *talis ... qualis* so beschaffen ... wie
talus, tali *(o/326) m* Knöchel, Fußknöchel; Würfel

tam *Adverb* so sehr; *tam ... quam* so ... wie; *Cicero tam disertus fuit in defendendo quam in accusando.* Cicero konnte Verteidigungsreden genauso gut halten wie Anklagereden.
tamen *(422) Konjunktion* doch, dennoch, trotzdem; *neque tamen* und trotzdem nicht
tametsi *(422) Konjunktion [mit Indikativ/Konjunktiv]* wenn auch, selbst wenn, obgleich
tamquam *Adverb* so wie, gleichsam, als ob
tandem *Adverb* endlich, denn
tangere, tango, tetigi, tactum *(3/380)* berühren, anrühren
Tantalus, Tantali *(o/326) m* Tantalus (Vater des Pelops)
tantisper *Adverb* so lange, inzwischen
tantopere *Adverb* so sehr
tantulus, tantula, tantulum *(o/a/329)* so klein, so wenig
tantum *Adverb* so sehr, so viel, nur; *Nunc tantum id dicam.* Ich will jetzt nur so viel sagen.; *tantum ingenii* so viel an Begabung
tantummodo nur
tantus, tanta, tantum *(o/a/329)* so groß; *tanti haberi* so hoch eingeschätzt werden; *tantus ... quantus* so groß ... wie
tardare, tardo, tardavi, tardatum *(1/380)* zögern, verzögern, aufhalten
tarditas, tarditatis *(kons./334) f* Trägheit, Langsamkeit
tardus, tarda, tardum *(o/a/329)* langsam, träge
Tarquinius Superbus, Tarquinii Superbi *(o/326) m* Tarquinius Superbus
Tartarus, Tartari *(o/326) m* Tartarus (Unterwelt, Totenreich)
taurus, tauri *(o/326) m* Stier
taxus, taxi *(o/326) f* Eibe
tectum, tecti *(o/327) n* Dach, Obdach, Haus; *amicum tecto/in tectum recipere* den Freund in sein Haus aufnehmen
tegere, tego, texi, tectum *(3/380)* decken, zudecken, bedecken, verhüllen, schirmen, schützen; *muro tectus* durch eine Mauer geschützt
tegimentum, tegimenti *(o/327) n* Bedeckung, Decke, Hülle, Gewand, Schutz
tegula, tegulae *(a/325) f* Dachziegel
tela, telae *(a/325) f* Gewebe
tellus, telluris *(kons./335) f* Erde, Erdboden
telum, teli *(o/327) n* Geschoss, Wurfgeschoss, Waffe zum Werfen; *tela conicere* Wurfspeere schleudern
temerare, temero, temeravi, temeratum *(1/380)* entweihen, entehren
temerarius, temeraria, temerarium *(o/a/329)* unüberlegt, unbesonnen, verwegen, aufs Geratewohl
temere *Adverb* zufällig, unüberlegt, blindlings, planlos, ohne Überlegung
temeritas, temeritatis *(kons./334) f* Unbesonnenheit, Planlosigkeit, Verwegenheit
temnere, temno, tempsi, temptum *(3/380)* verachten
temperantia, temperantiae *(a/325) f* Selbstbeherrschung, Mäßigung
temperare, tempero, temperavi, temperatum *(1/380) (mit Dativ)* schonen, mäßigen; *(mit Akkusativ)* einrichten, ordnen; *sibi temperare* sich beherrschen; *hosti temperare* den Feind schonen; *irae (Dativ) temperare* den Zorn mäßigen; *spectaculum temperare* ein Schauspiel leiten; *rem publicam bonis legibus temperare* den Staat durch gute Gesetze ordnen
temperatio, temperationis *(kons./333) f* rechtes Maß
tempestas, tempestatis *(kons./334) f* Wetter, Unwetter, Ungewitter, Sturm, Zeit; *tempestas ad navigandum idonea* günstiges Wetter zum Segeln; *eā tempestate* zu dieser Zeit
tempestivus, tempestiva, tempestivum *(o/a/329)* rechtzeitig, günstig
templum, templi *(o/327) n* Tempel, Heiligtum

temptare, tempto, temptavi, temptatum *(1/380)* betasten, untersuchen, versuchen; angreifen; *morbo temptari* von einer Krankheit befallen werden

tempus, temporis *(kons./335) n* Zeit, Zeitpunkt, Zeitraum; *Plural* **tempores, temporum** Umstände, Lage; *suo tempore* zur rechten Zeit; *pro tempore et re* nach den Umständen; *antiquis temporibus* in alten Zeiten; *Multum temporis consumpsi legendo.* Ich verbrachte viel Zeit mit Lesen.; *temporibus cogi* sich durch die Umstände gezwungen sehen

tempus, temporis *(kons./331) n* Schläfe; *Plural* **tempora, temporum** Haupt

temulentus, temulenta, temulentum *(o/a/329)* berauscht

tenax, tenacis *(i/342)* kleinlich, beharrlich, zäh

tendere, tendo, tetendi, tentum *(3/380)* dehnen, spannen, anspannen, strecken, ausstrecken; streben

tenebrae, tenebrarum *(a/325) f [plurale tantum]* Finsternis

tener, tenera, tenerum *(o/a/330)* zart, weich, jung

tenēre, teneo, tenui, tentum *(2/380)* halten, festhalten, besitzen; *Magna spes me tenet.* Große Hoffnung erfüllt mich.

tentorium, tentorii *(o/327) n* Zelt

tenuare, tenuo, tenuavi, tenuatum *(1/380)* dünn machen, mindern, vermindern, schwächen

tenuis, tenuis, tenue *(i/343)* fein, dünn; schwach, gering; gut, schlicht; *tenuis aqua* flaches/seichtes Wasser

tenuitas, tenuitatis *(kons./334) f* Dünne, Dünnheit; Feinheit, Schlichtheit; Dürftigkeit, Armut

tenus *[nach Genitiv/Ablativ]* bis zu; *Tauro tenus* bis zum Taurusgebirge; *verbo tenus* dem Wort nach

tepefacere, tepefacio, tepefeci, tepefactum *(5/380)* wärmen, erwärmen

tepēre, tepeo, tepui, – *(2/380)* lau sein, lauwarm sein

tepidus, tepida, tepidum *(o/a/329)* warm, lau, mild, matt

ter *Adverb* dreimal

terere, tero, trivi, tritum *(3/380)* reiben, aufreiben, abnutzen, aufbrauchen; *tempus terere* Zeit vergeuden, unnütz verstreichen lassen

teres, teretis *(i/342)* glatt, rund, abgerundet, länglich, schlank

tergum, tergi *(o/327) n* Rücken; *a tergo* von hinten, im Rücken; *terga vertere* fliehen

terminare, termino, terminavi, terminatum *(1/380)* begrenzen, beschränken

terminus, termini *(o/326) m* Grenzstein, Grenze, Ziel

terni, ternae, terna *(o/a/329)* je drei

terra, terrae *(a/325) f* Land, Festland, Erde; *motus terrae* Erdbeben; *orbis terrarum* Erdkreis; *terrā marique* zu Wasser und zu Land

terrenus, terrena, terrenum *(o/a/329)* aus Erde, erdig, irdisch, irden

terrēre, terreo, terrui, territum *(2/380)* (jemanden) erschrecken, abschrecken, abhalten; *rumoribus terreri* sich von Gerüchten erschrecken lassen

terrester/terrestris, terrestris, terrestre *(i/344)* auf dem Land befindlich, irdisch, Erd-, Land-

terribilis, terribilis, terribile *(i/343)* Furcht erregend, schrecklich

territare, territo, territavi, territatum *(1/380)* (jemanden) sehr erschrecken, in Schrecken versetzen

terror, terroris *(kons./331) m* Schrecken

tertius, tertia, tertium *(o/a/329)* der dritte

testa, testae *(a/325) f* Schale, Tonscherbe, Topf, Krug, Lampe

testamentum, testamenti *(o/327) n* Testament, letzer Wille

testari, testor, testatus sum, – *(1/Deponens/392)* als Zeugen anrufen, bezeugen; sein Testament machen

testificari, testificor, testificatus sum, – *(1/Deponens/392)* zum Zeugen anrufen, bezeugen

testimonium, testimonii *(o/327) n* Zeugnis, Beweis

testis, testis *(g/339) m/f* Zeuge, Zeugin
testudo, testudinis *(kons./333) f* Schildkröte; Schilddach, Schutzdach
texere, texo, texui, textum *(3/380)* weben, flechten, verfertigen
textum, texti *(o/327) n* Gewebe; Gefüge
thalamus, thalami *(o/326) m* Gemach, Schlafgemach, Wohnung, Ehebett; Ehe
theatrum, theatri *(o/327) n* Zuhörerschaft, Schauplatz, Theater
Thebae, Thebarum *(a/325) f [plurale tantum]* Theben
thermae, thermarum *(a/325) f [plurale tantum]* Thermen, Badeanlage
thesaurus, thesauri *(o/326) m* Schatzkammer, Schatz
thymum, thymi *(o/327) n* Thymian
thyrsus, thyrsi *(o/326) m* Stängel, Bacchusstab
TI(B). Tiberius (Vorname)
Tiberis, Tiberis *(g/339) m [Akkusativ Tiberim]* Tiber (Fluss durch Rom)
tibia, tibiae *(a/325) f* Flöte
tibicen, tibicinis *(kons./336) m* Flötenspieler
tignum, tigni *(o/327) n* Bauholz, Balken
tigris, tigris/tigridis *(kons./332) m/f* Tiger
timēre, timeo, timui, – *(2/380)* fürchten, sich fürchten, befürchten, *(mit Dativ)* bangen um; *Timeo, ne quid tibi accidat.* Ich fürchte, dass dir etwas zustößt.; *timere saluti suae* um sein Leben fürchten
timiditas, timiditatis *(kons./334) f* Ängstlichkeit, Schüchternheit
timidus, timida, timidum *(o/a/329)* furchtsam, ängstlich
timor, timoris *(kons./331) m* Angst, Furcht, Besorgnis; *timorem inicere* Furcht einjagen, Furcht einflößen; *timore affici* von Furcht befallen werden, in Furcht geraten
tinea, tineae *(a/325) f* Raupe, Motte
ting(u)ere, tinguo, tinxi, tinctum *(3/380)* eintauchen, färben
tiro, tironis *(kons./333) m* Rekrut
titulus, tituli *(o/326) m* Überschrift, Ehrenname
toga, togae *(a/325) f* Obergewand, Toga
togatus, togata, togatum *(o/a/329)* mit der Toga bekleidet, römisch; *substantivisch* römischer Bürger
tolerabilis, tolerabilis, tolerabile *(i/343)* erträglich
tolerare, tolero, toleravi, toleratum *(1/380)* aushalten, erdulden, ertragen; *sitim tolerare* Durst ertragen
tollere, tollo, sustuli, sublatum *(3/380)* emporheben, aufheben, erheben; wegschaffen, beseitigen, vernichten; *ancoras tollere* die Anker lichten
tonare, tono, tonui, – *(1/380)* donnern, dröhnen
tondēre, tondeo, totondi, tonsum *(2/380)* scheren, abscheren, beschneiden
tonitrus, tonitrus *(u/350) m* Donner
tonsor, tonsoris *(kons./331) m* Bartscherer, Barbier, Friseur
toral, toralis *(i/338) n* Bettdecke
tormentum, tormenti *(o/327) n* Winde, Wurfmaschine, Folter
torpedo, torpedinis *(kons./333) f* Lähmung, Betäubung, Stumpfheit
torpēre, torpeo, torpui, – *(2/380)* starr, betäubt, schlaff sein
torpescere, torpesco, torpui, – *(3/380)* erschlaffen
torquēre, torqueo, torsi, tortum *(2/380)* drehen, foltern
torquis, torquis *(g/339) m* Halskette
torrens, torrentis *(i/342)* brennend, heiß, glühend
torrens, torrentis *(i/342) m* (reißender) Wildbach; *adjektivisch* reißend
torrēre, torreo, torrui, tostum *(2/380)* dörren, trocknen, rösten

tortuosus, tortuosa, tortuosum *(o/a/329)* gewunden, verwickelt, verworren
torus, tori *(o/326) m* Muskel; Polster, Bett
torvus, torva, torvum *(o/a/329)* finster, grimmig, schrecklich
tot *Adverb* so viele; *tot ... quot* so viele ... wie
totidem ebenso viele
totie(n)s *Adverb* sooft
totus, totius, tota, totum *[Dativ toti]* ganz, völlig, vollständig; *totā urba* in der ganzen Stadt
trabs, trabis *(kons./334) f* Balken, Baumstamm, Schiff
tractare, tracto, tractavi, tractatum *(1/380)* behandeln, betreiben, besprechen, umgehen mit; *partem philosophiae tractare* ein Teilgebiet der Philosophie abhandeln
tractus, tractus *(u/350) m* Ziehen, Sichhinziehen; Lage, Richtung, Land, Gegend
tradere, trado, tradidi, traditum *(3/380)* übergeben, überliefern; *alicui epistulam tradere* jemandem einen Brief überbringen; *traditur* es ist überliefert, man sagt
tra(ns)ducere, traduco, traduxi, traductum *(3/380)* hinüberführen, übersetzen, hinbringen; *copias flumen traducere* die Truppen über den Fluss schaffen
tragicus, tragica, tragicum *(o/a/329)* zur Tragödie gehörig, tragisch; *tragicus poeta* Tragödiendichter
tragoedia, tragoediae *(a/325) f* Trauerspiel, Tragödie
tragoedus, tragoedi *(o/326) m* tragischer Schauspieler
tragula, tragulae *(a/325) f* Wurfspieß
trahere, traho, traxi, tractum *(3/380)* ziehen, schleppen; *ab incepto trahere* vom Vorhaben abbringen
traicere, traicio, traieci, traiectum *(5/380)* hinüberwerfen; durchbohren; übersetzen; *(se) in Africam traicere* nach Afrika übersetzen
trames, tramitis *(kons./331) m* Seitenweg, Pfad
tranare, trano, tranavi, tranatum *(1/380)* hinüberschwimmen, hindurchschwimmen
tranatare, tranato, tranatavi, tranatatum *(1/380)* hinüberschwimmen
tranquillitas, tranquillitatis *(kons./334) f* Ruhe, Windstille; *tranquillitas animi* Gemütsruhe, innere Ausgeglichenheit
tranquillus, tranquilla, tranquillum *(o/a/329)* ruhig, still, friedlich; *mare tranquillum* Meeresstille
trans *(420) Präposition [Akkusativ]* über, hinüber, über ... hinüber, jenseits
transcendere, transcendo, transcendi, transcensum *(3/380)* übersteigen, überschreiten, hinüberschreiten
transferre, transfero, transtuli, translatum *(unreg./400)* hinüberbringen, hinübertragen, übertragen
transfigere, transfigo, transfixi, transfixum *(3/380)* durchbohren
transfuga, transfugae *(a/325) m* Überläufer
transgredi, transgredior, transgressus sum, – *(5/Deponens/392)* überschreiten, hinübergehen
transigere, transigo, transegi, transactum *(3/380)* vollenden, durchstoßen; *tempus transigere* die Zeit verbringen; *se gladio transigere* sich mit dem Schwert durchbohren
transilīre, transilio, transilui, – *(4/380)* hinüberspringen, überspringen
transīre, transeo, transii, transitum *(unreg./414)* hinübergehen, überschreiten
transitus, transitus *(u/350) m* Übergang, Übertritt, Durchgang
transmarinus, transmarina, transmarinum *(o/a/329)* überseeisch
transmittere, transmitto, transmisi, transmissum *(3/380)* hinüberschicken, übersetzen, vorübergehen lassen
transportare, transporto, transportavi, transportatum *(1/380)* hinüberschaffen, hinüberbringen
transtrum, transtri *(o/327) n* Querbalken, Ruderbank

transvehere, transveho, transvexi, transvectum *(3/380)* hinüberbringen, übersetzen
transversus, transversa, transversum *(o/a/329)* quer, schräg
trecenti, trecentae, trecenta *(o/a/329)* dreihundert
tremefacere, tremefacio, tremefeci, tremefactum *(5/380)* erzittern lassen
tremendus, tremenda, tremendum *(o/a/329)* schrecklich, furchtbar
tremere, tremo, tremui, – *(3/380)* zittern, beben
tremescere, tremesco, –, – *(3/380) [Akkusativ]* erzittern (vor)
tremor, tremoris *(kons./331) m* Zittern
tremulus, tremula, tremulum *(o/a/329)* zitternd
trepidare, trepido, trepidavi, trepidatum *(1/380)* aufgeregt umherlaufen, sich ängstigen, zittern, schwanken; *Totā urbe trepidatur.* In der ganzen Stadt ängstigt man sich.
trepidatio, trepidationis *(kons./333) f* Aufregung, Verwirrung, Panik
trepidus, trepida, trepidum *(o/a/329)* ängstlich, unruhig, aufgeregt
tres, tres, tria *(378)* drei
triarii, triariorum *(o/326) m* Soldaten der dritten Reihe, Triarier
tribuere, tribuo, tribui, tributum *(3/380)* zuteilen, verteilen, zugestehen, zuweisen, zuschreiben, anrechnen; *Hoc tibi superbiae tribuitur.* Das wird dir als Hochmut ausgelegt.
tribunal, tribunalis *(i/338) n* Richterstuhl, Gerichtshof
tribunatus, tribunatus *(u/350) m* Amt des Tribuns, Tribunat
tribunicius, tribunicia, tribunicium *(o/a/329)* Tribun-, *substantivisch* ehemaliger Tribun
tribunus, tribuni *(o/326) m* Tribun; *tribunus plebis* Volkstribun; *tribunus militaris/militum* Militärtribun
tribus, tribus *(u/350) f* Gau, Stadtbezirk
tributum, tributi *(o/327) n* Tribut, Abgabe, Steuer
tricesimus, tricesima, tricesimum *(o/a/329)* der dreißigste
tridens, tridentis *(kons./334) m* Dreizack, *adjektivisch* dreizackig
triduum, tridui *(o/327) n* Zeitraum von 3 Tagen, 3 Tage
triennium, triennii *(o/327) m* Zeitraum von 3 Jahren
triginta dreißig
trini, trinae, trina *(o/a/329)* je drei
tripartitus, tripartita, tripartitum *(o/a/329)* dreigeteilt
tripertitus, tripertita, tripertitum *(o/a/329)* dreigeteilt
triplex, triplicis *(i/342)* dreifach
triremis (navis), triremis *(g/339) f* Dreiruderer, Dreidecker
tristis, tristis, triste *(i/343)* traurig, ernst, unfreundlich, übelgelaunt, schmerzlich
tristitia, tristitiae *(a/325) f* Trauer, Traurigkeit
triticum, tritici *(o/327) n* Weizen
triumphalis, triumphalis, triumphale *(i/343)* Triumph-
triumphare, triumpho, triumphavi, triumphatum *(1/380)* einen Triumph feiern, triumphieren
triumphus, triumphi *(o/326) m* Triumph, Triumphzug, Sieg, Siegeszug, Siegesfeier; *triumphum agere* einen Triumphzug veranstalten
triumvir, triumviri *(o/328) m [meist Plural]* Triumvir (eines Dreimännerkollegiums)
trivialis, trivialis, triviale *(i/343)* gewöhnlich
trivium, trivii *(o/327) n* Dreiweg, Scheideweg
Troia, Troiae *(a/325) f* Troja
Troianus, Troiana, Troianum *(o/a/329)* trojanisch; *substantivisch* Trojaner
tropaeum, tropaei *(o/327) n* Siegeszeichen, Denkmal, Trophäe, Sieg
trucidare, trucido, trucidavi, trucidatum *(1/380)* niedermetzeln, niederhauen, morden

truculentus, truculenta, truculentum *(o/a/329)* wild, unfreundlich
trudere, trudo, trusi, trusum *(3/380)* stoßen, fortstoßen, drängen
truncare, trunco, truncavi, truncatum *(1/380)* verstümmeln, niederschlagen
truncus, trunca, truncum *(o/a/329)* verstümmelt, gestutzt; *substantivisch* Baumstamm, Rumpf, Klotz; Tölpel
trutina, trutinae *(a/325) f* Waage, Maß
trux, trucis *(i/342)* trotzig, grimmig, wild, rau
tu, tui *(358)* du
tuba, tubae *(a/325) f* Tuba, Trompete
tuēri, tueor, tuitus/tutatus sum, – *(2/Deponens/392)* schützen, sorgen (für), bewahren, beschützen, erhalten, anschauen, betrachten; *ad tuendam libertatem* zum Schutz der Freiheit
tugurium, tugurii *(o/327) n* Hütte, Schuppen
tum *Adverb* damals, dann, darauf, da; *tum ... tum* bald ... bald
tumēre, tumeo, tumui, – *(2/380)* geschwollen, aufgeblasen, erregt sein
tumidus, tumida, tumidum *(o/a/329)* geschwollen, aufgeblasen
tumor, tumoris *(kons./331) m* Geschwulst, Schwellung; Aufwallung, Zorn, Aufgeblasenheit
tumultuari, tumultuor, tumultuatus sum, – *(1/Deponens/392)* lärmen
tumultuarius, tumultuaria, tumultuarium *(o/a/329)* zusammengerafft, ungeordnet
tumultuosus, tumultuosa, tumultuosum *(o/a/329)* lärmend, unruhig, beunruhigend
tumultus, tumultus *(u/350) m* Lärm, Aufruhr, Unruhe, Aufstand
tumulus, tumuli *(o/326) m* Hügel, Grabhügel
tunc *Adverb* damals, dann, darauf
tundere, tundo, tutudi, tusum *(3/380)* stoßen
tunica, tunicae *(a/325) f* Unterkleid, Rock, Tunika
turba, turbae *(a/325) f* Verwirrung, Getümmel, Schar, Gedränge, Menschenmenge
turbare, turbo, turbavi, turbatum *(1/380)* verwirren, durcheinander bringen, stören
turbidus, turbida, turbidum *(o/a/329)* unruhig, aufgewühlt, stürmisch, erregt
turbo, turbinis *(kons./333) m* Wirbel, Wirbelwind
turbulentus, turbulenta, turbulentum *(o/a/329)* unruhig, stürmisch, verwirrend, aufgeregt
turdus, turdi *(o/326) m* Drossel
turgēre, turgeo, tursi, – *(2/380)* schwellen, anschwellen
turgidus, turgida, turgidum *(o/a/329)* geschwollen, angeschwollen
turma, turmae *(a/325) f* Haufe, Schwarm, Abteilung, Reiterabteilung
turpare, turpo, turpavi, turpatum *(1/380)* entstellen, verunstalten, beflecken, entehren
turpis, turpis, turpis *(i/343)* hässlich, schmählich, schimpflich, schändlich
turpitudo, turpitudinis *(kons./333) f* Hässlichkeit, Schmach, Schande
turris, turris *(i/338) f* Turm
tus, turis *(kons./335) n* Weihrauch
tussis, tussis *(g/339) f* Husten
tutari, tuto, tutavi, tutatus *(1/Deponens/392)* beschützen
tutela, tutelae *(a/325) f* Schutz, Vormundschaft
tutor, tutoris *(kons./331) m* Beschützer, Vormund
tutus, tuta, tutum *(o/a/329) [Adverb tuto]* geschützt, sicher, vorsichtig; *tutus a periculo* vor der Gefahr sicher
tuus, tua, tuum *(o/a/329)* dein
tympanum, tympani *(o/327) n* Handpauke, Tamburin
tyrannus, tyranni *(o/326) m* Gewaltherrscher, Tyrann

U

uber, uberis *(kons./332) n* Euter, Fruchtbarkeit
uber, uberis *(i/342)* fruchtbar, ergiebig, reich an, reich, üppig
ubertas, ubertatis *(kons./334) f* Fruchtbarkeit, Fülle, Reichtum
ubi *Adverb* wo, sobald
ubi (primum) *(422) Konjunktion (mit Indikativ Perfekt)* sobald als; *(mit Indikativ)* immer, wenn; sooft
ubicumque *Adverb* wo auch immer, überall
ubique *Adverb* überall
udus, uda, udum *(o/a/329)* feucht, nass; flüssig; weich
ulcerare, ulcero, ulceravi, ulceratum *(1/380)* verwunden
ulcisci, ulciscor, ultus sum, – *(3/Deponens/392) [Akkusativ]* rächen, sich rächen (an/für), strafen; *ulcisci amicum* für den Freund Rache nehmen, den Freund rächen; *ulcisci inimicum pro (Ablativ)* sich am Feind rächen für, den Feind bestrafen; *ulcisci iniuriam amici* (sich für) das Unrecht rächen, das dem Freund zugefügt worden ist; *ulcisci socios pro perfidia* sich an den Bundesgenossen für die Treulosigkeit rächen
ullus, ullius, ulla, ullum *[adjektivisch]* irgendein; *sine ulla spe* ohne jede Hoffnung
ulmus, ulmi *(o/326) f* Ulme
ulna, ulnae *(a/325) f* Ellenbogen, Elle
ulterior, ulterior, ulterius *(i/343)* der jenseitige, der entferntere, der weiter entfernte; *Gallia ulterior* Gallien jenseits der Alpen
ultimus, ultima, ultimum *(o/a/329)* der äußerste, der letzte; *in ultimis aedibus* im entlegensten Teil des Hauses
ultio, ultionis *(kons./333) f* Rache
ultor, ultoris *(kons./331) m* Rächer; *adjektivisch* rächend
ultra *(420) Präposition [Akkusativ]* jenseits, über ... hinaus
ultra *Adverb* weiterhin, darüber hinaus, jenseits; *Nihil ultra requiratis!* Darüber hinaus sollt ihr nichts verlangen!
ultrix, ultricis *(kons./332) f* Rächerin; *adjektivisch* rächend
ultro *Adverb* noch dazu, von selbst, von sich aus, aus freien Stücken
ululare, ululo, ululavi, ululatum *(1/380)* schreien, heulen
ululatus, ululatus *(u/350) m* Geheul, Geschrei
ulva, ulvae *(a/325) f* Schilf, Sumpfgras
umbo, umbonis *(kons./333) m* Schildbuckel, Schild
umbra, umbrae *(a/325) f* Schatten; *umbra arboris* Schatten eines Baumes
umbrosus, umbrosa, umbrosum *(o/a/329)* schattig, Schatten spendend, dunkel
umēre, umeo, –, – *(2/380)* feucht, nass sein
umerus, umeri *(o/326) m* Schulter
umidus, umida, umidum *(o/a/329)* feucht
umor, umoris *(kons./331) m* Feuchtigkeit
umquam *Adverb* jemals
unā (cum) *Adverb [Ablativ]* gemeinsam mit, miteinander, zusammen mit, zugleich mit, gleichzeitig
uncus, unca, uncum *(o/a/329)* gekrümmt, gebogen; *substantivisch* Haken
unda, undae *(a/325) f* Welle, Woge, Gewässer, Flut
undare, undo, undavi, undatum *(1/380)* wogen, wallen
unde *Adverb* woher, weshalb, womit, wovon
undecim elf
undecimus, undecima, undecimum *(o/a/329)* elfter
undique *Adverb* von allen Seiten, von überall her
unguentum, unguenti *(o/327) n* Salbe, Fett
unguere, unguo, unxi, unctum *(3/380)* salben
unguis, unguis *(g/339) m* Nagel, Kralle, Klaue

ungula, ungulae *(a/325) f* Klaue, Huf
unicus, unica, unicum *(o/a/329)* einzig, einzigartig
universum, universi *(o/327) n* Weltall
universus, universa, universum *(o/a/329)* ganz, gesamt, sämtlich
unus, unius, una, unum *(377)* ein, einer, einzig, allein, nur, bloß; *unus de/ex* (mit Ablativ) einer von
unusquisque, uniusquisque, unaquaeque, unumquidque/unumquodque (*substantivisch* und *adjektivisch*) jeder (einzelne); *Se quisque maxime amat.* Jeder liebt sich selbst am meisten.
urbanus, urbana, urbanum *(o/a/329)* städtisch, gebildet, feingebildet
urbs, urbis *(g/339) f* Stadt, Rom; *Quid novi in urbe?* Was gibt's Neues in Rom?
urere, uro, ussi, ustum *(3/380)* (etwas) verbrennen, sengen, versengen, frieren machen; *frigore uri* frieren, erfrieren
urg(u)ere, urgo, ursi, – *(3/380)* drängen, bedrängen, zusetzen
urgēre, urgeo, ursi, – *(2/380)* drängen, bedrängen; *Nihil me urget.* Ich habe keine Eile.
urna, urnae *(a/325) f* Krug, Topf
ursa, ursae *(a/325) f* Bärin
ursus, ursi *(o/326) m* Bär
urus, uri *(o/326) m* Ur, Auerochs
usitatus, usitata, usitatum *(o/a/329)* gebräuchlich, üblich
usquam *Adverb* irgendwo
usque (ad) *Adverb [Akkusativ]* in einem fort, ununterbrochen bis, bis zu
usurpare, usurpo, usurpavi, usurpatum *(1/380)* sich aneignen, gebrauchen, in Anspruch nehmen
usus, usus *(u/350) m* Bedürfnis, Gebrauch, Umgang, Nutzen, Übung; *magno usui esse* sehr nützlich/von großem Nutzen sein; *ex usu* zum Nutzen; *ex usu est* es ist zum Vorteil
ut/uti *(422) Konjunktion (mit Indikativ Perfekt)* sobald als; *(mit Indikativ)* wie, immer, wenn; sooft; *(mit Konjunktiv)* dass, damit, so dass nicht, (nach Verben des Fürchtens und Hinderns) dass nicht; *ut non* (mit Konjunktiv) so dass nicht; *ut eo (mit Komparativ)* damit desto, damit umso
utcumque *Adverb* wie auch immer
uter, utrius, utra, utrum *[Dativ utri]* (*substantivisch* und ajdektivisch) wer von beiden, welcher von beiden; *Uter nostrum?* Wer von uns beiden?
uter, utris *(kons./331) m* Schlauch
uterque, utriusque, utraque, utrumque *[Dativ utrique]* (*substantivisch* und *adjektivisch*) jeder von beiden, beide; *Uterque consul cecidit.* Beide Konsuln fielen.
uterus, uteri *(o/326) m* Höhlung, Bauch, Unterleib, Mutterleib
uti, utor, usus sum, – *(3/Deponens/392) [Ablativ]* gebrauchen, benutzen, genießen, haben, besitzen, Umgang haben; *occasione uti* die Gelegenheit nützen; *pace uti* Frieden halten; *exemplis uti* Beispiele anführen
utilis, utilis, utile *(i/343)* nützlich, brauchbar
utilitas, utilitatis *(kons./334) f* Nutzen, Vorteil
utinam *(422) Konjunktion [mit Konjunktiv]* wenn doch, dass doch, hoffentlich; *Utinam amicus viveret!* Wenn doch der Freund noch am Leben wäre!
utique *Adverb* jedenfalls, besonders
utpote *Adverb* nämlich, da, weil
utrimque *Adverb* auf beiden Seiten
utrobique *Adverb* auf beiden Seiten
utroque *Adverb* nach beiden Seiten
utrum *Adverb* ob; *utrum ... an* (ob ...) oder
utut *Adverb* wie auch immer
uva, uvae *(a/325) f* Traube, Wein
uvidus, uvida, uvidum *(o/a/329)* feucht, nass; berauscht
uxor, uxoris *(kons./331) f* Ehefrau, Gattin

V

VA (Vale/Valeas) Leb wohl

vacare, vaco, vacavi, vacatum *(1/380) [Ablativ] (mit Ablativ)* leer sein (von etwas), frei sein (von etwas); *(mit Dativ)* Zeit haben für; *Curis vaco.* Ich habe keine Sorgen.

vacatio, vacationis *(kons./333) f* Urlaub, Dienstbefreiung

vacca, vaccae *(a/325) f* Kuh

vacuitas, vacuitatis *(kons./334) f [Genitiv/a + Ablativ]* Freisein (von), Befreiung (von)

vacuus, vacua, vacuum *(o/a/329) [Ablativ]* leer, frei von etwas, frei für etwas *(mit Dativ)*; *irā vacuus* frei von Zorn

vadere, vado, –, – *(3/380)* gehen, schreiten; *Quo vadis?* Wohin gehst du?

vadimonium, vadimonii *(o/327) n* Bürgschaft, Erscheinen vor Gericht, Prozess, Prozesstermin

vadum, vadi *(o/327) n* Furt, Untiefe, seichte Stelle; *vadum fluminis tentare* sich durch die Furt des Flusses wagen

vae! wehe!

vafer, vafra, vafrum *(o/a/330)* pfiffig, schlau, findig, verschmitzt

vagari, vagor, vagatus sum, – *(1/Deponens/392)* schweifen, umherschweifen, umherziehen, sich ausbreiten, sich verbreiten

vagina, vaginae *(a/325) f* Schwertscheide

vagus, vaga, vagum *(o/a/329)* umherschweifend, unstet

multus *Adverb* sehr; *Valde gaudeo.* Ich freue mich sehr.

valens, valentis *(i/342)* stark, gesund, einflussreich, mächtig

valēre, valeo, valui, –, valiturus *(2/380)* gesund sein, stark sein, Einfluss haben, vermögen, gelten; *Vale!* Leb wohl!; *Valete!* Lebt wohl!; *plus valere quam* mehr gelten als, stärker sein als; *multum apud plebem valere* beim Volk großen Einfluss haben

valescere, valesco, valui, – *(3/380)* erstarken, zunehmen

valetudo, valetudinis *(kons./333) f* Befinden, Gesundheit, Gesundheitszustand, Krankheit; *valetudini parcere* auf die Gesundheit Rücksicht nehmen; *Propter valetudinem venire non possum.* Wegen meines Befindens kann ich nicht kommen.; *valetudinem simulare* Krankheit vortäuschen; *bona valetudine uti* sich bester Gesundheit erfreuen

validus, valida, validum *(o/a/329)* kräftig, gesund, stark

vallare, vallo, vallavi, vallatum *(1/380)* verschanzen, einschließen

vallis, vallis *(g/339) f* Tal

vallum, valli *(o/327) n* Wall, Schutzwehr, Verschanzung

vallus, valli *(o/326) m* Pfahl, Schanzpfahl, Verschanzung

valvae, valvarum *(a/325) f [plurale tantum]* Türflügel, Flügeltüre

vanitas, vanitatis *(kons./334) f* leerer Schein, Täuschung, Prahlerei, Erfolglosigkeit, Vergeblichkeit

vanus, vana, vanum *(o/a/329)* nichtig, leer, hohl, erfolglos, eingebildet

vappa, vappae *(a/325) f* verdorbener Wein, verdorbener Mensch, Taugenichts

vapulare, vapulo, vapulavi, vapulatum *(1/380)* Prügel bekommen; ruiniert werden

variare, vario, variavi, variatum *(1/380)* verschieden gestalten, verbrämen, (intransitiv) unterschiedlich sein, verschieden sein

varietas, varietatis *(kons./334) f* Buntheit, Mannigfaltigkeit, Verschiedenheit, Abwechslung

varius, varia, varium *(o/a/329)* bunt, farbig, verschieden, verschiedenartig, vielfältig, wechselnd; *studia varia* verschiedene Untersuchungen

Varus, Vari *(o/326) m* Varus (Feldherr des Augustus)

varus, vara, varum *(o/a/329)* krummbeinig, auseinander gekrümmt

vas, vasis *(kons./331) n* Gefäß; *Plural* **vasa, vasorum** Kriegsgeräte, Gepäck

vas, vadis *(kons./331) m* Bürge
vastare, vasto, vastavi, vastatum *(1/380)* verwüsten, verheeren, entblößen
vastatio, vastationis *(kons./333) f* Verwüstung
vastitas, vastitatis *(kons./334) f* Leere, Verwüstung, Öde
vastus, vasta, vastum *(o/a/329)* wüst, öde, leer; unermesslich weit; *mare vastum* das unermessliche Meer
vates, vatis *m/f* Seher, Seherin, Prophet, Prophetin; Dichter, Dichterin
vaticinari, vaticinor, vaticinatus sum, – *(1/Deponens/392)* weissagen
vaticinatio, vaticinationis *(kons./333) f* Weissagung
-ve *(422) Konjunktion* oder
vecordia, vecordiae *(a/325) f* Torheit, Wahnsinn, Sinnlosigkeit
vecors, vecordis *(i/342)* unsinnig, verrückt, wahnsinnig
vectigal, vectigalis *(i/338) n* Abgabe, Steuer, Zoll
vectigalis, vectigalis, vectigale *(i/343)* abgabenpflichtig
vegetus, vegeta, vegetum *(o/a/329)* lebhaft, rührig
vehemens, vehementis *(i/342)* heftig, stürmisch, energisch
vehere, veho, vexi, vectum *(3/380)* ziehen, fahren, bringen, befördern; *currum vehere* den Wagen ziehen
vehi, vehor, vectus sum, – *(3/Deponens/392) [intransitiv]* fahren, befördert werden; *curru vehi* im Wagen fahren; *equo vehi* reiten; *nave vehi* segeln
vehiculum, vehiculi *(o/327) n* Wagen, Fahrzeug
vel *(422) Konjunktion* oder, *(mit Konjunktiv)* sogar, besonders; *vel ... vel* entweder ... oder
velamen, velaminis *(kons./336) n* Gewand, Schleier, Hülle
velare, velo, velavi, velatum *(1/380)* verhüllen, verschleiern
veles, velitis *(kons./331) m* Leichtbewaffneter, Plänkler
velim/vellem *(422) Konjunktion* wenn doch!, hoffentlich; *Velim scribas!* Schriebest du doch!
velle, volo, volui, – *(unreg./408)* wollen; *Quid tibi vis?* Was fällt dir ein?
vellere, vello, velli/vulsi, vulsum *(3/380)* rupfen, zupfen, raufen, ausreißen
vellus, velleris *(kons./335) n* Schaffell, Vlies, Wolle; Haut
velocitas, velocitatis *(kons./334) f* Schnelligkeit
velox, velocis *(i/342)* schnell, rasch, geschwind, behend
velum, veli *(o/327) n* Segel, Tuch; *vela facere/dare* Segel setzen
velut *Adverb* wie, gleichwie, wie zum Beispiel
vena, venae *(a/325) f* Vene, Ader; Metallader
venalis, venalis, venale *(i/343)* käuflich, verkäuflich, feil; *substantivisch* Sklave
venari, venor, venatus sum, – *(1/Deponens/392)* jagen
venatio, venationis *(kons./333) f* Jagd, Tierhetze
venator, venatoris *(kons./331) m* Jäger
venatus, venatus *(u/350) m* Jagd
vendere, vendo, vendidi, venditum *(3/380)* verkaufen; *magno vendere* teuer verkaufen; *parvo vendere* billig verkaufen; *rem parvi/magni vendere* eine Sache billig/teuer verkaufen
venditor, venditoris *(kons./331) m* Verkäufer
veneficium, veneficii *(o/327) n* Giftmischerei, Zauberei, Liebestrank
venenum, veneni *(o/327) n* Gifttrank, Gift; *venenum haurire* Gift nehmen
venerari, veneror, veneratus sum, – *(1/Deponens/392)* anbeten, verehren
veneratio, venerationis *(kons./333) f* Verehrung
venia, veniae *(a/325) f* Gefälligkeit, Gunst, Erlaubnis, Gnade, Nachsicht, Verzeihung; *veniam rogare* um Gnade bitten; *veniam errori dare* einen Irrtum verzeihen; *bonā veniā* mit gütiger Erlaubnis
venīre, venio, veni, ventum *(4/380)* kommen
vēnīre, veneo, venii, – *(unreg./414)* verkauft werden

venter, ventris *(kons./331) m* Bauch, Magen
ventitare, ventito, ventitavi, ventitatum *(1/380)* regelmäßig/wiederholt kommen
ventosus, ventosa, ventosum *(o/a/329)* windreich, windig, unbeständig
ventus, venti *(o/326) m* Wind
Venus, Veneris *(kons./335) f* Venus, Göttin der Liebe und der Schönheit
venus, veneris *(kons./331) f* Anmut, Liebreiz, Liebe
venustas, venustatis *(kons./334) f* Anmut, Reiz, Liebreiz, Liebenswürdigkeit, Schönheit
venustus, venusta, venustum *(o/a/329)* lieblich, reizend
ver, veris *(kons./332) n* Frühling; *primo vere* bei Frühlingsbeginn
verbenae, verbenarum *(a/325) f [plurale tantum]* Zweige
verber, verberis *(kons./332) n* Schlag, Hieb; Rute, Peitsche; *Plural* **verbera, verberorum** Hiebe, Züchtigung, Prügel, Vorwürfe
verberare, verbero, verberavi, verberatum *(1/380)* geißeln, züchtigen, schlagen, peitschen
verbum, verbi *(o/327) n* Wort, Aussage; *verbi gratiā/causā* zum Beispiel
verecundia, verecundiae *(a/325) f* Scheu, Ehrfurcht, Scham, Verehrung, Rücksicht
verecundus, verecunda, verecundum *(o/a/329)* scheu, schüchtern, zurückhaltend, bescheiden
verēri, vereor, veritus sum, – *(2/Deponens/392)* sich scheuen, verehren, sich fürchten, Bedenken tragen; *Vereor in publicum prodire.* Ich scheu mich, öffentlich aufzutreten.; *deos vereri* die Götter verehren; *Vereor, ne sero veniam.* Ich fürchte, zu spät zu kommen.
vergere, vergo, versi, – *(3/380)* sich neigen, sich erstrecken, liegen
verisimilis, verisimilis, verisimile *(i/343)* wahrscheinlich
veritas, veritatis *(kons./334) f* Wahrheit, Wirklichkeit
vermis, vermis *(g/339) m* Wurm
verna, vernae *(a/325) m* im Haus geborener Sklave, Haussklave
vernus, verna, vernum *(o/a/329)* Frühjahrs-
vero *(422) Konjunktion* aber, allerdings, in der Tat, jedoch, wirklich, vollends, wahrlich
verrere, verro, –, versum *(3/380)* kehren, zusammenkehren, fegen, schleppen, schleifen
versare, verso, versavi, versatum *(1/380)* hin- und herwenden, drehen, überlegen, beunruhigen
versari, versor, versatus sum, – *(1/Deponens/392)* tätig sein, sich beschäftigen, sich aufhalten, verweilen; *in periculis versari* in Gefahr schweben; *in re publica versari* politisch tätig sein
versiculus, versiculi *(o/326) m* Verslein, Verschen, kurze Zeile
versus, versus *(u/350) m* Reihe, Zeile, Vers; *versūs facere* dichten
versus/versum *(420) Präposition* zugewandt, gegen … hin
versutus, versuta, versutum *(o/a/329)* schlau, listig, klug, verschlagen
vertere, verto, verti, versum *(3/380)* drehen, wenden, auslegen, übersetzen, verwandeln; *terga vertere* fliehen
vertex, verticis *(kons./332) m* Wirbel, Scheitel, Spitze, Gipfel
veru, verus *(kons./331) n* Wurfspieß, Bratspieß
verum *(422) Konjunktion* aber, sondern, jedoch
verus, vera, verum *(o/a/329)* wahr, aufrichtig, wirklich, echt, richtig; *re verā* in Wirklichkeit; *vir vere Romanus* ein echter Römer; *verum reperire* die Wahrheit ermitteln; *verum investigare* die Wahrheit aufspüren
vesci, vescor, –, – *(3/Deponens/392) [Ablativ]* sich nähren, speisen
vesper, vesperi *(o/328) m* Abend, Abendstern, Westen; *vesperi/vespere* abends, am Abend

vespertinus, vespertina, vespertinum *(o/a/329)* abendlich, westlich

Vesta, Vestae *(a/325) f* Vesta (Göttin des Herdfeuers)

Vestalis, Vestalis *(g/339) f* Vestalin (Priesterin der Göttin Vesta); *virgo Vestalis* vestalische Jungfrau, Vestalin

vester, vestra, vestrum *(o/a/330)* euer

vestibulum, vestibuli *(o/327) n* Vorhalle, Vorhof

vestigare, vestigo, vestigavi, vestigatum *(1/380)* aufspüren, nachspüren, suchen, nachforschen, finden

vestigium, vestigii *(o/327) n* Fußspur, Spur, Fährte; *vestigia alicuius persequi* jemanden verfolgen; *vestigium temporis* Zeitpunkt, Augenblick; *e/in vestigio* auf der Stelle, sofort

vestimentum, vestimenti *(o/327) n* Kleidungsstück, Kleid

vestīre, vestio, vestivi, vestitum *(4/380)* bekleiden, schmücken

vestis, vestis *(g/339) f* Kleidung, Kleider, Gewand; *hominem ex veste aestimare* einen Menschen nach seiner Kleidung beurteilen

vestitus, vestitus *(u/350) m* Bekleidung, Tracht

Vesuvius, Vesuvii *(o/326) m* Vesuv

vetare, veto, vetui, vetitum *(1/380)* verhindern, (jemandem) verbieten *(mit Akkusativ)*; *Quis nos vetabit?* Wer wird es uns verbieten?

veteranus, veterana, veteranum *(o/a/329)* altgedient, alt, *substantivisch* altgedienter Soldat, Veteran

vetulus, vetula, vetulum *(o/a/329)* ältlich

vetus, veteris *(kons./345)* alt, betagt, bejahrt; *milites veteres* altgediente Soldaten

vetustas, vetustatis *(kons./334) f* Alter, Altertum

vetustus, vetusta, vetustum *(o/a/329)* alt

vexare, vexo, vexavi, vexatum *(1/380)* plagen, quälen, beunruhigen; verheeren, heimsuchen; *conscientiā vexari* vom (schlechten) Gewissen gequält werden

vexillarius, vexillarii *(o/326) m* Fähnrich

vexillum, vexilli *(o/327) n* Fahne, Fähnlein, Abteilung

via, viae *(a/325) f* Weg, Straße, Strecke

viaticum, viatici *(o/327) n* Reisegeld

viator, viatoris *(kons./331) m* Wanderer, Reisender

vibrare, vibro, vibravi, vibratum *(1/380)* schwingen, zittern, blitzen, funkeln

vicanus, vicana, vicanum *(o/a/329)* dörflich, *substantivisch* Dorfbewohner

vice(n)simus, vicesima, vicesimum *(o/a/329)* der zwanzigste

vicinia, viciniae *(a/325) f* Nachbarschaft, Nähe

vicinitas, viciniatis *(kons./334) f* Nachbarschaft, Nähe

vicinus, vicina, vicinum *(o/a/329)* benachbart, *substantivisch* Nachbar

vicis (Genitiv) *[Akkusativ vicem, Ablativ vice]* Wechsel, Stellvertretung, Stelle, Rolle

vicissim *Adverb* wiederum, abwechselnd, dagegen, andererseits

vicissitudo, vicissitudinis *f* Wechsel, Abwechslung

victima, victimae *(a/325) f* Opfer, Opfertier

victor, victoris *(kons./331) m* Sieger, *adjektivisch* siegreich

victoria, victoriae *(a/325) f* Sieg

victrix, victricis *(kons./332) f* Siegerin, *adjektivisch* siegreich

victus, victus *(u/350) m* Unterhalt, Lebensunterhalt, Nahrung; Lebensweise

viculus, viculi *(o/326) m* Dörfchen

vicus, vici *(o/326) m* Dorf, Stadtviertel, Stadtteil, Häuserreihe

videlicet *Adverb* offenbar, natürlich (ironisch), nämlich

vidēre, video, visi, visum *(2/380)* sehen, erblicken, darauf achten, erleben; *videre, ut* (mit Konjunktiv) zusehen, dass, beachten, dass; *videndum est, ut* man muss darauf achten, dass

vidēri, videor, visus sum, – *(2/Deponens/392)* scheinen, angesehen werden als, gelten als, beschließen; *videri + NcI* scheinen; *Non omnes beati sunt, qui beati esse videntur.* Nicht alle sind glücklich, die es zu sein scheinen.; *mihi videtur* ich beschließe, halte für richtig; *Senatui visum est legatos mittere.* Der Senat beschloss Gesandte zu schicken.; *mihi videor* ich glaube von mir, ich bilde mir ein; *Illi omnia posse sibi videntur.* Jene bilden sich ein, alles zu können.
vidua, viduae *(a/325) f* Witwe
viduus, vidua, viduum *(o/a/329)* verwitwet, unverheiratet, ledig; beraubt, leer
vigēre, vigeo, vigui, - *(2/380)* lebenskräftig, frisch sein, gesund sein; *animo vigere* guten Mutes sein
vigil, vigil, vigile wach, *substantivisch* Wächter
vigilantia, vigilantiae *(a/325) f* Wachsamkeit
vigilare, vigilo, vigilavi, vigilatum *(1/380)* wachen
vigilia, vigiliae *(a/325) f* Wache, Nachtwache; *secundā vigiliā* zur Zeit der 2. Nachtwache
viginti zwanzig
vigor, vigoris *(kons./331) m* Kraft, Lebenskraft, Frische
vilicus, vilica, vilicum *(o/a/329)* Verwalter
vilis, vilis, vile wohlfeil, billig, wertlos
villa, villae *(a/325) f* Haus, Landhaus, Landgut; *villa rustica* Landgut
villula, villulae *(a/325) f* kleines Landgut
villus, villi *(o/326) m* Zottelhaar
vimen, viminis *(kons./336) n* Flechtwerk, Weidenruten
vincere, vinco, vici, victum *(3/380)* siegen, besiegen, *(mit Ablativ)* übertreffen an/durch; *Olympiā vincere* bei den Olympischen Spielen gewinnen
vincīre, vincio, vinxi, vinctum *(4/380)* binden, fesseln; *manūs post tergum vincire* die Hände auf dem Rücken fesseln
vinculum, vinculi *(o/327) n* Band, Fessel; *Plural* **vincula** Gefängnis; *in vincula conicere* in Fesseln legen, ins Gefängnis werfen; *in vincula conici* ins Gefängnis geworfen werden
vindemia, vindemiae *(a/325) f* Weinlese, Wein
vindex, vindicis *(kons./332) m* Beschützer, Rächer
vindicare, vindico, vindicavi, vindicatum *(1/380)* beanspruchen, befreien, sichern, beschützen, strafen, bestrafen, rächen; *libertatem vindicare* die Freiheit bewahren
vindicta, vindictae *(a/325) f* Befreiung, Rettung; Strafe
vinea, vineae *(a/325) f* Weinberg, Weinlaube; Schutzdach
vinetum, vineti *(o/327) n* Weinberg, Weingarten
vinitor, vinitoris *(kons./331) m* Winzer
vinosus, vinosa, vinosum *(o/a/329)* weinselig, trunksüchtig, betrunken
vinum, vini *(o/327) n* Wein
viola, violae *(a/325) f* Veilchen
violare, violo, violavi, violatum *(1/380)* kränken, verletzen, misshandeln
violens, violentis heftig, ungestüm
violentia, violentiae *(a/325) f* Gewaltsamkeit, Ungestüm, Gewalt
violentus, violenta, violentum *(o/a/329)* gewalttätig, gewaltsam, ungestüm
vipera, viperae *(a/325) f* Viper, Schlange, Natter
vipereus, viperea, vipereum *(o/a/329)* Schlangen...
viperinus, viperina, viperinum *(o/a/329)* Schlangen...
vir, viri *(o/328) m* Mann, Held; *plane vir* ein ganzer Mann
virēre, vireo, virui, – *(2/380)* grün/frisch/kräftig sein
virga, virgae *(a/325) f* dünner Zweig, Rute, Gerte
virgineus, virginea, virgineum *(o/a/329)* jungfräulich
virginitas, virginitatis *(kons./334) f* Jungfräulichkeit
virgo, virginis *f* Mädchen, Jungfrau
virgultum, virgulti *(o/327) n* Gebüsch, Strauchwerk
viridare, virido, viridavi, viridatum *(1/380)* grünen

viridis, viridis, viride grün, frisch, jung
virilis, virilis, virile männlich, mannhaft
viritim *Adverb* Mann für Mann, einzeln
virtus, virtutis *(kons./333) f* Tüchtigkeit, Tatkraft, Tugend, Tapferkeit, Vortrefflichkeit, sittliche Vollkommenheit; *Plural* **virtutes, virtutum** Vorzüge; *virtutes animi* positive Eigenschaften
virus *n [nur Nominativ und Akkusativ]* Schleim, Gift
vis *(i/338) f [Akkusativ vim, Ablativ vi]* Kraft, Stärke, Gewalt, Menge; *Plural* **vires, virium** (körperliche) Kräfte, Truppen, Streitkräfte; *vim adhibere* Gewalt anwenden; *summis viribus resistere* mit aller Kraft Widerstand leisten; *magna vis auri* eine große Menge Geld; *Vires solvuntur.* Die Kräfte lassen nach.; *viribus coniunctis* mit vereinten Kräften; *vim facere* Gewalt anwenden; *vi et armis capere* mit Waffengewalt einnehmen
viscera, viscerum *n [plurale tantum]* Fleisch, Eingeweide
viscum, visci *(o/327) n* Mistel
visere, viso, visi, – *(3/380)* besichtigen, betrachten, besuchen
visio, visionis *(kons./333) f* Anblick, Erscheinung, Vorstellung, Idee
visitare, visito, visitavi, visitatum *(1/380)* besuchen
visum, visi *(o/327) n* Erscheinung
visus, visus *(u/350) m* Anblick, Blick, Erscheinung
vita, vitae *(a/325) f* Leben; *de vita decedere* sterben; *vitam agere* sein Leben verbringen/führen
vitabundus, vitabunda, vitabundum *(o/a/329)* (ständig) ausweichend
vitalis, vitalis, vitale lebenserhaltend, Leben spendend
vitare, vito, vitavi, vitatum *(1/380)* meiden, vermeiden, entgehen
vitellus, vitelli *(o/326) m* Kälbchen
vitiare, vitio, vitiavi, vitiatum *(1/380)* verderben, entstellen, beschädigen, verfälschen
vitiosus, vitiosa, vitiosum *(o/a/329)* fehlerhaft, lasterhaft
vitis, vitis *(g/339) f* Weinrebe, Weinstock
vitium, vitii *(o/327) n* Fehler, Mangel, Vergehen, Fehltritt, Laster; *alicui vitio dare* jemandem als Fehler anrechnen
vitreus, vitrea, vitreum *(o/a/329)* gläsern, klar, glänzend
vitrum, vitri *(o/327) n* Glas
vitta, vittae *(a/325) f* Binde
vitula, vitulae *(a/325) f* (weibliches) Kalb
vitulus, vituli *(o/326) m* Kalb
vituperare, vitupero, vituperavi, vituperatum *(1/380)* tadeln
vivax, vivacis *(i/342)* frisch, lebhaft, langlebig, dauerhaft
vivere, vivo, vixi, –, victurus *(3/380)* leben; *modus vivendi* Lebensweise
vividus, vivida, vividum *(o/a/329)* belebt, lebhaft
vivus, viva, vivum *(o/a/329)* lebend, lebendig, zu Lebzeiten; *Hannibale vivo* zu Lebzeiten Hannibals
vix *Adverb* kaum, mit Mühe; *vix quisquam* kaum jemand
vixdum *Adverb* kaum noch, eben erst
vocabulum, vocabuli *(o/327) n* Benennung, Name, Wort, Vokabel
vocalis, vocalis, vocale stimmbegabt, klangvoll
vocare, voco, vocavi, vocatum *(1/380)* rufen, nennen, benennen; *aliquem stultum vocare* jemanden als dumm bezeichnen
vociferari, vociferor, vociferatus sum, – *(1/Deponens/392)* laut rufen, schreien, kreischen
volare, volo, volavi, volatum *(1/380)* fliegen, eilen; *Horae volant.* Die Stunden vergehen wie im Flug.
volatus, volatus *(u/350) m* Flug
volitare, volito, volitavi, volitatum *(1/380)* flattern, herumfliegen, sich brüsten
volucer, volucris, volucre geflügelt, schnell
volucris, volucris *(g/339) f* Vogel

volumen, voluminis *(kons./336) n* Buchrolle, Buch
voluntarius, voluntaria, voluntarium *(o/a/329)* freiwillig
voluntas, voluntatis *(kons./334) f [Genitiv]* Wille, Wunsch, Absicht (zu); *voluntate* freiwillig
voluptas, voluptatis *(kons./334) f* Vergnügen, Lust, Genuss
volutare, voluto, volutavi, volutatum *(1/380)* wälzen, überdenken
volvere, volvo, volvi, volutum *(3/380)* wälzen, rollen, überlegen, erwägen; *(Passiv)* sich drehen; *Plurima per noctem volvi.* In der Nacht habe ich mir viele Gedanken gemacht.; *volventibus annis* im Lauf der Jahre
vomer, vomeris *(kons./332) m* Pflug, Pflugschar
vomere, vomo, vomui, – *(3/380)* speien (transitiv und intransitiv)
vorago, voraginis *f* Schlund, Abgrund, Strudel
vorare, voro, voravi, voratum *(1/380)* verschlingen, fressen, verzehren
vos, vestri/vestrum *(358)* ihr
votivus, votiva, votivum *(o/a/329)* gelobt, versprochen
votum, voti *(o/327) n* Wunsch, Gelübde, Gebet
vovēre, voveo, vovi, votum *(2/380)* geloben, feierlich versprechen
vox, vocis *(kons./332) f* Rede, Ausspruch, Laut, Stimme, Wort, Äußerung; *unā voce* einstimmig; *magnā voce* mit lauter Stimme
vulgare, vulgo, vulgavi, vulgatum *(1/380)* unter die Leute bringen, veröffentlichen, verbreiten
vulgaris, vulgaris, vulgare gewöhnlich, gemein, allbekannt
vulgo *Adverb* vor aller Welt, allgemein, massenhaft, gewöhnlich
vulgus, vulgi *(o/326) n* Menge, Volk, breite Masse, Pöbel
vulnerare, vulnero, vulneravi, vulneratum *(1/380)* verwunden, verletzen
vulnus, vulneris *(kons./335) n* Wunde, Schmerz; *vulnera accipere* verwundet werden; *vulnus curare* die Wunde pflegen; *vulneribus confectus* von Wunden erschöpft; *ex vulnere recreare* sich von einer Verwundung erholen
vulpes, vulpis *f* Fuchs
vultur, vulturis *(kons./336) m* Geier
vultus, vultus *(u/350) m* Gesicht, Miene, Antlitz, Gesichtsausdruck; *vultus avertere* die Blicke abwenden

X

X (decem) zehn

Z

zephyrus, zephyri *(o/326) m* Westwind
zona, zonae *(a/325) f* Gürtel, Zone, Landstrich, Erdgürtel

Deutsch – Lateinisch

A

Aas cadaver, cadaveris *n*
abberufen avocare; revocare
abbiegen *(intransitiv)* deflectere
Abbild effigies, effigiei *f*; exemplar, exemplaris *n*; imago, imaginis *f*; simulacrum, simulacri *n*
abbrechen interrumpere; rescindere
abbringen abducere; deterrēre
abdanken abdicare *[Ablativ]*
Abend occasus, occasus *m*; vesper, vesperi *m*; *es wird ~* advesperascit
abendländisch hesperius
abendlich vespertinus
Abendstern Hesperus, Hesperi *m*; vesper, vesperi *m*
aber ast *Kj*; at *Kj*; atqui(n) *Kj*; autem *Kj*; ceterum *Adv*; sed *Kj*; vero *Kj*; verum *Kj*
Aberglaube religio, religionis *f*; superstitio, superstitionis *f*
abergläubisch superstitiosus
Abfall defectio, defectionis *f*
abfallen desciscere; *~ (von einem Verbündeten)* deficere
abfallend *steil ~* praeruptus
abfangen intercipere
abfassen conscribere
abfeilen limare
abfressen depascere
abführen deducere
Abgabe munus, muneris *n*; stipendium, stipendii *n*; tributum, tributi *n*; vectigal, vectigalis *n*
abgabenfrei immunis, immunis, immune
abgabenpflichtig vectigalis, vectigalis, vectigale
abgelegen avius; devius; reconditus; remotus
abgeneigt alienus
abgenutzt obsoletus
abgerundet teres, teretis
Abgeschiedenheit recessus, recessus *m*; secretum, secreti *n*
abgesondert secretus
abgewandt devexus
abgrenzen finīre; *genau ~* definīre
Abgrund barathrum, barathri *n*; gurges, gurgitis *m*; vorago, voraginis *f*
abhalten abstinēre *[(a) + Ablativ]*; arcēre; terrēre; *~ (von)* prohibēre *[a mit Ablativ]*
Abhang clivus, clivi *m*
abhängen pendēre
Abhängigkeit clientela, clientelae *f*
abhärten durare
Abhärtung duritia, duritiae *f*
abhauen abscīdere; decīdere; excīdere; recīdere
abhelfen medēri *[Dativ]*; subvenīre
Abhilfe remedium, remedii *n*
abirren aberrare
Abkommen pactum, pacti *n*; *ein ~ treffen* decīdere
Abkunft genus, generis *n*; origo, originis *f*; *von niederer ~* ignobilis, ignobilis, ignobile
ablassen absistere; desinere; *~ von* desistere *[Ablativ]*
ablegen abicere; deponere; exuere
Ableger propago, propagonis *f*
ablehnen abnuere; aspernari; detractare/detrectare; recusare; reicere; renuere; repudiare
ableiten derivare
ablenken avocare; declinare
ableugnen dissimulare
abliefern referre
ablösen solvere; succedere
abmachen decīdere

abmähen succīdere
Abmarsch profectio, profectionis *f*
abmarschieren proficisci
abmessen exigere
abmühen *sich* ~ allaborare
abnehmen demere
Abneigung invidia, invidiae *f*; odium, odii *n*
abnutzen atterere; conterere; terere
abordnen legare
abpflücken decerpere
abprallen resultare
abreiben atterere
Abreise discessus, discessus *m*; profectio, profectionis *f*
abreisen proficisci
abreißen abrumpere; abscindere; avellere; carpere; diripere; refigere
abschaffen abrogare; refigere
abschätzen aestimare
Abschätzung aestimatio, aestimationis *f*
abscheren tondēre
abscheulich detestabilis, detestabilis, detestabile; taeter, taetra, taetrum
Abschied missio, missionis *f*
abschlagen denegare
abschleifen atterere
abschließen claudere; concludere; quadrare
Abschluss conclusio, conclusionis *f*
abschneiden abscīdere; amputare; decīdere; deputare; intercludere; praecīdere; recīdere; secare; *(ringsum)* ~ circumcidere; *(unten)* ~ succīdere
abschrecken absterrēre; deterrēre; terrēre
abschüssig declivis, declivis, declive; devexus; praeceps, praecipitis; praeruptus; proclivis, proclivis, proclive; pronus
abschütteln decutere; excutere
abschweifen digredi
absetzen deponere
Absicht animus, animi *m*; consilium, consilii *n*; voluntas, voluntatis *f [Genitiv]*; *ohne* ~ insciens, inscientis
absichtlich consulto *Adv*
Absichtslosigkeit imprudentia, imprudentiae *f*
absolut absolutus
absondern secernere; segregare; semovēre; separare; seponere
Absonderung secessio, secessionis *f*
absperren excludere; intercludere
abstammen orīri
abstammend prognatus
Abstammung genus, generis *n*; natio, nationis *f*; origo, originis *f*; progenies, progeniei *f*
abstatten persolvere
abstellen deponere
absterben emori
abstimmen censēre
Abstimmung suffragium, suffragii *n*
abstoßend foedus
abstreifen stringere
abstumpfen obtundere
Abteilung classis, classis *f*; ordo, ordinis *m*; turma, turmae *f*; vexillum, vexilli *n*
abtrotzen extorquēre
abtrünnig *machen* abalienare; alienare
abwägen compensare; deliberare; expendere; pendere; pensare; ponderare
abwarten ex(s)pectare
abwärts deorsum *Adv*
abwaschen abluere
abwechselnd alternus; invicem *Adv*; vicissim *Adv*

Abwechslung varietas, varietatis *f*; vicissitudo, vicissitudinis *f*
abwehren arcēre; avertere; defendere; propellere; propulsare
abweichen declinare; deflectere; dissidēre
Abweichung declinatio, declinationis *f*
abweiden *(lassen)* depascere
abweisen reicere; repellere; spernere
Abweisung repulsa, repulsae *f*
abwenden avertere; detorquēre; reflectere; retorquēre; *sich ~* aversari; desciscere
abwesend absens, absentis; *~ sein* abesse; deesse
abwiegen pendere
abwinken abnuere; renuere
abzahlen persolvere
Abzeichen insigne, insignis *n*
abziehen avocare
Abzug discessus, discessus *m*
ach heu
Achse axis, axis *m*; cardo, cardinis *m*
Achsel ala, alae *m*
acht octo
Acht *geben* animadvertere *[in + Akkusativ]*; attendere; cavēre *[Akkusativ]*; *~ geben auf* observare; *sich in ~ nehmen vor* cavēre *[Akkusativ]*
achte *der ~* octavus
achten *darauf ~* vidēre
ächten proscribere
Achterdeck puppis, puppis *f*
achthundert octingenti
Achtung reverentia, reverentiae *f*
Ächtung proscriptio, proscriptionis *f*
achtzehn duodeviginti
achtzig octoginta
achzigste *der ~* octogesimus
Acker ager, agri *m*
Ackerbau agricultura, agriculturae *f*; aratio, arationis *f*
Ackerland arvum, arvi *n*
ackern arare
Adel nobilitas, nobilitatis *f*
adelig patricius
Adeligen *die ~* proceres, procerum *m*
Ader vena, venae *f*
Ädil aedilis, aedilis *m*
Adler aquila, aquilae *f*
adlig nobilis, nobilis, nobile
Adliger nobilis, nobilis, nobile
adoptieren adoptare
Adoption adoptio, adoptionis *f*
Afrika *(Nordafrika)* Africa, Africae *f*
Ägypten Aegyptus, Aegypti *f*
Ahn proavus, proavi *m*
ahnen augurare; augurari; divinare; praesentīre
ähnlich similis, similis, simile; *ganz ~* consimilis, consimilis, consimile; *für ~ halten* assimulare
Ähnlichkeit similitudo, similitudinis *f*
Ahnung odor, odoris *m*; praesensio, praesensionis *f*; suspicio, suspicionis *f*
ahnungslos inopinans, inopinantis; inopinatus
Ähre arista, aristae *f*; culmus, culmi *m*
albanisch Albanus
albern ineptus; insipiens, insipientis
allbekannt vulgaris
alle omnes, omnes, omnia
allein solum *Adv*; solus; unus, unius, una, unum
Alleinherrschaft dominatio, dominationis *f*; dominatus, dominatus *m*

allem *vor ~* imprimis *Adv*
allenthalben passim *Adv*
allerdings equidem *Adv*; etenim *Adv*; nimirum *Adv*; quippe *Adv*; sane *Adv*; vero *Kj*
Allerheiligstes adytum, adyti *n*
allgemein communis, communis, commune; generalis, generalis, generale; publice *Adv*; vulgo *Adv*
alljährlich quotannis *Adv*; sollemnis, sollemnis, sollemne
allmächtig omnipotens, omnipotentis
allmählich paul(l)atim *Adv*; sensim *Adv*
alltäglich cottidianus; obsoletus
allzu nimium *Adv*; *~ (sehr)* nimis *Adv*
Alpen *die ~* Alpes, Alpium *f*
als cum *Kj*; *~ (Vergleich)* quam *Adv*
also ergo *Kj*; igitur *Kj*; proinde *Adv*
alt annosus; antiquus; anus, anus *f*; canus; priscus; senex, senis *m*; veteranus; vetus, veteris; vetustus; *~ werden* consenescere; inveterascere; senescere; *~ werden (lassen)* inveterare
Altar altaria, altarium *n*; ara, arae *f*
altehrwürdig antiquus; priscus
Alter canities, canitiei *f*; vetustas, vetustatis *f*; *(hohes) ~* antiquitas, antiquitatis *f*; senecta, senectae *f*; senectus, senectutis *f*; *dem ~ nach* natu *Adv*
älter maior, maior, maius; senior, senioris
altern consenescere; senescere
alters *von ~ her* antiquitus *Adv*
Altersgenosse aequalis, aequalis, aequale *[Genitiv]*
Altertum antiquitas, antiquitatis *f*; vetustas, vetustatis *f*
altertümlich antiquus; priscus
älteste *der ~* maximus
altgedient veteranus
ältlich vetulus
altweiberhaft anilis, anilis, anile
Amboss incus, incudis *f*
Ameise formica, formicae *f*
Amme nutrix, nutricis *f*
Amor Amor, Amoris *m*
Amphitheater amphitheatrum, amphitheatri *n*
Amphore amphora, amphorae *f*
Amsel merula, merulae *f*
Amt magistratus, magistratus *m*; ministerium, ministerii *n*; munus, muneris *n*; *ohne öffentliches ~* otiosus
Amtsbewerber candidatus
Amtsbezirk provincia, provinciae *f*
Amtserschleichung ambitus, ambitus *m*
Amtsgenosse collega, collegae *m*
Amtsgewalt potestas, potestatis *f*
Amtsstuhl sella curulis, sellae curulis *f*
Amtsträger magistratus, magistratus *m*
an ad *Präp [Akkusativ]*; in *Präp*; *teilnehmen ~* interesse; *~ ... vorbei* praeter *Präp [Akkusativ]*
Anbau cultura, culturae *f*; cultus, cultus *m*
anbauen inaedificare
anbeten adorare; venerari
anbieten offerre
anbinden adnectere; alligare; deligare; illigare; religare
anblasen conflare
Anblick aspectus, aspectus *m*; conspectus, conspectus *m*; prospectus, prospectus *m*; species, speciei *f*; visio, visionis *f*; visus, visus *m*
anblicken aspectare
anbrennen adurere; amburere
andere *der ~ (von zweien)* alter, alterius
anderer *ein ~* alius, alterius
andererseits rursus/rursum *Adv*; vicissim *Adv*
andermal *ein ~* alias *Adv*

ändern mutare
anders aliter *Adv*; secus *Adv*; sequius *Adv*; setius *Adv*
anderswo alibi *Adv*
anderswoher aliunde *Adv*
anderswohin alio *Adv*
Änderung mutatio, mutationis *f*
andeuten adumbrare
Andrang frequentia, frequentiae *f*; impetus, impetus *m*
androhen denuntiare; minari; minitari
andrücken applicare
aneignen *sich ~* asciscere; percipere; usurpare
aneinanderreihen serere
anempfehlen conciliare
anerkannt spectatus
anerkennen agnoscere
Anerkennung laus, laudis *f*
anfachen conflare
anfallen incessere
Anfang exordium, exordii *n*; inceptum, incepti *n*; initium, initii *n*; limen, liminis *n*; origo, originis *f*; primordium, primordii *n*; principium, principii *n*
anfangen coeptare; exordīri; inceptare; incipere; incohare; instituere; occipere; ordīri; orīri
anfangs primo *Adv*
anfeinden obtrectare *[Dativ]*
Anfeindung invidia, invidiae *f*
anfertigen conficere; fabricare/fabricari
anfeuern adhortari; cohortari; exhortari
anflehen adorare; affari; deprecari; implorare; obsecrare; precari; supplicare
anfügen applicare; indere
anführen ductare; perhibēre
Anführer ductor, ductoris *m*; dux, ducis *m*; magister, magistri *m*
anfüllen complēre; explēre; implēre
Angabe definitio, definitionis *f*
angeben perhibēre
Angeber index, indicis *m*
angeboren innatus; nativus; naturalis, naturalis, naturale
angefangen *haben* coepisse
angefüllt fetus
Angeklagter reus, rei *m*
Angelegenheit ratio, rationis *f*; res, rei *f*
angelehnt supinus
Angelhaken hamus, hami *m*
angemessen commodus; dignus *[Ablativ]*; modicus; par, paris
angenehm amoenus; dulcis, dulcis, dulce; gratus; iucundus; placitus; suavis, suavis, suave
angeschwollen turgidus
angesehen gravis, gravis, grave; honestus; ornatus; splendidus; *~ werden als* vidēri
angesichts coram *Präp [Ablativ]*
angespannt intentus
angleichen adaequare; aequare *[Akkusativ]*; coaequare
angreifen adīre; adorīri; aggredi; appetere; impugnare; incessere; incurrere; incursare; invadere; offendere; oppugnare; petere; temptare
Angreifer invasor, invasoris *m*
angrenzen *an* adhaerēre
angrenzend accola, accolae *m*; finitimus
Angriff impetus, impetus *m*; incursio, incursionis *f*; incursus, incursus *m*; petitio, petitionis *f*; *zum ~ vorgehen* propugnare
angriffsbereit infestus
Angst angor, angoris *m*; metus, metus *m*; pallor, palloris *m*; pavor, pavoris *m*; timor, timoris *m*
ängstigen angere; *sich ~* pallescere; pavēre; trepidare

ängstlich anxius; timidus; trepidus
Ängstlichkeit timiditas, timiditatis *f*
angürten accingere
anhalten inhibēre
anhaltend diuturnus
Anhang clientela, clientelae *f*
Anhänger fautor, fautoris *m*
anhänglich amans, amantis
Anhänglichkeit pietas, pietatis *f*
anhauchen afflare
anhäufen acccumulare; congerere; cumulare
anheften affigere; figere; infigere
Anhöhe collis, collis *m*
anhören audīre; auscultare
Anker ancora, ancorae *f*
Anklage accusatio, accusationis *f*; *falsche* ~ calumnia, calumniae *f*
anklagen accusare; arguere; compellare; incusare; *fälschlich* ~ calumniari
Ankläger accusator, accusatoris *m*
anklopfen pulsare
anknüpfen innectere; *(von unten)* ~ subnectere
ankommen advenīre
Ankömmling advena, advenae *m*
ankündigen denuntiare; indicere; portendere
Ankunft adventus, adventus *m*
anlächeln arridēre *[Dativ]*; subridēre
Anlagen *natürliche* ~ indoles, indolis *f*
anlanden applicare
Anlass materia/materies, materiae/materiei *f*
anlegen collocare; induere
anlehnen reclinare
Anleitung institutio, institutionis *f*
anlocken allicere; illicere; pellicere
Anmarsch adventus, adventus *m*
anmaßend arrogans, arrogantis; insolens, insolentis
Anmaßung arrogantia, arrogantiae *f*; insolentia, insolentiae *f*
Anmut decor, decoris *m*; gratia, gratiae *f*; lepos/lepor, leporis *m*; venus, veneris *f*; venustas, venustatis *f*
anmutig amoenus; facetus; lepidus
Annäherung accessio, accessionis *f*; accessus, accessus *m*
Annalen annales (libri), annalium *m*
annehmbar probabilis, probabilis, probabile
annehmen accipere; arbitrari; ascīre; asciscere; assumere; *an Kindes Statt* ~ adoptare
Annehmlichkeit commoditas, commoditatis *f*; iucunditas, iucunditatis *f*; suavitas, suavitatis *f*
anordnen edicere; instituere; iubēre *[Akkusativ]*
Anordnung compositio, compositionis *f*; edictum, edicti *n*; interdictum, interdicti *n*
anpassen accommodare; aptare
anpflanzen conserere
Anprall impetus, impetus *m*
anraten suadēre
anrechnen imputare; tribuere
anreden affari; alloqui; appellare; compellare
anregen arrigere
Anreiz incitamentum, incitamenti *n*
anrücken adīre; adventare
anrufen compellare; implorare; invocare; *als Zeugen* ~ contestari
anrühren attingere; tangere
ansagen indicere
anschauen aspectare; aspicere; contemplari; intuēri; spectare; tuēri; *(aus der Ferne)* ~ prospectare

Anschein species, speciei *f*
anschicken *sich ~* parare
Anschlag insidiae, insidiarum *f*
anschlagen affligere
Anschlagtafel album, albi *n*
anschließen adiungere; aggregare
anschreien increpare
Anschuldigung criminatio, criminationis *f*
anschwellen intumescere; luxuriare; turgēre
ansehen inspicere; intuēri
Ansehen auctoritas, auctoritatis *f*; dignitas, dignitatis *f*; honos, honoris *m*; maiestas, maiestatis *f*
ansehnlich conspicuus; opimus; spectabilis, spectabilis, spectabile
ansiedeln *sich ~* considere
Ansiedler cultor, cultoris *m*
Ansiedlung colonia, coloniae *f*
anspannen contendere; intendere; tendere
Ansporn stimulus, stimuli *m*
anspornen acuere
Ansprache cohortatio, cohortationis *f*
ansprechen affari; alloqui
Anspruch petitio, petitionis *f*; *in ~ nehmen* usurpare
anstacheln instigare; stimulare
Anstand decor, decoris *m*; elegantia, elegantiae *f*; honestas, honestatis *f*; modestia, modestiae *f*
anständig bonus; honestus; ingenuus; integer, integra, integrum; modestus; probus
anstecken inficere
Ansteckung contagio, contagionis *f*
anstehen *schlecht ~* dedecēre
ansteigend acclivis, acclivis, acclive; proclivis, proclivis, proclive
anstelle *... setzen* supponere *[Dativ]*; *~ von* pro *Präp [Ablativ]*
Anstieg clivus, clivi *m*
anstiften conflare; immittere
Anstoß impulsus, impulsus *m*; offensa, offensae *f*; offensio, offensionis *f*; pulsus, pulsus *m*
anstoßen illidere; offendere
anstreben spectare
anstrengen *sich ~* adniti; coniti; contendere; elaborare; eniti; intendere; laborare
Anstrengung conamen, conaminis *n*; contentio, contentionis *f*; labor, laboris *m*; moles, molis *f*; nisus, nisus *m*; sudor, sudoris *m*
Ansturm concursus, concursus *m*; impetus, impetus *m*; incursus, incursus *m*
anstürmen incurrere; incursare; ingruere; ruere
Anteil pars, partis *f*; portio, portionis *f*
Antlitz facies, faciei *f*; os, oris *n*; vultus, vultus *m*
Antrag rogatio, rogationis *f*
antreiben conciēre; concitare; impellere; incitare; movēre
antreten inīre
Antrieb impulsus, impulsus *m*; *aus eigenem ~* (meā/tuā/suā/nostrā/vestrā) sponte *f*
Antwort responsum, responsi *n*
antworten respondēre; responsare
anvertrauen commendare; committere; credere; mandare; permittere
anwachsen accrescere; coalescere; gliscere
Anwalt patronus, patroni *m*
anwehen afflare
anweisen *(Geld) ~* perscribere
anwenden adhibēre; inhibēre
anwerben conducere; conscribere
anwesend praesens, praesentis; *~ sein* adesse

Anwesenheit praesentia, praesentiae *f*
Anwohner accola, accolae *m*
Anzahl numerus, numeri *m*
Anzeichen significatio, significationis *f*
Anzeige delatio, delationis *f*; indicium, indicii *n*
anzeigen indicare
Anzeiger index, indicis *m*
anziehen astringere; induere
anzünden accendere; incendere; succendere *n*
anzweifeln ambigere
Apenninen Ap(p)enninus, Apennini *m*
Apfel malum, mali *n*
Apfelbaum malus, mali *f*
Apollo Apollo, Apollinis *m*
Aquädukt aquaeductus, aquaeductus *m*
Arbeit labor, laboris *m*; opera, operae *f*; opus, operis *n*
arbeiten laborare; operari
Arbeiter faber, fabri *m*
Architekt architectus, architecti *m*
Arg *ohne* ~ sedulo *Adv*
Ärger molestia, molestiae *f*; offensio, offensionis *f*; stomachus, stomachi *m*
ärgern *sich* ~ stomachari; *sich* ~ *(über)* indignari *[Akkusativ]*
arglistig dolosus; malitiosus; subdolus
arglos simplex, simplicis
Argwohn suspicio, suspicionis *f*
argwöhnen suspectare; suspicari; suspicere
argwöhnisch suspiciosus
arm egens, egentis; egenus; indotatus; inops, inopis; miser, misera, miserum; pauper, pauperis
Arm armus, armi *m*; bracchium, bracchii *n*; lacertus, lacerti *m*
Armen *die* ~ plebs, plebis *f*
armselig miser, misera, miserum
Armut egestas, egestatis *f*; inopia, inopiae *f*; pauperies, pauperiei *f*; paupertas, paupertatis *f*; tenuitas, tenuitatis *f*
Art modus, modi *m*; *gewählte* ~ elegantia, elegantiae *f*; *von welcher* ~ qualis; ~ *und Weise* genus, generis *n*; ratio, rationis *f*
Arznei medicina (ars), medicinae *f*
Arzt medicus, medici *m*
As *(römische Münze)* as, assis *m*
Asche cinis, cineris *m*; *(heiße)* ~ favilla, favillae *f*
Asien Asia, Asiae *f*
Ast ramus, rami *m*
Astrologe astrologus, astrologi *m*; mathematicus, mathematici *m*
Astronom astrologus, astrologi *m*
Atem anima, animae *f*; flatus, flatus *m*; spiritus, spiritus *m*
Athen Athenae, Athenarum *f*
Athener Atheniensis, Atheniensis *m*
atmen spirare
Atom atomus, atomi *m*
Atrium atrium, atrii *n*
auch et *Kj*; etiam *Kj*; item *Adv*; quoque *Kj*; ~ *nicht* nec *Kj*
Auerochs urus, uri *m*
auf in *Präp*
aufatmen respirare
aufbauen struere
aufbewahren conservare; reservare
Aufbewahrung conservatio, conservationis *f*
aufblasen inflare
aufblühen efflorescere
aufbrauchen abuti *[Ablativ]*; consumere; terere
aufbrechen proficisci; refringere

Aufbruch profectio, profectionis *f*
aufbürden imponere; iniungere
aufdecken aperīre; detegere; patefacere; retegere
Aufenthalt mora, morae *f*
auferlegen imponere; indicere; iniungere
aufessen comedere; exedere
auffallend conspicuus; insignis, insignis, insigne; mirus; notabilis, notabilis, notabile
auffangen deprehendere
auffassen concipere
auffinden reperīre
auffordern adhortari; cohortari; exhortari; hortari; provocare
auffüllen replēre; supplēre
Aufgabe munus, muneris *n*; negotium, negotii *n*; pensum, pensi *n*
Aufgang ortus, ortus *m*
aufgeben amittere; deponere; deserere; dimittere; omittere
aufgeblasen tumēre; tumidus
Aufgeblasenheit tumor, tumoris *m*
Aufgebot classis, classis *f*
aufgebracht infensus
aufgehen oborīri
aufgelöst dissolutus
aufgeregt trepidus; turbulentus
aufgewühlt turbidus
aufgraben effodere
aufgürten discingere
aufhalten cohibēre; demorari; morari; morari; remorari; retardare; tardare; *sich* ~ commorari; morari; remorari; versari
aufhängen pendere; suspendere
aufhäufen aggerare; exaggerare
aufheben dissolvere; levare; tollere; *(durch Volksbeschluss)* ~ abrogare; *(wieder)* ~ relevare
aufhören absistere; cessare; desinere; ~ *mit* abstinēre *[(a) + Ablativ]*; desistere *[Ablativ]*
aufjagen consternare; exagitare; excīre; excitare; suscitare
aufkaufen coëmere
aufklären aperīre
aufkündigen renuntiare
auflauern insidiari
Auflauf concitatio, concitationis *f*
auflegen imponere
auflehnen *sich* ~ rebellare
auflesen colligere; legere
aufleuchten refulgēre
auflodern aestuare; exaestuare
auflösen diluere; dissolvere; exsolvere; liquefacere; resolvere; solvere
aufmachen *sich* ~ proficisci
aufmerken attendere
aufmerksam attentus
aufmuntern adhortari; cohortari; exhortari
Aufmunterung cohortatio, cohortationis *f*; hortamen, hortaminis *n*
aufnehmen accipere; ascīre; asciscere; concipere; excipere; percipere; recipere; suscipere; *gierig* ~ haurīre; *wieder* ~ resumere
aufregen conciēre; concitare; incitare; *sich* ~ indignari *[Akkusativ]*
Aufregung commotio, commotionis *f*; trepidatio, trepidationis *f*
aufreiben conficere; conterere; terere
aufreißen revellere
aufreizen conciēre; concitare; exagitare; incitare

aufrichten arrigere; attollere; erigere; extollere; levare; sublevare; *sich* ~ insurgere
aufrichtig sincerus; verus
Aufrichtigkeit candor, candoris *m*; simplicitas, simplicitatis *f*
aufrollen revolvere
aufrufen citare; evocare
Aufruhr concitatio, concitationis *f*; seditio, seditionis *f*; tumultus, tumultus *m*
aufrührerisch seditiosus
aufsagen recitare
aufsaugen absorbēre
aufsaugend bibulus
aufscheuchen excīre
aufschichten construere; ex(s)truere
aufschieben differre; prolatare
aufschließen recludere
aufschrecken excitare; exterrēre; suscitare
aufschreien exclamare
Aufschrift index, indicis *m*
Aufschub mora, morae *f*
aufschürzen succingere
aufschütten aggerare
Aufschwung elatio, elationis *f*
aufseufzen ingemiscere
aufspringen ex(s)ultare
aufspüren anquirere; indagare; investigare; vestigare
aufstacheln exstimulare
Aufstand motus, motus *m*; rebellio, rebellionis *f*; seditio, seditionis *f*; tumultus, tumultus *m*
aufständisch rebellis, rebellis, rebelle
aufstehen assurgere; consurgere; insurgere; surgere; *wieder* ~ resurgere
aufstellen collocare; constituere; instituere; instruere; locare; statuere; *öffentlich* ~ proponere
Aufstieg ascensus, ascensus *m*
aufstöbern eruere
aufstreichen illinere
aufsuchen adīre; anquirere; appetere; expetere; petere; requirere; *wieder* ~ revisere
auftauchen *(lassen)* emergere
aufteilen dispertīre
Auftrag mandatum, mandati *n*; negotium, negotii *n*; *ohne* ~ iniussū *Adv*
auftragen imperare *[Dativ]*; mandare
auftreten ex(s)istere; prodīre; provenīre
aufwachen expergisci
aufwallen aestuare; exaestuare
Aufwallung tumor, tumoris *m*
Aufwand apparatus, apparatus *m*; impendium, impendii *n*; impensa (pecunia), impensae *f*; luxus, luxus *m*; sumptus, sumptus *m*
aufwecken excīre; excitare; suscitare
aufwenden impendere; insumere
aufwerfen iacere
aufwiegeln conciēre; concitare; exagitare; incitare; sollicitare
aufzählen enumerare
aufzehren macerare
Aufzeichnung commentarius (liber), commentarii *m*
aufziehen educare; educere
Auge oculus, oculi *m*
Augenblick monumentum, monumenti *n*; punctum, puncti *n*; *kritischer* ~ discrimen, discriminis *n*
Augenlicht lumen, luminis *n*
Augenzeuge arbiter, arbitri *m*
Äuglein ocellus, ocelli *m*

Augur augur, auguris *m*
aus e/ex *Präp [Ablativ]*
ausarbeiten *(sorgfältig)* ~ elaborare
ausatmen exhalare
ausbessern sarcīre
ausbilden alere; colere; erudīre; excolere
Ausbildung cultura, culturae *f*
Ausblick despectus, despectus *m*
ausbrechen erumpere; ~ *(Krieg)* exardescere
ausbreiten dispergere; distendere; excutere; fundere; pandere; sternere; *sich* ~ grassari; vagari
Ausbruch eruptio, eruptionis *f*; *zum ~ kommen* prorumpere
Ausdauer constantia, constantiae *f*; firmitas, firmitatis *f*; patientia, patientiae *f*
ausdauern perstare
ausdauernd patiens, patientis; pernix, pernicis
ausdehnen dilatare; distendere; extendere; producere; propagare
Ausdehnung latitudo, latitudinis *f*
ausdenken comminisci
ausdrücken effingere; exprimere
ausdrucksvoll argutus
auseinander *gehen* discedere
auseinander reißen divellere
auseinander setzen disputare; disserere; exponere
auseinander stieben diffugere
auseinander treiben disturbare
auseinander ziehen diducere
auserlesen egregius; exquisitus
Ausfall eruptio, eruptionis *f*; excursio, excursionis *f*
ausfallen erumpere
ausfindig *machen* eruere
Ausflüchte ambages, ambagum *f*
ausforschen exquirere
ausfragen percontare; percontari
ausführen agere; committere; conficere; exportare; ex(s)equi; facessere; gerere; ministrare; patrare; peragere
Ausführender actor, actoris *m*
ausführlich latus
Ausführung actio, actionis *f*
ausfüllen explēre; implēre
Ausgabe expensum, expensi *n*
Ausgang egressus, egressus *m*; eventum, eventi *n*; eventus, eventus *m*; exitus, exitus *m*
ausgeben expendere; impendere
ausgebreitet patulus
ausgedehnt latus; longus; spatiosus
ausgedient emeritus
ausgeglichen concinnus
Ausgeglichenheit aequitas, aequitatis *f*
ausgehen deficere; *von etwas* ~ proficisci
Ausgehen defectio, defectionis *f*
ausgelassen lascivus; ~ *sein* gestīre; lascivīre; luxuriare
Ausgelassenheit lascivia, lasciviae *f*; petulantia, petulantiae *f*
ausgestattet praeditus
ausgezeichnet egregius; exquisitus; insignis, insignis, insigne; ornatus; praeclarus; singularis, singularis, singulare
ausgießen defundere; diffundere; fundere; libare
ausgleichen compensare
ausgraben effodere; eruere
aushalten pati; perferre; sustentare; sustinēre; tolerare
ausharren durare; permanēre
aushauchen efflare; exhalare; ex(s)pirare

aushauen excīdere
Aushebung delectus, delectus *m*; dilectus, dilectus *m*
aushöhlen cavare
auskosten perfrui *[Ablativ]*
auskundschaften explorare; pervestigare; speculari
auslachen deridēre; irridēre; ridēre *[Akkusativ]*
Ausland barbaria, barbariae *f*
Ausländer alienigena, alienigenae *m*; barbarus; peregrinus
ausländisch adventicius; alienigena, alienigenae *m*; barbaricus; barbarus; externus; exter(us); peregrinus
auslassen praetermittere
auslegen interpretari; vertere
Auslegung interpretatio, interpretationis *f*
auslesen excerpere
ausliefern dedere; exhibēre; prodere
auslöschen exstinguere; oblitterare; restinguere
ausmalen pingere
ausnehmen excipere
ausnehmend eximius
auspfeifen explodere
ausplaudern enuntiare
ausplündern compilare; spoliare
ausraufen avellere
ausrechnen enumerare
Ausrede excusatio, excusationis *f*
ausreichen sufficere
ausreichend satis/sat *Adv*
ausreißen avellere; evellere; vellere
Ausreißer fugitivus
ausrichten dirigere; facessere
ausrotten exscindere; *mit der Wurzel ~* exstirpare
ausrücken exīre
ausrufen exclamare
Ausrufer praeco, praeconis *m*
ausruhen conquiescere; quiescere; requiescere
ausrüsten aptare; armare; exornare; instruere
Ausrüstung ornamentum, ornamenti *n*; ornatus, ornatus *m*
Aussaat sementis, sementis *f*
Aussage enuntiatio, enuntiationis *f*; indicium, indicii *n*; verbum, verbi *n*
aussagen praedicare
Ausschau *halten* prospicere
ausschauen ex(s)pectare
Ausschlag monumentum, monumenti *n*
ausschließen excludere; semovēre
Ausschluss interdictum, interdicti *n*
ausschmücken dinstinguere; exornare
ausschöpfen exhaurīre
Ausschreibung proscriptio, proscriptionis *f*
ausschütten effundere
ausschweifend libidinosus; luxuriosus; *~ leben* luxuriare
Ausschweifung luxuria, luxuriae *f*; luxus, luxus *m*
Aussehen aspectus, aspectus *m*; conspectus, conspectus *m*; facies, faciei *f*; forma, formae *f*; habitus, habitus *m*; species, speciei *f*
außen extrinsecus *Adv*; *von ~ (her)* extrinsecus *Adv*; *~ befindlich* exter(us)
außer extra *Präp [Akkusativ]*; praeter *Präp [Akkusativ]*
außerdem insuper *Adv*; praeterea *Adv*; supra *Adv*
äußere *der ~* exterior, exterior, exterius
außerhalb extra *Präp [Akkusativ]*
äußern *sich ~* eloqui
außerordentlich eximius; mirificus; nimium *Adv*
äußerst oppido *Adv*

äußerste *der* ~ extremus; novissimus; ultimus
Äußerung dictum, dicti *m*; vox, vocis *f*
aussetzen exponere
Aussicht despectus, despectus *m*; prospectus, prospectus *m*; *in ~ stellen* ostendere; promittere; proponere
Aussichtspunkt specula, speculae *f*
ausspannen extendere
aussprechen effari; eloqui; enuntiare; proloqui; *feierlich ~* nuncupare
Ausspruch dictum, dicti *m*; vox, vocis *f*
ausspülen proluere
ausstatten exornare; instruere; ornare
Ausstattung paratus, paratus *m*; supellex, supellectilis *f*
ausstechen effodere
ausstrecken porrigere; tendere
ausstreichen oblitterare
ausstreuen dispergere; spargere
austauschen commutare; permutare
Auster ostrea, ostreae *f*
austrocknen siccare
ausüben fungi *[Ablativ]*
Auswahl delectus, delectus *m*; selectio, selectionis *f*
auswählen deligere; eligere; excerpere; legere
auswandern demigrare; emigrare
auswärtig externus; exter(us)
Ausweg effugium, effugii *n*; exitus, exitus *m*
ausweichen declinare; eludere
ausweichend vitabundus
ausweisen relegare
auswendig memoriter *Adv*
auszeichnen decorare; distinguere; honorare; *sich ~* antecellere; excellere; praecellere; praestare *[Akkusativ]*
Auszeichnung beneficium, beneficii *n*; benficium, benficii *n*; ornamentum, ornamenti *n*; praemium, praemii *n*
ausziehen exuere
auszischen explodere
Auszug secessio, secessionis *f*

B

Bacchusstab thyrsus, thyrsi *m*
Bach rivus, rivi *m*
Backe gena, genae *f*; mala, malae *f*
Backofen furnus, furni *m*
Bad balneum, balnei *n*
Badeanlage thermae, thermarum *f*
bald mox *Adv*; *~ ... bald* modo – modo *Adv*; *~ darauf* brevi *Adv*
Balken malus, mali *m*; tignum, tigni *n*; trabs, trabis *f*
Ball globus, globi *m*; pila, pilae *f*
Band copula, copulae *f*; vinculum, vinculi *n*
bändigen domare; mansuefacere
Bändiger domitor, domitoris *m*
bangen *um* timēre
Bank sedile, sedilis *n*; subsellium, subsellii *n*
Bankier argentarius, argentarii *m*; negotiator, negotiatoris *m*
Bannerträger signifer, signiferi *m*
Bär ursus, ursi *m*
Barbar barbarus
Barbarei barbaria, barbariae *f*
Barbier tonsor, tonsoris *m*
Bärin ursa, ursae *f*

Barke lembus, lembi *m*
Barmherzigkeit misericordia, misericordiae *f*
barsch asper, aspera, asperum
Bart barba, barbae *f*
bärtig barbatus
bartlos imberbis, imberbis, imberbe
Bartscherer tonsor, tonsoris *m*
Base consobrina, consobrinae *f*
Bauch alveus, alvei *m*; alvus, alvi *f*; uterus, uteri *m*; venter, ventris *m*
bauen aedificare
Bauer agrestis, agrestis *m*; agricola, agricolae *m*; colonus, coloni *m*; paganus, pagani *m*; ruricola, ruricolae *m*; rusticus
bäuerisch rusticus
bäuerlich agrestis, agrestis, agreste; rusticus
Bauholz tignum, tigni *n*
Baukunst fabrica, fabricae *f*
Baum arbor, arboris *f*; lignum, ligni *n*
Baum- arboreus
baumartig arboreus
Baumeister architectus, architecti *m*
Baumfrucht pomum, pomi *n*
Baumnymphe dryas, dryadis *f*
Baumpflanzung arbustum, arbusti *n*
Baumstamm codex, codicis *m*; stipes, stipitis *m*; trabs, trabis *f*; truncus
Bauplatz area, areae *f*
bäurisch agrestis, agrestis, agreste
Bausch sinus, sinus *m*
Baustoff materia/materies, materiae/materiei *f*
beabsichtigen cogitare; intendere
beachten animadvertere *[in + Akkusativ]*; conservare; observare; respicere; *nicht ~* neglegere
Beamtenkörper collegium, collegii *n*
Beamter magistratus, magistratus *m*
beanspruchen vindicare
bearbeiten excolere; pertractare
Bearbeiter cultor, cultoris *m*
bearbeitet rudis, rudis, rude
Bearbeitung cultura, culturae *f*; cultus, cultus *m*
beargwöhnen suspectare
beauftragen iubēre *[Akkusativ]*
bebauen colere
Bebauer cultor, cultoris *m*
beben pavēre; tremere
Beben pavor, pavoris *m*
bebend pavidus
Becher calix, calicis *m*; poculum, poculi *n*; scyphus, scyphi *m*
bedacht *(auf)* studiosus *[Genitiv]*
bedächtig sensim *Adv*
bedauern dolēre; miserari
bedecken consternere; contegere; cooperīre; integere; obducere; obruere; operīre; protegere; tegere
Bedeckung tegimentum, tegimenti *n*
bedenken cogitare; considerare; dispicere
Bedenken dubitatio, dubitationis *f*; scrupulus, scrupuli *m*; *~ tragen* verēri
bedeuten significare
bedeutend amplus; gravis, gravis, grave; magnus; praevalidus
Bedeutung amplitudo, amplitudinis *f*; gravitas, gravitatis *f*; magnitudo, magnitudinis *f*; momentum, momenti *n*; monumentum, monumenti *n*; pondus, ponderis *n*; significatio, significationis *f*
bedienen ministrare

Bedingung condicio, condicionis *f*; lex, legis *f*; pactum, pacti *n*
bedrängen circumvenīre; instare; premere; urg(u)ere; urgēre
bedroht *sein* periclitari
bedrücken angere
bedürfen egēre *[Ablativ]*; indigēre *[Ablativ]*
Bedürfnis usus, usus *m*
bedürftig egens, egentis; egenus
Bedürftigkeit indigentia, indigentiae *f*
beeilen *sich* ~ accelerare; festinare; maturare; properare
beeindrucken commovēre
beeinflussen movēre
beeinträchtigen imminuere
beenden finīre; perficere
beendigen finīre
Beendigung missio, missionis *f*
beerdigen efferre; humare
Beere baca, bacae *f*
befallen invadere
Befehl dicio, dicionis *f*; imperium, imperii *n*; iussum, iussi *n*; mandatum, mandati *n*; nutus, nutus *m*; praeceptum, praecepti *n*; praedictum, praedicti *n*; *auf ~* iussū *Adv*; *göttlicher ~* numen, numinis *n*; *ohne ~* iniussū *Adv*
befehlen imperare *[Dativ]*; indicere; iubēre *[Akkusativ]*; praecipere; praedicere
befehligen ductare; imperitare *[Dativ]*; praeesse *[Dativ]*; praesidēre
Befehlsgewalt *die ~ übergeben* praeficere
Befehlshaber praefectus, praefecti *m*
Befehlsstelle praefectura, praefecturae *f*
befestigen communīre; figere; firmare; fundare; munīre; pangere; stabilīre
Befestigung castellum, castelli *n*; moenia, moenium *n*; munimentum, munimenti *n*; munitio, munitionis *f*; opus, operis *n*
befeuchten madefacere; rorare
befinden *sich ~* inesse
Befinden valetudo, valetudinis *f*
befindlich situs
beflecken commaculare; contaminare; foedare; inquinare; maculare; polluere; turpare
befleckt incestus; sceleratus
befolgen observare
befördern producere; promovēre; provehere; vehere
befördert *werden* vehi
befragen consulere *[Akkusativ/in + Akkusativ/Dativ]*; consultare; interrogare; percontari
Befragung interrogatio, interrogationis *f*
befreien eripere; expedīre; redimere; resolvere; solvere; vindicare; *~ (von)* liberare *[a mit Ablativ]*; privare *[Ablativ]*
Befreiung vindicta, vindictae *f*; *~ (von)* vacuitas, vacuitatis *f [Genitiv/a + Ablativ]*
befreunden conciliare
befreundet amicus; familiaris, familiaris, familiare
befrieden pacare
befriedet pacatus
befriedigen explēre; satisfacere
befürchten metuere; timēre
befürworten laudare
begabt ingeniosus; praeditus
Begabung indoles, indolis *f*; ingenium, ingenii *n*
begegnen occurrere; occursare
begegnend obvius
begehen committere
begehren appetere; avēre; cupere; desiderare *[Akkusativ]*; *heftig ~* concupiscere

begehrlich incontinens, incontinentis
Begehrlichkeit cupiditas, cupiditatis *f*; cupido, cupidinis *f*
begeistern attonare
begeistert rabidus
Begeisterung ardor, ardoris *m*; rabies, rabiei *f*
Begierde cupiditas, cupiditatis *f*; cupido, cupidinis *f*; libido, libidinis *f*
begierig procax, procaci; ~ *nach* avidus *[Genitiv]*; cupidus *[Genitiv]*
begießen perfundere
Beginn inceptum, incepti *n*; initium, initii *n*
beginnen coeptare; committere; exordīri; inceptare; incipere; incohare; ingredi; inīre; ordīri
Beginnen inceptum, incepti *n*
begleiten comitari
Begleiter comes, comitis *m/f*
Begleitung comitatus, comitatus *m*
beglücken beare
beglückt beatus; fortunatus
begraben sepelīre
Begräbnis funus, funeris *n*; sepultura, sepulturae *f*
Begräbnisfeier funus, funeris *n*
begreifen capere; comprehendere
begrenzen finīre; terminare
Begriff comprehensio, comprehensionis *f*; notio, notionis *f*; notitia, notitiae *f*
begrüßen salutare
Begrüßung salutatio, salutationis *f*
begünstigen favēre *[Dativ]*; fovēre; studēre *[Dativ]*
begütert beatus; locuples, locupletis
begütigen lenīre
behaart comans, comantis
behalten *(im Besitz)* ~ retinēre
Behälter capsa, capsae *f*; loculus, loculi *m*
behandeln afficere *[Ablativ]*; pertractare; tractare; *neu* ~ retractare
Behandlung curatio, curationis *f*
beharren perseverare; perstare
beharrlich assiduus; pertinax, pertinacis; pervicax, pervicacis; tenax, tenacis
Beharrlichkeit assiduitas, assiduitatis *f*; pertinacia, pertinaciae *f*
behaupten affirmare; contendere; dicere; *(eine Stellung)* ~ obtinēre; *ernsthaft* ~ asseverare; ~ *, dass nicht* negare
behauptet(e) ait
behend agilis, agilis, agile; pernix, pernicis; velox, velocis
beherrschen regere
Beherrschung moderatio, moderationis *f*
beherzigen recordari *[Akkusativ/de + Ablativ]*
behindern impedīre
behindert impeditus
behüten custodīre; servare *[a mit Ablativ]*
bei ad *Präp [Akkusativ]*; apud *Präp [Akkusativ]*; circa/circum *Präp [Akkusativ]*; in *Präp*; penes *Präp [Akkusativ]*; sub *Präp*; *nahe* ~ apud *Präp [Akkusativ]*; propter *Präp [Akkusativ]*
beibehalten retinēre
beibringen afferre
beide ambo; uterque, utriusque; ~ *zusammen* ambo
Beifall assensio, assensionis *f*; assensus, assensus *m*; favor, favoris *m*
Beifallklatschen plausus, plausus *m*
Beifallklatscher plausor, plausoris *m*
Beifallspender fautor, fautoris *m*
beifügen apponere
beigesellen aggregare

Beil securis, securis *f*
Beilegung compositio, compositionis *f*
beimischen admiscēre; immiscēre
Bein crus, cruris *n*
beinahe paene *Adv*; prope *Adv*; propemodum *Adv*
Beiname cognomen, cognominis *n*
beipflichten assentīri
beischaffen supportare
Beischlaf coitus, coitus *m*; concubitus, concubiti *m*
beischleppen aggere
beiseite *legen* seponere
Beispiel exemplum, exempli *n*; *(warnendes) ~* documentum, documenti *n*; *wie zum ~* sicut *Adv*; velut *Adv*
beißen mordēre
beißend mordax, mordacis
beistehen adesse; assidēre *[Dativ]*; assistere; succurrere
beistimmen adnuere; assentari; assentīri; nuere; *nicht ~* dissentīre *[a mit Ablativ]*
Beitrag *(Geld)* collatio, collationis *f*
beitragen conferre
bejahrt annosus; anus, anus *f*; senex, senis *m*; vetus, veteris
bejammern deplorare; lamentari; miserari
bejammernswert miser, misera, miserum; miserabilis, miserabilis, miserabile
bekämpfen impugnare
bekannt familiaris, familiaris, familiare; gnarus; inclutus/inclitus; nobilis, nobilis, nobile; notus; *~ geben* edicere; *~ machen* indicere; nobilitare
bekannt geben proscribere
bekannt machen ēdere; praedicare; prodere
Bekanntmachung edictum, edicti *n*; praeconium, praeconii *n*
Bekanntschaft notitia, notitiae *f*
bekennen confitēri; fatēri; *(offen) ~* profitēri
Bekenntnis confessio, confessionis *f*
beklagen deplorare; lamentari; miserari; plorare; *(sich) ~ (über)* queri *[Akkusativ]*
beklagenswert flebilis, flebilis, flebile
bekleiden amicīre; vestīre
Bekleidung vestitus, vestitus *m*
Beklemmung angor, angoris *m*
bekommen adipisci; apisci; capere; nancisci; *wieder ~* recipere; *zu ~ versuchen* quaerere *[ex/ab mit Ablativ]*
bekräftigen affirmare; confirmare; consignare; firmare; sancīre
bekränzen coronare; redimīre
bekümmert aeger, aegra, aegrum
beladen gravare; onerare; onustus
belagern assidēre *[Dativ]*; circumsedēre; obsidēre; oppugnare
Belagerung obsessio, obsessionis *f*; obsidio, obsidionis *f*; obsidium, obsidii *n*; oppugnatio, oppugnationis *f*
Belang *von ~ sein* attinēre
belasten gravare; onerare; praegravare; premere
belaubt comans, comantis; frondosus; *~ sein* frondēre
beleben animare; celebrare; *neu ~* reficere
belebt animalis, animalis, animale; vividus
Belebtheit celebritas, celebritatis *f*
belecken lambere
belehren *gründlich ~* edocēre
beleidigen laedere; offendere
beleidigt offensus
Beleidigung contumelia, contumeliae *f*; iniuria, iniuriae *f*; ludibrium, ludibrii *n*; offensa, offensae *f*; offensio, offensionis *f*
Belieben arbitratus, arbitratus *m*

beliebig quamvis *Adv*
beliebt gratiosus; iucundus
Beliebtheit gratia, gratiae *f*
bellen latrare
Belohnung praemium, praemii *n*
bemächtigen *sich ~* potīri *[Ablativ]*
bemerken animadvertere *[in + Akkusativ]*; cognoscere
bemerkenswert notabilis, notabilis, notabile
bemessen exigere; metiri
bemitleiden miserēri *[Genitiv]*
bemühen *sich ~* coniti; luctari; niti; *sich ~ um* studēre *[Dativ]*
bemüht *eifrig ~ (um)* studiosus *[Genitiv]*
Bemühung conamen, conaminis *n*
benachbart finitimus; propinquus; vicinus
benagen rodere
beneiden invidēre *[Dativ]*
benennen nominare; nuncupare; vocare
Benennung vocabulum, vocabuli *n*
benetzen imbuere
benutzen uti *[Ablativ]*
beobachten arbitrari; notare; observare; servare *[a mit Ablativ]*; speculari
Beobachtung observatio, observationis *f*
bepackt *leicht ~* expeditus
bepflanzen conserere
bequem commodus; facilis, facilis, facile
beraten consulere *[Akkusativ/in + Akkusativ/Dativ]*; deliberare
beratschlagen consulere *[Akkusativ/in + Akkusativ/Dativ]*; consultare
Beratung consilium, consilii *n*
berauben exuere; nudare; orbare; praedari; spoliare; *(einer Sache) ~* privare *[Ablativ]*
beraubt viduus
berauscht ebrius; temulentus; uvidus
berechnen computare; putare; reputare; rēri
berechnet ratus
Berechnung ratio, rationis *f*
beredet copiosus
Beredsamkeit eloquentia, eloquentiae *f*; facundia, facundiae *f*
beredt disertus; eloquens, eloquentis; facundus
bereichern ditare; locupletare
bereisen obīre
bereit promptus; *~ machen* expedīre
bereiten comparare; parare
bereits iam *Adv*
Bereitschaft *in ~ setzen* expedīre
Bereitwilligkeit facilitas, facilitatis *f*
bereuen paenitēre
Berg mons, montis *m*
Bergbewohner montani, montanorum *m*
bergen condere
Bergesche ornus, orni *f*
Berggipfel arx, arcis *f*
Bergrücken iugum, iugi *n*
Bergvorsprung promonturium/promunturium, promonturii *n*
Bergwerk metallum *n*
berichten ferre; memorare *[Akkusativ]*; referre; renuntiare
berichtigen corrigere
Berichtigung correctio, correctionis *f*
beritten equester, equestris, equestre
Bernstein electrum, electri *n*; sucinum, sucini *n*
bersten fatiscere
berüchtigt famosus; infamis, infamis, infame

berücksichtigen respicere
Beruf officium, officii *n*
berufen convocare
Berufung provocatio, provocationis *f*; ~ *einlegen* provocare
beruhen *auf* initi
beruhigen mulcēre; permulcēre; placare; sanare; sedare; *sich* ~ acquiescere; conquiescere
Beruhigung sedatio, sedationis *f*
berühmt celeber, celebris, celebre; clarus; famosus; illustris, illustris, illustre; inclutus/inclitus; nobilis, nobilis, nobile; praeclarus; ~ *machen* nobilitare
Berühmtheit celebritas, celebritatis *f*; claritudo, claritudinis *f*; fama, famae *f*; nobilitas, nobilitatis *f*
berühren attingere; contingere; perstringere; tangere
Berührung contagio, contagionis *f*; tactus, tactus *m*
besäen conserere
besänftigen lenīre; mitigare; mollīre; piare; placare
Besatzung praesidium, praesidii *n*
beschädigen vitiare
beschaffen comparare; prospicere; *so* ~ talis, talis, tale; *vorher* ~ antecapere
Beschaffenheit qualitas, qualitatis *f*; *natürliche* ~ natura, naturae *f*
Beschaffung paratus, paratus *m*
beschäftigen distinēre; occupare; *sich* ~ operari; versari
beschäftigt occupatus
Beschäftigung negotium, negotii *n*; occupatio, occupationis *f*; studium, studii *n*
beschauen contuēri
bescheiden demissus; modestus; modicus; pauper, pauperis; pudens, pudentis; verecundus
Bescheidenheit modestia, modestiae *f*
bescheinen illustrare
beschenken beare; donare; mactare
Beschimpfung contumelia, contumeliae *f*; ignominia, ignominiae *f*; opprobrium, opprobrii *n*; probrum, probri *n*
beschlagen *vorne* ~ praefigere
beschlagnahmen publicare
beschleunigen accelerare; celerare; citare; festinare; maturare; praecipitare; properare
beschließen censēre; consciscere; constituere; consulere *[Akkusativ/in + Akkusativ/Dativ]*; decernere; sciscere; statuere; vidēri
Beschluss auctoritas, auctoritatis *f*; consultum, consulti *n*; decretum, decreti *n*; plebiscitum, plebisciti *n*; scitum, sciti *n*
beschmieren linere; oblinere
beschmutzen inquinare
beschneiden amputare; putare; resecare; tondēre
beschränken constringere; recīdere; terminare
beschränkt socors, socordis
Beschränktheit socordia, socordiae *f*
beschreiben describere
beschuldigen accusare; arguere; criminari; culpare; incusare; insimulare
beschützen protegere; tuēri; tutari; vindicare
Beschützer custos, custodis *m/f*; fautor, fautoris *m*; patronus, patroni *m*; tutor, tutoris *m*; vindex, vindicis *m*
Beschwerde querela, querelae *f*; querimonia, querimoniae *f*; questus, questus *m*
beschweren *sich* ~ conqueri; *sich* ~ *(über)* queri *[Akkusativ]*
beschwerlich incommodus; laboriosus; molestus
Beschwerlichkeit molestia, molestiae *f*
beschwichtigen delenīre; mulcēre; permulcēre; placare; reprimere
beschwören obsecrare; obtestari

beseelen animare
beseitigen abolēre; eximere; interimere; tollere
besessen furiosus
besetzen capere; occupare; osidere; possidere; *im Voraus* ~ antecapere; *vorher* ~ praeoccupare
besetzt *halten* obsidēre
Besetzung occupatio, occupationis *f*
besichtigen circumīre; perspicere; visere
besiegeln obsignare
besiegen debellare; expugnare; superare; vincere; *völlig* ~ devincere; evincere; pervincere
besingen canere; cantare
Besitz dominium, dominii *n*; mancipium, mancipii *n*; possessio, possessionis *f*; res, rei *f*; *im* ~ penes *Präp [Akkusativ]*; *in* ~ *nehmen* possidere
besitzen habēre; obtinēre; possidēre; tenēre; uti *[Ablativ]*
Besitzer dominus, domini *m*
besonders imprimis *Adv*; maxime *Adv*; praecipue *Adv*; praesertim (cum) *Kj*; separatim *Adv*; specialis, specialis, speciale; utique *Adv*; vel *Kj*
besonnen frugi; moderatus; sanus; sobrius
Besonnenheit sanitas, sanitatis *f*
besonnt apricus
besorgen administrare; curare; ministrare; procurare; prospicere
Besorgnis cura, curae *f [Genitiv]*; metus, metus *m*; scrupulus, scrupuli *m*; timor, timoris *m*
besorgt anxius; sollicitus; sollicitus
Besorgung curatio, curationis *f*
besprechen disserere; tractare; *sich* ~ colloqui
besprengen aspergere; spargere
bespritzen aspergere
bespülen alluere
besser melior, melior, melius; potior, potior, potius
bessern reficere
Bestand stabilitas, stabilitatis *f*; status, status *m*
beständig constans, constantis; perennis, perennis, perenne; perpetuus; stabilis, stabilis, stabile
Beständigkeit stabilitas, stabilitatis *f*
bestärken confirmare
bestätigen affirmare; comprobare; confirmare; consignare; sancīre
bestatten condere; efferre; sepelīre
Bestattung funus, funeris *n*; sepultura, sepulturae *f*; *zur* ~ *gehörig* funebris, funebris, funebre
beste *der* ~ optimus; potissimus
bestechen corrumpere
Bestechung corruptela, corruptelae *f*; largitio, largitionis *f*
bestehen durare; sistere; ~ *aus* consistere
besteigen ascendere; conscendere; escendere; scandere
bestimmen destinare
bestimmt certus
bestimmter *ein* ~ quidam, cuiusdam
Bestimmung constitutio, constitutionis *f*
bestrafen multare; punīre; sancīre; vindicare
bestraft *werden* plecti
Bestrafung animadversio, animadversionis *f*; noxa, noxae *f*
bestreichen illinere; linere; oblinere
bestürmen oppugnare
bestürzt attonitus
besuchen adīre; celebrare; convenīre; frequentare; invisere; obīre; visere; visitare
besucht *viel* ~ celeber, celebris, celebre
besudeln foedare; maculare; polluere
betagt vetus, veteris
betasten temptare
betäuben attonare; stupefacere

betäubt torpēre; *(vom Donner)* ~ attonitus
Betäubung torpedo, torpedinis *f*
betauen rorare
betaut roscidus
beteiligt consors, consortis; particeps, participis
beten orare; precari
beteuern confirmare; obtestari
betiteln inscribere
betrachten circumspicere; considerare; contemplari; contuēri; introspicere; intuēri; invisere; spectare; tuēri; visere; *genau* ~ collustrare
Betrachter spectator, spectatoris *m*
beträchtlich aliquantus
Betrachtung contemplatio, contemplationis *f*; obtutus, obtutus *m*
betrauern lugēre; maerēre
betreffen pertinēre *[ad mit Akkusativ]*
betreiben agere; exercēre; tractare; *eifrig* ~ agitare; insistere; studēre *[Dativ]*
Betreiben *eifriges* ~ agitatio, agitationis *f*
Betreiber actor, actoris *m*
betreten calcare; ingredi; intrare; introīre
betreuen assidēre *[Dativ]*
Betrübnis maeror, maeroris *m*
betrübt maestus; ~ *sein* maerēre
Betrug dolus, doli *m*; fraus, fraudis *f*
betrügen circumducere; ~ *(um)* fraudare *[Ablativ]*
betrügerisch captiosus; dolosus; fallax, fallacis; falsus; fraudulentus; subdolus
betrunken ebrius; madidus; potus; vinosus; ~ *machen* madefacere
Bett lectus, lecti *m*; torus, tori *m*
Bettdecke toral, toralis *n*
Bettler mendicus
beugen flectere; inclinare; inflectere; *sich* ~ inclinare
Beugung inclinatio, inclinationis *f*
beunruhigen permovēre; perturbare; sollicitare; stimulare; versare; vexare
beunruhigend anxius; tumultuosus
beunruhigt sollicitus
beurteilen aestimare; existimare; interpretari; iudicare; metiri; ponderare
Beute exuviae, exuviarum *f*; manubiae, manubiarum *f*; praeda, praedae *f*; raptum, rapti *n*; spolium, spolii *n*
bevölkern frequentare
bevölkert *dicht* ~ celeber, celebris, celebre
bevor antequam *Kj*; priusquam *Kj*
bevorstehen portenderi; *drohend* ~ imminēre; impendēre; instare
bewachen custodīre
Bewachung custodia, custodiae *f*
bewaffnen armare
bewaffnet *leicht* ~ nudus
Bewaffnete *der* ~ armatus, armati *m*
Bewaffnung armatura, armaturae *f*
bewahren conservare; custodīre; servare *[a mit Ablativ]*; tuēri
Bewahrer conservator, conservatoris *m*
bewährt spectatus
Bewahrung conservatio, conservationis *f*
bewaldet silvestris, silvestris, silvestre
bewässern irrigare; rigare
bewässert irriguus
bewegen agitare; commovēre; movēre; *heftig* ~ permovēre; sollicitare; *stark* ~ sollicitare
beweglich agilis, agilis, agile; facilis, facilis, facile; mobilis, mobilis, mobile
Beweglichkeit mobilitas, mobilitatis *f*

bewegt *stark ~* sollicitus
Bewegung actus, actus *m*; momentum, momenti *n*; motio, motionis *f*; motus, motus *m*; *heftige ~* agitatio, agitationis *f*; *in ~ setzen* ciēre; molīri
beweinen deflēre; flēre
Beweis approbatio, approbationis *f*; argumentum, argumenti *n*; documentum, documenti *n*; experimentum, experimenti *n*; indicium, indicii *n*; testimonium, testimonii *n*
Beweise *anführen* argumentari
beweisen approbare; convincere; demonstrare; praestare *[Akkusativ]*; probare
Beweismittel argumentum, argumenti *n*
bewerben *sich ~* petere
Bewerbung petitio, petitionis *f*; *~ (um ein politisches Amt)* ambitio, ambitionis *f*
bewerkstelligen molīri
bewirken dare; efficere; facere
bewohnen colere; habitare; incolere
Bewohner cultor, cultoris *m*; incola, incolae *m*
bewundern admirari *[Akkusativ]*; mirari *[Akkusativ]*
bewundernswert admirabilis, admirabilis, admirabile; mirabilis, mirabilis, mirabile; mirificus
Bewunderung admiratio, admirationis *f*
bewusst sciens, scientis
Bewusstsein conscientia, conscientiae *f*; *im ~ von* memor, memoris *[Genitiv]*
bezahlen expendere; luere; pendere; pensare
bezähmen cohibēre; compescere
bezeichnen designare; notare; signare; significare
Bezeichnung significatio, significationis *f*
bezeugen contestari; testari; testificari
bezichtigen insimulare
beziehen *sich ~ (auf)* pertinēre *[ad mit Akkusativ]*
Beziehung coniunctio, coniunctionis *f*
Bezug *in ~ auf* erga *Präp [Akkusativ]*
bezwingen domare; subigere
Bezwinger domitor, domitoris *m*
biegen curvare; flectere; inflectere; *rückwärts ~* reflectere
biegsam lentus
Biegung flexus, flexus *m*; sinus, sinus *m*
Biene apis, apis *f*
Bienenkorb alveus, alvei *m*
Bier cervisia, cervisiae *f*
bieten *auf etwas ~* licēri
Bild effigies, effigiei *f*; imago, imaginis *f*; signum, signi *n*; simulacrum, simulacri *n*
bilden conformare; erudīre; excudere; fingere; formare; informare
Bildnis imago, imaginis *f*; signum, signi *n*; simulacrum, simulacri *n*
Bildung conformatio, conformationis *f*; cultus, cultus *m*; disciplina, disciplinae *f*; doctrina, doctrinae *f*; eruditio, eruditionis *f*; humanitas, humanitatis *f*
billig aequus; vilis
billigen approbare; comprobare; probare
Billigkeit aequitas, aequitatis *f*
Billigung approbatio, approbationis *f*
Bimsstein pumex, pumicis *m*
Binde vitta, vittae *f*
binden ligare; vincīre
binnen intra *Präp [Akkusativ]*; *~ kurzem* dudum *Adv*
Binnenland mediterranea, mediterraneorum *n*
binnenländisch mediterraneus
Birnbaum pirus, piri *f*
Birne pirum, piri *n*

bis donec *Kj*; quoad *Kj*; *~ ... in* in *Präp*; *~ dahin* adeo *Adv*; *~ zu* ad *Präp [Akkusativ]*; tenus; usque (ad) *Adv [Akkusativ]*
bisher adhuc *Adv*
Biss morsus, morsus *m*
Bissen frustum, frusti *n*
bissig mordax, mordacis
bisweilen interdum *Adv*; nonnumquam *Adv*
Bitte petitio, petitionis *f*; rogatio, rogationis *f*; *auf ~ gewährt* precarius
bitten obtestari; optare; orare; precari; rogare; *(er-) ~* petere; *flehentlich ~* supplicare; *ich bitte/wir ~* quaeso/quaesumus
Bitten preces, precum *f*; *(demütiges) ~* supplicium, supplicii *n*
bitter acerbus; amarus; asper, aspera, asperum
Bitterkeit acerbitas, acerbitatis *f*
blasen canere; flare
Blasen flamen, flaminis *n*; flatus, flatus *m*
blass albus; pallidus; *~ sein* pallēre
Blässe pallor, palloris *m*
Blatt charta, chartae *f*; folium, folii *n*; pagina, paginae *f*
blau caeruleus/caerul(e)us
blaugrau glaucus
bläulich lividus; *~ sein* livēre
Blei plumbum, plumbi *n*
Bleibe mansio, mansionis *f*
bleiben haerēre; manēre; *~ bei* insistere
bleifarbig *sein* livēre
blenden occaecare
blendend speciosus
Blick obtutus, obtutus *m*; visus, visus *m*; *scharfer ~* sagacitas, sagacitatis *f*
blind caecus
Blindheit caecitas, caecitatis *f*
blindlings temere *Adv*
blinken coruscare
blinkend coruscus
Blitz fulgur, fulguris *n*; fulmen, fulminis *n*
blitzen coruscare; fulgēre; micare; vibrare
Blitzen fulgor, fulgoris *m*
blitzend coruscus
Blitzschlag fulmen, fulminis *n*
Blitzstrahl fulmen, fulminis *n*
Blockade obsessio, obsessionis *f*; obsidio, obsidionis *f*; obsidium, obsidii *n*
blöken balare
Blöken balatus, balatus *m*
blond flavus; *~ sein* flavēre
bloß unus, unius, una, unum
bloßstellen arguere
blühen florēre
Blume flos, floris *m*
Blut sanguis, sanguinis *m*; *(vergossenes) ~* cruor, cruoris *m*; *aus ~* sanguineus
Blutbad caedes, caedis *f*
blutbefleckt cruentus; sanguinulentus
blutdürstig cruentus; sanguineus
Blüte flos, floris *m*
blutig crudus; cruentus; sanguineus
blutlos exsanguis, exsanguis, exsangue
blutsverwandt cognatus; consanguineus
Blutvergießen sanguis, sanguinis *m*
Bock hircus, hirci *m*
Boden fundus, fundi *m*; humus, humi *f*; solum, soli *n*; *zu ~ werfen* profligare; prosternere
Bodensatz faex, faecis *f*
Bogen arcus, arcus *m*; fornix, fornicis *m*

Bogenschütze sagittarius, sagittarii *m*
Bohne faba, fabae *f*
Bollwerk propugnaculum, propugnaculi *n*
Boot lembus, lembi *m*; navigium, navigii *n*; scapha, scaphae *f*
Bordell fornix, fornicis *m*
borgen mutuari
Borste saeta, saetae *f*
borstig hirsutus
bösartig malignus
böse improbus; malus
boshaft malignus; malitiosus
Bosheit flagitium, flagitii *n*; malitia, malitiae *f*
böswillig ater, atra, atrum
Bote nuntius, nuntii *m*
Botschaft nuntius, nuntii *m*
Boxer pugil, pugilis *m*
Brand incendium, incendii *n*; *in ~ geraten* ardescere; *in ~ stecken* incendere; succendere; *in ~ stehen* ardēre
brandend aestuosus
Brandstiftung incendium, incendii *n*
Brandung aestus, aestus *m*; fretum, freti *n*
Bratspieß veru, verus *n*
Brauch consuetudo, consuetudinis *f*; institutum, instituti *n*; mos, moris *m*; ritus, ritus *m*; *dem ~ gemäß* rite *Adv*
brauchbar utilis, utilis, utile
bräunlich fulvus
brausen fervēre; fremere
Braut nupta, nuptae *f*
Bräutigam sponsus, sponsi *m*
brechen confringere; frangere; rumpere
breit latus; patulus
Breite latitudo, latitudinis *f*
brennen adurere; ardēre; flagrare; flammare; *(ringsum)* ~ amburere
brennend torrens, torrentis
Brett tabula, tabulae *f*
Brettergerüst pulpitum, pulpiti *n*
Brief codicilli, codicillorum *m*; epistula, epistulae *f*
Briefbote tabellarius, tabellarii *m*
bringen ferre; portare; vehere; *fertig* ~ efficere; *zusammen* ~ conflare; *zustande* ~ committere; conflare
Britannien Britannia, Britanniae *f*
Britannier Britannus, Britanni *m*
Bronze aes, aeris *n*
Brot far, farris *n*; panis, panis *m*
Bruchstück fragmentum, fragmenti *n*
Brücke pons, pontis *m*
Bruder frater, fratris *m*; germanus
brüderlich fraternus
Brühe ius *n*
brüllen mugīre; rudere
Brüllen mugitus, mugitus *m*
brummen fremere
Brummen fremitus, fremitus *m*
Brunnen puteus, putei *m*
Brust mamma, mammae *f*; pectus, pectoris *n*; praecordia, praecordiorum *m*
brüsten *sich* ~ gloriari; volitare
Brusthöhle praecordia, praecordiorum *m*
Brustwarze mamma, mammae *f*
Brustwehr lorica, loricae *f*; pluteus/pluteum, plutei *m/n*
Buch codex, codicis *m*; liber, libri *m*; scriptum, scripti *n*; volumen, voluminis *n*
Buche fagus, fagi *f*

Büchlein libellus, libelli *m*
Buchrolle volumen, voluminis *n*
Buchsbaum buxus, buxi *f*
Buchsbaumholz buxus, buxi *f*
Buchstabe littera, litterae *f*
Bucht sinus, sinus *m*
Bude taberna, tabernae *f*
Bühne pulpitum, pulpiti *n*; scaena, scaenae *f*
Bündel fascis, fascis *m*; sarcina, sarcinae *f*
Bundesgenosse socius, socii *m*
Bündnis foedus, foederis *n*; societas, societatis *f*
bunt varius
Buntheit varietas, varietatis *f*
Bürde onus, oneris *n*
Burg arx, arcis *f*; castrum, castri *n*
Bürge obses, obsidis *m/f*; sponsor, sponsoris *m*; vas, vadis *m*
bürgen spondēre
Bürger civis, civis *m*
Bürger einer Landstadt municeps, municipis *m*
bürgerlich civicus; civilis, civilis, civile; plebeius
Bürgerrecht civitas, civitatis *f*
Bürgerschaft civitas, civitatis *f*
Bürgerstand plebes, plebei *f*; plebs, plebis *f*
Bürgschaft intercessio, intercessionis *f*; pignus, pignoris/pigneris *n*; sponsio, sponsionis *f*; vadimonium, vadimonii *n*
Busch frutex, fruticis *m*
Busen sinus, sinus *m*
Buße multa, multae *f*; poena, poenae *f*
büßen luere; *~ lassen* multare
Bußfest supplicatio, supplicationis *f*
Bußgeld poena, poenae *f*

C

Ceres Ceres, Cereris *f*
Chaos chaos *n*
Charakter ingenium, ingenii *n*; *mit ~* moratus
charakteristisch proprius
Chor chorus, chori *m*
Chortanz chorea, choreae *f*
Christen *die ~* Christiani, Christianorum *m*
Christus Christus, Christi *m*
Chronik acta, actorum *n*

D

da cum *Kj*; ea *Adv*; ibi *Adv*; illic *Adv*; quia *Kj*; quod *Kj*; tum *Adv*; utpote *Adv*; *von ~ an* hinc *Adv*; *von ~ aus* exinde *Adv*; *~ ja* quoniam *Kj*; *~ sein* esse; *nicht ~ sein* abesse
da hast du! em!
da ist! en
dabei sein interesse
dabeistehen astare
Dach culmen, culminis *n*; tectum, tecti *n*
Dachziegel tegula, tegulae *f*
dagegen contra *Adv*; vicissim *Adv*; *~ sein* obesse
dagegenstoßen illidere
daher eo *Adv*; ergo *Kj*; hinc *Adv*; igitur *Kj*; inde *Adv*; itaque *Kj*; proinde *Adv*; quocirca *Adv*
dahin eo *Adv*; illuc *Adv*; isto/istuc *Adv*
dahintreiben fluctuare; fluitare

daliegen iacēre
damals tum *Adv*; tunc *Adv*
Dame matrona, matronae *f*
damit ut/uti *Kj*; ~ *(nicht)* ne *Kj*
Damm agger, aggeris *m*; moles, molis *f*; ob(i)ex, obicis *f*
Dampf fumus, fumi *n*; nidor, nidoris *m*
dampfen fumare
danach inde *Adv*; postilla *Adv*
daneben iuxta *Adv [Akkusativ]*
Dank grates *f*; gratia, gratiae *f*
dankbar gratus
Dankfest supplicatio, supplicationis *f*
Danksagung gratulatio, gratulationis *f*
dann deinde *Adv*; exinde *Adv*; tum *Adv*; tunc *Adv*
darauf deinde *Adv*; tum *Adv*; tunc *Adv*; *unmittelbar ~* subinde *Adv*
darben egēre *[Ablativ]*; indigēre *[Ablativ]*
darin *sein* inesse
darlegen approbare; demonstrare; docēre; exponere; ostendere; probare; proponere
Darlegung explicatio, explicationis *f*
darniederliegen iacēre
darreichen porrigere; praebēre; sufficere; suppeditare
darstellen effingere; exprimere
Darsteller actor, actoris *m*
dartun *deutlich ~* coarguere
darüber insuper *Adv*; super/supra *Adv [Akkusativ]*; *~ hinaus* supra *Adv*; ultra *Adv*
darüberhängen impendēre
darunter infra *Präp [Akkusativ]*; *~ sein* subesse
darunterlegen supponere *[Dativ]*
Dasein *beschauliches ~* otium, otii *n*

dass ne *Kj*; quod *Kj*; ut/uti *Kj*; ~ *(nicht)* quin *Kj*; *~ doch* utinam *Kj*; *~ nicht* quominus *Kj*; *so ~ nicht* ut/uti *Kj*
Dauer *lange ~* diuturnitas, diuturnitatis *f*
dauerhaft stabilis, stabilis, stabile; vivax, vivacis
dauern durare; manēre; permanēre; *lang ~* diuturnus
dauernd diutinus/diuturnus; longus
Daumen pollex, pollicis *m*
davonführen abducere
dazu *noch ~* ultro *Adv*
dazukommen accedere
dazutreten assistere
dazwischenkommen intervenīre
dazwischenliegen interesse
dazwischenstellen interponere
dazwischentreten intercedere
Decke aulaeum, aulaei *n*; stratum, strati *n*; tegimentum, tegimenti *n*
decken contegere; tegere
Definition definitio, definitionis *f*
dehnen tendere
dein tuus
Dekurio decurio, decurionis *m*
Delphi Delphi, Delphorum *m*
Delphin delphinus/delphin, delphini/delphinis *m*
delphisch Delphicus
demgemäß proinde *Adv*
demnach itaque *Kj*
demütig humilis, humilis, humile; *~ bittend* supplex, supplicis
Denar denarius, denarii *m*
denken cogitare; *daran ~* meminisse *[Genitiv]*
Denken cogitatio, cogitationis *f*
denkend *an* memor, memoris *[Genitiv]*

Denkmal monumentum, monumenti *n*; tropaeum, tropaei *n*
Denkvermögen mens, mentis *f*
denkwürdig memorabiiis, memorabilis, memorabile
denn enim *Kj*; etenim *Adv*; nam *Kj*; namque *Kj*; tandem *Adv*
dennoch tamen *Kj*
Denunziant delator, delatoris *m*
der is, sui, ea, id; qui, cuius, quae, quod; ~ *da* iste, istius, ista, istud
derartig eiusmodi *Adv*; huiusmodi; talis, talis, tale
derb durus
derjenige is, sui, ea, id
derselbe *(eben)* ~ idem, eiusdem, eadem, idem
Deserteur desertor, desertoris *m*
deshalb ideo *Adv*; itaque *Kj*; propterea *Adv*; quapropter *Kj*; quare *Adv*; quocirca *Adv*
deswegen eo *Adv*; idcirco *Adv*; ideo *Adv*; propterea *Adv*; quam ob rem *Adv*
deuten interpretari
Deuter coniector, coniectoris *m*
deutlich argutus; dilucidus; lucidus; perspicuus; plane *Adv*; planus; ~ *sein* liquere
Deutlichkeit perspicuitas, perspicuitatis *f*
Deutung coniectura, coniecturae *f*; explicatio, explicationis *f*
Dezember Dec. (december); *zum ~ gehörig* December, Decembris, Decembre
Dezemvir decemvir, decemviri *m*
dicht creber, crebra, crebrum; densus; spissus; ~ *machen* densare; densēre
dichtbevölkert frequens, frequentis
Dichter poeta, poetae *m*; vates, vatis *m/f*
Dichterin vates, vatis *m/f*
dichtgedrängt confertus *[Ablativ]*; densus; refertus *[Ablativ]*
Dichtkunst musica, musicae *f*
dick crassus
Dicke crassitudo, crassitudinis *f*
Dickicht dumetum, dumeti *n*
Dieb fur, furis *m/f*
Diebin fur, furis *m/f*
Diebstahl furtum, furti *n*
dienen militare; servīre
Diener administer, administri *m*; famulus, famuli *m*; minister, ministri *m*
Dienerin ancilla, ancillae *f*; famula, famulae *f*; serva, servae *f*; servus, servi *m*
Dienerschaft familia, familiae *f*
Dienst officium, officii *n*; opera, operae *f*
Dienstbefreiung vacatio, vacationis *f*
Dienstleistung ministerium, ministerii *n*; officium, officii *n*
dieser hic, huius, haec, hoc; is, sui, ea, id; ~ *da (bei dir)* iste, istius, ista, istud
diesjährig hornus
diesseitig citerior, citerior, citerius
diesseits cis/citra *Präp*; citra *Adv*; citra *Präp [Akkusativ]*
Diktator dictator, dictatoris *m*
Diktatur dictatura, dictaturae *f*
diktieren dictare
Ding res, rei *f*
Dinkel far, farris *n*
Diplomat legatus, legati *m*
direkt directus
Dirne meretrix, meretricis *f*; scortum, scorti *n*
Diskus discus, disci *m*
Diskussion disceptatio, disceptationis *f*

diskutieren disputare
doch atqui(n) *Kj*; ceterum *Adv*; nempe *Adv*; tamen *Kj*; *also* ~ nempe *Adv*
Dolch mucro, mucronis *m*; pugio, pugionis *m*; sica, sicae *f*
Dolmetscher interpres, interpretis *m*
Donau Danuvius, Danuvii *m*
Donner tonitrus, tonitrus *m*
donnern intonare; tonare
Doppelaxt bipennis, bipennis, bipenne
doppelköpfig biceps, bicepitis
Doppelschritt passus, passus *m*
doppelt duplex, duplicis; geminus/gemellus
doppelzüngig duplex, duplicis
Dorf vicus, vici *m*
Dorfbewohner vicanus, vicani *m*
Dörfchen viculus, viculi *m*
Dorfgemeinde pagus, pagi *m*
dörflich vicanus
Dorn spina, spinae *f*
Dornbusch sentis, sentis *m*
Dornstrauch sentis, sentis *m*
dörren torrēre
dort ea *Adv*; ibi *Adv*; illic *Adv*; istic *Adv*; *von* ~ illinc *Adv*; istinc *Adv*
dorthin eo *Adv*; illo *Adv*; illuc *Adv*; isto/istuc *Adv*
Drache anguis, anguis *m/f*; draco, draconis *f*
Drang impetus, impetus *m*
drängen adigere; premere; trudere; urg(u)ere; urgēre
Drangsal aerumna, aerumnae *f*
draußen foris *Adv*; *nach* ~ foris *Adv*; *von* ~ foris *Adv*; ~ *liegen* excubare
drehen detorquēre; intorquēre; torquēre; versare; vertere; *sich* ~ volvere
Drehpunkt cardo, cardinis *m*
drei tres, tres, tria; *je* ~ terni; trini
Dreidecker triremis (navis), triremis *f*
dreifach triplex, triplicis
dreigeteilt tripartitus; tripertitus
dreihundert trecenti
dreimal ter *Adv*
Dreiruderer triremis (navis), triremis *f*
dreißig triginta
dreißigste *der* ~ tricesimus
dreist protervus
Dreiweg trivium, trivii *n*
Dreizack tridens, tridentis *m*
dreizackig tridens, tridentis *m*
dringend *verlangen* deposcere
drinnen intus *Adv*
dritte *der* ~ tertius
drohen imminēre; impendēre; instare; minitari; *(mit Worten)* ~ minari
drohend minax, minacis
dröhnen intonare; mugīre; remugīre; tonare; *laut* ~ intonare
Dröhnen fragor, fragoris *m*; mugitus, mugitus *m*; murmur, murmuris *n*
Drohungen minae, minarum *f*
Drossel turdus, turdi *m*
drücken premere
drückend gravis, gravis, grave; ~ *werden* ingravescere
Druide Druida, Druidae *m*
Dryade dryas, dryadis *f*
du tu, tui
Duft nidor, nidoris *m*; odor, odoris *m*
duften fragrare

duftend odoratus
dulden pati
dumm excors, excordis; stolidus; stultus
Dummheit stultitia, stultitiae *f*
dumpf raucus; ~ *(Stimme)* fuscus
Dünger fimum, fimi *n*
dunkel ater, atra, atrum; caecus; caeruleus/caerul(e)us; fuscus; niger, nigra, nigrum; nigrans, nigrantis; obscurus; opacus; pullus; umbrosus; ~ *(Nacht)* intempestus
Dunkel caligo, caliginis *f*
Dünkel fastus, fastus *m*
dunkelfarbig caeruleus/caerul(e)us
Dunkelheit obscuritas, obscuritatis *f*
dünn exilis, exilis, exile; tenuis, tenuis, tenue; ~ *machen* extenuare; tenuare
Dünne tenuitas, tenuitatis *f*
Dünnheit tenuitas, tenuitatis *f*
Dunst aër, aëris *m*; nebula, nebulae *f*; nidor, nidoris *m*
durch per *Präp [Akkusativ]*; ~ *... hindurch* per *Präp [Akkusativ]*
durchaus prorsus *Adv*
durchbohren configere; figere; percutere; perforare; perfordere; traicere; transfigere
durchbrechen perfringere; perrumpere
durchdringen penetrare; pervadere
durchdringend acer, acris, acre
durcheilen decurrere; percurrere
durcheinander *bringen* turbare
durchforschen perquirere; pervestigare; rimari
durchführen peragere
Durchgang transitus, transitus *m*; *enger* ~ angiportum, angiporti *n*
durchgehen *lassen* permittere
durchirren pererrare
durchlesen perlegere
durchlöchern perforare
durchmessen emetīri
durchmustern perlustrare
durchschauen perspicere
durchscheinend perlucidus
durchschneiden incīdere; secare
durchschreiten perambulare
durchsetzen efficere; impetrare; perficere; perpellere; perpetrare; pervincere
durchsichtig dilucidus; perlucidus; perspicuus
durchstoßen transigere
durchstreifen peragrare; pererrare
durchsuchen excutere; rimari
Durchsuchung scrutatio, scrutationis *f*
durchwandern emetīri; peragrare; perambulare
durchwühlen effodere; rimari
dürftig exilis, exilis, exile
Dürftigkeit tenuitas, tenuitatis *f*
dürr aridus; gracilis, gracilis, gracile; ~ *sein* arēre
Dürre sitis, sitis *f*
Durst sitis, sitis *f*; ~ *hervorrufend* aridus
dürsten sitīre
durstig aridus; bibulus; siccus; ~ *sein* arēre
düster ater, atra, atrum; niger, nigra, nigrum
Duumvir duumvir, duumviri *m*

E

eben aequalis, aequalis, aequale *[Genitiv]*; aequus; campester, campestris, campestre; modo *Adv*; placidus; planus; ~ *erst* vixdum *Adv*

Ebenbild effigies, effigiei *f*
ebenda ibidem *Adv*
ebendaher indidem *Adv*
ebendorthin eodem *Adv*
Ebene aequor, aequoris *n*; campus, campi *m*; planities, planitiei *f*; *in der ~ befindlich* campester, campestris, campestre
ebenfalls item *Adv*
ebenso item *Adv*; itidem *Adv*; perinde *Adv*; proinde *Adv*
Eber aper, apri *m*
echt incorruptus; merus; solidus; verus
Ecke angulus, anguli *m*
edel generosus; ingenuus; liberalis, liberalis, liberale; nobilis, nobilis, nobile
edelgeboren generosus
edelmütig generosus
Edelstein gemma, gemmae *f*
Efeu hedera, hederae *f*
ehe antequam *Kj*; priusquam *Kj*
Ehe coniugium, coniugii *n*; coniunctio, coniunctionis *f*; conubium, conubii *n*; matrimonium, matrimonii *n*; thalamus, thalami *m*
Ehebett thalamus, thalami *m*
Ehebrecher adulter, adultera, adulterum; moechus, moechi *m*
Ehebrecherin moecha, moechae *m*
ehebrecherisch adulter, adultera, adulterum
Ehebruch adulterium, adulterii *n*; probrum, probri *n*; stuprum, stupri *n*
Ehefrau coniu(n)x, coniugis *f*; matrona, matronae *f*; mulier, mulieris *f*; uxor, uxoris *f*
Ehegatte maritus, mariti *m*
ehelich iugalis, iugalis, iugale; socialis, socialis, sociale
ehelos *(Mann)* caelebs, caelibis
Ehemann maritus, mariti *m*
eher potius *Adv*; prius *Adv*
ehern aen(e)us/a(h)eneus/a(h)enus; aeratus; aereus
ehrbar honestus
Ehrbarkeit honestas, honestatis *f*
Ehre decus, decoris *n*; dignatio, dignationis *f*; gloria, gloriae *f*; honestas, honestatis *f*; honos, honoris *m*
ehren colere; decorare; honorare; mactare; ornare; *(Götter)* ~ adolēre
Ehrenamt honos, honoris *m*
ehrenhaft honestus
Ehrenname titulus, tituli *m*
Ehrenstelle honos, honoris *m*
ehrenvoll honestus; honorificus
Ehrenzeichen insigne, insignis *n*
Ehrerbietung reverentia, reverentiae *f*
Ehrfurcht caerimonia, caerimoniae *f*; pietas, pietatis *f*; reverentia, reverentiae *f*; verecundia, verecundiae *f*
ehrfurchtsvoll augustus
Ehrgefühl pudor, pudoris *m*
Ehrgeiz ambitio, ambitionis *f*; gloria, gloriae *f*
ehrgeizig ambitiosus; gloriosus
ehrwürdig augustus; sanctus
Ei ovum, ovi *n*
Eibe taxus, taxi *f*
Eiche quercus, quercus *f*
Eichel glans, glandis *f*
eichen robustus
Eid ius iurandum/iusiurandum, iuris iurandi *n*; sacramentum, sacramenti *n*

Eidechse lacerta, lacertae *f*
Eifer alacritas, alacritatis *f*; ardor, ardoris *m*; sedulitas, sedulitatis *f*; studium, studii *n*
Eifersucht aemulatio, aemulationis *f*
eifersüchtig aemulus; ~ *sein* aemulari
eifrig acer, acris, acre; alacer, alacris, alacre; intentus; sedulus; ~ *in* cupidus *[Genitiv]*
eigen privus; proprius
Eigenschaft ars, artis *f*; qualitas, qualitatis *f*; *gute* ~ bonum, boni *n*
eigensinnig pervicax, pervicacis
Eigentum mancipium, mancipii *n*
eigentümlich proprius
Eile festinatio, festinationis *f*
eilen celerare; contendere; ferri; festinare; properare; ruere; volare
eilens confestim *Adv*; propere *Adv*; raptim *Adv*
eilig citus; properus
ein unus, unius, una, unum; *je* ~ singuli
einbalsamieren condīre
Einbildung opinatio, opinationis *f*
einbrechen infringere; irrumpere
einbringen ferre; redigere
einbürgern *sich* ~ inveterascere
Einbuße damnum, damni *n*; iactura, iacturae *f*
eindeutig evidens, evidentis
eindrängen *sich* ~ insinuare
eindringen insinuare; invadere; invehi; irruere; irrumpere; penetrare; permanare; ~ *auf* incessere
Eindruck affectio, affectionis *f*
eindrücken imprimere
eine *der* ~ *(von zweien)* alter, alterius
einebnen coaequare
einer quidam, cuiusdam; unus, unius, una, unum; *je* ~ privus; ~ *von beiden* alteruter
einfach directus; simplex, simplicis
Einfachheit simplicitas, simplicitatis *f*
Einfall incessus, incessus *m*; incursio, incursionis *f*
einfältig excors, excordis; ineptus
einflechten intorquēre
einflößen incutere; indere; inicere
Einfluss auctoritas, auctoritatis *f*; contagio, contagionis *f*; potentia, potentiae *f*; ~ *haben* valēre
einflussreich factiosus; valens, valentis
einfordern exigere
einfügen inserere; intericere
einführen importare; inducere
einfüllen implēre
Eingang foris, foris *f*; ianua, ianuae *f*; introitus, introitus *m*; limen, liminis *n*; ostium, ostii *n*
eingebildet vanus; ~ *(z.B. Schmerz)* opinabilis, opinabilis, opinabile
Eingeborener indigena, indigenae *m*
eingedenk memor, memoris *[Genitiv]*
eingehen *(als Ertrag)* ~ redīre
eingestehen confitēri; fatēri
Eingeweide exta, extorum *n*; ilia, ilium *n*; praecordia, praecordiorum *m*; viscera, viscerum *n*
Eingeweideschau haruspicina, haruspicinae *f*
eingeweiht *in* conscius *[Genitiv]*
eingießen defundere; infundere; offundere
eingraben defodere; infodere
eingravieren scalpere
einhalten observare
einhauchen inspirare
einheimisch incola, incolae *m*; indigena, indigenae *m*; internus

einhergehen incedere; spatiari
einherschreiten incedere; ingredi
einholen assequi; consequi; persequi
einhüllen amicīre; involvere; obtendere
einig conveniens, convenientis
einige aliquot; complures, complures, complura; quidam, cuiusdam
einigen *sich* ~ convenīre
Einigkeit concordia, concordiae *f*
Einigung compositio, compositionis *f*
einjagen inicere
einjährig annuus
einkehren devertere/deverti
Einkommen reditus, reditus *m*
einladen invitare
einlassen admittere
einleuchtend evidens, evidentis
einmal quondam *Adv*; semel *Adv*; *(endlich)* ~ aliquando *Adv*
einmischen immiscēre
einnehmen occupare; *für sich* ~ delenīre
einnehmend blandus
einnicken dormitare
Einöde deserta, desertorum *n*; solitudo, solitudinis *f*
einpflanzen inserere
einprägen imprimere
einräumen concedere
einreiben inunguere; perunguere
einreihen inserere; numerare; ordinare; ponere
einreißen diruere; proruere; rescindere
einrichten accommodare; instituere; instruere; moderari; temperare
Einrichtung institutio, institutionis *f*; institutum, instituti *n*
einrücken *lassen* introducere
einsam avius; desertus; devius; solus
Einsamkeit solitudo, solitudinis *f*
einschätzen aestimare; existimare
Einschätzung aestimatio, aestimationis *f*; existimatio, existimationis *f*
einschieben interponere
einschlafen dormitare; *tief* ~ sopīre
einschläfern sopīre
einschlagen infringere; *(einen Weg)* ~ affectare
einschließen circumvallare; claudere; cohibēre; concludere; continēre; includere; saepīre; vallare
Einschließung conclusio, conclusionis *f*
einschmeichelnd blandus
einschneiden incīdere; insecare
Einschnitt fissum, fissi *n*
einschränken contrahere
einschreiben inscribere
einschreiten *gegen* animadvertere *[in + Akkusativ]*
einschüchtern perterrēre
einsehen intellegere
einsetzen constituere; *wieder* ~ restituere
Einsicht intellegentia, intellegentiae *f*; sapientia, sapientiae *f*; scientia, scientiae *f*
einsichtig *sein* sapere
einsichtsvoll perspicax, perspicacis
Einspruch intercessio, intercessionis *f*; ~ *erheben* intercedere
einst aliquando *Adv*; olim *Adv*; quondam *Adv*
einstudieren commentari
Einsturz ruina, ruinae *f*
einstürzen concidere; corruere; illabi; prolabi; ~ *(lassen)* proruere

eintauchen demergere; demittere; mergere; mersare; ting(u)ere
einteilen digerere; discribere; distribuere
Einteilung discriptio, discriptionis *f*; divisio, divisionis *f*
Eintracht concordia, concordiae *f*
einträchtig concors, concordis; conveniens, convenientis
eintragen ascribere
einträglich fructuosus
einträufeln instillare
eintreiben exigere; redigere
eintreten intrare
Eintritt introitus, introitus *m*
Einübung meditatio, meditationis *f*
einwandern immigrare
einweben intexere
einwenden opponere
einwickeln implicare; involvere
Einwirkung affectio, affectionis *f*
Einwohner incola, incolae *m*
einwurzeln inveterare; inveterascere
einzäunen saepīre
einzeln privus; singularis, singularis, singulare; viritim *Adv*
einzelne singuli
einziehen publicare
einzig solus; unicus; unus, unius, una, unum
einzigartig singularis, singularis, singulare; unicus
Einzug introitus, introitus *m*
Eis glacies, glaciei *f*
Eisen ferrum, ferri *n*
eisenbeschlagen ferratus
eisern ferreus, ferrei *m*
eiskalt gelidus
Eiskälte gelu, gelus *n*
eitel inanis, inanis, inane
Eiter sanies, saniei *f*; tabum, tabi *n*
Ekel fastidium, fastidii *n*; taedium, taedii *n*; ~ *empfinden* fastidīre
ekelhaft taeter, taetra, taetrum
Elch alces, alcis *f*
Elefant elephantus, elephanti *m*
elegant facetus; mundus
Elektron electrum, electri *n*
Element elementum, elementi *n*
elend miser, misera, miserum
Elend miseria, miseriae *f*
elf undecim
Elfenbein ebur, eboris *n*; elephantus, elephanti *m*
elfenbeinern eburn(e)us
elfter undecimus
Elitesoldat antesignanus, antesignani *m*
Elle cubitus/cubitum, cubiti *m/n*; ulna, ulnae *f*
Ellenbogen cubitus/cubitum, cubiti *m/n*; ulna, ulnae *f*
Elternlosigkeit orbitas, orbitatis *f*
empfangen accipere; concipere; percipere
empfänglich capax, capacis
empfehlen commendare; suadēre
Empfehlung commendatio, commendationis *f*
Empfindung sensus, sensus *m*
emporarbeiten *sich* ~ eniti
emporbinden religare
empören *sich* ~ rebellare
emporführen evehere
emporheben attollere; erigere; extollere; provehere; sublevare; tollere
emporsteigen subīre
empört *sein* indignari *[Akkusativ]*

Empörung rebellio, rebellionis *f*
emsig gnavus; navus
Emsigkeit sedulitas, sedulitatis *f*
Ende exitus, exitus *m*; finis, finis *m*
endlich demum *Adv*; denique *Adv*; tandem *Adv*
energisch vehemens, vehementis
eng angustus; artus
Engagement industria, industriae *f*
Enge angustiae, angustiarum *f*
engherzig angustus
Engpass angustiae, angustiarum *f*; fauces, faucium *f*
Enkel nepos, nepotis *m*
Enkelin neptis, neptis *f*
entarten degenerare
entartet degener, degeneris
entbehren carēre *[Ablativ]*
entblößen nudare; retegere; vastare
entblößt nudus
entbrennen ardescere; exardescere
entdecken detegere; invenīre; retegere
entehren foedare; temerare; turpare
entehrt probrosus
entfalten explicare
entfernen abdere; amovēre; demovēre; dimovēre; praecīdere; removēre; semovēre; seponere; *sich ~* absistere; discedere; facessere
entfernt remotus; *~ sein* abesse; distare
Entfernung longinquitas, longinquitatis *f*
entflammen accendere; incendere; inflammare; succendere *n*
entfliehen aufugere; effugere *[Akkusativ]*; profugere
entfremden abalienare; alienare
entführen abripere
Entführer raptor, raptoris *m*
Entführung raptus, raptus *m*
entgegen obviam *Adv*
entgegenarbeiten obtrectare *[Dativ]*
entgegenbringen offerre
entgegeneilen occurrere
entgegengehen obīre
entgegengesetzt adversus; aliter *Adv*; contrarius; diversus
entgegenhalten opponere
entgegenkommend obvius
entgegenlaufen occurrere; occursare
entgegenstehen obstare
entgegenstellen opponere; *sich ~* obsistere; officere *[Dativ]*
entgegenstemmen obniti
entgegentönen obstrepere
entgegentreten adversari *[Dativ]*; occursare
entgegenwehen aspirare
entgegenwerfen obicere; obiectare
entgehen effugere *[Akkusativ]*; fallere; fugere *[Akkusativ]*; vitare
entgleiten elabi
enthalten continēre; *sich ~* abstinēre *[(a) + Ablativ]*; carēre *[Ablativ]*; *~ sein* inesse
enthaltsam continens, continentis; sobrius
Enthaltsamkeit continentia, continentiae *f*
enthüllen aperīre; detegere; promere
entkleiden nudare; spoliare
entkommen effugere *[Akkusativ]*; evadere
entkräften infringere; macerare; *(Vorwürfe) ~* diluere
entkräftet exsanguis, exsanguis, exsangue
entlang secundum *Präp [Akkusativ]*

entlassen dimittere
Entlassung missio, missionis *f*
entlaufen fugitivus
entlegen remotus
entleihen mutuari
entlocken elicere
entmutigen affligere
entnehmen depromere; haurīre
entreißen deripere; detrahere; eripere; extorquēre; intercipere
entriegeln reserare
entrinnen effugere *[Akkusativ]*
entrüsten *sich ~* indignari *[Akkusativ]*
entrüstet *sein* indignari *[Akkusativ]*
Entrüstung indignatio, indignationis *f*; indignitas, indignitatis *f*
entschädigen satisfacere
entscheiden arbitrari; decernere; diiudicare; disceptare; iudicare
Entscheidung arbitrium *n*; disceptatio, disceptationis *f*; discrimen, discriminis *n*; *bis zur ~ kämpfen* decertare; depugnare; *um die ~ kämpfen* depugnare
entschließen *sich ~* destinare; dignari
entschlossen promptus; *fest ~* obstinatus
entschlüpfen elabi
Entschluss consilium, consilii *n*
entschuldigen expurgare; *(sich) ~* excusare
Entschuldigung excusatio, excusationis *f*
entseelen exanimare
entseelt exanimis, exanimis, exanime
entsenden dimittere
Entsendung missio, missionis *f*
entsetzen *sich ~* formidare; horrēre *[Akkusativ]*; horrescere; perhorrescere; reformidare
entsetzlich horridus
entsetzt exanimis, exanimis, exanime
entsiegeln resignare
entsprechen respondēre
entsprechend par, paris; secundum *Präp [Akkusativ]*
entsprossen prognatus
entstehen coorīri; exorīri; ex(s)istere; fieri; innasci; nasci; oborīri; orīri; provenīre
Entstehung ortus, ortus *m*
entstellen deformare; depravare; foedare; turpare; vitiare
entstellt deformis, deformis, deforme
entsühnen expiare
entvölkern depopulari; populari
entweder aut *Kj*
entweichen dilabi
entweihen contaminare; maculare; polluere; temerare
entweiht sceleratus
entwickeln explicare; *sich ~* crescere
entwinden extorquēre
entwischen elabi
entwöhnt desuetus
Entwurf commentarius (liber), commentarii *m*
entziehen abrogare; subducere; surripere; *(heimlich) ~* subtrahere
entzücken delectare
Entzücken delectatio, delectationis *f*
entzünden flammare; *(als Brandopfer) ~* adolēre
Epoche aetas, aetatis *f*
er is, sui, ea, id
erbarmen *sich ~* miserēri *[Genitiv]*
erbauen aedificare; construere; ex(s)truere
Erbe heres, heredis *m/f*; *(väterliches) ~* patrimonium, patrimonii *n*

erbeuten praedari
Erbin heres, heredis *m/f*
erbitten exposcere
erbittert infensus
erblassen pallescere
erblicken aspicere; conspicari; conspicere; dispicere; vidēre
erblühen efflorescere
Erbschaft hereditas, hereditatis *f*
Erdachse polus, poli *m*
Erdboden humus, humi *f*; solum, soli *n*; tellus, telluris *f*
Erde humus, humi *f*; tellus, telluris *f*; terra, terrae *f*; *aus ~* terrenus
erdenken cogitare; excogitare
Erdgürtel zona, zonae *f*
erdichten fingere; mentīri
erdig terrenus
Erdkreis orbis, orbis *m*
Erdreich humus, humi *f*
erdreisten *sich ~* audēre
erdrücken obruere
Erdscholle glaeba/gleba, glaebae *f*
erdulden perpeti; subīre; tolerare
ereignen *sich ~* accidere; evenīre
Ereignis eventum, eventi *n*; eventus, eventus *m*; factum, facti *n*; res, rei *f*
ererbt avitus; paternus
erfahren callidus; cognoscere; comperīre; discere; experīri; noscere; resciscere; sciscere; *vorher ~* praediscere; *~ (in etwas)* consultus; peritus *[Genitiv]*; sciens, scientis
Erfahrung experientia, experientiae *f*; peritia, peritiae *f*; *in ~ bringen* comperīre
erfassen complecti; concipere; occupare; percipere
erfinden invenīre
Erfinder inventor, inventoris *m*
Erfindung inventio, inventionis *f*; inventum, inventi *n*; machinatio, machinationis *f*
Erfindungsgabe inventio, inventionis *f*
erflehen adorare; deprecari; exorare; implorare
Erfolg eventus, eventus *m*; felicitas, felicitatis *f*; successus, successus *m*; *~ haben* procedere
erfolglos incassum *Adv*; irritus; nequiquam *Adv*; vanus
Erfolglosigkeit vanitas, vanitatis *f*
erfolgreich efficax, efficacis; felix, felicis
erfordern requirere
erforschen explorare; indagare; investigare; percontare; percontari; scrutari
Erforschung investigatio, investigationis *f*
erfreuen delectare; iuvare *[Akkusativ]*; *sich ~ an* frui *[Ablativ]*
erfreulich iucundus; laetus
erfrischen recreare
erfüllen complēre; explēre; imbuere; implēre; perfundere; persolvere
erfunden commenticius
ergänzen replēre; supplēre
Ergänzung supplementum, supplementi *n*
ergeben deditus; devotus
Ergebnis eventus, eventus *m*; exitus, exitus *m*
ergiebig fecundus; ferax, feracis; fructuosus; uber, uberis
ergießen *sich ~* redundare
erglühen ardescere; exardescere
ergötzen delectare
ergreifen capere; capessere; comprehendere; corripere; permovēre; prehendere; prensare; *erneut ~* retractare
erhaben augustus; celsus; excelsus; grandis, grandis, grande; sublime *Adv*; sublimis, sublimis, sublime

Erhabenheit maiestas, maiestatis *f*
erhalten nancisci; reservare; servare *[a mit Ablativ]*; tuēri
Erhalter conservator, conservatoris *m*
Erhaltung conservatio, conservationis *f*
erheben efferre; evehere; tollere; *sich ~* assurgere; consurgere; insurgere; orīri; surgere; *sich erneut ~* resurgere
Erhebung elatio, elationis *f*
erheitern oblectare
erhellen illustrare
erhitzen coquere
erhoffen sperare
erholen *sich ~* convalescere; *sich wieder ~* respirare
Erholung quies, quietis *f*; requies, requietis *f*
erhören exaudīre
erinnern admonēre *[Genitiv; de + Ablativ]*; *sich ~* commemorare; recordari *[Akkusativ/de + Ablativ]*; reminisci; *sich ~ (an)* meminisse *[Genitiv]*; *~ (mit AcI)* monēre; *~ an* memorare *[Akkusativ]*
Erinnerung memoria, memoriae *f*; recordatio, recordationis *f*
erkannt cognitus
erkennen cernere; cognoscere; dispicere; intellegere; perspicere; *(wieder) ~* agnoscere
Erkenntnis cognitio, cognitionis *f*; inventum, inventi *n*; perceptio, perceptionis *f*
erklären declarare; explanare; explicare; illustrare; *feierlich ~* nuncupare; *offen ~* profitēri
Erklärung explicatio, explicationis *f*; interpretatio, interpretationis *f*
erklimmen ascendere
Erkrankung offensio, offensionis *f*
erkunden inquirere; investigare
erkundigen *sich ~* percontari; requirere
erlangen adipisci; apisci; assequi; impetrare; potīri *[Ablativ]*; *(zufällig) ~* nancisci
erlassen condonare; remittere
erlauben concedere; permittere; sinere
Erlaubnis licentia, licentiae *f*; venia, veniae *f*
erlaucht illustris, illustris, illustre
Erle alnus, alni *m*
erleben vidēre
erledigen conficere; defungi *[Ablativ]*
erleichtern laxare; levare; relaxare; relevare; sublevare
Erleichterung levatio, levationis *f*
erleiden oppetere; perpeti
erlernen condiscere; ediscere
erleuchten illustrare; *(hell) ~* collustrare
erlosen sortīri
ermahnen admonēre *[Genitiv; de + Ablativ]*; hortari; monēre
ermahnend memor, memoris *[Genitiv]*
Ermahnung monitum, moniti *n*; monitus, monitus *m*
ermatten defetisci; deficere; fatiscere; hebescere; languescere
ermattet defessus; fessus
ermessen metiri
Ermessen arbitratus, arbitratus *m*; arbitrium *n*
ermitteln exquirere; reperīre
ermorden iugulare
ermüden defetisci; fatigare; *ganz ~* defatigare
ermüdet defessus; fessus
Ermüdung lassitudo, lassitudinis *f*
ermuntern hortari
ermutigen animare; confirmare; excitare; extollere; suscitare
ernähren alere; nutrīre

Ernährerin nutrix, nutricis *f*
ernennen appellare; designare; dicere; nominare
erneuern novare; renovare; restaurare; resumere
ernst austerus; gravis, gravis, grave; serio *Adv*; serius; severus, severa, severum; tristis, tristis, triste
Ernst gravitas, gravitatis *f*; severitas, severitatis *f*; *im ~* serio *Adv*
ernsthaft serius
Ernte messis, messis *f*
ernten metere
Eroberer invasor, invasoris *m*
erobern capere; expugnare; potīri *[Ablativ]*
Eroberung captivitas, captivitatis *f*
eröffnen aperīre
erörtern disceptare; disputare; disserere; iactare
Erörterung disceptatio, disceptationis *f*; disputatio, disputationis *f*; explicatio, explicationis *f*
erpressen exprimere; extorquēre
erproben approbare; experīri; periclitari; probare
erprobt cognitus; probatus; spectatus
erquicken recreare
erraffen rapere
errechnen computare
erregen commovēre; conciēre; excīre; excitare; incendere; irritare; permovēre; suscitare; *heftig ~* sollicitare
erregt ictus; turbidus; *heftig ~* sollicitus; *~ sein* tumēre
Erregung commotio, commotionis *f*; motus, motus *m*; sollicitudo, sollicitudinis *f*
erreichen adaequare; adipisci; aequare *[Akkusativ]*; apisci; assequi; consequi; impetrare; nancisci; *zu ~ (ver)suchen* petere
errichten aedificare; collocare; construere; ex(s)truere; iacere
erringen adipisci; apisci
erröten erubescere
erschaffen creare; generare
erschallen insonare
erscheinen apparēre; ex(s)istere
Erscheinung visio, visionis *f*; visum, visi *n*; visus, visus *m*
erschlaffen fatiscere; torpescere
erschöpfen conficere; exanimare; fatigare
erschöpft defessus; effetus; fessus
erschrecken consternare; consternere; exanimare; exterrēre; *(jemanden) ~* terrēre; *(jemanden) sehr ~* concutere; perterrēre; territare
erschüttern concutere; convellere; emovēre; labefacere; percellere; percutere; quatere; *heftig ~* labefactare; quassare
erschweren gravare
ersehnen desiderare *[Akkusativ]*; exoptare
ersetzen compensare; reponere
ersinnen comminisci; excogitare; machinari; mentīri
erst demum *Adv*; modo *Adv*
erstarken convalescere; valescere
erstarren concrescere; obstupescere
Erstarrung rigor, rigoris *m*
Erstattungsrichter recuperator, recuperatoris *m*
erstaunen obstupescere
erstaunlich admirabilis, admirabilis, admirabile; incredibilis, incredibilis, incredibile; mirabilis, mirabilis, mirabile; mirificus; mirus
erste *der ~* primus
Erste princeps, principis *m*
erstechen iugulare
ersteigen ascendere
erster princeps, principis *m*

erstreben affectare; appetere; expetere; petere; *mühsam ~* allaborare
erstrecken *sich ~* patēre; pertinēre *[ad mit Akkusativ]*; vergere
ertappen comperīre; deprehendere
ertönen insonare; resonare; *~ (lassen)* intonare
Ertrag fructus, fructus *m*; frux, frugis *f*; seges, segetis *f*
ertragen ferre; pati; perferre; perpeti; sustinēre; tolerare
erträglich tolerabilis, tolerabilis, tolerabile
ertraglos sterilis, sterilis, sterile
ertragreich ferax, feracis; fertilis, fertilis, fertile
erwachen expergisci
erwachsen adultus; exoletus; grandis, grandis, grande; puber, puberis; pubes, puberis
erwägen circumspicere; cogitare; considerare; deliberare; expendere; ponderare; reputare; volvere
erwähnen commemorare; memorare *[Akkusativ]*; narrare; nominare
Erwähnung mentio, mentionis *f*
erwärmen tepefacere
erwarten ex(s)pectare; manēre; opperīri; prospectare; sperare
Erwartung exspectatio, exspectationis *f*; spes, spei *f*; *in gespannte ~ versetzen* arrigere
erwartungsvoll intentus
erweichen mollīre
erweisen arguere; praestare *[Akkusativ]*
erweitern dilatare; prolatare; propagare
Erwerb quaestus, quaestus *m*
erwerben acquirere; apparare; comparare; merēre; parare; parere; *~ (wollen)* quaerere *[ex/ab mit Ablativ]*
erwiesen manifestus
erwirken impetrare
erwünscht prosper(us), prospera, prosperum

Erz aes, aeris *n*
erzählen narrare
Erzählung fabula, fabulae *f*; historia, historiae *f*; *kleine ~* fabella, fabellae *f*
erzeugen creare; generare; gignere
Erzeuger genitor, genitoris *m*
Erzeugerin genetrix, geniticis *f*
erziehen educare
Erzieher paedagogus, paedagogi *m*
Erziehung disciplina, disciplinae *f*; eruditio, eruditionis *f*
erzittern *(vor)* tremescere *[Akkusativ]*; *~ lassen* tremefacere
erzogen alumnus, alumni *m*
erzürnen irritare
erzürnt iratus
es is, sui, ea, id
es beliebt libet
es beschämt pudet
es ekelt taedet
es gefällt libet
es ist erlaubt licet
es regnet pluit
es steht frei licet
es verdrießt piget
Esche fraxinus, fraxini *f*
Esel asellus, aselli *m*; asinus, asini *m*
Esse caminus, camini *m*
essen cenare; edere; epulari; mandere
Essen cena, cenae *f*; cibus, cibi *m*; mensa, mensae *f*
Essig acetum, aceti *n*
etwa an; fere/ferme *Adv*; *~ ?* -ne; num
etwas paul(l)um *Adv*
euer vester, vestra, vestrum

Eunuch eunuchus, eunuchi *m*
Europa Europa, Europae *f*
Euter mamma, mammae *f*; uber, uberis *n*
ewig aeternus; sempiternus
Ewigkeit aeternitas, aeternitatis *f*; aevum, aevi *n*

F

Fabel fabella, fabellae *f*; fabula, fabulae *f*
Fach disciplina, disciplinae *f*
Fackel fax, facis *f*; lampas, lampadis *f*; taeda, taedae *f*
Faden filum, fili *n*; stamen, staminis *n*
fähig idoneus
Fähigkeit copia, copiae *f*; facultas, facultatis *f*
fahl luridus; pallidus; *~ sein* pallēre
Fahne vexillum, vexilli *n*
Fahneneid sacramentum, sacramenti *n*
Fahnenflüchtiger desertor, desertoris *m*
Fähnlein vexillum, vexilli *n*
Fähnrich signifer, signiferi *m*; vexillarius, vexillarii *m*
fahren innare; innatare; vehere; vehi
fahrlässig socors, socordis
Fährte vestigium, vestigii *n*
Fahrzeug navigium, navigii *n*; vehiculum, vehiculi *n*
Falke accipiter, accipitris *m*
Fall casus, casus *m*; excidium, excidii *n*; labes, labis *f*; ruina, ruinae *f*
fallen cadere; concidere
fällen caedere
Fallgrube fovea, foveae *f*
falls si *Kj*
falsch absurdus; duplex, duplicis; falsus; perfidus; perperam *Adv*; perversus
fälschen corrumpere
fälschlich falso *Adv*
Falte ruga, rugae *f*
falten plicare
Familie familia, familiae *f*; *zur ~ gehörig* familiaris, familiaris, familiare
fangen captare
Farbe color, coloris *m*; *dunkle ~* ferrugo, ferruginis *f*
färben inficere; ting(u)ere
farbig varius
Färbung color, coloris *m*
Faser fibra, fibrae *f*
Fass dolium, dolii *n*
fassen capere; prehendere; prensare; *zu ~ versuchen* captare
fassend *viel ~* capax, capacis
fast fere/ferme *Adv*; paene *Adv*; propemodum *Adv*
Fasten ieiunium, ieiunii *n*; inedia, inediae *f*
faul puter, putris, putre
Faulheit pigritia, pigritiae *f*
faulig putidus; *~ riechen* putēre
Fäulnis tabes, tabis *f*
Faust pugnus, pugni *m*
Faustkämpfer pugil, pugilis *m*
fechten proeliari
Fechter gladiator, gladiatoris *m*
Feder penna, pennae *f*; pinna, pinnae *f*; pluma, plumae *f*
fegen verrere
fehlen abesse; deesse; deficere; peccare
Fehler error, erroris *m*; malum, mali *n*; mendum, mendi *n*; peccatum, peccati *n*; vitium, vitii *n*; *~ machen* delinquere

fehlerfrei emendatus
fehlerhaft mendosus; vitiosus
Fehltritt lapsus, lapsus *m*; vitium, vitii *n*
Feier festum, festi *n*; *(Bacchus-)* ~ orgia, orgiorum *n*; *religiöse* ~ caerimonia, caerimoniae *f*
feierlich festus; sollemnis, sollemnis, sollemne; ~ *versprechen* vovēre
Feierlichkeit caerimonia, caerimoniae *f*
feiern bacchari; celebrare
Feiertage feriae, feriarum *f*
feige ignavus
Feige ficus, fici *f*
Feigenbaum ficus, fici *f*
Feigheit ignavia, ignaviae *f*
feil venalis, venalis, venale; ~ *sein* licēre
Feile lima, limae *f*
feilen limare
fein bellus; delicatus; facetus; lautus; lepidus; subtilis, subtilis, subtile; tenuis, tenuis, tenue
Feind hostis, hostis *m/f*; inimicus, inimici *m*
Feindin hostis, hostis *m/f*
feindlich adversarius, adversarii *m*; adversus; hostilis, hostilis, hostile; infestus; inimicus
Feindschaft inimicitiae, inimicitiarum *f*; simultas, simultatis *f*
feindselig alienus; infensus; infestus
Feindseligkeit maleficium, maleficii *n*
feingebildet elegans, elegantis; urbanus
Feinheit elegantia, elegantiae *f*; lepos/lepor, leporis *m*; subtilitas, subtilitatis *f*; tenuitas, tenuitatis *f*
Feinschmeckerzunge lingula, lingulae *f*
Feld ager, agri *m*; campus, campi *m*; rus, ruris *n*
Feldfrucht frux, frugis *f*
Feldherr dux, ducis *m*; imperator, imperatoris *m*; praetor, praetoris *m*
Feldherrn *zum ~ gehörig* praetorius
Feldherrnzelt praetorium, praetorii *n*
Feldmesser geometres, geometrae *m*
Feldmesskunst geometria, geometriae *f*
Feldzeichen signum, signi *n*
Feldzug bellum, belli *n*; expeditio, expeditionis *f*
Fell corium, corii *m*; pellis, pellis *f*
Fels rupes, rupis *f*; saxum, saxi *n*; silex, silicis *m*
Felsblock saxum, saxi *n*
Felsen scopulus, scopuli *m*
Felsenschlucht rupes, rupis *f*
Fenster fenestra, fenestrae *f*
Ferien feriae, feriarum *f*
fern longinquus; procul *Adv*; remotus
Ferne *aus der* ~ eminus *Adv*; *aus/in d.* ~ procul *Adv*
ferner ac *Kj*; atque *Kj*; autem *Kj*; etiam *Kj*; porro *Adv*
fern halten abstinēre *[(a) + Ablativ]*; arcēre; prohibēre *[a mit Ablativ]*; submovēre
Fernkampf *im* ~ eminus *Adv*
Ferse calx, calcis *f*
Fertigkeit ars, artis *f*; artificium, artificii *n*; machinatio, machinationis *f*
Fessel catena, catenae *f*; vinculum, vinculi *n*
fesseln astringere; constringere; devincīre; impedīre; obstringere; vincīre
fest firmus; solidus; stabilis, stabilis, stabile; ~ *stehen* constare
Fest festum, festi *n*
festbinden devincīre; ligare; obligare; religare; revincīre
festhalten arripere; attinēre; coërcēre; cohibēre; continēre; detinēre; obtinēre; retinēre; tenēre
festhängen inhaerēre

Festigkeit firmitas, firmitatis *f*; stabilitas, stabilitatis *f*
Festland continens, continentis *f*; terra, terrae *f*
festlegen praedicere
festlich festus; genialis, genialis, geniale
festmachen affigere; destinare
festnehmen comprehendere
festsetzen constituere; decernere; destinare; dicere; pangere; sancīre; statuere
Festsetzung definitio, definitionis *f*
festsitzen haerēre
feststellen definīre; statuere
Festung oppidum, oppidi *n*
Festzug pompa, pompae *f*
fett opimus; pinguis, pinguis, pingue
Fett unguentum, unguenti *n*
feucht humidus; madidus; udus; umēre; umidus; uvidus; *~ sein* rorare
Feuchtigkeit humor, humoris *m*; ros, roris *m*; umor, umoris *m*
Feuer flamma, flammae *f*; ignis, ignis *m*; incendium, incendii *n*
Feuersbrunst incendium, incendii *n*
Feuerstätte focus, foci *m*
feurig acer, acris, acre; igneus
Fichte pinus, pini *f*
Fieber febris, febris *f*
Figur figura, figurae *f*; forma, formae *f*
finden invenīre; reperīre; vestigare
findig vafer, vafra, vafrum
Finger digitus, digiti *m*
finster torvus
Finsternis caligo, caliginis *f*; caligo, caliginis *f*; nox, noctis *f*; tenebrae, tenebrarum *f*
Finte astus, astus *m*
First columen, columinis *n*; culmen, culminis *n*
Fisch obsonium, obsonii *n*; piscis, piscis *m*
Fischer piscator, piscatoris *m*
Fistel fistula, fistulae *f*
flach planus
Fläche plaga, plagae *f*; *freie ~* area, areae *f*
Flachs linum, lini *n*
Flagge mappa, mappae *f*
Flamme fax, facis *f*; flamma, flammae *f*
Flanke latus, lateris *n*
Flasche lagoena, lagoenae *f*
flattern volitare
Flaum pluma, plumae *f*
flechten comere; intorquēre; texere
Flechtwerk cratis, cratis *f*; vimen, viminis *n*
Fleck macula, maculae *f*; *blauer ~* livor, livoris *m*
Flehen supplicium, supplicii *n*
flehend supplex, supplicis
flehentlich supplex, supplicis
Fleisch caro, carnis *f*; obsonium, obsonii *n*; viscera, viscerum *n*
Fleischmarkt macellum, macelli *n*
Fleischstück pulmentum, pulmenti *n*
Fleiß industria, industriae *f*; sedulitas, sedulitatis *f*
fleißig assiduus; impiger, impigra, impigrum; sedulo *Adv*; sedulus
flicken sarcīre
Fliege musca, muscae *f*
fliegen volare
fliehen refugere; *eilig ~* fugitare; *~ (vor)* fugere *[Akkusativ]*
fließen fluere; liqui; manare; permanare
fließend fluxus; liquidus

flink pernix, pernicis
Floß ratis, ratis *f*
Flöte buxus, buxi *f*; tibia, tibiae *f*
Flötenspieler tibicen, tibicinis *m*
Flotte classis, classis *f*
Flucht effugium, effugii *n*; fuga, fugae *f*; *in die ~ schlagen* fugare
flüchten *sich ~* confugere; profugere
flüchtig fugax, fugacis; fugitivus; profugus
Flüchtling desertor, desertoris *m*; profugus
Flug volatus, volatus *m*
Flügel ala, alae *m*; penna, pennae *f*; pinna, pinnae *f*; *auf dem ~ stehend* alarius
Flügeltüre valvae, valvarum *f*
Flur arvum, arvi *n*
Fluss amnis, amnis *m*; fluentum, fluenti *n*; flumen, fluminis *n*; fluvius, fluvii *m*
Flussbett alveus, alvei *m*
flüssig liquere; liquidus; udus; *~ sein* liqui; *~ werden* liquescere
Flüssigkeit latex, laticis *m*; liquor, liquoris *m*
Flut aestus, aestus *m*; fluctus, fluctus *m*; unda, undae *f*
Föhre pinus, pini *f*
Folge series, seriei *f*
folgen sequi
folgend posterus
folgende *der ~* secundus
folgender hic, huius, haec, hoc
folgern concludere
Folgerung conclusio, conclusionis *f*
folglich ergo *Kj*; igitur *Kj*; itaque *Kj*
Folter cruciatus, cruciatus *m*; tormentum, tormenti *n*
Folterbank eculeus, eculei *m*
foltern torquēre
Förderer auctor, auctoris *m*
förderlich *sein* prodesse
fordern exigere; exposcere; expostulare; poscere; postulare; requirere; *dringend ~* flagitare; *ungestüm ~* flagitare
fördern adiutare; alere; augēre; promovēre; sublevare
Forderung postulatum, postulati *n*
Form forma, formae *f*
Formel carmen, carminis *n*
formen excudere; fingere; formare; informare
forschen quaerere *[ex/ab mit Ablativ]*
Forschung historia, historiae *f*
fort *in einem ~* usque (ad) *Adv [Akkusativ]*
fortbewegen molīri
Fortdauer perpetuitas, perpetuitatis *f*
fortdauern permanēre; perstare
fortdauernd perpetuus
fortfahren pergere; perseverare
fortführen provehere
fortgehen decedere
fortpflanzen propagare
fortreißen rapere; raptare
fortschaffen amovēre; demovēre; emovēre; exportare; movēre
fortschicken relegare
fortschleppen abstrahere; raptare
Fortschritt progressio, progressionis *f*
Fortschritte *machen* proficere; progredi
fortsetzen continuare; pergere
fortstoßen trudere
forttragen asportare; auferre
forttreiben proturbare

fortwährend continuus
Forum forum, fori *n*; *zum ~ gehörig* forensis, forensis, forense
Frage interrogatio, interrogationis *f*; quaestio, quaestionis *f*; rogatio, rogationis *f*
fragen interrogare; percontare; percontari; rogare; *(erneut/wiederholt) ~* rogitare; *(jemanden) ~* quaerere *[ex/ab mit Ablativ]*; *nach etwas ~* requirere
Frame framea, frameae *f*
Frau femina, feminae *f*; mulier, mulieris *f*; *alte ~* anus, anus *f*; *junge ~* nurus, nurus *f*; *verheiratete ~* matrona, matronae *f*
frech audax, audacis; improbus; petulans, petulantis; procax, procaci; protervus
frei liber, libera, liberum; licens, licentis; solutus; *~ für etwas* vacuus *[Ablativ]*; *~ machen* expedīre; *~ sein* carēre *[Ablativ]*; vacare *[Ablativ]*; *~ von etwas* vacuus *[Ablativ]*
Freie *das ~* divum, divi *n*
Freier procus, proci *m*
freigebig benignus; largus
Freigebigkeit benignitas, benignitatis *f*; largitio, largitionis *f*; liberalitas, liberalitatis *f*; munificentia, munificentiae *f*
freigeboren ingenuus
freigelassen libertinus, libertini *m*
Freigelassener libertinus, libertini *m*; libertus, liberti *m*
freigiebig liberalis, liberalis, liberale
Freiheit libertas, libertatis *f*; licentia, licentiae *f*
Freiheitsliebe libertas, libertatis *f*
Freiheitssinn libertas, libertatis *f*
freilassen emittere
freilich equidem *Adv*; nimirum *Adv*; quidem *Kj*; quippe *Adv*; sane *Adv*
Freimut libertas, libertatis *f*
freimütig liber, libera, liberum
Freisein *(von)* vacuitas, vacuitatis *f [Genitiv/a + Ablativ]*
freisprechen absolvere; liberare *[a mit Ablativ]*
freiwillig gratuitus; officiosus; (meā/tuā/suā/nostrā/vestrā) sponte *f*; voluntarius
Freizeit otium, otii *n*
fremd advena, advenae *m*; adventicius; alienus; barbaricus; externus; hospitus; insolitus; peregrinus
Fremde barbaria, barbariae *f*; *in der ~* peregre *Adv*; *in die ~* peregre *Adv*
Fremder advena, advenae *m*; alienigena, alienigenae *m*; hospes, hospitis *m*; peregrinus
fressen devorare; edere; vorare
Freude gaudium, gaudii *n*; laetitia, laetitiae *f*
freudig alacer, alacris, alacre
freuen delectare; iuvare *[Akkusativ]*; *sich ~* gaudēre; laetari *[(de) + Ablativ]*
Freund amator, amatoris *m*; amicus, amici *m*; sodalis, sodalis *m*; *vertrauter ~* familiaris, familiaris *m*
Freundin amica, amicae *f*
freundlich amicus; blandus; comis, comis, come; gratiosus; humanus; placidus; *~ gesonnen* mollis, mollis, molle
Freundlichkeit comitas, comitatis *f*; humanitas, humanitatis *f*
Freundschaft amicitia, amicitiae *f*; coniunctio, coniunctionis *f*; familiaritas, familiaritatis *f*; necessitudo, necessitudinis *f*
freundschaftlich familiaris, familiaris, familiare; socialis, socialis, sociale
Frevel nefas *n*; sacrilegium, sacrilegii *n*; scelus, sceleris *n*
frevelhaft nefandus; nefastus; sceleratus; scelestus
Friede pax, pacis *f*; quies, quietis *f*; requies, requietis *f*
friedlich imbellis, imbellis, imbelle; mitis, mitis, mite; pacatus; placidus; quietus; tranquillus

frieren algēre; frigēre; ~ *machen* urere
frisch recens, recentis; viridis; vivax, vivacis; ~ *sein* vigēre
Frische vigor, vigoris *m*
Friseur tonsor, tonsoris *m*
Frist dies, diei *m/f*
froh hilaris, hilaris, hilare; hilarus; laetus
fröhlich genialis, genialis, geniale; laetus
Fröhlichkeit laetitia, laetitiae *f*
frohlocken ex(s)ultare; gestīre; ovare
fromm castus; pius; religiosus
Frömmigkeit pietas, pietatis *f*; religio, religionis *f*
frönen servīre
Front acies, aciei *f*; frons, frontis *f*
Frosch rana, ranae *f*
Frost frigus, frigoris *n*; gelu, gelus *n*
Frucht fetus, fetus *m*; fructus, fructus *m*
fruchtbar almus; fecundus; felix, felicis; ferax, feracis; fertilis, fertilis, fertile; fetus; fructuosus; frugifer, frugifera, frugiferum; uber, uberis
Fruchtbarkeit uber, uberis *n*; ubertas, ubertatis *f*
fruchtbringend frugifer, frugifera, frugiferum
früher ante *Adv*; antea *Adv*; pristinus; prius *Adv*
frühere *der* ~ prior, prior, prius; superior, superior, superius
Frühling ver, veris *n*
frühmorgens mane *Adv*
Frühstück prandium, prandii *n*
frühstücken prandēre
frühzeitig acerbus; maturus
Fuchs vulpes, vulpis *f*
fühlen sentīre
führen ducere; ductare; gerere; *beiseite* ~ seducere; *im Mund* ~ loqui; ~ *(gegen)* obducere
führend princeps, principis *m*
Führer auspex, auspicis *m*; ductor, ductoris *m*; dux, ducis *m*; princeps, principis *m*
Fuhrmann auriga, aurigae *m*
Führung auspicium, auspicii *n*; ductus, ductus *m*
Fülle copia, copiae *f*; latitudo, latitudinis *f*; ubertas, ubertatis *f*
füllen farcīre
Füllen eculeus, eculei *m*
Fundament fundamentum, fundamenti *n*
fünf quinque; *je* ~ quini
Fünfdecker quinqueremis (navis), quinqueremis *f*
fünfhundert D (quingenti)
fünfjährig quinquennis, quinquennis, quinquenne
Fünfruderer quinqueremis (navis), quinqueremis *f*
fünfte *der* ~ quintus
fünfzehn quindecim
fünfzig quingenti; quinquaginta
fünfzigste *der* ~ quinquagesimus
funkeln vibrare
für in *Präp*; pro *Präp [Ablativ]*
Furagieren pabulatio, pabulationis *f*
Furche sulcus, sulci *m*
Furcht formido, formidinis *f*; metus, metus *m*; timor, timoris *m*; ~ *erregend* formidolosus/formidulosus; terribilis, terribilis, terribile; *in* ~ *geraten* extimescere; pertimescere
furchtbar atrox, atrocis; foedus; tremendus
fürchten metuere; timēre; *sich* ~ extimescere; formidare; pertimescere; reformidare; timēre; verēri
fürchterlich formidolosus/formidulosus
furchtsam formidolosus/formidulosus; pavidus; timidus
Furie Furia, Furiae *f*

Fürsorge caritas, caritatis *f*; cura, curae *f [Genitiv]*; providentia, providentiae *f*
fürsorglich providus
Fürst princeps, principis *m*; regulus, reguli *m*
Fürstenhof aula, aulae *f*
Furt vadum, vadi *n*
fürwahr enim *Adv*; enimvero *Adv*; equidem *Adv*; namque *Kj*; profecto *Adv*
Fuß pes, pedis *m*; *zu ~* pedester, pedestris, pedestre
Füßen *mit ~ treten* calcare
Fußfessel compes, compedis *f*
Fußknöchel talus, tali *m*
Fußpfad semita, semitae *f*
Fußspur vestigium, vestigii *n*
Fußvolk peditatus, peditatus *m*
Futter esca, escae *f*; pabulum, pabuli *n*; pastus, pastus *m*; *~ holen* pabulari
Futterholen pabulatio, pabulationis *f*
Futterholer pabulator, pabulatoris *m*
füttern pascere
Fütterung pastus, pastus *m*

G

Gabe donum, doni *n*; dos, dotis *f*
Gabel furca, furcae *f*
gähnen hiare
Galgenstrick furcifer, furciferi *m*
Galle bilis, bilis *f*
Gallien Gallia, Galliae *f*
Gallier Gallus, Galli *m*
Gang gressus, gressus *m*; incessus, incessus *m*; *unterirdischer ~* cuniculus, cuniculi *m*
Gans anser, anseris *m*
ganz admodum *Adv*; cunctus; omnis, omnis, omne; solidus; totus, totius; universus; *~ und gar* admodum *Adv*; omnino *Adv*
ganzjährig perennis, perennis, perenne
gänzlich omnino *Adv*; plane *Adv*
Garküche popina, popinae *f*
Gärtchen hortulus, hortuli *m*
Garten hortus, horti *m*
Gast conviva, convivae *f*; hospes, hospitis *m*
Gastfreund hospes, hospitis *m*
gastfreundlich hospitalis, hospitalis, hospitale; hospitus
Gastfreundschaft hospitium, hospitii *n*
Gastgeber hospes, hospitis *m*; parochus, parochi *m*
Gastmahl convivium, convivii *n*
Gastwirt caupo, cauponis *f*; parochus, parochi *m*
Gastwirtschaft caupona, cauponae *f*
Gatte coniux/coniunx, coniugis *m/f*
Gattin coniu(n)x, coniugis *f*; coniux/coniunx, coniugis *m/f*; uxor, uxoris *f*
Gattung genus, generis *n*
Gau pagus, pagi *m*; tribus, tribus *f*
Gaubewohner paganus, pagani *m*
Gaul caballus, caballi *m*
Gaumen palatum, palati *n*
Gazelle damma, dammae *f*
geachtet probatus
geartet moratus
Gebärde gestus, gestus *m*
gebären gignere; parere; *~ (wollen)* parturīre
Gebärende puerpera, puerperae *f*

Gebäude aedificium, aedificii *n*
Gebell latratus, latratus *m*
geben dare; donare
Gebet preces, precum *f*; supplicium, supplicii *n*; votum, voti *n*
Gebiet ager, agri *m*; regio, regionis *f*
gebieten imperare *[Dativ]*
Gebieter dominus, domini *m*
gebieterisch imperiosus
Gebilde figura, figurae *f*
gebildet cultus; doctus; humanus; urbanus
Gebirge mons, montis *m*; *im ~ befindlich* montanus
gebirgig montanus
Gebirgskamm dorsum, dorsi *n*
gebogen curvus; pandus; uncus; *rückwärts ~* recurvus
geboren natus; *~ werden* innasci; nasci; *wieder ~ werden* renasci
geborgt mutuus
Gebot fas *n*; lex, legis *f*
gebraten assus
Gebrauch usus, usus *m*
gebrauchen usurpare; uti *[Ablativ]*
gebräuchlich solitus; usitatus
Gebrechlichkeit debilitas, debilitatis *f*
gebt her! cedo!
Gebühr meritum, meriti *n*
Geburt partus, partus *m*; *von ~* natu *Adv*; *zur ~ gehörig* natalis, natalis, natale
Geburtstag natalis, natalis *m*
Gebüsch dumetum, dumeti *n*; virgultum, virgulti *n*
Gedächtnis memoria, memoriae *f*
Gedanke cogitatio, cogitationis *f*; mens, mentis *f*; sensus, sensus *m*; sententia, sententiae *f*
gedenken commemorare; meminisse *[Genitiv]*; memorare *[Akkusativ]*
Gedicht carmen, carminis *n*; poema, poematis *n*
gediegen solidus
Gedränge turba, turbae *f*
Geduld patientia, patientiae *f*
geduldig patiens, patientis
geehrt honestus
geeignet aptus; habilis, habilis, habile; idoneus; opportunus
Gefahr discrimen, discriminis *n*; periculum, periculi *n*; *in ~ geraten* periclitari
gefährlich infestus; periculosus
Gefährte comes, comitis *m/f*; consors, consortis; socius, socii *m*; sodalis, sodalis *m*
Gefährtin comes, comitis *m/f*
gefallen arridēre *[Dativ]*; placēre
Gefallen *einen ~ tun* gratificari
gefällig beneficus; comis, comis, come; concinnus; gratus; officiosus; placitus
Gefälligkeit beneficium, beneficii *n*; venia, veniae *f*
gefangen captivus
Gefangener captivus, captivi *m*
Gefangenschaft captivitas, captivitatis *f*
Gefängnis carcer, carceris *n*
Gefäß vas, vasis *n*
Gefecht proelium, proelii *n*; pugna, pugnae *f*
gefeiert celeber, celebris, celebre
Gefilde arvum, arvi *n*
geflügelt volucer
Gefolge cohors, cohortis *f*
Gefolgschaft comitatus, comitatus *m*
Gefolgsmann comes, comitis *m/f*
gefräßig edax, edacis

Gefüge textum, texti *n*
gefügig *machen* subigere
Gefühl sensus, sensus *m*
gefühllos crudus
gegen ad *Präp [Akkusativ]*; adversus; adversus *Präp [Akkusativ]*; circa/circum *Präp [Akkusativ]*; erga *Präp [Akkusativ]*; in *Präp*; ob *Präp [Akkusativ]*; sub *Präp*; *~ (feindlich)* contra *Präp [Akkusativ]*; *~ (zeitlich)* prope *Präp [Akkusativ]*; propter *Präp [Akkusativ]*; *~ ... hin* ob *Präp [Akkusativ]*; versus/versum *Präp*
Gegend plaga, plagae *f*; regio, regionis *f*; tractus, tractus *m*
Gegensatz diversitas, diversitatis *f*
gegensätzlich contrarius
gegenseitig mutuus
Gegenteil *im ~* contra *Adv*; immo (vero) *Kj*
gegenüber adversus *Präp [Akkusativ]*; contra *Präp [Akkusativ]*; contra *Adv*; erga *Präp [Akkusativ]*; ob *Präp [Akkusativ]*
gegenüberliegend contrarius
Gegenwart praesentia, praesentiae *f*; *in ~ von* coram *Präp [Ablativ]*; palam *Präp [Ablativ]*
gegenwärtig praesens, praesentis; praesto *Adv*
Gegner adversarius, adversarii *m*
gegnerisch adversarius, adversarii *m*
Gehege cohors, cohortis *f*; saepes, saepis *f*; stabulum, stabuli *n*
geheim arcanus; occultus; secretus
Geheimnis mysterium, mysterii *n*; secretum, secreti *n*
geheimste *der ~* intimus
Geheiß *auf ~* iussū *Adv*
gehen cedere; īre; meare; vadere; *auseinander ~* digredi; *~ lassen* mittere
Geheul ululatus, ululatus *m*
Gehilfe adiutor, adiutoris *m*; administer, administri *m*; minister, ministri *m*
Gehirn cerebrum, cerebri *n*
Gehör auditus, auditus *m*; *~ schenken* oboedīre
gehorchen auscultare; oboedīre; obsequi; obtemperare; parēre
gehören *sich ~* decēre; *~ (zu)* pertinēre *[ad mit Akkusativ]*
gehörig rite *Adv*; *~ verrichten* perfungi *[Ablativ]*
gehörnt corniger, cornigera, cornigerum
Gehorsam obsequium, obsequii *n*
gehört *es ~ sich* oportet
Geier vultur, vulturis *m*
Geisel obses, obsidis *m/f*
Geißel flagellum, flagelli *n*
geißeln verberare
Geist animus, animi *m*; ingenium, ingenii *n*; mens, mentis *f*
Geisteskraft ingenium, ingenii *n*
geistreich ingeniosus
Geiz avaritia, avaritiae *f*
geizig avarus *[Genitiv]*
gekauft mercen(n)arius
Gekläff latratus, latratus *m*
Gekreisch convicium, convicii *n*
gekrümmt concavus; curvus; pandus; uncus; *(einwärts) ~* aduncus
Gelächter risus, risus *m*
Gelage convivium, convivii *n*
gelangen devenīre; *~ (zu/nach)* pervenīre *[ad/in mit Akkusativ]*
gelassen lenis, lenis, lene; quietus; remissus
Gelassenheit aequitas, aequitatis *f*
gelb flavus; *~ sein* flavēre

gelblich luridus
Geld argentum, argenti *n*; divitiae, divitiarum *f*; pecunia, pecuniae *f*; *(Kupfer)* ~ aes, aeris *n*
Geldkasse fiscus, fisci *m*
Geldstrafe multa, multae *f*
Geldstück nummus, nummi *m*
Geldverleiher fenerator, feneratoris *m*
Geldwechsler argentarius, argentarii *m*
gelegen situs
Gelegenheit facultas, facultatis *f*; opportunitas, opportunitatis *f*; potestas, potestatis *f*; ~ *(zu)* occasio, occasionis *f [Genitiv]*
gelehrig docilis, docilis, docile
Gelehrsamkeit doctrina, doctrinae *f*
gelehrt doctus
Gelehrter philosophus, philosophi *m*
Geleit comitatus, comitatus *m*
geleiten ex(s)equi; prosequi
Gelenk articulus, articuli *m*; artus, artus *m*
gelingen contingere; provenīre; succedere
geloben spondēre; vovēre
Gelöbnis sponsio, sponsionis *f*
gelobt votivus
gelöst solutus
gelten valēre; ~ *als* vidēri
Gelübde votum, voti *n*
Gemach thalamus, thalami *m*
Gemahl maritus, mariti *m*
Gemahlin coniux/coniunx, coniugis *m/f*
Gemälde pictura, picturae *f*; tabula, tabulae *f*
gemäß pro *Präp [Ablativ]*; secundum *Präp [Akkusativ]*
gemäßigt moderatus
gemein gregarius; sordidus; vulgaris
Gemeinde civitas, civitatis *f*
gemeinsam communis, communis, commune; consors, consortis; promiscu(u)s; socius, socii *m*; ~ *mit* unā (cum) *Adv [Ablativ]*
Gemeinschaft communitas, communitatis *f*; societas, societatis *f*
Gemeinsinn communitas, communitatis *f*
Gemeinwesen respublica, respublicae *f*
Gemetzel caedes, caedis *f*; strages, stragis *f*
gemietet mercen(n)arius
gemischt promiscu(u)s
Gemse damma, dammae *f*
Gemurmel murmur, murmuris *n*
Gemüse holus, holeris *n*; olus, oleris *n*
Gemüt animus, animi *m*; cor, cordis *n*
Gemütsverfassung affectus, affectus *m*
genau accuratus; subtilis, subtilis, subtile
Genauigkeit subtilitas, subtilitatis *f*
genehmigen comprobare
geneigt declivis, declivis, declive; proclivis, proclivis, proclive; pronus; propensus; propitius; *abwärts* ~ devexus; *nach vorne* ~ praeceps, praecipitis
Genie ingenium, ingenii *n*
genießen carpere; frui *[Ablativ]*; gustare; uti *[Ablativ]*
Genius genius, genii *m*; *dem* ~ *geweiht* genialis, genialis, geniale
Genosse consors, consortis *m*; sodalis, sodalis *m*
genug satis/sat *Adv*; *nicht* ~ parum *Adv*
Genüge *leisten* satisfacere; ~ *tun* satisfacere
genügen sufficere
Genuss oblectatio, oblectationis *f*; voluptas, voluptatis *f*
Genusssucht libido, libidinis *f*; luxuria, luxuriae *f*
Geometrie geometria, geometriae *f*
geometrisch geometricus

Gepäck sarcina, sarcinae *f*
gepflegt comptus
geplagt laboriosus
Gepränge pompa, pompae *f*
geprüft spectatus
geprügelt *werden* plecti
gequält exercitatus
gerade demum *Adv*; directus; ipse, ipsius, ipsa, ipsum; potissimum *Adv*; rectus
geradeaus recte *Adv*; rectus
geradewegs prorsus *Adv*
geradlinig directus
Gerät apparatus, apparatus *m*; arma, armorum *n*; instrumentum, instrumenti *n*
geraten *aneinander* ~ confligere; *in etwas* ~ cadere; incidere *[in mit Akkusativ]*; ~ *(in)* incidere *[in mit Akkusativ]*
Geratewohl *aufs* ~ fortuito *Adv*; temerarius
geräumig amplus; capax, capacis; laxus; spatiosus
Geräusch rumor, rumororis *m*; sonitus, sonitus *m*; strepitus, strepitus *m*; *dumpfes* ~ murmur, murmuris *n*
gerecht aequus; iustus
Gerechtigkeit aequitas, aequitatis *f*; iustitia, iustitiae *f*
Gerede fabula, fabulae *f*; rumor, rumororis *m*
Gericht iudicium, iudicii *n*; mensa, mensae *f*; *Erscheinen vor* ~ vadimonium, vadimonii *n*; *vor* ~ *fordern* arcessere; *zum* ~ *gehörig* forensis, forensis, forense
Gerichtshalle basilica, basilicae *f*
Gerichtshof tribunal, tribunalis *n*
Gerichtstag conventus, conventus *m*
Gerichtsverhandlung ludicium, iudicii *n*
gering brevis, brevis, breve; exiguus; humilis, humilis, humile; malus; mediocris, mediocris, mediocre; parvus; paul(l)ulus; paul(l)us; tenuis, tenuis, tenue
geringer deterior, deterior, deterius; minor, minor, minus; peior, peior, peius
geringere *der* ~ inferior, inferior, inferius; posterior, posterior, posterius
geringfügig levis, levis, leve
geringschätzen contemnere; despicere
Geringschätzung contemptio, contemptionis *f*; contemptus, contemptus *m*
geringste deterrimus; *der* ~ imus; infimus; minimus; pessimus; postremus
Germane Germanus, Germani *m*
Germanien Germania, Germaniae *f*
germanisch Germanicus
gern libens, libentis
gerne libenter *Adv*
Gerste hordeum, hordei *n*
Gerte virga, virgae *f*
Geruch odor, odoris *m*
Gerücht fama, famae *f*; opinio, opinionis *f*; rumor, rumoris *m*
geruhen dignari
geruhsam otiosus
Gerümpel scruta, scrutorum *n*
gesalzen salsus
gesamt cunctus; universus
Gesamtheit corpus, corporis *n*; summa, summae *f*
Gesamtzahl summa, summae *f*
Gesandter legatus, legati *m*
Gesandtschaft legatio, legationis *f*
Gesang cantus, cantus *m*; carmen, carminis *n*
Geschäft negotium, negotii *n*
Geschäftsmann negotiator, negotiatoris *m*
geschehen accidere; fieri
gescheit catus

Geschenk donum, doni *n*; munus, muneris *n*
Geschichte fabula, fabulae *f*; historia, historiae *f*
Geschichtsschreiber scriptor, scriptoris *m*
Geschick fatum, fati *n*
Geschicklichkeit ars, artis *f*; sollertia, sollertiae *f*
geschickt faber, fabri *m*; sciens, scientis; scitus; sollers, sollertis; ~ *(in)* peritus *[Genitiv]*
geschlagen ictus; ~ *werden* plecti
Geschlecht aetas, aetatis *f*; gens, gentis *f*; genus, generis *n*; sexus, sexus *m*; stirps, stirpis *f*
Geschmack elegantia, elegantiae *f*; sal, salis *m/n*; sapor, saporis *m*
geschmackvoll elegans, elegantis
geschmückt cultus; decorus
Geschoss telum, teli *n*
Geschrei clamor, clamoris *m*; clangor, clangoris *m*; ululatus, ululatus *m*
geschützt tutus
geschwätzig garrulus; loquax, loquacis
geschweige *denn, dass* nedum *Kj*
geschwind velox, velocis
geschwollen tumēre; tumidus; turgidus
Geschworener iuratus
Geschwulst tumor, tumoris *m*
gesegnet beatus
Gesellschaft societas, societatis *f*
Gesellschafter convictor, convictoris *m*
Gesetz lex, legis *f*
Gesetzesvorschlag rogatio, rogationis *f*
gesetzlich legalis, legalis, legale; legitimus; ~ *verfügen* legare
gesetzt severus, severa, severum
Gesicht facies, faciei *f*; frons, frontis *f*; os, oris *n*; vultus, vultus *m*
Gesichtsausdruck vultus, vultus *m*
Gesinde familia, familiae *f*
Gesinnung animus, animi *m*; sensus, sensus *m*; spiritus, spiritus *m*; *edle* ~ liberalitas, liberalitatis *f*; *liebevolle* ~ pietas, pietatis *f*; *niedrige* ~ sordes, sordium *f*
gesittet moratus
Gespann iugum, iugi *n*
gespannt attentus; contentus; intentus
Gespenst formido, formidinis *f*
Gespött ludibrium, ludibrii *n*
Gespräch colloquium, colloquii *n*; sermo, sermonis *m*
Gestalt conformatio, conformationis *f*; effigies, effigiei *f*; facies, faciei *f*; figura, figurae *f*; forma, formae *f*; species, speciei *f*; statura, staturae *f*
gestalten conformare; fingere; formare; informare
Gestaltung conformatio, conformationis *f*
Geständnis confessio, confessionis *f*
Gestank hircus, hirci *m*; nidor, nidoris *m*
gestehen confitēri; fatēri; profitēri
gestern heri *Adv*
Gestirn astrum, astri *n*; sidus, sideris *n*
gestirnt sidereus
gestohlen furtivus
gestrig hesternus
Gestrüpp dumus, dumi *m*
gestutzt truncus
gestützt *auf* subnisus/subnixus
gesund saluber, salubris, salubre; salvus; sanus; valens, valentis; validus; ~ *sein* valēre; vigēre
Gesundheit salus, salutis *f*; sanitas, sanitatis *f*; valetudo, valetudinis *f*
Gesundheitszustand valetudo, valetudinis *f*
Getöse fremitus, fremitus *m*; strepitus, strepitus *m*
Getreide frumentum, frumenti *n*; ~ *holen* frumentari

Getreidebeschaffung frumentatio, frumentationis *f*
Getreidefeld arvum, arvi *n*
Getreidemühle pistrinum, pistrini *n*
Getreidespeicher horreum, horrei *n*
getrennt separatim *Adv*; ~ *halten* distinēre
getroffen ictus
Getümmel turba, turbae *f*
geübt exercitatus
gewählt elegans, elegantis
gewähren dare; largīri; porrigere; praebēre
gewährleisten praestare *[Akkusativ]*
Gewährsmann auctor, auctoris *m*
Gewalt dicio, dicionis *f*; imperium, imperii *n*; potentia, potentiae *f*; violentia, violentiae *f*; vis *f*; *ohne* ~ impotens, impotentis; *in seine* ~ *bringen* potīri *[Ablativ]*
Gewaltherrscher tyrannus, tyranni *m*
gewaltig ingens, ingentis
gewaltsam violentus
Gewaltsamkeit violentia, violentiae *f*
gewalttätig iniuriosus; violentus
Gewand tegimentum, tegimenti *n*; velamen, velaminis *n*; vestis, vestis *f*
Gewandbausch sinus, sinus *m*
gewandt callidus
Gewandtheit calliditas, calliditatis *f*
gewaschen lautus
Gewässer unda, undae *f*
Gewebe tela, telae *f*; textum, texti *n*
geweiht sanctus; *(jemandem)* ~ sacer, sacra, sacrum *[Genitiv]*
Gewerbe quaestus, quaestus *m*
Gewicht momentum, momenti *n*; pondus, ponderis *n*; *an* ~ pondo *Adv*
Gewinn emolumentum, emolumenti *n*; fructus, fructus *m*; lucrum, lucri *n*; praeda, praedae *f*; praemium, praemii *n*; quaestus, quaestus *m*; *kleiner* ~ lucellum, lucelli *n*
gewinnen acquirere; *(für sich)* ~ conciliare; *für sich* ~ delenīre
gewiss certus; profecto *Adv*; quidem *Kj*; quin *Adv*; sane *Adv*
Gewissen conscientia, conscientiae *f*
gewissenhaft diligens, diligentis; religiosus
Gewissenhaftigkeit diligentia, diligentiae *f*; religio, religionis *f*
gewissenlos impius
gewisser *ein* ~ quidam, cuiusdam
Gewissheit *mit* ~ certe *Adv*
gewitzigt callidus
gewitzt callidus; catus; cautus
gewogen pronus; propitius; ~ *sein* favēre *[Dativ]*
gewöhnen assuefacere; suescere; *sich* ~ assuescere; consuescere; suescere
Gewohnheit consuetudo, consuetudinis *f*; mos, moris *m*
gewöhnlich gregarius; promiscu(u)s; trivialis, trivialis, triviale; vulgaris; vulgo *Adv*; ~ *tun* factitare
gewohnt assuetus; solitus; *nicht* ~ insuetus; ~ *sein (etwas zu tun)* solēre
Gewölbe fornix, fornicis *m*
gewölbt cavus; concavus; curvus; ~ *(nach außen)* convexus
gewunden tortuosus
Gewürz condimentum, condimenti *m*
Gezänk convicium, convicii *n*
geziemen *sich* ~ decēre
geziemend decorus
gib her! cedo!
Giebel culmen, culminis *n*; fastigium, fastigii *n*

gierig avidus *[Genitiv]*
gießen fundere; *voll ~* implēre
Gift medicamen, medicaminis *n*; medicamentum, medicamenti *n*; sanies, saniei *f*; tabes, tabis *f*; tabum, tabi *n*; venenum, veneni *n*; virus, viri *n*
Giftmischerei veneficium, veneficii *n*
Gifttrank venenum, veneni *n*
Gipfel cacumen, cacuminis *n*; columen, columinis *n*; culmen, culminis *n*; fastigium, fastigii *n*; vertex, verticis *m*
Girlande serta, sertorum *n*
Gischt spuma, spumae *f*
Gitter cancelli, cancellorum *m*
Gladiator gladiator, gladiatoris *m*
Glanz fulgor, fulgoris *m*; lumen, luminis *n*; maiestas, maiestatis *f*; nitor, nitoris *m*; splendor, splendoris *m*; *weißer ~* candor, candoris *m*
glänzen candēre; collucēre; fulgēre; nitēre; splendēre
glänzend amplus; candidus; illustris, illustris, illustre; luculentus; magnificus; nitidus; opulentus; praeclarus; speciosus; splendidus; vitreus
Glas vitrum, vitri *n*
gläsern vitreus
glatt levis, levis, leve; lubricus; teres, teretis
glätten limare; placare; polīre
Glaube fides, fidei *f*; religio, religionis *f*
glauben arbitrari; credere; ducere; putare; rēri
glaubhaft credibilis, credibilis, credibile
glaublich probabilis, probabilis, probabile
Glaubwürdigkeit auctoritas, auctoritatis *f*
gleich aequalis, aequalis, aequale *[Genitiv]*; aequus; par, paris
gleichaltrig aequalis, aequalis, aequale *[Genitiv]*
gleichartig similis, similis, simile
gleichberechtigt aequus
Gleiche *der ~* idem, eiusdem, eadem, idem
gleichermaßen pariter *Adv*
gleichfalls itidem *Adv*
gleichförmig aequalis, aequalis, aequale *[Genitiv]*
Gleichgewicht *im ~ halten* librare
Gleichheit aequitas, aequitatis *f*
gleichkommen adaequare; *(jemandem) ~* aequare *[Akkusativ]*
gleichmachen adaequare; aequare *[Akkusativ]*
gleichmäßig aequabilis, aequabilis, aequabile; aequalis, aequalis, aequale *[Genitiv]*
Gleichmäßigkeit aequabilitas, aequabilitatis *f*
Gleichmut aequitas, aequitatis *f*
gleichsam quasi *Adv*; tamquam *Adv*
gleichwertig par, paris
gleichwie velut *Adv*
gleichwohl atqui(n) *Kj*
gleichzeitig aequalis, aequalis, aequale *[Genitiv]*; pariter *Adv*; simul *Adv*; unā (cum) *Adv [Ablativ]*
gleiten labi
Gleiten lapsus, lapsus *m*
Glied articulus, articuli *m*; artus, artus *m*; membrum, membri *n*
Glück felicitas, felicitatis *f*; fortuna, fortunae *f*; *~ bringend* faustus; *~ verheißend* dexter, dext(e)ra, dext(e)rum; *~ wünschen* gratari; gratulari
glücken contingere
glücklich beatus; felix, felicis; fortunatus; prosper(us), prospera, prosperum
Glückwunsch gratulatio, gratulationis *f*
glühen aestuare; ardēre; calēre; fervēre; flagrare
glühend aestuosus; fervidus; igneus; torrens, torrentis
Glut aestus, aestus *m*; ardor, ardoris *m*; fervor, fervoris *m*; flamma, flammae *f*

Gnade venia, veniae *f*
gnädig propitius
Gold aurum, auri *n*
golden aureus
goldgelb flavus
Gönner fautor, fautoris *m*
Gott deus, dei *m*; divus, divi *m*; numen, numinis *n*
Götter caelestes, caelestium *m/f*; caelites, caelitum *m*; *die ~* superi, superorum *m*; *die unterirdischen ~* inferi, inferorum *m*
Götterbild simulacrum, simulacri *n*
Göttermahl pulvinar, pulvinaris *n*
Göttersitz pulvinar, pulvinaris *n*
Götterspruch fatum, fati *n*; oraculum, oraculi *n*
Göttertrank nectar, nectaris *n*
Götterverehrung religio, religionis *f*
Gottesdienst sacrum, sacri *n*
Gottesfurcht religio, religionis *f*
Gottheit caelicola, caelicolae *m*; deus, dei *m*; numen, numinis *n*; *zur ~ erheben* consecrare
Gottheiten caelestes, caelestium *m/f*
Göttin dea, deae *f*
göttlich caelestis, caelestis, caeleste; divinus; divus
Göttlichkeit divinitas, divinitatis *f*
gottlos impius; nefarius; profanus; sacrilegus
Grab bustum, busti *n*; sepulcrum, sepulcri *n*
graben fodere
Graben fossa, fossae *f*; specus, specus *m*
Grabhügel tumulus, tumuli *m*
Grabmal bustum, busti *n*; monumentum, monumenti *n*; sepulcrum, sepulcri *n*
Grad gradus, gradus *m*; *im höchsten ~* maxime *Adv*
Gram aegritudo, aegritudinis *f*; maeror, maeroris *m*
Grammatik grammatica, grammaticae *f*
Grammatiker grammaticus
grammatisch grammaticus
Granne arista, aristae *f*
Gras gramen, graminis *n*; herba, herbae *f*; *aus ~* gramineus
grasbedeckt gramineus
grässlich atrox, atrocis; foedus; infandus
Grässlichkeit atrocitas, atrocitatis *f*
gratulieren gratari; gratulari
grau canus; *~ sein* canēre
Grau canities, canitiei *f*
grauenvoll formidolosus/formidulosus
graugelb ravus
graugrün glaucus
grausam crudelis, crudelis, crudele; ferus; immitis, immitis, immite
Grausamkeit crudelitas, crudelitatis *f*
Grausen formido, formidinis *f*
grausig dirus
greifen captare
Greis senex, senis *m*
Greisenalter senecta, senectae *f*; senectus, senectutis *f*
greisenhaft senilis, senilis, senile
Greisin anus, anus *f*
Grenze extremitas, extremitatis *f*; finis, finis *m*; limes, limitis *m*; margo, marginis *f*; modus, modi *m*; terminus, termini *m*
Grenzgebiet confinium, confinii *n*
Grenzlinie regio, regionis *f*
Grenzscheide confinium, confinii *n*
Grenzstein terminus, termini *m*
Grenzwall limes, limitis *m*

Grieche Graecus, Graeci *m*
Griechenland Graecia, Graeciae *f*
griechisch Graecus
Griff capulus, capuli *m*
Grille cicada, cicadae *f*
grimmig ferox, ferocis; saevus; torvus; trux, trucis
grob asper, aspera, asperum
groß amplus; grandis, grandis, grande; ingens, ingentis; magnus; spatiosus; *sehr* ~ permagnus; *so* ~ tantus; *wie* ~ quantus; *ziemlich* ~ aliquantus; *zu* ~ nimius
großartig amplus; magnificus
Großartigkeit amplitudo, amplitudinis *f*; magnificentia, magnificentiae *f*
Größe amplitudo, amplitudinis *f*; latitudo, latitudinis *f*; magnitudo, magnitudinis *f*; maiestas, maiestatis *f*
größer maior, maior, maius
Großhändler negotiator, negotiatoris *m*
großherzig celsus
Großmutter avia, aviae *f*
größte *der* ~ maximus; summus
Großvater avus, avi *m*
großväterlich avitus
Großvieh armentum, armenti *n*
großzügig liberalis, liberalis, liberale
Grotte antrum, antri *n*; specus, specus *m*; spelunca, speluncae *f*
Grube fovea, foveae *f*; puteus, putei *m*; scrobis, scrobis *m/f*
grün viridis
Grund argumentum, argumenti *n*; causa, causae *f*; fundamentum, fundamenti *n*; *von ~ aus* funditus *Adv*; radicitus *Adv*
Grunde *zu ~ gehen* perīre; *zu ~ liegen* subesse; *zu ~ richten* perdere
gründen condere; fundare
Gründer auctor, auctoris *m*; conditor, conditoris *m*
Grundfläche solum, soli *n*
Grundlage fundamentum, fundamenti *n*; principium, principii *n*
gründlich penitus *Adv*
grundlos frustra *Adv*
Grundsatz institutum, instituti *n*
Grundschule ludus, ludi *m*
Grundstoff elementum, elementi *n*; materia/materies, materiae/materiei *f*
Grundstück fundus, fundi *m*; praedium, praedii *n*
grünen viridare
Grünspan aerugo, aeruginis *f*
Gruppe *politische* ~ factio, factionis *f*
Gruß salus, salutis *f*
grüßen salutare
gültig ratus
Gunst aura, aurae *f*; favor, favoris *m*; gratia, gratiae *f*; venia, veniae *f*
Gunsterweis beneficium, beneficii *n*
günstig aequus; commodus; faustus; prosper(us), prospera, prosperum; secundus; tempestivus; ~ *gelegen* opportunus; *~ sein* favēre *[Dativ]*; *~ sein (Orakel)* addicere
Günstling gratiosus
Gurgel guttur, gutturis *n*
Gürtel balteus, baltei *m*; cingulum, cinguli *n*; zona, zonae *f*
gut bene *Adv*; bonus; probus; recte *Adv*; tenuis, tenuis, tenue; *weniger* ~ deterior, deterior, deterius
Gut *das* ~ bonum, boni *n*; *kleines* ~ agellus, agelli *m*
Gutachten auctoritas, auctoritatis *f*
gutartig benignus
Gütchen agellus, agelli *m*

Gute *das* ~ bonum, boni *n*
Güte benignitas, benignitatis *f*; bonitas, bonitatis *f*; liberalitas, liberalitatis *f*
gutheißen laudare
gütig almus; benignus; liberalis, liberalis, liberale

H

Haar capillus, capilli *m*; crinis, crinis *m*; *graues* ~ canities, canitiei *f*
haben habēre; possidēre; uti *[Ablativ]*; *gern* ~ amare; *nicht* ~ carēre *[Ablativ]*; egēre *[Ablativ]*
Habgier avaritia, avaritiae *f*
habgierig avarus *[Genitiv]*
Habicht accipiter, accipitris *m*
Habsucht avaritia, avaritiae *f*
habsüchtig avarus *[Genitiv]*
Hacke ligo, ligonis *m*; raster, rastri *m*
Hafen portus, portus *m*
Hafenzoll portorium, portorii *n*
Hafer avena, avenae *f*
Haft custodia, custodiae *f*
haften haerēre; ~ *an* adhaerēre; inhaerēre
Hagel grando, grandinis *f*
Hahn gallus, galli *m*
Hain lucus, luci *m*; nemus, nemoris *n*
Haken hamus, hami *m*; uncus, unci *m*
hakenförmig *(gebogen)* aduncus
halb dimidius
Halbinsel paeninsula, paeninsulae *f*
Halbstiefel calceus, calcei *m*
halb tot semianimis, semianimis, semianime
Halle atrium, atrii *n*; aula, aulae *f*; basilica, basilicae *f*; porticus, porticus *f*
Halm avena, avenae *f*; calamus, calami *m*; culmus, culmi *m*; stipula, stipulae *f*
Hals cervix, cervicis *f*; collum, colli *n*
Halskette torquis, torquis *m*
Halt *machen* consistere; subsistere
halten habēre; tenēre; ~ *für* arbitrari; deputare; ducere; iudicare; putare
haltlos fluxus
Haltung gestus, gestus *m*; habitus, habitus *m*
Halunke furcifer, furciferi *m*
Hand manus, manus *f*; *flache* ~ palma, palmae *f*; *zur* ~ praesto *Adv*
Handel commercium, commercii *n*; mercatura, mercaturae *f*; ~ *treiben* mercari; negotiari
handeln facere
Handfläche palma, palmae *f*
Handgemenge manus, manus *f*; pugna, pugnae *f*
handgreiflich manifestus
Händler mercator, mercatoris *m*
handlich habilis, habilis, habile
Handlung actio, actionis *f*; actus, actus *m*; factum, facti *n*
Handlungen acta, actorum *n*
Handpauke tympanum, tympani *n*
Handwerk ars, artis *f*; artificium, artificii *n*; fabrica, fabricae *f*
Handwerker faber, fabri *m*; opifex, opificis *m*
hängen pendēre; ~ *bleiben* haerēre
Harmonie concentus, concentus *m*
harmonisch canorus
Harnisch lorica, loricae *f*
hart durus; immitis, immitis, immite; rigidus
Härte duritia, duritiae *f*; rigor, rigoris *m*

härten durare
hartherzig durus
hartnäckig obstinatus; pertinax, pertinacis; pervicax, pervicacis
Hartnäckigkeit pertinacia, pertinaciae *f*
haschen captare
Hase lepus, leporis *m*
Hass invidia, invidiae *f*; odium, odii *n*; *voll ~ (gegen jemanden)* exosus *[Akkusativ]*; perosus *[Akkusativ]*
hassen odisse
hassend *(jemanden) ~* exosus *[Akkusativ]*; perosus *[Akkusativ]*
hässlich deformis, deformis, deforme; foedus; indecorus; informis, informis, informe; inhonestus; turpis, turpis, turpis
Hässlichkeit turpitudo, turpitudinis *f*
Hast festinatio, festinationis *f*
hastig raptim *Adv*
Hauch spiritus, spiritus *m*
hauchen spirare
hauen caedere
Haufe acervus, acervi *m*; cumulus, cumuli *m*; globus, globi *m*; plebs, plebis *f*; turma, turmae *f*
häufig creber, crebra, crebrum; crebro *Adv*; frequens, frequentis
Haupt caput, capitis *n*
Haupthaar caesaries, caesariei *f*; coma, comae *f*
Häuptling regulus, reguli *m*
Hauptsache caput, capitis *n*; summa, summae *f*
hauptsächlich potissimum *Adv*
Hauptstadt caput, capitis *n*
Haus domicilium, domicilii *n*; domus, domus *f*; limen, liminis *n*; penates, penatium *m*; tectum, tecti *n*; villa, villae *f*; *zum ~ gehörig* familiaris, familiaris, familiare; *~ und Hof* focus, foci *m*
Häuserblock insula, insulae *f*
Häuserreihe vicus, vici *m*
Hausgemeinschaft familia, familiae *f*
Hausgerät supellex, supellectilis *f*
Hausgott Lar, Laris *m*
Hausgötter penates, penatium *m*
Hausheiligtum penetralia, penetralium *n*
Hausherr erus, eri *m*; parochus, parochi *m*
Hausherrin era, erae *f*
häuslich domesticus; familiaris, familiaris, familiare
Haussklave verna, vernae *m*
Haustein caementum, caementi *n*
Haustier pecus, pecudis *f*
Haustüre ianua, ianuae *f*
Haut corium, corii *m*; cutis, cutis *f*; membrana, membranae *f*; pellis, pellis *f*; vellus, velleris *n*; *mit heiler ~* incolumis, incolumis, incolume; salvus
Hebamme obstetrix, obstetricis *f*
Heck puppis, puppis *f*
Heer exercitus, exercitus *m*
Heeresflügel ala, alae *m*; cornu, cornus *n*
Heereszug agmen, agminis *n*
Hefe faex, faecis *f*
Heft libellus, libelli *m*
heften figere
heftig acer, acris, acre; vehemens, vehementis; violens, violentis
hegen fovēre
Heide paganus, pagani *m*
heil incolumis, incolumis, incolume; sanus
Heil salus, salutis *f*; *~ dir!* macte (esto)

heilen medēri *[Dativ]*; sanare
heilig divinus; religiosus; sacer, sacra, sacrum *[Genitiv]*; sanctus
heiligen sacrare
Heiligkeit sanctitas, sanctitatis *f*
Heiligtum adytum, adyti *n*; delubrum, delubri *n*; fanum, fani *m*; sacrarium, sacrarii *n*; sacrum, sacri *n*; templum, templi *n*
Heilkraut herba, herbae *f*
Heilkunst medicina (ars), medicinae *f*
Heilmittel medicamen, medicaminis *n*; medicamentum, medicamenti *n*; medicina (ars), medicinae *f*; remedium, remedii *n*
heilsam saluber, salubris, salubre; salutaris, salutaris, salutare
Heimat domus, domus *f*; patria, patriae *f*
heimatlich paternus; patrius
heimatlos profugus
heimisch domesticus; paternus; patrius
Heimkehr reditus, reditus *m*
heimlich clam *Adv*; clanculum *Adv*; clandestinus; furtim *Adv*; furtivus
heimsuchen vexare
heimtückisch malitiosus
heiraten *(eine Frau)* ~ ductare; ~ *(einen Mann)* nubere (viro)
Heiratsrecht conubium, conubii *n*
heiser raucus
heiß calidus; fervidus; torrens, torrentis; ~ *sein* calēre; ~ *werden* incalescere
heißen iubēre *[Akkusativ]*
heiter hilaris, hilaris, hilare; hilarus; serenus
Heiterkeit hilaritas, hilaritatis *f*
Held heros, herois *m*; vir, viri *m*
Heldentat factum, facti *n*
helfen adesse; adiutare; adiuvare *[Akkusativ]*; assistere; auxiliari; iuvare *[Akkusativ]*
helfend auxiliaris, auxiliaris, auxiliare; auxiliarius
Helfer adiutor, adiutoris *m*; administer, administri *m*
Helferin adiutrix, adiutricis *f*
Helfershelfer satelles, satellitis *m*
hell albus; clarus; illustris, illustris, illustre; liquidus; lucidus; luculentus; *es wird* ~ lucescit; *sehr* ~ perlucidus; ~ *sein* albēre; lucēre; ~ *werden* albescere
Helle claritudo, claritudinis *f*
Helligkeit lux, lucis *f*
helltönend argutus
Helm apex, apicis *m*; galea, galeae *f*
Helmbusch crista, cristae *f*
hemmen inhibēre
Hengst equus, equi *m*
Henker carnifex, carnificis *m*
Henne gallina, gallinae *f*
her damit! cedo!
herab *von oben* ~ desuper *Adv*
herabbringen deferre; devehere
herabeilen decurrere
herabfallen decidere; excidere; labi
herabfließen defluere
herabgießen defundere
herabgleiten defluere; delabi
herablassen demittere; submittere
herabreißen deripere
herabsehen despicere
herabsetzen detractare/detrectare; obtrectare *[Dativ]*; rodere
herabsinken delabi

herabspringen desilīre
herabsteigen descendere
herabstürzen *kopfüber ~ (intransitiv)* praecipitare
herabwerfen deicere
herabziehen detrahere
heranbringen admovēre; advehere
heranfließen affluere
heranführen adducere; advehere
herangehen adīre; aggredi; obīre; *(heimlich) ~ an* subīre
herangleiten allabi
herankommen accedere; advenīre
Herankommen accessus, accessus *m*
heranrücken accedere; adventare; succedere; *~ an* incedere; subīre
heranschaffen admovēre
heranschleichen sublabi
herantreiben adigere; admovēre; appellere
herantreten accedere; adīre
heranwachsen adolescere
heranwachsend adulescens, adulescentis *m*
herausfallen excidere
herausfließen effluere
herausfordern lacessere; provocare
herausführen educere
herausgeben ēdere; exhibēre
herausgehen egredi *[Ablativ]*; excedere; exīre
heraushämmern extundere
herausheben efferre
herausholen exhibēre
herauslassen emittere
herauslocken elicere
herausnehmen excerpere; excipere; eximere
herauspressen exprimere
herausreißen revellere
herausrufen evocare
herausschlagen excudere
herausschneiden exsecare
herausschöpfen haurīre
herausspringen exsilīre
herausstoßen elidere; excutere
heraustreiben exigere; expellere; extundere
herausziehen educere; extrahere
herb acerbus; amarus; asper, aspera, asperum; austerus
herbeibringen afferre; apportare
herbeieilen advolare
herbeifliegen advolare
herbeiholen accīre; arcessere; excīre
herbeilaufen accurrere
herbeirufen accīre; advocare; ciēre; citare
herbeischaffen comportare
herbeitragen afferre; aggere; apportare; supportare
herbeitreiben adigere
herbeiwünschen exoptare
herbeiziehen adhibēre
Herberge hospitium, hospitii *n*
Herbheit acerbitas, acerbitatis *f*
Herbst autumnus, autumni *m*
Herd focus, foci *m*
Herde armentum, armenti *n*; grex, gregis *m*; pecus, pecoris *n*
hereinbrechen ingruere
hereinragen imminēre
Herkules *beim ~ !* meherc(u)le!
Herkunft natio, nationis *f*; origo, originis *f*
hernach postea *Adv*
Herold praeco, praeconis *m*

Heros heros, herois *m*
Herr dominus, domini *m*; erus, eri *m*
Herrin domina, dominae *f*; era, erae *f*
herrisch imperiosus
herrlich spectabilis, spectabilis, spectabile
Herrschaft dicio, dicionis *f*; dominatio, dominationis *f*; dominatus, dominatus *m*; dominium, dominii *n*; imperium, imperii *n*; regnum, regni *n*; sceptrum, sceptri *n*
herrschen dominari; *(als König)* ~ regnare; ~ *(über)* imperare *[Dativ]*; ~ *über* imperitare *[Dativ]*
Herrscher imperator, imperatoris *m*; princeps, principis *m*; regnator, regnatoris *m*; rex, regis *m*
hersagen *laut* ~ declamare
herstellen efficere; fabricare/fabricari
herumdrehen contorquēre; *(im Kreis)* ~ rotare
herumfahren circumvehi
herumfliegen volitare
herumführen circumducere
herumgehen ambīre; circumīre
herumschicken *(um etwas)* ~ circummittere
herumstehen circumstare
herunterschlagen decutere
hervorbrechen erumpere; prorumpere
hervorbringen creare; ēdere; ferre; gignere; parere; procreare; proferre
hervorgehen prodīre
hervorholen depromere; promere
hervorkommen evadere; prodīre; provenīre
hervorkriechen prorepere
hervorleuchten effulgēre; elucēre
hervorlocken elicere
hervorragen antecellere; eminēre; excellere; praecellere; prominēre
hervorragend conspicuus; editus; egregius; excellens, excellentis; praecipuus; primarius
hervorrufen provocare
hervorspringen emicare; prosilīre
hervorstehen ex(s)tare
hervorstrahlen emicare
hervorstrecken protendere
hervorstürzen erumpere; prosilīre
hervortreten procedere; prodīre
hervorziehen *erneut* ~ retrahere
hervorzucken emicare
Herz animus, animi *m*; cor, cordis *n*; pectus, pectoris *n*; praecordia, praecordiorum *m*
hetzen agitare
heucheln simulare
heulen ululare
heurig hornus
heute hodie *Adv*
heutig hodiernus
Hieb ictus, ictus *m*; plaga, plagae *f*; verber, verberis *n*
hier hac *Adv*; hāc (viā) *Adv*; hic *Adv*; *von ~ aus* dehinc *Adv*; hinc *Adv*
hier ist! en
hierauf dehinc *Adv*; exinde *Adv*
hierher hac *Adv*; huc *Adv*; *(bis)* ~ huc *Adv*; *bis ~* hactenus *Adv*
hierhin huc *Adv*
hierzu huc *Adv*
hiesig hic, huius, haec, hoc
Hilfe adiumentum, adiumenti *n*; auxilium, auxilii *n*; ops, opis *f*; subsidium, subsidii *n*; *zu ~ eilen* succurrere; *zu ~ kommen* subvenīre; supervenīre; *zu ~ schicken* submittere
Hilfeleistung administratio, administrationis *f*

hilflos inops, inopis
Hilflosigkeit imbecillitas, imbecillitatis *f*
Hilfs- auxiliarius
hilfsbereit officiosus
Hilfsmittel adiumentum, adiumenti *n*; instrumentum, instrumenti *n*
Himmel aether, aetheris *m*; caelum, caeli *n*; polus, poli *m*; *am* ~ caelestis, caelestis, caeleste; *freier* ~ divum, divi *n*
Himmelsbewohner caelicola, caelicolae *m*
Himmelsgewölbe axis, axis *m*; convexa, convexorum *n*
himmlisch aetherius; caeles, caelitis; caelestis, caelestis, caeleste; supernus
Himmlischen *die* ~ caelites, caelitum *m*
hinabführen demittere
hinabgehen degredi; descendere
hinablassen demittere
hinabschicken demittere
hinabstoßen detrudere
hinabtragen deferre
hinaufführen subvehere
hinaufspringen insilīre
hinaufsteigen ascendere; escendere
hinaufwälzen involvere
hinaus foras *Adv*
hinausbringen evehere
hinausdrängen exturbare
hinausgehen evadere; excedere; exīre
hinausstoßen extrudere
hinaustragen efferre
hinaustreiben expellere
hinauswerfen eicere
hinausziehen extrahere
hinblicken inspectare
hinbreiten sternere
hinbringen perducere; perferre; tra(ns)ducere
hinderlich *sein* obesse
hindern impedīre; morari; obstare; officere *[Dativ]*; prohibēre *[a mit Ablativ]*
Hindernis impedimentum, impedimenti *n*; ob(i)ex, obicis *f*
Hindin cerva, cervae *f*
hindrehen detorquēre
hindurch per *Präp [Akkusativ]*
hindurchbrechen perrumpere
hindurchdringen pervadere
hindurchschwimmen tranare
hineilen decurrere
hinein intro *Adv*; introrsum *Adv*; *tief* ~ penitus *Adv*
hineinbauen inaedificare
hineinblasen inflare
hineinblicken introspicere
hineinbringen invehere
hineindrücken imprimere
hineinfahren invehi
hineinfallen incidere *[in mit Akkusativ]*
hineinfließen influere
hineinführen introducere; invehere
hineingehen incedere; ingredi; inīre; intrare; introīre
hineingeraten incidere *[in mit Akkusativ]*
hineingießen infundere; offundere
hineingleiten illabi
hineinlassen intromittere
hineinlaufen incurrere
hineinlegen imponere
hineinrennen irruere
hineinschauen introspicere
hineinschicken immittere; intromittere

hineinschwimmen innare; innatare
hineinsehen inspicere
hineinspringen insilīre
hineinstecken inserere
hineinstoßen defigere; illidere; incutere; infigere
hineinströmen influere
hineinstürzen irruere
hineintragen inferre
hineintun indere
hineinwälzen involvere
hineinwerfen inicere
hinfällig caducus; fragilis, fragilis, fragile
hinfließen permanare
hinführen perducere
hingeben dedere; profundere; *sich* ~ indulgēre; obsequi
hingegeben deditus
hingegen ast *Kj*; at *Kj*
hingelangen pervenīre *[ad/in mit Akkusativ]*
hinkommen devenīre; pervenīre *[ad/in mit Akkusativ]*
hinlaufen percurrere
hinlenken advertere; convertere; dirigere
hinneigen *sich* ~ inclinare
Hinrichtung cruciatus, cruciatus *m*; supplicium, supplicii *n*
hinschwinden tabescere
hinsichtlich quoad *Präp [Akkusativ]*
hinstellen sistere; statuere; *sich* ~ assistere; consistere; insistere; sistere
hinstrecken intendere; sternere
hintanstellen postponere
hinten pone *Adv*; post *Adv*
hinter pone *Präp [Akkusativ]*; post *Präp [Akkusativ]*
Hinterbacken clunis, clunis *f*
Hinterdeck puppis, puppis *f*
Hinterhalt insidiae, insidiarum *f*
Hinterlist dolus, doli *m*; furtum, furti *n*; insidiae, insidiarum *f*
hinterlistig dolosus; subdolus
Hintertreffen subsidium, subsidii *n*
hinüber trans *Präp [Akkusativ]*
hinüberbringen transferre; transportare; transvehere
hinüberführen tra(ns)ducere
hinübergehen transgredi; transīre
hinüberschaffen transportare
hinüberschicken transmittere
hinüberschreiten transcendere
hinüberschwimmen tranare; tranatare
hinüberspringen transilīre
hinübertragen transferre
hinüberwerfen traicere
hinunterschlucken absorbēre
hinwegsetzen *sich* ~ *über* supersidēre *[Ablativ]*
hinweisen demonstrare
hinwenden advertere; convertere
hinwerfen adicere; conicere; proicere; sternere
hinzufügen addere; adicere; apponere; ascribere
hinzukommen accedere
hinzuschreiben ascribere
hinzustellen apponere
hinzutreten accedere
hinzuwachsen accrescere
hinzuziehen adhibēre
Hirn cerebrum, cerebri *n*
Hirsch cervus, cervi *m*
Hirschkuh cerva, cervae *f*
Hirte pastor, pastoris *m*

Hirtenpfeife avena, avenae *f*; fistula, fistulae *f*
Hitze aestus, aestus *m*; ardor, ardoris *m*; calor, caloris *m*; fervor, fervoris *m*
hitzig calidus; fervidus
hoch altus; editus; excelsus
Hochachtung dignatio, dignationis *f*
hochbetagt longaevus
hochbinden succingere
hochgewachsen procerus
hochheilig sacrosanctus
hochherzig generosus; liberalis, liberalis, liberale; magnanimus
Hochmut arrogantia, arrogantiae *f*; fastidium, fastidii *n*; fastus, fastus *m*; superbia, superbiae *f*
hochmütig superbus
hochragend arduus; celsus; excelsus; sublime *Adv*; sublimis, sublimis, sublime
hochschätzen diligere
höchste *der ~* summus; supremus
höchstens dumtaxat *Adv*
Hochzeit hymenaeus, hymenaei *m*; nuptiae, nuptiarum *f*; taeda, taedae *f*
hochzeitlich genialis, genialis, geniale
Hochzeitsfackel taeda, taedae *f*
Hochzeitslied hymenaeus, hymenaei *m*
Hof area, areae *f*; aula, aulae *f*; regia (domus), regiae *f*
hoffen confidere *[Dativ/Ablativ]*; sperare
hoffentlich utinam *Kj*; velim/vellem *Kj*
Hoffnung spes, spei *f*; *die ~ aufgeben* desperare
Hoffnungslosigkeit desperatio, desperationis *f*
Höflichkeit comitas, comitatis *f*
Höfling purpuratus, purpurati *m*
Höhe altitudo, altitudinis *f*; altum, alti *n*; *in die ~ heben* levare
Hoheit maiestas, maiestatis *f*
höhere *der ~* superior, superior, superius
hohl cavus; concavus; inanis, inanis, inane; vanus
Höhle antrum, antri *n*; caverna, cavernae *f*; specus, specus *m*; spelunca, speluncae *f*
Höhlung alveus, alvei *m*; alvus, alvi *f*; caverna, cavernae *f*; uterus, uteri *m*
höhnen increpitare
holen arcessere; petere
Holz lignum, ligni *n*; materia/materies, materiae/materiei *f*; *~ holen* lignari
Honig favus, favi *m*; mel, mellis *n*
Honigwabe favus, favi *m*
Honorar merces, mercedis *f*
hören audīre; *deutlich ~* exaudīre; *sich ~ lassen* insonare
Hören auditus, auditus *m*
Hörer auditor, auditoris *m*
Hörfähigkeit auditus, auditus *m*
Hörige *der ~* cliens, clientis *m*
Horn cornu, cornus *n*
Hörsinn auditus, auditus *m*
Hose braca, bracae *f*
hübsch bellus
Huf calx, calcis *f*; ungula, ungulae *f*
Hügel clivus, clivi *m*; collis, collis *m*; mons, montis *m*; tumulus, tumuli *m*
Huhn gallina, gallinae *f*
Hülle tegimentum, tegimenti *n*; velamen, velaminis *n*
Hund canis, canis *m/f*; *junger ~* catulus, catuli *m*
hundert centum
hundertarmig centimanus
Hundertschaft centuria, centuriae *f*
hundertste *der ~* centesimus

Hündin canis, canis *m/f*
Hunger fames, famis *f*; ieiunium, ieiunii *n*; *~ haben* esurīre
hungern esurīre
Hungern inedia, inediae *f*
Hungersnot fames, famis *f*
hungrig ieiunus
hüpfen salīre
Hürde cratis, cratis *f*
hurtig pernix, pernicis
Husten tussis, tussis *f*
hüten custodīre; pascere; *sich ~* cavēre *[Akkusativ]*
Hütte casa, casae *f*; taberna, tabernae *f*; tugurium, tugurii *n*

I

ich ego, mei
Idee visio, visionis *f*
Iden *die ~ (Monatsmitte, 13. bzw. 15. Tag)* Idus, Iduum *f*
ihr vos, vestri/vestrum; *~ (Singular)* suus
immer cum *Kj*; semper *Adv*; *wie auch ~* utcumque *Adv*; utut *Adv*; *~ , wenn* ubi (primum) *Kj*; ut/uti *Kj*
immerwährend sempiternus
imstande *sein* posse
in in *Präp*; *~ ... hinein* in *Präp*
Inbegriff summa, summae *f*
Infanterie peditatus, peditatus *m*
Infanterist pedes, peditis *m*
infolge e/ex *Präp [Ablativ]*
Inhalt argumentum, argumenti *n*
Inländer indigena, indigenae *m*
innen intus *Adv*; penitus *Adv*; *nach ~* introrsum *Adv*; introrsus *Adv*; intus *Adv*
innere *der ~* interior, interior, interius
innerhalb in *Präp*; intra *Präp [Akkusativ]*; sub *Präp*
innerlich internus; intestinus; penetralis, penetralis, penetrale
innerste *der ~* intimus
innewohnen inesse
Insel insula, insulae *f*
insgeheim clam *Adv*; secreto *Adv*
insofern *als* quatenus
inwendig intestinus
inzwischen interea *Adv*; interim *Adv*; tantisper *Adv*
irden terrenus
irdisch mortalis, mortalis, mortale; terrenus; terrester/terrestris, terrestris, terrestre
irgendein aliqui, alicuius; qui, cuius; ullus, ullius
irgendeiner aliquis, alicuius; quidam, cuiusdam; quis, cuiuc, quis, quid; quisquam, cuiusquam
irgendeinmal aliquando *Adv*; quandoque *Adv*
irgendwann aliquando *Adv*
irgendwo alicubi *Adv*; usquam *Adv*
irgendwoher alicunde *Adv*
irgendwohin aliquo *Adv*
irren errare; *sich ~* errare
Irrfahrt error, erroris *m*
irrig falsus
Irrtum error, erroris *m*; fraus, fraudis *f*; peccatum, peccati *n*
irrtümlich perperam *Adv*
Irrwege ambages, ambagum *f*
Italien Italia, Italiae *f*
italisch Italicus

J

Jagd venatio, venationis *f*; venatus, venatus *m*
jagen agitare; venari
Jäger venator, venatoris *m*
Jahr annus, anni *m*; *auf das ~ bezogen* annalis, annalis, annale; *das ganze ~ dauernd* perennis, perennis, perenne; *~ für Jahr* quotannis *Adv*; *jedes ~ wiederkehrend* anniversarius
Jahrbücher annales (libri), annalium *m*
Jahresernte annona, annonae *f*
Jahreszeit annus, anni *m*; hora, horae *f*
Jahrhundert saeculum, saeculi *n*
jährlich anniversarius; annuus; quotannis *Adv*
Jähzorn iracundia, iracundiae *f*
jähzornig iracundus
jammern deplorare; lamentari
Jammern miseratio, miserationis *f*
jammervoll luctuosus
Janus *(Gott der Türen und Tore)* Ianus, Iani *m*; *dem ~ geweiht* Ianuarius
jauchzen ex(s)ultare; iubilare
je *nachdem* prout *Kj*
jedenfalls utique *Adv*
jeder omnis, omnis, omne; quisque, quaeque, quidque, quodque; *~ (einzelne)* unusquisque, uniusquisque; *~, der* quisquis, cuiuscuius; *~ beliebige* quilibet; quivis, cuiusvis; *~ der* quicumque, cuiuscumque; *~ von beiden* uterque, utriusque
jedoch ast *Kj*; at *Kj*; autem *Kj*; sed *Kj*; vero *Kj*; verum *Kj*
jemals umquam *Adv*
jemand aliquis, alicuius; quis, cuiuc, quis, quid; quisquam, cuiusquam
jener ille, illius, illa, illud
jenseitige *der ~* ulterior, ulterior, ulterius
jenseits trans *Präp [Akkusativ]*; ultra *Präp [Akkusativ]*; ultra *Adv*
jetzig hic, huius, haec, hoc
jetzt hic *Adv*; nunc *Adv*; *bis ~* adhuc *Adv*; *von ~ an* hinc *Adv*; *~ eben* nunciam *Adv*
Joch iugum, iugi *n*
jubeln ex(s)ultare; iubilare; ovare
Jucken scabies, scabiei *f*
Jugend adulescentia, adulescentiae *f*; iuventa, iuventae *f*; iuventas, iuventatis *f*; iuventus, iuventutis *f*
Jugendkraft pubertas, pubertatis *f*
jugendlich iuvenalis, iuvenalis, iuvenale; iuvenilis, iuvenilis, iuvenile
jung iuvenis, iuvenis *m*; recens, recentis; tener, tenera, tenerum; viridis; *ganz ~* parvulus; *sehr ~* adulescentulus; parvulus
Junge puer, pueri *m*
jünger iunior, iunioris
Junges catulus, catuli *m*; fetus, fetus *m*; partus, partus *m*; *~ (eines Tieres)* pullus, pulli *m*
Jungfrau innupta, innuptae *f*; virgo, virginis *f*
jungfräulich virgineus
Jungfräulichkeit virginitas, virginitatis *f*
Jüngling adulescens, adulescentis *m*; iuvenis, iuvenis *m*
Jungmannschaft iuventus, iuventutis *f*
jüngst nunc *Adv*; nuper *Adv*
Juno Iuno, Iunonis *f*
Jupiter Iuppiter, Iovis *m*

K

Käfig cavea, caveae *f*
kahl nudus
Kahn cumba, cumbae *f*; lembus, lembi *m*; linter, lintris *f*; scapha, scaphae *f*; ~ *(aus Erlenholz gefertigt)* alnus, alni *m*
Kaiser imperator, imperatoris *m*
kaiserlich imperatorius
Kalb vitulus, vituli *m*
Kälbchen vitellus, vitelli *m*
Kalenden *die ~ (der 1. Monatstag)* Kalendae, Kalendarum *f*
Kalender fasti, fastorum *m*
Kalk calx, calcis *f*
kalt frigidus; ~ *sein* frigēre
Kälte frigus, frigoris *n*; hiems, hieme *f*
Kamerad socius, socii *m*; sodalis, sodalis *m*
kameradschaftlich socialis, socialis, sociale
Kamin caminus, camini *m*
Kaminfeuer caminus, camini *m*
Kamm buxus, buxi *f*; pecten, pectinis *n*
kämmen comere
Kammer cella, cellae *f*
Kampf bellum, belli *n*; certamen, certaminis *n*; dimicatio, dimicationis *f*; proelium, proelii *n*; pugna, pugnae *f*
kampfbereit expeditus; infestus
kämpfen bellare; certare; confligere; congredi; contendere; dimicare; proeliari; pugnare; *schwer zu ~ haben* conflictare/conflictari
kampflustig pugnax, pugnacis
Kampfplatz arena, arenae *f*; harena, harenae *f*
Kampfriemen *(des Faustkämpfers)* caestus, caestus *m*
Kaninchen cuniculus, cuniculi *m*
Kanne alveus, alvei *m*
Kap promonturium/promunturium, promonturii *n*
Kapelle sacrarium, sacrarii *n*
Kapsel capsa, capsae *f*; scrinium, scrinii *n*
kärglich parcus
Karren carrus, carri *m*
Karst raster, rastri *m*
Karthager Carthaginiensis, Carthaginiensis *m*
karthagisch Carthaginiensis, Carthaginiensis, Carthaginiense
Karthago Carthago, Carthaginis *f*
Käse caseus, casei *m*
Kasse fiscus, fisci *m*
Kastanie castanea, castaneae *f*
Kastanienbaum castanea, castaneae *f*
Kästchen loculus, loculi *m*
Kastell castellum, castelli *n*
Kastrat eunuchus, eunuchi *m*
Katze felis/feles, felis *f*
kauen mandere
Kauf emptio, emptionis *f*; mancipium, mancipii *n*
kaufen emere; mercari
Käufer emptor, emptoris *m*
käuflich venalis, venalis, venale
Kaufmann mercator, mercatoris *m*
Kaufvollzug mancipium, mancipii *n*
kaum aegre *Adv*; vix *Adv*; *~ noch* vixdum *Adv*
keck audax, audacis
Keckheit audacia, audaciae *f*
Kegel meta, metae *f*
Kehle gula, gulae *f*; guttur, gutturis *n*; iugulum, iuguli *n*; *die ~ abschneiden* iugulare
kehren verrere

Keil cuneus, cunei *m*
Keiler aper, apri *m*
kein nullus, nullius
keiner nemo, nullius; nullus, nullius; ~ *von beiden* neuter, neutrius, neutra, neutrum
keinesfalls neutiquam *Adv*
keineswegs haudquaquam *Adv*; minime *Adv*; nequaquam *Adv*; neutiquam *Adv*
Kelch calix, calicis *m*
Keller cella, cellae *f*
Kelte Gallus, Galli *m*
kennen noscere; scīre; *nicht* ~ ignorare; nescīre; ~ *lernen* cognoscere
kennen lernen noscere; *gründlich* ~ pernoscere
kenntlich insignis, insignis, insigne
Kenntnis intellegentia, intellegentiae *f*; notio, notionis *f*; notitia, notitiae *f*; peritia, peritiae *f*; scientia, scientiae *f*
Kennzeichen index, indicis *m*; indicium, indicii *n*; insigne, insignis *n*
kennzeichnend insignis, insignis, insigne
Kerker carcer, carceris *n*
Kernholz robur, roboris *n*
Kerntruppe robur, roboris *n*
Kessel aenum, aeni *n*
Kette catena, catenae *f*
Keuchen bringend *zum* ~ anhelus
keuchend anhelus
keusch castus; pudicus
Keuschheit pudicitia, pudicitiae *f*
Kichererbse cicer, ciceris *n*
Kiefer picea, piceae *f*
Kieferholz taeda, taedae *f*
Kiesel lapillus, lapilli *m*; silex, silicis *m*
Kind partus, partus *m*; puer, pueri *m*
Kinder liberi, liberorum *m*
Kinderlosigkeit orbitas, orbitatis *f*
Kindheit pueritia, pueritiae *f*
kindisch puerilis, puerilis, puerile
kindlich puerilis, puerilis, puerile
Kinn mentum, menti *n*
Kinnbacke mala, malae *f*
Kiste arca, arcae *f*
klaffen hiare
Klage actio, actionis *f*; dica, dicae *f*; querela, querelae *f*; querimonia, querimoniae *f*; questus, questus *m*
Klagelied nenia, neniae *f*
klagen conqueri; lamentari; queri *[Akkusativ]*
klagend flebilis, flebilis, flebile; querulus
Kläger actor, actoris *m*
kläglich flebilis, flebilis, flebile; luctuosus; miser, misera, miserum; miserabilis, miserabilis, miserabile; querulus
Klammer fibula, fibulae *f*
Klang cantus, cantus *m*; clangor, clangoris *m*; sonus, sonus *m*
klangvoll vocalis
klar clarus; dilucidus; disertus; illustris, illustris, illustre; liquere; liquidus; perspicuus; planus; vitreus; ~ *sein* apparēre
Klarheit candor, candoris *m*
Klasse classis, classis *f*; ordo, ordinis *m*
klatschen *(Beifall)* ~ plaudere
Klatschen plausus, plausus *m*
Klaue unguis, unguis *m*; ungula, ungulae *f*
kleben *an* adhaerēre
Kleid vestimentum, vestimenti *n*; *langes* ~ *(von Frauen)* stola, stolae *f*
Kleider vestis, vestis *f*

Kleidung habitus, habitus *m*; vestis, vestis *f*
Kleidungsstück vestimentum, vestimenti *n*
klein exiguus; minutus; parvus; paul(l)us; *sehr* ~ minimus; parvulus; *so* ~ tantulus
Kleinasien Asia, Asiae *f*
kleiner minor, minor, minus
Kleinigkeiten nugae, nugarum *f*
Kleinkind *(das noch nicht sprechen kann)* infans, infantis *m/f*
kleinlich pusillus; tenax, tenacis
Kleinodien divitiae, divitiarum *f*
Kleinstadt municipium, municipii *n*
kleinstädtisch oppidanus
kleinste *der* ~ minimus
Kleinvieh pecus, pecoris *n*
Klient cliens, clientis *m*
Klientel clientela, clientelae *f*
Klima caelum, caeli *n*
klingen sonare
Klippe cautes, cautis *f*; rupes, rupis *f*; saxum, saxi *n*; scopulus, scopuli *m*
klirren crepitare; sonare
klopfen pulsare; ~ *(an die Tür)* pultare
Klotz truncus
Kluft hiatus, hiatus *m*
klug callidus; prudens, prudentis; scitus; versutus
Klugheit calliditas, calliditatis *f*; prudentia, prudentiae *f*
Klüngel factio, factionis *f*
Knabe puer, pueri *m*
knapp angustus; artus; exiguus
Knappheit exiguitas, exiguitatis *f*
knarren crepare; rudere
Knecht servus, servi *m*
knechtisch servilis, servilis, servile
Knechtschaft servitium, servitii *n*; servitus, servitutis *f*
Kneipe popina, popinae *f*
Knie genu, genus *n*; poples, poplitis *m*
Kniekehle poples, poplitis *m*
knirschen frendere
Knöchel talus, tali *m*
Knochen os, ossis *n*
Knospe gemma, gemmae *f*
Knoten nodus, nodi *m*
knotig nodosus
knüpfen nectere
Knüppel fustis, fustis *f*
kochen coquere
Köcher pharetra, pharetrae *f*
Köder esca, escae *f*
Kohl caulis, caulis *f*; holus, holeris *n*; olus, oleris *n*
Kohle carbo, carbonis *m*
Kohorte cohors, cohortis *f*
Kolonie colonia, coloniae *f*
Kolonist colonus, coloni *m*
komisch comicus
Komitium comitium, comitii *n*
Kommando praefectura, praefecturae *f*
kommen venīre; *regelmäßig/wiederholt* ~ ventitare; ~ *lassen* arcessere
Komödie comoedia, comoediae *f*; *zur* ~ *gehörig* comicus
König rex, regis *m*; ~ *(eines kleinen Landes)* regulus, reguli *m*
Königin regina, reginae *f*
königlich regalis, regalis, regale; regius
Königreich regnum, regni *n*
Königsfamilie regia (domus), regiae *f*
Königshalle basilica, basilicae *f*

Königshof aula, aulae *f*
Königsschloss regia (domus), regiae *f*
Königtum regnum, regni *n*
können pollēre; posse; quīre; *nicht* ~ nequīre
Konsul consul, consulis *m*; *gewesener* ~ consularis, consularis *m*; *stellvertretender* ~ proconsul, proconsulis *m*
konsularisch consularis, consularis, consulare
Konsulat consulatus, consulatus *m*
Kopf caput, capitis *n*
Kopfsalat lactuca, lactucae *f*
kopfüber praeceps, praecipitis
Korb calathus, calathi *m*; fiscus, fisci *m*
Korinth Corinthus, Corinthi *f*
Kork cortex, corticis *m*
Korn granum, grani *n*
Kornelkirsche cornum, corni *n*
Körper corpus, corporis *n*
Körperschaft corpus, corporis *n*
Korrektur litura, liturae *f*
kostbar pretiosus
kosten gustare
Kosten impendium, impendii *n*; impensa (pecunia), impensae *f*; sumptus, sumptus *m*
Kothurn cothurnus, cothurni *m*
Krabbe squilla, squillae *f*
krachen crepitare; mugīre
Krachen fragor, fragoris *m*; mugitus, mugitus *m*
Kraft lacertus, lacerti *m*; nervus, nervi *m*; ops, opis *f*; robur, roboris *n*; vigor, vigoris *m*; vis *f*
kräftig puber, puberis; robustus; validus
kräftigen confirmare; firmare
kraftlos debilis, debilis, debile; ignavus; imbecillus; infirmus; mancus
Krähe cornix, cornicis *f*
Kralle unguis, unguis *m*
Kran serta, sertorum *n*
Kranich grus, gruis *f/m*
krank aeger, aegra, aegrum; aegrotus; infirmus; ~ *sein* aegrotare
kränken laedere; mordēre; offendere; violare
Krankheit aegritudo, aegritudinis *f*; aegrotatio, aegrotationis *f*; infirmitas, infirmitatis *f*; morbus, morbi *m*; valetudo, valetudinis *f*
Kranksein aegrotatio, aegrotationis *f*
Kränkung contumelia, contumeliae *f*; iniuria, iniuriae *f*
Kranz corona, coronae *f*
Krater crater/cratera, crateris/craterae *m*
Krätze scabies, scabiei *f*
kratzen radere; scalpere
Kraut herba, herbae *f*
Krebs cancer, cancri *m*; squilla, squillae *f*
Kreide creta, cretae *f*
Kreis circulus, circuli *m*; circus, circi *m*; gyrus, gyri *m*; orbis, orbis *m*; *im* ~ *drehen* circumagere
Kreisbahn circulus, circuli *m*
kreischen vociferari
Kreisel buxus, buxi *f*
Kreislauf gyrus, gyri *m*
Kreta Creta, Cretae *f*
Kreuz crux, crucis *f*
kreuzigen cruciare; excruciare
Kreuzigung crux, crucis *f*
Kreuzweg compitum, compiti *n*
Kreuzzeichen crux, crucis *f*
kriechen repere; serpere
Kriecherei adulatio, adulationis *f*

Krieg bellum, belli *n*; militia, militiae *f*; *den ~ beenden* debellare; *den ~ erneuern* rebellare; *~ führen* bellare; *zum ~ gehörig* bellicus
Krieger bellator, bellatoris *m*; miles, militis *m*
kriegerisch armiger, armigera, armigerum; armipotens, armipotentis; bellator, bellatoris *m*; bellicosus; bellicus; militaris, militaris, militare
Kriegs- bellator, bellatoris *m*; bellicus; militaris, militaris, militare
Kriegsbeute manubiae, manubiarum *f*
Kriegsdienst milita, militae *f*; militia, militiae *f*; *~ leisten* militare; *~ tun* merēre
kriegsgefangen captivus, captivi *m*
Kriegsgefangener captivus, captivi *m*
Kriegskamerad commilito, commilitonis *m*
Kriegsmantel chlamys, chlamydis *f*; sagum/sagulum, sagi/saguli *n*
Kriegsrat praetorium, praetorii *n*
kriegsstark armipotens, armipotentis
Kriegswesen *zum ~ gehörig* militaris, militaris, militare
Krippe praes(a)epe, praes(a)epis *n*
kritisieren reprehendere
Krokodil crocodilus, crocodili *m*
Krone corona, coronae *f*
krönen coronare
Kröte rana, ranae *f*
Krug amphora, amphorae *f*; cadus, cadi *m*; lagoena, lagoenae *f*; testa, testae *f*; urna, urnae *f*
krumm curvus
krummbeinig varus
krümmen curvare; inflectere
Krummstab lituus, litui *m*
Krümmung pravitas, pravitatis *f*; sinus, sinus *m*
Küche culina, culinae *f*
Kuchen libum, libi *n*; placenta, placentae *f*
Kugel globus, globi *m*; sphaera, sphaerae *f*
kugelförmig globosus
Kuh bos, bovis *m/f*; vacca, vaccae *f*
kühl frigidus
kühn audax, audacis
Kühnheit audacia, audaciae *f*
Kult religio, religionis *f*
kultiviert celeber, celebris, celebre
Kummer aegrimonia, aegrimoniae *f*; aegritudo, aegritudinis *f*; aerumna, aerumnae *f*; dolor, doloris *m*; sollicitudo, sollicitudinis *f*; *~ empfinden* indolescere
kümmern *sich ~ um* curare
kummervoll aeger, aegra, aegrum
Kunde fama, famae *f*
kundig consultus; gnarus; peritus *[Genitiv]*; sciens, scientis; scitus
Kundschafter explorator, exploratoris *m*; speculator, speculatoris *m*
kundtun fatēri
künftig futurus; posthac *Adv*; reliquus
Kunst ars, artis *f*; *~ der Musen* musica, musicae *f*
kunstfertig artifex, artificis *m*; faber, fabri *m*; sollers, sollertis
kunstgerecht concinnus
Kunstgriff ars, artis *f*; machinatio, machinationis *f*
Künstler artifex, artificis *m*; faber, fabri *m*
kunstlos inconditus; rudis, rudis, rude
kunstreich artificiosus
kunstvoll artificiosus
Kunstwerk artificium, artificii *n*
Kupfer aes, aeris *n*; cuprum, cupri *n*
kupfern aen(e)us/aheneus/a(h)enus
Kuppe apex, apicis *m*

Kuppler leno, lenonis *f*
Kurie curia, curiae *f*
Kurs cursus, cursus *m*
kurz brevis, brevis, breve
Kürze brevitas, brevitatis *f*; exiguitas, exiguitatis *f*
Kurzweil iocus, ioci *m*; ludicrum, ludicri *n*
kurzweilig ludicer/ludicrus, ludicra, ludicrum
Kuss osculum, osculi *n*
Küste litus, litoris *n*; ora, orae *f*
Küster custos, custodis *m/f*
Kutsche petorritum, petorriti *n*

L

Lache lacuna, lacunae *f*
lächeln renidēre; subridere
lachen irridēre; ridēre *[Akkusativ]*
Lachen risus, risus *m*
lächerlich ridiculus
Laden taberna, tabernae *f*
Ladung onus, oneris *n*
Lage condicio, condicionis *f*; res, rei *f*; situs, situs *m*; tractus, tractus *m*; *günstige ~* opportunitas, opportunitatis *f*; *in eine ~ versetzen* redigere
Lager cubile, cubilis *n*; stratum, strati *n*; *kleines ~* castellum, castelli *n*; *zum ~ gehörig* castrensis, castrensis, castrense
lagern *sich ~* considere
Lagerstätte cubile, cubilis *n*
lahm claudus
lähmen debilitare
Lähmung torpedo, torpedinis *f*
lallend balbus
Lamm agnus, agni *m*; *weibliches ~* agna, agnae *f*
Lampe lampas, lampadis *f*; lucerna, lucernae *f*; lumen, luminis *n*; testa, testae *f*
Land rus, ruris *n*; terra, terrae *f*; tractus, tractus *m*; *offenes ~* ager, agri *m*; *auf dem ~ befindlich* terrester/terrestris, terrestris, terrestre
landen applicare; *~ (lassen)* appellere
Landesfeind hostis, hostis *m/f*
Landgut fundus, fundi *m*; praedium, praedii *n*; rus, ruris *n*; villa, villae *f*; *kleines ~* villula, villulae *f*
Landhaus villa, villae *f*
ländlich agrestis, agrestis, agreste; ruricola, ruricolae *m*; rusticus
Landmann agrestis, agrestis *m*; agricola, agricolae *m*
Landsmann popularis, popularis, populare
Landstadt municipium, municipii *n*; oppidum, oppidi *n*
Landstrich regio, regionis *f*; zona, zonae *f*
Landvermessung geometria, geometriae *f*
Landzunge cornu, cornus *n*; lingua, linguae *f*
lang longus
lang dauernd diutinus/diuturnus; longus
lange *so ~* tantisper *Adv*
Länge longinquitas, longinquitatis *f*; longitudo, longitudinis *f*; *in die ~ ziehen* extrahere
länger diutius *Adv*
langlebig vivax, vivacis
länglich teres, teretis
längs secundum *Präp [Akkusativ]*
langsam lentus; piger, pigra, pigrum; segnis, segnis, segne; spissus; tardus
Langsamkeit segnitia, segnitiae *f*; tarditas, tarditatis *f*
längst dudum *Adv*; pridem *Adv*
langwierig longinquus

Lanze cuspis, cuspidis *f*; hasta, hastae *f*; hastile, hastilis *n*; lancea, lanceae *f*; spiculum, spiculi *n*
Lanzenschaft hastile, hastilis *n*
Lappen pannus, panni *m*
Lärm clamor, clamoris *m*; fragor, fragoris *m*; fremitus, fremitus *m*; strepitus, strepitus *m*; tumultus, tumultus *m*
lärmen fremere; strepere; tumultuari
lärmend tumultuosus
lassen iubēre *[Akkusativ]*; sinere; *im Stich* ~ deesse; deficere; deserere; destituere
lässig segnis, segnis, segne
Last moles, molis *f*; onus, oneris *n*; pondus, ponderis *n*
Laster vitium, vitii *n*
lasterhaft impurus; vitiosus
lästern maledicere *[Dativ]*
lästig molestus
Lasttier iumentum, iumenti *n*
lasttragend onerarius
Lastwagen plaustrum, plaustri *n*
lateinisch Latinus
Latte longurius, longurii *m*
lau tepidus; ~ *sein* tepēre
Laub frons, frondis *f*; *(poetisch)* ~ coma, comae *f*
laubreich frondosus
Lauch porrum/porrus, porri *n/m*
Lauf cursus, cursus *m*
Laufbahn cursus, cursus *m*
laufen currere; *auseinander* ~ discurrere
Läufer cursor, cursoris *m*
laut clarus
Laut sonus, sonus *m*; vox, vocis *f*
Laute fides, fidium *f*; lyra, lyrae *f*; plectrum, plectri *n*
Lautenspieler fidicen, fidicinis *m*
lauter candidus; purus
lautlos mutus; tacitus
lauwarm *sein* tepēre
leben degere; vivere
Leben vita, vitae *f*; *das öffentliche* ~ forum, fori *n*; *das* ~ *betreffend* capitalis, capitalis, capitale
Leben spendend vitalis
lebend animans, animantis; vivus
lebendig vivus
Lebensalter aetas, aetatis *f*
lebenserhaltend vitalis
Lebenshaltungskosten *hohe* ~ caritas, caritatis *f*
Lebenskraft anima, animae *f*; vigor, vigoris *m*
lebenskräftig vigēre
Lebensmittel cibaria, cibariorum *n*
Lebensunterhalt victus, victus *m*
Lebensweise cultus, cultus *m*; victus, victus *m*
Lebenszeit aevum, aevi *n*
Leber iecur, iecoris *n*
Lebewesen animal, animalis *n*; animans, animantis
lebhaft alacer, alacris, alacre; vegetus; vivax, vivacis; vividus
leblos exanimis, exanimis, exanime; exsanguis, exsanguis, exsangue; inanimus
Lebzeiten *zu* ~ vivus
lecken lambere
Leder corium, corii *m*
Lederhelm galea, galeae *f*
Lederschild *leichter* ~ caetra, caetrae *f*
ledig viduus
lediglich dumtaxat *Adv*
leer inanis, inanis, inane; vacuus *[Ablativ]*; vanus; vastus; viduus; ~ *sein* vacare *[Ablativ]*

Leere chaos *n*; vastitas, vastitatis *f*
leeren exhaurīre
Legat legatus, legati *m*
legen circumicere; ponere; *sich (auf etwas) ~* incumbere *[Dativ]*; *sich zu jemandem ~* concumbere *[cum mit Ablativ]*
Legion legio, legionis *f*
Legionsfeldzeichen aquila, aquilae *f*
Legionssoldat legionarius, legionarii *m*
Lehm lutum, luti *n*
Lehre disciplina, disciplinae *f*; doctrina, doctrinae *f*; praeceptum, praecepti *n*; ratio, rationis *f*
lehren docēre; praecipere
Lehrer doctor, doctoris *m*; magister, magistri *m*; praeceptor, praeceptoris *m*
Lehrfach doctrina, doctrinae *f*
Lehrsatz decretum, decreti *n*; praeceptum, praecepti *n*
Leib corpus, corporis *n*
Leibesfrucht partus, partus *m*
leiblich germanus
Leibwache *zur kaiserlichen ~ gehörig* praetorianus
Leibwächter satelles, satellitis *m*
Leiche corpus, corporis *n*
Leichenbegängnis ex(s)equiae, ex(s)equiarum *f*; funus, funeris *n*
Leichenzug pompa, pompae *f*
Leichnam cadaver, cadaveris *n*
leicht facile *Adv*; facilis, facilis, facile; levis, levis, leve; pronus; *sehr ~* perfacilis, perfacilis, perfacile
Leichtbewaffneter veles, velitis *m*
leichter *machen* levare
leichtfertig dissolutus
leichtgewichtig levis, levis, leve
leichtgläubig credulus
Leichtgläubigkeit credulitas, credulitatis *f*
Leichtigkeit facilitas, facilitatis *f*; levitas, levitatis *f*
Leichtsinn levitas, levitatis *f*
leichtsinnig levis, levis, leve
Leid *es tut ~* miseret *[Genitiv]*
Leid dolor, doloris *m*
leiden aegrotare; dolēre; pati; *~ an* laborare
leidend aeger, aegra, aegrum; aegrotus
Leidenschaft ardor, ardoris *m*; calor, caloris *m*; cupiditas, cupiditatis *f*; cupido, cupidinis *f*; fervor, fervoris *m*; iracundia, iracundiae *f*; perturbatio, perturbationis *f*
leidenschaftlich animosus; iracundus
Leier fides, fidium *f*; lyra, lyrae *f*
leihen mutuari
Leinentuch linteum, lintei *n*
Leinwand linum, lini *n*
leisten fungi *[Ablativ]*; praestare *[Akkusativ]*
Leistung munus, muneris *n*
Leistungen munia, munium *n*
leiten administrare; gubernare; praeesse *[Dativ]*; regere
Leiter auspex, auspicis *m*; gubernator, gubernatoris *m*; moderator, moderatoris *m*; rector, rectoris *m*; scalae, scalarum *f*
Leitung administratio, administrationis *f*; ductus, ductus *m*; moderatio, moderationis *f*; regimen, regiminis *n*
Lende lumbus, lumbi *m*
lenken dirigere; flectere; frenare; gubernare; moderari; regere
Lenker gubernator, gubernatoris *m*; moderator, moderatoris *m*; rector, rectoris *m*
Lenkung regimen, regiminis *n*
lernen condiscere; discere; noscere; *auswendig ~* ediscere
lesen legere

Leser lector, lectoris *m*
letzte novissimus; proximus; *der* ~ extremus; postremus; supremus; ultimus
letztenmal *zum* ~ postremum *Adv*
leuchten collucēre; fulgēre; lucēre
leuchtend lucidus
Leuchter lampas, lampadis *f*
Leuchtkörper lumen, luminis *n*
leugnen denegare; infitiari; negare
Leute *unter die ~ bringen* divulgare; vulgare
Leutseligkeit comitas, comitatis *f*
Licht fax, facis *f*; lampas, lampadis *f*; lumen, luminis *n*; lux, lucis *f*; ~ *bringend* lucifer, lucifera, luciferum
lieb carus; dulcis, dulcis, dulce
lieb gewinnen adamare
Liebe amor, amoris *m*; caritas, caritatis *f*; venus, veneris *f*
lieben amare; diligere
liebenswert amabilis, amabilis, amabile
liebenswürdig amabilis, amabilis, amabile; dulcis, dulcis, dulce
Liebenswürdigkeit iucunditas, iucunditatis *f*; venustas, venustatis *f*
lieber potius *Adv*
Liebestrank veneficium, veneficii *n*
liebevoll amans, amantis; pius
Liebhaber adulter, adulteri *m*; amator, amatoris *m*
lieblich amoenus; dulcis, dulcis, dulce; suavis, suavis, suave; venustus
Lieblichkeit amoenitas, amoenitatis *f*; dulcedo, dulcedinis *f*
Liebreiz amoenitas, amoenitatis *f*; venus, veneris *f*; venustas, venustatis *f*
liebsten *am* ~ potissimum *Adv*
Lied carmen, carminis *n*; plectrum, plectri *n*
liederlich exoletus
Liederlichkeit nequitia, nequitiae *f*
Liege lectus, lecti *m*
liegen cubare; iacēre; recubare; vergere; ~ *auf* incubare *[Dativ]*
liegend situs
Liktor lictor, lictoris *m*
Lilie lilium, lilii *n*
lind lenis, lenis, lene
lindern consolari; lenīre; mitigare; relevare; solari
Linderung levamen/levamentum, levaminis/levamenti *n*; levatio, levationis *f*
Linderungsmittel levamen/levamentum, levaminis/levamenti *n*
Lineal regula, regulae *f*
Linie linea, lineae *f*; lineamentum, lineamenti *n*; *in erster* ~ praesertim (cum) *Kj*; ~ *(auf dem Spielbrett)* scriptum, scripti *n*
link laevus
linkisch laevus; sinister, sinistra, sinistrum
links sinister, sinistra, sinistrum
Lippe labrum, labri *n*
List astus, astus *m*; dolus, doli *m*; machina, machinae *f*
listig astutus; versutus
Lob laus, laudis *f*
loben laudare; *nachdrücklich* ~ collaudare
lobenswert laudabilis, laudabilis, laudabile
Lobpreis praeconium, praeconii *n*
Lobrede laudatio, laudationis *f*
Lobredner laudator, laudatoris *m*
Loch foramen, foraminis *n*; lacuna, lacunae *f*; scrobis, scrobis *m/f*
lockend blandus

locker discinctus; laxus; puter, putris, putre; remissus
lockern laxare; relaxare
lodern aestuare; flagrare; flammare
Lohn merces, mercedis *f*; praemium, praemii *n*; pretium, pretii *n*
Lorbeer laurus, lauri *f*
Lorbeerbaum laurus, lauri *f*
Lorbeerkranz laurea (corona), laureae *f*
Los sors, sortis *f*
losbinden disiungere
losbrechen coorīri; exorīri
lose laxus
Lösegeld pretium, pretii *n*
losen sortīri
lösen absolvere; luere; resolvere; solvere
losfahren invehi
losgürten discingere
loskaufen redimere
loslassen amittere
loslösen dissolvere; exsolvere
losmachen absolvere; refigere
Losorakel sors, sortis *f*
losreißen abrumpere; convellere; divellere
lossagen *sich ~ (von)* abdicare *[Ablativ]*
Losung signum, signi *n*
Löwe leo, leonis *m*
Luchs lynx, lycis *f*
Lücke lacuna, lacunae *f*
Luft aër, aëris *m*; aether, aetheris *m*; aura, aurae *f*
Lufthauch anima, animae *f*; aura, aurae *f*; spiritus, spiritus *m*
luftig aetherius; animalis, animalis, animale
Luftzug aura, aurae *f*
Lüge mendacium, mendacii *n*
lügen mentīri
lügnerisch mendax, mendacis
Lumpen pannus, panni *m*
Lunge pulmo, pulmonis *m*
Lust deliciae, deliciarum *f*; libido, libidinis *f*; voluptas, voluptatis *f*
lüstern *sein nach* ligurrīre *[Akkusativ]*
lustig *sich ~ machen über* ridēre *[Akkusativ]*
Lustspiel comoedia, comoediae *f*; *zum ~ gehörig* comicus
Lyra lyra, lyrae *f*

M

machbar facilis, facilis, facile
machen facere; *zu etwas ~* efficere; reddere
Macht imperium, imperii *n*; ius, iuris *n*; numen, numinis *n*; ops, opis *f*; opulentia, opulentiae *f*; potentia, potentiae *f*; potestas, potestatis *f*; *ohne ~* impotens, impotentis
mächtig compos, compotis *[Genitiv]*; imperiosus; opulentus; potens, potentis; praevalidus; valens, valentis; *(überaus) ~* praepotens, praepotentis
machtlos impotens, impotentis; inops, inopis
Mädchen puella, puellae *f*; virgo, virginis *f*
Magd ancilla, ancillae *f*; serva, servae *f*; *junge ~* ancillula, ancillulae *f*
Magen stomachus, stomachi *m*; venter, ventris *m*
mager exilis, exilis, exile; gracilis, gracilis, gracile; macer, macra, macrum
Magerkeit macies, maciei *f*
Magier magus, magi *m*

magisch magicus
mähen metere
Mahl cena, cenae *f*; daps, dapis *f*
mahlen molere
Mahlzeit cena, cenae *f*; epulae, epularum *f*
Mähne caesaries, caesariei *f*; iuba, iubae *f*
mahnen hortari; monēre
Mahner monitor, monitoris *m*
Mahnung *auf ~* admonitū *Adv*
Makedonen *die ~* Macedones, Macedonum *m*
Makedonien Macedonia, Macedoniae *f*
Makel labes, labis *f*; macula, maculae *f*
mal *... mal* modo – modo *Adv*
Mal nota, notae *f*; *zum ersten ~* primum *Adv*
malen pingere
Maler pictor, pictoris *m*
Malerei pictura, picturae *f*
Malve malva, malvae *f*
mancher nonnemo; nonnullus
manchmal aliquando *Adv*; interdum *Adv*; nonnumquam *Adv*
Manen manes, manium *m*
Mangel egestas, egestatis *f*; indigentia, indigentiae *f*; inopia, inopiae *f*; penuria, penuriae *f*; vitium, vitii *n*
mangelhaft mancus
mangeln deesse
Manipel manipulus, manipuli *m*; *zu einem ~ gehörig* manipularis, manipularis, manipulare
Mann homo, hominis *m*; vir, viri *m*; *alter ~* senex, senis *m*; *junger ~* adulescens, adulescentis *m*; iuvenis, iuvenis *m*; *~ für Mann* viritim *Adv*
mannbar pubes, puberis
Mannbarkeit pubertas, pubertatis *f*
Männchen mas, maris *m*
mannhaft virilis
Mannigfaltigkeit varietas, varietatis *f*
männlich mas, maris; masculus; virilis
Mannschaft manus, manus *f*; *junge (waffenfähige) ~* pubes, pubis *f*
Mantel amictus, amictus *m*; palla, pallae *f*
Märchen fabula, fabulae *f*
Mark *(in Knochen und Pflanzen)* medulla, medullae *f*
Marketender lixa, lixae *f*
Markt forum, fori *n*; mercatura, mercaturae *f*
Markthalle basilica, basilicae *f*
Marktplatz forum, fori *n*
Marktpreis annona, annonae *f*
Marmor marmor, marmoris *n*; *aus ~* marmoreus
marmorn marmoreus
Mars Mars, Martis *m*; *dem ~ gehörend* Martius
Marsch iter, itineris *n*
marschieren proficisci
Marter cruciatus, cruciatus *m*
martern cruciare; excruciare
Maschine machina, machinae *f*
Maske persona, personae *f*
Maß mensura, mensurae *f*; metrum, metri *n*; modulus, moduli *m*; modus, modi *m*; trutina, trutinae *f*; *rechtes ~* temperatio, temperationis *f*
Masse acervus, acervi *m*; moles, molis *f*; multitudo, multitudinis *f*; pondus, ponderis *n*; *breite ~* vulgus, vulgi *n*
massenhaft vulgo *Adv*
mäßig continens, continentis; frugi; modicus
mäßigen continēre; moderari; temperare
Mäßigung continentia, continentiae *f*; frugalitas, frugalitatis *f*; mediocritas, mediocritatis *f*; moderatio, moderationis *f*; modestia, modestiae *f*; modus, modi *m*; temperantia, temperantiae *f*

maßlos immoderatus; immodicus; incontinens, incontinentis
Maßstab formula, formulae *f*; modulus, moduli *m*; regula, regulae *f*
maßvoll moderatus; modestus
Mast malus, mali *m*
Mastbaum malus, mali *m*
Mathematiker mathematicus, mathematici *m*
Mätresse paelex, paelicis *f*
Matrose nauta, nautae *m*
matt frigidus; hebes, hebetis; imbecillus; languēre; languidus; lassus; puter, putris, putre; tepidus
Mattigkeit languor, languoris *m*; lassitudo, lassitudinis *f*
Mauer murus, muri *m*
Mauern moenia, moenium *n*
Mauerring moenia, moenium *n*
Mauerzinnen minae, minarum *f*
Maultier mulus/mula, muli/mulae *m/f*
Maus mus, muris *m*
Mäuschen musculus, musculi *m*
Medizin medicina (ars), medicinae *f*
Meer aequor, aequoris *n*; mare, maris *n*; pelagus, pelagi *n*; pontus, ponti *m*; sal, salis *m/n*; *zum ~ gehörig* marinus; maritimus; *am ~ gelegen* marinus; maritimus
Meer- aequoreus
Meerenge fretum, freti *n*
Meeresfläche aequor, aequoris *n*; *(glänzende) ~* marmor, marmoris *n*
Meeresspiegel aequor, aequoris *n*
Meeresufer litus, litoris *n*
Mehl farina, farinae *f*
mehr amplius *Adv*; magis *Adv*; plures; plus *Adv*; plus, pluris *n*
mehrere complures, complures, complura
mehrfach identidem *Adv*
meiden fugere *[Akkusativ]*; fugitare; profugere; vitare
mein meus
Meineid periurium, periurii *n*
meineidig periurus
meinen aestimare; arbitrari; censēre; dicere; existimare; iudicare; opinari; putare; rēri; sentīre
Meinung existimatio, existimationis *f*; opinio, opinionis *f*; sententia, sententiae *f*; *verschiedener ~ sein* dissentīre *[a mit Ablativ]*
Meinungsverschiedenheit controversia, controversiae *f*; dissensio, dissensionis *f*
meist fere/ferme *Adv*; plerumque *Adv*
meiste *der ~* plurimus
meisten *am ~* maxime *Adv*; plurimum *Adv*; *die ~* plerique; plurimi
meistens plerumque *Adv*
Meister magister, magistri *m*
melden afferre; deferre; indicare; nuntiare; referre; renuntiare
Menge copia, copiae *f*; multitudo, multitudinis *f*; numerus, numeri *m*; plebes, plebei *f*; plebs, plebis *f*; vis *f*; vulgus, vulgi *n*
Mensch homo, hominis *m*; *verdorbener ~* vappa, vappae *f*
Menschenalter aevum, aevi *n*; saeculum, saeculi *n*
menschenfreundlich humanus
Menschenmenge multitudo, multitudinis *f*; turba, turbae *f*
menschlich humanus
Menschlichkeit humanitas, humanitatis *f*
merken sentīre
Merkmal nota, notae *f*; signum, signi *n*
Merkur Mercurius, Mercurii *m*

messen metiri; *sich* ~ contendere
Messer culter, cultri *m*
Messung mensura, mensurae *f*
Metall metallum, metalli *n*
Metallader vena, venae *f*
Methode ratio, rationis *f*
Metzger lanius, lanii *m*
Meuchelmord sica, sicae *f*
Meuchelmörder sicarius, sicaria *m*
Meuterei discordia, discordiae *f*; seditio, seditionis *f*
meuternd seditiosus
Miene os, oris *n*; vultus, vultus *m*
mieten conducere
Mietshaus insula, insulae *f*
Milch lac, lactis *n*
milchig lacteus
mild clemens, clementis; lenis, lenis, lene; mitis, mitis, mite; mollis, mollis, molle; tepidus
Milde clementia, clementiae; lenitas, lenitatis *f*; mansuetudo, mansuetudinis *f*; mollitia/mollities, mollitiae/mollitiei
mildern consolari; lenīre; mitigare; mollīre; relevare; sedare; solari
militärisch militaris, militaris, militare
Mime mimus, mimi *m*
Mimus mimus, mimi *m*
minder minor, minor, minus
mindern extenuare; tenuare
Minerva Minerva, Minervae *f*
mischen miscēre
Mischkessel crater/cratera, crateris/craterae *m*
Mischkrug crater/cratera, crateris/craterae *m*
missachten contemnere
Missachtung contemptio, contemptionis *f*
missbilligen improbare
missbrauchen abuti *[Ablativ]*
Missetat facinus, facinoris *n*
missfallen displicēre
Missgunst invidia, invidiae *f*; obtrectatio, obtrectationis *f*
missgünstig invidus *[Dativ]*
misshandeln violare
misstönend absurdus
misstrauen diffidere *[Dativ/Ablativ]*
misstrauisch suspiciosus
Mist fimum, fimi *n*
Mistel viscum, visci *n*
mit cum *Präp [Ablativ]*
Mitbürger civis, civis *m*
miteinander unā (cum) *Adv [Ablativ]*
Miterbe coheres, coheredis *m/f*
Mitgefühl miseratio, miserationis *f*
Mitgift dos, dotis *f*; *ohne* ~ indotatus
Mitglied sodalis, sodalis *m*
Mitleid miseratio, miserationis *f*; misericordia, misericordiae *f*; ~ *haben* miserēri *[Genitiv]*
Mitmensch alter, alterius
Mitsklave conservus, conservi *m*
Mittag meridies, meridiei *m*; *vor* ~ a. m. (ante meridiem)
mittägig meridianus
Mitte medium, medii *n*
mitteilen communicare
Mittelmaß mediocritas, mediocritatis *f*
mittelmäßig mediocris, mediocris, mediocre
Mittelmäßigkeit mediocritas, mediocritatis *f*
mittels per *Präp [Akkusativ]*
mitten *gelegen* medius

mittlere *der ~* medius
Mitwissen conscientia, conscientiae *f*
Mitwisser conscius *[Genitiv]*
Mode saeculum, saeculi *n*; *aus der ~ kommen* exolescere
modrig putidus
möglich potis, potis, pote
Möglichkeit copia, copiae *f*; facultas, facultatis *f*; potestas, potestatis *f*
Mohn papaver, papaveris *n*
Monat mensis, mensis *m*
Mond luna, lunae *f*
Moos muscus, musci *m*
Mord caedes, caedis *f*; nex, necis *f*; parricidium, parricidii *n*
morden trucidare
Morden caedes, caedis *f*
Mörder interfector, interfectoris *m*; parricida, parricidae *m/f*; percussor, percussoris *m*
morgen cras *Adv*
Morgen *am ~* mane *Adv*; *ein ~ Landes* iugerum, iugeri *n*
morgendlich matutinus
Morgenröte aurora, aurorae *f*; Eos, Eos *f*
morgens mane *Adv*
Morgenstern eous, eoi *m*
morgig crastinus
morsch fessus; puter, putris, putre
Motte tinea, tineae *f*
Mücke culex, culicis *m*
müde defessus; fessus; lassus; *~ machen* lassare
Mühe labor, laboris *m*; opera, operae *f*; *mit ~* aegre *Adv*; vix *Adv*
mühelos facilis, facilis, facile
mühevoll operosus
Mühle mola, molae *f*; pistrinum, pistrini *n*
Mühlstein mola, molae *f*
mühsam difficilis, difficilis, difficile; laboriosus; spissus
Mühseligkeit aerumna, aerumnae *f*
Mulde alveus, alvei *m*
Mund os, oris *n*; *offener ~* rictus/rictum, ricti *m/n*; *den ~ aufsperren* hiare; inhiare
Mündel pupillus, pupilli *m*
Mundtuch mappa, mappae *f*
Mündung ostium, ostii *n*
munter alacer, alacris, alacre; laetus
Münze nummus, nummi *m*
mürbe *machen* fatigare
murren fremere
Murren fremitus, fremitus *m*; murmur, murmuris *n*
Muschel concha, conchae *f*
Muschelschale concha, conchae *f*
Musen Musae, Musarum *f*
Musik musica, musicae *f*
musikalisch musicus
Musiker musicus, musici *m*
Muskel musculus, musculi *m*; nervus, nervi *m*; torus, tori *m*
Muße otium, otii *n*
müssen debēre
müßig otiosus; *~ sein* desidēre
Müßiggang desidia, desidiae *f*
Muster exemplar, exemplaris *n*; exemplum, exempli *n*; specimen, speciminis *n*
mustern circumspicere; collustrare; lustrare; recensēre
Mut animus, animi *m*; audacia, audaciae *f*; fortitudo, fortitudinis *f*; *wilder ~* ferocia, ferociae *f*
mutig animosus; audax, audacis; fortis, fortis, forte

Mutter genetrix, geniticis *f*; genitrix, genitricis *f*; mater, matris *f*; parens, parentis *m/f*
Mutterleib uterus, uteri *m*
mütterlich maternus
Mutterschaf agna, agnae *f*
Mutwille lascivia, lasciviae *f*; petulantia, petulantiae *f*
mutwillig lascivus; petulans, petulantis; ~ *sein* lascivīre
Myrrhe murra, murrae *f*; myrrha, myrrhae *f*
Myrte murtus, murti *f*; myrtus, myrti *f*
Myrtenholz murtus, murti *f*; myrtus, myrti *f*

N

nach in *Präp*; post *Präp [Akkusativ]*
nachahmen imitari; simulare; subsequi
Nachahmer imitator, imitatoris *m*
Nachahmung imitatio, imitationis *f*
Nachbar accola, accolae *m*; vicinus
Nachbarschaft vicinia, viciniae *f*; vicinitas, vicinitatis *f*
nachbilden assimulare; effingere; imitari
nachdem cum *Kj*; postquam *Kj*
nachdenken *über* meditari *[Akkusativ/de + Ablativ]*
Nachdenken meditatio, meditationis *f*
nacheifern aemulari
Nachen linter, lintris *f*
nachfolgen assequi; consequi; insequi; sequi; subsequi; succedere
Nachfolger successor, successoris *m*
nachforschen requirere; vestigare
nachgeben cedere; concedere; obsequi
nachgeboren postumus
nachgiebig mollis, mollis, molle
Nachgiebigkeit obsequium, obsequii *n*
nachher deinde *Adv*; post *Adv*; postea *Adv*
nachjagen consectari; sectari *[Akkusativ]*
Nachkomme progenies, progeniei *f*; proles, prolis *f*
Nachkommen posteri, posterorum *m*
nachkommend posterus
Nachkommenschaft progenies, progeniei *f*; suboles, subolis *f*
nachlassen cessare; deficere; remittere
nachlässig incuriosus; remissus
Nachlässigkeit incuria, incuriae *f*; neglegentia, neglegentiae *f*; securitas, securitatis *f*
nachlaufen sectari *[Akkusativ]*
Nachricht nuntius, nuntii *m*
nachrücken succedere
Nachschrift P. S. (Postscriptum)
Nachschub commeatus, commeatus *m*; supplementum, supplementi *n*
nachsenden *heimlich* ~ submittere
nachsetzen insistere
Nachsicht clementia, clementiae *f*; indulgentia, indulgentiae *f*; venia, veniae *f*; ~ *schenken* indulgēre
nachsichtig clemens, clementis; ~ *sein* indulgēre
nachspüren vestigare
nächste *der* ~ proximus
Nächste alter, alterius
nachstellen insidiari
Nachstellungen insidiae, insidiarum *f*
nächstens brevi *Adv*
nächstverwandte *der* ~ proximus
Nacht nox, noctis *f*; *bei* ~ noctu *Adv*
Nachteil detrimentum, detrimenti *n*; incommodum, incommodi *n*
Nachtigall luscinia, lusciniae *f*

nächtlich nocturnus
nachts noctu *Adv*
Nachtwache vigilia, vigiliae *f*
nachwachsen renasci
nachweisen demonstrare
Nachwelt posteritas, posteritatis *f*
Nacken cervix, cervicis *f*
nackt nudus
Nadel acus, acus *f*
Nagel clavus, clavi *m*; unguis, unguis *m*
nahe prope *Adv*; propinquus; *~ bei* iuxta *Präp [Akkusativ]*; prope *Präp [Akkusativ]*; *~ bevorstehend* propinquus; *~ stehend* finitimus; necessarius
Nähe propinquitas, propinquitatis *f*; vicinia, viciniae *f*; vicinitas, vicinitatis *f*; *in der ~* comminus *Adv*; iuxta *Adv [Akkusativ]*; prope *Adv*
nahen appetere; appropinquare *[Dativ]*
nähen suere
näher propior, propior, propius; propius *Adv*
näher kommen accedere
nähern *sich ~* appropinquare *[Dativ]*; propinquare
nahestehend affinis, affinis, affine; propinquus
Nahestehende necessarii, necessariorum
Nahkampf *im ~* comminus *Adv*
nähren alere; nutrīre; pascere; *sich ~* vesci *[Ablativ]*
nährend almus
Nahrung alimentum, alimenti *n*; cibus, cibi *m*; pabulum, pabuli *n*; victus, victus *m*
Nahrungsmittel alimentum, alimenti *n*
Najade naias, naiadis *f*
Name nomen, nominis *n*; vocabulum, vocabuli *n*
namentlich nominatim
nämlich enim *Kj*; etenim *Adv*; nam *Kj*; utpote *Adv*; videlicet *Adv*
nämliche *der ~* idem, eiusdem, eadem, idem
Napf catinus, catini *m*
Narde nardus, nardi *f*
Narzisse narcissus, narcissi *m*
Nase nasus, nasi *m*
Nasenloch naris, naris *f*
Naserümpfen fastus, fastus *m*
nass madidus; udus; uvidus; *~ machen* madefacere; *~ sein* madēre; umēre
Nass latex, laticis *m*; ros, roris *m*
Nation natio, nationis *f*
Natter vipera, viperae *f*
Natur natura, naturae *f*; *die ~ betreffend* physicus
Naturanlage ingenium, ingenii *n*
naturkundlich physicus
natürlich nativus; naturalis, naturalis, naturale; quippe *Adv*; scilicet *Adv*; simplex, simplicis; *~ (ironisch)* videlicet *Adv*
naturphilosophisch physicus
Nebel aër, aëris *m*; nebula, nebulae *f*; nimbus, nimbi *m*; *dunkler ~* caligo, caliginis *f*
neben iuxta *Präp [Akkusativ]*; prope *Präp [Akkusativ]*; propter *Präp [Akkusativ]*
Nebenbuhler rivalis, rivalis *m*
Nebenfrau paelex, paelicis *f*
necken ludere
Neffe nepos, nepotis *m*
nehmen capere; emere; haurīre; prensare; *an sich ~* adimere; sumere; *auf sich ~* adīre; subīre; suscipere; *in die Hand ~* comprehendere; *zu sich ~* gustare
Neid aemulatio, aemulationis *f*; aerugo, aeruginis *f*; invidia, invidiae *f*; livor, livoris *m*; obtrectatio, obtrectationis *f*
neidisch aemulus; invidiosus; invidus *[Dativ]*; lividus; *~ sein* livēre

neigen inclinare; *sich ~* vergere
Neigung fastigium, fastigii *n*; studium, studii *n*
Nektar nectar, nectaris *n*
nennen appellare; clamare; dicere; nominare; nuncupare; perhibēre; vocare
Neptun Neptunus, Neptuni *m*
Nest nidus, nidi *m*
nett bellus; scitus
Netz rete, retis *n*
neu novus; recens, recentis
neuartig novus
neuem *von ~* denuo *Adv*
neugierig curiosus
Neuheit novitas, novitatis *f*
neulich nunc *Adv*; nuper *Adv*
neun novem
neunmal novie(n)s *Adv*
neunte *der ~* nonus
neunzig nonaginta
neunzigste *der ~* nonagesimus
nicht haud *Adv*; non *Adv*; *auch ~* neque *Kj*; *durchaus ~* haudquaquam *Adv*; nequaquam *Adv*; *noch ~* nondum *Adv*; *oder ~* necne *Kj*; neve/neu *Kj*; *und ~* neque *Kj*; neve/neu *Kj*
nichtig futilis, futilis, futile; inanis, inanis, inane; vanus
nichts nihil/nil, nullius rei; *~ weiter als* merus
Nichts nihilum, nihili *n*
nichtsdestoweniger nihilominus/nihilo minus *Adv*
nichtsnutzig nequam
Nichtsnutzigkeit nequitia, nequitiae *f*
Nichtswürdigkeit indignitas, indignitatis *f*
nicken adnuere; nuere; nutare
nie numquam *Adv*
niederbrennen *(transitiv und intransitiv)* deflagrare
niederdrücken deprimere; praegravare
niederfallen occidere; procidere; procumbere
niedergeschlagen humilis, humilis, humile
niederhauen caedere; concīdere; occīdere; trucidare
niederkämpfen debellare
Niederlage calamitas, calamitatis *f*; clades, cladis *f*; strages, stragis *f*
niederlassen *sich ~* considere; consistere; insidere
Niederlassung colonia, coloniae *f*
niederlegen deponere; *sich ~* recumbere
niedermachen interficere; obtruncare
niedermetzeln trucidare
niederreißen demolīri; destruere
niederringen debellare
niederschlagen affligere; obtruncare; occīdere; profligare; truncare
niederschreiben perscribere
niedersetzen *sich ~* subsidere
niedersinken occidere; occumbere
niederstrecken prosternere
niederträchtig flagitiosus
niedertreten proterere
niederwerfen affligere; consternere; deicere; percellere; proturbare; sternere; *sich ~* procumbere; provolvere
niedrig demissus; humilis, humilis, humile; obscurus; plebeius; sordidus
Niedrigkeit humilitas, humilitatis *f*
niemals numquam *Adv*
niemand nemo, nullius
Nieren renes, renium/renum *m*
nirgends nusquam *Adv*
noch etiam *Kj*; quoque *Kj*; *nun ~* num; *~ immer* adhuc *Adv*

Nonen *die ~ (der 9. Tag vor den Iden, d.h. der 5. bzw. der 7. Tag eines Monats)* Nonae, Nonarum *f*

Norden aquilo, aquilonis *m*; boreas, boreae *m*; septentriones, septentrionum *m*

nördlich septentrionalis, septentrionalis, septentrionale

Nordwestwind caurus, cauri *m*

Nordwind aquilo, aquilonis *m*; boreas, boreae *m*

Norm formula, formulae *f*

Not angustiae, angustiarum *f*; egestas, egestatis *f*; indigentia, indigentiae *f*; inopia, inopiae *f*; miseria, miseriae *f*; necessitudo, necessitudinis *f*; pauperies, pauperiei *f*; paupertas, paupertatis *f*

nötig necessarius; *~ haben* egēre *[Ablativ]*; indigēre *[Ablativ]*

nötigen compellere

Notizbuch libellus, libelli *m*

Notlage necessitas, necessitatis *f*; necessitudo, necessitudinis *f*

notwendig necessarius; *es ist ~* necesse est

Notwendigkeit necessitas, necessitatis *f*; necessitudo, necessitudinis *f*

nüchtern ieiunus; impransus; siccus; sobrius

Nüchternheit ieiunium, ieiunii *n*

nun iam *Adv*; nunc *Adv*

nur merus; modo *Adv*; solum *Adv*; tantum *Adv*; tantummodo; unus, unius, una, unum

Nuss nux, nucis *f*

Nutzen bonum, boni *n*; emolumentum, emolumenti *n*; fructus, fructus *m*; usus, usus *m*; utilitas, utilitatis *f*

nützen prodesse; proficere

nützlich salutaris, salutaris, salutare; utilis, utilis, utile

nutzlos inutilis, inutilis, inutile

Nymphe nympha, nymphae *f*

O

ob an; num; si *Kj*; utrum *Adv*; *als ~* quasi *Adv*; tamquam *Adv*; *so tun als ~* simulare; *~ ?* -ne

Obdach tectum, tecti *n*

oben super/supra *Adv [Akkusativ]*; supra *Adv*; *~ auf* super/supra *Präp [Akkusativ]*; *~ befindlich* supernus; superus

Oberarm lacertus, lacerti *m*

Oberbefehl auspicium, auspicii *n*

obere *der ~* superior, superior, superius

Obergewand toga, togae *f*

oberhalb super/supra *Präp [Akkusativ]*; supra *Adv*; supra *Präp*

oberirdisch aetherius

Oberpriester pontifex, pontificis *m*

oberpriesterlich pontificius

Oberschenkel femur, feminis/femoris *n*

oberste *der ~* summus; supremus

Oberwelt aether, aetheris *m*; *die ~* superi, superorum *m*

obgleich cum *Kj*; etiamsi *Kj*; etsi *Kj*; quamquam *Kj*; tametsi *Kj*

obsttragend pomifer, pomifera, pomiferum

obwohl cum *Kj*; quamquam *Kj*; quamvis *Kj*

Ochse bos, bovis *m/f*

Ochsen- bubulus

öde desertus; vastus

Öde vastitas, vastitatis *f*

oder an; aut *Kj*; sive/seu *Kj*; -ve *Kj*; vel *Kj*

Ofen caminus, camini *m*; fornax, fornacis *f*

offen apertus; palam *Adv*; *~ (stehend)* patulus; *~ stehen* patēre

offenbar manifestus; videlicet *Adv*; ~ *sein* patēre
offenbaren confitēri
offenkundig apertus; ~ *sein* apparēre
öffentlich civilis, civilis, civile; communis, communis, commune; palam *Adv*; propalam *Adv*; publice *Adv*; publicus
Öffentlichkeit lux, lucis *f*; medium, medii *n*
öffnen aperīre; diducere; pandere; patefacere; recludere; reserare; resignare; retegere; *sich* ~ dehiscere
Öffnung foramen, foraminis *n*; hiatus, hiatus *m*; ianua, ianuae *f*
oft crebro *Adv*; multum *Adv*; saepe *Adv*; saepenumero *Adv*; *sehr* ~ persaepe *Adv*; *wie* ~ quotiens; *wie* ~ *auch immer* quotie(n)scumque *Adv*
oftmals saepe *Adv*; saepenumero *Adv*
ohne sine *Präp [Ablativ]*
Ohr auricula, aurciculae *f*; auris, auris *f*
Ohrläppchen auricula, aurciculae *f*
Öl olivum, olivi *n*
Ölbaum olea, oleae *f*; oleum, olei *n*; oliva, olivae *f*; *wilder* ~ oleaster, oleastri *m*
Olive baca, bacae *f*; olea, oleae *f*; oleum, olei *n*; oliva, olivae *f*
Olivenöl olivum, olivi *n*
Öllampe lucerna, lucernae *f*
Olympia Olympia, Olympiae *f*
Onkel *(Bruder der Mutter)* avunculus, avunculi *m*; ~ *(Bruder des Vaters)* patruus, patrui *m*
Opfer donum, doni *n*; sacrificium, sacrificii *n*; sacrum, sacri *n*; victima, victimae *f*
Opferkuchen libum, libi *n*
Opfermehl far, farris *n*
opfern donare; gratificari; immolare; mactare; operari; sacrificare
Opferpriester *(einer bestimmten Gottheit)* flamen, flaminis *m*
Opferschale patera, paterae *f*
Opferschauer haruspex, haruspicis *m*
Opfertier bidens, bidentis *f*; hostia, hostiae *f*; victima, victimae *f*
Orakel oraculum, oraculi *n*
Orakelspruch oraculum, oraculi *n*
Orakelstätte oraculum, oraculi *n*
ordnen componere; digerere; disponere; moderari; ordinare; struere; temperare
Ordnung ordo, ordinis *m*; *es ist in* ~ oportet
Orgien orgia, orgiorum *n*
Orpheus Orpheus, Orphei *m*
Ort loc. (locus); locus, loci *m*
Osten oriens (sol), orientis *m*
östlich eous

P

Paar par, paris *n*
Pächter arator, aratoris *m*; colonus, coloni *m*
packen capessere; corripere; *sich* ~ facessere
Packsattel clitellae, clitellarum *f*
Pädagoge paedagogus, paedagogi *m*
Palme palma, palmae *f*
Panik trepidatio, trepidationis *f*
Panzer lorica, loricae *f*
Papier charta, chartae *f*; pagina, paginae *f*
Pappel populus, populi *f*

Papyrus charta, chartae *f*
Parasit parasitus, parasiti *m*
Parole signum, signi *n*
Partei factio, factionis *f*
Pass iugum, iugi *n*; saltus, saltus *m*
passen decēre; quadrare; *schlecht* ~ disconvenīre; ~ *zu* convenīre; *nicht* ~ *zu* abhorrēre
passend aptus; conveniens, convenientis; idoneus
passierbar pervius
passieren evenīre
Patrizier patricius
Patronat patrocinium, patrocinii *n*
Pause mora, morae *f*
Pech pix, picis *f*; *aus* ~ piceus
pechschwarz piceus
Peiniger carnifex, carnificis *m*
Peitsche flagellum, flagelli *n*; lorum, lori *n*; verber, verberis *n*
peitschen verberare
Pelz pellis, pellis *f*
Penaten penates, penatium *m*
Pergament membrana, membranae *f*
Perle baca, bacae *f*; concha, conchae *f*; margarita, margaritae *f*
Perser *die* ~ Persae, Persarum *m*
Person persona, personae *f*; *für die eigene* ~ privatim *Adv*
persönlich coram *Adv*; ipse, ipsius, ipsa, ipsum; proprius; ~ *(anwesend)* praesens, praesentis; ~ *zu eigen* privatus
Pest pestilentia, pestilentiae *f*; pestis, pestis *f*
Pfad limes, limitis *m*; trames, tramitis *m*
Pfahl palus, pali *m*; stipes, stipitis *m*; sublica, sublicae *f*; sudis, sudis *f*; vallus, valli *m*
Pfand pignus, pignoris/pigneris *n*
Pfanne patina, patinae *f*
Pfau pavo, pavonis *m*
Pfeffer piper, piperis *n*
pfeifen stridēre
Pfeifen stridor, stridoris *m*
Pfeil sagitta, sagittae *f*; spiculum, spiculi *n*
Pfeiler columna, columnae *f*; pila, pilae *f*
Pfeilschütze sagittarius, sagittarii *m*
Pferch ovile, ovilis *n*
Pferd caballus, caballi *m*; equus, equi *m*; sonipes, sonipedis *m*
Pferdestall equile, equilis *n*
pfiffig vafer, vafra, vafrum
Pflanze herba, herbae *f*; planta, plantae *f*
pflanzen serere
Pflanzen satus, satus *m*
Pflanzungen sata, satorum *n*
Pflege cultura, culturae *f*; cultus, cultus *m*; cura, curae *f* *[Genitiv]*; curatio, curationis *f*
pflegen colere; curare; fovēre; nutrīre; solēre; *zu tun* ~ factitare
Pflegesohn alumnus, alumni *m*
Pflicht munus, muneris *n*; officium, officii *n*; *sittliche* ~ fas *n*
pflichtbewusst pius
Pflichten munia, munium *n*
Pflichtgefühl officium, officii *n*; pietas, pietatis *f*
pflichtgetreu pius
pflichtvergessen impius
pflücken carpere
Pflug aratrum, aratri *n*; vomer, vomeris *m*
pflügen arare
Pflügen aratio, arationis *f*

Pflüger arator, aratoris *m*
Pflugschar vomer, vomeris *m*
Pforte porta, portae *f*
Pförtner ianitor, ianitoris *m*
Pfosten postis, postis *m*
Pfund libra, librae *f*; pondo *Adv*
Pfütze palus, paludis *f*
Philologe grammaticus
Philologie grammatica, grammaticae *f*
Philosoph philosophus, philosophi *m*; sapiens, sapientis *m*
Philosophie philosophia, philosophiae *f*; sapientia, sapientiae *f*
philosophieren philosophari
physikalisch physicus
Pilger peregrinus, peregrini *m*
Pionier faber, fabri *m*
Pirat pirata, piratae *m*
pissen mingere
Plage labor, laboris *m*
plagen exercēre; exercitare; vexare; *sich ~* molīri
Plan consilium, consilii *n*; propositum, propositi *n*
planen cogitare
Plänkler veles, velitis *m*
planlos temere *Adv*
Planlosigkeit temeritas, temeritatis *f*
plappern garrīre
Platane platanus, platani *f*
Plattfisch rhombus, rhombi *m*
Platz forum, fori *n*; locus, loci *m*; *fester ~* castrum, castri *n*; *freier ~* campus, campi *m*
Plebejer plebeius; *~ (Plural)* plebes, plebei *f*; plebs, plebis *f*
plötzlich repens, repentis; repente *Adv*; repentinus; subito *Adv*; subitus *Adv*
plump crassus; inconcinnus; rusticus
Plunder scruta, scrutorum *n*
plündern compilare; diripere; praedari; raptare; spoliare
Plünderung depopulatio, depopulationis *f*; populatio, populationis *f*
Pöbel vulgus, vulgi *n*
Pokal scyphus, scyphi *m*
Pol axis, axis *m*; polus, poli *m*
polieren polīre
politisch civilis, civilis, civile
Polster stratum, strati *n*; torus, tori *m*
Polstersitz pulvinar, pulvinaris *n*
Pomp pompa, pompae *f*
Pony mannus, manni *m*
Popularen populares, popularium *m*
Posse mimus, mimi *m*
Possen nugae, nugarum *f*; *~ treiben* nugari
Possenreißer mimus, mimi *m*
Posten locus, loci *m*; praesidium, praesidii *n*; statio, stationis *f*
potztausend! babae
Pracht luxus, luxus *m*; magnificentia, magnificentiae *f*; pompa, pompae *f*
prächtig magnificus; splendidus; superbus
prahlen gloriari; ostentare
Prahlerei gloria, gloriae *f*; magnificentia, magnificentiae *f*; ostentatio, ostentationis *f*; vanitas, vanitatis *f*
prahlerisch gloriosus; magnificus
prangen rubēre
Prätor praetor, praetoris *m*; *stellvertretender ~* propraetor, propraetoris *m*; *zum ~ gehörig* praetorius

Prätorenamt praetura, praeturae *f*
Prätur praetura, praeturae *f*
Preis pretium, pretii *n*
preisen celebrare; laudare; praedicare
preisgeben prodere; proicere
prellen circumducere
Priester sacerdos, sacerdotis *m/f*; *keltischer ~* Druida, Druidae *m*
Priesteramt sacerdotium, sacerdotii *n*
Priesterin sacerdos, sacerdotis *m/f*
priesterlich pontificius
Priestermütze apex, apicis *m*
Prinz regulus, reguli *m*
Prinzipat *der ~* principatus, principatus *m*
privat privatus
Privatmann *als ~* privatim *Adv*
Probe experientia, experientiae *f*; experimentum, experimenti *n*; periculum, periculi *n*; specimen, speciminis *n*
Profit lucrum, lucri *n*
Prokurator procurator, procuratoris *m*
Prolog prologus, prologi *m*
propfen *(auf) ~* inserere
Prophet vates, vatis *m/f*
Prophetin vates, vatis *m/f*
Prophezeiung praedictio, praedictionis *f*
Prostituierte scortum, scorti *n*
Protokoll acta, actorum *n*
Provinz provincia, provinciae *f*
Provinzverwaltung praefectura, praefecturae *f*
Prozess causa, causae *f*; dica, dicae *f*; iudicium, iudicii *n*; litis, litis *f*; vadimonium, vadimonii *n*
Prozession pompa, pompae *f*
Prozesstermin vadimonium, vadimonii *n*
prüfen approbare; examinare; expendere; experīri; explorare; exquirere; inspicere; introspicere; pertemptare; probare
Prüfung examen, examinis *n*
Prügel fustis, fustis *f*; *~ bekommen* vapulare
Prunk apparatus, apparatus *m*; pompa, pompae *f*
punisch puniceus
Punkt punctum, puncti *n*
Pünktlichkeit diligentia, diligentiae *f*
Pupursaum clavus, clavi *m*
Pupurschnecke murex, municis *m*
Purpur concha, conchae *f*; murex, municis *m*; ostrum, ostri *n*
Purpurfarbe fucus, fuci *m*; purpura, purpurae *f*
Purpurgewand ostrum, ostri *n*
Purpurkleid purpura, purpurae *f*
purpurn puniceus; purpureus
Pyramide meta, metae *f*

Q

Qual cruciatus, cruciatus *m*
quälen cruciare; excruciare; fatigare; stimulare; vexare
Qualm caligo, caliginis *f*; nidor, nidoris *m*
Quästor quaestor, quaestoris *m*
Quästur quaestura, quaesturae *f*
Quelle fons, fontis *m*
quer transversus
Querbalken transtrum, transtri *n*

R

Rabe corvus, corvi *m*
Rache poena, poenae *f*; ultio, ultionis *f*; *~ nehmen* punīre
Rachegeist Furia, Furiae *f*
Rachen fauces, faucium *f*; rictus/rictum, ricti *m/n*
rächen ulcisci *[Akkusativ]*; vindicare; *sich ~ (an/für)* ulcisci *[Akkusativ]*
rächend ultor, ultoris *m*; ultrix, ultricis *f*
Rächer ultor, ultoris *m*; vindex, vindicis *m*
Rächerin ultrix, ultricis *f*
Rad rota, rotae *f*
Radspeiche radius, radii *m*
raffen rapere; *an sich ~* arripere
Rahe antemna, antemnae *f*
Rain limes, limitis *m*
Rammbock aries, arietis *m*
Rand labrum, labri *n*; margo, marginis *f*; ora, orae *f*; *(äußerster) ~* extremitas, extremitatis *f*
Rang dignatio, dignationis *f*; dignitas, dignitatis *f*; gradus, gradus *m*; locus, loci *m*; numerus, numeri *m*
Ranke flagellum, flagelli *n*
rasch celer, celeris, celere; velox, velocis
rasen bacchari; furere; saevīre
Rasen caespes, caespitis *m*
rasend furialis, furialis, furiale; furibundus; furiosus; insanus; rabidus
Rasenstück caespes, caespitis *m*
Raserei furor, furoris *m*; rabies, rabiei *f*
Rast mora, morae *f*; quies, quietis *f*; requies, requietis *f*
rasten cessare; conquiescere
rastlos impiger, impigra, impigrum
Rat consilium, consilii *n*; *um ~ fragen* consulere *[Akkusativ/in + Akkusativ/Dativ]*; *~ Suchender* consultor, consultoris *m*
raten suadēre
Ratgeber consultor, consultoris *m*; magister, magistri *m*
Rathaus curia, curiae *f*
Ratschlag consilium, consilii *n*
Ratsversammlung consilium, consilii *n*; curia, curiae *f*
rau asper, aspera, asperum; hispidus; horridus; immitis, immitis, immite; raucus; rigidus; trux, trucis; *~ sein* squalēre
Raub exuviae, exuviarum *f*; manubiae, manubiarum *f*; rapina, rapinae *f*; raptum, rapti *n*; raptus, raptus *m*; spolium, spolii *n*
rauben abripere; adimere; diripere; praedari; rapere; raptare
Räuber latro, latronis *m*; praedo, praedonis *m*; raptor, raptoris *m*
Räuberei latrocinium, latrocinii *n*; rapina, rapinae *f*
räuberisch rapax, rapacis
Raubtier bestia, bestiae *f*
Raubzug latrocinium, latrocinii *n*
Rauch fumus, fumi *n*
rauchen fumare
raufen vellere
Rauferei rixa, rixae *f*
Rauheit asperitas, asperitatis *f*; scabies, scabiei *f*
Raum spatium, spatii *n*
räumen *aus dem Weg ~* interimere
Raupe tinea, tineae *f*
Raureif pruina, pruinae *f*
rauschen crepitare; strepere
rauschend sonorus
Rebschössling palmes, palmitis *f*

rechnen putare; rēri
recht rectus
Recht ius, iuris *n*; *(göttliches)* ~ fas *n*; *mit* ~ merito *Adv*; *zu* ~ recte *Adv*; ~ *sprechen* iudicare
rechtfertigen expurgare; purgare
rechtmäßig iustus; legalis, legalis, legale; legitimus
rechts dexter, dext(e)ra, dext(e)rum
Rechtsanwalt cognitor, cognitoris *m*
Rechtsbeistand advocatus, advocati *m*
rechtschaffen frugi; innocens, innocentis; innocuus; innoxius; pius; probus
Rechtschaffenheit bonitas, bonitatis *f*; frugalitas, frugalitatis *f*; innocentia, innocentiae *f*; probitas, probitatis *f*; sanctitas, sanctitatis *f*
Rechtssache causa, causae *f*
Rechtsstreit causa, causae *f*; litis, litis *f*
rechtzeitig maturus; tempestivus
Rede contio, contionis *f*; oratio, orationis *f*; vox, vocis *f*; *seine* ~ *beenden* perorare; *eine* ~ *halten* contionari
Redefähigkeit facundia, facundiae *f*
Redegabe oratio, orationis *f*
redegewandt disertus; eloquens, eloquentis; facundus
Redegewandtheit eloquentia, eloquentiae *f*; facundia, facundiae *f*
Redekunst *die* ~ *betreffend* rhetoricus
Redelehrer rhetor, rhetoris *m*
reden loqui; orare
Redeweise eloquium, eloquii *n*; sermo, sermonis *m*
Redlichkeit integritas, integritatis *f*
Redner orator, oratoris *m*; rhetor, rhetoris *m*
rednerisch oratorius; rhetoricus
redselig loquax, loquacis
Regel formula, formulae *f*; norma, normae *f*; regula, regulae *f*; *in der* ~ fere/ferme *Adv*
Regen imber, imbris *m*; pluvia, pluviae *f*
Regen bringend pluvius
Regenguss imber, imbris *m*; pluvia, pluviae *f*
regenreich aquosus
Regenschauer nimbus, nimbi *m*
Regenwolke nimbus, nimbi *m*
regieren regere; regnare
regnerisch pluvius
regsam gnavus; navus
Regsamkeit industria, industriae *f*
Reh caprea, capreae *f*; damma, dammae *f*
reiben terere
reich beatus; copiosus; dis, ditis; dives, divitis; fortunatus; locuples, locupletis; opimus; opulentus; satur; uber, uberis; ~ *an* fetus; uber, uberis; ~ *sein an* abundare *[mit Ablativ]*
Reich imperium, imperii *n*; sceptrum, sceptri *n*
reichlich abunde *Adv*; fecundus; largus; multus; ~ *vorhanden sein* suppeditare
Reichsverweser interrex, interregis *m*
Reichtum divitiae, divitiarum *f*; opulentia, opulentiae *f*; ubertas, ubertatis *f*
reif maturus
Reif pruina, pruinae *f*
Reife maturitas, maturitatis *f*
reifen maturescere
Reigen chorea, choreae *f*; chorus, chori *m*
Reihe ordo, ordinis *m*; series, seriei *f*; versus, versus *m*; *der* ~ *nach* deinceps *Adv*
reihen serere
rein castus; integer, integra, integrum; merus; mundus; purus; sincerus
reinigen expurgare; lustrare; purgare
Reise iter, itineris *n*

Reisegeld viaticum, viatici *n*
reisen ambulare; proficisci
Reisender viator, viatoris *m*
Reisewagen raeda, raedae *f*
reißen *an sich ~* arripere; *mit sich ~* abripere
reißend rapax, rapacis; rapidus; torrens, torrentis
reiten equitare
Reiter eques, equitis *m*
Reiterabteilung ala, alae *m*; turma, turmae *f*
Reiterei equitatus, equitatus *m*
Reiz venustas, venustatis *f*
reizen conciēre; concitare; incitare; irritare; lacessere
reizend delicatus; venustus; *~ (gelegen)* amoenus
Rekrut tiro, tironis *m*
rekrutieren conscribere
Rekrutierung *von Soldaten* dilectus, dilectus *m*
Religion religio, religionis *f*
religiös religiosus
Rennbahn circus, circi *m*; curriculum, curriculi *n*; stadium, stadii *n*
rennen currere
Rennwagen currus, currus *m*
Reserve subsidium, subsidii *n*
Rest reliquiae, reliquiarum *f*
retten conservare; servare *[a mit Ablativ]*
rettend salutaris, salutaris, salutare
Rettung conservatio, conservationis *f*; salus, salutis *f*; vindicta, vindictae *f*
Reue paenitentia, paenitentiae *f*
Rhein Rhenus, Rheni *m*
richten intendere; *starr ~ auf* defigere; *~ gegen* intentare; *sich ~ nach* parēre
Richter iudex, iudicis *m*
Richterstuhl tribunal, tribunalis *n*
richtig recte *Adv*; rectus; verus
Richtschnur linea, lineae *f*; norma, normae *f*; regula, regulae *f*
Richtung regio, regionis *f*; tractus, tractus *m*
riechen fragrare; odorari; *~ (nach)* olēre *[Akkusativ/Ablativ]*
Riegel claustra, caustrorum *n*; ob(i)ex, obicis *f*; sera, serae *f*
Riemen habena, habenae *f*; lorum, lori *n*; remus, remi *m*
riesig immanis, immanis, immane
Riff cautes, cautis *f*
Rind bos, bovis *m/f*; *junges ~* iuvencus, iuvenci *m*
Rinde cortex, corticis *m*
Rinder- bubulus
Ring anulus, anuli *m*; circus, circi *m*; gyrus, gyri *m*
ringen luctari
Ringerschule gymnasium, gymnasii *n*
Ringkunst palaestra, palaestrae *f*
Ringschule palaestra, palaestrae *f*
ringsum circa/circum *Präp [Akkusativ]*; circa/circum *Präp [Akkusativ]*; passim *Adv*
rinnen manare
Rippe costa, costae *f*
Riss rima, rimae *f*
Ritter eques, equitis *m*
ritterlich equester, equestris, equestre
Ritterring anulus, anuli *m*
Ritterstand equitatus, equitatus *m*
Ritze rima, rimae *f*
Rivale rivalis, rivalis *m*
Rock tunica, tunicae *f*

roh agrestis, agrestis, agreste; asper, aspera, asperum; barbarus; crudelis, crudelis, crudele; crudus; efferus; ferus; horridus; rudis, rudis, rude

Rohheit barbaria, barbariae *f*; feritas, feritatis *f*; immanitas, immanitatis *f*

Rohr avena, avenae *f*; calamus, calami *m*; canna, cannae *f*; stipula, stipulae *f*

Röhre canalis, canalis *m*

Rohrflöte calamus, calami *m*

Rohrpfeife harundo, harundinis *f*

Rolle vicis (Genitiv)

rollen volvere; *vorwärts* ~ provolvere

Rom Roma, Romae *f*; urbs, urbis *f*

Römer Romanus, Romani *m*

römisch Romanus

Rose rosa, rosae *f*

Rosenstrauch rosa, rosae *f*

rosig roseus

Ross sonipes, sonipedis *m*

Rost *(Eisen-)* ~ ferrugo, ferruginis *f*

rösten torrēre

rot ruber, rubra, rubrum; sanguineus; ~ *sein* rubēre; ~ *werden* rubescere

Röte rubor, ruboris *m*

rotgelb fulvus

rötlich rutilus

Rotte globus, globi *m*; grex, gregis *m*

Rübe *kleine* ~ rapulum, rapuli *n*

ruchlos improbus; nefandus; nefarius

Ruchlosigkeit improbitas, improbitatis *f*

Rücken tergum, tergi *n*; ~ *(eines Tieres oder eines Berges)* dorsum, dorsi *n*; *auf dem* ~ *liegend* resupinus; supinus

Rückkehr reditus, reditus *m*; regressus, regressus *m*

Rücksicht verecundia, verecundiae *f*

rücksichtslos importunus

Rücktritt receptus, receptus *m*

rückwärts retro *Adv*; retrorsum *Adv*; rursus/rursum *Adv*

Rückzug receptus, receptus *m*; recessus, recessus *m*; regressus, regressus *m*

Rudel armentum, armenti *n*

Ruder remus, remi *m*

Ruderbank transtrum, transtri *n*

Ruderer remex, remigis *m*

Rudermannschaft remigium, remigii *n*

rudern remigare

Ruderstange contus, conti *m*

Rudervolk remigium, remigii *n*

Ruderwerk remigium, remigii *n*

Ruf existimatio, existimationis *f*; fama, famae *f*; rumor, rumoris *m*; *guter* ~ opinio, opinionis *f*; *übler* ~ infamia, infamiae *f*

rufen ciēre; clamare; vocare; *laut* ~ conclamare; vociferari; *zu Hilfe* ~ advocare

Rüge animadversio, animadversionis *f*

rügen notare

Ruhe otium, otii *n*; quies, quietis *f*; requies, requietis *f*; silentium, silentii *n*; tranquillitas, tranquillitatis *f*; *zur* ~ *bringen* sedare; *zur* ~ *kommen* acquiescere; conquiescere; quiescere; requiescere

Ruhelager lectus, lecti *m*

ruhen cessare; conquiescere; quiescere; recubare; requiescere; silēre

Ruhetage feriae, feriarum *f*

ruhig lenis, lenis, lene; otiosus; pacatus; placidus; quietus; sedatus; tranquillus

Ruhm gloria, gloriae *f*; laus, laudis *f*

rühmen iactare; praedicare; *sich* ~ gloriari; *wortreich* ~ collaudare
rühmlich egregius
ruhmlos inglorius
ruhmvoll gloriosus
rühren commovēre
rührig agilis, agilis, agile; strenuus; vegetus
Ruin naufragium, naufragii *n*
ruiniert naufragus; ~ *werden* vapulare
Rumpf truncus
rund globosus; rotundus; teres, teretis
Rundschild clipeus/clupeus; parma, parmae *f*
Runzel ruga, rugae *f*
rupfen vellere
rüsten apparare
Rüstung arma, armorum *n*; *(dem Feind) abgenommene* ~ exuviae, exuviarum *f*; *erbeutete* ~ spolium, spolii *n*
Rute verber, verberis *n*; virga, virgae *f*

S

Saat satus, satus *m*; seges, segetis *f*
Saaten sata, satorum *n*
Saatfeld seges, segetis *f*
Saatfelder sata, satorum *n*
Sache causa, causae *f*; res, rei *f*
Sachwalter advocatus, advocati *m*
Sack saccus, sacci *m*
säen serere
Säen satus, satus *m*
Safran crocus, croci *m*
safrangelb croceus
Saft sucus, suci *m*
Sage fabula, fabulae *f*
sagen dicere; fari; loqui; *oft* ~ dictitare; *wiederholt* ~ dictitare; ~ *, dass nicht* negare; *zu* ~ *pflegen* dictitare
sagenhaft fabulosus
sagenumwoben fabulosus
sagt(e) ait
Saite chorda, chordae *f*; fides, fidium *f*; nervus, nervi *m*
Saitenspiel fides, fidium *f*
Salat lactuca, lactucae *f*
Salbe unguentum, unguenti *n*
salben inunguere; perunguere; unguere
Salz sal, salis *m/n*
salzig salsus
Salzlake muria, muriae *f*
Same satus, satus *m*; semen, seminis *n*
Samenkorn semen, seminis *n*
sammeln cogere; colligere; conferre; conquirere; contrahere; legere
sämtlich universus
Sand arena, arenae *f*; harena, harenae *f*
Sandale solea, soleae *f*
Sandfläche arena, arenae *f*; harena, harenae *f*
sanft clemens, clementis; lenis, lenis, lene; mitis, mitis, mite; mollis, mollis, molle; placidus; remissus
Sänfte lectica, lecticae *f*
Sanftheit clementia, clementiae *f*; lenitas, lenitatis *f*; mansuetudo, mansuetudinis *f*
Sänger cantor, cantoris *m*
Satire satura, saturae *f*
satt satur
sättigen satiare; saturare
Sättigung satietas, satietatis *f*

Satyr Satyrus, Satyri *m*
Satz enuntiatio, enuntiationis *f*; sententia, sententiae *f*
Satzung ritus, ritus *m*
Sau sus, suis *f*
sauber lautus; mundus
Sauberkeit munditia/mundities, munditiae/munditiei *f*
säubern purgare
sauer acidus; ~ *sein* acēre
säugen nutrīre
säugend fetus
Säule columna, columnae *f*; *spitze* ~ meta, metae *f*
Säulengang porticus, porticus *f*
säumen cessare
Saumsattel clitellae, clitellarum *f*
schäbig obsoletus; sordidus
Schacht cuniculus, cuniculi *m*
schaden nocēre; obesse
Schaden calamitas, calamitatis *f*; clades, cladis *f*; damnum, damni *n*; detrimentum, detrimenti *n*; fraus, fraudis *f*; incommodum, incommodi *n*; malum, mali *n*; noxa, noxae *f*
schädlich calamitosus; damnosus; inutilis, inutilis, inutile; nocens, nocentis; noxius; perniciosus
Schaf bidens, bidentis *f*; ovis, ovis *f*; pecus, pecudis *f*
Schafe pecus, pecoris *n*
Schaffell vellus, velleris *n*
Schafstall ovile, ovilis *n*
Schaft hasta, hastae *f*
Schale calathus, calathi *m*; lanx, lancis *f*; patera, paterae *f*; testa, testae *f*
Schall cantus, cantus *m*; sonus, sonus *m*
schallen crepare; crepitare; sonare
Scham pudor, pudoris *m*; rubor, ruboris *m*; verecundia, verecundiae *f*
schämen *sich* ~ erubescere
Schamgefühl pudor, pudoris *m*
schamhaft pudicus
schamlos impudens, impudentis; impudicus
Schamlosigkeit impudentia, impudentiae *f*
Schamröte rubor, ruboris *m*
Schande dedecus, dedecoris *n*; flagitium, flagitii *n*; ignominia, ignominiae *f*; infamia, infamiae *f*; opprobrium, opprobrii *n*; probrum, probri *n*; rubor, ruboris *m*; turpitudo, turpitudinis *f*
Schandfleck labes, labis *f*; macula, maculae *f*
schändlich flagitiosus; infamis, infamis, infame; inhonestus; probrosus; pudendus; turpis, turpis, turpis
Schandtat flagitium, flagitii *n*
Schändung stuprum, stupri *n*
Schanze castellum, castelli *n*
schanzen munīre
Schanzpfahl vallus, valli *m*
Schar agmen, agminis *n*; caterva, catervae *f*; chorus, chori *m*; cohors, cohortis *f*; grex, gregis *m*; manipulus, manipuli *m*; manus, manus *f*; turba, turbae *f*; *dichte* ~ nubes, nubis *f*
scharf acer, acris, acre; acutus; salsus
Schärfe acies, aciei *f*; sagacitas, sagacitatis *f*
schärfen acuere
Scharfrichter carnifex, carnificis *m*
Scharfsinn acumen, acuminis *n*; subtilitas, subtilitatis *f*
scharfsinnig acutus; argutus; perspicax, perspicacis; sagax, sagacis
Schatten umbra, umbrae *f*
Schatten spendend umbrosus
schattig opacus; umbrosus
Schatz gaza, gazae *f*; thesaurus, thesauri *m*
Schätze divitiae, divitiarum *f*

schätzen aestimare; censēre; diligere; existimare; pendere; putare
Schätzer censor, censoris *m*
Schatzkammer thesaurus, thesauri *m*
Schatzmeister quaestor, quaestoris *m*
Schätzung census, census *m*
Schau *zur ~ stellen* ostentare; *zur ~ tragen* gerere
schau! *schaut!* ecce *Adv*
Schauder horror, horroris *m*
schaudern horrēre *[Akkusativ]*; horrescere; perhorrescere
schauen specere; spectare
Schauer frigus, frigoris *n*
schauerlich horribilis, horribilis, horribile
Schaum spuma, spumae *f*
schäumen spumare
schäumend spumeus
Schauplatz scaena, scaenae *f*; theatrum, theatri *n*
schaurig horridus
Schauspiel fabula, fabulae *f*; ludus, ludi *m*; spectaculum, spectaculi *n*; *kurzes ~* fabella, fabellae *f*
Schauspieler histrio, histrionis *m*; mimus, mimi *m*; *tragischer ~* tragoedus, tragoedi *m*
Scheffel *(Getreidemaß)* modius, modii *m*
Scheibe clipeus/clupeus, clipei/clupei *m/n*; orbis, orbis *m*; rota, rotae *f*
scheiden cernere; disiungere
Scheideweg trivium, trivii *n*
Schein ostentatio, ostentationis *f*; species, speciei *f*; *leerer ~* vanitas, vanitatis *f*
scheinen vidēri
Scheitel vertex, verticis *m*
Scheiterhaufen pyra, pyrae *f*; rogus, rogi *m*
schelten compellare; increpare; increpitare; obiurgare
Scheltrede convicium, convicii *n*
Schemel subsellium, subsellii *n*
Schenke caupona, cauponae *f*
Schenkel crus, cruris *n*; femur, feminis/femoris *n*
schenken condonare; donare; *(reichlich) ~* largīri; *wieder ~* redonare
scheren radere; tondēre
Scherz iocus, ioci *m*; ludus, ludi *m*
scherzen iocari; ludere
scherzhaft iocosus
scheu verecundus; *~ machen* consternare
Scheu reverentia, reverentiae *f*; verecundia, verecundiae *f*
scheuen *sich ~* verēri
Scheune horreum, horrei *n*
Scheusal monstrum, monstri *n*
schichten struere
schicken mittere; *sich nicht ~* dedecēre
schicklich decorus
Schicksal fas *n*; fatum, fati *n*; fortuna, fortunae *f*; sors, sortis *f*; *vom ~ bestimmt* fatalis, fatalis, fatale
Schicksalsfaden stamen, staminis *n*
Schiedsrichter arbiter, arbitri *m*
Schienbein crus, cruris *n*
Schierling cicuta, cicutae *f*
Schiff abies, abietis *f*; carina, carinae *f*; navigium, navigii *n*; navis, navis *f*; trabs, trabis *f*; *zu ~ fahren* navigare
Schiffbruch naufragium, naufragii *n*
schiffbrüchig naufragus
Schiffchen *(Webstuhl)* radius, radii *m*
Schiffer nauta, nautae *m*
Schifffahrt navigatio, navigationis *f*
Schifflein navicula, naviculae *f*
Schiffsbug prora, prorae *f*
Schiffskiel carina, carinae *f*

Schiffsschnabel rostrum, rostri *n*
Schiffstau rudens, rudentis *m*
Schikane calumnia, calumniae *f*
Schild umbo, umbonis *m*; *(der)* ~ scutum, scuti *n*; *mit leichtem ~ bewaffnet* caetratus
Schildbuckel umbo, umbonis *m*
Schilddach testudo, testudinis *f*
schildern describere; pingere
Schildkröte testudo, testudinis *f*
Schilf canna, cannae *f*; ulva, ulvae *f*
Schilfrohr harundo, harundinis *f*
schimmern candēre; coruscare; micare; rubēre; splendēre
schimpflich indecoris, indecoris, indecore; infamis, infamis, infame; probrosus; pudendus; turpis, turpis, turpis
Schimpfwort convicium, convicii *n*
Schinken perna, pernae *f*
Schirmdach pluteus/pluteum, plutei *m/n*
schirmen tegere
Schlacht acies, aciei *f*; agmen, agminis *n*; proelium, proelii *n*; pugna, pugnae *f*
schlachten ferīre; mactare
Schlachtordnung acies, aciei *f*; *keilförmige ~* cuneus, cunei *m*
Schlachtreihe acies, aciei *f*; phalanx, phalangis *f*
Schlaf quies, quietis *f*; requies, requietis *f*; somnus, somni *m*; *tiefer ~* sopor, soporis *m*
Schläfe tempus, temporis *n*
schlafen acquiescere; dormīre; *mit jemandem ~* concumbere *[cum mit Ablativ]*
schlaff fluxus; languēre; languidus; laxus; puter, putris, putre; remissus; segnis, segnis, segne; solutus; *~ werden* languescere
Schlaffheit segnitia, segnitiae *f*
Schlafgemach thalamus, thalami *m*
Schlafraum cubiculum, cubiculi *n*
schläfrig *sein* dormitare
Schlafzimmer cubiculum, cubiculi *n*
Schlag ictus, ictus *m*; plaga, plagae *f*; verber, verberis *n*
schlagen caedere; ferīre; pellere; pulsare; verberare; *zu Boden ~* affligere; *(an die Brust) ~ (zum Zeichen der Trauer)* plangere
Schlagen pulsus, pulsus *m*
schlagfertig intentus; promptus; *nicht ~* impeditus
Schlagriemen caestus, caestus *m*
Schlagstäbchen *(zum Zitherspiel)* plectrum, plectri *n*
Schlamm limus, limi *m*; lutum, luti *n*
schlammig lutulentus
Schlange anguis, anguis *m/f*; draco, draconis *f*; serpens, serpentis *m*; vipera, viperae *f*; *(kleine) ~* coluber, colubri *m*
schlank gracilis, gracilis, gracile; procerus; teres, teretis
schlau callidus; catus; sagax, sagacis; sollers, sollertis; vafer, vafra, vafrum; versutus
Schlauch uter, utris *m*
Schläue calliditas, calliditatis *f*
Schlauheit sollertia, sollertiae *f*
schlecht improbus; male *Adv*; malus; pravus; *sehr ~* pessimus
schlechter deterior, deterior, deterius; peior, peior, peius; sequius *Adv*; setius *Adv*
schlechteste *der ~* deterrimus; pessimus
Schlechtigkeit improbitas, improbitatis *f*; malitia, malitiae *f*; pravitas, pravitatis *f*
schleichen serpere
Schleier velamen, velaminis *n*
schleifen verrere

Schleim pituita, pituitae *f*; virus, viri *n*
schleppen trahere; verrere
Schleuder funda, fundae *f*
Schleuderer funditor, funditoris *m*
Schleuderkugel glans, glandis *f*
Schleudermaschine ballista, ballistae *f*
schleudern conicere; contorquēre; emittere; iacere; iactare; iaculari; intorquēre; librare
schlicht simplex, simplicis; tenuis, tenuis, tenue
schlichten dirimere
Schlichtheit simplicitas, simplicitatis *f*; subtilitas, subtilitatis *f*; tenuitas, tenuitatis *f*
schließen claudere; *ins Herz ~* amplecti; amplexari
schließlich demum *Adv*; denique *Adv*; postremo *Adv*
schlimm malus
schlimmste *der ~* pessimus
Schlinge laqueus, laquei *m*
Schlucht fauces, faucium *f*; rupes, rupis *f*; saltus, saltus *m*
Schlund crater/cratera, crateris/craterae *m*; fauces, faucium *f*; gula, gulae *f*; gurges, gurgitis *m*; stomachus, stomachi *m*; vorago, voraginis *f*
schlüpfrig lubricus
Schlupfwinkel latebra, latebrae *f*; latibulum, latibuli *f*
Schlüssel clavis, clavis, clave
Schlussrede *eine ~ halten* perorare
Schmach contumelia, contumeliae *f*; dedecus, dedecoris *n*; ignominia, ignominiae *f*; indignitas, indignitatis *f*; turpitudo, turpitudinis *f*
schmächtig exilis, exilis, exile; gracilis, gracilis, gracile
schmachvoll flagitiosus; indignus
schmähen maledicere *[Dativ]*
schmählich turpis, turpis, turpis
Schmähung convicium, convicii *n*; maledictum, maledicti *n*
schmal angustus
schmälern deminuere; imminuere
Schmarotzer parasitus, parasiti *m*
Schmaus daps, dapis *f*
schmecken sapere
Schmeichelei adulatio, adulationis *f*; assentatio, assentationis *f*; blandimentum, blandimenti *n*; blanditia, blanditiae *f*
schmeicheln adulari; assentari; blandīri; scurrari
schmeichelnd blandus
Schmeichler assentator, assentatoris *m*; scurra, scurrae *m*
schmelzen liquefacere; liquescere
Schmelzofen caminus, camini *m*; fornax, fornacis *f*
Schmerz dolor, doloris *m*; vulnus, vulneris *n*; *~ empfinden* dolēre; indolescere
schmerzlich aeger, aegra, aegrum; tristis, tristis, triste
Schmerzlosigkeit indolentia, indolentiae *f*
Schmettern clangor, clangoris *m*
Schmied faber, fabri *m*
schmieden fabricare/fabricari
Schminke fucus, fuci *m*
schmuck mundus
Schmuck decor, decoris *m*; decus, decoris *n*; ornamentum, ornamenti *n*; ornatus, ornatus *m*
schmücken decorare; ornare; vestīre
Schmuckstück ornamentum, ornamenti *n*
Schmutz caenum, caeni *n*; limus, limi *m*; lutum, luti *n*; sordes, sordium *f*; squalor, squaloris *m*
schmutzig illutus; impurus; lutulentus; obsc(a)enus; sordidus; squalidus; *~ sein* sordēre; squalēre
Schnabel rostrum, rostri *n*
Schnalle fibula, fibulae *f*
schnarchen stertere

Schnee nix, nivis *f*
schneebedeckt nivalis, nivalis, nivale; niveus
schneeweiß nivalis, nivalis, nivale; niveus
schneiden secare
schnell actuarius, actuaria, actuarium; celer, celeris, celere; cito *Adv*; citus; pernix, pernicis; rapidus; velox, velocis; volucer; *~ folgend* sequax, sequacis
schneller ocior, ocior, ocius; ocius, ocissime *Adv*
Schnelligkeit celeritas, celeritatis *f*; mobilitas, mobilitatis *f*; velocitas, velocitatis *f*
Schnupfen pituita, pituitae *f*
Schnur linum, lini *n*; *leinene ~* linea, lineae *f*
schon iam *Adv*
schön decorus; formosus; pulcher, pulchra, pulchrum; speciosus
schonen parcere *[Dativ]*; temperare
schonend parcus
Schönheit forma, formae *f*; pulchritudo, pulchritudinis *m*; venustas, venustatis *f*
schöpfen haurīre
Schöpfer artifex, artificis *m*; effector, effectoris *m*; opifex, opificis *m*
Schöpfung natura, naturae *f*
Schoß gremium, gremii *n*
Schössling palmes, palmitis *f*
schräg obliquus; transversus
Schranken cancelli, cancellorum *m*; *in ~ halten* arcēre; coërcēre
Schrecken horror, horroris *m*; terror, terroris *m*; *in ~ versetzen* territare
schrecklich atrox, atrocis; dirus; formidolosus/formidulosus; horrendus; horribilis, horribilis, horribile; immanis, immanis, immane; terribilis, terribilis, terribile; torvus; tremendus
Schrecklichkeit immanitas, immanitatis *f*
Schreibart stilus, stili *m*
schreiben scribere; *neu ~* rescribere
Schreiben scriptura, scripturae *f*
Schreiber scriba, scribae *m*; scriptor, scriptoris *m*
Schreibgriffel stilus, stili *m*
Schreibtafel codex, codicis *m*; codicilli, codicillorum *m*; tabula, tabulae *f*
Schreibweise scriptura, scripturae *f*
schreien clamare; clamitare; conclamare; rudere; ululare; vociferari
schreiten gradi; incedere; vadere
Schrift scriptum, scripti *n*
Schriftrolle charta, chartae *f*
Schriftsteller auctor, auctoris *m*; scriptor, scriptoris *m*
Schriftstück charta, chartae *f*; scriptura, scripturae *f*
Schriftzeichen nota, notae *f*
Schritt gradus, gradus *m*; gressus, gressus *m*; passus, passus *m*
schrittweise gradatim *Adv*
schroff praeruptus
schüchtern verecundus
Schüchternheit timiditas, timiditatis *f*
Schuh calceus, calcei *m*; *niederer/leichter ~* soccus, socci *m*
Schuld crimen, criminis *n*; debitum, debiti *n*; meritum, meriti *n*; noxa, noxae *f*; noxia, noxiae *f*; *~ (an)* culpa, culpae *f [Genitiv]*
schulden debēre
schuldig nocens, nocentis; noxius; obnoxius; *~ sprechen* damnare
Schule ludus, ludi *m*; schola, scholae *f*
Schüler auditor, auditoris *m*; discipulus, discipuli *m*
Schülerin discipula, discipulae *f*

Schulter umerus, umeri *m*
Schulterblatt armus, armi *m*
Schuppe squama, squamae *f*
Schuppen tugurium, tugurii *n*
Schurke scelus, sceleris *n*
Schuss ictus, ictus *m*
Schüssel calix, calicis *m*; catinus, catini *m*; lanx, lancis *f*; patina, patinae *f*
Schüsselchen catillus, catilli *m*
Schuster sutor, sutoris *m*
schütteln excutere; iactare; quassare; quatere
Schutz fides, fidei *f*; munimentum, munimenti *n*; patrocinium, patrocinii *n*; praesidium, praesidii *n*; tegimentum, tegimenti *n*; tutela, tutelae *f*
Schutzdach testudo, testudinis *f*; vinea, vineae *f*
schützen munīre; praesidēre; protegere; tegere; tuēri; ~ *(vor)* prohibēre *[a mit Ablativ]*; servare *[a mit Ablativ]*
Schutzgeist genius, genii *m*
Schutzgott Lar, Laris *m*
Schutzherr patronus, patroni *m*
Schutzherrschaft patrocinium, patrocinii *n*
Schützling cliens, clientis *m*
Schutzwehr propugnaculum, propugnaculi *n*; vallum, valli *n*
schwach debilis, debilis, debile; imbecillus; infirmus; invalidus; tenuis, tenuis, tenue
Schwäche debilitas, debilitatis *f*; humilitas, humilitatis *f*; imbecillitas, imbecillitatis *f*; infirmitas, infirmitatis *f*
schwächen atterere; debilitare; deminuere; frangere; imminuere; infirmare; macerare; minuere; tenuare
schwächere *der ~* inferior, inferior, inferius
schwachsinnig delirus; *~ sein* delirare
Schwalbe hirundo, hirundinis *f*
Schwan cycnus, cycni *m*; olor, oloris *m*
schwanger gravidus *[Ablativ]*
schwanken ambigere; dubitare; fluctuare; fluitare; labare; nutare; pendēre; trepidare
schwankend ambiguus; coruscus; inconstans, inconstantis
Schwanz cauda, caudae *f*
Schwarm examen, examinis *n*; globus, globi *m*; turma, turmae *f*
schwärmen bacchari; ~ *(für)* favēre *[Dativ]*
schwarz ater, atra, atrum; niger, nigra, nigrum; nigrans, nigrantis
schwärzlich fuscus; pullus
schwätzen garrīre
schweben pendēre
schwebend suspensus
Schwefel sulphur, sulphuris *n*
Schweif cauda, caudae *f*
schweifen vagari
schweigen reticēre; silēre; tacēre
Schweigen silentium, silentii *n*
schweigend taciturnus; tacitus
schweigsam taciturnus
Schwein porcus, porci *m*; sus, suis *f*
Schweine pecus, pecoris *n*
Schweiß sudor, sudoris *m*
schwelgen luxuriare
Schwelle limen, liminis *n*
schwellen luxuriare; turgēre
Schwellung tumor, tumoris *m*
schwer difficilis, difficilis, difficile; gravis, gravis, grave
Schwere gravitas, gravitatis *f*
schwerfällig hebes, hebetis; pinguis, pinguis, pingue; socors, socordis
schwergewichtig gravis, gravis, grave

Schwert ensis, ensis *m*; ferrum, ferri *n*; gladius, gladii *m*
Schwertgriff capulus, capuli *m*
Schwertkämpfer gladiator, gladiatoris *m*
Schwertscheide vagina, vaginae *f*
Schwertspitze mucro, mucronis *m*
Schwester germanus; soror, sororis *f*
Schwiegermutter socrus, socrus *f*
Schwiegersohn gener, generi *m*
Schwiegertochter nurus, nurus *f*
Schwiegervater socer, soceri *m*
schwierig arduus; difficilis, difficilis, difficile; impeditus; *sehr* ~ perdifficilis, perdifficilis, perdifficile
Schwierigkeit difficultas, difficultatis *f*
schwimmen innare; innatare; nare; natare
Schwindsucht tabes, tabis *f*
schwingen intorquēre; librare; rotare; vibrare
schwitzen sudare
schwören iurare; *falsch* ~ peierare; periurare
Schwung elatio, elationis *f*; impetus, impetus *m*; nisus, nisus *m*
Schwur ius iurandum/iusiurandum, iuris iurandi *n*
sechs sex; *je* ~ seni
sechshundert sescenti
sechsmonatig seme(n)stris, semestris, semestre
sechste *der* ~ sextus
sechzehn sedecim
sechzig sexaginta
sechzigste *der* ~ sexagesimus
See lacus, lacus *m*; *die* ~ mare, maris *n*; *die hohe* ~ altum, alti *n*; *zur* ~ *fahren* navigare
Seefahrt navigatio, navigationis *f*
Seekrankheit nausea, nauseae *f*
Seele anima, animae *f*; animus, animi *m*; mens, mentis *f*; pectus, pectoris *n*; spiritus, spiritus *m*
Seemann nauta, nautae *m*; nauticus
Seeräuber pirata, piratae *m*
Segel linteum, lintei *n*; velum, veli *n*
segeln navigare
Segelstange antemna, antemnae *f*
Segelwerk armamenta, armamentorum *n*
Segen spendend almus
sehen cernere; vidēre
Seher vates, vatis *m/f*
Sehergabe divinatio, divinationis *f*
Seherin vates, vatis *m/f*
seherisch providus
Sehkraft acies, aciei *f*
Sehne nervus, nervi *m*
sehnen *sich* ~ *nach* desiderare *[Akkusativ]*
Sehnsucht desiderium, desiderii *n* *[Genitiv]*
sehr admodum *Adv*; magnopere *Adv*; multum *Adv*; multus *Adv*; *so* ~ tantopere *Adv*; tantum *Adv*; *zu* ~ nimis *Adv*
seht! ecce *Adv*
Seil funis, funis *m*; rudens, rudentis *m*
sein esse; suus; *da* ~ adesse; *schlaff* ~ torpēre
seit a/ab/abs *Präp [Ablativ]*; e/ex *Präp [Ablativ]*; ~ *langem* dudum *Adv*
Seite latus, lateris *n*; pagina, paginae *f*; pars, partis *f*
Seiten *von allen* ~ undique *Adv*
Seitengasse angiportum, angiporti *n*
Seitenweg trames, tramitis *m*
selbst ipse, ipsius, ipsa, ipsum; -met; *von* ~ ultro *Adv*
Selbstbeherrschung continentia, continentiae *f*; moderatio, moderationis *f*; temperantia, temperantiae *f*

selbstverständlich scilicet *Adv*
Sellerie apium, apii *n*
selten insolitus; raro *Adv*; rarus
seltsam mirus
Senat senatus, senatus *m*
Senator senator, senatoris *m*
senatorisch senatorius
Senatsbeschluss S. C. (senatus consultum)
Senatsversammlung concilium, concilii *n*; senatus, senatus *m*
senden mittere
Sendung missio, missionis *f*
sengen urere
senken demittere; *sich ~* sidere; subsidere
Serie series, seriei *f*
Serviette mappa, mappae *f*
Sessel sedile, sedilis *n*; sella, sellae *f*
Sesterz sestertius, sestertii *m*
setzen ponere; *sich ~* considere; residere; sidere; *sich ~ auf* insidere
Setzling propago, propagonis *f*
Seuche pestilentia, pestilentiae *f*; pestis, pestis *f*
seufzen gemere; suspirare
Seufzen gemitus, gemitus *m*
sich sui/sibi/se; *von ~ aus* ultro *Adv*; *~ flüchten* perfugere; *~ stellen* sistere
Sichel falx, falcis *f*
sicher certo *Adv*; certus; securus; tutus
Sicherheit securitas, securitatis *f*
sicherlich certe *Adv*; enim *Adv*; profecto *Adv*
sichern firmare; fundare; munīre; saepīre; stabilīre; vindicare
Sichhinziehen tractus, tractus *m*
sichtbar conspicuus; promptus; spectabilis, spectabilis, spectabile
sichten cernere
sie *(Plural)* ii (ei)
sieben septem; *je ~* septeni
siebenhundert septingenti
siebte *der ~* septimus
siebzig septuaginta
siebzigste *der ~* septuagesimus
siedeln incolere
sieden fervēre
siedend fervidus
Siedler colonus, coloni *m*
Siedlung colonia, coloniae *f*
Sieg triumphus, triumphi *m*; tropaeum, tropaei *n*; victoria, victoriae *f*
Siegel sigillum, sigilli *n*
siegeln consignare; obsignare; signare
Siegelring anulus, anuli *m*; gemma, gemmae *f*
siegen vincere
Sieger victor, victoris *m*
Siegerin victrix, victricis *f*
Siegesfeier triumphus, triumphi *m*
Siegespreis palma, palmae *f*
Siegeszeichen tropaeum, tropaei *n*
Siegeszug triumphus, triumphi *m*
siegreich victor, victoris *m*; victrix, victricis *f*
siehe da! ecce *Adv*; em!
Signalhorn lituus, litui *m*
Signaltuch mappa, mappae *f*
Silber argentum, argenti *n*
Silbergeld argentum, argenti *n*
singen canere; cantare
sinken labi; *~ lassen* demittere

Sinn animus, animi *m*; mens, mentis *f*; sensus, sensus *m*; sententia, sententiae *f*; *scharfer ~* sagacitas, sagacitatis *f*; *in den ~ kommen* succurrere

sinnen *auf* meditari *[Akkusativ/de + Ablativ]*

Sinnesart mens, mentis *f*

sinnlos absurdus

Sinnlosigkeit amentia, amentiae *f*; dementia, dementiae *f*; vecordia, vecordiae *f*

Sinnspruch sententia, sententiae *f*

Sintflut diluvium, diluvii *n*

Sippe cognatio, cognationis *f*; gens, gentis *f*; *einer ~ angehörig* gentilis, gentilis, gentile

Sisyphus Sisyphus, Sisyphi *m*

Sitte mos, moris *m*; ritus, ritus *m*

sittenrein castus

sittsam pudens, pudentis

Sittsamkeit pudicitia, pudicitiae *f*

Sitz sedes, sedis *f*; sedile, sedilis *n*

sitzen sedēre; *~ (bei)* assidēre *[Dativ]*; *~ bleiben* residēre

skizzieren adumbrare

Sklave mancipium, mancipii *n*; servus, servi *m*; venalis, venalis, venale; *ehemaliger ~* libertus, liberti *m*; *im Haus geborener ~* verna, vernae *m*; *junger ~* servulus, servuli *m*; *~ sein* servīre

Sklaverei servitium, servitii *n*; servitus, servitutis *f*

Sklavin serva, servae *f*

sklavisch servilis, servilis, servilo

Skorpion scorpio, scorpionis *m*

Skrupel scrupulus, scrupuli *m*

so eiusmodi *Adv*; ita *Adv*; sic *Adv*; *~ sehr* adeo *Adv*; tam *Adv*; *~ weit* adeo *Adv*

sobald simul *Kj*; ubi *Adv*; *~ als* simul ac (simulatque) *Kj*; simul atque; ubi (primum) *Kj*; ut/uti *Kj*

soeben modo *Adv*

sofort confestim *Adv*; continuo *Adv*; extemplo *Adv*; ilico *Adv*; protinus *Adv*; statim *Adv*

sogar etiam *Kj*; quoque *Kj*; vel *Kj*; *ja ~* immo (vero) *Kj*; quin *Adv*

sogleich continuo *Adv*; extemplo *Adv*; statim *Adv*; *~ nach* secundum *Präp [Akkusativ]*

Sohle solum, soli *n*

Sohn filius, filii *m*

solange quoad *Kj*; *~ als* donec *Kj*; dum *Kj*; *~ bis* donec *Kj*; dum *Kj*

solcher *ein ~* talis, talis, tale

Sold merces, mercedis *f*; stipendium, stipendii *n*

Soldat manipularis, manipularis, manipulare; miles, militis *m*; *altgedienter ~* veteranus

Soldatenmantel sagum/sagulum, sagi/saguli *n*

soldatisch militaris, militaris, militare

Söldner latro, latronis *m*; mercen(n)arius

sollen debēre

Sommer aestas, aestatis *f*

Sommer- aestivus

Sommerhitze aestas, aestatis *f*

sommerlich aestivus

sonderbar admirabilis, admirabilis, admirabile; mirus

sondern sed *Kj*; verum *Kj*

Sonne sol, solis *f*; *aufgehende ~* oriens (sol), orientis *m*

Sonnengott sol, solis *f*

sonnig apricus

sonst alias *Adv*; alioqui(n) *Adv*; aliter *Adv*

sooft cum *Kj*; quandoque *Kj*; quotiens; totie(n)s *Adv*; ubi (primum) *Kj*; ut/uti *Kj*

Sorge sollicitudo, sollicitudinis *f*; *~ (für)* cura, curae *f [Genitiv]*

sorgen tuēri; ~ *für* consultare; curare; prospicere; providēre; ~ *für (mit Dativ)* consulere *[Akkusativ/in + Akkusativ/Dativ]*
Sorgfalt cura, curae *f [Genitiv]*; diligentia, diligentiae *f*
sorgfältig curiosus; diligens, diligentis
sorglos discinctus; dissolutus; incautus; incuriosus; securus; socors, socordis
Sorglosigkeit incuria, incuriae *f*; securitas, securitatis *f*; socordia, socordiae *f*
Späher explorator, exploratoris *m*; speculator, speculatoris *m*
Spalt fissum, fissi *n*; rima, rimae *f*
spalten abscindere; diffindere; findere; rimari; scindere; *sich* ~ dehiscere
Spange fibula, fibulae *f*
Spanien Hispania, Hispaniae *f*
spannen tendere
sparen parcere *[Dativ]*
sparsam frugi; parcus
Sparsamkeit parsimonia, parsimoniae *f*
Spaß iocus, ioci *m*
Spaßmacher scurra, scurrae *m*; ~ *sein* scurrari
spät sero *Adv*; serus; *zu* ~ sero *Adv*
später post *Adv*; postea *Adv*; posthac *Adv*; postilla *Adv*
spätere *der* ~ posterior, posterior, posterius
spätgeboren postumus
spazieren gehen ambulare; spatiari
Speck lar(i)dum, lar(i)di *n*
Speer abies, abietis *f*; hasta, hastae *f*; hastile, hastilis *n*; pilum, pili *n*
speerbewaffnet hastatus
Speerschaft hastile, hastilis *n*
Speerträger hastatus
speien spuere; vomere
Speise cibus, cibi *m*; esca, escae *f*
speisen cenare; epulari; vesci *[Ablativ]*
Speisen epulae, epularum *f*
Spelt far, farris *n*
spenden largīri; *(Trankopfer)* ~ libare
Spiegel speculum, speculi *n*
Spiel ludicrum, ludicri *n*; ludus, ludi *m*; lusus, lusi *m*
spielen cantare; ludere; *(ein Instrument)* ~ canere
spielerisch ludicer/ludicrus, ludicra, ludicrum
Spielzeug ludibrium, ludibrii *n*
Spieß hasta, hastae *f*
Spitze acumen, acuminis *n*; apex, apicis *m*; cacumen, cacuminis *n*; cuspis, cuspidis *f*; fastigium, fastigii *n*; spiculum, spiculi *n*; vertex, verticis *m*; ~ *der Ähre* arista, aristae *f*; *an der ~ stehen* praeesse *[Dativ]*; *an die ~ stellen* praeficere; praeponere
spitzig acutus
Spitzsäule *(als Grabmal)* cippus, cippi *m*
Splitter fragmentum, fragmenti *n*
Sporn calcar, calcaris *n*
Sport ludicrum, ludicri *n*
Spott ludibrium, ludibrii *n*
spottend dicax, dicacix
Spötter derisor, derisoris *m*
Spottrede convicium, convicii *n*
Sprache lingua, linguae *f*; os, oris *n*; sermo, sermonis *m*
Sprachkunde grammatica, grammaticae *f*
sprachwissenschaftlich grammaticus
sprechen dicere; loqui; ~ *über* disserere
sprengen spargere
Sprichwort proverbium, proverbii *n*
springen salīre
Spross stirps, stirpis *f*

Sprössling flagellum, flagelli *n*; proles, prolis *f*; propago, propagonis *f*
Spruch carmen, carminis *n*
Sprung saltus, saltus *m*
spucken spuere
Spur vestigium, vestigii *n*
spüren sentīre
Staat civitas, civitatis *f*; respublica, respublicae *f*
staatlich civilis, civilis, civile; publicus
Staatsbürger civis, civis *m*
Staatskasse aerarium, aerarii *n*; fiscus, fisci *m*
Staatskosten *auf ~* publice *Adv*
Stab baculum, baculi *n*
Stäbchen bacillum, bacilli *n*
Stachel aculeus, aculei *m*; cuspis, cuspidis *f*; spina, spinae *f*; stimulus, stimuli *m*
stachelig hirsutus
Stadion stadium, stadii *n*
Stadt oppidum, oppidi *n*; urbs, urbis *f*
Stadtbezirk tribus, tribus *f*
Städter oppidanus, oppidani *m*
städtisch oppidanus; urbanus
Stadtmauern moenia, moenium *n*
Stadtnähe *in ~* suburbanus
Stadtteil vicus, vici *m*
Stadtviertel vicus, vici *m*
Stahl adamas, adamantis *m*
stählern adamantinus
Stall praes(a)epe, praes(a)epis *n*; stabulum, stabuli *n*
Stamm codex, codicis *m*; gens, gentis *f*
stammelnd balbus
stampfen calcare
Stand classis, classis *f*; ordo, ordinis *m*; status, status *m*
Standarte signum, signi *n*
Standbild statua, statuae *f*
Stande *zu ~ bringen* perficere
standhaft constans, constantis; firmus; stabilis, stabilis, stabile
Standhaftigkeit constantia, constantiae *f*
standhalten subsistere
Standlager stativa, stativorum *n*
Standort statio, stationis *f*
Standpunkt locus, loci *m*
Stange contus, conti *m*; longurius, longurii *m*
Stängel calamus, calami *m*; caulis, caulis *f*; thyrsus, thyrsi *m*; *~ (einer Pflanze)* collum, colli *n*
stark firmus; fortis, fortis, forte; potens, potentis; robustus; valens, valentis; validus; *sehr ~* praevalidus; *zu ~* praevalidus; *~ sein* pollēre; valēre; *besonders ~ sein* praevalēre
Stärke firmitas, firmitatis *f*; ops, opis *f*; robur, roboris *n*; vis *f*
stärken confirmare; firmare
starr gelidus; rigidus; torpēre
starren horrēre *[Akkusativ]*; horrescere; rigēre; squalēre
Statthalter praefectus, praefecti *m*; praetor, praetoris *m*; proconsul, proconsulis *m*; propraetor, propraetoris *m*; *~ einer Provinz* legatus, legati *m*
stattlich amplus; lautus; opimus; speciosus
Statue statua, statuae *f*
Statuette sigillum, sigilli *n*
Staub pulvis, pulvoris *m*
staubig pulverulentus
staunen mirari *[Akkusativ]*; stupēre
Staunen admiratio, admirationis *f*
stechen fodere; pungere
stecken haerēre

stecken bleiben haesitare
stehen stare; *aufrecht ~* astare; *~ bleiben* consistere; perstare; resistere; sistere
Stehen *zum ~ bringen* sistere
stehend stativus
stehlen furari; surripere
steif rigidus; *~ sein* rigēre
steigen scandere
steigern acccumulare; amplificare; augēre; cumulare; exaggerare; *sich ~* gliscere
Steigung fastigium, fastigii *n*
steil arduus; convexus; praeceps, praecipitis
Stein lapis, lapidis *m*; saxum, saxi *n*; silex, silicis *m*
Steinblock saxum, saxi *n*
Steinbutt rhombus, rhombi *m*
Steinchen lapillus, lapilli *m*; *(spitzes) ~* scrupulus, scrupuli *m*
Steineiche ilex, ilicis *f*
steinern lapideus
Steiß clunis, clunis *f*
Stelle loc. (locus); locus, loci *m*; vicis (Genitiv); *auf der ~* ilico *Adv*; statim *Adv*; *die erste ~* principatus, principatus *m*
stellen locare; ponere; sistere; *~ um* circumicere
Stellung situs, situs *m*
Stellvertretung vicis (Genitiv)
sterben acquiescere; decedere; decidere; defungi *[Ablativ]*; ex(s)pirare; interīre; mori; obīre; occidere; occumbere; *(gewaltsam) ~* perīre; *(langsam) ~* emori
sterbend moribundus
sterblich mortalis, mortalis, mortale
Stern astrum, astri *n*; stella, stellae *f*
Sternbild astrum, astri *n*; sidus, sideris *n*
Sterndeuter astrologus, astrologi *m*
stets semper *Adv*
Steuer stipendium, stipendii *n*; tributum, tributi *n*; vectigal, vectigalis *n*
Steuerklasse classis, classis *f*
Steuermann gubernator, gubernatoris *m*
steuern gubernare
Steuerpächter publicanus, publicani *m*
Steuerruder clavus, clavi *m*; gubernaculum, gubernaculi *n*
Stich plaga, plagae *f*; punctum, puncti *n*
Stiefel calceus, calcei *m*
Stiefmutter noverca, novercae *f*
Stiefsohn privignus, privigni *m*
Stier ruricola, ruricolae *m*; taurus, tauri *m*; *junger ~* iuvencus, iuvenci *m*
Stifter conditor, conditoris *m*
still placidus; quietus; surdus; tranquillus; *~ sein* silēre
Stille quies, quietis *f*; requies, requietis *f*; silentium, silentii *n*
stillen sedare
stillstehen subsistere
stimmbegabt vocalis
Stimme suffragium, suffragii *n*; vox, vocis *f*
Stimmrecht suffragium, suffragii *n*
Stimmung affectio, affectionis *f*; habitus, habitus *m*
stinken putēre; *~ (nach)* olēre *[Akkusativ/Ablativ]*
Stirn frons, frontis *f*
Stirnbinde infula, infulae *f*
Stock baculum, baculi *n*; fustis, fustis *f*
Stockwerk contabulatio, contabulationis *f*; tabulatum, tabulati *n*
Stoff argumentum, argumenti *n*; materia/materies, materiae/materiei *f*
stöhnen gemere
Stöhnen gemitus, gemitus *m*

Stollen specus, specus *m*
stolz superbus
Stolz superbia, superbiae *f*
Storch ciconia, ciconiae *f*
stören interpellare; obstrepere; sollicitare; turbare
Stoß ictus, ictus *m*
stoßen laedere; pellere; percellere; pulsare; quatere; trudere; tundere; ~ *auf* incidere *[in mit Akkusativ]*; incurrere
Stoßen pulsus, pulsus *m*
stottern haesitare
stotternd balbus
strafbar noxius
Strafe noxa, noxae *f*; piaculum, piaculi *n*; poena, poenae *f*; supplicium, supplicii *n*; vindicta, vindictae *f*
strafen animadvertere *[in + Akkusativ]*; castigare; coërcēre; multare; persequi; punīre; ulcisci *[Akkusativ]*; vindicare
straff contentus
straflos impune *Adv*
Straflosigkeit impunitas, impunitatis *f*
Strahl radius, radii *m*
strahlen radiare; splendēre; *(vor Freude)* ~ renidēre
Strand litus, litoris *n*
Straße platea, plateae *f*; via, viae *f*
Straßenräuber latro, latronis *m*; praedo, praedonis *m*
sträuben *sich* ~ retractare
Strauch frutex, fruticis *m*
Strauchwerk virgultum, virgulti *n*
streben niti; tendere; ~ *nach* studēre *[Dativ]*
Streben studium, studii *n*; ~ *(nach)* appetitio, appetitionis *f [Genitiv]*; appetitus, appetiti *m [Genitiv]*
Strecke spatium, spatii *n*; via, viae *f*
strecken tendere
streicheln mulcēre; permulcēre
streifen perstringere
Streifzug excursio, excursionis *f*; expeditio, expeditionis *f*
Streit certamen, certaminis *n*; certatio, certationis *f*; contentio, contentionis *f*; controversia, controversiae *f*; disceptatio, disceptationis *f*; iurgium, iurgii *n*; litis, litis *f*; rixa, rixae *f*
streitbar bellicosus; pugnax, pugnacis
streiten ambigere; certare; disceptare; iurgare; proeliari; pugnare; rixare
Streitwagen currus, currus *m*; essedum, essedi *n*
streng acerbus; asper, aspera, asperum; austerus; immitis, immitis, immite; severus, severa, severum
Strenge severitas, severitatis *f*
Streu stramentum, stramenti *n*
streuen spargere
Strich lineamentum, lineamenti *n*
Strick laqueus, laquei *m*
Stroh stipula, stipulae *f*; stramentum, stramenti *n*
Strohhalm culmus, culmi *m*; stipula, stipulae *f*
Strom amnis, amnis *m*; fluentum, fluenti *n*; flumen, fluminis *n*; fluvius, fluvii *m*
strömen fluere
Strömung aestus, aestus *m*; fluctus, fluctus *m*; fluentum, fluenti *n*; flumen, fluminis *n*
Strudel gurges, gurgitis *m*; vorago, voraginis *f*
struppig hirsutus; hispidus
Stück pars, partis *f*
Stückchen frustum, frusti *n*
Studium studium, studii *n*
Stufe gradus, gradus *m*
stufenweise gradatim *Adv*
Stuhl sedile, sedilis *n*; sella, sellae *f*
stumm mutus

stumpf hebes, hebetis; ~ *werden* hebescere
Stumpfheit torpedo, torpedinis *f*
stumpfsinnig stupidus
Stunde hora, horae *f*
Sturm hiems, hieme *f*; procella, procellae *f*; tempestas, tempestatis *f*
Sturmangriff oppugnatio, oppugnationis *f*
Sturmbock aries, arietis *m*
stürmisch turbidus; turbulentus; vehemens, vehementis
Sturz lapsus, lapsus *m*; ruina, ruinae *f*
stürzen cadere; ferri; prolabi; ruere
Stute equa, equae *f*
stutzen stupēre
stützen fulcīre; *sich ~ auf* adniti; initi; niti
Stützpunkt praesidium, praesidii *n*
suchen circumspicere; quaerere *[ex/ab mit Ablativ]*; vestigare; *eifrig ~* quaeritare
süchtig avidus *[Genitiv]*
Süden auster, austri *m*; meridies, meridiei *m*
südlich australis, australis, australe; meridianus
Südostwind eurus, euri *m*
Südwind auster, austri *m*; notus, noti *m*
sühnen luere; lustrare; piare; purgare
Sühneopfer lustrum, lustri *n*; piaculum, piaculi *n*
Sumpf palus, paludis *f*
Sumpfgras ulva, ulvae *f*
sumpfig paluster, palustris, palustre
Sünde nefas *n*; peccatum, peccati *n*
sündigen peccare
Suppe ius *n*
süß dulcis, dulcis, dulce; suavis, suavis, suave
Süße dulcedo, dulcedinis *f*
Süßigkeit dulcedo, dulcedinis *f*; suavitas, suavitatis *f*
Szene scaena, scaenae *f*

T

Tadel convicium, convicii *n*; reprehensio, reprehensionis *f*
tadeln castigare; compellare; culpare; increpitare; notare; obiurgare; perstringere; reprehendere; vituperare
Tafel tabula, tabulae *f*
Täfelchen tabella, tabellae *f*
Tag dies, diei *m/f*; sol, solis *f*; *am ~* interdiu *Adv*; *am folgenden ~* postridie *Adv*; *am vorhergehenden ~* pridie *Adv*; *bei ~* diurnus; *es wird ~* lucescit; *~ für Tag* cottidie *Adv*; *an den ~ legen* praeferre
Tagebuch commentarius (liber), commentarii *m*
Tagelöhner mercen(n)arius
Tageslicht dies, diei *m/f*; lux, lucis *f*
Tagewerk pensum, pensi *n*
täglich cottidianus; cottidie *Adv*; diurnus
tags *darauf* postridie *Adv*; *~ zuvor* pridie *Adv*
tagsüber interdiu *Adv*
Takelage armamenta, armamentorum *n*
Takelwerk armamenta, armamentorum *n*
Takt numerus, numeri *m*
Tal convallis, convallis *f*; vallis, vallis *f*
Talent *(Geldsumme)* talentum, talenti *n*
talentiert ingeniosus
Talkessel convallis, convallis *f*; convexa, convexorum *n*
Tamariske myrica, myricae *f*
Tamburin tympanum, tympani *n*
Tanne abies, abietis *f*
Tannenholz abies, abietis *f*
tanzen saltare

tapfer fortis, fortis, forte
Tapferkeit fortitudo, fortitudinis *f*; virtus, virtutis *f*
Tasche sinus, sinus *m*
Tastsinn tactus, tactus *m*
Tat facinus, facinoris *n*; factum, facti *n*; *in der ~* enim *Adv*; enimvero *Adv*; profecto *Adv*; reapse *Adv*; vero *Kj*
Taten acta, actorum *n*
Tatenlosigkeit quies, quietis *f*; requies, requietis *f*
tätig operosus; strenuus; *~ sein* versari
Tätigkeit actio, actionis *f*; negotium, negotii *n*
Tatkraft fortitudo, fortitudinis *f*; virtus, virtutis *f*
tatkräftig acer, acris, acre; gnavus; navus; strenuus
Tatsache res, rei *f*
tatsächlich profecto *Adv*
Tau funis, funis *m*; *der ~* ros, roris *m*
taub surdus; *~ werden* obsurdescere
Taube columba, columbae *f*
tauchen demergere; mergere
tauen rorare
tauend roscidus
Taugenichts nebulo, nebulonis *f*; vappa, vappae *f*
tauglich habilis, habilis, habile; idoneus
tauschen mutare
täuschen decipere; fallere; fraudare *[Ablativ]*; frustrari; *sich ~* errare
täuschend *(echt)* mendax, mendacis
Täuschung dolus, doli *m*; fraus, fraudis *f*; mendacium, mendacii *n*; ostentatio, ostentationis *f*; vanitas, vanitatis *f*
tausend mille
tausendste *der ~* millesimus
Teich lacus, lacus *m*; stagnum, stagni *n*
Teil membrum, membri *n*; pars, partis *f*; *zum ~* partim *Adv*
Teilchen particula, particulae *f*
teilen dimovēre; dividere; partīri
Teilhaber consors, consortis
teilhaftig compos, compotis *[Genitiv]*; particeps, participis
teils partim *Adv*
Teilung divisio, divisionis *f*; partitio, partitionis *f*
teilweise partim *Adv*
Tempel adytum, adyti *n*; aedes/aedis, aedis *f*; delubrum, delubri *n*; fanum, fani *m*; templum, templi *n*
Tempelraub sacrilegium, sacrilegii *n*
Tempelräuber sacrilegus, sacrilegi *m*
tempelräuberisch sacrilegus
Tenne area, areae *f*
Teppich aulaeum, aulaei *n*
Termin dies, diei *m/f*
Testament testamentum, testamenti *n*; *sein ~ machen* testari
teuer carus
Teuerung annona, annonae *f*; caritas, caritatis *f*
Theater theatrum, theatri *n*
Theaterstück fabula, fabulae *f*
Theben Thebae, Thebarum *f*
Thema argumentum, argumenti *n*
Theorie artificium, artificii *n*
Thermen thermae, thermarum *f*
Thron solium, solii *n*
Thymian thymum, thymi *n*
Tiber Tiberis, Tiberis *m*
tief altus; intempestus; obliquus; profundus
Tiefe altitudo, altitudinis *f*
tiefere *der ~* inferior, inferior, inferius
Tier animal, animalis *n*; fera (bestia), ferae *f*; *wildes ~* bestia, bestiae *f*; fera (bestia), ferae *f*

Tierhetze venatio, venationis *f*
Tiger tigris, tigris/tigridis *m/f*
tilgen delēre; exstinguere; restinguere
Tinte atramentum, atramenti *n*
Tisch mensa, mensae *f*; *sich zu ~ legen* discumbere
Tischgast *(ständiger) ~* parasitus, parasiti *m*
Tischgenosse convictor, convictoris *m*; conviva, convivae *f*
Titel index, indicis *m*; nomen, nominis *n*
toben furere; saevīre; strepere
tobend furialis, furialis, furiale; furiosus
Tochter filia, filiae *f*
Tod letum, leti *n*; mors, mortis *f*; nex, necis *f*; obitus, obitus *m*
todbringend funestus; mortifer, mortifera, mortiferum
Todesstrafe supplicium, supplicii *n*
tödlich capitalis, capitalis, capitale; funebris, funebris, funebre; letalis, letalis, letale; mortifer, mortifera, mortiferum
Toga toga, togae *f*; *purpurbesetzte ~* praetexta (toga), praetextae (togae) *f*
toll rabidus
Tollwut rabies, rabiei *f*
Tölpel truncus
Ton plectrum, plectri *n*; sonitus, sonitus *m*; sonus, sonus *m*
tönen insonare; sonare
tönend sonorus
Tonscherbe testa, testae *f*
Topf testa, testae *f*; urna, urnae *f*
Töpfer figulus, figuli *m*
Tor porta, portae *f*
Torheit stultitia, stultitiae *f*; vecordia, vecordiae *f*
töricht ineptus; insipiens, insipientis; stolidus; stultus; *~ sein* desipere
tosen fremere
tot exanimis, exanimis, exanime; exsanguis, exsanguis, exsangue; mortuus; *halb ~* seminex, seminecis
töten caedere; exanimare; interficere; interimere; necare; occīdere
Totenopfer inferiae, inferiarum *f*
Trabant satelles, satellitis *m*
Tracht vestitus, vestitus *m*
trachten *nach (mit Dativ)* inhiare
träg deses, desidis
träge ignavus; iners, inertis; lentus; piger, pigra, pigrum; segnis, segnis, segne; tardus
tragen ferre; gerere; portare; *(bei sich) ~ (Waffen und Kleider)* gestare
Trägheit desidia, desidiae *f*; ignavia, ignaviae *f*; inertia, inertiae *f*; languor, languoris *m*; pigritia, pigritiae *f*; segnitia, segnitiae *f*; tarditas, tarditatis *f*
tragisch tragicus
Tragödie tragoedia, tragoediae *f*; *zur ~ gehörig* tragicus
Träne lacrima, lacrimae *f*
tränenerregend lacrimosus
tränenreich lacrimosus
Trank potio, potionis *f*; potus, potus *m*
tränken madefacere
Transport commeatus, commeatus *m*
Traube uva, uvae *f*
trauen fidere *[Dativ/Ablativ]*; *sich ~* audēre
Trauer maeror, maeroris *m*; maestitia, maestitiae *f*; plangor, plangoris *m*; squalor, squaloris *m*; tristitia, tristitiae *f*; *(laute) ~* luctus, luctus *m*; *zur ~ gehörig* lugubris, lugubris, lugubre
Trauerkleidung squalor, squaloris *m*

Trauerlied nenia, neniae *f*
trauern lugēre; maerēre; plangere
Trauerspiel tragoedia, tragoediae *f*
Traum somnium, somnii *n*
Traumbild somnium, somnii *n*
Traumdeuter coniector, coniectoris *m*
träumen somniare
traurig luctuosus; maestus; tristis, tristis, triste; ~ *gestimmt* lugubris, lugubris, lugubre
Traurigkeit maestitia, maestitiae *f*; tristitia, tristitiae *f*
treffen ferīre; percutere; *schwer* ~ conflictare/conflictari
Treffen proelium, proelii *n*
trefflich pulcher, pulchra, pulchrum
treiben agere; fluctuare; fluitare; natare; pellere; *hinunter/hinauf* ~ subigere
trennen abscindere; diducere; dimovēre; dinstinguere; dirimere; discernere; disiungere; distinguere; distrahere; dividere; secernere; seducere; segregare; seiungere; separare; seponere; *sich* ~ digredi; secedere
Trennung discessus, discessus *m*; secessio, secessionis *f*; seditio, seditionis *f*
Treppe scalae, scalarum *f*
treten *(auf etwas)* ~ calcare
treu fidelis, fidelis, fidele; fidus
Treubund foedus, foederis *n*
Treue fides, fidei *f*
Treueid sacramentum, sacramenti *n*
treulos infidelis, infidelis, infidele; infidus; perfidus
Treulosigkeit adulterium, adulterii *n*; perfidia, perfidiae *f*
Triarier triarii, triariorum *m*
Tribun tribunus, tribuni *m*; *ehemaliger* ~ tribunicius
Tribunat tribunatus, tribunatus *m*
Tribüne pulpitum, pulpiti *n*; spectaculum, spectaculi *n*
Tribut stipendium, stipendii *n*; tributum, tributi *n*
tributpflichtig stipendiarius
triefäugig lippus
triefen madēre
Trinkbecher poculum, poculi *n*
trinken bibere; haurīre; potare
Trinker potor, potoris *m*
Triumph triumphus, triumphi *m*; *einen ~ feiern* triumphare
triumphieren ovare; triumphare
Triumphzug triumphus, triumphi *m*
Triumvir triumvir, triumviri *m*
trocken aridus; aesus; siccus; ~ *sein* arēre; sitīre
trocknen siccare; torrēre
Trompete tuba, tubae *f*
tropfen rorare
Tropfen gutta, guttae *f*; stilla, stillae *f*
Trophäe tropaeum, tropaei *n*
Trossknecht calo, calonis *m*
Trost consolatio, consolationis *f*; solacium, solacii *n*; solamen, solaminis *n*
trösten consolari; solari
Tröstung consolatio, consolationis *f*
Trotz contumacia, contumaciae *f*; ferocia, ferociae *f*
trotzdem nihilominus/nihilo minus *Adv*; tamen *Kj*
trotzig atrox, atrocis; ferox, ferocis; trux, trucis
trüb nubilus
Trübsal aerumna, aerumnae *f*
Trugbild imago, imaginis *f*; simulacrum, simulacri *n*
trügerisch fallax, fallacis; mendax, mendacis
Truhe arca, arcae *f*
trunken ebrius
trunksüchtig vinosus
Trupp caterva, catervae *f*

Truppe militia, militiae *f*
Truppengattung armatura, armaturae *f*
Tuba tuba, tubae *f*
Tuch velum, veli *n*
tüchtig bonus; probus; strenuus
tüchtiger melior, melior, melius; potior, potior, potius
Tüchtigkeit virtus, virtutis *f*
tüchtigste *der ~* potissimus
Tugend virtus, virtutis *f*
Tümpel stagnum, stagni *n*
tun agere; facere
Tunika tunica, tunicae *f*
Tür porta, portae *f*
Türangel cardo, cardinis *m*
Türe foris, foris *f*; ianua, ianuae *f*
Türflügel foris, foris *f*; valvae, valvarum *f*
Türhüter ianitor, ianitoris *m*
Turm turris, turris *f*
Turnschule gymnasium, gymnasii *n*
Türpfosten postis, postis *m*
Tyrann rex, regis *m*; tyrannus, tyranni *m*
tyrannisch imperiosus

U

Übel malum, mali *n*
übelgelaunt tristis, tristis, triste
Übeltat maleficium, maleficii *n*
üben exercēre; *tüchtig ~* exercitare
über circa/circum *Präp [Akkusativ]*; de *Präp [Ablativ]*; super/supra *Präp [Akkusativ]*; super/supra *Präp [Akkusativ]*; supra *Präp*; trans *Präp [Akkusativ]*; *~ ... hin* per *Präp [Akkusativ]*; *~ ... hinaus* praeter *Präp [Akkusativ]*; super/supra *Präp [Akkusativ]*; ultra *Präp [Akkusativ]*; *~ ... hinüber* trans *Präp [Akkusativ]*
überall passim *Adv*; ubicumque *Adv*; ubique *Adv*; *von ~ her* undique *Adv*
überaus magnopere *Adv*; nimium *Adv*; oppido *Adv*
Überbleibsel reliquiae, reliquiarum *f*
überbringen deferre; perferre
überdenken meditari *[Akkusativ/de + Ablativ]*; volutare
Überdruss fastidium, fastidii *n*; satietas, satietatis *f*; taedium, taedii *n*; *~ empfinden* fastidīre
überdrüssig fastidiosus
übereilen praecipitare
übereilt inconsultus
übereinkommen convenire
Übereinkommen pactio, pactionis *f*
übereinstimmen concinere; congruere; consentīre; consonare; *nicht ~* disconvenīre; discrepare; dissidēre
übereinstimmend consentaneus; conveniens, convenientis
Übereinstimmung concentus, concentus *m*; consensio, consensionis *f*; consensus, consensus *m*; convenientia, convenientiae *f*
überfallen invadere; occupare; opprimere; supervenīre
überfließen redundare
Überfluss abundantia, abundantiae *f*; luxuria, luxuriae *f*; *im ~* abunde *Adv*; *im ~ besitzen* abundare *[mit Ablativ]*; *im ~ vorhanden sein* affluere; redundare
überflüssig supervacaneus; supervacuus; *~ sein* superesse
überführen coarguere; comperīre; *(einer Schuld) ~* convincere
Übergabe deditio, deditionis *f*
Übergang transitus, transitus *m*

übergeben dedere; mandare; tradere
übergehen omittere; praeterīre; praetermittere
übergenug abunde *Adv*
Übergewicht *das ~ haben* praevalēre
übergießen perfundere; suffundere
überhaupt alioqui(n) *Adv*; denique *Adv*; omnino *Adv*
überheben *sich ~* intumescere
überheblich insolens, insolentis
Überheblichkeit arrogantia, arrogantiae *f*; superbia, superbiae *f*
überholen antecedere; anteīre; praecurrere; praeterīre
Überirdischen *die ~* superi, superorum *m*
überlassen condonare; permittere
überlaufen perfugere
Überläufer perfuga, perfugae *m*; transfuga, transfugae *m*
überleben superesse
überlebend superstes, superstitis
überlegen argumentari; cogitare; considerare; deliberare; pensare; pertemptare; reputare; versare; volvere; *reiflich ~* commentari; *~ sein* superare; superesse
überlegene *der ~* superior, superior, superius
überlegt consulto *Adv*; frugi
Überlegung cogitatio, cogitationis *f*; consilium, consilii *n*; deliberatio, deliberationis *f*; ratio, rationis *f*; *ohne ~* temere *Adv*
überliefern prodere; tradere
Überlieferung memoria, memoriae *f*
Übermacht multitudo, multitudinis *f*
übermächtig praevalidus
übermäßig immodicus; nimius
übermütig *sein* ex(s)ultare
übernachten pernoctare
übernehmen adīre; suscipere; sustinēre
überragen superare
überraschen opprimere; supervenīre
überraschend inopinatus
überreden persuadēre *[Dativ]*
überrumpeln opprimere
überschreiten transcendere; transgredi; transīre
Überschrift titulus, tituli *m*
überschütten acccumulare; cumulare; obruere
überschwemmen inundare
Überschwemmung diluvium, diluvii *n*
überseeisch transmarinus
übersehen neglegere
übersetzen interpretari; tra(ns)ducere; traicere; transmittere; transvehere; vertere
Übersetzer interpres, interpretis *m*
Übersetzung interpretatio, interpretationis *f*
übersiedeln migrare
überspringen transilīre
überstehen defungi *[Ablativ]*; perfungi *[Ablativ]*
übersteigen exsuperare; transcendere
überströmen abundare *[mit Ablativ]*
überstürzt praeceps, praecipitis
übertönen obstrepere
übertragen deferre; transferre
übertreffen antecedere; antecellere; anteīre; exsuperare; praecedere; praecellere; praestare *[Akkusativ]*; superare; vincere
Übertritt transitus, transitus *m*
überwältigen opprimere; profligare
überwinden exsuperare; frangere; superare
überwintern hibernare; hiemare
Überwurf amictus, amictus *m*; chlamys, chlamydis *f*
überzeugen persuadēre *[Dativ]*
üblich solitus; usitatus
übrig reliquus; *~ sein* superesse

übrig bleiben restare
übrigen *die* ~ ceteri; *im* ~ alioqui(n) *Adv*; ceterum *Adv*
übrigens ceterum *Adv*
übriglassen relinquere
Übung exercitatio, exercitationis *f*; usus, usus *m*
Ufer ripa, ripae *f*
Ulme ulmus, ulmi *f*
um prope *Präp [Akkusativ]*; propter *Präp [Akkusativ]*; sub *Präp*; ~ *... herum* circa/circum *Präp [Akkusativ]*; prope *Präp [Akkusativ]*; propter *Präp [Akkusativ]*; ~ *herum* circum *Präp [Akkusativ]*
umarmen amplectere; amplecti; amplexari; complectere; complecti
Umarmung amplexus, amplexus *m*; complexus, complexus *m*
umbilden diffingere
umbinden evincīre; ligare
umbringen enicare; interficere; necare; occīdere
umdrängen celebrare
umdrehen invertere; pervertere
Umdrehung conversio, conversionis *f*
umfahren circumvehi
Umfang circu(m)itus, circuitus *m*
umfangen amplectere; complectere
umfassen amplectere; amplecti; amplexari; complectere; complecti; continēre
Umfassung amplexus, amplexus *m*; complexus, complexus *m*
umflechten intexere
Umgang commercium, commercii *n*; consuetudo, consuetudinis *f*; usus, usus *m*; *vertrauter* ~ familiaritas, familiaritatis *f*; ~ *haben* uti *[Ablativ]*
umgänglich comis, comis, come
Umgänglichkeit comitas, comitatis *f*; facilitas, facilitatis *f*; mansuetudo, mansuetudinis *f*
Umgangssprache sermo, sermonis *m*
umgeben cingere; circumdare; circumfundere; circummunīre; incingere; intexere; succingere; *mit etwas* ~ circumicere
Umgebung *in der* ~ *von* erga *Präp [Akkusativ]*
umgehen circumīre; ~ *mit* tractare
umgraben eruere
umgürten accingere; cingere; incingere; praecingere; succingere
Umhang amictus, amictus *m*; *langer* ~ palla, pallae *f*
umhegen saepīre
umhergehen ambulare
umherlaufen *aufgeregt* ~ trepidare
umherschweifen vagari
umherschweifend vagus
umherstehen circumstare
umherstreifen dispalari; palari
umhertreiben circumagere
umherziehen vagari
umkehren reverti
Umkehrung conversio, conversionis *f*
umkommen cadere; interīre; occidere; perīre
Umkreis circu(m)itus, circuitus *m*
Umlauf conversio, conversionis *f*
ummauern *(rings)* ~ circummunīre
umringen circumsistere; circumstare; circumvenīre; stipare
Umriss lineamentum, lineamenti *n*
umschauen *sich* ~ circumspicere
Umschlag fomentum, fomenti *n*
umschließen ambīre; cingere; circumvenīre
umschlingen amplecti
umschreiben rescribere

umschreiten circumīre
Umschweife ambages, ambagum *f*
Umsicht diligentia, diligentiae *f*
umsichtig diligens, diligentis
umsonst frustra *Adv*; gratuito *Adv*; nequiquam *Adv*
umstimmen flectere
umstürzen evertere; invertere; pervertere; subvertere
Umweg ambitus, ambitus *m*; circu(m)itus, circuitus *m*; flexus, flexus *m*
Umwege ambages, ambagum *f*
umwenden convertere; flectere; invertere
umwerben ambīre
umwerfen deicere; evertere
umwinden comere; evincīre; redimīre
umzäunen saepīre
umzingeln cingere; circumīre; circumsedēre; circumvenīre
Umzug pompa, pompae *f*
Unabhängigkeit libertas, libertatis *f*
unabsichtlich imprudens, imprudentis; insciens, inscientis
Unabsichtlichkeit imprudentia, imprudentiae *f*
unähnlich *(in)* dissimilis, dissimilis, dissimile *[Ablativ]*
Unähnlichkeit dissimilitudo, dissimilitudinis *f*
unangebracht intempestivus
unangenehm ingratus
unangetastet integer, integra, integrum
unansehnlich inhonestus
unanständig obsc(a)enus
unausweichlich *es ist* ~ necesse est
unbändig effrenatus; ferox, ferocis
unbearbeitet incultus
unbedeutend exiguus; ignobilis, ignobilis, ignobile; levis, levis, leve; mediocris, mediocris, mediocre; minutus; parvus
Unbedeutendheit humilitas, humilitatis *f*
unbedingt absolutus
unbeerdigt inhumatus
unbegrenzt immoderatus; infinitus
unbeherrscht impotens, impotentis; incontinens, incontinentis
Unbeherrschtheit intemperantia, intemperantiae *f*
unbehindert expeditus
unbekannt ignarus; ignobilis, ignobilis, ignobile; ignotus; nescius; obscurus; ~ *sein* latēre
Unbekanntheit obscuritas, obscuritatis *f*
unbekümmert securus
unbelebt inanimus
unbemerkt *bleiben* fallere
unbequem incommodus
Unbequemlichkeit incommodum, Incommodi *n*
unberühmt ignobilis, ignobilis, ignobile
unberührt impubis, impubis, impube; intactus; integer, integra, integrum
unbeschäftigt otiosus
Unbescheidenheit immodestia, immodestiae *f*
unbescholten integer, integra, integrum
unbeschränkt liber, libera, liberum
unbesiegbar invictus
unbesiegt invictus
unbesonnen temerarius
Unbesonnenheit temeritas, temeritatis *f*
unbeständig inconstans, inconstantis; mobilis, mobilis, mobile; ventosus
Unbeständigkeit inconstantia, inconstantiae *f*; mobilitas, mobilitatis *f*

unbestechlich incorruptus
unbestimmt incertus; infinitus
unbeteiligt expers, expertis
unbewaffnet inermis, inermis, inerme
unbeweglich immobilis, immobilis, immobile; immotus
unbewegt immotus
unbeweint illacrimabilis, illacrimabilis, illacrimabile
unbewohnt desertus
unbezwinglich indomitus
unbillig iniquus
unblutig incruentus
unbrauchbar inutilis, inutilis, inutile
und ac *Kj*; atque *Kj*; et *Kj*; -que *Kj*; ~ *dazu* ac *Kj*; atque *Kj*; ~ *doch* atqui(n) *Kj*; ~ *nicht* nec *Kj*; ~ *so weiter (usw.)* etc. (et cetera); ~ *sogar* ac *Kj*; atque *Kj*
undankbar immemor, immemoris *[Genitiv]*; ingratus
uneben iniquus
Unebenheit iniquitas, iniquitatis *f*
Unehre dedecus, dedecoris *n*
unehrenhaft inhonestus
uneingedenk immemor, immemoris *[Genitiv]*
uneinig discors, discordis; ~ *sein* disconvenīre; discordare
Uneinigkeit discordia, discordiae *f*; dissensio, dissensionis *f*
uneins discors, discordis; ~ *sein* dissentīre *[a mit Ablativ]*; dissidēre
Unempfindlichkeit indolentia, indolentiae *f*
unendlich aeternus; infinitus
Unendlichkeit infinitas, infinitatis *f*; infinitio, infinitionis *f*
unentgeltlich gratis *Adv*; gratuito *Adv*; gratuitus
unentschieden anceps, ancipitis; suspensus
unerbittlich illacrimabilis, illacrimabilis, illacrimabile
unerfahren imperitus; impubis, impubis, impube; inexpertus; rudis, rudis, rude
Unerfahrenheit imperitia, imperitiae *f*
unerhört inautidus; inusitatus
unermesslich immensus
unermüdlich assiduus
unerprobt inexpertus
unerschrocken impavidus; interritus
Unerschrockenheit ferocia, ferociae *f*
unerschütterlich immotus
unerträglich intolerabilis, intolerabilis, intolerabile; intolerandus
unerwartet inopinatus; necopinatus; repens, repentis; repentinus
unfähig nescius
Unfall calamitas, calamitatis *f*; casus, casus *m*; offensio, offensionis *f*
unförmig informis, informis, informe
unfreundlich tristis, tristis, triste; truculentus
unfruchtbar sterilis, sterilis, sterile
ungastlich inhospitalis, inhospitalis, inhospitale
ungebildet barbarus; incultus; indoctus; inhumanus; rudis, rudis, rude
ungebräuchlich inusitatus
ungebunden liber, libera, liberum; licens, licentis; solutus
ungeduldig impatiens, impatientis
ungefähr ad *Präp [Akkusativ]*; admodum *Adv*; circiter *Adv*; fere/ferme *Adv*; quasi *Adv*
ungeheuer immanis, immanis, immane; ingens, ingentis
Ungeheuer belua, beluae *f*; monstrum, monstri *n*; ostentum, ostenti *n*; portentum, portenti *n*; prodigium, prodigii *n*
ungehört inautidus; surdus
ungelegen intempestivus

ungelehrig indocilis, indocilis, indocile
ungelehrt indocilis, indocilis, indocile
ungemein immensus; oppido *Adv*
ungeordnet inconditus; tumultuarius
ungepflegt incomptus; incultus; squalidus
ungerächt inultus
ungerade *(Zahl)* impar, imparis
ungerecht iniquus; iniuriosus; iniurius; iniustus
Ungerechtigkeit iniquitas, iniquitatis *f*; iniuria, iniuriae *f*; iniustitia, iniustitiae *f*
ungern aegre *Adv*; invitus
ungerührt illacrimabilis, illacrimabilis, illacrimabile
ungeschehen infectus
Ungeschick inscitia, inscitiae *f*
Ungeschicklichkeit inertia, inertiae *f*
ungeschickt absurdus; inconcinnus; indoctus; iners, inertis; inscitus; rudis, rudis, rude
ungeschoren intonsus
ungeschützt incautus; intutus
ungestalt informis, informis, informe
ungestraft impune *Adv*; inultus
ungestüm protervus; rapidus; violens, violentis; violentus
Ungestüm impetus, impetus *m*; violentia, violentiae *f*
ungesund pestilens, pestilentis
ungewaschen illutus
ungeweiht profanus
ungewiss dubius; incertus; suspensus
Ungewitter tempestas, tempestatis *f*
ungewöhnlich novus
Ungewöhnlichkeit insolentia, insolentiae *f*
ungewohnt desuetus; insolens, insolentis; insolitus; insuetus; inusitatus
ungezähmt ferus; indomitus

unglaublich incredibilis, incredibilis, incredibile
ungleich dispar, disparis; impar, imparis; iniquus
Ungleichheit iniquitas, iniquitatis *f*
Unglück calamitas, calamitatis *f*; clades, cladis *f*; incommodum, incommodi *n*; miseria, miseriae *f*; ~ *verheißend* sinister, sinistra, sinistrum
unglücklich infaustus; infelix, infelicis; miser, misera, miserum
unglückselig infelix, infelicis
Unglücksfall calamitas, calamitatis *f*
ungültig irritus
Ungunst iniquitas, iniquitatis *f*
ungünstig adversus; importunus; infaustus; iniquus
unharmonisch inconcinnus
Unheil calamitas, calamitatis *f*; labes, labis *f*; malum, mali *n*; pestis, pestis *f*
unheilbringend pestifer, pestifera, pestiferum
unheilig nefastus; profanus
unheilvoll ater, atra, atrum; calamitosus; exitiosus; infelix, infelicis; obsc(a)enus
Unkenntnis ignorantia, ignorantiae *f*; ignoratio, ignorationis *f*; imprudentia, imprudentiae *f*; inscientia, inscientiae *f*; inscitia, inscitiae *f*
unkeusch impudicus
Unkeuschheit impudicitia, impudicitiae *f*
unklar obscurus
unklug imprudens, imprudentis; inscitus
unkriegerisch imbellis, imbellis, imbelle
unkundig ignarus; imperitus; imprudens, imprudentis; inscius
unmäßig incontinens, incontinentis
unmenschlich inhumanus
Unmenschlichkeit immanitas, immanitatis *f*

unmittelbar *folgen* subsequi; ~ *folgend* continens, continentis; ~ *nach* iuxta *Präp [Akkusativ]*; secundum *Präp [Akkusativ]*
Unmut indignatio, indignationis *f*
Unnachgiebigkeit contumacia, contumaciae *f*
unnütz inanis, inanis, inane; supervacaneus; supervacuus
unparteiisch aequabilis, aequabilis, aequabile
Unparteilichkeit aequabilitas, aequabilitatis *f*
unpassend absurdus; alienus; incommodus; ineptus
Unrat caenum, caeni *n*
Unrecht iniuria, iniuriae *f*; nefas *n*
unrechtmäßig iniuriosus
unredlich improbus
unreif acerbus
unrein immundus; impurus; incestus
Unruhe motus, motus *m*; sollicitudo, sollicitudinis *f*; tumultus, tumultus *m*
unruhig anxius; inquietus; sollicitus; trepidus; tumultuosus; turbidus; turbulentus
unrühmlich indecoris, indecoris, indecore; indecorus; inglorius
unsagbar infandus
unschädlich innocens, innocentis; innocuus; innoxius
unscheinbar obsoletus
unschicklich indecorus
Unschuld innocentia, innocentiae *f*
unschuldig immerens, immerentis; immeritus; innocens, innocentis; innocuus; innoxius; insons, insontis
unselig funestus
unser noster, nostra, nostrum
unsicher ambiguus; dubius; incertus; intutus; lubricus; precarius
unsichtbar caecus
unsinnig amens, amentis; demens, dementis; insanus; vecors, vecordis; ~ *sein* desipere
unsterblich immortalis, immortalis, immortale
Unsterblichkeit immortalitas, immortalitatis *f*
unstet vagus
Untat facinus, facinoris *n*
untätig deses, desidis; ignavus; iners, inertis; otiosus
Untätigkeit desidia, desidiae *f*; ignavia, ignaviae *f*; inertia, inertiae *f*; somnus, somni *m*
Untauglichkeit nequitia, nequitiae *f*
unteilbar individuus
unteilhaftig expers, expertis
unten deorsum *Adv*; infra *Adv*; subter *Adv*; *nach* ~ deorsum *Adv*; ~ *befindlich* infernus; inferus
unter infra *Präp [Akkusativ]*; sub *Präp*; subter *Präp [Akkusativ/Ablativ]*; *(mitten)* ~ inter *Präp [Akkusativ]*; ~ ... *hin* sub *Präp*
unterbrechen dirimere; incīdere; intercipere; intermittere; interpellare; interrumpere; intervenīre
unterbringen collocare
unterdessen interea *Adv*; interim *Adv*
unterdrücken calcare; comprimere; deprimere; opprimere
untere *der* ~ inferior, inferior, inferius; inferus
Unterfeldherr legatus, legati *m*
Untergang casus, casus *m*; excidium, excidii *n*; exitium, exitii *n*; interitus, interitus *m*; letum, leti *n*; obitus, obitus *m*; occasus, occasus *m*; pernicies, perniciei *f*; ruina, ruinae *f*
Untergebener minister, ministri *m*
untergehen excidere; interīre; occidere; praecipitare
untergraben subruere
unterhalb infra *Präp [Akkusativ]*; sub *Präp*; subter *Adv*; ~ *von* subter *Präp [Akkusativ/Ablativ]*
Unterhalt victus, victus *m*

unterhalten delectare; oblectare; *sich* ~ colloqui
unterhaltsam lepidus; ludicer/ludicrus, ludicra, ludicrum
Unterhaltung delectatio, delectationis *f*; oblectatio, oblectationis *f*
unterirdisch infernus
unterjochen subigere
Unterkleid tunica, tunicae *f*
unterlassen omittere; praetermittere
unterlegene *der* ~ inferior, inferior, inferius
Unterleib ilia, ilium *n*; inguen, inguinis *n*; uterus, uteri *m*
unterliegen succumbere
unternehmen adorīri; aggredi; conari; instituere; molīri; occipere; subīre; suscipere
Unternehmen coeptum, coepti *n*; conatus, conatus *m*
Unternehmung expeditio, expeditionis *f*
Unternehmungsgeist industria, industriae *f*
unterordnen subicere
Unterpfand pignus, pignoris/pigneris *n*
unterreden *sich* ~ colloqui
Unterredung colloquium, colloquii *n*
Unterricht disciplina, disciplinae *f*; doctrina, doctrinae *f*; eruditio, eruditionis *f*; institutio, institutionis *f*
unterrichten docēre; erudīre; instituere; instruere
untersagen interdicere
unterscheiden dignoscere; diiudicare; dinstinguere; discernere; disiungere; distinguere; internoscere; secernere; seiungere; *sich* ~ differre; discrepare; distare; interesse
Unterscheidung distinctio, distinctionis *f*
unterschieben subdere
Unterschied differentia, differentiae *f*; discrimen, discriminis *n*; distinctio, distinctionis *f*; diversitas, diversitatis *f*
unterschiedlich *sein* variare
unterschiedlos promiscu(u)s
unterschlagen fraudare *[Ablativ]*
Unterschlagung peculatus, peculatus *m*
Unterschleif peculatus, peculatus *m*
Unterstatthalter legatus, legati *m*
unterste *der* ~ imus; infimus
unterstellen subdere
unterstützen adiutare; adiuvare *[Akkusativ]*; iuvare *[Akkusativ]*; sublevare; sustentare
Unterstützung adiumentum, adiumenti *n*; auxilium, auxilii *n*
untersuchen anquirere; cognoscere; excutere; inquirere; pertractare; quaerere *[ex/ab mit Ablativ]*; scrutari; temptare
Untersuchung cognitio, cognitionis *f*; disputatio, disputationis *f*; notio, notionis *f*; quaestio, quaestionis *f*; scrutatio, scrutationis *f*
untertags interdiu *Adv*
Untertan deditius
untertänig dediticius
untertauchen submergere; summergere
unterweisen instituere; instruere
Unterwelt chaos *n*; *zur ~ gehörig* infernus
unterwerfen pacare; subdere; subicere; subigere
Unterwerfung deditio, deditionis *f*
unterworfen deditius
unterwühlen subruere
unterwürfig obnoxius
Unterwürfigkeit humilitas, humilitatis *f*
unterziehen *sich* ~ subīre
Untiefe vadum, vadi *n*
Untier belua, beluae *f*
untrennbar inseparabilis, inseparabilis, inseparabile
untüchtig iners, inertis

unüberlegt inconsultus; temerarius; temere *Adv*
Unüberlegtheit inscitia, inscitiae *f*
ununterbrochen continuus; perpetuus; ~ *bis* usque (ad) *Adv [Akkusativ]*
unveränderlich immutabilis, immutabilis, immutabile
unverändert *bleiben* constare
unverdient immeritus; indignus
unverdorben incorruptus
unverdrossen impiger, impigra, impigrum
unvergänglich aeternus
unverheiratet caelebs, caelibis; innupta, innuptae *f*; viduus
unverletzlich inviolatus; sacrosanctus
Unverletzlichkeit sanctitas, sanctitatis *f*
unverletzt incolumis, incolumis, incolume; incruentus; inviolatus; salvus; sanctus
Unverletztheit incolumitas, incolumitatis *f*
unvermählt caelebs, caelibis
unvermischt merus; purus
unvermutet improvisus; inopinatus; necopinatus; repentinus; subitus *Adv*
unverschämt improbus; impudens, impudentis; impudicus
Unverschämtheit impudentia, impudentiae *f*; insolentia, insolentiae *f*
unversehrt incolumis, incolumis, incolume; incorruptus; intactus; integer, integra, integrum; salvus; sincerus; sospes, sospitis
Unversehrtheit incolumitas, incolumitatis *f*; integritas, integritatis *f*
unversiegbar iugis, iugis, iuge
unversöhnlich implacabilis, implacabilis, implacabile
Unverstand inscitia, inscitiae *f*
unverständig inscitus; insipiens, insipientis
unverzüglich confestim *Adv*; protinus *Adv*
unvollständig mancus
unvorhergesehen improvisus
unvorsichtig incautus
unwegsam impeditus; invius
Unwetter tempestas, tempestatis *f*
unwiderstehlich rapax, rapacis
unwillig indignari *[Akkusativ]*; ~ *sein* stomachari
unwirtlich inhospitalis, inhospitalis, inhospitale
unwissend ignarus; insciens, inscientis; inscius; nescius
Unwissenheit ignorantia, ignorantiae *f*; ignoratio, ignorationis *f*; inscientia, inscientiae *f*
unwürdig indignus
unzählbar innummerabilis, innummerabilis, innummerabile
unzählig innumerabilis, innumerabilis, innumerabile
unzeitig intempestivus
unzertrennlich inseparabilis, inseparabilis, inseparabile
unziemlich indignus
Unzucht impudicitia, impudicitiae *f*; stuprum, stupri *n*
unzufrieden *sein* paenitēre
Unzufriedenheit invidia, invidiae *f*
unzugänglich impeditus; importunus
Unzugänglichkeit *(eines Menschen)* difficultas, difficultatis *f*
unzuverlässig futilis, futilis, futile; incertus; infidelis, infidelis, infidele; infidus; intutus
üppig laetus; luxuriosus; uber, uberis; ~ *wachsen* luxuriare
Üppigkeit luxuria, luxuriae *f*
Ur urus, uri *m*
Urgroßvater proavus, proavi *m*
Urheber auctor, auctoris *m*; conditor, conditoris *m*; effector, effectoris *m*

Urkunde monumentum, monumenti *n*; tabella, tabellae *f*
Urlaub commeatus, commeatus *m*; vacatio, vacationis *f*
Ursache causa, causae *f*; momentum, momenti *n*
Ursprung exordium, exordii *n*; fons, fontis *m*; origo, originis *f*; primordium, primordii *n*; stirps, stirpis *f*
Urteil arbitrium *n*; existimatio, existimationis *f*; iudicium, iudicii *n*; sapor, saporis *m*; sententia, sententiae *f*
urteilen existimare; iudicare

V

Vater genitor, genitoris *m*; parens, parentis *m/f*; pater, patris *m*
Vaterland patria, patriae *f*
vaterländisch patrius
väterlich paternus; patrius
Vatermörder parricida, parricidae *m/f*
Vaterstadt patria, patriae *f*
Veilchen viola, violae *f*
Vene vena, venae *f*
Venus Venus, Veneris *f*
verabreden pacisci
Verabredung praedictum, praedicti *n*
verabscheuen detestari
verabscheuenswürdig detestabilis, detestabilis, detestabile
verachten aspernari; contemnere; despicere; spernere; temnere
Verachtung contemptio, contemptionis *f*; contemptus, contemptus *m*; despectus, despectus *m*
veraltet exoletus
veränderlich mutabilis, mutabilis, mutabile
verändern commutare; convertere; immutare; mutare; permutare
Veränderung commutatio, commutationis *f*; immutatio, immutationis *f*
verängstigen perturbare
verängstigt pavidus
veranlassen adducere; commovēre; compellere; impellere; perducere; permovēre
veranstalten instaurare; instituere
veräußern abalienare
Verband fomentum, fomenti *n*
verbannen deportare; expellere; fugare; relegare
verbannt ex(s)ul, exulis; profugus; ~ *sein* ex(s)ulare
Verbannter ex(s)ul, exulis *m*
Verbannung ex(s)ilium, exilii *n*; fuga, fugae *f*; *in der ~ leben* ex(s)ulare
verbauen inaedificare; obstruere
verbergen abdere; abscondere; celare; condere; contegere; dissimulare; obscurare; occulere; occultare; recondere
verbessern corrigere; emendare
Verbesserung correctio, correctionis *f*
verbieten interdicere; sancīre; vetare
verbinden adnectere; colligare; conectere; coniungere; connectere; contexere; copulare; immiscēre; implicare; iungere; obligare; sociare
Verbindung coniunctio, coniunctionis *f*; iunctura, iuncturae *f*; nexus, nexus *m*; societas, societatis *f*; *enge ~* necessitudo, necessitudinis *f*
verbleiben permanēre; remanēre
verblendet caecus
Verblendung caecitas, caecitatis *f*
verblüffen stupefacere
verblüfft *sein* obstupescere

verborgen occultus; reconditus; ~ *bleiben* fallere; latēre; ~ *sein* latēre
Verbot interdictum, interdicti *n*
verboten nefastus
verbrämen praetexere; variare
verbrauchen absumere; consumere
Verbrechen crimen, criminis *n*; facinus, facinoris *n*; parricidium, parricidii *n*; scelus, sceleris *n*
Verbrecher scelus, sceleris *n*
verbrecherisch nefarius; nocens, nocentis; sceleratus; scelestus; scleratus
verbreiten diffundere; dispergere; ēdere; excutere; vulgare; *sich* ~ manare; vagari
verbrennen adolēre; adurere; amburere; comburere; concremare; cremare; flammare; *(etwas)* ~ urere; *(gänzlich)* ~ exurere; perurere
Verbrennung sepultura, sepulturae *f*
verbringen degere
verbünden *sich eidlich* ~ coniurare
verbündet foederatus; socius, socii *m*
Verbündeter foederatus; socius, socii *m*
verbürgen praestare *[Akkusativ]*
Verdacht suspicio, suspicionis *f*
verdächtig suspectus
verdächtigen insimulare; suspectare
Verdächtigung criminatio, criminationis *f*
verdanken debēre
verdecken occulere
verderben contaminare; corrumpere; perdere; vitiare
Verderben corruptela, corruptelae *f*; exitium, exitii *n*; pernicies, perniciei *f*; pestis, pestis *f*
verderblich calamitosus; damnosus; dirus; exitiosus; funestus; perniciosus; pestifer, pestifera, pestiferum; pestilens, pestilentis
Verderbnis corruptela, corruptelae *f*
verdichten densare; densēre
verdienen commerēre; emerēre; merēre; merēri
Verdienst laus, laudis *f*; meritum, meriti *n*; *nach* ~ merito *Adv*
verdient dignus *[Ablativ]*; *sich* ~ *machen* emerēre; merēri
verdientermaßen merito *Adv*
verdoppeln duplicare; geminare; ingeminare
verdorben pravus
verdrängen depellere; detrudere
verdrehen detorquēre; distorquēre; intorquēre
verdreht perversus
verdrießlich molestus
verdrossen piger, pigra, pigrum
Verdruss molestia, molestiae *f*; offensio, offensionis *f*; stomachus, stomachi *m*
verdunkeln obscurare
verdutzt stupidus
verehren adorare; colere; venerari; verēri
Verehrer cultor, cultoris *m*
Verehrung caerimonia, caerimoniae *f*; cultus, cultus *m*; veneratio, venerationis *f*; verecundia, verecundiae *f*
vereidigt iuratus
vereinbaren decīdere
Vereinbarung condicio, condicionis *f*; pactio, pactionis *f*
vereinigen communicare; congregare; coniungere; iungere; sociare; *sich* ~ coīre
Vereinigung coetus, coetus *m*; coitus, coitus *m*; collegium, collegii *n*; confusio, confusionis *f*
vereinzelt raro *Adv*; rarus
verewigen sacrare
verewigt divus
verfahren *ernstlich* ~ asseverare
Verfall defectio, defectionis *f*

verfallen puter, putris, putre; senescere
verfälschen vitiare
verfänglich captiosus
verfassen componere; concipere; conscribere; pangere; scribere
Verfasser auctor, auctoris *m*; conditor, conditoris *m*
Verfassung constitutio, constitutionis *f*; status, status *m*
verfeinern polīre
verfertigen fabricare/fabricari; texere
verflechten contexere
verfluchen abominari; devovēre; ex(s)ecrari
verflucht devotus; sacer, sacra, sacrum *[Genitiv]*
verfolgen consectari; exagitare; ex(s)equi; insectari; insequi; persequi; prosequi; sequi
Verfügung edictum, edicti *n*; *zur ~* praesto *Adv*; *zur ~ stehen* suppetere
Verfügungen acta, actorum *n*
Verführung corruptela, corruptelae *f*; illecebra, illecebrae *f*
vergangen antiquus
vergänglich caducus; fluxus; fugax, fugacis
vergeben condonare
vergebens frustra *Adv*
vergeblich futilis, futilis, futile; incassum *Adv*; nequiquam *Adv*
Vergeblichkeit vanitas, vanitatis *f*
vergehen decedere; effluere; evanescere; exolescere; mori; tabescere; *sich ~* delinquere
Vergehen delictum, delicti *n*; noxia, noxiae *f*; peccatum, peccati *n*; vitium, vitii *n*
vergelten reponere
vergessen oblivisci *[Genitiv]*
vergessend immemor, immemoris *[Genitiv]*
Vergessenheit oblivio, oblivionis *f*; oblivium, oblivii *f*; *in ~ bringen* oblitterare
Vergesslichkeit oblivio, oblivionis *f*; oblivium, oblivii *f*
vergeuden confringere; consumere; conterere; dissipare
vergießen profundere
vergiften inficere
Vergleich collatio, collationis *f*; comparatio, comparationis *f*; *im ~ zu* prae *Präp [Ablativ]*
vergleichen assimulare; comparare; componere; conferre
Vergnügen delectatio, delectationis *f*; deliciae, deliciarum *f*; gaudium, gaudii *n*; voluptas, voluptatis *f*
vergnügt hilaris, hilaris, hilare; hilarus
vergoldet auratus
vergraben defodere; infodere
vergrößern augēre; exaggerare; prolatare
Vergünstigung benficium, benficii *n*; commodum, commodi *n*
Verhältnis *im ~ zu* pro *Präp [Ablativ]*
verhandeln agere; agitare; disceptare; orare
Verhandlung actio, actionis *f*; disceptatio, disceptationis *f*
Verhängnis fatum, fati *n*
verhängnisvoll fatalis, fatalis, fatale
verharren permanēre; perseverare
verhasst invidiosus; invisus; odiosus
verheeren depopulari; populari; vastare; vexare
Verheerung depopulatio, depopulationis *f*; populatio, populationis *f*
verhehlen celare; *etwas ~* dissimulare
verheimlichen abscondere; celare; dissimulare
Verheimlichung dissimulatio, dissimulationis *f*
verheiratet maritus, mariti *m*
verheißen profitēri

verherrlichen celebrare; exornare; illustrare; *(durch Opfer)* ~ mactare
verhindern impedīre; prohibēre *[a mit Ablativ]*; vetare
verhöhnen insultare
Verhör interrogatio, interrogationis *f*
verhüllen celare; contegere; cooperīre; obscurare; obtendere; operīre; tegere; velare
verirren *sich* ~ aberrare; errare
verjagen abigere; deicere; depellere; deturbare; fugare
verkaufen vendere
Verkäufer venditor, venditoris *m*
verkäuflich venalis, venalis, venale
verkauft *werden* vēnīre
Verkehr commeatus, commeatus *m*; commercium, commercii *n*; *geselliger* ~ consuetudo, consuetudinis *f*
verkehren commeare
verkehrt perversus; pravus; *etwas ~ machen* peccare
Verkehrtheit pravitas, pravitatis *f*
verkleinern minuere
verknüpfen colligare; conectere; connectere; conserere; copulare; innectere; nectere; serere
verkrüppelt mancus
verkümmern senescere
verkünden edicere; fari; nuntiare; ominari; pronuntiare; renuntiare; *öffentlich* ~ declarare
verkündigen edicere
verkürzen corripere
verkürzt curtus
Verkürzung contractio, contractionis *f*
verlachen deridēre; irridēre
verlangen appetere; avēre; desiderare *[Akkusativ]*; exigere; expetere; exposcere; expostulare; petere; poscere; postulare; requirere; *heftig* ~ gestīre
Verlangen appetitio, appetitionis *f [Genitiv]*; appetitus, appetiti *m [Genitiv]*; cupiditas, cupiditatis *f*; cupido, cupidinis *f*; ~ *(nach)* desiderium, desiderii *n [Genitiv]*
verlängern proferre; prorogare
verlassen deficere; deserere; desertus; destituere; egredi *[Ablativ]*; linquere; relinquere
Verlässlichkeit fides, fidei *f*
verleben degere
Verlegenheit angustiae, angustiarum *f*
verleiten adducere; inducere
verletzen laedere; offendere; pungere; violare; vulnerare
Verleugnung dissimulatio, dissimulationis *f*
verleumden calumniari
Verleumdung calumnia, calumniae *f*; maledictum, maledicti *n*
verlieren amittere; perdere; *ganz* ~ deperdere; *sich* ~ evanescere
verlobt sponsus, sponsi *m*
Verlobter sponsus, sponsi *m*
verlocken allicere; illicere; pellicere
Verlockung illecebra, illecebrae *f*
Verlust amissio, amissionis *f*; clades, cladis *f*; damnum, damni *n*; detrimentum, detrimenti *n*; iactura, iacturae *f*
vermachen legare
Vermächtnis legatum, legati *n*
Vermählung nuptiae, nuptiarum *f*
vermehren amplificare; augēre; multiplicare
vermeiden declinare; effugere *[Akkusativ]*; fugitare; vitare
vermengen commiscēre; confundere
vermieten locare
vermindern deminuere; extenuare; imminuere; limare; minuere; tenuare
Verminderung levatio, levationis *f*

vermischen admiscēre; commiscēre; confundere; miscēre; permiscēre
vermischt promiscu(u)s
Vermischung confusio, confusionis *f*
vermissen desiderare *[Akkusativ]*
vermitteln conciliare
Vermittler interpres, interpretis *m*
Vermittlung intercessio, intercessionis *f*
vermögen pollēre; posse; valēre
Vermögen pecunia, pecuniae *f*; *geschätztes ~* census, census *m*
Vermögensschätzung census, census *m*
vermuten conicere; coniectare; opinari; praesumere; suspicari; suspicere
vermutlich opinabilis, opinabilis, opinabile
Vermutung coniectura, coniecturae *f*; odor, odoris *m*; opinatio, opinationis *f*; opinio, opinionis *f*; suspicio, suspicionis *f*
vernachlässigen neglegere
Vernachlässigung neglegentia, neglegentiae *f*; situs, situs *m*
vernehmen accipere
verneinen negare
vernichten absumere; contundere; corrumpere; delēre; evellere; exedere; exscindere; exstinguere; interimere; iugulare; necare; perdere; perimere; prosternere; proterere; rescindere; restinguere; subvertere; tollere
Vernichtung interitus, interitus *m*; internecio, internecionis *f*; pernicies, perniciei *f*; strages, stragis *f*
Vernunft ratio, rationis *f*; sanitas, sanitatis *f*; *zur ~ bringen* sanare
vernünftig integer, integra, integrum; sanus; sapiens, sapientis
veröffentlichen divulgare; proferre; promulgare; publicare; vulgare
verordnen edicere; monstrare; praescribere
Verordnung edictum, edicti *n*; praescriptum, praescripti *n*
Verpflegung commeatus, commeatus *m*
verpflichten obligare; obstringere
verpflichtet obnoxius
Verpflichtung debitum, debiti *n*; nexus, nexus *m*
verprassen comedere
verprügeln concīdere
Verrat proditio, proditionis *f*
verraten prodere
Verräter desertor, desertoris *m*; index, indicis *m*; proditor, proditoris *m*
verräterisch perfidus
verrichten fungi *[Ablativ]*; gerere
verringern extenuare; minuere
verrucht nefandus; sacrilegus; scelestus
verrückt insanus; vecors, vecordis; *~ sein* insanīre
Verrücktheit insania, insaniae *f*
verrufen infamis, infamis, infame
Vers versus, versus *m*
versagen abnuere
versammeln cogere; conducere; congregare
Versammlung circulus, circuli *m*; coetus, coetus *m*; consessus, consessus *m*; contio, contionis *f*; conventus, conventus *m*; corona, coronae *f*
Versammlungsplatz comitium, comitii *n*
verschaffen comparare; ministrare; parare
verschämt pudens, pudentis
verschanzen circumvallare; munīre; vallare
Verschanzung vallum, valli *n*; vallus, valli *m*
verscheiden defungi *[Ablativ]*
Verschen versiculus, versiculi *m*

verschieben proferre
verschieden dispar, disparis; dissimilis, dissimilis, dissimile *[Ablativ]*; diversus; varius; ~ *(tönend)* dissonus; ~ *gestalten* variare; ~ *sein* differre; discrepare; variare
verschiedenartig varius
Verschiedenheit dissimilitudo, dissimilitudinis *f*; varietas, varietatis *f*
verschlagen astutus; callidus; deferre; versutus
verschlechtern depravare
verschleiern velare
verschleppen extrahere
verschließen claudere; cooperīre; includere; obstruere; operīre; praecludere
verschlimmern *sich* ~ ingravescere
verschlingen devorare; vorare
Verschluss claustra, caustrorum *n*
verschmähen aspernari; contemnere; dedignari; fastidīre; repellere; repudiare; respuere; spernere
verschmitzt vafer, vafra, vafrum
verschneit nivalis, nivalis, nivale; niveus
verschonen parcere *[Dativ]*
verschreiben assignare
verschulden admittere
verschwägert affinis, affinis, affine
Verschwägerung affinitas, affinitatis *f*
verschweigen reticēre; tacēre
verschwenden consumere; effundere; profundere
verschwenderisch luxuriosus; prodigus
Verschwendung luxuria, luxuriae *f*
Verschwendungssucht luxuria, luxuriae *f*
verschwiegen arcanus; tacitus
verschwinden abīre *[Ablativ]*; effluere; exolescere
verschwören *sich* ~ coniurare; conspirare
Verschworenen *die* ~ coniurati, coniuratorum *m*
Verschworener coniuratus
Verschwörer coniurati, coniuratorum *m*
Verschwörung coniuratio, coniurationis *f*
Verse *elegische* ~ elegi, elegorum *m*
versehen *(mit)* afficere *[Ablativ]*; *vorne ~ mit* praefigere
Versehen lapsus, lapsus *m*; mendum, mendi *n*; *aus* ~ perperam *Adv*; *ein ~ begehen* peccare
versengen urere
versenken demergere; mergere; submergere; summergere
versiegeln obsignare; signare
Verslein versiculus, versiculi *m*
Versmaß metrum, metri *n*
versöhnen conciliare; expiare; piare; placare; reconciliare
versöhnlich placabilis, placabilis, placabile
Versöhnung compositio, compositionis *f*
versonnen commenticius
verspätet serus
verspotten deridēre; eludere; illudere; irridēre
versprechen pollicēri; profitēri; promittere; spondēre; *förmlich* ~ despondēre
Versprechen pactio, pactionis *f*; pollicitatio, pollicitationis *f*; promissum, promissi *n*
versprochen votivus
verstaatlichen publicare
Verstand animus, animi *m*; cerebrum, cerebri *n*; cor, cordis *n*; intellegentia, intellegentiae *f*; mens, mentis *f*; sensus, sensus *m*; *ohne* ~ excors, excordis; ~ *haben* sapere
verständig sapiens, sapientis; ~ *sein* sapere
Verstärkung supplementum, supplementi *n*
Versteck latebra, latebrae *f*
verstecken abdere; occultare

versteckt obscurus; occultus
verstehen intellegere; scīre
Versteigerung auctio, auctionis *f*
verstellen *sich* ~ dissimulare
Verstellung dissimulatio, dissimulationis *f*; simulatio, simulationis *f*
versterben emori
verstohlen furtim *Adv*; furtivus
verstorben mortuus
verstoßen exturbare
verstreichen *lassen* omittere
verstricken obstringere
verstümmeln obtruncare; truncare
verstümmelt curtus; mancus; truncus
verstummen conticescere; obmutescere
Versuch conamen, conaminis *n*; conatus, conatus *m*; experientia, experientiae *f*; experimentum, experimenti *n*; periculum, periculi *n*
versuchen conari; experīri; periclitari; temptare; *nochmals* ~ retemptare
vertauschen mutare
verteidigen defendere; defensare; praesidēre; propugnare
Verteidiger defensor, defensoris *m*; patronus, patroni *m*
Verteidigung actio, actionis *f*; defensio, defensionis *f*; patrocinium, patrocinii *n*
verteilen dispertīre; disponere; distribuere; dividere; tribuere
Verteilung discriptio, discriptionis *f*; divisio, divisionis *f*
Vertrag foedus, foederis *n*; formula, formulae *f*; pactum, pacti *n*; ~ *schließen* pacisci
vertrauen confidere *[Dativ/Ablativ]*; credere; fidere *[Dativ/Ablativ]*
Vertrauen fides, fidei *f*; fiducia, fiduciae *f*
vertrauend *(auf)* fretus *[Ablativ]*
vertraut familiaris, familiaris, familiare; ~ *machen* imbuere
Vertrauter familiaris, familiaris *m*
vertrauteste *der* ~ intimus
vertreiben abigere; depellere; eicere; emovēre; exigere; expellere; exterminare; exturbare; fugare; pellere; propellere; propulsare; submovēre
Vertreter actor, actoris *m*
Vertretung patrocinium, patrocinii *n*
verunreinigen inquinare
verunstalten foedare; turpare
Verunstaltung pravitas, pravitatis *f*
verursachen creare; dare; importare; inicere; movēre
verurteilen condemnare; damnare
Verurteilung damnatio, damnationis *f*
vervielfältigen multiplicare
verwahren condere; custodīre; deponere; recondere
verwaist orbus
verwalten administrare; fungi *[Ablativ]*; procurare
Verwalter procurator, procuratoris *m*; vilicus
Verwaltung administratio, administrationis *f*; curatio, curationis *f*; procuratio, procurationis *f*; regimen, regiminis *n*
verwandeln mutare; vertere
verwandt finitimus; necessarius; propinquus
Verwandte necessarii, necessariorum
Verwandtenmord parricidium, parricidii *n*
Verwandtenmörder parricida, parricidae *m/f*
Verwandtschaft affinitas, affinitatis *f*; cognatio, cognationis *f*; coniunctio, coniunctionis *f*; propinquitas, propinquitatis *f*
verwegen audax, audacis; temerarius

Verwegenheit audacia, audaciae *f*; ferocia, ferociae *f*; temeritas, temeritatis *f*
verweichlichen effeminare
verweigern abnegare; abnuere; denegare; negare
verweilen commorari; morari; remorari; versari
verwelken senescere
verwenden insumere; ~ *auf* consumere
verwerfen explodere; improbare
Verwesung tabes, tabis *f*
verwickelt tortuosus
Verwicklung nodus, nodi *m*
verwildert efferatus
verwirren confundere; conturbare; implicare; miscēre; permiscēre; perturbare; turbare
verwirrend turbulentus
Verwirrung confusio, confusionis *f*; perturbatio, perturbationis *f*; trepidatio, trepidationis *f*; turba, turbae *f*
verwitwet viduus
verwöhnt delicatus
verworren dissonus; tortuosus
verwunden sauciare; ulcerare; vulnerare
Verwunderung admiratio, admirationis *f*
verwundet saucius
verwünschen abominari; detestari; ex(s)ecrari
Verwünschung preces, precum *f*
verwüsten depopulari; populari; vastare
Verwüstung strages, stragis *f*; vastatio, vastationis *f*; vastitas, vastitatis *f*
verzehren comedere; devorare; epulari; exedere; mandere; rodere; vorare
Verzeichnis album, albi *n*; tabula, tabulae *f*
verzeihen ignoscere
Verzeihung venia, veniae *f*
verzichten *(auf)* abīre *[Ablativ]*
verzögern commorari; demorari; morari; retardare; tardare
Verzögerung mora, morae *f*
verzweifeln *(an)* desperare
Verzweiflung desperatio, desperationis *f*
Veschiedenheit diversitas, diversitatis *f*
Veteran veteranus
Vetter consobrinus, consobrini *m*
Vieh pecus, pecoris *n*; *Stück* ~ pecus, pecudis *f*
viel multum *Adv*; multus; *sehr* ~ permultus; plurimum *Adv*; plurimus; *so* ~ tantum *Adv*; *ziemlich* ~ aliquantum *Adv*; *zu* ~ nimius
viele multi; *ebenso* ~ totidem; *sehr* ~ permulti; plerique; plurimi; *so* ~ tot *Adv*; *wie* ~ quot; *ziemlich* ~ complures, complures, complura
vielfältig multitplex, multitplicis; varius
vielleicht forsitan *Adv*; fortasse/fortassis *Adv*
vielmehr potius *Adv*; *nein* ~ immo (vero) *Kj*
Vielzahl multitudo, multitudinis *f*
vier quattuor
viereckig quadratus; ~ *machen* quadrare; ~ *sein* quadrare
vierfüßig quadrupes, quadrupedis
Viergespann quadrigae, quadrigarum *f*
vierhundert quadringenti
viermal quater *Adv*
vierte *der* ~ quartus
Viertelas quadrans, quadrantis *m*
vierzig quadraginta
vierzigste *der* ~ quadragesimus
Viper vipera, viperae *f*
Vlies vellus, velleris *n*
Vogel ales, alitis *m*; avis, avis *f*; volucris, volucris *f*
Vogelfänger auceps, aucupis *m*

Vogelschau augurium, augurii *n*; auspicium, auspicii *n*; ~ *halten* auspicari
Vogelschauer auspex, auspicis *m*
Vokabel vocabulum, vocabuli *n*
Volk gens, gentis *f*; natio, nationis *f*; plebs, plebis *f*; populus, populi *m*; vulgus, vulgi *n*; *einem ~ angehörig* gentilis, gentilis, gentile
volkreich celeber, celebris, celebre
Volksbeschluss plebiscitum, plebisciti *n*; scitum, sciti *n*
volksfreundlich popularis, popularis, populare
Volksmenge frequentia, frequentiae *f*; plebes, plebei *f*; plebs, plebis *f*; populus, populi *m*
Volkspartei populares, popularium *m*
Volksstamm natio, nationis *f*
volkstümlich popularis, popularis, populare
Volksversammlung concilium, concilii *n*; contio, contionis *f*
voll differtus; spissus; ~ *(von/mit)* plenus *[Genitiv]*; ~ *machen* quadrare; ~ *von* confertus *[Ablativ]*; gravidus *[Ablativ]*; refertus *[Ablativ]*
voll gestopft differtus; ~ *mit* confertus *[Ablativ]*; refertus *[Ablativ]*
voll stopfen farcīre; refercīre
vollauf abunde *Adv*
vollbringen patrare; perpetrare
vollenden absolvere; conficere; efficere; exigere; patrare; peragere; perficere; transigere
vollendet absolutus; perfectus
vollends vero *Kj*
Vollendung maturitas, maturitatis *f*; perfectio, perfectionis *f*
vollführen perpetrare
völlig admodum *Adv*; funditus *Adv*; penitus *Adv*; plane *Adv*; radicitus *Adv*; totus, totius
vollkommen absolutus; perfectus; rotundus
Vollkommenheit perfectio, perfectionis *f*; *sittliche ~* virtus, virtutis *f*
vollständig totus, totius
vollziehen ex(s)equi; perpetrare
von a/ab/abs *Präp [Ablativ]*; de *Präp [Ablativ]*; *~ ... an* a/ab/abs *Präp [Ablativ]*; de *Präp [Ablativ]*; e/ex *Präp [Ablativ]*; *~ ... her* a/ab/abs *Präp [Ablativ]*; *~ ... herab* de *Präp [Ablativ]*; *~ ... weg* de *Präp [Ablativ]*; *~ da* inde *Adv*; *~ dort* inde *Adv*; *~ hier* abhinc *Adv*; *~ jetzt an* abhinc *Adv*; *~ nunmehr* abhinc *Adv*
vor ante *Präp [Akkusativ]*; coram *Präp [Ablativ]*; prae *Präp [Ablativ]*; pro *Präp [Ablativ]*; *(zeitlich) ~* citra *Präp [Akkusativ]*; *~ kurzem* nunc *Adv*; nuper *Adv*
vorangehen antecedere; anteīre; praecedere; praegredi; praeīre
vorankommen procedere
voranstehen praestare *[Akkusativ]*
voranstellen anteponere
vorantragen anteferre; praeferre
vorausgehen antecedere; antegredi
vorauslaufen praecurrere
voraussagen augurari; portendere
vorausschicken praemittere
voraussehen providēre
voraussehend providus
Vorbedeutung omen, ominis *n*
vorbei *an* praeter *Präp [Akkusativ]*
vorbeifließen praefluere
vorbeigehen *lassen* praetermittere
vorbereiten apparare; comparare; parare; praeparare; *(sich) ~* meditari *[Akkusativ/de + Ablativ]*
Vorbereitung meditatio, meditationis *f*; paratus, paratus *m*
Vorbild exemplar, exemplaris *n*; exemplum, exempli *n*

Vorderbug *(eines Tieres)* armus, armi *m*
Vorderdeck prora, prorae *f*
vordere *der ~* prior, prior, prius
Vorderseite frons, frontis *f*
vorderste *der ~* primoris, primoris, primore; primus
Vordringen incessus, incessus *m*
voreilig praeceps, praecipitis
Voreingenommenheit studium, studii *n*
vorenthalten detinēre
Vorfahre avus, avi *m*
Vorfahren maiores, maiorum *m*
vorführen producere
vorgeben praetendere; praetexere; *etwas ~* simulare
Vorgebirge promonturium/promunturium, promonturii *n*
vorgehen grassari; *~ gegen* animadvertere *[in + Akkusativ]*; consulere *[Akkusativ/in + Akkusativ/Dativ]*
vorhaben parare
Vorhaben coeptum, coepti *n*; inceptum, incepti *n*; institutum, instituti *n*
Vorhalle vestibulum, vestibuli *n*
vorhanden *sein* esse; ex(s)tare; subesse; *(reichlich) ~ sein* suppetere
Vorhang aulaeum, aulaei *n*
vorher ante *Adv*; antea *Adv*; ant(e)hac *Adv*
vorherempfinden praesentīre
Vorhersage praedictio, praedictionis *f*; praedictum, praedicti *n*
vorhersagen praedicere
vorhersehen prospicere; providēre
vorherwissend praescius
Vorhof vestibulum, vestibuli *n*
Vorkämpfer antesignanus, antesignani *m*
vorkommen nasci
vorladen citare
vorlegen proponere
vorlesen recitare
Vorleser lector, lectoris *m*
Vorliebe studium, studii *n*
vormalig pristinus
Vormund tutor, tutoris *m*
Vormundschaft tutela, tutelae *f*
vorn adversus; *von ~* adversus
vornehm illustris, illustris, illustre; liberalis, liberalis, liberale; nobilis, nobilis, nobile; primarius
vornehmen *sich ~* proponere
Vornehmen *die ~* proceres, procerum *m*
vornehmlich potissimum *Adv*; praecipue *Adv*
vornehmste *der ~* primoris, primoris, primore
Vornehmsten *die ~* primores, primorum *m*
Vorrang principatus, principatus *m*
Vorrangstellung principatus, principatus *m*
Vorrat copia, copiae *f*; gaza, gazae *f*
Vorrecht ius, iuris *n*
Vorrede prologus, prologi *m*
Vorrichtung machina, machinae *f*
vorrücken pergere; procedere; procurrere; prodīre; progredi
Vorrücken incessus, incessus *m*; successus, successus *m*
vorsagen *(oft) ~* dictare
Vorsatz consilium, consilii *n*; propositum, propositi *n*
vorschieben promovēre; subdere
Vorschlag mentio, mentionis *f*
vorschlagen proponere
vorschreiben monstrare; praecipere; praescribere

Vorschrift lex, legis *f*; praeceptum, praecepti *n*; praescriptum, praescripti *n*
vorschützen obtendere; praetendere; praetexere
vorsehen *sich ~* cavēre *[Akkusativ]*
Vorsehung providentia, providentiae *f*
vorsichtig cautus; providus; tutus
Vorsitz *den ~ führen* praesidēre
Vorsorge providentia, providentiae *f*
vorsorgen prospicere; providēre
vorsprechen dictare
vorstädtisch suburbanus
vorstehen praeesse *[Dativ]*
vorstellen *sich ~* fingere
Vorstellung visio, visionis *f*
vorstrecken praetendere
vorstürmen procurrere
vortäuschen assimulare
Vorteil commodum, commodi *n*; emolumentum, emolumenti *n*; lucrum, lucri *n*; opportunitas, opportunitatis *f*; praeda, praedae *f*; utilitas, utilitatis *f*
Vortrag oratio, orationis *f*
vortragen pronuntiare; recitare
vortrefflich excellens, excellentis; praeclarus; praestabilis, praestabilis, praestabile; praestans, praestantis; probus
Vortrefflichkeit excellentia, excellentiae *f*; praestantia, praestantiae *f*; virtus, virtutis *f*
vortreiben promovēre
vorübergehen praeterīre; *~ lassen* intermittere; praetermittere; transmittere
Vorwand simulatio, simulationis *f*; species, speciei *f*
vorwärts porro *Adv*; protinus *Adv*; *~ gehen* procedere
vorwärts gleiten prolabi
vorwärts tragen proferre
vorwärts treiben propellere
vorwegnehmen antecapere; praecipere; praesumere
vorwerfen criminari; exprobrare; obicere; obiectare; proicere
Vorwurf crimen, criminis *n*; opprobrium, opprobrii *n*; probrum, probri *n*
Vorwürfe *machen* obicere
Vorzeichen augurium, augurii *n*; auspicium, auspicii *n*; avis, avis *f*; omen, ominis *n*; portentum, portenti *n*; prodigium, prodigii *n*
vorzeigen exhibēre
vorziehen anteferre; anteponere; obtendere; praeferre; praeponere
Vorzug praestantia, praestantiae *f*
vorzüglich imprimis *Adv*; praecipuus; praestabilis, praestabilis, praestabile; praestans, praestantis
vorzüglicher potior, potior, potius
Vorzüglichkeit bonitas, bonitatis *f*
vorzüglichste *der ~* potissimus
vorzugsweise potissimum *Adv*

W

Waage libra, librae *f*; trutina, trutinae *f*
wach vigil
Wache custodia, custodiae *f*; excubiae, excubiarum *f*; statio, stationis *f*; vigilia, vigiliae *f*; *~ halten* excubare
wachen vigilare
Wachmannschaft statio, stationis *f*
Wachposten excubiae, excubiarum *f*
Wachs cera, cerae *f*
Wachsamkeit vigilantia, vigilantiae *f*
wachsen crescere; innasci

Wachstafel cera, cerae *f*
Wächter custos, custodis *m/f*; vigil, vigilis *m*
wacker frugi; strenuus
Wade sura, surae *f*
Waffe *zum Werfen* telum, teli *n*
Waffen arma, armorum *n*; *~ führend* armiger, armigera, armigerum; *~ tragend* armiger, armigera, armigerum
Waffengattung armatura, armaturae *f*
waffenlos inermis, inermis, inerme
waffenstark armipotens, armipotentis
Waffenstillstand indutiae, indutiarum *f*
Wagemut audacia, audaciae *f*
wagen audēre; conari
Wagen axis, axis *m*; currus, currus *m*; plaustrum, plaustri *n*; vehiculum, vehiculi *n*; *(offener) ~* petorritum, petorriti *n*; *vierrädriger ~* carrus, carri *m*
wägen pendere; ponderare
Wagenkämpfer essedarius, essedarii *m*
Wagenlenker auriga, aurigae *m*
waghalsig audax, audacis
Wagnis ausum, ausi *n*
Wahl optio, optionis *f*
wählen creare; deligere; eligere
wählerisch fastidiosus
Wahlmöglichkeit optio, optionis *f*
Wahnsinn amentia, amentiae *f*; dementia, dementiae *f*; furor, furoris *m*; insania, insaniae *f*; vecordia, vecordiae *f*
wahnsinnig amens, amentis; delirus; demens, dementis; furialis, furialis, furiale; furiosus; insanus; vecors, vecordis; *~ sein* delirare; insanīre
wahr verus
während dum *Kj*; in *Präp*; inter *Präp [Akkusativ]*; per *Präp [Akkusativ]*; sub *Präp*; *~ dagegen* cum *Kj*
wahrhaftig profecto *Adv*
Wahrheit veritas, veritatis *f*
wahrlich vero *Kj*
wahrnehmen animadvertere *[in + Akkusativ]*; cernere; conspicere; dispicere; intellegere; notare; percipere; sentīre
Wahrnehmung animadversio, animadversionis *f*; perceptio, perceptionis *f*
Wahrsager augur, auguris *m*; coniector, coniectoris *m*
wahrscheinlich probabilis, probabilis, probabile; verisimilis, verisimilis, verisimile
Wahrzeichen monstrum, monstri *n*; *~ beobachten* augurari
Waise pupillus, pupilli *m*
Wald nemus, nemoris *n*; silva, silvae *f*; *im ~ lebend* silvestris, silvestris, silvestre
Waldgebirge saltus, saltus *m*
Waldschlucht saltus, saltus *m*
Wall agger, aggeris *m*; vallum, valli *n*
wallen undare
wallend fervidus
Walze cylindrus, cylindri *m*
wälzen volutare; volvere
Wand paries, parietis *m*
Wanderer viator, viatoris *m*
wandern migrare
Wange gena, genae *f*; mala, malae *f*
Wankelmut mobilitas, mobilitatis *f*
wankelmütig mobilis, mobilis, mobile
wanken labare; nutare
Wanken *ins ~ bringen* inclinare; *zum ~ bringen* labefactare
wankend *machen* labefacere
wann quando *Adv*; *~ auch immer* quandocumque *Adv*
Wanne alveus, alvei *m*

Ware merx, mercis *f*
warm calidus; tepidus; ~ *sein* calēre
Wärme calor, caloris *m*
wärmen fovēre; tepefacere
warnen admonēre *[Genitiv; de + Ablativ]*; ~ *(mit ne)* monēre
Warner monitor, monitoris *m*
Warnung *auf* ~ admonitū *Adv*
Warte specula, speculae *f*
warten ex(s)pectare; opperīri; ~ *auf* manēre
Wartung curatio, curationis *f*
warum quapropter *Kj*; quare *Adv*; ~ *?* cur *Adv*; ~ *nicht?* quidni *Adv*; quin *Adv*
was quis, cuius; ~ *betrifft* quoad *Präp [Akkusativ]*
waschen lavare
Wasser aqua, aquae *f*; latex, laticis *m*; liquor, liquoris *m*; ~ *holen* aquari
Wasserleitung aquaeductus, aquaeductus *m*
Wassernymphe naias, naiadis *f*
wasserreich aquosus
Wasserrinne canalis, canalis *m*
Wasserrohr fistula, fistulae *f*
Wasserschlange hydrus/hydra, hydri/hydrae *m/f*
weben texere
Weberkamm pecten, pectinis *n*
Wechsel commutatio, commutationis *f*; mutatio, mutationis *f*; vicis (Genitiv); vicissitudo, vicissitudinis *f*
wechseln mutare
wechselnd varius
wechselseitig mutuus
wechselweise invicem *Adv*
Weg iter, itineris *n*; platea, plateae *f*; via, viae *f*; *am ~ liegend* obvius; *seinen ~ nehmen* commeare
wegbrennen exurere
wegbringen avehere; deportare; devehere; provehere
wegdrängen deturbare; exturbare
wegdrehen retorquēre
Wege *im ~ stehen* obstare
Wegebau munitio, munitionis *f*
wegen ob *Präp [Akkusativ]*; prae *Präp [Ablativ]*; propter *Präp [Akkusativ]*
wegfangen excipere
wegführen abducere; avehere; deducere; subducere
Weggabelung compitum, compiti *n*
weggeben dedere
weggehen abscedere; decedere; degredi; demigrare; discedere; exīre; secedere; ~ *(von)* abīre *[Ablativ]*
weglassen emittere; praetermittere
wegnehmen adimere; alienare; auferre; demere; excerpere; eximere; intercipere; *heimlich ~* surripere
wegreißen abripere; avellere; deripere; diripere; divellere; eripere
wegrufen avocare
wegschaffen amovēre; asportare; devehere; emovēre; removēre; submovēre; tollere
wegschicken amittere; dimittere; emittere; relegare
wegschleppen abstrahere
wegschneiden resecare
wegspülen proluere
wegstellen deponere
wegstoßen excutere; extrudere; repellere
wegtragen asportare; auferre
wegtreiben exigere
wegwaschen proluere
wegwenden avertere; detorquēre
wegwerfen abicere; omittere; proicere
wegziehen abstrahere
wehe heu; ~ *!* vae!

wehen aspirare; flare; spirare
Wehen flamen, flaminis *n*; flatus, flatus *m*
Wehklage *(laute)* ~ plangor, plangoris *m*
wehklagen lamentari; plorare
Wehklagen lamenta, lamentorum *n*; lamentatio, lamentationis *f*
Wehrgehenk balteus, baltei *m*
wehrlos inermis, inermis, inerme
Weib mulier, mulieris *f*
weibisch femineus
weiblich femineus; muliebris, muliebris, muliebre
weich mitis, mitis, mite; mollis, mollis, molle; tener, tenera, tenerum; udus; ~ *machen* mollīre
weichen cedere; concedere; decedere
weichlich mollis, mollis, molle
Weichlichkeit mollitia/mollities, mollitiae/mollitiei
Weide pastus, pastus *m*; salix, salicis *f*
Weideland pascuum, pascui *n*
weiden pascere
Weidenruten vimen, viminis *n*
weigern *sich* ~ abnegare; recusare; retractare
weihen consecrare; dedicare; devovēre; dicare; donare; libare; mactare; sacrare; sancīre
Weihrauch tus, turis *n*
weil cum *Kj*; quia *Kj*; quod *Kj*; utpote *Adv*; ~ *ja* quoniam *Kj*; ~ *nun* quoniam *Kj*
Weilchen *ein* ~ pau(l)lisper *Adv*
Wein uva, uvae *f*; vindemia, vindemiae *f*; vinum, vini *n*; *unvermischter* ~ merum, meri *n*; *verdorbener* ~ vappa, vappae *f*
Weinbeere racemus, racemi *m*
Weinberg vinea, vineae *f*; vinetum, vineti *n*
weinen deflēre; flēre; lacrimare; plorare
Weinen *das* ~ fletus, fletus *m*
weinend flebilis, flebilis, flebile
weinerlich lacrimosus
Weingarten arbustum, arbusti *n*; vinetum, vineti *n*
Weinhefe faex, faecis *f*
Weinlaub pampinus, pampini *m*; *aus ~ bestehend* pampineus
Weinlaube vinea, vineae *f*
Weinlese vindemia, vindemiae *f*
Weinranke pampinus, pampini *m*
Weinrebe vitis, vitis *f*
weinselig vinosus
Weinstock vitis, vitis *f*
Weintraube racemus, racemi *m*
weise sapiens, sapientis
Weise modus, modi *m*; *auf diese* ~ ita *Adv*; sic *Adv*; *auf welche* ~ quemadmodum/quomodo; quomodo *Adv*; *der* ~ sapiens, sapientis
Weisheit sapientia, sapientiae *f*
weiß albēre; albus; *blendend* ~ candidus; ~ *gekleidet* candidatus; ~ *sein* candēre; canēre; ~ *werden* albescere
weissagen augurare; augurari; divinare; ominari; praedicere; vaticinari
weissagend divinus
Weissager haruspex, haruspicis *m*
Weissagung augurium, augurii *n*; divinatio, divinationis *f*; fatum, fati *n*; vaticinatio, vaticinationis *f*
Weisung dicio, dicionis *f*; mandatum, mandati *n*
weit amplus; latus; longus; multum *Adv*; patulus; procul *Adv*; spatiosus; *so* ~ hactenus *Adv*; quoad *Kj*; *unermesslich* ~ vastus; ~ *entfernt* longinquus; ~ *und breit* passim *Adv*
Weite amplitudo, amplitudinis *f*
weitem *bei* ~ longe *Adv*; *von* ~ longe *Adv*

weiter amplius *Adv*; protinus *Adv*
weiterbringen provehere
weitergehen progredi
weiterhin ultra *Adv*
weitermachen pergere
weithin longe *Adv*
Weizen triticum, tritici *n*
welcher qui, cuius, quae, quod; *~ /welche/welches* qui, cuius; *~ von beiden* uter, utrius
welk puter, putris, putre; *~ sein* languēre
Welle unda, undae *f*
Welt mundus, mundi *m*; *vor aller ~* vulgo *Adv*
Weltall mundus, mundi *m*; natura, naturae *f*; universum, universi *n*
wenden circumagere; convertere; flectere; vertere
Wendepunkt meta, metae *f*
Wendung flexus, flexus *m*; inclinatio, inclinationis *f*
wenig paul(l)ulus; paul(l)um *Adv*; *(um) ein ~* paulo *Adv*; *ein ~* paul(l)um *Adv*; *sehr ~* minime *Adv*; *so ~* tantulus; *zu ~* parum *Adv*
wenige pauci; *sehr ~* perpauci
weniger minus *Adv*; sequius *Adv*; setius *Adv*
wenigsten *am ~* minime *Adv*
wenigstens certe *Adv*; quidem *Kj*; saltem *Adv*
wenn cum *Kj*; si *Kj*; *auch ~* etiamsi *Kj*; *oder ~* sive/seu *Kj*; *selbst ~* etiamsi *Kj*; etsi *Kj*; tametsi *Kj*; *wie ~* quasi *Adv*; *~ ... nicht* nisi/ni *Kj*; *~ aber* quodsi *Kj*; sin (autem) *Kj*; *~ also* quodsi *Kj*; *~ auch* etiamsi *Kj*; etsi *Kj*; tametsi *Kj*; *~ auch (noch so)* quamvis *Kj*; *~ auch nur* dumtaxat *Adv*; *~ doch* utinam *Kj*; *~ nur* dum *Kj*; dummodo *Kj*; modo *Kj*; *~ wirklich* siquidem *Kj*
wer quis, cuius; *~ auch immer* quicumque, cuiuscumque; quisquis, cuiuscuius; *~ denn?* quisnam; *~ von beiden* uter, utrius
werden fieri; *gemacht ~* fieri
werfbar missilis, missilis, missile
werfen conicere; iacere; iactare; immittere; mittere; spargere
Werk opus, operis *n*; *kleines ~ (Literatur)* opusculum, opusculi *n*; *ins ~ setzen* molīri
Werkstatt fabrica, fabricae *f*; officina, officinae *f*
werktäglich profestus
Werkzeug instrumentum, instrumenti *n*
wert carus; dignus *[Ablativ]*
Wert pretium, pretii *n*; *hoher ~* caritas, caritatis *f*
wertlos futilis, futilis, futile; inanis, inanis, inane; vilis
Wertlosigkeit nequitia, nequitiae *f*
Wertschätzung dignatio, dignationis *f*
wertvoll carus; pretiosus
Wesen ingenium, ingenii *n*; natura, naturae *f*; *schroffes ~* asperitas, asperitatis *f*; *weibliches ~* femina, feminae *f*
wesentlich proprius
weshalb quapropter *Kj*; quare *Adv*; unde *Adv*
Westen occasus, occasus *m*; occidens, occidentis *m*; vesper, vesperi *m*
westlich hesperius; vespertinus
Westwind zephyrus, zephyri *m*
Wette sponsio, sponsionis *f*; *um die ~* certatim
Wetteifer aemulatio, aemulationis *f*; certatio, certationis *f*
wetteifern aemulari; certare
wetteifernd aemulus
Wetter caelum, caeli *n*; tempestas, tempestatis *f*
Wetterleuchten fulgur, fulguris *n*
Wettkampf certamen, certaminis *n*; certatio, certationis *f*
Wettlauf curriculum, curriculi *n*
Wettstreit certamen, certaminis *n*
Wetzstein cos, cotis *f*

wichtig antiquus; gravis, gravis, grave
wichtiger potior, potior, potius
wichtigste *der ~* potissimus
Widder aries, arietis *m*; laniger, lanigera, lanigerum
wider praeter *Präp [Akkusativ]*
widerfahren evenīre; obtingere
widerhallen recinere; resonare; resultare; *~ (lassen)* personare
widerlegen convincere; redarguere; refellere
widerlich putidus
widerraten dissuadēre
widerruflich precarius
widersetzen *sich ~* adversari *[Dativ]*; obsistere; resistere
widersprechen dissentīre *[a mit Ablativ]*; dissidēre; repugnare
widersprechend discors, discordis
Widerspruch dissensio, dissensionis *f*
Widerstand *leisten* obsistere; repugnare; resistere; restare
widerstehen repugnare; responsare
widerstreben repugnare
widerwärtig fastidiosus; odiosus; taeter, taetra, taetrum
Widerwille fastidium, fastidii *n*
widerwillig aegre *Adv*; invitus; piger, pigra, pigrum
widmen dedere; dedicare; dicare; *sich ~* incumbere *[Dativ]*
widrig adversus
wie ac *Kj*; atque *Kj*; ceu *Adv*; qua *Adv*; quam *Adv*; quem-ad-modum/quomodo; quomodo *Adv*; sicut *Adv*; ut/uti *Kj*; velut *Adv*; *so ~* ceu *Adv*; sicut *Adv*; tamquam *Adv*; *~ (beschaffen) auch immer* qualiscumque; *~ (sehr) auch* quamlibet *Adv*; *~ ?* qui *Adv*; *~ beschaffen* qualis; *~ denn?* qui *Adv*; *~ sehr* quam *Adv*; *~ sehr auch* quamvis *Kj*; *~ viel* quantum, quanti; *~ wenn* ceu *Adv*
wieder denuo *Adv*; rursus/rursum *Adv*; *immer ~* identidem *Adv*
wiedereinsetzen restituere
wiedererlangen recipere; recuperare
wiederfinden reperīre
wiedergewinnen reconciliare; reparare; repetere
wiedergutmachen sanare; sarcīre
wiederherstellen instaurare; reconciliare; recreare; redintegrare; reficere; renovare; reparare; restaurare; restituere
wiederholen geminare; iterare; repetere
wiederholt identidem *Adv*; subinde *Adv*
wiederum iterum *Adv*; rursus/rursum *Adv*; vicissim *Adv*
Wiege cunae, cunarum *f*
Wiese pratum, prati *n*
wievielte *der ~* quotus
wild atrox, atrocis; efferus; ferox, ferocis; ferus; indomitus; saevus; truculentus; trux, trucis
Wildbach amnis, amnis *m*; *(reißender) ~* torrens, torrentis *m*
Wildheit atrocitas, atrocitatis *f*; feritas, feritatis *f*; immanitas, immanitatis *f*
Wildschwein aper, apri *m*
Wille voluntas, voluntatis *f [Genitiv]*; *göttlicher ~* numen, numinis *n*; *letzer ~* testamentum, testamenti *n*
Willen *gegen den ~* invitus
willfahren obsequi
Willfährigkeit indulgentia, indulgentiae *f*; obsequium, obsequii *n*
willig facilis, facilis, facile; libens, libentis; sedulus
willkommen gratus; iucundus
Willkür arbitrium, arbitrii *n*; libido, libidinis *f*; licentia, licentiae *f*
willkürlich libidinosus

Wind flamen, flaminis *n*; flatus, flatus *m*; notus, noti *m*; ventus, venti *m*
Windbeutel nebulo, nebulonis *f*
Winde tormentum, tormenti *n*
windig ventosus
windreich ventosus
Windstille tranquillitas, tranquillitatis *f*
Windung spira, spirae *f*
Wink nutus, nutus *m*
Winkel angulus, anguli *m*; *rechter* ~ norma, normae *f*
winken adnuere; nuere
Winter bruma, brumae *f*; hiems, hieme *f*
Winterkälte bruma, brumae *f*
winterlich hibernus
Wintersonnenwende bruma, brumae *f*
Winterzelt hibernaculum, hibernaculi *n*
Winzer vinitor, vinitoris *m*
winzig exiguus; minutus; paul(l)ulus; pusillus
Wipfel cacumen, cacuminis *n*
wir nos, nostri/nostrum
Wirbel gurges, gurgitis *m*; turbo, turbinis *m*; vertex, verticis *m*
Wirbelsturm procella, procellae *f*
Wirbelwind turbo, turbinis *m*
wirklich nempe *Adv*; profecto *Adv*; reapse *Adv*; sane *Adv*; vero *Kj*; verus
Wirklichkeit veritas, veritatis *f*
wirksam efficax, efficacis; praesens, praesentis
Wirt parochus, parochi *m*
Wirtschaftlichkeit frugalitas, frugalitatis *f*
Wirtshaus taberna, tabernae *f*
wissbegierig studiosus *[Genitiv]*
wissen novisse; scīre; *nicht* ~ ignorare; nescīre
Wissen scientia, scientiae *f*; *ohne* ~ insciens, inscientis
Wissenschaft doctrina, doctrinae *f*; scientia, scientiae *f*
wissentlich sciens, scientis
wittern odorari
Witwe vidua, viduae *f*
Witz acetum, aceti *n*; lepos/lepor, leporis *m*; sal, salis *m/n*
witzig dicax, dicacix; facetus; ridiculus; salsus
wo qua *Adv*; ubi *Adv*; ~ *auch immer* ubicumque *Adv*
Wöchnerin puerpera, puerperae *f*
wodurch qui *Adv*
Woge unda, undae *f*
wogen fervēre; undare
woher unde *Adv*
wohin quo *Adv*; ~ ? quorsum *Adv*; ~ *auch immer* quocumque *Adv*
wohingegen cum *Kj*
wohl sane *Adv*; ~ *, denn* en
Wohl salus, salutis *f*
wohlbehalten salutaris, salutaris, salutare; salvus; sospes, sospitis
Wohlergehen salus, salutis *f*
wohlfeil vilis
wohlgesetzt disertus
wohlhabend fortunatus; locuples, locupletis; opulentus
wohlriechend odoratus
Wohltat beneficium, beneficii *n*; benficium, benficii *n*
wohltätig beneficus
Wohltätigkeit beneficentia, beneficentiae *f*
wohltönend canorus
wohlüberlegt consultus
Wohlwollen benevolentia, benevolentiae *f*
wohlwollend benevolus
wohnen habitare; incolere

Wohnsitz domicilium, domicilii *n*; sedes, sedis *f*
Wohnung domicilium, domicilii *n*; thalamus, thalami *m*
wölben curvare
Wölbung fornix, fornicis *m*
Wolf lupus, lupi *m*
Wolke nebula, nebulae *f*; nubes, nubis *f*
wolkenlos serenus
wolkig nubilus
Wolle lana, lanae *f*; vellus, velleris *n*; *aus ~* laneus; *~ tragend* laniger, lanigera, lanigerum
wollen cupere; velle; *lieber ~* malle; *nicht ~* nolle
womit unde *Adv*
Wonne deliciae, deliciarum *f*
Wort dictum, dicti *m*; verbum, verbi *n*; vocabulum, vocabuli *n*; vox, vocis *f*; *ins ~ fallen* interpellare
wortreich copiosus
Wortwechsel iurgium, iurgii *n*
wovon unde *Adv*
wozu quorsum *Adv*
Wucher fenus, fenoris *n*
Wuchs statura, staturae *f*
Wunde vulnus, vulneris *n*
Wunder miraculum, miraculi *n*; ostentum, ostenti *n*; portentum, portenti *n*; prodigium, prodigii *n*
wunderbar mirus
Wunderding miraculum, miraculi *n*
wundern *sich ~ (über)* admirari *[Akkusativ]*; mirari *[Akkusativ]*
Wunderzeichen monstrum, monstri *n*; prodigium, prodigii *n*
Wunsch voluntas, voluntatis *f [Genitiv]*; votum, voti *n*
wünschen cupere; optare; precari
wünschenswert optabilis, optabilis, optabile
Würde decor, decoris *m*; decus, decoris *n*; dignatio, dignationis *f*; dignitas, dignitatis *f*; gravitas, gravitatis *f*; honestas, honestatis *f*; magnitudo, magnitudinis *f*; maiestas, maiestatis *f*
würdevoll gravis, gravis, grave
würdig *(einer Sache)* dignus *[Ablativ]*; *für ~ halten* dignari
würdigen dignari
Würdigung dignatio, dignationis *f*
Wurf iactus, iactus *m*
Würfel alea, aleae *f*; talus, tali *m*
Würfelspiel alea, aleae *f*
Wurfgeschoss missile, missilis *n*; telum, teli *n*
Wurfmaschine scorpio, scorpionis *m*; tormentum, tormenti *n*
Wurfnetz funda, fundae *f*
Wurfscheibe discus, disci *m*
Wurfspeer framea, frameae *f*; lancea, lanceae *f*
Wurfspieß contus, conti *m*; iaculum, iaculi *n*; pilum, pili *n*; spiculum, spiculi *n*; tragula, tragulae *f*; veru, verus *n*
Wurm vermis, vermis *m*
Würze condimentum, condimenti *m*
Wurzel radix, radicis *f*; *mit der ~* radicitus *Adv*
Wurzelstock stirps, stirpis *f*
würzen condīre
wüst vastus
Wüste deserta, desertorum *n*
Wut furor, furoris *m*; ira, irae *f*; rabies, rabiei *f*; saevitia, saevitiae *f*
wüten furere; saevīre
wütend furialis, furialis, furiale; furiosus; iratus; rabidus; saevus

Z

Zacken dens, dentis *m*
zaghaft iners, inertis
zäh lentus; tenax, tenacis
Zahl numerus, numeri *m*; *geringe* ~ paucitas, paucitatis *f*
zahlen dare; pendere; solvere
zählen numerare
zahllos innumerus; innummerabilis, innummerabilis, innummerabile
zahlreich creber, crebra, crebrum; frequens, frequentis; multitplex, multitplicis; multus
zahm mansuetus
zähmen compescere; domare; mansuefacere
Zahn dens, dentis *m*
Zähre lacrima, lacrimae *f*
Zange forceps, forcipis *m*
Zank iurgium, iurgii *n*; rixa, rixae *f*
zanken iurgare
zart tener, tenera, tenerum
zärtlich blandus
Zauberei veneficium, veneficii *n*
Zauberer magus, magi *m*
Zaubertrank medicamen, medicaminis *n*; medicamentum, medicamenti *n*
zaudern cunctari
Zaum frenum, freni *n*; *im ~ halten* frenare
Zaun saepes, saepis *f*
zechen potare
Zecher potor, potoris *m*
Zeder cedrus, cedri *f*
Zedernholz cedrus, cedri *f*
Zedernöl cedrus, cedri *f*
Zehe digitus, digiti *m*
zehn decem; *je* ~ deni
Zehnasstück denarius, denarii *m*
zehnmal decie(n)s *Adv*
zehnte *der* ~ decimus/decumus
Zehntel decuma, decumae *f*
Zehnter decuma, decumae *f*
Zehntschaft decuria, decuriae *f*
Zeichen nota, notae *f*; significatio, significationis *f*; signum, signi *n*
zeichnen notare; signare
zeigen confitēri; demonstrare; docēre; monstrare; ostendere; ostentare; *sich* ~ apparēre; oborīri
Zeile versus, versus *m*; *kurze* ~ versiculus, versiculi *m*
Zeit aetas, aetatis *f*; aevum, aevi *n*; hora, horae *f*; tempestas, tempestatis *f*; tempus, temporis *n*; *(auf) kurze* ~ parumper *Adv*; *freie* ~ otium, otii *n*; *lange* ~ diu *Adv*; *seit alter* ~ antiquitus *Adv*; *vor langer* ~ antiquitus *Adv*; olim *Adv*; pridem *Adv*; *~ haben* vacare *[Ablativ]*; *eine ~ lang* aliquamdiu *Adv*
Zeitalter aetas, aetatis *f*; aevum, aevi *n*; saeculum, saeculi *n*
Zeitgeist saeculum, saeculi *n*
Zeitgenosse aequalis, aequalis, aequale *[Genitiv]*
Zeitlang *eine* ~ pau(l)lisper *Adv*
Zeitpunkt tempus, temporis *n*
Zeitraum monumentum, monumenti *n*; spatium, spatii *n*; tempus, temporis *n*; *~ von fünf Jahren* lustrum, lustri *n*
Zeitvertreib oblectatio, oblectationis *f*
Zelle cella, cellae *f*
Zelt tabernaculum, tabernaculi *n*; tentorium, tentorii *n*; *gemeinsames* ~ contubernium, contubernii *n*
Zeltgemeinschaft contubernium, contubernii *n*

Zensor censor, censoris *m*

zensorisch censorius

Zensur censura, censurae *f*

Zenturie centuria, centuriae *f*

Zenturio centurio, centurionis *m*

Zepter sceptrum, sceptri *n*

zerbersten dissilīre

zerbrechen confringere; frangere; perfringere; rumpere

zerbrechlich fragilis, fragilis, fragile

zerbröseln conterere

zerfallen dilabi

zerfetzen laniare

zerfleischen lacerare; laniare

zerfließen liqui

zerfressen exedere

zerhauen concīdere

zerreiben conterere; proterere

zerreißen distrahere; divellere; lacerare; rumpere; scindere

zerrissen lacer, lacera, lacerum

zerrütten concutere

zerschlagen collidere; contundere; infringere

zerschmettern contundere; elidere

Zersetzung tabes, tabis *f*

zerspalten diffindere; findere

zersprengen discutere; disicere; dissipare

zerspringen dissilīre

zerstören delēre; demolīri; destruere; diruere; disicere; disturbare; eruere; evertere; excīdere; exscindere; perimere

zerstreuen differre; diffundere; discutere; disicere; dispergere; dissipare; fundere; spargere; *sich ~* diffugere; discedere; dispalari; palari

zerteilen digerere; distrahere

zertreten obterere

Zeuge auctor, auctoris *m*; testis, testis *m/f*

zeugen gignere; parere; procreare

Zeugen *als ~ anrufen* testari; *zum ~ anrufen* testificari

Zeugin testis, testis *m/f*

Zeugnis testimonium, testimonii *n*

Zeugung satus, satus *m*

Zicklein haedus, haedi *m*

Ziege capella, capellae *f*; capra/caprella, caprae/caprellae *f*; *wilde ~* caprea, capreae *f*

Ziegel *aus ~* latericius, istericia, latericium

Ziegelstein later, lateris *m*

Ziegen pecus, pecoris *n*

Ziegenbock caper, capri *m*; hircus, hirci *m*; *junger ~* haedus, haedi *m*

ziehen destringere; ducere; trahere; vehere; *(eine Waffe) ~* stringere

Ziehen tractus, tractus *m*

Ziel finis, finis *m*; meta, metae *f*; terminus, termini *m*; *ans ~ gelangen* pervenīre *[ad/in mit Akkusativ]*

Zielsäule meta, metae *f*

ziemen *sich nicht ~* dedecēre

ziemlich admodum *Adv*

Zierde decus, decoris *n*; flos, floris *m*; gloria, gloriae *f*

zieren decēre

zierlich concinnus; decorus; lepidus

Zikade cicada, cicadae *f*

Zimmer aedes/aedis, aedis *f*; conclave, conclavis *n*

Zimmermann faber, fabri *m*

zimmern fabricare/fabricari

Zinsen fenus, fenoris *n*

Zirkus circus, circi *m*

zischen stridēre

Zischen stridor, stridoris *m*

Zither cithara, citharae *f*; plectrum, plectri *n*
Zitherspielerin psaltria, psaltriae *f*
zittern pavēre; tremere; trepidare; vibrare; *~ vor* horrēre *[Akkusativ]*; horrescere
Zittern pavor, pavoris *m*; tremor, tremoris *m*
zitternd coruscus; pavidus; tremulus
zögern cessare; cunctari; demorari; dubitare; morari; tardare
Zögern cunctatio, cunctationis *f*; dubitatio, dubitationis *f*
Zögling alumnus, alumni *m*
Zoll vectigal, vectigalis *n*
Zone ora, orae *f*; zona, zonae *f*
Zorn bilis, bilis *f*; ira, irae *f*; tumor, tumoris *m*
zornig iratus; *~ werden* intumescere; irasci
Zottelhaar villus, villi *m*
zu ad *Präp [Akkusativ]*; in *Präp*; *~ ... hin* ad *Präp [Akkusativ]*
zu Fuß *Soldat ~* pedes, peditis *m*
zubereiten apparare
zubinden obstringere
Zucht disciplina, disciplinae *f*
züchtig pudens, pudentis
züchtigen castigare; coërcēre; verberare
zucken coruscare; micare; *~ lassen* coruscare
zücken *(Waffe)* destringere; intentare
zuckend coruscus
zudecken cooperīre; operīre; tegere
zudringlich procax, procaci
zuerkennen decernere
zuerst primo *Adv*; primum *Adv*
Zufall casus, casus *m*; fors, fortis *f*; *durch ~* forte *Adv*
zufallen cedere; obvenīre
zufällig casu *Adv*; forte *Adv*; fortuito *Adv*; fortuitus; temere *Adv*
Zuflucht perfugium, perfugii *n*; receptus, receptus *m*; *seine ~ nehmen* confugere
Zufluchtsort perfugium, perfugii *n*
zufrieden contentus; *~ stellen* satisfacere
zufügen inferre
Zufuhr commeatus, commeatus *m*
zuführen subvehere
Zug agmen, agminis *n*; ductus, ductus *m*
Zugang aditus, aditus *m*; ianua, ianuae *f*; introitus, introitus *m*
zugänglich apertus; patulus; pervius
Zugänglichkeit commoditas, commoditatis *f*
zugeben concedere
zugegen praesto *Adv*
Zügel frenum, freni *n*; habena, habenae *f*; lorum, lori *n*
zügellos dissolutus; effrenatus; impotens, impotentis; lascivus; libidinosus; licens, licentis; solutus
Zügellosigkeit immodestia, immodestiae *f*; impunitas, impunitatis *f*; intemperantia, intemperantiae *f*; lascivia, lasciviae *f*; licentia, licentiae *f*; luxuria, luxuriae *f*
zügeln coërcēre; cohibēre; frenare
zugesellen adiungere
zugespitzt *vorn ~* praeacutus
zugestehen concedere; tribuere
zugetan amans, amantis
zugewandt versus/versum *Präp*
zugleich simul *Adv*; *~ mit* unā (cum) *Adv [Ablativ]*
zugrunde *gehen* interīre; occidere; *~ richten* pervertere
zugrunde gehen concidere
Zugtier iumentum, iumenti *n*
Zuhälter leno, lenonis *f*

Zuhause mansio, mansionis *f*
zuhören audīre; auscultare
Zuhörerkreis corona, coronae *f*
Zuhörerschaft theatrum, theatri *n*
Zukost *(zum Brot)* obsonium, obsonii *n*
Zukunft posteritas, posteritatis *f*
zukünftig futurus
zulächeln arridēre *[Dativ]*
zulassen admittere; concedere; pati; sinere
zuletzt denique *Adv*; postremo *Adv*; postremum *Adv*
zumal *(da)* praesertim (cum) *Kj*
zunehmen crescere; valescere
zuneigend *sich ~* propensus
Zuneigung affectio, affectionis *f*; affectus, affectus *m*; inclinatio, inclinationis *f*
Zunge lingua, linguae *f*
zunichte *machen* perfringere
zunicken adnuere; nuere
zuordnen asciscere
zupfen vellere
zurechtmachen aptare
zurechtweisen corrigere; reprehendere
Zurechtweisung correctio, correctionis *f*
zureden alloqui; suadēre
zürnen irasci; suscensēre
Zurschaustellung ostentatio, ostentationis *f*
zurück retro *Adv*; retrorsum *Adv*
zurückbewegen removēre
zurückbinden religare
zurückbleiben remanēre; residēre; restare
zurückblicken respicere
zurückbringen referre; reportare; revehere
zurückbrüllen remugīre
zurückdrängen reprimere
zurückdrehen retorquēre
zurückfallen relabi
zurückfließen refluere
zurückfordern repetere; reposcere
zurückführen reducere; restituere; revehere
zurückführend redux, reducis
zurückgeben reddere; reponere
zurückgebogen recurvus
zurückgehen redīre; regredi
Zurückgehen recessus, recessus *m*
zurückgekehrt reversus
zurückgelehnt resupinus
zurückgewinnen reconciliare; recuperare
zurückgießen refundere
zurückgleiten relabi
zurückhalten attinēre; continēre; retinēre
zurückhaltend verecundus
Zurückhaltung modestia, modestiae *f*
zurückkaufen redimere
zurückkehren redīre; regredi; remeare; reverti
zurückkehrend redux, reducis
zurückkommen remeare
zurückkommend redux, reducis
zurücklassen destituere; linquere; relinquere
zurücklaufen recurrere
zurücklegen reponere
zurücklehnen reclinare
zurücknehmen recipere
zurückrufen revocare
zurückschaudern abhorrēre
zurückschicken remittere
zurückschlagen propulsare
zurückschrecken abhorrēre

zurückschreiben rescribere
zurückspringen resultare
zurückstellen postponere; reponere
zurückstoßen repellere
zurückstrahlen renidēre
zurücktragen reportare
zurücktreiben redigere; repellere
zurücktreten *(von einem Amt)* abīre *[Ablativ]*
zurückverlangen reposcere
zurückversetzen restituere
zurückwälzen revolvere
zurückweichen recedere; refugere
zurückweisen aversari; explodere; recusare; refellere; reicere; relegare; repudiare
Zurückweisung repulsa, repulsae *f*
zurückwerfen reicere
zurückziehen recipere; reducere; retractare; retrahere; *sich* ~ recedere; retractare
Zurüstung apparatus, apparatus *m*
zusagen placēre
zusammen *mit* unā (cum) *Adv [Ablativ]*; *~ singen* concinere
zusammenballen conglobare; glomerare
zusammenbinden colligare; copulare
zusammenbrechen concidere
zusammenbringen conciēre; conciliare; conferre; convehere
zusammendrängen glomerare; stipare
zusammendrücken comprimere
zusammenfallen congruere
zusammenfalten plicare
zusammenfassen comprehendere
Zusammenfassung comprehensio, comprehensionis *f*
zusammenfließen confluere
zusammenfügen committere; contexere
zusammenführen conducere
zusammengefügt aptus
zusammengerafft tumultuarius
zusammengespannt iugalis, iugalis, iugale; iugis, iugis, iuge
zusammenhalten coërcēre; cohibēre; continēre
zusammenhängen cohaerēre
zusammenhängend continens, continentis; continuus
zusammenhauen concīdere
zusammenheften configere
zusammenkaufen coëmere
zusammenkehren verrere
Zusammenklang concentus, concentus *m*
zusammenklingen consonare
zusammenkommen coīre; convenīre
Zusammenkunft coetus, coetus *m*; congressus, congressus *m*; conventus, conventus *m*
Zusammenlauf concursus, concursus *m*
zusammenlaufen concurrere; *wiederholt ~* concursare
zusammenpressen comprimere
zusammenraffen corripere
zusammenrechnen computare
zusammenreihen conserere
zusammenrollen plicare
zusammenrufen conclamare; convocare
zusammenscharen conglobare
zusammenschlagen concutere
zusammenschnüren constringere
Zusammensetzung compositio, compositionis *f*
zusammensinken collabi
zusammenstellen componere

Zusammenstoß concursus, concursus *m*; congressus, congressus *m*
zusammenstoßen concurrere; confligere; congredi; ~ *(transitiv)* collidere
zusammenstürzen collabi; concidere; corruere
zusammensuchen colligere; conquirere
zusammentragen comportare; conferre; congerere
Zusammentragen collatio, collationis *f*
zusammentreffen congredi; congruere
Zusammentreffen coetus, coetus *m*; concursio, concursionis *f*
zusammentreiben cogere; compellere
zusammenwachsen coalescere; concrescere
zusammenwerfen conicere
zusammenwickeln plicare
zusammenwirken conspirare
zusammenziehen astringere; contrahere
Zusammenziehung contractio, contractionis *f*
zuschauen inspectare
Zuschauer spectator, spectatoris *m*
Zuschauerraum *(im Theater)* cavea, caveae *f*
zuschreiben attribuere; tribuere
zusetzen urg(u)ere
zusprechen addicere
Zustand affectio, affectionis *f*; affectus, affectus *m*; habitus, habitus *m*; status, status *m*; *in einen ~ versetzen* redigere
zustande *bringen* conficere; patrare
zustimmen assentari; assentīri; consentīre
Zustimmung approbatio, approbationis *f*; assensio, assensionis *f*; assensus, assensus *m*; nutus, nutus *m*
zustoßen accidere; obtingere
zuteil *werden* contingere; obtingere; obvenīre
zuteilen attribuere; discribere; dispertīre; distribuere; dividere; impertīre; tribuere
Zuteilung discriptio, discriptionis *f*
zutraulich *sein* adulari
Zutritt accessus, accessus *m*; aditus, aditus *m*
zuverlässig certus; fidelis, fidelis, fidele; fidus; firmus; stabilis, stabilis, stabile
Zuverlässigkeit fiducia, fiduciae *f*
Zuversicht fiducia, fiduciae *f*
zuvorkommen antevenīre; praecurrere; praegredi; praeoccupare; praevenīre; praevertere
Zuwachs accessio, accessionis *f*
zuweilen interdum *Adv*
zuweisen assignare; attribuere; tribuere; *(durch Volksbeschluss) ~* arrogare
zuwenden obvertere
Zuwendung *liebevolle ~* caritas, caritatis *f*
zuwider offensus
Zwangslage necessitas, necessitatis *f*
zwanzig viginti
zwanzigste *der ~* vice(n)simus
zwar quidem *Kj*
Zweck finis, finis *m*; *zu welchem ~ ?* quorsum *Adv*
Zweckmäßigkeit commoditas, commoditatis *f*
zwei duo, duae, duo
zweideutig ambiguus; anceps, ancipitis
zweifach duplex, duplicis
Zweifel dubitatio, dubitationis *f*; dubium, dubii *n*
zweifelhaft ambiguus; dubius
zweifeln ambigere; dubitare
Zweig ramus, rami *m*; *dünner ~* virga, virgae *f*
Zweige verbenae, verbenarum *f*
Zweigespann bigae, bigarum *f*; biiugus/biiugis

zweihundert ducenti
zweimal bis *Adv*
zweischneidig bipennis, bipennis, bipenne
zweiseitig anceps, ancipitis
zweispännig biiugus/biiugis
zweite *der* ~ secundus; *jeder* ~ alternus
Zwerchfell praecordia, praecordiorum *m*
Zwiespalt seditio, seditionis *f*
Zwietracht discordia, discordiae *f*
zwieträchtig discors, discordis
Zwillings- geminus/gemellus
zwingen adigere; cogere; frangere; subigere
zwischen inter *Präp [Akkusativ]*
Zwischenkönig interrex, interregis *m*
Zwischenraum intervallum, intervalli *n*; spatium, spatii *n*
Zwischenregierung interregnum, interregni *n*
Zwist dissensio, dissensionis *f*; seditio, seditionis *f*
zwölf duodecim
zwölfte *der* ~ duodecimus
Zylinder cylindrus, cylindri *m*
Zypresse cupressus, cupressi *f*

Referenzgrammatik

Wortarten

Es gibt im Latein folgende Wortarten:

Substantiv	Subst.	wer?, was?	quis?, quid?	Gaius, Roma, pater
Pronomen	Pron.	wer?, was?	quis?, quid?	ego, is, hic, ille, quis
Adjektiv	Adj.	wie beschaffen?	qualis, quale?	bonus, fortis
Zahlwort, Numerale	Num.	wie viele?	quot?	unus, duo, tres
Verbum	Verb.	was geschieht?		laudare, agere
Adverb	Adv.	wie geschieht es?	quomodo?	bene, ita, non
Präposition	Präp.	wann?, warum?, wo?, wozu?	quando?, cur?, ubi?, quo?	in, ab, cum
Konjunktion	Konj.	wann?, warum?, wo?, wozu?	quando?, cur?, ubi?, quo?	et, autem, sed
Subjunktion	Subj.	wann?, warum?, wo?, wozu?	quando?, cur?, ubi?, quo?	ut, ne, cum
Interjektion	Interj.			heu, ecce

Substantive, Pronomen, Adjektive und Numeralia werden als *Nomen* zusammengefasst.

Adverbien, Präpositionen, Konjunktionen, Subjunktionen und Interjektionen sind *Partikeln* mit dem gemeinsamen Kennzeichen der Undeklinierbarkeit.

Kasus (Fälle)

Es gibt im Latein folgende Kasus (Fälle):

Nominativ	Nom.	wer?, was?	quis?, quid?	pater	der Vater
Genitiv	Gen.	wessen?	cuius?	patris	des Vaters
Dativ	Dat.	wem?	cui?	patri	dem Vater
Akkusativ	Akk.	wen?	quem?, quid?	patrem	den Vater
Vokativ	Vok.	Anrede		pater	o Vater!
Ablativ	Abl.	wann?, wo?, woher?, warum?, womit?, wodurch?	quando?, ubi?, unde?, quare?, quo?	patre	vom, mit dem Vater

Numerus

Numerus gibt es nur zwei: Singular und Plural.
Singular: pater – der/ein Vater
Plural: pateres – Väter

Einen Dual gibt es nicht.

Einige Substantive gibt es nur als so genannte Pluralwörter (pluralia tantum) wie z. B. arma, armorum – Waffen; castra, castrorum – (ein) Lager

Deklinationen

Die Bildung der verschiedenen Kasus geschieht nach so genannten Deklinationsmustern, von denen es im Latein entsprechend traditioneller Zählung fünf gibt, wobei die Dritte oder konsonantische Deklination aber mehrere Mischformen einschließt.

Die Zugehörigkeit eines Substantivs oder Adjektivs zu einem bestimmten Muster kann man nur teilweise an der Grundform, dem Nominativ Singular, erkennen. Deshalb wird im Wörterbuch immer der Genitiv Singular mit angegeben (und im Unterricht mit gelernt).

		Genitiv singular	Genitiv plural
Erste Deklination (a)	domina, dominae	-ae	-ārum
Zweite Deklination (o)	dominus, domini	-ī	-ōrum
Dritte Deklination	rex, regis	-is	-um
Vierte Deklination (u)	manus, manus	-ūs	-uum
Fünfte Deklination (e)	res, rei	-eī	-ērum

Wenn man die Endung des Genitivs Singular abtrennt, erhält man den Wortstock.

Wenn man vom Genitiv Plural die Endung -um oder -rum wegnimmt, erhält man den Wortstamm.

Erste Deklination (a)

Kasus	Singular		Plural	
Nominativ	mens-**a**	der (ein) Tisch	mens-**ae**	(die) Tische
Genitiv	mens-**ae**	des (eines) Tisches	mens-**ārum**	(der) Tische
Dativ	mens-**ae**	dem (einem) Tisch	mens-**īs**	(den) Tischen
Akkusativ	mens-**am**	den (einen) Tisch	mens-**ās**	(die) Tische
Vokativ	mens-**a**	o Tisch!	mens-**ae**	o Tische!
Ablativ	mens-**ā**	mit dem (einem) Tisch	mens-**īs**	mit (den) Tischen

Fast alle Substantive der ersten Deklination sind Feminina mit Ausnahme des natürlichen Geschlechts bei z. B. nauta – Seemann, agricola – Bauer u. a.

Zweite Deklination (o)

Substantive auf -us

Kasus	Singular		Plural	
Nominativ	amic-**us**	der (ein) Freund	amic-**ī**	(die) Freunde
Genitiv	amic-**ī**	des (eines) Freundes	amic-**ōrum**	(der) Freunde
Dativ	amic-**ō**	dem (einem) Freund	amic-**īs**	(den) Freunden
Akkusativ	amic-**um**	den (einen) Freund	amic-**ōs**	(die) Freunde
Vokativ	amic-**e**	o Freund!	amic-**ī**	o Freunde!
Ablativ	cum amic-**o**	mit dem (einem) Freund	cum amic-**īs**	mit (den) Freunden

Die Substantive auf -us sind in der Regel Maskulina außer Namen für Länder, Bäume, Inseln und Städte, wie auch das Wort humus. Vulgus und virus sind Neutra.

Substantive auf -um

Kasus	Singular		Plural	
Nominativ	bell-**um**	der (ein) Krieg	bell-**a**	(die) Kriege
Genitiv	bell-**ī**	des (eines) Krieges	bell-**ōrum**	(der) Kriege
Dativ	bell-**ō**	dem (einem) Kriege	bell-**īs**	(den) Kriegen
Akkusativ	bell-**um**	den (einen) Krieg	bell-**a**	(die) Kriege
Vokativ	bell-**um**	o Krieg!	bell-**a**	o Kriege!
Ablativ	de bell-**ō**	über den (einen) Krieg	de bell-**īs**	über (die) Kriege

Die Substantive auf -um sind Neutra.

Substantive auf -r (-er)

Kasus	Singular		Plural	
Nominativ	puer	der (ein) Knabe	puer-ī	(die) Knaben
Genitiv	puer-ī	des (eines) Knaben	puer-**ōrum**	(der) Knaben
Dativ	puer-**ō**	dem (einem) Knaben	puer-**īs**	(den) Knaben
Akkusativ	puer-**um**	den (einen) Knaben	puer-**ōs**	(die) Knaben
Vokativ	puer	o Knabe!	puer-ī	o Knaben!
Ablativ	cum puer-**ō**	mit dem (einem) Knaben	cum puer-**īs**	mit (den) Knaben

Kasus	Singular		Plural	
Nominativ	ager	der (ein) Acker	agr-ī	(die) Äcker
Genitiv	agr-ī	des (eines) Ackers	agr-**ōrum**	(der) Äcker
Dativ	agr-**ō**	dem (einem) Acker	agr-**īs**	(den) Äckern
Akkusativ	agr-**um**	den (einen) Acker	agr-**ōs**	(die) Äcker
Vokativ	ager	o Acker!	agr-ī	o Äcker!
Ablativ	in agr-**ō**	auf dem Acker	in agr-**īs**	auf den Äckern

Die Substantive auf -r (-er) sind Maskulina.

Adjektive der Ersten und Zweiten Deklination

Adjektive auf -us, -a, -um

Kasus	Singular			Plural		
Nominativ	bonus	bona	bonum	bonī	bonae	bona
Genitiv	bonī	bonae	bonī	bonōrum	bonārum	bonōrum
Dativ	bonō	bonae	bonō	bonīs	bonīs	bonīs
Akkusativ	bonum	bonam	bonum	bonōs	bonās	bona
Vokativ	bone	bona	bonum	bonī	bonae	bona
Ablativ	bonō	bonā	bonō	bonīs	bonīs	bonīs

Adjektive auf -r (-er), -a, -um

Kasus	Singular			Plural		
	Maskulinum	Femininum	Neutrum	Maskulinum	Femininum	Neutrum
Nominativ	niger	nigr-**a**	nigr-**um**	nigr-**ī**	nigr-**ae**	nigr-**a**
Genitiv	nigr-**ī**	nigr-**ae**	nigr-**ī**	nigr-**ōrum**	nigr-**ārum**	nigr-**ōrum**
Dativ	nigr-**ō**	nigr-**ae**	nigr-**ō**	nigr-**īs**	nigr-**īs**	nigr-**īs**
Akkusativ	nigr-**um**	nigr-**am**	nigr-**um**	nigr-**ōs**	nigr-**ās**	nigr-**a**
Vokativ	niger	nigr-**a**	nigr-**um**	nigr-**ī**	nigr-**ae**	nigr-**a**
Ablativ	nigr-**ō**	nigr-**ā**	nigr-**ō**	nigr-**īs**	nigr-**īs**	nigr-**īs**

Kasus	Singular			Plural		
	Maskulinum	Femininum	Neutrum	Maskulinum	Femininum	Neutrum
Nominativ	asper	asper-**a**	asper-**um**	asper-**ī**	asper-**ae**	asper-**a**
Genitiv	asper-**ī**	asper-**ae**	asper-**ī**	asper-**ōrum**	asper-**ārum**	asper-**ōrum**
Dativ	asper-**ō**	asper-**ae**	asper-**ō**	asper-**īs**	asper-**īs**	asper-**īs**
Akkusativ	asper-**um**	asper-**am**	asper-**um**	asper-**ōs**	asper-**ās**	asper-**a**
Vokativ	asper	asper-**a**	asper-**um**	asper-**ī**	asper-**ae**	asper-**a**
Ablativ	asper-**ō**	asper-**ā**	asper-**ō**	asper-**īs**	asper-**īs**	asper-**īs**

Konsonantenstämme der Dritten Deklination

a) Maskulina

Kasus	Singular	Plural
Nominativ	orator	orator-**ēs**
Genitiv	orator-**is**	orator-**um**
Dativ	orator-**ī**	orator-**ibus**
Akkusativ	orator-**em**	orator-**ēs**
Vokativ	orator	orator-**ēs**
Ablativ	cum orator-**e**	cum orator-**ibus**

Kasus	Singular	Plural
Nominativ	miles	milit-**ēs**
Genitiv	milit-**is**	milit-**um**
Dativ	milit-**ī**	milit-**ibus**
Akkusativ	milit-**em**	milit-**ēs**
Vokativ	miles	milit-**ēs**
Ablativ	cum milit-**e**	cum milit-**ibus**

Kasus	Singular	Plural
Nominativ	consul	consul-**ēs**
Genitiv	consul-**is**	consul-**um**
Dativ	consul-**ī**	consul-**ibus**
Akkusativ	consul-**em**	consul-**ēs**
Vokativ	consul	consul-**ēs**
Ablativ	cum consul-**e**	cum consul-**ibus**

Kasus	Singular	Plural
Nominativ	rex	reg-**ēs**
Genitiv	reg-**is**	reg-**um**
Dativ	reg-**ī**	reg-**ibus**
Akkusativ	reg-**em**	reg-**ēs**
Vokativ	rex	reg-**ēs**
Ablativ	cum reg-**e**	cum reg-**ibus**

Kasus	Singular	Plural
Nominativ	dux	duc-**ēs**
Genitiv	duc-**is**	duc-**um**
Dativ	duc-**ī**	duc-**ibus**
Akkusativ	duc-**em**	duc-**ēs**
Vokativ	dux	duc-**ēs**
Ablativ	duc-**e**	duc-**ibus**

Kasus	Singular	Plural
Nominativ	mos	mor-**ēs**
Genitiv	mor-**is**	mor-**um**
Dativ	mor-**ī**	mor-**ibus**
Akkusativ	mor-**em**	mor-**ēs**
Vokativ	mos	mor-**ēs**
Ablativ	mor-**e**	mor-**ibus**

Kasus	Singular	Plural
Nominativ	agger	agger-**ēs**
Genitiv	agger-**is**	agger-**um**
Dativ	agger-**ī**	agger-**ibus**
Akkusativ	agger-**em**	agger-**ēs**
Vokativ	agger	agger-**ēs**
Ablativ	agger-**e**	agger-**ibus**

Kasus	Singular	Plural
Nominativ	lapis	lapid-**ēs**
Genitiv	lapid-**is**	lapid-**um**
Dativ	lapid-**ī**	lapid-**ibus**
Akkusativ	lapid-**em**	lapid-**ēs**
Vokativ	lapis	lapid-**ēs**
Ablativ	lapid-**e**	lapid-**ibus**

b) Feminina

Kasus	Singular	Plural
Nominativ	oratio	oration-**ēs**
Genitiv	oration-**is**	oration-**um**
Dativ	oration-**ī**	oration-**ibus**
Akkusativ	oration-**em**	oration-**ēs**
Vokativ	oratio	oration-**ēs**
Ablativ	oration-**e**	oration-**ibus**

Kasus	Singular	Plural
Nominativ	consuetudo	consuetudin-**ēs**
Genitiv	consuetudin-**is**	consuetudin-**um**
Dativ	consuetudin-**ī**	consuetudin-**ibus**
Akkusativ	consuetudin-**em**	consuetudin-**ēs**
Vokativ	consuetudo	consuetudin-**ēs**
Ablativ	consuetudin-**e**	consuetudin-**ibus**

Kasus	Singular	Plural
Nominativ	palus	palud-**ēs**
Genitiv	palud-**is**	palud-**um**
Dativ	palud-**ī**	palud-**ibus**
Akkusativ	palud-**em**	palud-**ēs**
Vokativ	palus	palud-**ēs**
Ablativ	palud-**e**	palud-**ibus**

Kasus	Singular	Plural
Nominativ	salus	salut-**ēs**
Genitiv	salut-**is**	salut-**um**
Dativ	salut-**ī**	salut-**ibus**
Akkusativ	salut-**em**	salut-**ēs**
Vokativ	salus	salut-**ēs**
Ablativ	salut-**e**	salut-**ibus**

Kasus	Singular	Plural
Nominativ	merces	merced-**ēs**
Genitiv	merced-**is**	merced-**um**
Dativ	merced-**ī**	merced-**ibus**
Akkusativ	merced-**em**	merced-**ēs**
Vokativ	merces	merced-**ēs**
Ablativ	merced-**e**	merced-**ibus**

Kasus	Singular	Plural
Nominativ	gens	gent-**ēs**
Genitiv	gent-**is**	gent-**um**
Dativ	gent-**ī**	gent-**ibus**
Akkusativ	gent-**em**	gent-**ēs**
Vokativ	gens	gent-**ēs**
Ablativ	gent-**e**	gent-**ibus**

Kasus	Singular	Plural
Nominativ	trabs	trab-**ēs**
Genitiv	trab-**is**	trab-**um**
Dativ	trab-**ī**	trab-**ibus**
Akkusativ	trab-**em**	trab-**ēs**
Vokativ	trabs	trab-**ēs**
Ablativ	trab-**e**	trab-**ibus**

Kasus	Singular	Plural
Nominativ	aestas	aestat-**ēs**
Genitiv	aestat-**is**	aestat-**um**
Dativ	aestat-**ī**	aestat-**ibus**
Akkusativ	aestat-**em**	aestat-**ēs**
Vokativ	aestas	aestat-**ēs**
Ablativ	aestat-**e**	aestat-**ibus**

c) Neutra

Kasus	Singular	Plural
Nominativ	corpus	corpor-**a**
Genitiv	corpor-**is**	corpor-**um**
Dativ	corpor-**ī**	corpor-**ibus**
Akkusativ	corpus	corpor-**a**
Vokativ	corpus	corpor-**a**
Ablativ	corpor-**e**	corpor-**ibus**

Kasus	Singular	Plural
Nominativ	genus	gener-**a**
Genitiv	gener-**is**	gener-**um**
Dativ	gener-**ī**	gener-**ibus**
Akkusativ	genus	gener-**a**
Vokativ	genus	gener-**a**
Ablativ	gener-**e**	gener-**ibus**

Kasus	Singular	Plural
Nominativ	ius	iur-**a**
Genitiv	iur-**is**	iur-**um**
Dativ	iur-**ī**	iur-**ibus**
Akkusativ	ius	iur-**a**
Vokativ	ius	iur-**a**
Ablativ	iur-**e**	iur-**ibus**

Kasus	Singular	Plural
Nominativ	robur	robor-**a**
Genitiv	robor-**is**	robor-**um**
Dativ	robor-**ī**	robor-**ibus**
Akkusativ	robur	robor-**a**
Vokativ	robur	robor-**a**
Ablativ	robor-**e**	robor-**ibus**

Kasus	Singular	Plural
Nominativ	fulgur	fulgur-**a**
Genitiv	fulgur-**is**	fulgur-**um**
Dativ	fulgur-**ī**	fulgur-**ibus**
Akkusativ	fulgur	fulgur-**a**
Vokativ	fulgur	fulgur-**a**
Ablativ	fulgur-**e**	fulgur-**ibus**

Kasus	Singular	Plural
Nominativ	nomen	nomin-**a**
Genitiv	nomin-**is**	nomin-**um**
Dativ	nomin-**ī**	nomin-**ibus**
Akkusativ	nomen	nomin-**a**
Vokativ	nomen	nomin-**a**
Ablativ	nomin-**e**	nomin-**ibus**

Kasus	Singular	Plural
Nominativ	cor	cord-**a**
Genitiv	cord-**is**	cord-**um**
Dativ	cord-**ī**	cord-**ibus**
Akkusativ	cor	cord-**a**
Vokativ	cor	cord-**a**
Ablativ	cord-**e**	cord-**ibus**

Kasus	Singular	Plural
Nominativ	caput	capit-**a**
Genitiv	capit-**is**	capit-**um**
Dativ	capit-**ī**	capit-**ibus**
Akkusativ	caput	capit-**a**
Vokativ	caput	capit-**a**
Ablativ	capit-**e**	capit-**ibus**

Kasus	Singular	Plural
Nominativ	mel	mell-**a**
Genitiv	mell-**is**	mell-**um**
Dativ	mell-**ī**	mell-**ibus**
Akkusativ	mel	mell-**a**
Vokativ	mel	mell-**a**
Ablativ	mell-**e**	mell-**ibus**

Kasus	Singular	Plural
Nominativ	lac	lact-**a**
Genitiv	lact-**is**	lact-**um**
Dativ	lact-**ī**	lact-**ibus**
Akkusativ	lac	lact-**a**
Vokativ	lac	lact-**a**
Ablativ	lact-**e**	lact-**ibus**

i-Stämme der Dritten Deklination

Kasus	Singular	Plural
Nominativ	mare	mar-**ia**
Genitiv	mar-**is**	mar-**ium**
Dativ	mar-**ī**	mar-**ibus**
Akkusativ	mare	mar-**ia**
Vokativ	mare	mar-**ia**
Ablativ	mar-**ī**	mar-**ibus**

Kasus	Singular	Plural
Nominativ	turr-**is**	turr-**ēs**
Genitiv	turr-**is**	turr-**ium**
Dativ	turr-**ī**	turr-**ibus**
Akkusativ	turr-**im**	turr-**ēs**
Vokativ	turr-**is**	turr-**ēs**
Ablativ	turr-**ī**	turr-**ibus**

Kasus	Singular	Plural
Nominativ	animal	animal-**ia**
Genitiv	animal-**is**	animal-**ium**
Dativ	animal-**ī**	animal-**ibus**
Akkusativ	animal	animal-**ia**
Vokativ	animal	animal-**ia**
Ablativ	animal-**ī**	animal-**ibus**

Kasus	Singular	Plural
Nominativ	exemplar	exemplar-**ia**
Genitiv	exemplar-**is**	exemplar-**ium**
Dativ	exemplar-**ī**	exemplar-**ibus**
Akkusativ	exemplar	exemplar-**ia**
Vokativ	exemplar	exemplar-**ia**
Ablativ	exemplar-**ī**	exemplar-**ibus**

Gemischte Formen der Dritten Deklination

Kasus	Singular	Plural
Nominativ	imber	imbr-**ēs**
Genitiv	imbr-**is**	imbr-**ium**
Dativ	imbr-**ī**	imbr-**ibus**
Akkusativ	imbr-**em**	imbr-**ēs**
Vokativ	imber	imbr-**ēs**
Ablativ	imbr-**e**	imbr-**ibus**

Kasus	Singular	Plural
Nominativ	nav-**is**	nav-**ēs**
Genitiv	nav-**is**	nav-**ium**
Dativ	nav-**ī**	nav-**ibus**
Akkusativ	nav-**em**	nav-**ēs**
Vokativ	nav-**is**	nav-**ēs**
Ablativ	nav-**e/ī**	nav-**ibus**

Kasus	Singular	Plural
Nominativ	nub-**ēs**	nub-**ēs**
Genitiv	nub-**is**	nub-**ium**
Dativ	nub-**ī**	nub-**ibus**
Akkusativ	nub-**em**	nub-**ēs**
Vokativ	nub-**ēs**	nub-**ēs**
Ablativ	nub-**e**	nub-**ibus**

Kasus	Singular	Plural
Nominativ	urbs	urb-**ēs**
Genitiv	urb-**is**	urb-**ium**
Dativ	urb-**ī**	urb-**ibus**
Akkusativ	urb-**em**	urb-**ēs**
Vokativ	urbs	urb-**ēs**
Ablativ	urb-**e**	urb-**ibus**

Kasus	Singular	Plural
Nominativ	ars	art-**ēs**
Genitiv	art-**is**	art-**ium**
Dativ	art-**ī**	art-**ibus**
Akkusativ	art-**em**	art-**ēs**
Vokativ	ars	art-**ēs**
Ablativ	art-**e**	art-**ibus**

Kasus	Singular	Plural
Nominativ	nox	noct-**ēs**
Genitiv	noct-**is**	noct-**ium**
Dativ	noct-**ī**	noct-**ibus**
Akkusativ	noct-**em**	noct-**ēs**
Vokativ	nox	noct-**ēs**
Ablativ	noct-**e**	noct-**ibus**

Kasus	Singular	Plural
Nominativ	pater	patr-**ēs**
Genitiv	patr-**is**	patr-**um**
Dativ	patr-**ī**	patr-**ibus**
Akkusativ	patr-**em**	patr-**ēs**
Vokativ	pater	patr-**ēs**
Ablativ	patr-**e**	patr-**ibus**

Kasus	Singular	Plural
Nominativ	os	oss-**a**
Genitiv	oss-**is**	oss-**ium**
Dativ	oss-**ī**	oss-**ibus**
Akkusativ	os	oss-**a**
Vokativ	os	oss-**a**
Ablativ	oss-**e**	oss-**ibus**

Kasus	Singular	Plural
Nominativ	can-**is**	can-**ēs**
Genitiv	can-**is**	can-**um**
Dativ	can-**ī**	can-**ibus**
Akkusativ	can-**em**	can-**ēs**
Vokativ	can-**is**	can-**ēs**
Ablativ	can-**e**	can-**ibus**

Kasus	Singular	Plural
Nominativ	iuven-**is**	iuven-**ēs**
Genitiv	iuven-**is**	iuven-**um**
Dativ	iuven-**ī**	iuven-**ibus**
Akkusativ	iuven-**em**	iuven-**ēs**
Vokativ	iuven-**is**	iuven-**ēs**
Ablativ	iuven-**e**	iuven-**ibus**

Adjektive der Dritten Deklination

a) i-Stämme der Dritten Deklination
Adjektive mit einer Endung im Nominativ Singular

Kasus	Singular			Plural		
	Maskulinum	Femininum	Neutrum	Maskulinum	Femininum	Neutrum
Nominativ	felix	felix	felix	felic-**ēs**	felic-**ēs**	felic-**ia**
Genitiv	felic-**is**	felic-**is**	felic-**is**	felic-**ium**	felic-**ium**	felic-**ium**
Dativ	felic-**ī**	felic-**ī**	felic-**ī**	felic-**ibus**	felic-**ibus**	felic-**ibus**
Akkusativ	felic-**em**	felic-**em**	felix	felic-**ēs**	felic-**ēs**	felic-**ia**
Vokativ	felix	felix	felix	felic-**ēs**	felic-**ēs**	felic-**ia**
Ablativ	felic-**ī**	felic-**ī**	felic-**ī**	felic-**ibus**	felic-**ibus**	felic-**ibus**

Kasus	Singular			Plural		
	Maskulinum	Femininum	Neutrum	Maskulinum	Femininum	Neutrum
Nominativ	prudens	prudens	prudens	prudent-**ēs**	prudent-**ēs**	prudent-**ia**
Genitiv	prudent-**is**	prudent-**is**	prudent-**is**	prudent-**ium**	prudent-**ium**	prudent-**ium**
Dativ	prudent-**ī**	prudent-**ī**	prudent-**ī**	prudent-**ibus**	prudent-**ibus**	prudent-**ibus**
Akkusativ	prudent-**em**	prudent-**em**	prudens	prudent-**ēs**	prudent-**ēs**	prudent-**ia**
Vokativ	prudens	prudens	prudens	prudent-**ēs**	prudent-**ēs**	prudent-**ia**
Ablativ	prudent-**ī**	prudent-**ī**	prudent-**ī**	prudent-**ibus**	prudent-**ibus**	prudent-**ibus**

Adjektive mit zwei Endungen im Nominativ Singular

Kasus	Singular			Plural		
	Maskulinum	Femininum	Neutrum	Maskulinum	Femininum	Neutrum
Nominativ	fort-**is**	fort-**is**	fort-**e**	fort-**ēs**	fort-**ēs**	fort-**ia**
Genitiv	fort-**is**	fort-**is**	fort-**is**	fort-**ium**	fort-**ium**	fort-**ium**
Dativ	fort-**ī**	fort-**ī**	fort-**ī**	fort-**ibus**	fort-**ibus**	fort-**ibus**
Akkusativ	fort-**em**	fort-**em**	fort-**e**	fort-**ēs**	fort-**ēs**	fort-**ia**
Vokativ	fort-**is**	fort-**is**	fort-**e**	fort-**ēs**	fort-**ēs**	fort-**ia**
Ablativ	fort-**ī**	fort-**ī**	fort-**ī**	fort-**ibus**	fort-**ibus**	fort-**ibus**

Adjektive mit drei Endungen im Nominativ Singular

Kasus	Singular			Plural		
	Maskulinum	Femininum	Neutrum	Maskulinum	Femininum	Neutrum
Nominativ	acer	acr-**is**	acr-**e**	acr-**ēs**	acr-**ēs**	acr-**ia**
Genitiv	acr-**is**	acr-**is**	acr-**is**	acr-**ium**	acr-**ium**	acr-**ium**
Dativ	acr-**ī**	acr-**ī**	acr-**ī**	acr-**ibus**	acr-**ibus**	acr-**ibus**
Akkusativ	acr-**em**	acr-**em**	acr-**e**	acr-**ēs**	acr-**ēs**	acr-**ia**
Vokativ	acer	acr-**is**	acr-**e**	acr-**ēs**	acr-**ēs**	acr-**ia**
Ablativ	acr-**ī**	acr-**ī**	acr-**ī**	acr-**ibus**	acr-**ibus**	acr-**ibus**

Kasus	Singular			Plural		
	Maskulinum	Femininum	Neutrum	Maskulinum	Femininum	Neutrum
Nominativ	celer	celer-**is**	celer-**e**	celer-**ēs**	celer-**ēs**	celer-**a**
Genitiv	celer-**is**	celer-**is**	celer-**is**	celer-**um**	celer-**um**	celer-**um**
Dativ	celer-**ī**	celer-**ī**	celer-**ī**	celer-**ibus**	celer-**ibus**	celer-**ibus**
Akkusativ	celer-**em**	celer-**em**	celer-**e**	celer-**ēs**	celer-**ēs**	celer-**a**
Vokativ	celer	celer-**is**	celer-**e**	celer-**ēs**	celer-**ēs**	celer-**a**
Ablativ	celer-**ī**	celer-**ī**	celor-**ī**	celer-**ibus**	celer-**ibus**	celer-**ibus**

b) Konsonantenstämme der Dritten Deklination

Kasus	Singular			Plural		
	Maskulinum	Femininum	Neutrum	Maskulinum	Femininum	Neutrum
Nominativ	pauper	pauper	pauper	pauper-**ēs**	pauper-**ēs**	pauper-**a**
Genitiv	pauper-**is**	pauper-**is**	pauper-**is**	pauper-**um**	pauper-**um**	pauper-**um**
Dativ	pauper-**ī**	pauper-**ī**	pauper-**ī**	pauper-**ibus**	pauper-**ibus**	pauper-**ibus**
Akkusativ	pauper-**em**	pauper-**em**	pauper	pauper-**ēs**	pauper-**ēs**	pauper-**a**
Vokativ	pauper	pauper	pauper	pauper-**ēs**	pauper-**ēs**	pauper-**a**
Ablativ	pauper-**e**	pauper-**e**	pauper-**e**	pauper-**ibus**	pauper-**ibus**	pauper-**ibus**

Kasus	Singular			Plural		
	Maskulinum	Femininum	Neutrum	Maskulinum	Femininum	Neutrum
Nominativ	vetus	vetus	vetus	veter-**ēs**	veter-**ēs**	veter-**a**
Genitiv	veter-**is**	veter-**is**	veter-**is**	veter-**um**	veter-**um**	veter-**um**
Dativ	veter-**ī**	veter-**ī**	veter-**ī**	veter-**ibus**	veter-**ibus**	veter-**ibus**
Akkusativ	veter-**em**	veter-**em**	vetus	veter-**ēs**	veter-**ēs**	veter-**a**
Vokativ	vetus	vetus	vetus	veter-**ēs**	veter-**ēs**	veter-**a**
Ablativ	veter-**e**	veter-**e**	veter-**e**	veter-**ibus**	veter-**ibus**	veter-**ibus**

Kasus	Singular			Plural		
	Maskulinum	Femininum	Neutrum	Maskulinum	Femininum	Neutrum
Nominativ	dives	dives	dives	divit-**ēs**	divit-**ēs**	divit-**a**
Genitiv	divit-**is**	divit-**is**	divit-**is**	divit-**um**	divit-**um**	divit-**um**
Dativ	divit-**ī**	divit-**ī**	divit-**ī**	divit-**ibus**	divit-**ibus**	divit-**ibus**
Akkusativ	divit-**em**	divit-**em**	dives	divit-**ēs**	divit-**ēs**	divit-**a**
Vokativ	dives	dives	dives	divit-**ēs**	divit-**ēs**	divit-**a**
Ablativ	divit-**e**	divit-**e**	divit-**e**	divit-**ibus**	divit **ibus**	divit-**ibus**

Kasus	Singular			Plural		
	Maskulinum	Femininum	Neutrum	Maskulinum	Femininum	Neutrum
Nominativ	particeps	particeps	particeps	particip-**ēs**	particip-**ēs**	particip-**a**
Genitiv	particip-**is**	particip-**is**	particip-**is**	particip-**um**	particip-**um**	particip-**um**
Dativ	particip-**ī**	particip-**ī**	particip-**ī**	particip-**ibus**	particip-**ibus**	particip-**ibus**
Akkusativ	particip-**em**	particip-**em**	particeps	particip-**ēs**	particip-**ēs**	particip-**a**
Vokativ	particeps	particeps	particeps	particip-**ēs**	particip-**ēs**	particip-**a**
Ablativ	particip-**e**	particip-**e**	particip-**e**	particip-**ibus**	particip-**ibus**	particip-**ibus**

Kasus	Singular			Plural		
	Maskulinum	Femininum	Neutrum	Maskulinum	Femininum	Neutrum
Nominativ	princeps	princeps	princeps	princip-**ēs**	princip-**ēs**	princip-**a**
Genitiv	princip-**is**	princip-**is**	princip-**is**	princip-**um**	princip-**um**	princip-**um**
Dativ	princip-**ī**	princip-**ī**	princip-**ī**	princip-**ibus**	princip-**ibus**	princip-**ibus**
Akkusativ	princip-**em**	princip-**em**	princeps	princip-**ēs**	princip-**ēs**	princip-**a**
Vokativ	princeps	princeps	princeps	princip-**ēs**	princip-**ēs**	princip-**a**
Ablativ	princip-**e**	princip-**e**	princip-**e**	princip-**ibus**	princip-**ibus**	princip-**ibus**

Kasus	Singular			Plural		
	Maskulinum	Femininum	Neutrum	Maskulinum	Femininum	Neutrum
Nominativ	compos	compos	compos	compot-**ēs**	compot-**ēs**	compot-**a**
Genitiv	compot-**is**	compot-**is**	compot-**is**	compot-**um**	compot-**um**	compot-**um**
Dativ	compot-**ī**	compot-**ī**	compot-**ī**	compot-**ibus**	compot-**ibus**	compot-**ibus**
Akkusativ	compot-**em**	compot-**em**	compos	compot-**ēs**	compot-**ēs**	compot-**a**
Vokativ	compos	compos	compos	compot-**ēs**	compot-**ēs**	compot-**a**
Ablativ	compot-**e**	compot-**e**	compot-**e**	compot-**ibus**	compot-**ibus**	compot-**ibus**

Kasus	Singular			Plural		
	Maskulinum	Femininum	Neutrum	Maskulinum	Femininum	Neutrum
Nominativ	superstes	superstes	superstes	superstit-**ēs**	superstit-**ēs**	superstit-**a**
Genitiv	superstit-**is**	superstit-**is**	superstit-**is**	superstit-**um**	superstit-**um**	superstit-**um**
Dativ	superstit-**ī**	superstit-**ī**	superstit-**ī**	superstit-**ibus**	superstit-**ibus**	superstit-**ibus**
Akkusativ	superstit-**em**	superstit-**em**	superstes	superstit-**ēs**	superstit-**ēs**	superstit-**a**
Vokativ	superstes	superstes	superstes	superstit-**ēs**	superstit-**ēs**	superstit-**a**
Ablativ	superstit-**e**	superstit-**e**	superstit-**e**	superstit-**ibus**	superstit-**ibus**	superstit-**ibus**

Kasus	Singular			Plural		
	Maskulinum	Femininum	Neutrum	Maskulinum	Femininum	Neutrum
Nominativ	sospes	sospes	sospes	sospit-**ēs**	sospit-**ēs**	sospit-**a**
Genitiv	sospit-**is**	sospit-**is**	sospit-**is**	sospit-**um**	sospit-**um**	sospit-**um**
Dativ	sospit-**ī**	sospit-**ī**	sospit-**ī**	sospit-**ibus**	sospit-**ibus**	sospit-**ibus**
Akkusativ	sospit-**em**	sospit-**em**	sospes	sospit-**ēs**	sospit-**ēs**	sospit-**a**
Vokativ	sospes	sospes	sospes	sospit-**ēs**	sospit-**ēs**	sospit-**a**
Ablativ	sospit-**e**	sospit-**e**	sospit-**e**	sospit-**ibus**	sospit-**ibus**	sospit-**ibus**

Komparative der Adjektive aller Deklinationen

Kasus	Singular			Plural		
	Maskulinum	Femininum	Neutrum	Maskulinum	Femininum	Neutrum
Nominativ	longior	longior	longius	longior-**ēs**	longior-**ēs**	longior-**a**
Genitiv	longior-**is**	longior-**is**	longior-**is**	longior-**um**	longior-**um**	longior-**um**
Dativ	longior-**ī**	longior-**ī**	longior-**ī**	longior-**ibus**	longior-**ibus**	longior-**ibus**
Akkusativ	longior-**em**	longior-**em**	longius	longior-**ēs**	longior-**ēs**	longior-**a**
Vokativ	longior	longior	longius	longior-**ēs**	longior-**ēs**	longior-**a**
Ablativ	longior-**e**	longior-**e**	longior-**e**	longior-**ibus**	longior-**ibus**	longior-**ibus**

Partizip Präsens

Kasus	Singular			Plural		
	Maskulinum	Femininum	Neutrum	Maskulinum	Femininum	Neutrum
Nominativ	laudans	laudans	laudans	laudant-**ēs**	laudant-**ēs**	laudant-**ia**
Genitiv	laudant-**is**	laudant-**is**	laudant-**is**	laudant-**ium**	laudant-**ium**	laudant-**ium**
Dativ	laudant-**ī**	laudant-**ī**	laudant-**ī**	laudant-**ibus**	laudant-**ibus**	laudant-**ibus**
Akkusativ	laudant-**em**	laudant-**em**	laudans	laudant-**ēs**	laudant-**ēs**	laudant-**ia**
Vokativ	laudans	laudans	laudans	laudant-**ēs**	laudant-**ēs**	laudant-**ia**
Ablativ	laudant-**e**	laudant-**e**	laudant-**e**	laudant-**ibus**	laudant-**ibus**	laudant-**ibus**

Vierte Deklination (u)

Kasus	Singular	Plural
Nominativ	fruct-**us**	fruct-**ūs**
Genitiv	fruct-**ūs**	fruct-**uum**
Dativ	fruct-**uī** (**ū**)	fruct-**ibus**
Akkusativ	fruct-**um**	fruct-**ūs**
Vokativ	fruct-**us**	fruct-**ūs**
Ablativ	fruct-**ū**	fruct-**ibus**

Kasus	Singular	Plural
Nominativ	corn-**ū**	corn-**ua**
Genitiv	corn-**ūs**	corn-**uum**
Dativ	corn-**ū (uī)**	corn-**ibus**
Akkusativ	corn-**ū**	corn-**ua**
Vokativ	corn-**ū**	corn-**ua**
Ablativ	corn-**ū**	corn-**ibus**

Fünfte Deklination (e)

Kasus	Singular	Plural
Nominativ	di-**ēs**	di-**ēs**
Genitiv	di-**ēī**	di-**ērum**
Dativ	di-**ēī**	di-**ēbus**
Akkusativ	di-**em**	di-**ēs**
Vokativ	di-**ēs**	di-**ēs**
Ablativ	di-**ē**	di-**ēbus**

Kasus	Singular	Plural
Nominativ	r-**ēs**	r-**ēs**
Genitiv	r-**eī**	r-**ērum**
Dativ	r-**eī**	r-**ēbus**
Akkusativ	r-**em**	r-**ēs**
Vokativ	r-**ēs**	r-**ēs**
Ablativ	r-**ē**	r-**ēbus**

Genus

Es gibt im Latein drei Genera:
Maskulinum, Femininum und Neutrum

Bei der Bestimmung des Genus eines Substantivs gilt entweder das natürliche oder das grammatische Geschlecht.

Nach dem natürlichen Geschlecht sind Maskulina:
Männliche Personen (nauta), Flüsse und Winde
Nach dem natürlichen Geschlecht sind Feminina:
Weibliche Personen und Feminina

Das grammatische Geschlecht kann bei einem großen Teil der Substantive anhand der Deklination und des Nominativs erkannt werden. Allerdings gibt es, insbesondere bei der konsonantischen (Dritten) Deklination, zahlreiche Ausnahmen. Im Wörterbuch wird bei jedem Substantiv das Genus angegeben. Folgende Hauptregeln helfen bei unbekannten Substantiven:

Erste Dekl. (a)		Femininum	rosa
Zweite Dekl. (o)	Substantive auf **-us**	Maskulinum	dominus
Zweite Dekl. (o)	Substantive auf **-r (-er)**	Maskulinum	puer
Zweite Dekl. (o)	Substantive auf **-um**	Neutrum	donum
Dritte Dekl.	Substantive auf **-or**	Maskulinum	labor
Dritte Dekl.	Substantive auf **-os**	Maskulinum	mos
Dritte Dekl.	Substantive auf **-er**	Maskulinum	carcer

Dritte Dekl.	Substantive auf **-l**	Maskulinum	sol
Dritte Dekl.	Substantive auf **-es/-itis**	Femininum	miles
Dritte Dekl.	Substantive auf **-o**	Femininum	oratio
Dritte Dekl.	Substantive auf **-as**	Femininum	dignitas
Dritte Dekl.	Substantive auf **-es/-is**	Femininum	nubes/turris
Dritte Dekl.	Substantive auf **-s n. Kons.**	Femininum	urbs
Dritte Dekl.	Substantive auf **-x**	Femininum	lex
Dritte Dekl.	Substantive auf **-us**	Neutrum	corpus
Dritte Dekl.	Substantive auf **-en**	Neutrum	nomen
Dritte Dekl.	Substantive auf **-ur**	Neutrum	robur
Dritte Dekl.	Substantive auf **-e**	Neutrum	mare
Dritte Dekl.	Substantive auf **-ar**	Neutrum	exemplar
Dritte Dekl.	Substantive auf **-al**	Neutrum	animal
Vierte Dekl.	Substantive auf **-us**	Maskulinum	passus
Vierte Dekl.	Substantive auf **-u**	Neutrum	cornu
Fünfte Dekl.	Substantive auf **-es**	Femininum	res

Steigerung der Adjektive

Im Latein können von den Adjektiven sowohl ein Komparativ als auch ein Superlativ gebildet werden. Die Ausgangsform wird *Positiv* genannt.

Der Komparativ wird aus der Zusammensetzung des Wortstockes des Adjektives und des Suffixes -**ior** gebildet, der Superlativ aus Wortstock und Suffix -**issimus**. Die Deklination des Komparativs geschieht nach dem Muster der Konsonantenstämme der Dritten Deklination, die des Superlativs nach der Zweiten Deklination. Die Adjektive der Zweiten Deklination auf -**er** bilden den Superlativ auf -**errimus.**

Fünf Adjektive auf -**ilis** bilden den Superlativ auf -**illimus**: facilis, difficilis, similis, dissimilis und humilis.

Adjektive mit einem **u** am Ende des Wortstockes bilden den Komparativ mit der Umschreibung *magis* und den Superlativ mit *maxime*.

Positiv	Komparativ		Superlativ	
longus, longa, longum	long-**ior**, -**ius**	länger	long-**issimus**	der längste, sehr lang
piger, pigra, pigrum	pigr-**ior**, -**ius**	fauler	piger-**rimus**	der faulste, sehr faul
felix, felicis	felic-**ior**, -**ius**	glücklicher	felic-**issimus**	der glücklichste, sehr glücklich
celer, celere	celer-**ior**, -**ius**	schneller	celer-**rimus**	der schnellste, sehr schnell
brevis, breve	brev-**ior**, -**ius**	kürzer	brev-**issimus**	der kürzeste, sehr kurz
facilis, facile	facil-**ior**, -**ius**	leicht	facil-**limus**	der leichteste, sehr leicht
pius, pia, pium	magis pius, pia, pium	frommer	maxime pius, **-a**, **-um**	der frommste, sehr fromm
antiquus, antiqua, antiquum	antiqu-**ior**, -**ius**	älter	antiqu-**issimus**	der älteste, sehr alt

Anormale Steigerungen

Positiv	Komparativ		Superlativ	
bonus, bona, bonum	melior, melius	besser	optimus	der beste, sehr gut
malus, mala, malum	peior, peius	schlechter	pessimus	der schlechteste, sehr schlecht
magnus, magna, magnum	maior, maius	größer	maximus	der größte, sehr groß
parvus, parva, parvum	minor, minus	kleiner	minimus	der kleinste, sehr klein
vetus	vetustior, vetustius	älter	veterrimus	der älteste
multum	plus (Gen. pluris)	mehr	plurimum	das meiste, sehr viel
multi	plures, pluria, plurium	mehr	plurimi	die meisten, sehr viele
(extra)	exterior, exterius	der äußere	extremus	der äußerste
(intra)	interior, interius	der innere	intimus	der innerste
(infra)	inferior, inferius	der untere	infimus	der unterste
(supra)	superior, superius	der obere	supremus	der oberste
(prope)	propior, propius	der nähere	proximus	der nächste
(post)	posterior, posterius	der spätere	postremus	der späteste
(prae)	prior, prius	der frühere	primus	der erste

Positiv	Komparativ		Superlativ	
(citra)	citerior, citerius	näher liegend, diesseitig	citimus	am nächsten liegend
(ultra)	ulterior, ulterius	jenseitig	ultimus	der letzte
(de)	deterior, deterius	geringer, schlechter	deterrimus	der geringste, der schlechteste

Adverb

Wenn Adjektive zur näheren Bestimmung einer Handlung verwendet werden, haben sie eine besondere Form, deren Bildung aus folgender Tabelle hervorgeht:

Adjektiv	Adverb/Positiv	Komparativ	Superlativ
rectus, recta, rectum	recte	rectius	rectissime
pulcher, pulchra, pulchrum	pulchre	pulchrius	pulcherrime
miser, misera, miserum	misere	miserius	miserrime
fortis, forte	fortiter	fortius	fortissime
acer, acris, acre	acriter	acrius	acerrime
celer, celere	celeriter	celerius	celerrime
felix	feliciter	felicius	felicissime

Adjektiv	Adverb/Positiv	Komparativ	Superlativ
prudens	prudenter	prudentius	prudentissime
bonus	bene	melius	optime
malus	male	peius	pessime
validus	valde	valdius	valdissime
facilis	facile	facilius	facillime
difficilis	difficile	difficilius	difficillime
audax	audacter	audacius	audacissime
alius	aliter		
	diu	diutius	diutissime
	magnopere	magis	maxime
	saepe	saepius	saepissime

Eine Reihe von Adjektiven der Ersten und Zweiten Deklination bilden das Adverb auf -**ō**, z. B. certō, falsō, necessariō, rarō, subitō, tutō, primō, postremō.

Pronomina

1. Personalpronomen

Kasus	Singular		Plural	
Nominativ	ego	ich	nōs	wir
Genitiv	meī	meiner	nostrī, nostrum	unser, von uns/unter uns
Dativ	mihi	mir	nōbīs	uns
Akkusativ	mē	mich	nōs	uns
Ablativ	a mē, mēcum	von mir, mit mir	a nōbīs, nōbīscum	von uns, mit uns
Nominativ	tū	du	vōs	ihr
Genitiv	tuī	deiner	vestrī, vestrum	euer, von euch/unter euch
Dativ	tibi	dir	vōbīs	euch
Akkusativ	tē	dich	vōs	euch
Ablativ	a tē, tēcum	von dir, mit dir	a vōbīs, vōbīscum	von euch, mit euch

Kasus	Singular		Plural	
	Maskulinum	Femininum	Neutrum	
Nominativ	is	ea	id	er, sie, es
Genitiv	eius	eius	eius	seiner, ihrer, seiner
Dativ	eī	eī	eī	ihm, ihr, ihm
Akkusativ	eum	eam	id	ihn, sie, es
Ablativ	cum eō	cum eā	cum eō	mit ihm, ihr, ihm
Nominativ	iī (eī)	eae	ea	sie
Genitiv	eōrum	eārum	eōrum	ihrer
Dativ	iīs (eīs)	iīs (eīs)	iīs (eīs)	ihnen
Akkusativ	eōs	eās	ea	sie
Ablativ	cum iīs (eīs)	cum iīs (eīs)	cum iīs (eīs)	mit ihnen

Reflexivpronomen

Kasus	Singular		Plural	
Nominativ	-	-	-	-
Genitiv	suī	seiner	suī	ihrer
Dativ	sibi	sich	sibi	sich
Akkusativ	sē	sich	sē	sich
Ablativ	ā sē, sēcum	von sich, mit sich	ā sē, sēcum	von sich, mit sich

2. Possessivpronomen

Person	Singular		Plural	
	Maskulinum	Femininum	Neutrum	
1. Pers. Sing.	meus	mea	meum	mein
2. Pers. Sing.	tuus	tua	tuum	dein
3. Pers. Sing.	eius	eius	eius	sein, ihr, sein (dessen, deren, dessen)
3. Pers. Sing.	suus	sua	suum	sein, ihr, sein (reflexiv)
1. Pers. Pl.	noster	nostra	nostrum	unser
2. Pers. Pl.	vester	vestra	vestrum	euer
3. Pers. Pl.	eōrum	eārum	eōrum	ihr
3. Pers. Pl.	suus	sua	suum	ihr (deren)

3. Demonstrativpronomen

hic, haec, hoc: dieser, diese, dieses
iste, ista, istud: jener, jene, jenes
ille, illa, illud: dieser da, diese da, dieses da
is, ea, id: der, die, das
idem, eadem, idem: derselbe, dieselbe, dasselbe
ipse, ipsa, ipsum: er, sie, es selbst (persönlich)

Kasus	Singular			Plural		
	Maskulinum	Femininum	Neutrum	Maskulinum	Femininum	Neutrum
Nominativ	hic	haec	hoc	hī	hae	haec
Genitiv	huius	huius	huius	hōrum	hārum	hōrum
Dativ	huic	huic	huic	hīs	hīs	hīs
Akkusativ	hunc	hanc	hoc	hōs	hās	haec
Ablativ	hōc	hāc	hōc	hīs	hīs	hīs

Kasus	Singular			Plural		
	Maskulinum	Femininum	Neutrum	Maskulinum	Femininum	Neutrum
Nominativ	iste	ista	istud	istī	istae	ista
Genitiv	istīus	Istīus	istīus	istōrum	istārum	istōrum
Dativ	istī	istī	istī	istīs	istīs	istīs
Akkusativ	istum	istam	istud	istōs	istās	ista
Ablativ	istō	istā	istō	istīs	istīs	istīs

Kasus	Singular			Plural		
	Maskulinum	Femininum	Neutrum	Maskulinum	Femininum	Neutrum
Nominativ	ille	illa	illud	illī	illae	illa
Genitiv	illīus	illīus	illīus	illōrum	illārum	illōrum
Dativ	illī	illī	illī	illīs	illīs	illīs
Akkusativ	illum	illam	illud	illōs	illās	illa
Ablativ	illō	illā	illō	illīs	illīs	illīs

Kasus	Singular			Plural		
	Maskulinum	Femininum	Neutrum	Maskulinum	Femininum	Neutrum
Nominativ	is	ea	id	iī (eī)	eae	ea
Genitiv	eius	eius	eius	eōrum	eārum	eōrum
Dativ	eī	eī	eī	iīs (eīs)	iīs (eīs)	iīs (eīs)
Akkusativ	eum	eam	id	eōs	eās	ea
Ablativ	eō	eā	eō	iīs (eīs)	iīs (eīs)	iīs (eīs)

Kasus	Singular			Plural		
	Maskulinum	Femininum	Neutrum	Maskulinum	Femininum	Neutrum
Nominativ	īdem	eadem	idem	iīdem	eaedem	eadem
Genitiv	eiusdem	eiusdem	eiusdem	eōrundem	eārundem	eōrundem
Dativ	eidem	eidem	eidem	īsdem (iīsdem)	īsdem (iīsdem)	īsdem (iīsdem)
Akkusativ	eundem	eandem	idem	eōsdem	eāsdem	eadem
Ablativ	eōdem	eādem	eōdem	īsdem (iīsdem)	īsdem (iīsdem)	īsdem (iīsdem)

Kasus	Singular			Plural		
	Maskulinum	Femininum	Neutrum	Maskulinum	Femininum	Neutrum
Nominativ	ipse	ipsa	ipsum	ipsī	ipsae	ipsa
Genitiv	ipsīus	ipsīus	ipsīus	ipsōrum	ipsārum	ipsōrum
Dativ	ipsī	ipsī	ipsī	ipsīs	ipsīs	ipsīs
Akkusativ	ipsum	ipsam	ipsum	ipsōs	ipsās	ipsa
Ablativ	ipsō	ipsā	ipsō	ipsīs	ipsīs	ipsīs

4. Relativpronomen

Kasus	Singular			Plural		
	Maskulinum	Femininum	Neutrum	Maskulinum	Femininum	Neutrum
Nominativ	quī	quae	quod	quī	quae	quae
Genitiv	cuius	cuius	cuius	quōrum	quārum	quōrum
Dativ	cui	cui	cui	quibus (quīs)	quibus (quīs)	quibus (quīs)
Akkusativ	quem	quam	quod	quōs	quās	quae
Ablativ	quō	quā	quō	quibus (quīs)	quibus (quīs)	quibus (quīs)

Entsprechend wird auch quicumque, qaecumque, quodcumque (wer auch immer, jeder der) dekliniert.

5. Interrogativpronomen

Kasus	Singular			
	Maskulinum	Femininum	Neutrum	
Nominativ	quis	quis	quid	wer? was?
Genitiv	cuius	cuius	cuius	wessen?
Dativ	cui	cui	cui	wem?
Akkusativ	quem	quem	quid	wen? was?
Ablativ	ā quō	ā quō	ā quō	von wem?

Die adjektivische Form des Interrogativpronomens ist mit dem Relativpronomen identisch: qui, quae quod

6. Indefinitpronomen

aliquis, aliquid (adjektivisch: aliqui, aliqua, aliquod): irgendeiner, irgendjemand
quisqam, quicquam (adjektivisch: ullus, ulla, ullum): irgendeiner
quisque, quaeque, quidque (adjektivisch: quisque, quaeque, quodque): jeder einzelne
quivis, quaevis, quidvis (adjektivisch: quivis, quaevis, quodvis): jeder beliebige
uter, utra, utrum: jeder von beiden
alter, altera, alterum: der eine/andere von beiden
neuter, neutra, neutrum: keiner von beiden
nullus, nulla, nullum: keiner
alius, alia, aliud: ein anderer
unus, una, unum: einer, einzig
solus, sola, solum: allein
totus, tota, toum: ganz

Nach si, nisi, ne, num, quo, quantum, cum wird aliquis zu quis.

nemo: niemand

	substantivisch		adjektivisch		
Kasus	Mask./Femin.	Neutrum	Maskulinum	Feminimum	Neutrum
Nominativ	nemo	nihil	nullus	nulla	nullum
Genitiv	nullīus	nullīus reī	nullīus	nullīus	nullīus
Dativ	neminī	nullī reī	nullī	nullī	nullī
Akkusativ	neminem	nihil	nullum	nullam	nullum
Ablativ	nullō	nullā rē	nullō	nullā	nullō

7. Korrelativpronomen

Demonstrativa		Relativa		Interrogativa	
talis, tale	so beschaffen, ein solcher	qualis	wie beschaffen	qualis, quale?	wie beschaffen?
		qualiscumque	wie beschaffen auch immer		
tantus, -a, -um	so groß	quantus	wie groß	quantus, -a, -um?	wie groß?
tantum	so viel	quantum	wie viel	quantum?	wie viel?
tantundem	ebenso viel	qantumcumque	wie viel auch immer		
tot	so viele	quot	wie viele	quot?	wie viele?
totidem	ebenso viele	quotcumque, quotquot	wie viele auch immer		

Demonstrativa		Indefinita	
tantum	so viel	aliquantum	ziemlich viel
tot	so viele	aliquot	einige

8. Korrelative Pronominaladverbia

Interrogativa

quis? =>	ubī (<quubī)	wo?	quō?	wohin?	unde?	woher?

Demonstrativa

hic =>	hīc	hier	hūc	hierher	hinc	von hier
iste =>	istīc	dort	istō, istūc	dorthin	istinc	von dort
ille =>	illīc	dort	illō, illūc	dorthin	illinc	von dort
is =>	ibī	da	eō	dahin	inde	von da
idem =>	ibidem	ebenda	eōdem	ebendahin	indiden	ebendaher

Relativa

quī =>	ubī (<quubī)	wo	quō	wohin	unde	woher
quīcumque =>	ubicumque immer	wo auch	quōcumque auch immer	wohin	undecumque immer	woher auch

Indefinita

aliquis	=>	alicubī	irgendwo	aliquō	irgendwohin	alicunde	irgendwoher
quisquam	=>	usquam	irgendwo				
	=>	nusquam	nirgends				
quisque	=>	ubīque	überall			utrimque	von beiden Seiten
	=>					undique	von allen Seiten
alius	=>	alibī	anderswo	aliō	anderswohin	aliund	anderswoher

Zahlwörter (Numeralia) (1)

		Grundzahlen (cardinalia)	Ordnungszahlen (ordinalia)
1	I	unus, -a, -um	primus, -a, -um
2	II	duo, duae, duo	secundus/alter
3	III	tres, tria	tertius
4	IV	quattuor	quartus
5	V	quinque	quintus
6	VI	sex	sextus
7	VII	septem	septimus
8	VIII	octo	octavus
9	IX	novem	nonus
10	X	decem	decimus
11	XI	undecim	undecimus
12	XII	duodecim	duodecimus
13	XIII	tredecim	tertius decimus
14	XIV	quattuordecim	quartus decimus
15	XV	quindecim	quintus decimus
16	XVI	sedecim	sextus decimus

		Grundzahlen (cardinalia)	Ordnungszahlen (ordinalia)
17	XVII	septendecim	septimus decimus
18	XVIII	duodeviginti	duodevicesimus
19	XIX	undeviginti	undevicesimus
20	XX	viginti	vicesimus
21	XXI	unus et viginti/viginti unus	unus et vicesimus/ vicesimus primus
22	XXII	duo et viginti/viginti duo	alter et vicesimus/ vicesimus alter
28	XXVIII	duodetriginta	duodetricesimus
29	XXIX	undetriginta	undetricesumus
30	XXX	triginta	tricesimus
40	XL	quadraginta	quadragesimus
50	L	quinquaginta	quinquagesimus
60	LX	sexaginta	sexagesimus
70	LXX	septuaginta	septuagesimus
80	LXXX	octoginta	octogesimus
90	XC	nonaginta	nonagesimus
100	C	centum	centesimus
101	CI	centum (et) unus	centesimus primus
200	CC	ducenti, -ae, -a	ducentesimus

		Grundzahlen (cardinalia)	Ordnungszahlen (ordinalia)
300	CCC	trecenti, -ae, -a	trecentesimus
400	CD	quadringenti, -ae, -a	quadringentesimus
500	D	quingenti, -ae, -a	qingentesimus
600	DC	sescenti, -ae, -a	sescentesimus
700	DCC	septingenti, -ae, -a	septingentesimus
800	DCCC	octingenti, -ae, -a	octingentesimus
900	DCCCC/CM	nongenti, -ae, -a	nongentesimus
1000	M	mille	millesimus
2000		duo milia	bis millesimus
100 000		centum milia	centies millesimus
200 000		ducenta milia	ducenties millesimus
1 000 000		decies centena milia	decies centies millesimus

Zahlwörter (Numeralia) (2)

		Distributivzahlen (distributiva)	Zahladverbien (adverbia numeralia)
1	I	singuli, -ae, -a	semel
2	II	bini	bis
3	III	terni (trini)	ter
4	IV	quaterni	quater
5	V	quini	qinquie(n)s
6	VI	seni	sexie(n)s
7	VII	septeni	septie(n)s
8	VIII	octoni	octie(n)s
9	IX	noveni	novie(n)s
10	X	deni	decie(n)s
11	XI	undeni	undecie(n)s
12	XII	duodeni	duodecies
13	XIII	terni deni	ter decies
14	XIV	quaterni deni	quater decies
15	XV	quini deni	quinquies decies
16	XVI	seni deni	sexies decies

		Distributivzahlen (distributiva)	Zahladverbien (adverbia numeralia)
17	XVII	septeni deni	septies decies
18	XVIII	duodeviceni	duodevicies
19	XIX	undeviceni	undevicies
20	XX	viceni	vicies
21	XXI	singuli et viceni/viceni singuli	semel et vicies/vicies semel
22	XXII	bini et viceni/viceni bini	bis et vicies/vicies bis
28	XXVIII	duodetriceni	duodetricies
29	XXIX	undetriceni	undetricies
30	XXX	triceni	tricies
40	XL	quadrageni	quadragies
50	L	quinquageni	quinquagies
60	LX	sexageni	sexagies
70	LXX	septuageni	septuagies
80	LXXX	octogeni	octogies
90	XC	nonageni	nonagies
100	C	centeni	centies
101	CI	centeni singuli	centies semel
200	CC	duceni	ducenties

		Distributivzahlen (distributiva)	Zahladverbien (adverbia numeralia)
300	CCC	treceni	trecenties
400	CD	quadringeni	quadringenties
500	D	qingeni	quingenties
600	DC	sesceni	sescenties
700	DCC	septingeni	septingenties
800	DCCC	octingeni	octingenties
900	DCCCC/CM	nongeni	nongenties
1000	M	singula milia	milies
2000		bina milia	bis milies
100 000		centena milia	centies milies
200 000		ducena milia	ducenties milies
1 000 000		decies centena milia	decies centies milies

Zahlwörter (Numeralia) (3)

Kasus	Maskulinum	Femininum	Neutrum
Nominativ	unus	una	unum
Genitiv	unīus	unīus	unīus
Dativ	unī	unī	unī
Akkusativ	unum	unam	unum
Ablativ	unō	unā	unō

Kasus	Maskulinum	Femininum	Neutrum
Nominativ	duo	duae	duo
Genitiv	duōrum	duārum	duōrum
Dativ	duobus	duabus	duobus
Akkusativ	duo, duos	duas	duo
Ablativ	duobus	duabus	duobus

Kasus	Maskulinum	Femininum	Neutrum
Nominativ	tres	tres	tria
Genitiv	trium	trium	trium
Dativ	tribus	tribus	tribus
Akkusativ	tres	tres	tria
Ablativ	tribus	tribus	tribus

Kasus	m/f/n
Nominativ	milia
Genitiv	milium
Dativ	milibus
Akkusativ	milia
Ablativ	milibus

Verben

Im Latein drücken die finiten Formen eines Verbums **Person, Numerus, Modus, Tempus und Zustand** aus. Die klassische Lateingrammatik ordnet die Verben, von einigen unregelmäßigen abgesehen, in fünf Konjugationsschemata ein.

Darin gibt es als finite Formen:
drei Personen: 1., 2. und 3.
zwei Numeri: Singular und Plural
drei Modi: Indikativ, Konjunktiv und Imperativ
zwei Zustände: Aktiv und Passiv
sechs Tempi: Präsens, Imperfekt, Futur I, Perfekt, Plusquamperfekt, Futur II

Zu den infiniten Formen zählen:
Infinitiv, Partizip, Gerundiv und Gerund

Die fünf Konjugationen unterscheiden sich nur im Präsensstamm, die Formen des Perfektstammes werden identisch gebildet.

Um ein Verb eindeutig einer Konjugation zuordnen und seinen Perfektstamm bilden zu können, lernt man von allen Verben vier Formen:
Infinitiv: laudare
1. Person Singular Indikativ Präsens Aktiv: laudo
1. Person Singular Indikativ Perfekt Aktiv: laudavi
Partzip Perfekt Passiv (PPP): laudatus (bzw. Supinum: laudatum – um zu loben)

Die Deklination des Partizip Präsens geschieht nach dem Muster der Konsonantenstämme der Dritten Deklination, die des Partizip Perfekt Passivs, des Partizip Futurs und des Gerundivs nach der Zweiten Deklination.

Eine besondere Gruppe bilden die so genannten Deponentien, Verben mit passivischen Formen, aber aktiver bzw. reflexiver Bedeutung wie z. B. hortari (ermuntern, ermahnen).

I. Aktiv

1. Finite Formen
Präsens Indikativ

	ā-Konj. (1)	ē-Konj. (2)	kons. Konj. (3)	ī-Konj. (4)	i-Konj. (5)
Sg. 1. P.	laudō	moneō	agō	audiō	capiō
2. P.	laudās	monēs	agis	audīs	capis
3. P.	laudat	monet	agit	audit	capit
Pl. 1. P.	laudāmus	monēmus	agimus	audīmus	capimus
2. P.	laudātis	monētis	agitis	audītis	capitis
3. P.	laudant	monent	agunt	audiunt	capiunt

Präsens Konjunktiv

	ā-Konj. (1)	ē-Konj. (2)	kons. Konj. (3)	ī-Konj. (4)	i-Konj. (5)
Sg. 1. P.	laudem	moneam	agam	audiam	capiam
2. P.	laudēs	moneās	agās	audiās	capiās
3. P.	laudet	moneat	agat	audiat	capiat
Pl. 1. P.	laudēmus	moneāmus	agāmus	audiāmus	capiāmus
2. P.	laudētis	moneātis	agātis	audiātis	capiātis
3. P.	laudent	moneant	agant	audiant	capiant

Imperfekt Indikativ

	ā-Konj. (1)	ē-Konj. (2)	kons. Konj. (3)	ī-Konj. (4)	i-Konj. (5)
Sg. 1. P.	laudā**bam**	monē**bam**	ag**ēbam**	audi**ēbam**	capi**ēbam**
2. P.	laudā**bās**	monē**bās**	ag**ēbās**	audi**ēbās**	capi**ēbās**
3. P.	laudā**bat**	monē**bat**	ag**ēbat**	audi**ēbat**	capi**ēbat**
Pl. 1. P.	laudā**bāmus**	monē**bāmus**	ag**ēbāmus**	audi**ēbāmus**	capi**ēbāmus**
2. P.	laudā**bātis**	monē**bātis**	ag**ēbātis**	audi**ēbātis**	capi**ēbātis**
3. P.	laudā**bant**	monē**bant**	ag**ēbant**	audi**ēbant**	capi**ēbant**

Imperfekt Konjunktiv

	ā-Konj. (1)	ē-Konj. (2)	kons. Konj. (3)	ī-Konj. (4)	i-Konj. (5)
Sg. 1. P.	laudā**rem**	monē**rem**	age**rem**	audī**rem**	cape**rem**
2. P.	laudā**rēs**	monē**rēs**	age**rēs**	audī**rēs**	cape**rēs**
3. P.	laudā**ret**	monē**ret**	age**ret**	audī**ret**	cape**ret**
Pl. 1. P.	laudā**rēmus**	monē**rēmus**	age**rēmus**	audī**rēmus**	cape**rēmus**
2. P.	laudā**rētis**	monē**rētis**	age**rētis**	audī**rētis**	cape**rētis**
3. P.	laudā**rent**	monē**rent**	age**rent**	audī**rent**	cape**rent**

Futur I

	ā-Konj. (1)	ē-Konj. (2)	kons. Konj. (3)	ī-Konj. (4)	i-Konj. (5)
Sg. 1. P.	laudā**bō**	monē**bō**	ag**am**	audi**am**	capi**am**
2. P.	laudā**bis**	monē**bis**	ag**ēs**	audi**ēs**	capi**ēs**
3. P.	laudā**bit**	monē**bit**	ag**et**	audi**et**	capi**et**
Pl. 1. P.	laudā**bimus**	monē**bimus**	ag**ēmus**	audi**ēmus**	capi**ēmus**
2. P.	laudā**bitis**	monē**bitis**	ag**ētis**	audi**ētis**	capi**ētis**
3. P.	laudā**bunt**	monē**bunt**	ag**ent**	audi**ent**	capi**ent**

Imperativ

	ā-Konj. (1)	ē-Konj. (2)	kons. Konj. (3)	ī-Konj. (4)	i-Konj. (5)
Sg. 2. P.	laudā	monē	ag**e**	audī	cape
Pl. 2. P.	laudā**te**	monē**te**	ag**ite**	audī**te**	cap**ite**
Sg. 2. P.	laudā**tō**	monē**tō**	ag**itō**	audī**tō**	cap**itō**
Sg. 3. P.	laudā**tō**	monē**tō**	ag**itō**	audī**tō**	cap**itō**
Pl. 2. P.	laudā**tōte**	monē**tōte**	ag**itōte**	audī**tōte**	cap**itōte**
Pl. 3. P.	lauda**ntō**	mone**ntō**	ag**untō**	audi**untō**	capi**untō**

Perfekt Indikativ

	ā-Konj. (1)	ē-Konj. (2)	kons. Konj. (3)	ī-Konj. (4)	i-Konj. (5)
Sg. 1. P.	laudā**vī**	monu**ī**	ēg**ī**	audī**vī**	cēp**ī**
2. P.	laudā**vistī**	monu**istī**	ēg**istī**	audī**vistī**	cēp**istī**
3. P.	laudā**vit**	monu**it**	ēg**it**	audī**vit**	cēp**it**
Pl. 1. P.	laudā**vimus**	monu**imus**	ēg**imus**	audī**vimus**	cēp**imus**
2. P.	laudā**vistis**	monu**istis**	ēg**istis**	audī**vistis**	cēp**istis**
3. P.	laudā**vērunt**	monu**ērunt**	ēg**ērunt**	audī**vērunt**	cēp**ērunt**

Perfekt Konjunktiv

	ā-Konj. (1)	ē-Konj. (2)	kons. Konj. (3)	ī-Konj. (4)	i-Konj. (5)
Sg. 1. P.	laudā**verim**	monu**erim**	ēg**erim**	audī**verim**	cēp**erim**
2. P.	laudā**veris**	monu**eris**	ēg**eris**	audī**veris**	cēp**eris**
3. P.	laudā**verit**	monu**erit**	ēg**erit**	audī**verit**	cēp**erit**
Pl. 1. P.	laudā**verimus**	monu**erimus**	ēg**erimus**	audī**verimus**	cēp**erimus**
2. P.	laudā**veritis**	monu**eritis**	ēg**eritis**	audī**veritis**	cēp**eritis**
3. P.	laudā**verint**	monu**erint**	ēg**erint**	audī**verint**	cēp**erint**

Plusquamperfekt Indikativ

	ā-Konj. (1)	ē-Konj. (2)	kons. Konj. (3)	ī-Konj. (4)	i-Konj. (5)
Sg. 1. P.	laudā**veram**	monu**eram**	ēg**eram**	audī**veram**	cēp**eram**
2. P.	laudā**verās**	monu**erās**	ēg**erās**	audī**verās**	cēp**erās**
3. P.	laudā**verat**	monu**erat**	ēg**erat**	audī**verat**	cēp**erat**
Pl. 1. P.	laudā**verāmus**	monu**erāmus**	ēg**erāmus**	audī**verāmus**	cēp**erāmus**
2. P.	laudā**verātis**	monu**erātis**	ēg**erātis**	audī**verātis**	cēp**erātis**
3. P.	laudā**verant**	monu**erant**	ēg**erant**	audī**verant**	cēp**erant**

Plusquamperfekt Konjunktiv

	ā-Konj. (1)	ē-Konj. (2)	kons. Konj. (3)	ī-Konj. (4)	i-Konj. (5)
Sg. 1. P.	laudā**vissem**	monu**issem**	ēg**issem**	audī**vissem**	cēp**issem**
2. P.	laudā**vissēs**	monu**issēs**	ēg**issēs**	audī**vissēs**	cēp**issēs**
3. P.	laudā**visset**	monu**isset**	ēg**isset**	audī**visset**	cēp**isset**
Pl. 1. P.	laudā**vissēmus**	monu**issēmus**	ēg**issēmus**	audī**vissēmus**	cēp**issēmus**
2. P.	laudā**vissētis**	monu**issētis**	ēg**issētis**	audī**vissētis**	cēp**issētis**
3. P.	laudā**vissent**	monu**issent**	ēg**issent**	audī**vissent**	cēp**issent**

Futur II

	ā-Konj. (1)	ē-Konj. (2)	kons. Konj. (3)	ī-Konj. (4)	i-Konj. (5)
Sg. 1. P.	laudā**verō**	monu**erō**	ēg**erō**	audī**verō**	cēp**erō**
2. P.	laudā**veris**	monu**eris**	ēg**eris**	audī**veris**	cēp**eris**
3. P.	laudā**verit**	monu**erit**	ēg**erit**	audī**verit**	cēp**erit**
Pl. 1. P.	laudā**verimus**	monu**erimus**	ēg**erimus**	audī**verimus**	cēp**erimus**
2. P.	laudā**veritis**	monu**eritis**	ēg**eritis**	audī**veritis**	cēp**eritis**
3. P.	laudā**verint**	monu**erint**	ēg**erint**	audī**verint**	cēp**erint**

2. Infinite Formen

	ā-Konj. (1)	ē-Konj. (2)	kons. Konj. (3)	ī-Konj. (4)	i-Konj. (5)
Inf. Präsens	laudā**re**	monē**re**	ag**ere**	audī**re**	cap**ere**
Inf. Futur	laudāt**ūrum** esse	monit**ūrum** esse	act**ūrum** esse	audīt**ūrum** esse	capt**ūrum** esse
Inf. Perfekt	laudā**visse**	monu**isse**	ēg**isse**	audī**visse**	cēp**isse**
Par. Präsens	laud**āns, -ntis**	mon**ēns, -ntis**	ag**ēns, -ntis**	audi**ēns, -ntis**	capi**ēns, -ntis**
Par. Futur	laudāt**ūrus**	monit**ūrus**	act**ūrus**	audīt**ūrus**	capt**ūrus**
Gerund	laud**andī, -o, -um**	mon**endī, -o, -um**	ag**endī, -o, -um**	audi**endī, -o, -um**	capi**endī, -o, -um**

Die Deklination des Partizip Präsens geschieht nach dem Muster der Konsonantenstämme der Dritten Deklination, die des Partizip Futurs nach der Zweiten Deklination.

II. Passiv

1. Finite Formen
Präsens Indikativ

	ā-Konj. (1)	ē-Konj. (2)	kons. Konj. (3)	ī-Konj. (4)	i-Konj. (5)
Sg. 1. P.	laud**or**	mone**or**	ag**or**	audi**or**	capi**or**
2. P.	laudā**ris**	monē**ris**	ag**eris**	audī**ris**	cap**eris**
3. P.	laudā**tur**	monē**tur**	ag**itur**	audī**tur**	cap**itur**
Pl. 1. P.	laudā**mur**	monē**mur**	ag**imur**	audī**mur**	cap**imur**
2. P.	laudā**minī**	monē**minī**	ag**iminī**	audī**minī**	cap**iminī**
3. P.	lauda**ntur**	mone**ntur**	ag**untur**	audi**untur**	capi**untur**

Präsens Konjunktiv

	ā-Konj. (1)	ē-Konj. (2)	kons. Konj. (3)	ī-Konj. (4)	i-Konj. (5)
Sg. 1. P.	laud**er**	mone**ar**	ag**ar**	audi**ar**	capi**ar**
2. P.	laud**ēris**	mone**āris**	ag**āris**	audi**āris**	capi**āris**
3. P.	laud**ētur**	mone**ātur**	ag**ātur**	audi**ātur**	capi**ātur**
Pl. 1. P.	laud**ēmur**	mone**āmur**	ag**āmur**	audi**āmur**	capi**āmur**
2. P.	laud**ēminī**	mone**āminī**	ag**āminī**	audi**āminī**	capi**āminī**
3. P.	laud**entur**	mone**antur**	ag**antur**	audi**antur**	capi**antur**

Imperfekt Indikativ

	ā-Konj. (1)	ē-Konj. (2)	kons. Konj. (3)	ī-Konj. (4)	i-Konj. (5)
Sg. 1. P.	laudā**bar**	monē**bar**	agē**bar**	audiē**bar**	capiē**bar**
2. P.	laudā**bāris**	monē**bāris**	agē**bāris**	audiē**bāris**	capiē**bāris**
3. P.	laudā**bātur**	monē**bātur**	agē**bātur**	audiē**bātur**	capiē**bātur**
Pl. 1. P.	laudā**bāmur**	monē**bāmur**	agē**bāmur**	audiē**bāmur**	capiē**bāmur**
2. P.	laudā**bāminī**	monē**bāminī**	agē**bāminī**	audiē**bāminī**	capiē**bāminī**
3. P.	laudā**bantur**	monē**bantur**	agē**bantur**	audiē**bantur**	capiē**bantur**

Imperfekt Konjunktiv

	ā-Konj. (1)	ē-Konj. (2)	kons. Konj. (3)	ī-Konj. (4)	i-Konj. (5)
Sg. 1. P.	laudā**rer**	monē**rer**	age**rer**	audī**rer**	cape**rer**
2. P.	laudā**rēris**	monē**rēris**	age**rēris**	audī**rēris**	cape**rēris**
3. P.	laudā**rētur**	monē**rētur**	age**rētur**	audī**rētur**	cape**rētur**
Pl. 1. P.	laudā**rēmur**	monē**rēmur**	age**rēmur**	audī**rēmur**	cape**rēmur**
2. P.	laudā**rēminī**	monē**rēminī**	age**rēminī**	audī**rēminī**	cape**rēminī**
3. P.	laudā**rentur**	monē**rentur**	age**rentur**	audī**rentur**	cape**rentur**

Futur I

	ā-Konj. (1)	ē-Konj. (2)	kons. Konj. (3)	ī-Konj. (4)	i-Konj. (5)
Sg. 1. P.	laudā**bor**	monē**bor**	ag**ar**	audi**ar**	capi**ar**
2. P.	laudā**beris**	monē**beris**	ag**ēris**	audi**ēris**	capi**ēris**
3. P.	laudā**bitur**	monē**bitur**	ag**ētur**	audi**ētur**	capi**ētur**
Pl. 1. P.	laudā**bimur**	monē**bimur**	ag**ēmur**	audi**ēmur**	capi**ēmur**
2. P.	laudā**biminī**	monē**biminī**	ag**ēminī**	audi**ēminī**	capi**ēminī**
3. P.	laudā**buntur**	monē**buntur**	ag**entur**	audi**entur**	capi**entur**

Perfekt Indikativ

	ā-Konj. (1)	ē-Konj. (2)	kons. Konj. (3)	ī-Konj. (4)	i-Konj. (5)
Sg. 1. P.	laudā**tus sum**	moni**tus sum**	ac**tus sum**	audī**tus sum**	cap**tus sum**
2. P.	laudā**tus es**	moni**tus es**	ac**tus es**	audī**tus es**	cap**tus es**
3. P.	laudā**tus est**	moni**tus est**	ac**tus est**	audī**tus est**	cap**tus est**
Pl. 1. P.	laudā**tī sumus**	moni**tī sumus**	ac**tī sumus**	audī**tī sumus**	cap**tī sumus**
2. P.	laudā**tī estis**	moni**tī estis**	ac**tī estis**	audī**tī estis**	cap**tī estis**
3. P.	laudā**tī sunt**	moni**tī sunt**	ac**tī sunt**	audī**tī sunt**	cap**tī sunt**

Perfekt Konjunktiv

	ā-Konj. (1)	ē-Konj. (2)	kons. Konj. (3)	ī-Konj. (4)	i-Konj. (5)
Sg. 1. P.	laudātus sim	monitus sim	actus sim	audītus sim	captus sim
2. P.	laudātus sis	monitus sis	actus sis	audītus sis	captus sis
3. P.	laudātus sit	monitus sit	actus sit	audītus sit	captus sit
Pl. 1. P.	laudātī sīmus	monitī sīmus	actī sīmus	audītī sīmus	captī sīmus
2. P.	laudātī sītis	monitī sītis	actī sītis	audītī sītis	captī sītis
3. P.	laudātī sint	monitī sint	actī sint	audītī sint	captī sint

Plusquamperfekt Indikativ

	ā-Konj. (1)	ē-Konj. (2)	kons. Konj. (3)	ī-Konj. (4)	i-Konj. (5)
Sg. 1. P.	laudātus eram	monitus eram	actus eram	audītus eram	captus eram
2. P.	laudātus erās	monitus erās	actus erās	audītus erās	captus erās
3. P.	laudātus erat	monitus erat	actus erat	audītus erat	captus erat
Pl. 1. P.	laudātī erāmus	monitī erāmus	actī erāmus	audītī erāmus	captī erāmus
2. P.	laudātī erātis	monitī erātis	actī erātis	audītī erātis	captī erātis
3. P.	laudāīt erant	moniīt erant	acīt erant	audiīt erant	capīt erant

Plusquamperfekt Konjunktiv

	ā-Konj. (1)	ē-Konj. (2)	kons. Konj. (3)	ī-Konj. (4)	i-Konj. (5)
Sg. 1. P.	laudā**tus essem**	moni**tus essem**	ac**tus essem**	audī**tus essem**	cap**tus essem**
2. P.	laudā**tus essēs**	moni**tus essēs**	ac**tus essēs**	audī**tus essēs**	cap**tus essēs**
3. P.	laudā**tus esset**	moni**tus esset**	ac**tus esset**	audī**tus esset**	cap**tus esset**
Pl. 1. P.	laudā**tī essēmus**	moni**tī essēmus**	ac**tī essēmus**	audī**tī essēmus**	cap**tī essēmus**
2. P.	laudā**tī essētis**	moni**tī essētis**	ac**tī essētis**	audī**tī essētis**	cap**tī essētis**
3. P.	laudā**tī essent**	moni**tī essent**	ac**tī essent**	audī**tī essent**	cap**tī essent**

Futur II

	ā-Konj. (1)	ē-Konj. (2)	kons. Konj. (3)	ī-Konj. (4)	i-Konj. (5)
Sg. 1. P.	laudā**tus erō**	moni**tus erō**	ac**tus erō**	audī**tus erō**	cap**tus erō**
2. P.	laudā**tus eris**	moni**tus eris**	ac**tus eris**	audī**tus eris**	cap**tus eris**
3. P.	laudā**tus erit**	moni**tus erit**	ac**tus erit**	audī**tus erit**	cap**tus erit**
Pl. 1. P.	laudā**tī erimus**	moni**tī erimus**	ac**tī erimus**	audī**tī erimus**	cap**tī erimus**
2. P.	laudā**tī eritis**	moni**tī eritis**	ac**tī eritis**	audī**tī eritis**	cap**tī eritis**
3. P.	laudā**tī erunt**	moni**tī erunt**	ac**tī erunt**	audī**tī erunt**	cap**tī erunt**

2. Infinite Formen

	ā-Konj. (1)	ē-Konj. (2)	kons. Konj. (3)	ī-Konj. (4)	i-Konj. (5)
Inf. Präsens	laudā**rī**	monē**rī**	ag**ī**	audī**ri**	cap**ī**
Inf. Futur	laudāt**um** iri	monit**um** iri	act**um** iri	audīt**um** iri	capt**um** iri
Inf. Perfekt	laudāt**us** esse	monit**us** esse	act**us** esse	audīt**us** esse	capt**us** esse
Par. Perfekt	laudāt**us**	monit**us**	act**us**	audīt**us**	capt**us**
Gerundiv	laud**andus**	mon**endus**	ag**endus**	audi**endus**	capi**endus**

Die Deklination des Partizip Perfekt Passivs und des Gerundivs geschieht nach der Zweiten Deklination.

III. Deponentia (Mediopassiva)

1. Finite Formen
Präsens Indikativ

	ā-Konj. (1)	ē-Konj. (2)	kons. Konj. (3)	ī-Konj. (4)	i-Konj. (5)
Sg. 1. P.	hort**or**	vere**or**	sequ**or**	largi**or**	pati**or**
2. P.	hortā**ris**	verē**ris**	sequ**eris**	largī**ris**	pat**eris**
3. P.	hortā**tur**	verē**tur**	sequ**itur**	largī**tur**	pati**tur**
Pl. 1. P.	hortā**mur**	verē**mur**	sequ**imur**	largī**mur**	pati**mur**
2. P.	hortā**minī**	verē**minī**	sequ**iminī**	largī**minī**	pati**minī**
3. P.	horta**ntur**	vere**ntur**	sequ**untur**	largi**untur**	pati**untur**

Präsens Konjunktiv

	ā-Konj. (1)	ē-Konj. (2)	kons. Konj. (3)	ī-Konj. (4)	i-Konj. (5)
Sg. 1. P.	hort**er**	vere**ar**	sequ**ar**	largi**ar**	pati**ar**
2. P.	hort**ēris**	vere**āris**	sequ**āris**	largi**āris**	pati**āris**
3. P.	hort**ētur**	vere**ātur**	sequ**ātur**	largi**ātur**	pati**ātur**
Pl. 1. P.	hort**ēmur**	vere**āmur**	sequ**āmur**	largi**āmur**	pati**āmur**
2. P.	hort**ēminī**	vere**āminī**	sequ**āminī**	largi**āminī**	pati**āminī**
3. P.	hort**entur**	vere**antur**	sequ**antur**	largi**antur**	pati**antur**

Imperfekt Indikativ

	ā-Konj. (1)	ē-Konj. (2)	kons. Konj. (3)	ī-Konj. (4)	i-Konj. (5)
Sg. 1. P.	hortā**bar**	verē**bar**	sequē**bar**	largiē**bar**	patiē**bar**
2. P.	hortā**bāris**	verē**bāris**	sequē**bāris**	largiē**bāris**	patiē**bāris**
3. P.	hortā**bātur**	verē**bātur**	sequē**bātur**	largiē**bātur**	patiē**bātur**
Pl. 1. P.	hortā**bāmur**	verē**bāmur**	sequē**bāmur**	largiē**bāmur**	patiē**bāmur**
2. P.	hortā**bāminī**	verē**bāminī**	sequē**bāminī**	largiē**bāminī**	patiē**bāminī**
3. P.	hortā**bantur**	verē**bantur**	sequē**bantur**	largiē**bantur**	patiē**bantur**

Imperfekt Konjunktiv

	ā-Konj. (1)	ē-Konj. (2)	kons. Konj. (3)	ī-Konj. (4)	i-Konj. (5)
Sg. 1. P.	hortā**rer**	verē**rer**	sequ**erer**	largī**rer**	pate**rer**
2. P.	hortā**rēris**	verē**rēris**	sequ**erēris**	largī**rēris**	pate**rēris**
3. P.	hortā**rētur**	verē**rētur**	sequ**erētur**	largī**rētur**	pate**rētur**
Pl. 1. P.	hortā**rēmur**	verē**rēmur**	sequ**erēmur**	largī**rēmur**	pate**rēmur**
2. P.	hortā**rēminī**	verē**rēminī**	sequ**erēminī**	largī**rēminī**	pate**rēminī**
3. P.	hortā**rentur**	verē**rentur**	sequ**erentur**	largī**rentur**	pate**rentur**

Futur I

	ā-Konj. (1)	ē-Konj. (2)	kons. Konj. (3)	ī-Konj. (4)	i-Konj. (5)
Sg. 1. P.	hortā**bor**	verē**bor**	sequ**ar**	largi**ar**	pati**ar**
2. P.	hortā**beris**	verē**beris**	sequ**ēris**	largi**ēris**	pati**ēris**
3. P.	ortā**bitur**	verē**bitur**	sequ**ētur**	largi**ētur**	pati**ētur**
Pl. 1. P.	hortā**bimur**	verē**bimur**	sequ**ēmur**	largi**ēmur**	pati**ēmur**
2. P.	hortā**biminī**	verē**biminī**	sequ**ēminī**	largi**ēminī**	pati**ēminī**
3. P.	hortā**buntur**	verē**buntur**	sequ**entur**	largi**entur**	pati**entur**

Perfekt Indikativ

	ā-Konj. (1)	ē-Konj. (2)	kons. Konj. (3)	ī-Konj. (4)	i-Konj. (5)
Sg. 1. P.	hortā**tus sum**	veri**tus sum**	secū**tus sum**	largī**tus sum**	pas**sus sum**
2. P.	hortā**tus es**	veri**tus es**	secū**tus es**	largī**tus es**	pas**sus es**
3. P.	hortā**tus est**	veri**tus est**	secū**tus est**	largī**tus est**	pas**sus est**
Pl. 1. P.	hortātī **sumus**	veritī **sumus**	secūtī **sumus**	largītī **sumus**	passī **sumus**
2. P.	hortātī **estis**	veritī **estis**	secūtī **estis**	largītī **estis**	passī **estis**
3. P.	hortātī **sunt**	veritī **sunt**	secūtī **sunt**	largītī **sunt**	passī **sunt**

Perfekt Konjunktiv

	ā-Konj. (1)	ē-Konj. (2)	kons. Konj. (3)	ī-Konj. (4)	i-Konj. (5)
Sg. 1. P.	hortā**tus sim**	veri**tus sim**	secū**tus sim**	largī**tus sim**	pas**sus sim**
2. P.	hortā**tus sis**	veri**tus sis**	secū**tus sis**	largī**tus sis**	pas**sus sis**
3. P.	hortā**tus sit**	veri**tus sit**	secū**tus sit**	largī**tus sit**	pas**sus sit**
Pl. 1. P.	hortā**tī sīmus**	veri**tī sīmus**	secū**tī sīmus**	largī**tī sīmus**	pas**sī sīmus**
2. P.	hortā**tī sītis**	veri**tī sītis**	secū**tī sītis**	largī**tī sītis**	pas**sī sītis**
3. P.	hortā**tī sint**	veri**tī sint**	secū**tī sint**	largī**tī sint**	pas**sī sint**

Plusquamperfekt Indikativ

	ā-Konj. (1)	ē-Konj. (2)	kons. Konj. (3)	ī-Konj. (4)	i-Konj. (5)
Sg. 1. P.	hortā**tus eram**	veri**tus eram**	secū**tus eram**	largī**tus eram**	pas**sus eram**
2. P.	hortā**tus erās**	veri**tus erās**	secū**tus erās**	largī**tus erās**	pas**sus erās**
3. P.	hortā**tus erat**	veri**tus erat**	secū**tus erat**	largī**tus erat**	pas**sus erat**
Pl. 1. P.	hortā**tī erāmus**	veri**tī erāmus**	secū**tī erāmus**	largī**tī erāmus**	pas**sī erāmus**
2. P.	hortā**tī erātis**	veri**tī erātis**	secū**tī erātis**	largī**tī erātis**	pas**sī erātis**
3. P.	hortā**tī erant**	veri**tī erant**	secū**tī erant**	largī**tī erant**	pas**sī erant**

Plusquamperfekt Konjunktiv

	ā-Konj. (1)	ē-Konj. (2)	kons. Konj. (3)	ī-Konj. (4)	i-Konj. (5)
Sg. 1. P.	hortā**tus essem**	veri**tus essem**	secū**tus essem**	largī**tus essem**	pass**us essem**
2. P.	hortā**tus essēs**	veri**tus essēs**	secū**tus essēs**	largī**tus essēs**	pass**us essēs**
3. P.	hortā**tus esset**	veri**tus esset**	secū**tus esset**	largī**tus esset**	pass**us esset**
Pl. 1. P.	hortā**tī essēmus**	veri**tī essēmus**	secū**tī essēmus**	largī**tī essēmus**	pass**ī essēmus**
2. P.	hortā**tī essētis**	veri**tī essētis**	secū**tī essētis**	largī**tī essētis**	pass**ī essētis**
3. P.	hortā**tī essent**	veri**tī essent**	secū**tī essent**	largī**tī essent**	pass**ī essent**

Futur II

	ā-Konj. (1)	ē-Konj. (2)	kons. Konj. (3)	ī-Konj. (4)	i-Konj. (5)
Sg. 1. P.	hortā**tus erō**	veri**tus erō**	secū**tus erō**	largī**tus erō**	pass**us erō**
2. P.	hortā**tus eris**	veri**tus eris**	secū**tus eris**	largī**tus eris**	pass**us eris**
3. P.	hortā**tus erit**	veri**tus erit**	secū**tus erit**	largī**tus erit**	pass**us erit**
Pl. 1. P.	hortā**tī erimus**	veri**tī erimus**	secū**tī erimus**	largī**tī erimus**	pass**ī erimus**
2. P.	hortā**tī eritis**	veri**tī eritis**	secū**tī eritis**	largī**tī eritis**	pass**ī eritis**
3. P.	hortā**tī erunt**	veri**tī erunt**	secū**tī erunt**	largī**tī erunt**	pass**ī erunt**

2. Infinite Formen

	ā-Konj. (1)	ē-Konj. (2)	kons. Konj. (3)	ī-Konj. (4)	i-Konj. (5)
Inf. Präsens	hortā**ri**	verē**ri**	sequ**i**	largī**ri**	pat**i**
Inf. Futur	hortā**tūrum** esse	veri**tūrum** esse	secū**tūrum** esse	largī**tūrum** esse	pass**ūrum** esse
Inf. Perfekt	hortā**tus** esse	veri**tus** esse	secū**tus** esse	largī**tus** esse	pass**us** esse
Par. Präsens	hortā**ns, -ntis**	verē**ns, -ntis**	sequē**ns, -ntis**	largiē**ns, -ntis**	patiē**ns, -ntis**
Part. Futur	hortā**tūrus**	veri**tūrus**	secū**tūrus**	largī**tūrus**	pass**ūrus**
Gerund	horta**ndī, -o, -um**	vere**ndī, -o, -um**	sequ**endī, -o, -um**	largi**endī, -o, -um**	pati**endī, -o, -um**
Gerundiv	horta**ndus**	vere**ndus**	sequ**endus**	largi**endus**	pati**endus**

Die Deklination des Partizip Präsens geschieht nach dem Muster der Konsonantenstämme der Dritten Deklination, die des Partizip Futurs und des Gerundivs nach der Zweiten Deklination.

IV. Unregelmäßige Verben

esse
Präsensstamm

	Ind. Präsens	Konj. Präsens	Ind. Imperfekt	Konj. Imperfekt	Futur I
Sg. 1. P.	sum	sim	eram	essem	erō
2. P.	es	sīs	erās	essēs	eris
3. P.	est	sit	erat	esset	erit
Pl. 1. P.	sumus	sīmus	erāmus	essēmus	erimus
2. P.	estis	sītis	erātis	essētis	eritis
3. P.	sunt	sint	erant	essent	erunt

Imperativ

Sg. 2. P.	es
Pl. 2. P.	este
Sg. 2. P.	estō
Sg. 3. P.	estō
Pl. 2. P.	estōte
Pl. 3. P.	suntō

Perfektstamm

	Ind. Perfekt	Konj. Perfekt	Ind. Plusquamperfekt	Konj. Plusquamperfekt	Futur II
Sg. 1. P.	fuī	fuerim	fueram	fuissem	fuerō
2. P.	fuistī	fueris	fuerās	fuissēs	fueris
3. P.	fuit	fuerit	fuerat	fuisset	fuerit
Pl. 1. P.	fuimus	fuerimus	fuerāmus	fuissēmus	fuerimus
2. P.	fuistis	fueritis	fuerātis	fuissētis	fueritis
3. P.	fuērunt	fuerint	fuerant	fuissent	fuerint

Infinite Formen

Inf. Präsens	esse
Inf. Futur	futūrum esse
Inf. Perfekt	fuisse
Part. Futur	futūrus esse

ferre
Aktiv
Präsensstamm

	Ind. Präsens	Konj. Präsens	Ind. Imperfekt	Konj. Imperfekt	Futur I
Sg. 1. P.	ferō	feram	ferēbam	ferrem	feram
2. P.	fers	ferās	ferēbās	ferrēs	ferēs
3. P.	fert	ferat	ferēbat	ferret	feret
Pl. 1. P.	ferimus	ferāmus	ferēbāmus	ferrēmus	ferēmus
2. P.	fertis	ferātis	ferēbātis	ferrētis	ferētis
3. P.	ferunt	ferant	ferēbant	ferrent	ferent

Imperativ

Sg. 2. P.	fer
Pl. 2. P.	ferte
Sg. 2. P.	fertō
Sg. 3. P.	fertō
Pl. 2. P.	fertōte
Pl. 3. P.	feruntō

Perfektstamm

	Ind. Perfekt	Konj. Perfekt	Ind. Plusquamperfekt	Konj. Plusquamperfekt	Futur II
Sg. 1. P.	tulī	tulerim	tuleram	tulissem	tulerō
2. P.	tulistī	tuleris	tulerās	tulissēs	tuleris
3. P.	tulit	tulerit	tulerat	tulisset	tulerit
Pl. 1. P.	tulimus	tulerimus	tulerāmus	tulissēmus	tulerimus
2. P.	tulistis	tuleritis	tulerātis	tulissētis	tuleritis
3. P.	tulērunt	tulerint	tulerant	tulissent	tulerint

Infinite Formen

Inf. Präsens	ferre
Inf. Futur	lātūrum esse
Inf. Perfekt	tulisse
Part. Präsens	ferēns, -ntis
Part. Futur	lātūrus
Gerund	ferendī, -o, -um

Passiv
Präsensstamm

	Ind. Präsens	Konj. Präsens	Ind. Imperfekt	Konj. Imperfekt	Futur I
Sg. 1. P.	feror	ferar	ferēbar	ferrer	ferar
2. P.	ferris	ferāris	ferēbāris	ferrēris	ferēris
3. P.	fertur	ferātur	ferēbātur	ferrētur	ferētur
Pl. 1. P.	ferimur	ferāmur	ferēbāmur	ferrēmur	ferēmur
2. P.	ferimini	ferāmini	ferēbāmini	ferrēmini	ferēmini
3. P.	feruntur	ferantur	ferēbantur	ferrentur	ferentur

Perfektstamm

	Ind. Perfekt	Konj. Perfekt	Ind. Plusquamperfekt	Konj. Plusquamperfekt	Futur II
Sg. 1. P.	lātus sum	lātus sim	lātus eram	lātus essem	lātus erō
2. P.	lātus es	lātus sīs	lātus erās	lātus essēs	lātus eris
3. P.	lātus est	lātus sit	lātus erat	lātus esset	lātus erit
Pl. 1. P.	lātī sumus	lātī sīmus	lātī erāmus	lātī essēmus	lātī erimus
2. P.	lātī estis	lātī sītis	lātī erātis	lātī essētis	lātī eritis
3. P.	lātī sunt	lātī sint	lātī erant	lātī essent	lātī erunt

Infinite Formen

Inf. Präsens	ferrī
Inf. Futur	lātum iri
Inf. Perfekt	lātum esse
Part. Perfekt	lātus
Gerundiv	ferendus

posse
Präsensstamm

	Ind. Präsens	Konj. Präsens	Ind. Imperfekt	Konj. Imperfekt	Futur I
Sg. 1. P.	possum	possim	poteram	possem	poterō
2. P.	potes	possīs	poterās	possēs	poteris
3. P.	potest	possit	poterat	posset	poterit
Pl. 1. P.	possumus	possīmus	poterāmus	possēmus	poterimus
2. P.	potestis	possītis	poterātis	possētis	poteritis
3. P.	possunt	possint	poterant	possent	poterunt

Perfektstamm

	Ind. Perfekt	Konj. Perfekt	Ind. Plusquamperfekt	Konj. Plusquamperfekt	Futur II
Sg. 1. P.	potuī	potuerim	potueram	potuissem	potuerō
2. P.	potuistī	potueris	potuerās	potuissēs	potueris
3. P.	potuit	potuerit	potuerat	potuisset	potuerit
Pl. 1. P.	potuimus	potuerimus	potuerāmus	potuissēmus	potuerimus
2. P.	potuistis	potueritis	potuerātis	potuissētis	potueritis
3. P.	potuērunt	potuerint	potuerant	potuissent	potuerint

Infinite Formen

Inf. Präsens	posse
Inf. Perfekt	potuisse

prodesse
Präsensstamm

	Ind. Präsens	Konj. Präsens	Ind. Imperfekt	Konj. Imperfekt	Futur I
Sg. 1. P.	prōsum	prōsim	prōderam	prōdessem	prōderō
2. P.	prōdes	prōsīs	prōderās	prōdessēs	prōderis
3. P.	prōdest	prōsit	prōderat	prōdesset	prōderit
Pl. 1. P.	prōsumus	prōsīmus	prōderāmus	prōdessēmus	prōderimus
2. P.	prōdestis	prōsītis	prōderātis	prōdessētis	prōderitis
3. P.	prōsunt	prōsint	prōderant	prōdessent	prōderunt

Imperativ

Sg. 2. P.	prōdes
Pl. 2. P.	prōdeste

Perfektstamm

	Ind. Perfekt	Konj. Perfekt	Ind. Plusquamperfekt	Konj. Plusquamperfekt	Futur II
Sg. 1. P.	prōfuī	prōfuerim	prōfueram	prōfuissem	prōfuerō
2. P.	prōfuistī	prōfueris	prōfuerās	prōfuissēs	prōfueris
3. P.	prōfuit	prōfuerit	prōfuerat	prōfuisset	prōfuerit
Pl. 1. P.	prōfuimus	prōfuerimus	prōfuerāmus	prōfuissēmus	prōfuerimus
2. P.	prōfuistis	prōfueritis	prōfuerātis	prōfuissētis	prōfueritis
3. P.	prōfuērunt	prōfuerint	prōfuerant	prōfuissent	prōfuerint

Infinite Formen

Inf. Präsens	prōdesse
Inf. Perfekt	prōfuisse
Part. Futur	prōfuturūs

velle
Präsensstamm

	Ind. Präsens	Konj. Präsens	Ind. Imperfekt	Konj. Imperfekt	Futur I
Sg. 1. P.	volō	velim	volēbam	vellem	volam
2. P.	vīs	velīs	volēbās	vellēs	volēs
3. P.	vult	velit	volēbat	vellet	volet
Pl. 1. P.	volumus	velīmus	volēbāmus	vellēmus	volēmus
2. P.	vultis	velītis	volēbātis	vellētis	volētis
3. P.	volunt	velint	volēbant	vellent	volent

Perfektstamm

	Ind. Perfekt	Konj. Perfekt	Ind. Plusquamperfekt	Konj. Plusquamperfekt	Futur II
Sg. 1. P.	voluī	voluerim	volueram	voluissem	voluerō
2. P.	voluistī	volueris	voluerās	voluissēs	volueris
3. P.	voluit	voluerit	voluerat	voluisset	voluerit
Pl. 1. P.	voluimus	voluerimus	voluerāmus	voluissēmus	voluerimus
2. P.	voluistis	volueritis	voluerātis	voluissētis	volueritis
3. P.	voluērunt	voluerint	voluerant	voluissent	voluerint

Infinite Formen

Inf. Präsens	velle
Inf. Perfekt	voluisse
Part. Präsens	volēns, -ntis

nolle
Präsensstamm

	Ind. Präsens	Konj. Präsens	Ind. Imperfekt	Konj. Imperfekt	Futur I
Sg 1. P.	nōlō	nōlim	nōlēbam	nōllem	nōlam
2. P.	nōn vis	nōlīs	nōlēbās	nōlles	nōlēs
3. P.	nōn vult	nōlit	nōlēbat	nōllet	nōlet
Pl. 1. P.	nōlumus	nōlīmus	nōlēbāmus	nōllēmus	nōlēmus
2. P.	nōn vultis	nōlītis	nōlēbātis	nōllētis	nōlētis
3. P.	nōlunt	nōlint	nōlēbant	nōllent	nōlent

Imperativ

Sg. 2. P.	nōlī [mit Infinitiv]
Pl. 2. P.	nōlīte [mit Infinitiv]
Sg. 2. P.	nōlītō [mit Infinitiv]
Sg. 3. P.	nōlītō [mit Infinitiv]
Pl. 2. P.	nōlītōte [mit Infinitiv]
Pl. 3. P.	nōluntō [mit Infinitiv]

Perfektstamm

	Ind. Perfekt	Konj. Perfekt	Ind. Plusquamperfekt	Konj. Plusquamperfekt	Futur II
Sg. 1. P.	nōluī	nōluerim	nōlueram	nōluissem	nōluerō
2. P.	nōluistī	nōlueris	nōluerās	nōluissēs	nōlueris
3. P.	nōluit	nōluerit	nōluerat	nōluisset	nōluerit
Pl. 1. P.	nōluimus	nōluerimus	nōluerāmus	nōluissēmus	nōluerimus
2. P.	nōluistis	nōlueritis	nōluerātis	nōluissētis	nōlueritis
3. P.	nōluērunt	nōluerint	nōluerant	nōluissent	nōluerint

Infinite Formen

Inf. Präsens	nōlle
Inf. Perfekt	nōluisse
Part. Präsens	nōlēns, -ntis

malle
Präsensstamm

	Ind. Präsens	Konj. Präsens	Ind. Imperfekt	Konj. Imperfekt	Futur I
Sg. 1. P.	mālō	mālim	mālēbam	māllem	mālam
2. P.	māvīs	mālīs	mālēbās	māllēs	mālēs
3. P.	māvult	mālit	mālēbat	māllet	mālet
Pl. 1. P.	mālumus	mālīmus	mālēbāmus	māllēmus	mālēmus
2. P.	māvultis	mālītis	mālēbātis	māllētis	mālētis
3. P.	mālunt	mālint	mālēbant	māllent	mālent

Perfektstamm

	Ind. Perfekt	Konj. Perfekt	Ind. Plusquamperfekt	Konj. Plusquamperfekt	Futur II
Sg. 1. P.	māluī	māluerim	mālueram	māluissem	māluerō
2. P.	māluistī	mālueris	māluerās	māluissēs	mālueris
3. P.	māluit	māluerit	māluerat	māluisset	māluerit
Pl. 1. P.	māluimus	māluerimus	māluerāmus	māluissēmus	māluerimus
2. P.	māluistis	mālueritis	māluerātis	māluissētis	mālueritis
3. P.	māluērunt	māluerint	māluerant	māluissent	māluerint

Infinite Formen

Inf. Präsens	mālle
Inf. Perfekt	māluisse

īre
Präsensstamm

	Ind. Präsens	Konj. Präsens	Ind. Imperfekt	Konj. Imperfekt	Futur I
Sg. 1. P.	eō	eam	ībam	īrem	ībō
2. P.	īs	eās	ībās	īrēs	ībis
3. P.	it	eat	ībat	īret	ībit
Pl. 1. P.	īmus	eāmus	ībāmus	īrēmus	ībimus
2. P.	ītis	eātis	ībātis	īrētis	ībitis
3. P.	eunt	eant	ībant	īrent	ībunt

Imperativ

Sg. 2. P.	ī
Pl. 2. P.	īte
Sg. 2. P.	ītō
Sg. 3. P.	ītō
Pl. 2. P.	ītōte
Pl. 3. P.	euntō

Perfektstamm

	Ind. Perfekt	Konj. Perfekt	Ind. Plusquamperfekt	Konj. Plusquamperfekt	Futur II
Sg. 1. P.	iī	ierim	ieram	īssem	ierō
2. P.	īstī	ieris	ierās	īssēs	ieris
3. P.	iit	ierit	ierat	īsset	ierit
Pl. 1. P.	iimus	ierimus	ierāmus	īssēmus	ierimus
2. P.	īstis	ieritis	ierātis	īssētis	ieritis
3. P.	iērunt	ierint	ierant	īssent	ierint

Infinite Formen

Inf. Präsens	īre
Inf. Futur	itūrum esse
Inf. Perfekt	īsse
Part. Präsens	iēns, euntis
Part. Futur	itūrus
Gerund	eundī, -o, -um

fieri
Präsensstamm

	Ind. Präsens	Konj. Präsens	Ind. Imperfekt	Konj. Imperfekt	Futur I
Sg. 1. P.	fīō	fīam	fīēbam	fierem	fīam
2. P.	fīs	fīās	fīēbās	fierēs	fīēs
3. P.	fit	fīat	fīēbat	fieret	fīet
Pl. 1. P.	fīmus	fīāmus	fīēbāmus	fierēmus	fīēmus
2. P.	fītis	fīātis	fīēbātis	fierētis	fīētis
3. P.	fiunt	fīant	fīēbant	fierent	fīent

Imperativ

Sg. 2. P.	fī
Pl. 2. P.	fīte

Perfektstamm

	Ind. Perfekt	Konj. Perfekt	Ind. Plusquamperfekt	Konj. Plusquamperfekt	Futur II
Sg. 1. P.	factus sum	factus sim	factus eram	factus essem	factus erō
2. P.	factus es	factus sīs	factus erās	factus essēs	factus eris
3. P.	factus est	factus sit	factus erat	factus esset	factus erit
Pl. 1. P.	factī sumus	factī sīmus	factī erāmus	factī essēmus	factī erimus
2. P.	factī estis	factī sītis	factī erātis	factī essētis	factī eritis
3. P.	factī sunt	factī sint	factī erant	factī essent	factī erunt

Infinite Formen

Inf. Präsens	fierī
Inf. Futur	factum īrī/fore futūrum esse
Inf. Perfekt	factum esse
Part. Futur	futūrus
Part. Perfekt	factus
Gerundiv	faciendus

meminisse
Perfektstamm

	Ind. Perfekt	Konj. Perfekt	Ind. Plusquamperfekt	Konj. Plusquamperfekt	Futur II
Sg. 1. P.	meminī	meminerim	memineram	meminissem	meminerō
2. P.	meministī	memineris	meminerās	meminissēs	memineris
3. P.	meminit	meminerit	meminerat	meminisset	meminerit
Pl. 1. P.	meminimus	meminerimus	meminerāmus	meminissēmus	meminerimus
2. P.	meministis	memineritis	meminerātis	meminissētis	memineritis
3. P.	meminērunt	meminerint	meminerant	meminissent	meminerint

Imperativ

Sg. 2. P.	mementō
Pl. 2. P.	mementōte

Infinite Formen

Inf. Perfekt	meminisse

odisse
Perfektstamm

	Ind. Perfekt	Konj. Perfekt	Ind. Plusquamperfekt	Konj. Plusquamperfekt	Futur II
Sg. 1. P.	ōdī	ōderim	ōderam	ōdissem	ōderō
2. P.	ōdistī	ōderis	ōderās	ōdissēs	ōderis
3. P.	ōdit	ōderit	ōderat	ōdisset	ōderit
Pl. 1. P.	ōdimus	ōderimus	ōderāmus	ōdissēmus	ōderimus
2. P.	ōdistis	ōderitis	ōderātis	ōdissētis	ōderitis
3. P.	ōdērunt	ōderint	ōderant	ōdissent	ōderint

Infinite Formen

Inf. Perfekt	ōdisse
Part. Futur	ōsūrus

Präpositionen
mit dem Akkusativ

	örtlich	zeitlich	übertragen
ad	an, bei, zu	bis zu	ungefähr
adversus	gegen(über)		gegen(über)
ante	vor	vor	
apud	bei		
circa	um … herum, bei	um … herum, gegen	über
circum	um … herum, bei	um … herum, gegen	über
contra	gegen(über)		gegen
erga	in der Umgebung von		gegen(über), in Bezug
in	in, nach, gegen	bis … in, in … hinein	in, nach, zu, für
infra	unter(halb), darunter		unter
inter	zwischen, mitten unter	während	zwischen
intra	innerhalb	innerhalb, binnen	
iuxta	neben, nahe bei		
ob	gegen(über)		wegen
per	durch (… hindurch)	während	mittels
post	nach, hinter	nach	nach
praeter	vorbei an		außer, wider
prope	nahe bei, neben	um (… herum), gegen	

	örtlich	zeitlich	übertragen
propter	nahe bei, neben	um (… herum), gegen	wegen
secundum	längs	sogleich nach	gemäß
sub	unter, unterhalb	gegen, um, bei	unter (… hin)
super	oberhalb, über	über … hinaus	über
supra	oberhalb, über	über … hinaus	über
trans	über, hinüber, jenseits		
ultra	über … hinaus, jenseits	über … hinaus	über … hinaus
usque ad	bis zu	bis zu	

mit dem Ablativ

a/ab	von, von … her	seit	von
cum	mit		
de	von, von … herab	von … an	von, über
e/ex	aus, aus … heraus	seit	infolge
in	in, an, auf	in, innerhalb, während	in, an, bei
prae	vor		vor, wegen
pro	vor		für, anstatt, je
sine			ohne
sub	unter (unterhalb)	während, innerhalb, gegen	unter, bei
unā cum	zusammen (mit)	zugleich (mit)	

Konjunktionen

ac	und, wie
atque	und, wie
aut	oder
aut … aut	entweder … oder
autem	aber
cum … tum	sowohl … als ganz besonders
enim	denn, nämlich
et	und
et … et	sowohl … als auch
etiam	auch
immo	ja sogar, vielmehr
nam	denn, nämlich
nec	und nicht, auch nicht
nec … nec	weder … noch
neque	und nicht, auch nicht
neque … neque	weder … noch
non solum (modo) …, sed etiam	nicht nur …, sondern auch
que	und

quoque	auch, sogar, noch
sed	aber
tamen	dennoch, trotzdem
vel	oder
vel … vel	entweder … oder
vero	ja sogar, vielmehr

Subjunktionen

Finalsätze

ut	Konjunktiv	dass, damit, um zu	
ne	Konjunktiv	dass nicht, damit nicht	
ne	Konjunktiv	dass	nach den Verben des Fürchtens und Hinderns
ut	Konjunktiv	dass nicht	nach den Verben des Fürchtens und Hinderns
quominus	Konjunktiv	dass	nach den Verben des Hinderns
quo	Konjunktiv	damit um so	mit einem Komparativ

Konsekutivsätze

ut	Konjunktiv	dass, so dass	
ut non	Konjunktiv	dass nicht	
quin	Konjunktiv	dass nicht	nach verneintem Hauptsatz

Temporalsätze

cum	Konjunktiv	als
cum	Indikativ	damals als

cum	Indikativ	sooft, (jedesmal) wenn
cum	Indikativ	als, da
cum	Indikativ	indem, dadurch dass
dum	Indikativ	während
dum, donec,	Indikativ	solange als
dum, donec, quoad	Indikativ/Konjunktiv	solange bis
antequam, priusquam	Indikativ/Konjunktiv	bevor
cum (primum)	Indikativ	sobald als
ubi (primum)	Indikativ	sobald als
ut (primum)	Indikativ	sobald als
simul, simulac, simulatque	Indikativ	sobald als
postquam	Indikativ	nachdem

Kausalsätze

quod, quia	Indikativ/Konjunktiv	weil, dass
quoniam, quando	Indikativ/Konjunktiv	weil ja, da ja
cum	Konjunktiv	da, weil

Konditionalsätze

si	Indikativ/Konjunktiv	wenn
nisi	Konjunktiv	wenn nicht
si non, si minus	Konjunktiv	wenn nicht
sin	Konjunktiv	wenn aber
quodsi	Konjunktiv	wenn aber

Konzessivsätze

quamquam	Indikativ	obwohl, obgleich
etsi	Indikativ	wenn auch
etiamsi	Indikativ/Konjunktiv	auch wenn
quamvis	Konjunktiv	obwohl, wie sehr auch
cum	Konjunktiv	obwohl, obgleich
ut	Konjunktiv	wenn auch

Adversativsätze

cum	Konjunktiv	während

Monatsnamen

1	mensis	Ianuarius		Januar
2	mensis	Februarius		Februar
3	mensis	Martius		März
4	mensis	Aprilis		April
5	mensis	Maius		Mai
6	mensis	Iunius		Juni
7	mensis	Iulius	vor Cäsar: Quintilis	Juli
8	mensis	Augustus	vor Kaiser Augustus: Sextilis	August
9	mensis	September		September
10	mensis	October		Oktober
11	mensis	November		November
12	mensis	December		Dezember

Wochentage

1	dies	Lunae	Montag
2	dies	Martis	Dienstag
3	dies	Mercurii	Mittwoch
4	dies	Iovis	Donnerstag
5	dies	Veneris	Freitag
6	dies	Saturni	Samstag
7	dies	Solis	Sonntag

Jahreszeiten

ver	Frühjahr
aestas	Sommer
autumnus	Herbst
hiems	Winter

Vornamen

Abkürzung	Vorname	Abkürzung	Vorname
A.	Aulus	Mam.	Mamercus
App.	Appius	N./Num.	Numerius
C.	Gaius	P.	Publius
Cn.	Gnaeus	Q.	Quintus
D.	Decimus	S./Sex.	Sextus
K.	Kaeso	Ser.	Servius
L.	Lucius	Sp.	Spurius
M.	Marcus	T.	Titus
M'.	Manius	Ti./Tib.	Tiberius

Latein im Selbststudium?

Wer außerhalb der Schule Latein lernen möchte, ist in der Regel auf den Selbstunterricht angewiesen. Folgende Auswahl ist keineswegs vollständig, sondern beschränkt sich auf die persönliche Empfehlung des Autors dieses Buches.

Karl Rösler, Langenscheidts Praktisches Lehrbuch (Lösungsschlüssel zu den Aufgaben separat erhältlich)

Dieses Buch greift in die Vollen, ist aber vom Konzept her auch für den Selbstunterricht geeignet. Gelegentlich wird das Alter des Buches kritisiert und mit modernen Unterrichtswerken verglichen. Dabei wird aber immer übersehen, dass die heutigen Unterrichtswerke eben **Unterrichts**-werke und nur sehr bedingt für den Autodidakten geeignet sind, außer er hat bereits Latein in der Schule gelernt und möchte es wieder intensiv auffrischen. Für diesen letzteren Personenkreis empfiehlt sich nicht zuletzt wegen seiner interessanten Texte:

Klaus Westphalen u.a., Felix. Das Lateinbuch. Ausgabe A, B und C
Dazu gibt es eine knappe, aber gut konzipierte Grammatik: Grammadux. Die lateinische Kurzgrammatik.

Nach Aneignung des Stoffes des einen oder anderen Werkes kann man sich getrost an die Lektüre von Originalschriftstellern wagen. Man sollte dies als Selbstlerner aber zum einen mit einer zweisprachigen Ausgabe, zum anderen begleitet von einem der für den Unterricht zusammengestellten Schülerkommentare angehen. Die verschiedenen lateinischen Autoren haben je ihre eigenen Ausdrucksweisen, die sich vom Schullatein der Lehrwerke unterrscheiden und in die man nur mit Hilfestellungen so schnell hineinkommt, dass die Lektüre auch noch Freude macht.

Wer Latein wirklich **lesen** lernen und sich intensiv in die Sprache hineinversetzen möchte, dem sei wärmstens ein Lehrwerk der jüngsten Zeit empfohlen, das ein völlig neues Konzept verfolgt:
Hans H. Oerberg, Lingua Latina. Pars I: Familia Romana
ders., Lingua Latina. Pars II: Roma Aeterna
und verschiedene andere Ausgaben mit Originaltexten bzw. -dialogen.

Dieses Werk verfolgt das Ziel, dem Leser durch intensive Beschäftigung mit umfangreichen Texten Grammatik und Wortverständnis nahe zu bringen. Die Bücher sind nur in Latein geschrieben.
Wer gewisse Vorkenntnisse besitzt, sollten sie auch Jahre zurückliegen, dem wird die Lektüre von Anfang an ein Vergnügen sein. Auch für Schüler stellt dieses Werk eine willkommene Abwechslung und sinnvolle Ergänzung zu den Lektionstexten ihres Unterrichtswerkes dar, zumal der heutige Lehrplan oft über Wochen an einer einzigen kleinen Lektion herumknabbert.
Wer vorher noch nie mit Latein in Berührung gekommen ist, kann es damit ebenfalls von Anfang an lernen. Der Schwierigkeitsgrad der Texte steigert sich nur langsam. Man sollte aber die deutschen Ergänzungshefte (Studienanleitung, Lösungsschlüssel, Grammatikheft und Vokabular) als Hilfe heranziehen.
Die einzelnen Teile und Hefte sind über den Buchhandel oder über das Internet (auf Lager bei: http://www.antike-latein-spann.de/) erhältlich.

Sehr amüsant sind die auch in lateinischer Sprache erhältlichen Asterix-Comicalben. Man möge sich vom Genre nicht täuschen lassen: Das dortige Latein ist vorbildlich, für den Anfänger aber trotz des jedem Album beigelegten Glossars mit Übersetzung schwieriger Vokabeln und Redewendungen etwas zu anspruchsvoll und vielleicht sogar frustrierend. Für Schüler sind die Alben erst nach dem 3. Lernjahr geeignet, wenn die Grammatik einigermaßen durchgearbeitet ist, für den Selbstlerner analog nach Beendigung eines Lehrwerkes.

Es dürfte nur wenige geben, die Latein auch aktiv beherrschen möchten. Da dies in der Schule so gut wie nicht mehr gelernt und geübt wird, gibt es dafür auch kaum Übungsliteratur mit Lösungsschlüssel, außer z. B. das oben genannte Buch von Langenscheidt. Klassisches Latein selbst hervorbringen zu lernen, kann man eigentlich nur durch Rückübersetzen von klassischen Autoren lernen, was aber eine sehr intensive und zeitraubende Beschäftigung mit dem Stil dieser Autoren bedeutet.

Nicht zuletzt kann es sich für den Anfänger lohnen, im Freundes- und Bekanntenkreis jemanden zu suchen, der zumindest die ersten Schritte begleitet. Es gibt mehr Freunde des Latein, als man zunächst erwartet.

Internet für Lateinlernende

Es heißt immer, Latein wäre eine „tote“ Sprache. Nun, Totgesagte leben meist länger. Das moderne Medium Internet bietet eine schier unglaubliche Fülle an Informationen und Materialien, was indirekt eine ziemliche Lebendigkeit des Latein beweist. Der Autor dieses Buches möchte hier keine Internetseite zum Thema Latein besonders herausheben, um andere, ebenfalls gute, nicht zu enttäuschen, weil sie aus Platzmangel nicht genannt werden können.

Neidlose Bewunderung und besondere Aufmerksamkeit verdient aber ein Unternehmen des Finnischen Rundfunks. Seit 1989 wird einmal wöchentlich eine Nachrichtensendung unter dem Titel *Nuntii Latini* ausgestrahlt, die man auch über das Internet anhören und nachlesen kann. So kurz diese Nachrichtensendung pro Woche auch ist, es hat sich damit über die Jahre nicht nur ein dennoch sehr beachtlicher Textkorpus (z.T. auch als Bücher erhältlich), sondern auch ein in der Praxis bewährtes Vokabular so genannter neulateinischer Wörter angesammelt, mit denen Dinge und Vorgänge der heutigen Welt lateinisch benannt werden können, die es zu Zeiten des klassischen oder mittelalterlichen Latein schlichtweg noch nicht gab.
Die Internetadresse dieses Service lautet:
http://www.yleradio1.fi/nuntii/

Für Anfänger bzw. bei Schwierigkeiten mit dem neulateinischen Vokabular eignet sich besonders die wöchentliche Aufbereitung dieser *Nuntii Latini* unter der Internetadresse:
http://www.hvgg.de/index.php?mode=nuntiilatini
Die Fachschaft Latein des Heinrich-von-Gagern-Gymnasiums in Frankfurt unternimmt Woche für Woche die mühevolle Aufgabe, die Texte der *Nuntii Latini* aus Finnland nicht nur zu wiederholen, sondern auch mit umfangreichen und ausführlichen Erläuterungen, Teilübersetzungen und Verständnishilfen bei Stolpersteinen der lateinischen Grammatik zu versehen. Es lassen sich neben den aktuellen Nachrichten auch die Texte und Erläuterungen bis Dezember 2000 zurück aufrufen und studieren.

Parallel dazu gibt es von Radio Bremen ebenfalls einen – allerdings nur monatlichen – Nachrichtenrückblick in lateinischer Sprache, der auch nicht zuletzt deshalb interessant ist, weil hier neben Weltnachrichten etwas ausführlichere Meldungen aus Technik und Wissenschaft geboten werden:
http://www.radiobremen.de/nachrichten/latein/index.php3